Sarah Bürk
Demonstrative Kennzeichnungen im Altfranzösischen

Beihefte zur Zeitschrift für romanische Philologie

Herausgegeben von
Éva Buchi, Claudia Polzin-Haumann, Elton Prifti und Wolfgang Schweickard

Band 447

Sarah Bürk

Demonstrative Kennzeichnungen im Altfranzösischen

Funktionalität und Diachronie

DE GRUYTER

ISBN 978-3-11-099204-5
e-ISBN [PDF] 978-3-11-064839-3
e-ISBN [EPUB] 978-3-11-064690-0
ISSN 0084-5396

Library of Congress Control Number: 2020930387

Bibliografische Information der Deutschen Nationalbibliothek
Die Deutsche Nationalbibliothek verzeichnet diese Publikation in der Deutschen
Nationalbibliografie; detaillierte bibliografische Daten sind im Internet
über http://dnb.dnb.de abrufbar.

© 2022 Walter de Gruyter GmbH, Berlin/Boston
Dieser Band ist text- und seitenidentisch mit der 2020 erschienenen gebundenen
Ausgabe.
Typesetting: Meta Systems Publishing & Printservices GmbH, Wustermark
Printing and binding: CPI books GmbH, Leck
www.degruyter.com

Für mein geliebtes Kind
Jeremia Mateu

Companheiro de viagem
Luz na escuridão
Grande amor da
minha vida

Danksagung

Diese Arbeit ist als Dissertation im Rahmen der Class of Language an der Ludwig-Maximilians-Universität München entstanden. Sie ist verbunden mit zwei weiteren akademischen Institutionen, der Katholischen Universität Eichstätt-Ingolstadt, an der ich studiert und erste akademische Erfahrungen gemacht habe, und der Universität Paderborn, an der ich gegenwärtig in der Romanischen Sprachwissenschaft arbeite. Ich danke Andreas Dufter, der meine Promotion an der LMU München erstbetreut hat, für sein stets freundliches Entgegenkommen und die wissenschaftlichen und akademischen Perspektiven, die er mir eröffnete, Ulrich Detges, der meine Arbeit im Rahmen der Class of Language zweitbetreut hat, für sein Interesse am Gegenstandsfeld und sein Wohlwollen, Roland Schmidt-Riese, an dessen Professur ich wissenschaftliche Mitarbeiterin an der KU war, für anregende Gespräche und Paul Gévaudan, der die Publikation in dieser Reihe angebahnt und mir an der Universität Paderborn hinreichend Gelegenheit gegeben hat, mein Manuskript in dieses Buch zu verwandeln. Christian Riepl und Stephan Lücke von der IT-Gruppe Geisteswissenschaften der LMU danke ich für ihre Unterstützung bei der elektronischen Bearbeitung der Daten. Für ihre Freundschaft in meinen vier Münchener Jahren danke ich den Promovenden der Class of Language, insbesondere Sebastian Ortner, Rouja Iossifova, Markus Frank, Markus Kunzmann, Sara Ingrosso, Ann-Marie Moser, Matthias Klumm, Felix Bokelmann und Yan Peng, für gute Zusammenarbeit meinen Eichstätter Kolleginnen und Kollegen Mathias Arden, Sergej Gordon, Marita Liebermann, Katharina List, María Martínez Casas, Carina Redel, Colette Regensburger und Ursula Winter. Für solidarische und freundschaftliche Aufnahme in Paderborn danke ich meinen jetzigen Kolleginnen und Kollegen, vor allem Vicente Álvarez Vives, Virginia Sita Farias, Mireya Maldonado Cárdenas, Pablo Leiva Cruz, Nicolas Toublanc, Amélie Charvet, Mara Büter und Lina Wilhelms. Nicht zuletzt danke ich meiner Familie für Unterstützung und Ablenkung.

Raitenbuch, im November 2019

Inhalt

Danksagung —— VII

Abkürzungsverzeichnis —— XIII

Tabellenverzeichnis —— XV

Abbildungsverzeichnis —— XIX

1	**Einleitung** —— **1**	
	Forschungsfragen —— 8	
	Aufbau der Untersuchung —— 10	
2	**Funktionen von Demonstrativa** —— **13**	
2.1	Sprachphilosophische und semantische Perspektive —— 16	
2.1.1	Demonstrativa als indexikalische Zeichen —— 20	
2.1.1.1	Indexikalität —— 21	
2.1.1.2	Indexikalität im sprachlichen Zeichensystem —— 24	
2.1.1.3	Die symbolische Qualität indexikalischer Zeichen —— 37	
2.1.1.4	Die Kontextsensitivität indexikalischer Zeichen —— 47	
2.1.1.5	Zusammenfassung —— 53	
2.1.2	Demonstrativa als referentielle Zeichen —— 54	
2.1.2.1	Referenz —— 55	
2.1.2.2	Die referentielle Funktion von Demonstrativa —— 59	
2.1.2.3	Epistemischer Status der Referenzobjekte —— 81	
2.1.2.4	Typen referentieller Kontexte —— 92	
2.1.2.5	Zusammenfassung —— 126	
2.1.3	Demonstrativa als definite Zeichen —— 127	
	Zusammenfassung —— 141	
2.2	Sprachtypologische Perspektive —— 142	
2.2.1	Demonstrativa im Spracherwerb —— 145	
	Zusammenfassung —— 149	
2.2.2	Typologie der Demonstrativa —— 150	
2.2.2.1	Morphologie und Syntax —— 150	
2.2.2.2	Semantik und Pragmatik —— 155	
2.2.2.3	Zusammenfassung —— 170	

2.3	Syntaktische Perspektive —— 171	
2.3.1	Demonstrativa in der Determiniererphrase —— 172	
	Zusammenfassung —— 178	
2.3.2	Demonstrativa als Determinierer und Pronomen —— 179	
	Zusammenfassung —— 185	
3	**Demonstrativa in der Diachronie —— 187**	
3.1	Entstehung und Entwicklung demonstrativer Formen —— 187	
	Zusammenfassung —— 197	
3.2	Demonstrativa vom Lateinischen zu den romanischen Sprachen —— 198	
3.2.1	Lateinische Demonstrativa —— 198	
3.2.1.1	*Hic*, *iste* und *ille* —— 199	
3.2.1.2	*Is*, *ipse* und *idem* —— 212	
3.2.1.3	Zusammenfassung —— 215	
3.2.2	Entwicklungslinien in den romanischen Sprachen —— 216	
3.2.2.1	Lateinische Demonstrativa in den romanischen Sprachen —— 216	
3.2.2.2	Reallokation der Demonstrativa im Lateinischen —— 225	
3.2.2.3	Zusammenfassung —— 235	
3.3	Demonstrativa vom Altfranzösischen zum modernen Französischen —— 236	
3.3.1	Altfranzösische Demonstrativa —— 236	
3.3.1.1	Formen und Paradigmen —— 238	
3.3.1.2	Funktionale Ordnung der Paradigmen —— 245	
3.3.1.3	Referenzkontexte —— 266	
3.3.1.4	Zusammenfassung —— 303	
3.3.2	Reallokation der Demonstrativa in der Geschichte des Französischen —— 304	
3.3.2.1	Reallokation der altfranzösischen Paradigmen —— 304	
3.3.2.2	Sprachwandeltheoretische Perspektivierung —— 328	
3.3.2.3	Zusammenfassung —— 350	
4	**Empirische Untersuchung —— 351**	
4.1	Korpus —— 351	
4.1.1	Texte —— 351	
4.1.2	Okkurrenzen —— 365	
4.2	Annotationskriterien —— 369	
4.2.1	Syntaktische Ebene —— 369	

4.2.2	Semantische Ebene —— **375**	
	Objekte —— **378**	
	Kollektiva —— **381**	
	Stoffe —— **382**	
	Räume —— **385**	
	Orte —— **387**	
	Situationen —— **390**	
4.2.3	Pragmatische Ebene —— **395**	
	Situativer Kontext —— **397**	
	Sprachlicher Kontext —— **400**	
	Epistemischer Kontext —— **406**	
	Epistemischer Status —— **411**	
5	**Ergebnisse —— 415**	
5.1	Quantitative Verteilung —— **415**	
	Zusammenfassung —— **435**	
5.2	Syntaktische Ebene —— **436**	
	Zusammenfassung —— **457**	
5.3	Semantische Ebene —— **458**	
	Zusammenfassung —— **474**	
5.4	Pragmatische Ebene —— **476**	
	Epistemischer Status —— **492**	
	Zusammenfassung —— **492**	
6	**Diskussion —— 494**	
6.1	Funktionen der altfranzösischen Demonstrativa —— **494**	
6.2	Diachronie der altfranzösischen Demonstrativa —— **506**	
7	**Schluss —— 516**	
8	**Bibliographie —— 519**	
9	**Appendix —— 547**	

Register —— 579

Abkürzungsverzeichnis

ACC	Akkusativ
ADN	adnominal
ADV	Adverb
afr.	altfranzösisch
AngNo	Anglo-Normannisch
apt.	altportugiesisch
asp.	altspanisch
CdG	Chanson de geste
Cha	Champagnisch
D	Determinierer
DEF	Definitartikel
DEM/Dem	Demonstrativum
DemP	Demonstrativphrase
DIST	Distal
DP	Determiniererphrase
dt.	deutsch
engl.	englisch
Fab	Fabliau
fem.	feminin
fr.	französisch
FUT	Futur
Hagio	Hagiographie
Infl(P)	Inflectional(Phrase)
IRR	Irrealis
it.	italienisch
lat.	lateinisch
LK	Linker
mask.	maskulin
MED	medial
Mir	Miracles
MOD	modal
N	Nomen
nfr.	neufranzösisch
NOM	Nominativ
Nor	Normannisch
NP	Nominalphrase
NSG	Nicht-Singular
obl.	Obliquus
Orl	Orléanesisch
Pik	Pikardisch
PL/pl.	Plural
PRO	Pronomen
PROX	proximal
pt.	portugiesisch
rec.	Rektus

Rom	Roman
ru.	rumänisch
SG/sg.	Singular
sp.	Spanisch
Spec	Spezifizierer
STAT	statisch
TAM	Tempus-Aspekt-Modus-Marker
TOP	Topik
West	Westlich
Zfr	Zentralfranzösisch

Tabellenverzeichnis

Tabelle 1.1:	Nominale Demonstrativformen im modernen Französischen ——	6
Tabelle 2.1:	Verweisdomänen referentieller Ausdrücke —— 102	
Tabelle 2.2:	Nominaltypen nach Löbner (2011, 280–282, 307) —— 136	
Tabelle 2.3:	Frequenzindex der französischen Demonstrativa —— 145	
Tabelle 2.4:	Lesarten proximaler und distaler Demonstrativa —— 170	
Tabelle 3.1:	Lateinische Demonstrativa im Frequenzindex von Delatte et al. (1981) —— 199	
Tabelle 3.2:	Lesarten der distanzmarkierten Demonstrativa im Lateinischen —— 212	
Tabelle 3.3:	Lat. *(ecce) iste* in den romanischen Sprachen —— 218	
Tabelle 3.4:	Lat. *(ecce) ille* in den romanischen Sprachen —— 219	
Tabelle 3.5:	Lat. *ille* in den romanischen Sprachen (Determinierer) —— 220	
Tabelle 3.6:	Lat. *ille* in den romanischen Sprachen (Pronomen) —— 221	
Tabelle 3.7:	Diachrone Verteilung von lat. *hic, iste, ille, is, ipse* und *idem* —— 226	
Tabelle 3.8:	Diskurspragmatische Funktion adnominaler Demonstrativa im Wandel (nach Selig 1992, 117, 119) —— 234	
Tabelle 3.9:	Diatopisch neutrale Formen der Paradigmen *CIST* und *CIL* (cf. Buridant 2000, 123; Meyer-Lübke 1934, 199–200; Rheinfelder 1976, 135; Togeby 1974, 91) —— 239	
Tabelle 3.10:	Pikardische Formen von *CIST* und *CIL* (cf. Buridant 2000, 124; Gossen 1976, 128–129; Togeby 1974, 91) —— 241	
Tabelle 3.11:	Distanzmarkierte und distanzneutrale Formen (cf. Buridant 2000, 123; Dees 1971, 114; Meyer-Lübke 1934, 199–200; Togeby 1974, 91) —— 242	
Tabelle 3.12:	Lesarten von *CIST* und *CIL* —— 264	
Tabelle 3.13:	Verteilung von situativem *CIST* und *CIL* (cf. Guillot-Barbance 2017, 107–108) —— 267	
Tabelle 3.14:	Verteilung von textdeiktischem *CIST N* und *CIL N* (cf. Guillot-Barbance 2017, 79, 182–183) —— 271	
Tabelle 3.15:	Verteilung von anaphorischem *CIST (N)* und *CIL (N)* (cf. Guillot-Barbance 2017, 141–142) —— 272	
Tabelle 3.16:	Gesamtverteilung von *CIST (N)* und *CIL (N)* nach referentiellen Kontexten (cf. Guillot-Barbance 2017, 335) —— 301	
Tabelle 3.17:	Syntaktische Verteilung von *CIST* und *CIL* (nach Yvon 1951; 1952) —— 306	
Tabelle 3.18:	Syntaktische Verteilung von *CIST, CIL* und *CE* (cf. Pohoryles 1966, 113–114) —— 310	
Tabelle 3.19:	Syntaktische Verteilung nach Einzelformen der Paradigmen *CIST, CIL* und *CE* (cf. Marchello-Nizia 1995, 150–151) —— 313	
Tabelle 3.20:	Adnominale und pronominale Demonstrativa im Altfranzösischen —— 316	
Tabelle 3.21:	Adnominale und pronominale Demonstrativa im Mittelfranzösischen nach Wunderli (1980, 168) —— 319	
Tabelle 3.22:	Modifikation der Demonstrativa *ci* und *là* nach Dees (1971, 72) —— 321	
Tabelle 3.23:	Adnominale und pronominale Demonstrativa im 16. und 17. Jahrhundert (nach Gougenheim 1973; Lardon/Thomine 2009; Wunderli 1980) —— 325	
Tabelle 3.24:	Adnominale und pronominale Demonstrativa im 17. Jahrhundert (nach Wunderli 1980, 168) —— 326	
Tabelle 3.25:	Adnominale und pronominale Demonstrativa in den nordfranzösischen Dialekten (cf. Krayer-Schmitt 1953, 34–79) (Gruppe 1) —— 330	

Tabelle 3.26:	Adnominale und pronominale Demonstrativa in den nordfranzösischen Dialekten (cf. Krayer-Schmitt 1953, 34–79) (Gruppe 2) —— **332**
Tabelle 3.27:	Determiniererparadigmen im modernen Französischen —— **338**
Tabelle 3.28:	Pronominalparadigmen im modernen Französischen —— **340**
Tabelle 4.1:	Textauswahl des Untersuchungskorpus in alphabetischer Ordnung —— **352**
Tabelle 4.2:	Datierung und Kennzeichnung der Manuskripte der Untersuchungstexte —— **356**
Tabelle 4.3:	Oralitätsgrade der altfranzösischen Textgattungen (cf. Guillot-Barbance et al. 2017, 61–66) —— **363**
Tabelle 4.4:	Graphische Varianten von *CIST*, *CIL* und *CE* —— **367**
Tabelle 4.5:	Annotationskatalog syntaktischer Funktionen —— **370**
Tabelle 4.6:	Annotationskatalog Modifizierer —— **373**
Tabelle 4.7:	Annotationskatalog Ontotypen —— **377**
Tabelle 4.8:	Annotationskatalog Referenztypen —— **396**
Tabelle 4.9:	Annotationskatalog Referenztypen —— **410**
Tabelle 4.10:	Referentielle Verweisdomänen und epistemischer Status —— **414**
Tabelle 5.1:	Verteilung von *CIST N*, *CIL N* und *CE N* —— **415**
Tabelle 5.2:	Verteilung der Einzelformen von *CIST N* —— **416**
Tabelle 5.3:	Verteilung der Einzelformen von *CIL N* —— **419**
Tabelle 5.4:	Verteilung der Einzelformen von *CE N* —— **420**
Tabelle 5.5:	Frequenzindex der Einzelformen von *CIST N*, *CIL N* und *CE N* —— **421**
Tabelle 5.6:	Verteilung von *CIST N*, *CIL N* und *CE N* nach Skriptae —— **424**
Tabelle 5.7:	Verteilung von *CIST N*, *CIL N* und *CE N* nach Texttypen —— **427**
Tabelle 5.8:	Verteilung von *CIST N*, *CIL N* und *CE N* nach Sprechebenen —— **430**
Tabelle 5.9:	Verteilung von *CIST N*, *CIL N* und *CE N* nach Texttyp und Sprechebene —— **432**
Tabelle 5.10:	Verteilung von *CIST N*, *CIL N* und *CE N* nach Zeiträumen —— **434**
Tabelle 5.11:	Verteilung von *CIST N*, *CIL N* und *CE N* nach syntaktischen Funktionen —— **437**
Tabelle 5.12:	Verteilung der Präpositionalobjekte/Adverbiale, direkten Objekte und Subjekte nach Ontotyp —— **440**
Tabelle 5.13:	Modifizierer in *CIST N*, *CIL N* und *CE N* —— **441**
Tabelle 5.14:	Anteile der modifizierten Okkurrenzen von *CIST N*, *CIL N* und *CE N* nach Referenztyp —— **443**
Tabelle 5.15:	Anteile der Modifizierer in Bezugnahmen auf situativ verfügbare Objekte —— **448**
Tabelle 5.16:	Modifizierertypen in *CIST N*, *CIL N* und *CE N* —— **449**
Tabelle 5.17:	Lokaldeiktische Modifizierer in der Verteilung von *CIST N*, *CIL N* und *CE N* —— **453**
Tabelle 5.18:	Verteilung von *CIST N*, *CIL N* und *CE N* nach Ontotypen (Frequenzhierarchie) —— **459**
Tabelle 5.19:	Verteilung von *CIST N*, *CIL N* und *CE N* nach Ontotypen —— **462**
Tabelle 5.20:	Präferenzindices von *CIST N*, *CIL N* und *CE N* nach Ontotypen —— **465**
Tabelle 5.21:	Verteilung des Ontotyps Objekte nach Kennzeichnungstyp —— **466**
Tabelle 5.22:	Verteilung der Ontotypen Kollektiva und Stoffe nach Kennzeichnungstyp —— **467**
Tabelle 5.23:	Verteilung der Ontotypen Räume, Orte und Situationen nach Kennzeichnungstyp —— **468**

Tabelle 5.24:	Funktionale Profile von *CIST N*, *CIL N* und *CE N* nach Ontotypen	469
Tabelle 5.25:	Kollokationen: Objekte, Kollektiva und Stoffe	471
Tabelle 5.26:	Kollokationen: Räume, Orte und Situationen	473
Tabelle 5.27:	Verteilung von *CIST N*, *CIL N* und *CE N* nach Verweisdomänen	477
Tabelle 5.28:	Verteilung von *CIST N*, *CIL N* und *CE N* nach Referenztyp	479
Tabelle 5.29:	Verteilung der Referenztypen nach demonstrativem Kennzeichnungstyp	482
Tabelle 5.30:	Funktionale Profile von *CIST N*, *CIL N* und *CE N* nach Referenztypen	483
Tabelle 5.31:	Ontotypenverteilung in situativen Bezugnahmen und Nominalanaphern	488
Tabelle 5.32:	Ontotypenverteilung in Propositionalanaphern	491
Tabelle 5.33:	Verteilung von *CIST N*, *CIL N* und *CE N* nach epistemischem Status	492
Tabelle 6.1:	Funktionale Profile von *CIST N*, *CIL N* und *CE N*	500
Tabelle 9.1:	Verteilung von *CIST N* nach Einzelform und Einzeltext	547
Tabelle 9.2:	Verteilung von *CIL N* nach Einzelform und Einzeltext	549
Tabelle 9.3:	Verteilung von *CE N* nach Einzelform und Einzeltext	551
Tabelle 9.4:	Frequenzindex der Einzelformen von *CIST N*, *CIL N* und *CE N*	552
Tabelle 9.5:	Verteilung von *CIST N*, *CIL N* und *CE N* nach Einzeltexten	553
Tabelle 9.6:	Verteilung von *CIST N*, *CIL N* und *CE N* nach Skriptae und Einzeltext (Gruppe 1)	555
Tabelle 9.7:	Verteilung von *CIST N*, *CIL N* und *CE N* nach Skriptae und Einzeltext (Gruppe 2)	556
Tabelle 9.8:	Verteilung von *CIST N*, *CIL N* und *CE N* nach Texttyp und Einzeltext (Gruppe 1)	557
Tabelle 9.9:	Verteilung von *CIST N*, *CIL N* und *CE N* nach Texttyp und Einzeltext (Gruppe 2)	558
Tabelle 9.10:	Verteilung von *CIST N*, *CIL N* und *CE N* nach Texttyp, Sprechebene und Einzeltext (Gruppe 1)	559
Tabelle 9.11:	Verteilung von *CIST N*, *CIL N* und *CE N* nach Texttyp, Sprechebene und Einzeltext (Gruppe 2)	560
Tabelle 9.12:	Verteilung von *CIST N*, *CIL N* und *CE N* nach Zeitraum und Einzeltext	561
Tabelle 9.13:	Verteilung von *CIST N*, *CIL N* und *CE N* nach syntaktischer Funktion und Einzelform	563
Tabelle 9.14:	Verteilung der Präpositionalobjekte/Adverbiale nach Ontotyp	565
Tabelle 9.15:	Verteilung der direkten Objekte nach Ontotyp	566
Tabelle 9.16:	Verteilung der Subjekte nach Ontotyp	567
Tabelle 9.17:	Modifizierer in *CIST N*, *CIL N* und *CE N*	568
Tabelle 9.18:	Verteilung von *CIST N*, *CIL N* und *CE N* nach Modifizierertypen und Einzelformen	569
Tabelle 9.19:	Verteilung von *CIST N*, *CIL N* und *CE N* nach Ontotypen (Objekte, Kollektiva) und Einzelformen	571
Tabelle 9.20:	Verteilung von *CIST N*, *CIL N* und *CE N* nach Ontotypen (Stoffe, Räume, Orte, Situationen) und Einzelformen	573
Tabelle 9.21:	Verteilung von *CIST N*, *CIL N* und *CE N* nach Referenztypen und Einzelformen	575

Abbildungsverzeichnis

Abbildung 1.1: Funktionale Entwicklung der Demonstrativa in der Geschichte des Französischen —— 4
Abbildung 1.2: Paradigmatische Filiation von *ce* und *ces* —— 6
Abbildung 1.3: Paradigmatische Eingliederung von *CE* —— 8
Abbildung 2.1: Referenz durch demonstrative Ausdrücke —— 15
Abbildung 2.2: Akzessibilitätsskala (Ariel 1990, 73; 2001, 31) —— 61
Abbildung 2.3: Gegebenheitshierarchie (Gundel et al. 1993, 275) —— 76
Abbildung 2.4: Struktur der DP nach Abney (1987, Kap. 3.4.) und Bernstein (2001a, 537) —— 173
Abbildung 3.1: Verweisräume von *hic*, *iste* und *ille* —— 206
Abbildung 3.2: Verweisräume von sp. *este*, *ese*, *aquel* und pt. *este*, *esse*, *aquele* —— 222
Abbildung 3.3: Verweisräume von afr. *cest* und *cel*, it. *questo* und *quello* sowie ru. *acest(a)* und *acel(a)* —— 223
Abbildung 3.4: Funktionalisierung als Sprachwandelmechanismus nach Smith (2011, 269, 306–307) —— 341
Abbildung 3.5: Refunktionalisierung als Sprachwandelmechanismus —— 342
Abbildung 3.6: Refunktionalisierung als *core-to-core-mapping* nach Smith (2011, 269, 315) —— 344
Abbildung 6.1: *Core-to-core-mapping* in der Diachronie des Französischen —— 509

1 Einleitung

Die vorliegende Untersuchung möchte einen Beitrag zur Erfassung der Funktionalität und Diachronie der Demonstrativa im Altfranzösischen leisten. Demonstrativa sind, wie deiktische und anaphorische Ausdrücke im Allgemeinen, ein beliebtes Thema sprachwissenschaftlicher wie sprachphilosophischer Forschung, was sich bereits in der Anzahl der Einträge in der MLA International Bibliography zu diesem Thema niederschlägt. So verzeichnet die MLA International Bibliography im Zeitraum von 1912 bis 2019 (Stand 30.04.2019) insgesamt 1.125 Arbeiten, die sich mit der Semantik, Pragmatik, Syntax, Diachronie oder Typologie von Demonstrativa befassen.

In der Linguistik werden Demonstrativa insbesondere im Rahmen semantischer und pragmatischer Studien, so Arts et al. (2011), Bühler ([1935]/1965), Coniglio et al. (2018), Demol (2007), Ehlich (1982), Etelämäki (2009), Fossard (2006; 2014), Gärdenfors/Brala-Vukanović (2018), Jungbluth (2003; 2005), Himmelmann (1996; 1997), Kirsner (1979; 1993), Kleiber (2003a; 2005; 2008), Laury (1997), Levinson (2004), Maes/Noordmann (1995), Piwek/Beun/Cremers (2008), Scott (2013), Veldre-Gerner (2007) und viele andere, sowie in der Sprachtypologie behandelt, so Diessel (2006; 2013a; 2013b; 2013c), Dixon (2003), Enfield (2003) und andere. In der Sprachphilosophie stellen Demonstrativa, neben dem Personalpronomen der ersten Person Singular, ein beliebtes Untersuchungsbeispiel in Arbeiten zum Indexikalitätsbegriff und zur Referenztheorie dar, so in Bach (1994; 2008), Božičković (1995), Corazza (2003; 2004), Kaplan (1989a; 1989b), Nogueira de Carvalho (2016), Nunberg (1993), Roberts (2002) und anderen.

Die Beliebtheit der Demonstrativa als Forschungsthema mag sowohl in ihrer Universalität als auch in ihrer etymologischen Opazität begründet liegen. So stellen Demonstrativa eine universale Wortklasse dar, die in den meisten Sprachen mehr als ein funktionales Paradigma aufweist, wie im Deutschen mit *dieser* (proximal) und *jener* (distal) oder im Spanischen mit *este* (proximal), *ese* (medial) und *aquel* (distal) (cf. Kap. 2.2.2.2). Zudem sind Demonstrativformen in der Regel so alt, dass sie nicht mehr auf Wörter zurückgeführt werden können, die selbst keine demonstrative Funktion erfüllen (cf. Kap. 3.1). So geht sp. *este* etymologisch auf lat. *iste* zurück, das wiederum als Univerbierung des Demonstrativums *is* und des Verstärkerelements *te* entsteht. Es liegen jedoch keine Hinweise für eine etymologische Entstehung von *is* aus einem Wort nicht-demonstrativer Semantik vor.

Mangels etymologischer Filiationsketten zwischen Demonstrativa und Inhalts- oder Funktionswörtern nicht-demonstrativer Semantik liegt der Verdacht nahe, dass Demonstrativa zum einen als Urschöpfungen entstehen, zum anderen phylogenetisch zu den ersten Wörtern gehören, die überhaupt in der Menschensprache entstanden sind (cf. Dufter 2015, 376; cf. Kap. 3.1). Bühler ([1934]/ 1965, 86) zufolge zählen Demonstrativa als «Zeigwörter» gar zu den «*Urwörter*[n] der Menschensprache schlechthin». Für die primordiale Funktion der Demonstrativa im Zeicheninventar einer Sprache spricht auch die Tatsache, dass Demonstrativa zu den ersten Funktionswörtern gehören, die Kinder erwerben, und funktionaler Ausdruck von *joint-attention*-Verhalten sind, das eine entscheidende Rolle im Spracherwerb spielt (cf. Kap. 2.3.1). So dienen Demonstrativa dazu, die Aufmerksamkeit des Interaktionspartners auf ein drittes Objekt zu lenken, und stellen auf diese Weise einen gemeinsamen Aufmerksamkeitsfokus her, wie es in *joint-attention*-Situationen der Fall ist (cf. Kap. 2.3).

Auch die altfranzösischen Demonstrativa sind seit dem späten 19. Jahrhundert ein attraktives Thema in der historischen Sprachwissenschaft des Französischen. Bereits aus dem späten 19. und dem frühen 20. Jahrhundert liegen mit Ganzlin (1888), Giesecke (1880) und Mathews (1907) drei Monographien vor, die sich der Erfassung des Formeninventars, der morphosyntaktischen Verteilung und der semantischen Funktionen der Demonstrativa im Altfranzösischen widmen. Im Laufe des 20. Jahrhunderts folgen mit Dees (1971), McCool (1981) und Pohoryles (1966) drei weitere Monographien sowie eine Reihe von Aufsätzen, wie Guiraud (1967), Kleiber (1987b; 1990b), Price (1968; 1969), Wilmet (1979), Wunderli (1980; 1993), Yvon (1952; 1953) und weitere. Auch im 21. Jahrhundert lässt die Faszination für die Untersuchung der altfranzösischen Demonstrativa nicht nach, was insbesondere an der Monographie von Guillot-Barbance (2017) und den zahlreichen Aufsätzen von Guillot (2005; 2006; 2010a; 2010b; 2012; 2013; 2015), Marchello-Nizia (2003; 2004; 2005; 2006a; 2006b) und Massé-Arkan (2011; 2013a; 2013b) sichtbar wird.

Die Demonstrativa und ihre Geschichte erregen in der historischen Sprachwissenschaft des Französischen so viel Aufmerksamkeit, weil sie eine Entwicklung vollziehen, die innerhalb der romanischen Sprachen und auch aus universaler Perspektive – entsprechend der aktuellen Forschungslage – Einmaligkeit beansprucht. Werfen wir also einen Blick auf die strukturelle Gliederung des altfranzösischen Demonstrativsystems und seine historischen Verschiebungen. Im Altfranzösischen liegen im Nominalbereich zwei demonstrative Formenparadigmen vor, proximales *CIST*, zu dem afr. *iceste* und afr. *cest* in (1) zählen, und distales *CIL*, zu dem afr. *cele* und afr. *celi* in (2) gehören (cf. Kap. 3.3.1.1).[1]

---

[1] Im Folgenden wähle ich die Notationen *CIST*, *CIL* und *CE*, wenn ich mich auf die Formenparadigmen im Ganzen beziehe. Minuskelvarianten, wie *cest*, *cele* oder *celi*, setze ich dagegen ein, wenn ich mich auf einzelne Formen oder Okkurrenzen beziehe.

(1) Flores une coupe d'or fin
a fait emplir de molt bon vin,
tous liés a la dame le tent :
« *Iceste*, fait il, vos present
por çou que m'avés dit novele
de Blanceflor la damoisele.
Por li est çou que jou pensoie
a *cest mangier* et souspiroie »

'Floire lässt eine Trinkschale aus reinem Gold mit sehr gutem Wein füllen. Voller Freude reicht er sie der Frau: «*Diese* reiche ich Euch dafür, dass Ihr mir Neuigkeiten von Blancheflor, der jungen Frau, überbracht habt. Ihretwegen war es, dass ich bei *diesem Essen* besorgt war und seufzte.»'
(*Floire et Blancheflor*, V. 1325–1332)

(2) *Cele pume* a Paris livrerent
et en aprés li conjurerent
que la plus bele le donast
et *celi que il mix prisast*.

'*Jenen* Apfel reichten sie Paris und baten ihn daraufhin, dass er ihn der Schönsten geben möge, *jener*, die er am meisten schätze.'
(*Floire et Blancheflor*, V. 473–476)

Auf syntaktischer Ebene unterliegen CIST und CIL keinen Einsatzbeschränkungen. So treten beide Serien sowohl als Determinierer auf, wie afr. *cest* in (1) und afr. *cele* in (2), als auch als Pronomen, wie afr. *iceste* in (1) und afr. *celi* in (2). Auf semantischer und pragmatischer Ebene sind CIST und CIL jedoch mit gegensätzlichen Funktionen ausgestattet. Als proximale Form verortet CIST sein Referenzobjekt im Feld der raumzeitlichen oder emotionalen Nähe, CIL als distale Form im Gegensatz dazu in der Verweisdomäne der raumzeitlichen oder emotionalen Ferne (cf. Kap. 3.3.1.2). Diese Interpretationen lassen auch die Okkurrenzen in (1) und (2) zu. In (1) ist die Nähe, die durch die CIST-Okkurrenzen angezeigt wird, raumzeitlicher Natur. So nimmt afr. *iceste* in (1) auf eine Trinkschale Bezug, die der Sprecher in den Händen hält, *cest mangier* auf eine zum Sprechzeitpunkt stattfindende Aktivität. *Cele pume* in (2) verweist hingegen auf ein Objekt aus der erzählten Welt, das nicht im situativen Feld des Sprechers (der Erzähler) verfügbar ist, ebenso wie afr. *celi*, das durch den restriktiven Relativsatz *que il mix prisast* einen nicht-spezifischen Diskursreferenten profiliert.

Die semantische Zweigliedrigkeit des altfranzösischen Demonstrativsystems wird in der Entwicklung zum Neufranzösischen sukzessive auf die syntak-

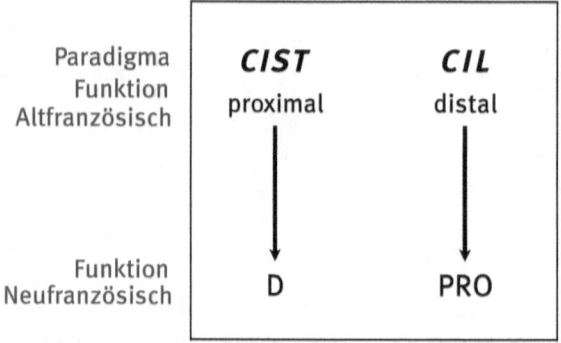

Abb. 1.1: Funktionale Entwicklung der Demonstrativa in der Geschichte des Französischen.

tische Ebene übertragen (cf. Kap. 3.3.2.1). Die *CIST*-Formen verlieren ihre proximale Markierung gegen Ende der mittelalterlichen Periode und spezialisieren sich auf die adnominale Position, wie Abb. 1.1 illustriert. Die *CIL*-Formen bauen parallel dazu ihren distalen Wert ab und werden auf den pronominalen Gebrauch festgelegt (cf. Abb. 1.1). Im modernen Französischen bleibt schließlich sowohl die formale als auch die funktionale Komplementarität des altfranzösischen Demonstrativsystems erhalten. Der Ordnungsparameter der funktionalen Opposition verschiebt sich jedoch von einer semantisch-pragmatischen Ausrichtung zu einer syntaktischen (cf. Abb. 1.1). Während die Wahl des Demonstrativums im Altfranzösischen von der Verweisdomäne abhängt, in der das Referenzobjekt verortet ist oder der es zugewiesen wird, bestimmt im modernen Französischen die Struktur des determinativen Syntagmas die Distribution der Formenparadigmen.

Die *CIST*- und *CIL*-Formen, die bis heute fortgeführt werden, bewahren im Zuge der diachronen Verschiebungen zwar ihren demonstrativen Wert, erfahren aber eine grundlegende Erneuerung ihres Verteilungsmechanismus. Dieser Prozess kann als Refunktionalisierung betrachtet werden (cf. Kap. 3.3.2.1) und zeigt sich am besten an einem Vergleich der altfranzösischen Beispiele in (1) und (2) mit ihren neufranzösischen Übersetzungen. Da die Formen des *CIST*-Paradigmas, die im modernen Französischen erhalten sind, heute nur mehr als Determinierer eingesetzt werden können, muss pronominales afr. *iceste* in (1) mit nfr. *celle-ci* übersetzt werden, das auf das *CIL*-Paradigma zurückgeht, wie in (3). Im Gegenzug muss adnominales afr. *cele* in (2) durch nfr. *cette* ersetzt werden, das aus dem *CIST*-Paradigma stammt, wie in (4), weil die tradierten *CIL*-Formen heute auf die pronominale Funktion beschränkt sind. Bei afr. *celi* in (2) muss wiederum keine paradigmatische Ersetzung vorgenommen werden. Als pronominale Form kann es im modernen Französischen durch nfr. *celle* (4) wiedergegeben werden, das, wie in (3) gesehen, aus dem *CIL*-Paradigma hervorgeht.

(3) Floire a fait remplir d'un très bon vin
une coupe d'or fin,
tout joyeux la tend à la dame:
« Je vous offre *celle-ci*
pour m'avoir donné des nouvelles
de Blanchefleur, la demoiselle.
C'est à cause d'elle que j'étais pensif
et que je soupirais pendant *ce* repas. »
(Übersetzung nach d'Orbigny 2003, 65)

(4) Elles remirent *cette* pomme à Pâris
et ensuite le prièrent
de la donner à la plus belle,
à *celle* qu'il estimât mieux.
(Übersetzung nach d'Orbigny 2003, 29)

Die paradigmatische Provenienz des Demonstrativartikels nfr. *ce* in (3), das adnominales afr. *cest* in (1) ersetzt, ist dagegen nicht eindeutig geklärt (cf. Kap. 3.3.1.1). Gleiches gilt für die Form nfr. *ces*, die ebenso auf die Determiniererfunktion festgelegt ist. Die Herkunft der modernen Formen kann über die Präsenz der distinktiven Morpheme *-t(t)* und *-l(l)* bestimmt werden. Das Morphem *-t(t)*, das aus afr. *st* entsteht, zeigt die Herkunft aus dem *CIST*-Paradigma an, wie bei nfr. *cette* in (4). Neben nfr. *cette* kann im modernen Französischen nur nfr. *cet* zweifelsfrei auf das *CIST*-Paradigma zurückgeführt werden, das ebenfalls als Demonstrativdeterminierer fungiert. Das Morphem *-l(l)* markiert dagegen die Filiation zum *CIL*-Paradigma, wie bei nfr. *celle* in (3) und (4). Auch die übrigen pronominalen Demonstrativformen nfr. *celles* und nfr. *celui* zeigen ihre diachrone Zugehörigkeit zum *CIL*-Paradigma durch *-l(l)* an. Eine Ausnahme stellt die Form nfr. *ceux* dar, in der *-l(l)* /l/ zu /u/ vokalisiert und schließlich mit dem Tonvokal /e/ zu /ø/ monophthongiert. Die Herkunft aus dem *CIL*-Paradigma ist bei nfr. *ceux* daher nicht mehr phonetisch greifbar, in der Graphie aber noch heute sichtbar.

Die Determinierer nfr. *ce* und nfr. *ces* verfügen dagegen über kein distinktives Morphem, das ihre paradigmatische Provenienz anzeigen würde. Die Unmarkiertheit der Formen nfr. *ce* und nfr. *ces* geht auf historische Reduktions- und Konvergenzprozesse zurück, die bei einigen Formen in adnominaler Stellung zum Verlust der unterscheidenden Konsonantencluster *-st* und *-l* geführt haben. So entstehen nfr. *ce* und nfr. *ces* lautgeschichtlich sowohl infolge eines Abbaus der Kodakonsonanten der Formen afr. *cest* (für nfr. *ce*) und afr. *cez* (für nfr. *ces*) aus der *CIST*-Serie als auch der Formen afr. *cel* (für nfr. *ce*) und afr. *cels*

Tab. 1.1: Nominale Demonstrativformen im modernen Französischen.

Demonstrativformen im Französischen		Determinierer	Altfranzösisches Etymon	Pronomen	Altfranzösisches Etymon
Singular	mask.	ce	< *cest* < *cel*	celui	< *celui*
		cet	< *cest*		
	fem.	cette	< *ceste*	celle	< *cele*
Plural	mask.	ces	< *cez* /cets/	ceux	< *cels*
	fem.		< *cels*	celles	< *celes*

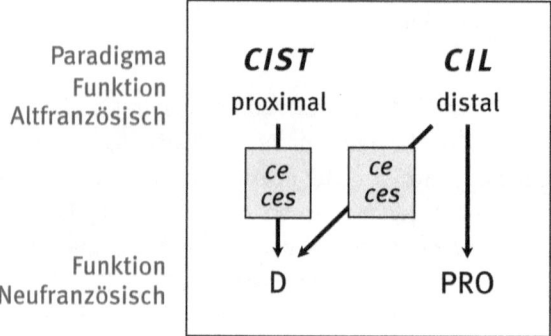

Abb. 1.2: Paradigmatische Filiation von *ce* und *ces*.

(für nfr. *ces*) aus der *CIL*-Serie, wie Tab. 1.1. zeigt (cf. Kap. 3.3.1.1). Aus diesem Grund stellen nfr. *ce* und nfr. *ces* Formen dar, die diachron weder exklusiv dem *CIST*- noch dem *CIL*-Paradigma zugeordnet werden können.

Die Ambivalenz der Herkunft der Determinierer nfr. *ce* und nfr. *ces* erzeugt einen Bruch in der Parallelität der funktionalen Entwicklung der altfranzösischen Demonstrativa. Wie Tab. 1.1 zeigt, sind zwar alle erhaltenen *CIST*-Formen heute auf die adnominale Position und somit auf die Determiniererfunktion festgelegt, jedoch nicht alle tradierten *CIL*-Formen auf die pronominale. Daraus ergibt sich, dass wohl alle modernen Demonstrativpronomina (nfr. *celui*, *celle*, *ceux*, *celles*) auf das altfranzösische *CIL*-Paradigma zurückgehen, aber nicht alle Demonstrativartikel ausschließlich dem *CIST*-Paradigma zugeschrieben werden können (nfr. *cet*, *cette* vs. nfr. *ce*, *ces*). Die schematische Darstellung in Abb. 1.1 muss folglich unter Berücksichtigung der paradigmatischen Doppelfiliation von *ce* und *ces* angepasst werden, wie in Abb. 1.2.

Die Formen *ce* und *ces* treten erstmals im 12. Jahrhundert in adnominaler Position in Erscheinung. Da afr. *ce* und afr. *ces* als Produkt lautlicher Konvergenzprozesse aus Formen beider Paradigmen entstehen und der distanzmarkierenden Morpheme -*st* (proximal) und -*l* (distal) entbehren, ist zu vermuten, dass sie auf semantischer Ebene als distanzneutral wahrgenommen werden (cf. Kap. 3.3.1.1, 3.3.1.2). Dafür spricht auch, dass *ce* und *ces* sowohl in *CIST*- als auch in *CIL*-Kontexten zum Einsatz kommen, wie die Beispiele in (5) und (6) zeigen. In (5) werden die Referenzobjekte von *ces flors*, *ces herbes* und *ces oisellon* im Raum verortet, der durch das distale *cele forest* aufgerufen wird und außerhalb der Sprecher-Origo liegt. In (6) verweist *ces barons* hingegen auf ein Referenzobjekt im Nahfeld des Sprechers, wie durch den Relativsatz *que je voi ci* deutlich wird.

(5) « Montés sor un ceval, fait il, s'alés selonc *cele forest* esbanoiier ; si verrés *ces flors* et *ces herbes*, s'orrés *ces oisellon* canter »

'«Steigt auf ein Pferd», sagt er, «und reitet in *jenem Wald* spazieren. Dann werdet Ihr *jene Blumen und Gräser* sehen und *jene Vögel* singen hören.»'
(*Aucassin et Nicolette*, §20)

(6) « Filz, fait ele, pour Deu merci,
croi *ces barons que je voi ci*. »

'«Mein Sohn», sagt sie, «bei Gottes Gnade, glaube *diesen Herren, die ich hier sehe*.»'
(*Roman de Thèbes*, V. 3823–3824)

Die paradigmatische Unmarkiertheit von *ce* und *ces* führt bereits im Altfranzösischen zur Ausgliederung der Formen aus den distanzmarkierten Paradigmen *CIST* und *CIL* und schließlich zur Neugruppierung als distanzneutrale und adnominale demonstrative Formenserie *CE*. Da das distanzneutrale Paradigma *CE* schon immer auf die Determinierfunktion festgelegt ist, erlebt es im Zuge der diachronen Entwicklung keine funktionalen Verschiebungen mehr, wohl aber einen paradigmatischen Zusammenschluss mit den Formen des *CIST*-Paradigmas, die sich auf die Determiniererfunktion spezialisieren, wie Abb. 1.3 illustriert.

Seit Dees (1971) gilt die Entstehung der distanzneutralen Determinierer *ce* und *ces* als erster und entscheidender Schritt der historischen Verschiebungen, die schließlich zum Verlust der lokaldeiktischen Markierungen und zur syntaktischen Ausdifferenzierung der Formenserien *CIST* und *CIL* geführt haben (cf. Kap. 3.3.1). In der Tat etabliert die adnominale Spezialisierung von *CE* das Prinzip der syntaktischen Einschränkung im nominalen Demonstrativsystem des Altfranzösischen und bereitet auf diese Weise den Weg für eine übergreifende

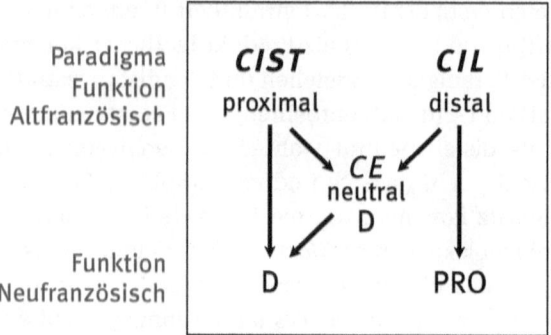

Abb. 1.3: Paradigmatische Eingliederung von *CE*.

syntaktische Organisation des Verteilungsmechanismus der Paradigmen. Die Genese von *CE* liefert jedoch noch keine Hinweise auf die funktionalen Beweggründe der Ausdifferenzierungsrichtung der tradierten Formen der *CIST*- und *CIL*-Paradigmen. Offen bleibt folglich, warum die erhaltenen *CIST*-Formen als Determinierer reanalysiert werden, während die *CIL*-Formen sich auf die pronominale Funktion spezialisieren (cf. Tab. 1.1). Diese Entwicklung ist umso erstaunlicher, als die paradigmatische Doppelfiliation der *CE*-Formen die funktionale Trennung zwischen *CIST* und *CIL* in der adnominalen Funktion aufbricht und *CIL* auf diese Weise in beiden Funktionsklassen vertreten ist.

Forschungsfragen

Ein Ziel dieser Studie ist es daher, zu untersuchen, welcher Zusammenhang zwischen den semantisch-pragmatischen Werten von *CIST* und *CIL* im Altfranzösischen und ihrer syntaktischen Spezialisierung in der Entwicklung zum Neufranzösischen besteht. Diese Fragestellung wurde in der Forschungsgeschichte zu den altfranzösischen Demonstrativa bislang nicht berücksichtigt. Die Monographie von Dees (1971) bietet zwar eine ausführliche Darstellung der Diachronie von *CIST* und *CIL*, widmet sich aber in erster Linie der Genese von *CE*, der Verschiebung der Frequenzverhältnisse der einzelnen Demonstrativformen und der Konstitution der modernen Determinierer- und Pronominalserie. Diachrone Aspekte spielen darüber hinaus bei Ganzlin (1888), Marchello-Nizia (1995), Pohoryles (1966) und Price (1968; 1969) eine Rolle. Ebenso wie bei Dees (1971) liegt auch in diesen Studien der Fokus auf der morphologischen Ebene und der frequentativen Verteilung der einzelnen Paradigmen. Ich werde in der vorliegenden Untersuchung dagegen zeigen, dass auch die funktionalen Profile von

CIST und *CIL* mit den diachronen Reallokationsprozessen in Zusammenhang gebracht werden können. Auf diese Weise werde ich darlegen, dass sich aus der Funktionalität der demonstrativen Kennzeichnungen eine Perspektive auf ihre Diachronie ergibt.

Um die Verknüpfungen zwischen der Semantik und der Ausdifferenzierungsrichtung von *CIST* und *CIL* aufdecken zu können, bedarf es zunächst der Analyse ihrer semantischen und pragmatischen Verteilung (cf. Kap. 3.3.1.2–3.3.1.3; Kap. 4–5). Ein weiteres Ziel dieser Arbeit ist es folglich, funktionale Profile der demonstrativen Formenparadigmen zu erstellen. Die semantisch-pragmatische Funktionalität von *CIST* und *CIL* ist Thema zahlreicher Forschungsarbeiten zum mittelalterlichen Französischen. In der Tat konzentriert sich sogar die Mehrheit der Untersuchungen zu den altfranzösischen Demonstrativa auf die Erfassung der semantischen Opposition von *CIST* und *CIL*, so die Studien von Giesecke (1880), Guillot (2005; 2006; 2010a; 2010b; 2012; 2013; 2015), Guillot-Barbance (2017), Guiraud (1967), Kleiber (1987b; 1990b), Mathews (1907), Marchello-Nizia (2003; 2004; 2005; 2006a; 2006b), Massé-Arkan (2011; 2013a; 2013b), McCool (1981) und Wilmet (1979).

Die Arbeiten zur Semantik und Pragmatik der Demonstrativa sind in erster Linie darauf ausgerichtet, einen Grundwert zu formulieren, der die Verteilung von *CIST* und *CIL* in allen Kontexten steuert. Zu hinterfragen ist hier die Perspektive des eindimensionalen Verteilungsmechanismus, den insbesondere Guillot (2005; etc.), Guillot-Barbance (2017), Kleiber (1987b) und Marchello-Nizia (2003; etc.) vertreten. Angesichts der Vielzahl an Faktoren, die das distributionale Verhalten proximaler und distaler Demonstrativa aus universaltypologischer Perspektive steuern können (cf. Kap. 2.2.2.2), erscheint die Reduktion der semantischen Opposition zwischen *CIST* und *CIL* auf einen Grundwert als zu starke Vereinfachung der funktionalen Möglichkeiten der Formen. In dieser Untersuchung werde ich daher für einen multifaktoriellen Verteilungsmechanismus von *CIST* und *CIL* argumentieren (cf. Kap. 3.3.1.3; Kap. 5–6).

Gänzlich unbeachtet bleibt in der Forschungsgeschichte zu den altfranzösischen Demonstrativa des Weiteren die semantische und pragmatische Rolle von *CE*. Die Analysen zu *CE*, wie in Dees (1971) oder Marchello-Nizia (1995) dargelegt, widmen sich in erster Linie den formalen Aspekten von *CE*. Die semantisch-pragmatische Funktionalität der distanzneutralen Formen wird hingegen nicht diskutiert. *CE* tritt im adnominalen Bereich in einigen Systemstellen in Konkurrenz zu *CIST* und *CIL*, bleibt den distanzmarkierten Alternativen in der mittelalterlichen Sprachstufe frequentativ jedoch noch deutlich unterlegen (cf. Kap. 3.3.2.1). Es stellt sich also unweigerlich die Frage, wie sich *CE* funktional in das Zusammenspiel von *CIST* und *CIL* im Altfranzösischen integriert, und in welchen Kontexten die Distanzneutralität von *CE* gegenüber den markierten *CIST*-

und *CIL*-Formen bevorzugt wird. In der vorliegenden Studie werde ich auch für diese Frage Antworten anbieten. Zur Bestimmung der semantisch-pragmatischen Funktionalität von *CE* werde ich das distributionale Verhalten von *CE* untersuchen und auch für das distanzneutrale Paradigma ein funktionales Profil erstellen.

Im Unterschied zu den vorangegangenen Untersuchungen unternimmt diese Studie schließlich den Versuch, funktionale und diachrone Aspekte miteinander zu verschränken. Sie ist daher bewusst multiperspektivisch ausgerichtet und bearbeitet drei Forschungsfragen:

1. Welche Mechanismen werden bei der Verteilung von *CIST*, *CIL* und *CE* in adnominaler Position wirksam und wie heben sich *CIST N*, *CIL N* und *CE N* funktional voneinander ab?[2]
2. Welchen Einfluss haben die funktionalen Profile von *CIST N*, *CIL N* und *CE N* auf die diachronen Reallokationsprozesse und ihre Ausrichtungen?
3. In welchem konzeptuellen Zusammenhang steht der Kontrastwert zwischen *CIST* und *CIL* im Altfranzösischen mit dem Kontrastverhältnis zwischen der demonstrativen Determinierer- und Pronominalserie im modernen Französischen?

Aufbau der Untersuchung

Die Gliederung der vorliegenden Untersuchung folgt der Ordnung der Forschungsfragen. Im Anschluss an die einleitenden Bemerkungen in diesem Kapitel, stelle ich in Kapitel 2 *Funktionen von Demonstrativa* Begriffe und Modelle zur theoretischen Erfassung und Beschreibung der Demonstrativa vor und entwickle das theoretische Grundgerüst, das der Funktionsanalyse der altfranzösischen Demonstrativa im weiteren Verlauf der Arbeit zugrunde liegt. Abschnitt 2.1 *Sprachphilosophische und semantische Perspektive* ist den Kategorien der Sprachphilosophie und Semantik gewidmet, mit deren Hilfe eine grundlegende Erfassung der demonstrativen Funktion und der Wirkungsbereiche demonstrativer Formen möglich wird. Abschnitt 2.2 *Sprachtypologische Perspektive* untersucht Demonstrativa von einem linguistisch vergleichenden Standpunkt aus. Hier spielen neben universaltypologischen Aspekten, im Besonderen in Bezug auf die Semantik proximaler und distaler Demonstrativa, auch Fragen des Spracherwerbs

---

[2] Im Folgenden setze ich die Notationen *CIST N*, *CIL N* und *CE N* ein, wenn ich ausschließlich das Verhalten der altfranzösischen Demonstrativparadigmen in adnominaler Position bespreche. *N* fungiert hier als Kürzel für das Nominalkomplement, das freilich nicht nur aus einem Nomen bestehen muss.

demonstrativer Formen und ihrer Frequenz im Sprachgebrauch eine Rolle. Abschnitt 2.3 *Syntaktische Perspektive* analysiert die syntaktische Struktur demonstrativer Kennzeichnungen, zeigt Unterschiede zwischen Demonstrativa in adnominaler und pronominaler Position auf und diskutiert die Möglichkeit, Pronomina funktional als Determinierer zu charakterisieren. Kapitel 2 bietet dem Leser insgesamt nicht nur eine umfassende und theoretisch breit gefächerte synthetische Darstellung des Forschungsstands zu den Demonstrativa, sondern arbeitet auch die Kategorien heraus, die für die Funktionsbeschreibung der altfranzösischen Demonstrativa und die Bildung fundierter Analysekriterien erforderlich sind. Soweit möglich geschieht die theoretische und konzeptuelle Begriffsbildung am Beispiel des modernen Französischen.

In Kapitel 3 *Demonstrativa in der Diachronie* rückt die diachrone Perspektive der demonstrativen Funktionsklasse und ihrer Ausdrucksformen in den Mittelpunkt. Abschnitt 3.1 *Entstehung und Entwicklung demonstrativer Formen* stellt universale Wandelprozesse demonstrativer Formen und Funktionen vor. Abschnitt 3.2 *Demonstrativa vom Lateinischen zu den romanischen Sprachen* untersucht die formale und funktionale Ordnung des lateinischen Demonstrativsystems und zeichnet die Reallokationsprozesse nach, die im Wandel vom Lateinischen zu den romanischen Sprachen stattgefunden und schließlich zur Konstitution des altfranzösischen Systems geführt haben. In Abschnitt 3.3 *Demonstrativa vom Altfranzösischen zum modernen Französischen* bespreche ich die formale Gliederung des altfranzösischen Demonstrativsystems, beleuchte die funktionalen Werte von *CIST* und *CIL*, insbesondere den Faktor ihrer Multidimensionalität, und zeige die diachronen Wandelprozesse, denen die Demonstrativa in der Geschichte des Französischen unterliegen. Kapitel 3 bietet insgesamt nicht nur eine ausführliche Synthese und Diskussion der Forschungsarbeiten zur funktionalen Ordnung der lateinischen und altfranzösischen Demonstrativa und ihrer diachronen Verschiebungen, sondern ordnet die Wandelprozesse auch in universale theoretische Zusammenhänge ein. Über vorherige Forschungsarbeiten zur Diachronie der altfranzösischen Demonstrativa gehe ich hier insbesondere durch die multidimensionale Interpretation der Werte von *CIST* und *CIL* und die Verknüpfung verschiedener Analyseperspektiven hinaus.

In Kapitel 4 *Empirische Untersuchung* präsentiere ich das Design der Korpusstudie, die durchgeführt wird, um die funktionalen Profile von *CIST*, *CIL* und *CE* auf empirischer Basis zu eruieren. In Abschnitt 4.1 *Korpus* wird das Textkorpus vorgestellt, das als Datengrundlage für die empirische Untersuchung der semantischen und pragmatischen Funktionalität der demonstrativen Kennzeichnungen im Altfranzösischen fungiert. Abschnitt 4.2 *Annotationskriterien* führt in die Analysekriterien ein, die zur Gruppierung der Okkurrenzen angewendet wurden. Von vorliegender Forschung hebt sich die empirische Untersuchung dieser Arbeit nicht nur durch die deutlich höhere Anzahl qualitativ annotierter Okkurrenzen ab, sondern auch durch das differenziertere Analyseinstrumentarium, das erstmals auch die Semantik der Nomina und die ontologischen Typen der Referenzobjekte als Verteilungsprinzipien berücksichtigt.

Kapitel 5 *Ergebnisse* ist der Präsentation und Analyse der Ergebnisse der empirischen Untersuchung gewidmet. Abschnitt 5.1 *Syntaktische Ebene* zeigt die Unterschiede in der syntaktischen Verteilung auf und bespricht die Präferenzen von *CIST N*, *CIL N* und *CE N* hinsichtlich syntaktischer Funktionen und Modifikationstypen. In Abschnitt 5.2 *Semantische Ebene* lege ich dar, welche Rolle die ontologische Profilierung des Referenzobjekts bei der Distribution der demonstrativen Kennzeichnungstypen im Altfranzösischen spielt. Abschnitt 5.3 *Pragmatische Ebene* dient der Analyse des distributionalen Verhaltens der Demonstrativa in Bezug auf die Verweisdomäne des Referenzobjekts.

In Kapitel 6 *Diskussion* bespreche ich die Ergebnisse der empirischen Untersuchung aus Kapitel 5 und ordne sie in übergeordnete theoretische und konzeptuelle Zusammenhänge ein. In Abschnitt 6.1 *Funktionen der altfranzösischen Demonstrativa* interpretiere ich die funktionalen Profile von *CIST N*, *CIL N* und *CE N* vor dem Hintergrund der synchronen Funktionsbeschreibung der Demonstrativa, die in Kapitel 2 geleistet wurde. In Abschnitt 6.2 *Diachronie der altfranzösischen Demonstrativa* werte ich die funktionalen Profile der demonstrativen Kennzeichnungstypen im Hinblick auf ihren Einfluss auf die diachronen Reallokationsprozesse und ihre Ausrichtungen aus, die in Kapitel 3 eingeführt wurden.

In Kapitel 7 *Schluss* lege ich schließlich dar, welche Antworten meine Untersuchung auf die Fragen anbietet, die weiter oben in diesem Kapitel formuliert wurden, und ordne meine Ergebnisse in den größeren Forschungszusammenhang ein.

2 Funktionen von Demonstrativa

Demonstrativa gelten als universale Wortklasse und zählen zu den ersten Funktionswörtern, die Kinder erwerben und einsetzen. Die Primordialität, die demonstrative Ausdrücke sowohl im Zeicheninventar als auch im Erwerbsprozess natürlicher Sprachen aufweisen, scheint zum einen ihrer Funktion in der sprachlichen Interaktion, zum anderen ihrer Art der referentiellen Verankerung geschuldet. Demonstrativa treten sowohl in adnominaler Position auf, wie fr. *cette* als Determinierer des Nomens *chaleur* in (1), als auch in pronominaler, wie fr. *celle-là* als pronominales Substitut der DP *la Mertueil* in (2). Zum einen sind Demonstrativa Ausdruck dafür, dass die Aufmerksamkeit des Sprechers auf ein bestimmtes Referenzobjekt gerichtet ist, wie die vom Sprecher empfundene *chaleur* in (1) und die *Merteuil* in (2). Zum anderen formulieren sie eine Aufforderung an den Interaktionspartner, seine Aufmerksamkeit ebenso auf das gegebene Referenzobjekt auszurichten (cf. Brugmann 1904, 5). Auf diese Weise erfüllen Demonstrativa den Zweck, ein gemeinsames Aufmerksamkeitszentrum zwischen Sprecher und Hörer herzustellen, und somit eine Grundfunktion zwischenmenschlicher Kommunikation.

(1) Demonstrativum in adnominaler Funktion
– Tu me vois toute la sainte après-midi, à attendre qu'y en ait un qui rentre pour me boire une menthe à l'eau ! Je vais me gêner, vé. Et demain, pareil. Tant qu'y fera *cette chaleur*, c'est pas la peine de s'empoisonner la vie.
(Jean-Claude Izzo, *Soléa*, p. 619)

(2) Demonstrativum in pronominaler Funktion
– Putain ! S'était énervé le jeune homme. On dirait *la Merteuil$_i$* !
– Qui c'est *celle-là$_i$* ?
– *Madame de Merteuil$_i$*. Dans un roman. Les Liaisons dangereuses.
– Connais pas. C'est une insulte ?
(Jean-Claude Izzo, *Soléa*, p. 604–605)

Demonstrativa laden den Hörer nicht nur dazu ein, seine Aufmerksamkeit auf ein im Bewusstseinsfeld des Sprechers zentrales Objekt auszurichten, sondern indizieren auch, dass dieses Objekt in einem Sprecher und Hörer gemeinsamen Bezugsrahmen verfügbar und folglich unmittelbar identifizierbar ist, sei es auf situativer Ebene, wie bei *cette chaleur* in (1), oder auf diskursiver Ebene, wie bei *celle-là* in (2). Durch die dezidierte Verankerung ihres Referenzobjekts im Gesprächs- oder Wissenskontext von Sprecher und Hörer unterscheiden sich Demonstrativa grundlegend von anderen definiten Determinierern, wie dem bestimmten Artikel und dem Possessivartikel. Das zeigt sich insbesondere daran, dass der Demonstrativartikel fr. *cette* in (1) nur dann durch den entsprechenden Definitartikel fr. *la* ersetzt werden kann, wenn *chaleur* durch einen Modifizierer erweitert wird, der eine situative Verankerung leistet, wie (3a) im Kontrast zu (3b) zeigt. Eine Ersetzung durch einen Possessivartikel wäre im Zusammenhang mit *chaleur* sogar nur in einem Kontext möglich, in dem die explizite Nennung eines Possessors vorliegt, wie (4a) im Kontrast zu (4b) zeigt, in dem *le soleil* als externer Possessor fungiert.

(3) Substitution durch Definitartikel
    a. # Tant qu'y fera *la chaleur*, c'est pas la peine de s'empoisonner la vie.
    b. Tant qu'y fera *la chaleur qu'il fait aujourd'hui*, c'est pas la peine de s'empoisonner la vie.

(4) Substitution durch Possessivartikel
    a. # Tant qu'y fera *sa chaleur*, c'est pas la peine de s'empoisonner la vie.
    b. Tant que *le soleil$_i$* sera en *sa$_i$ chaleur*, c'est pas la peine de s'empoisonner la vie.

Demonstrative Ausdrücke repräsentieren schließlich eine Zeigehandlung, die im Sprecher als intentionalem Subjekt ihren Ursprung hat, auf den Interaktionspartner ausgerichtet ist und das Ziel verfolgt, einen gemeinsamen Aufmerksamkeitsfokus in einem Zeigeobjekt herzustellen, das im Sprechkontext zugänglich ist (cf. Ehlich 2007, 19–20; auch Bürk 2019, 38). Zeigehandlungen, die durch Demonstrativa kodiert werden, weisen folglich fünf strukturelle Glieder auf: den (i) Sprecher, das (ii) Demonstrationsobjekt, das vom Sprecher ausgewählt wird, das (iii) Demonstrativum, das auf das vom Sprecher ausgewählte Objekt verweist, den (iv) Adressaten, der durch das Demonstrativum auf das vom Sprecher ausgewählte Objekt aufmerksam gemacht wird, und den (v) Sprechkontext, in dem die Instanzen (i–iv) verortet sind, wie Abb. 2.1 sichtbar macht.

Bei der wissenschaftlichen Analyse und Erfassung von Demonstrativa werden entsprechend den theoretischen Verortungen unterschiedliche Dimensionen der demonstrativen Referenz fokussiert. Sprachphilosophische Ansätze richten die Aufmerksamkeit in besonderem Maße auf die Erfahrungsrelation zwischen (i) Sprecher und (ii) Demonstrationsobjekt. Sie untersuchen die Relation (i) Sprecher zu (ii) Demonstrationsobjekt sowohl im Hinblick auf die Situationsbedingungen, die diese ermöglichen, als auch ihren Niederschlag im Bewusstsein des Sprechers und betrachten das Demonstrativum in erster Linie als Ausdruck dieser Erfahrungsrelation. Formal-semantisch orientierte Ansätze fokussieren in erster Linie die Denotationsrelation zwischen (iii) Demonstrativum und (ii) Demonstrationsobjekt. Sie untersuchen zum einen die Faktoren, die

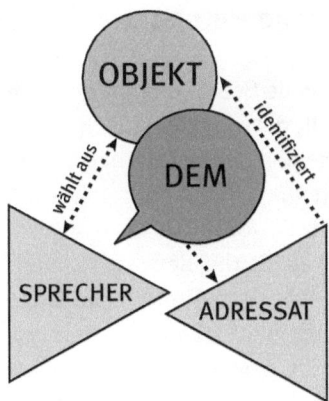

Abb. 2.1: Referenz durch demonstrative Ausdrücke.

dazu führen, dass ein Objekt als Zeigeobjekt eines Demonstrativums fungieren kann, und die Auswirkungen, die die Referentialisierung durch ein Demonstrativum auf die Repräsentation des Objekts beim Adressaten hat. Zum anderen untersuchen sie die referentielle Funktion des Demonstrativums im Kontrast zu konkurrierenden Referenzmitteln. Sprachtypologisch und syntaktisch ausgerichtete Forschungsarbeiten konzentrieren sich wiederum auf die formale Struktur des (ii) Demonstrativums selbst. Ausgehend von der Universalität der Demonstrativa als Wortklasse bildet die Erfassung der funktionalen und formalen Strukturen der Demonstrativsysteme der Sprachen der Welt sowie die Inventarisierung und Kategorisierung der bestehenden Systeme das Zentrum des Interesses der sprachtypologischen Forschung. Syntaktisch orientierte Forschungsarbeiten beschäftigen sich hingegen vorrangig mit der Position der Demonstrativa in der funktionalen Struktur der DP und den kategorialen und positionellen Unterschieden und Gemeinsamkeiten zwischen adnominalen und pronominalen Demonstrativa sowie dem Definitartikel.

Angesichts der Vielfalt an theoretischen Zugängen, die sowohl die linguistische als auch die sprachphilosophische Forschungslandschaft für die wissenschaftliche Analyse und Beschreibung von Demonstrativa zur Verfügung stellen, werde ich im Folgenden die Kategorien und Modelle, die für meine Untersuchung relevant sind, im Zusammenhang ihrer disziplinären Provenienz darlegen und diskutieren. Kapitel 2.1 widmet sich der sprachphilosophischen und formalsemantischen Perspektive auf die Kategorisierung von Demonstrativa, Kapitel 2.2 der sprachtypologischen Perspektive, Kapitel 2.3 schließlich der syntaktischen Perspektive.

2.1 Sprachphilosophische und semantische Perspektive

Partee (2016, 29) zufolge unterscheidet sich die Formale Semantik von anderen semantischen Theorien insbesondere in der Hinsicht, dass sie die Wahrheitsbedingungen eines Satzes als zentralen Bestandteil seiner Bedeutung betrachtet. Auch für die Sprachphilosophie spielt die Bestimmung von Wahrheitswerten und wahrheitsfunktionalen Bedeutungen eine zentrale Rolle bei der semantischen Analyse von Äußerungen. Seit Frege (1892) heißt die Bedeutung eines Satzes zu verstehen – in der fregeschen Terminologie der «Sinn» – die faktischen Bedingungen konstruieren zu können, in denen der Satz wahr sein kann, und aufbauend darauf ermitteln zu können, ob der Satz seine Bezugssituation richtig oder falsch beurteilt. Semantische Kompetenz umfasst in dieser Vorstellung somit nicht ausschließlich das Verständnis des propositionalen Gehalts eines Satzes, sondern auch die Kenntnis der Situationsbedingungen, unter denen ein gegebener Satz wahr ist.

Kompetente Sprecher beurteilen Propositionen folglich danach, ob sie in einer gegebenen Bezugssituation faktisch richtig oder falsch sind. Diese Kategorisierung impliziert zwei Grundannahmen, zum einen die Vorstellung, dass Sprecher bezüglich der faktischen Gegebenheiten des Äußerungskontexts Allwissenheit besitzen und folglich in der kategorialen Einschätzung unfehlbar sind, zum anderen die Vorstellung, dass die Bedeutungen von Ausdrücken objektiv und allgemeingültig sind (cf. Partee 2016, 29). Angenommen ein Sprecher äußert den Satz in (5), während er auf einen Schmetterling zeigt, der sich in seinem visuellen Feld bewegt. Die Proposition in (5) ist in der Bezugssituation als wahr einzustufen, wenn der vom Sprecher ausgewählte Schmetterling tatsächlich schön ist.

(5) Il est très beau, *ce papillon*.[3]

Trifft das Prädikativ *est très beau* hingegen nicht auf den entsprechenden Referenten der Subjekt-DP zu, ist die Aussage in (5) falsch. Scheitert die wahrheitsfunktionale Zuordnung der Subjekt-DP, weil der Sprecher eine Blauflügel-Prachtlibelle fälschlicherweise als Schmetterling identifiziert hat, sind je nach Kontext und Tradition verschiedene Bewertungen möglich.

Ist im Sprechkontext von (5) ein Objekt der Kategorie Schmetterling verfügbar, auf das die Prädikation *est très beau* zutrifft, ist die Aussage in der Tradition von Frege und Russell als wahr einzustufen, selbst wenn der Sprecher ein

---

[3] Beispiel (5) entspricht einem englischen Beispiel aus Božičković (1995, 12).

gegebenes Objekt nicht wahrgenommen hat oder keine Aussage darüber treffen wollte, wie Kripke (1977, 256) darlegt.[4] Stellt sich die Kategorisierung *est très beau* als unzutreffend für das im situativen Kontext gegebene Objekt der Kategorie Schmetterling heraus, gilt (5) als falsch, selbst wenn der vom Sprecher gezeigte falsche Schmetterling tatsächlich schön ist, ja sogar vom Adressaten der Äußerung als Prädikatssubjekt erfasst wurde (cf. Kripke 1977, 256). Findet sich im Umfeld der Äußerung wiederum kein Objekt der Kategorie Schmetterling, ist die Proposition in (5) aufgrund der kategorialen Fehleinschätzung *ce papillon* im Sinne von Russell ebenso falsch (cf. Kripke 1977, 256). Im Sinne von Frege wiederum konstituiert die Nichteinlösung der Präsupposition *ce papillon* eine Wahrheitswertslücke, die die wahrheitsfunktionale Bewertung der Proposition insgesamt unmöglich werden lässt (cf. Kripke 1977, 256; auch Hunter 2013).

Beurteilt man die Äußerung in (5) hingegen entsprechend ihrem kommunikativen Erfolg, der in der richtigen Identifikation des vom Sprecher angesteuerten Referenzobjekts durch den Adressaten besteht, ergibt sich ein positiveres Bild. Denn auch wenn die kategoriale Kennzeichnung faktisch falsch ist, wie im vorherigen Abschnitt diskutiert, behindert sie die referentielle Auflösung des Prädikatssubjekts durch den Adressaten in der sprachlichen Realität nur im Fall, dass dieser einen anderen verfügbaren echten Schmetterling als Referenten identifiziert.

Der Erfolg der Konversation ist wiederum nicht gefährdet, wenn der Adressat das vom Sprecher angesteuerte Objekt trotz der kategorialen Fehleinschätzung erschließen kann, weil ihn entweder nichtsprachliche Signale eindeutig zum vom Sprecher ausgewählten Objekt lenken, z. B. richtungsweisende Mimik oder Gestik, der Adressat die Libelle auch als Schmetterling erkannt hat oder um die Verwechslungsgefahr dieser Libellenart mit Schmetterlingen weiß. Selbst wenn der Adressat die Assertion *est très beau* zurückweist, da er das Insekt nicht für schön befindet, wie in (6a), oder die Präsupposition *ce papillon* ablehnt, da er erkennt, dass es sich dabei um eine Libelle handelt, wie in (6b), setzt dies als ersten Schritt eine referentielle Auflösung von *ce papillon* im Sinne des Sprechers voraus.

(6) a. Non. Je ne le trouve pas beau. Je n'aime pas les papillons.
    b. Oui. Il est très beau. Mais ce n'est pas un papillon. C'est une libellule.

Es besteht folglich ein erhebliches Ungleichgewicht zwischen dem kommunikativen Erfolg einer Äußerung, die eine kategoriale Fehleinschätzung auf referen-

---

4 Kripke (1977) argumentiert in Bezug auf Beispiele, die definite Kennzeichnungen zur Denotation des Referenzobjekts enthalten.

tieller Ebene enthält, und ihrer wahrheitsfunktionalen Bewertung im Sinne von Frege und Russell. Aus diesem Grund kann die kategoriale Fehleinschätzung mit Kripke (1977) als irrelevant für die wahrheitsfunktionale Auswertung der Aussage betrachtet werden, sofern die Behauptung auf das intendierte, jedoch falsch kategorisierte Referenzobjekt tatsächlich zutrifft und der Adressat dieses richtig ermittelt hat, was auch für (5) im Falle einer falschen Kennzeichnung des intendierten Referenzobjekts durch *papillon* angenommen werden kann.

Eine positive wahrheitsfunktionale Bewertung ergibt sich automatisch, wenn zwischen dem semantischen Referenten und dem Sprecherreferenten einer referentiell gebrauchten Nominalgruppe unterschieden wird, wie Kripke (1977) vorschlägt. Während der semantische Referent das abstrakte Objekt darstellt, das von der nominalen Kennzeichnung intensional hervorgebracht wird, entspricht der Sprecherreferent dem tatsächlichen Objekt, über das der Sprecher eine Aussage treffen möchte, unabhängig davon, ob es der nominalen Kennzeichnung, die zum Verweis eingesetzt wird, kategorial entspricht oder nicht, wie Kripke (1977, 263–264) darlegt.

> «So, we may tentatively define the speaker's referent of a designator to be that object which the speaker wishes to talk about, on a given occasion, and believes fulfills the conditions for being the semantic referent of the designator. He uses the designator with the intention of making an assertion about the object in question (which may not really be the semantic referent, if the speaker's belief that it fulfills the appropriate semantic conditions is in error). The speaker's referent is the thing the speaker referred to by the designator, though it may not be the referent of the designator, in his idiolect» (Kripke 1977, 264).

Kripke (1977) zeigt anhand der vorgeschlagenen Differenzierung zwischen *semantic referent* und *speaker's referent*, dass nicht nur die Intensionsmerkmale der nominalen Kennzeichnung dazu dienen, den Referenten zu determinieren, sondern auch die Intention des Sprechers. Im Unterschied zu Frege und Russell kann mit dem Modell von Kripke (1977) auch dann eine wahre Aussage über einen Referenten getroffen werden, wenn die vom Sprecher ausgewählte nominale Kennzeichnung zur Denotation des Referenten zwar eine kategoriale Fehleinschätzung darstellt, vom Sprecher jedoch wider besseren Wissens als passend erachtet wird (cf. auch Donnellan 1966, 292–297; Récanati 2012b, 34–35). Auf diese Weise relativiert Kripke (1977) die in der fregeschen und russellschen Tradition implizierte Unfehlbarkeitsanforderung an den Sprecher, wenn es darum geht, Referenzobjekte oder -situationen kategorial zu bestimmen.

Die Referenzintention des Sprechers als entscheidendes Kriterium für die wahrheitsfunktionale Bewertung zu betrachten, wie Nunberg (1993) und Récanati (2010a, 182–184) vorschlagen, erweist sich nicht nur im Fall von kategorialer Fehleinschätzung des Referenzobjekts als wesentlich, sondern auch im Fall von Referenzambiguität. Eine referentielle DP, wie *ce papillon* in (5), ist dann mehrdeutig, wenn sie nicht genügend Informationen liefert, um das intendierte Referenzobjekt in der Äußerungssituation eindeutig zu bestimmen. *Ce papillon* in (5) wird beispielsweise ambig, wenn im visuellen Feld des Adressaten mehrere Schmetterlinge verfügbar sind und somit verschiedene Objekte als Referent in Frage kommen. In diesem Fall genügen die sprachlich vermittelten Informationen nicht, das Verweisobjekt der demonstrativen DP zu identifizieren, ebenso wie im Beispiel der kategorialen Fehleinschätzung. Vielmehr legt die Referenzintention des Sprechers, die über nicht-sprachliche Signale angezeigt werden kann, das Verweisobjekt fest, wie in (5). Gelingt es dem Adressaten, das vom Sprecher angesteuerte Objekt innerhalb der Menge der verfügbaren Objekte zu identifizieren, ist der Referenzakt erfolgreich (cf. Récanati 2010a, 7). Da Demonstrativa keine Unikalitätspräsupposition leisten, kann die Assertion in (5) somit auch im Fall von Referenzambiguität als wahr eingestuft werden, sofern die Prädikation *est très beau* auf das vom Sprecher angesteuerte Objekt zutrifft.

Die Relevanz der Sprecherintention bei der Bestimmung demonstrativer Referenzobjekte kann mit der Vorstellung in Verbindung gebracht werden, dass Demonstrativa lediglich die sprachliche Repräsentation eines sich in der Kognition ereignenden *demonstrative thought* darstellen, wie Nogueira de Carvalho (2016) und Raftopolous/Müller (2006) vertreten. Der Begriff *demonstrative thought* bezeichnet, so Nogueira de Carvalho (2016, 2), sowohl die kognitive Fähigkeit, im perzeptiven Feld verfügbare spezifische Objekte auswählen und zum Thema der eigenen Gedanken zu machen, als auch das kognitive Ereignis selbst, das stattfindet, wenn wir ein perzeptiv erfasstes Objekt mental fokussieren. Ein *demonstrative thought* entsteht, wenn sich ein Individuum mit einem spezifischen Einzelobjekt gedanklich beschäftigt, das es aus der Menge der in seinem Wahrnehmungsfeld verfügbaren Objekte ausgewählt hat, und mit dem es in einer perzeptiven Verbindung steht. *Demonstrative thoughts* sind insofern nicht mit Perzeption gleichzusetzen, obwohl sie auf der perzeptiven Erfassung eines Objekts basieren. Vielmehr involvieren sie eine erhöhte Aufmerksamkeitszuweisung an ein Einzelobjekt, die weit über bloße Perzeption, sei diese intentional oder nicht intentional, hinausgeht.

So kann ein Individuum ein Objekt lediglich perzeptiv erfassen, ohne es zum Thema zusätzlicher kognitiver Auseinandersetzungen zu machen. Beispielsweise könnte der Sprecher aus (5), bevor er die Äußerung in (5) tätigt, einen Schwarm Schmetterlinge betrachten, gleichzeitig aber über einen Artikel nachdenken, den er am Morgen in der Zeitung gelesen hat. Verwickelt ein Individuum ein Wahrnehmungsobjekt nicht in kognitive Aktivitäten, die das reine perzeptive Ereignis überschreiten, findet kein *demonstrative thought* statt. Vielmehr ereignet sich ein *demonstrative thought* erst dann, wenn das Individuum das Perzeptionsobjekt in zusätzliche kognitive Prozesse integriert, beispielsweise in Attributs- oder Meinungszuschreibungen, und somit zum Zentrum seiner kognitiven Verhandlungen erhebt. Der Sprecher aus (5) führt folglich erst in dem Moment einen *demonstrative thought* aus, in dem er einen der Schmetterlinge aus seinem Wahrnehmungsfeld auswählt und in eine Prädikation integriert, wie (5) zeigt. Dieser Prozess kann durch Demonstrativa, wie *ce papillon* in (5), sprachlich sichtbar gemacht werden, findet jedoch grundsätzlich unabhängig von der Ebene der sprachlichen Veräußerung statt (cf. Raftopolous/Müller 2006, 253).

Demonstrative thoughts und Demonstrativa als ihrem sprachlichen Ausdruck können mit Nogueira de Carvalho (2016, Kap. 1) schließlich drei Eigenschaften zugeschrieben werden: (i) sie basieren auf einer *perzeptiven Relation* zwischen einem Individuum und einem Objekt, (ii) sie entstehen, wenn das Individuum seine *Aufmerksamkeit* auf das perzipierte Objekt lenkt, indem es beispielsweise eine Prädikation über das Objekt trifft und (iii) sie beziehen sich auf *spezifische Objekte*. Auch wenn sich der Gebrauch demonstrativer Formen nicht auf Kontexte beschränkt, die die in (i–iii) formulierten Eigenschaften aufweisen, repräsentieren sie die Merkmale prototypischer demonstrativer Gebrauchssituationen, die in vielen Arbeiten als Grundlage für die Funktionsbeschreibung von Demonstrativa dienen. Darüber hinaus knüpfen die von Nogueira de Carvalho postulierten Merkmale in (i–iii) an die Begriffe *Indexikalität*, so der Wert (i) der situativen Zugänglichkeit des Referenzobjekts, *Referenz*, so die Werte (ii–iii) der Aufmerksamkeitszuweisung und Bezugnahme auf ein singuläres Objekt, und *Definitheit* an, so der Wert (iii) der Bezugnahme auf ein spezifisches Einzelobjekt, in deren Kontext Demonstrativa in der Sprachphilosophie traditionell verhandelt werden. Diese begriffliche Ordnung liegt auch der Funktionsbeschreibung der Demonstrativa im weiteren Verlauf dieses Kapitels zugrunde. Kapitel 2.1.1 widmet sich Demonstrativa zunächst in ihrer Funktion als indexikalische Zeichen, Kapitel 2.1.2 ihrer Funktion als referentielle Mittel und Kapitel 2.1.3 schließlich ihrer Funktion als definite Ausdrücke.

2.1.1 Demonstrativa als indexikalische Zeichen

Demonstrativa zählen zur Gruppe der indexikalischen Zeichen, zu der neben Personalpronomina (wie fr. *je* oder *tu*) und Lokaladverbien (wie fr. *ici* oder *là*) auch Relativpronomina (wie fr. *laquelle* oder *qui*) und Indefinitpronomina (wie fr. *quelqu'un*) gehören. In Anbetracht der Vielfalt an Funktionsklassen innerhalb der indexikalischen Gruppe stellt sich die Frage, welche Merkmale indexikalische Zeichen gemeinsam haben, in welchen Aspekten sich Demonstrativa von anderen indexikalischen Zeichen unterscheiden, und wie die indexikalische Zeichenqualität den Gebrauch und die funktionale Auswertung der Demonstrativa steuert. In diesem Kapitel widme ich mich daher in Abschnitt 2.1.1.1 *Indexikalität* zunächst der Erfassung des Indexikalitätsbegriffs im Allgemeinen, Abschnitt 2.1.1.2 *Indexikalität im sprachlichen Zeichensystem* geht dann der Frage nach, wie sich Indexikalität auf sprachlicher Ebene manifestiert, Abschnitt 2.1.1.3 *Die symbolische Qualität indexikalischer Zeichen* zeigt die Polyvalenz indexikalischer Zeichen auf, Abschnitt 2.1.1.4 *Die Kontextsensitivität* die Abhängigkeit ihrer Analyse von den Äußerungsbedingungen.

2.1.1.1 Indexikalität

In der peirceschen Theorie der Zeichenmodalitäten stellt die Indexikalität – neben der ikonischen und der symbolischen – eine der drei grundlegenden Zeichenrelationen dar (cf. Peirce [1893–1910]). Im Unterschied zum ikonischen und zum symbolischen Zeichen steht das indexikalische Zeichen, so Peirce ([1893–1910]), sowohl in Kontakt mit dem Objekt, das es repräsentiert («the individual object», cf. Zitat unten), als auch mit dem Individuum, das es als Zeichen versteht und auswertet («the person for whom it serves as a sign», cf. Zitat unten).

> «[An index is] a sign, or representation, which refers to its object not so much because of any similarity or analogy with it, nor because it is associated with general characters which that object happens to possess, as because it is in dynamical (including spatial) connection both with the individual object, on the one hand, and with the senses or memory of the person for whom it serves as a sign, on the other hand» (Peirce [1893–1910], 107–108).

Für Peirce ([1893–1910]) stellt ein Index ein dynamisches Verbindungselement zwischen einer Referenzgröße auf der einen Seite und einem auswertenden Subjekt auf der anderen Seite dar. Sobald der Index von einem Subjekt als Zeichen erfasst und dekodiert wird, bündelt er die Aufmerksamkeit des dekodierenden Subjekts und leitet sie automatisch auf das indizierte Objekt um, so Peirce ([1885], 232). Beispielsweise fungiert ein Blitz als Index für den Donner, der grundsätzlich auf einen Blitz folgt. Er richtet die Aufmerksamkeit des Interpreten nämlich automatisch auf die Erwartung des Donners und auf den Moment im Anschluss, für den der Donner erwartet wird. Ebenso fungiert hohe Luftfeuchtigkeit als Index für kommenden Regen oder der Polarstern als Index für die Himmelsrichtung Norden.

> «[T]he *index*, which like a pointing finger, excercises a real physiological *force* over the attention, like the power of a mesmerizer, and directs it to a particular object. [...] A blinding flash of lightning forces my attention and directs it to a certain moment of time with

an emphatic ‹Now!›[.] Directly following it, I may judge that there will be a terrific peal of thunder, and if it does not come I acknowledge an error» (Peirce [1885], 232).

Der Kontaktkanal zwischen dem Index und dem Verweisobjekt kann sowohl raumzeitlicher als auch kausaler Natur sein. Während Index und Objekt in den Verweispaaren ‹Blitz/Donner› und ‹Polarstern/Norden› raumzeitlich miteinander verknüpft sind, besteht zwischen einem Fußabdruck im Schnee und dem Tier oder dem Menschen, von dem er stammt, sowie zwischen einem Einschussloch in einer Gipsfigur und dem Schuss, der es hervorgebracht hat, in erster Linie ein kausaler Zusammenhang, wie Peirce ([1893–1910], 104) skizziert.

> «An *index* is a sign which would, at once, lose the character which makes it a sign if its object were removed, but would not lose that character if there were no interpretant. Such for instance is a piece of mould with a bullethole in it as sign of a shot; for without the shut there would have been no hole; but there is a hole there, whether anybody has the sense to attribute it to a shot or not» (Peirce [1893–1910], 104).

Kausale Indices unterscheiden sich nicht nur in Bezug auf den Kontaktkanal von raumzeitlichen, sondern auch in Bezug auf die Verfügbarkeit ihres Referenzobjekts. Während das Referenzobjekt dem Interpreten im Fall von raumzeitlicher Kontiguität grundsätzlich perzeptiv zugänglich ist, solange er sich im selben Raumzeitkontext wie Index und Objekt befindet, ist das Referenzobjekt im Fall von kausaler Kontiguität für das interpretierende Subjekt nicht zwangsläufig perzeptiv verfügbar.

Beispielsweise kann der Interpret von Fußspuren im Schnee zwar erkennen, dass die Spuren von einem Menschen stammen, er kann den bestimmten Menschen, der Urheber der Spuren ist, allerdings nur dann erfassen, wenn dieser in raumzeitlicher Kontiguität zu den Spuren steht, da er sich beispielsweise noch in der Nähe aufhält oder über das Verfolgen der Fußabdrücke aufspüren lässt. Sind die Spuren bereits mehrere Tage alt, hat der Verursacher bereits schneefreie Wege eingeschlagen oder wurden die Spuren stellenweise von anderen Spuren überlagert, kann das Referenzobjekt perzeptiv nicht mehr ermittelt werden. Ebenso verhält es sich mit dem Einschussloch in der Gipsfigur: der Interpret kann zwar erkennen, dass das Einschussloch in der Gipsfigur Resultat eines bestimmten Schusses ist, den Schuss an sich kann er jedoch nicht mehr perzeptiv erleben, sondern nur imaginär rekonstruieren. Das Referenzobjekt kausaler Indices ist folglich nicht perzeptiv verfügbar, sondern wird nur indirekt durch den Index repräsentiert. Das Referenzobjekt raumzeitlicher Indices dagegen ist unmittelbar perzeptiv verfügbar.

Voraussetzung für die Funktion des Indexes ist sowohl im raumzeitlichen als auch im kausalen Kontext und unabhängig vom Verfügbarkeitsmodus des Referenzobjekts die Existenz eines Objekts, auf das der Index verweisen kann, so Peirce ([1893–1910], 104). Ohne ein solches Zeigeobjekt könnte das zeigende Element nicht als Index fungieren und ausgewertet werden, ja überhaupt existieren. Beispielsweise würde ohne kommenden Regen die Luftfeuchtigkeit nicht steigen. Ebensowenig gäbe es ohne ein im Schnee sich bewegendes Wesen Fußabdrücke dieses Wesens im Schnee. Im Umkehrschluss gilt wiederum: existiert ein Index, existiert ein Objekt, auf das er verweist. Aufgrund der existentiellen Abhängigkeit des Index von seinem Referenzobjekt tritt der Index als Garant für die tatsächliche Existenz seines Referenzobjekts ein, sei dieses in der Bezugssituation direkt verfügbar oder nur indirekt durch den Index repräsentiert. Somit erfüllt der Index eine epistemische Funktion.

Aufgrund der raumzeitlichen oder kausalen Kontiguität von Index und indiziertem Objekt bildet der Index teilweise Eigenschaften seines Referenzobjekts ab. Die Merkmale, die er mit dem indizierten Objekt teilt, ermöglichen es ihm sogar erst, als Index für das entsprechende Objekt fungieren zu können. So kann der Polarstern nur als Index für die geographische Richtung Norden ausgewertet werden, da er sich in der Nähe des himmlischen Nordpols befindet. Die hohe Luftfeuchtigkeit wird als Indikator für kommenden Regen ausgewertet, da Index und Referenzobjekt das Merkmal Feuchtigkeit teilen. Fußspuren im Schnee wiederum bilden sowohl die Fuß- bzw. Schuhform des Referenzobjekts ab als auch die Richtung, in die sich der Spurenverursacher bewegt hat.

> «An *Index* is a sign which refers to the Object that it denotes by virtue of being really affected by that Object. [...] In so far as the Index is affected by the Object, it necessarily has some Quality in common with the Object, and it is in respect to these that it refers to the Object» (Peirce [1893–1910], 102).

Index und Referenzobjekt bilden eine existentielle Einheit, die unabhängig davon existiert, ob sie von einem Subjekt erkannt und dekodiert wird oder nicht. Zieht ein Index allerdings die Aufmerksamkeit eines interpretierenden Subjekts auf sich, steuert er sie automatisch in Richtung seines Referenzobjekts. Im Zuge ihrer aufmerksamkeitslenkenden Funktion kann den Indices, so Peirce ([1885], [1893–1910]), ein exklamatorischer, ja sogar imperativischer Wert zugeschrieben werden. Indices implizieren folglich eine imperativische Aussage im Sinne von ‹Sieh her!› oder ‹Schau da!›. Auf diese Weise erwecken sie die Aufmerksamkeit des auswertenden Subjekts und sind als Aufforderung zu verstehen, nach dem Objekt Ausschau zu halten, auf das der Index das Subjekt verweisen will (cf. Peirce [1893–1910]).

> «Icons and indices assert nothing. If an icon could be interpreted by a sentence, that sentence must be in a ‹potential mood›, that is, it would merely say, ‹Suppose a figure has three sides›, etc. Were an index so interpreted, the mood must be imperative, or exclamatory, as ‹See there!› or ‹Look out!›» (Peirce [1893–1910], 111).

«The index asserts nothing; it only says ‹There!› It takes hold of our eyes, as it were, and forcibly directs them to a particular object, and there it stops» (Peirce 1885, 181).

Entsprechend den Darstellungen in Peirce ([1885]; [1893–1910]) können indexikalischen Zeichen schließlich drei zusammenhängende Merkmale zugeschrieben werden: (i) Indices werden von ihrem Referenzobjekt selbst generiert, die Existenz indexikalischer Zeichen ist demnach von der Existenz des Referenten abhängig. (ii) Der Index steht infolge der existentiellen Abhängigkeit in raumzeitlicher oder kausaler Kontiguität zum Referenzobjekt. (iii) Der Index fungiert als Attraktor, der dazu dient, die Aufmerksamkeit eines interpretierenden Subjekts auf das Referenzobjekt zu lenken.

2.1.1.2 Indexikalität im sprachlichen Zeichensystem

Auch innerhalb des sprachlichen Zeichensystems finden sich Zeichen, die vornehmlich eine hinweisende Funktion erfüllen und folglich indexikalische Qualität aufweisen. Peirce ([1893–1910], 110–111) definiert sprachliche Indices als in unterschiedlichem Maße detaillierte Hinweise, die für den Adressaten als Anleitung zu verstehen sind, wie er das intendierte Referenzobjekt identifizieren kann. Im sprachlichen Zeichensystem erfüllen sowohl Personalpronomina, Possessiva und Demonstrativa als auch Relativpronomina eine hinweisende Funktion, wie Peirce ([1893–1910], 110; [1904], 307) skizziert.[5] Demonstrativa sind indexikalisch, weil sie den Adressaten dazu aufrufen, ihre Aufmerksamkeit auf ein bestimmtes Objekt zu richten, um auf diese Weise eine Verbindung zu dem gegebenen Objekt entstehen zu lassen.

«The demonstrative pronouns, ‹this› and ‹that›, are indices. For they call upon the hearer to use his powers of observation, and so establish a real connection between his mind and the object; and if the demonstrative pronoun does that – without which its meaning is not understood – it goes to establish such a connection; and so is an index. The relative pronouns, *who* and *which*, demand observational activity in much the same way, only with them the observation has to be directed to the words that have gone before» (Peirce [1893–1910], 110).

Im Unterschied zu Peirce ([1893–1910], 110) bezeichnet Bühler ([1934]/1965, 86, 105–106) Ausdrücke, die wie Demonstrativa indexikalisch fungieren, nicht als

---

5 Peirce nennt zwar exemplarisch einzelne Zeichen und funktional zusammengehörende Zeichengruppen, die indexikalischen Zeichenwert aufweisen, macht jedoch keine vollständige Bestandsaufnahme des indexikalischen Zeicheninventars. Braun (2015, Kap. 1–2) bietet sowohl eine Inventarisierung aller sprachlichen Zeichen oder Zeichengruppen am Beispiel des Englischen, die in sprachphilosophischen Untersuchungen bisher als indexikalisch gewertet wurden, als auch eine Inventarisierung der am häufigsten untersuchten indexikalischen Zeichen.

Indices oder indexikalische Zeichen, sondern führt diese Zeichenkategorie unter dem Begriff der *Zeigwörter* ein. Bühlers ([1934]/1965, 105–106) Definition der Zeigwörter stimmt größtenteils mit den Darstellungen zur indexikalischen Funktion im sprachlichen Zeichensystem von Peirce ([1893–1910], 110) überein. So beschreibt auch Bühler ([1934]/1965, 105–106) die Zeigwörter als aufmerksamkeitslenkende Mittel, die dazu dienen, den Adressaten der Äußerung auf ein Element des Sprechkontextes zu verweisen. Je nach sprachlichem Indextyp machen Zeigwörter den Adressaten für bestimmte Identifizierungshilfen empfänglich und liefern ihm auf diese Weise Hinweise, auf welche situativen Umstände die Bezugnahme ausgerichtet ist, so Bühler ([1934]/1965, 105–106). Diese aufmerksamkeitssteuernde Funktion bezeichnet Bühler ([1934]/1965, 117) auch als «deiktisches Moment» und konstituierendes Merkmal der Klasse der Zeigwörter. Das deiktische Moment steuert die Bezugnahme von Zeigwörtern in allen «Modi des Zeigens», d. h. sowohl in situativen (*demonstratio ad oculos*) als auch in nicht-situativen Verweisräumen (*anaphorisches Zeigen* und *Deixis am Phantasma*).

> «Kurz gesagt: die geformten Zeigwörter, phonologisch verschieden voneinander wie andere Wörter, steuern den Partner in zweckmäßiger Weise. Der Partner wird angerufen durch sie, und sein suchender Blick, allgemeiner seine suchende Wahrnehmungstätigkeit, seine sinnliche Rezeptionsbereitschaft wird durch die Zeigwörter auf Hilfen verwiesen, gestenartige Hilfen und deren Äquivalente, die seine Orientierung im Bereich der Situationsumstände verbessern, ergänzen. [...] Diese Formel gilt [...] für alle Modi des Zeigens, für die anaphorische und die Deixis am Phantasma genau so gut wie für die ursprüngliche Art, die demonstratio ad oculos» (Bühler [1934]/1965, 105–106).

Demonstrativa sind nicht auf einen Zeigemodus festgelegt. So können sie sowohl auf situativer Ebene referentielle Bezüge herstellen, wie *ce gamin là-bas* und *ce gosse* in (7), als auch auf endophorischer, wie *ce mec* in (8), das koreferentiell auf die Figur *Bruno* verweist, die im situativen Äußerungskontext zwar nicht physisch präsent ist, jedoch sprachlich verhandelt wird. Dass Peirce ([1893–1910], 110) die indexikalische Funktion nicht auf die Herstellung von Referenzbezügen im perzeptiv erfassbaren exophorischen Verweisraum beschränkt, sondern auch den endophorischen Verweisraum miteinbezieht, zeigt sich daran, dass er Relativpronomina als indexikalisch klassifiziert, die ausschließlich auf phorischer Ebene operieren können.[6] Ebenso wie Demonstrativpronomina dienen Relativpronomina nämlich dazu, die Aufmerksamkeit des Adressaten auf ein verfügbares Objekt zu richten. Relativpronomina verweisen jedoch ausschließlich auf

---

6 Auch Bühler ([1934]/1965, 116–117) spricht Relativpronomina einen «deiktischen Beruf» zu (cf. auch p. 121).

sprachlich artikulierte Antezedenten zurück, die dem Relativpronomen unmittelbar vorhergehen, wie *qui* in (8).

(7) Coline Sergent: Tu vois *ce gamin là-bas* ? C'est la première fois que je le vois et il m'a dit que c'est mon fils.
Omar: Et c'est vrai ?
Coline Sergent: Oui, c'est possible, et alors ? On s'est fait la bise et puis quoi ? Qu'est-ce que tu veux que j'en foute de *ce gosse* ?
Omar: C'est normal qu'il veuille voir sa mère un jour. Il n'attend rien de spécial. C'est pas méchant.
(*Paris* 2014, ep. 3, min. 07:31–07:49)

(8) Michel Ardent: Qu'est-ce qui ne va pas avec *Bruno$_i$* ?
Magali: Comment ça qu'est-ce qui ne va pas ?
Michel Ardent: Je sens bien c'est tendu. C'est dommage. Vous êtes tous les deux de gros bosseurs, compétents, généreux. Je comprends pas qu'est-ce qui se passe.
Magali: Je peux te parler franchement ? Pour moi, tu as fait une erreur de prendre *ce mec$_i$*. Il est peut-être sorti premier de l'ENA, mais il a le sens politique d'un poulpe.
Michel Ardent: Justement. J'attendais que tu lui apprennes la politique. Que tu le coaches.
Magali: Le problème de [*ces mecs*]$_i$ *qui$_i$* sont des Grandes Écoles c'est qu'on leur a tellement répété qu'ils sont géniaux qu'ils le croient. Bruno ne peut pas concevoir qu'une femme soit meilleure que lui. Surtout une femme de cinquante ans.
(*Paris* 2014, ep. 3, min. 12:25–12:55)

Ce mec und *qui* in (8) zeigen, dass das Referenzobjekt indexikalischer Ausdrücke nicht zwangsläufig im situativen Äußerungskontext präsent sein muss, ebenso wie bei nichtsprachlichen kausalen Indices gesehen. Demonstrativa setzen selbst die diskursive Präsenz des Referenten, wie sie bei *ce mec* in (8) gegebenen ist, das koreferentiell zu dem in der unmittelbaren Interaktionsgeschichte verhandelten Diskursreferenten *Bruno* ist, nicht voraus. Vielmehr können die Interaktionspartner auch Diskursreferenten aus einer vergangenen Interaktionsgeschichte durch demonstrative Kennzeichnungen aufrufen, wie *ce livre* in (9).

(9) Tu as retrouvé *ce livre* ?

Situativ verweisende Demonstrativa oder Personalpronomina werden häufig durch Zeigegesten mit den Händen, dem Blick oder dem Kopf in Richtung eines Objekts unterstützt. Allerdings stimmt das situativ gegebene Zeigeobjekt nicht zwangsläufig mit dem intendierten Referenzobjekt überein, sondern kann lediglich eine Repräsentation des Objekts darstellen (cf. auch Dufter 2015, 367–369). Fälle, in denen das situativ verfügbare Zeigeobjekt von Demonstrativa oder Pronomina nicht mit dem eigentlich angesteuerten Referenzobjekt übereinstimmt, werden gemeinhin als *deferred ostension*, so Quine (1968, 194), als *deferred uses*, so Borg (2002), als *deferred reference*, so Mount (2008) und Nunberg (1993, 30), oder als *deference* bezeichnet, so Nunberg (2004, 344).

Angenommen der Sprecher äußert die Frage in (10), während er auf einen leeren Teller zeigt, auf den er einen Kuchen gelegt hat, von dem zum Sprechzeitpunkt nur noch wenige Krümel übrig sind. Weder der Teller noch die darauf liegenden Krümel als Zeigeobjekte sind mit dem Referenzobjekt der demonstrativen Kennzeichnung *ce gâteau* identisch, stehen jedoch in einem metonymischen Zusammenhang mit diesem. So steht der Teller für eine vergangene räumliche Kontiguität zum Referenzobjekt, da er den Ort darstellt, an dem sich das Referenzobjekt befand, als der Sprecher es zuletzt gesehen hat. Bei den Krümeln handelt es sich wiederum um Teile des Referenzobjekts. Die Krümel weisen somit eine materielle Verbindung zum Referenten auf. Sowohl der Teller als auch die Krümel repräsentieren das Verweisobjekt von *ce gâteau* in (10) metonymisch und können somit als Zeigeobjekte fungieren, da sie über eine Kontiguitätsbeziehung mit dem Referenten verbunden sind. Durch ihre räumliche oder kausale Verknüpfung etablieren die Zeigeobjekte ebenso wie die demonstrative Kennzeichnung *ce gâteau* in der angenommenen Situation von (10) eine referentielle Relation zum Referenten. Aus diesem Grund können die Zeigeobjekte in (10) wiederum selbst als Indices klassifiziert werden, wie Nunberg (1993, 19) vorschlägt.

Deferred reference findet nicht nur in Verbindung mit Zeigeobjekten statt, die indexikalisch mit dem Referenzobjekt verknüpft sind, sondern auch mit Zeigeobjekten, die eine ikonische oder symbolische Repräsentation des Referenzobjekts darstellen. Äußert der Sprecher (11), während er auf einer Weltkarte mit dem Finger auf Rio de Janeiro zeigt, so entspricht das Zeigeobjekt nicht Rio de Janeiro selbst, sondern der Markierung der Lage der Stadt auf der Landkarte, was eine ikonische Repräsentation darstellt (cf. auch Beispiel (17) in Dufter 2015, 369). Der Sprecher in (12) wiederum zeigt auf eine Wohnungsanzeige in der Tageszeitung, während er den Satz in (12) äußert. Die Wohnungsanzeige als Demonstratum steht mit dem eigentlichen Referenzobjekt von *cet appartement* weder in metonymischem Zusammenhang noch stellt sie eine ikonische Abbildung dar. Vielmehr handelt es sich bei der Wohnungsanzeige um eine symbolische Repräsentation der konkreten Wohnung, die von *cet appartement* denotiert wird.

(10) Qui a mangé *ce gâteau* ?

(11) Les jeux olympiques d'été passés ont été célébrés *là*.

(12) Je vais visiter *cet appartement*.

Beispiel (13) zeigt, dass *deferred reference* nicht zwangsläufig an eine direkte Demonstration gebunden ist (cf. auch Nunberg 1993, 23, 33–34). Angenommen der Sprecher äußert den Satz in (13), während er am Bahnsteig mit weiteren Personen auf einen verspäteten Zug wartet, um mit seinen Mitreisenden eine Unterhaltung zu beginnen, wie Kleiber (1987a, 109) illustriert. Der Sprecher kann seine Äußerung in (13) zwar durch eine Zeigegeste in Richtung eines das Referenzobjekt von *ce train* in (13) repräsentierenden Objekts unterstützen, z. B. die elektronische Anzeige am Bahnsteig, die das Ziel und die Abfahrtszeit des Zuges nennt, die referentielle Auflösung ist jedoch grundsätzlich ohne eine visuelle Demonstration möglich. Denn als Index für das Referenzobjekt von *ce train* kann allein die Situation des Wartens auf einem bestimmten Bahnsteig, auf einen bestimmten vom Fahrplan vorhergesehenen Zug fungieren. Das Zeigeobjekt von *ce train* stellt somit die Situation dar, in der sich Sprecher und Adressat befinden. Das Referenzobjekt von *ce train* in (13) entspricht wiederum nicht dem erwarteten Zug als individuellem Exemplar, sondern dem Zug in der Funktion der konkreten Verbindung, die er befährt. Das eigentliche Referenzobjekt der demonstrativen Kennzeichnung von *ce train* stellt folglich kein physisches Objekt mit einer materiellen Gestalt dar, sondern ein abstraktes Objekt, das nicht perzeptiv erfassbar ist und folglich nicht als direktes Zeigeobjekt fungieren kann.

Auch in (14) steuern die koreferentiellen demonstrativen Kennzeichnungen *cette couleur* und *cette même couleur* ein abstraktes Referenzobjekt an, das über ein konkret erfahrbares Demonstratum hinausgeht. Angenommen der Sprecher äußert den Redebeitrag in (14), während er auf eine farbig gestrichene Wand in der Wohnung eines Freundes deutet. Das Referenzobjekt der demonstrativen Kennzeichnungen *cette couleur* und *cette même couleur* schließt zwar die gezeigte, spezifische Wandfarbe mit ein, wird von dem Zeigeobjekt allerdings nicht vollständig repräsentiert. Die demonstrativen Kennzeichnungen *cette couleur* und *cette même couleur* leisten nämlich nicht nur eine Individuenreferenz, sondern auch eine Artenreferenz. Der Sprecher referiert mit *cette (même) couleur* folglich nicht nur auf das Zeigeobjekt an sich, nämlich die bestimmten Farbpartikel, die sich auf der Wand befinden, sondern auf das Zeigeobjekt in seiner Funktion als Vertreter einer Kategorie und somit als konkrete Okkurrenz eines bestimmten Farbtons. Das Zeigeobjekt kann demnach als Index für das Referenzobjekt dienen, weil es dieses exemplarisch repräsentiert und somit eine metonymische Verallgemeinerung leistet. Dass es dem Sprecher in (14) darum geht, durch die Demonstration des konkreten Objekts auf die abstrakte Gattung zu verweisen, zeigt sich vor allem im zweiten Satz des Redebeitrags. So möchte der Sprecher aus (14) nicht die Farbpartikel an der gezeigten Wand entfernen, um seine eigene Küche damit zu streichen, sondern einen Farbton verwenden, der derselben Kategorie angehört wie das Demonstratum (cf. auch Levine 2010, 186).

(13) *Ce train* a toujours du retard.
 (Kleiber 1987a, 109; 1990a, 160)

(14) *Cette couleur* est magnifique ! Je vais repeindre ma cuisine de *cette même couleur*.

Demonstrativa, die wie *cette (même) couleur* in (14) Objektkategorien aufrufen, können mit Levine (2010, 171–172) als *type-demonstratives* klassifiziert werden. *Type-demonstratives* treten auch im phorischen Kontext auf, wie *ces mecs qui sont des Grandes Écoles* in (8) zeigt. Die demonstrative Kennzeichnung *ces mecs qui sont des Grandes Écoles* ist zwar partiell koreferentiell zu *ce mec*, das anaphorisch auf den spezifischen Diskursreferenten *Bruno* verweist, leistet allerdings selbst eine Artenreferenz, die auf einer Individuenreferenz aufbaut, ebenso wie in (14) gesehen. So steuert *ces mecs qui sont des Grandes Écoles* nicht bestimmte Absolventen einer französischen Grande École an, sondern leistet ausgehend von der koreferentiellen Verankerung in dem Diskursreferenten Bruno eine generische Referenz auf die Kategorie, die Bruno repräsentiert, nämlich die der männlichen Absolventen der französischen Eliteschulen, zumal Bruno sowohl der Kategorie *mec* als auch der Kategorie *qui sont des Grandes Écoles* angehört.

Ebenso wie *ces mecs qui sont des Grandes Écoles* in (8) und *cette (même) couleur* in (14), steuert auch *ces longs cigares italiens que fume Clint Eastwood dans les western spaghetti* in (15) ein generisches Objekt an. Im Unterschied zu den generischen demonstrativen Kennzeichnungen in (8) und (14) baut die generische Referenz von *ces longs cigares italiens...* in (15) weder, wie in (14), auf einer situativ gestützten, noch, wie in (8), auf einer phorisch gestützten Verweisrelation zu einem spezifischen Objekt als exemplarischem Vertreter der Objektklasse auf.

(15) J'aime *ces longs cigares italiens que fume Clint Eastwood dans les western spaghetti*.
 (Gary-Prieur 2001, 232)

Indexikalische Ausdrücke verweisen folglich nicht zwangsläufig auf spezifische Referenten, was sich auch in der referentiellen Auflösung von Demonstrativa zeigt, die im Skopus von Quantifizierern oder Konditionalkonjunktionen stehen (cf. Nunberg 1993, 35; Roberts 2002, 93). Auch Quantifizierer oder Konditionalsatzkonstruktionen können nämlich eine nicht-spezifische Interpretation des Verweisobjekts von Demonstrativa bewirken. So ist *ce livre* in (16) koreferentiell zu *un livre*, das im Skopus des Quantifizierers *chaque élève* steht und demzufolge nicht-spezifisch ist, ebenso wie *ce chien* in (17), das anaphorisch auf die indefinite Kennzeichnung *un chien* verweist, die im Skopus der Konditionalkonjunktion *si* steht.

(16) Chaque élève va choisir [un livre]$_i$ et lire à haute voix les trois premières phrases de *ce livre*$_i$.

(17) Si j'avais [un chien]$_i$, j'amènerais *ce chien*$_i$ partout avec moi.

Nach Kaplan (1989b, 572) weisen Demonstrativa nur dann indexikalische Zeichenqualität auf, wenn das Referenzobjekt perzeptiv erfassbar und somit durch gestische oder mimische Demonstration indiziert werden kann. Dabei ist nicht entscheidend, ob das Referenzobjekt direkt verfügbar ist, wie *ce gamin* in (7), oder indirekt durch ein anderes Objekt repräsentiert wird, wie in (10–14), was sich an den Beispielen in Kaplan (1989a, 491) ablesen lässt. Nicht-indexikalisch sind Demonstrativa nach Kaplan (1989a, 491) hingegen, wenn sie anaphorisch verankert sind, wie in (8) und (16–17), oder auch – allerdings wurde diese Möglichkeit von Kaplan (1989a; 1989b) nicht berücksichtigt – auf einen Diskursreferenten verweisen, der weder situativ noch phorisch verfügbar ist, wie in (9) und (15) (cf. auch Braun 2017, Kap. 1.2). Kaplan (1989b, 572) überträgt die funktionale Differenzierung zwischen der indexikalischen und der anaphorischen Funktion von Demonstrativa sogar auf die lexikalische Ebene, indem er vorschlägt, dass indexikalische und nicht-indexikalische Demonstrativa zwei funktional verschiedene, wenn auch homonyme Lexeme darstellen.

Vor dem Hintergrund des peirceschen Indexikalitätsbegriffs erweist sich die Beschränkung der indexikalischen Zeichenfunktion auf die Verfügbarkeit des Referenzobjekts im unmittelbaren situativen und perzeptiv erfassbaren Verweisraum, wie bei Kaplan (1989a; 1989b) postuliert, als nicht gerechtfertigt. Bereits die von Peirce ([1893–1910]) angeführten sprachlichen und nicht-sprachlichen Beispiele zeigen, dass die Funktion eines Zeichens als Index nicht von der situativen Kopräsenz des Referenzobjekts abhängig ist. So klassifiziert Peirce ([1893–1910], 104) auch nicht-sprachliche Zeichen als indexikalisch, die durch eine kausale Verknüpfung in einer Kontiguitätsbeziehung mit einem Objekt in Verbindung stehen und auf diese Weise eine Referenzrelation zu diesem Objekt etablieren, wie das Einschussloch oder die Fußspuren im Schnee. Innerhalb der sprachlichen Zeichenklasse klassifiziert Peirce ([1893–1910], 110) zudem Relativpronomina als indexikalisch, die in erster Linie eine referentielle Relation zu einem sprachlich artikulierten Antezedenten etablieren können und ausschließlich über den Umweg der anaphorischen Verankerung auf ein situativ verfügbares Individuum verweisen. Modifiziert die Sprecherin Coline Sergent in ihrem ersten Redebeitrag in Beispiel (7) die demonstrative Kennzeichnung *ce gamin* beispielsweise durch den Relativsatz *qui est assis là-bas*, wie (18) zeigt, so verweist das Relativpronomen *qui* anaphorisch auf die DemP *ce gamin*, die wiederum auf ein situativ verfügbares Objekt referiert. Das Relativpronomen selbst steuert das situativ verfügbare Verweisobjekt seines Antezedenten allerdings nur indirekt an.

(18) Tu vois [ce gamin]$_i$ qui$_i$ est assis là-bas ?

Auch Récanati (2005, 30–34; 2012b) zeigt, dass die indexikalische Zeichenfunktion nicht von der perzeptiven Zugänglichkeit des Referenzobjekts abhängt. Wie Nogueira de Carvalho (2016) für demonstrative Gedanken und Demonstrativa als deren sprachlicher Ausdruck im Besonderen darstellt, enthalten indexikalische Gedanken nach Récanati (2012a; 2012b) indexikalische Konzepte, die sich auf bestimmte und unbestimmte Objekte beziehen und sprachlich durch indexikalische Ausdrücke repräsentiert werden können, jedoch grundsätzlich unabhängig von der sprachlichen Veräußerung erstellt werden. Récanati (2012b, 33, 35) definiert indexikalische Konzepte als 'mentale Ordner' («mental file»), die erstellt werden, wenn ein Subjekt in einer Verbindung zu einem Objekt steht, die es ihm ermöglicht, Informationen über dieses Objekt zu erhalten. Die Relation, die das Subjekt zu einem Objekt unterhält, fungiert als Informationskanal, über den das Subjekt Informationen wie kategoriale Eigenschaften oder relationale Verknüpfungen zu anderen Entitäten über das gegebene Objekt erhält, und hat folglich eine epistemische Funktion. Die Informationen, die das Subjekt auf diese Wiese über ein Objekt gewinnt, legt es in einem mentalen Ordner ab, der das gegebene Objekt repräsentiert.

Der Informationskanal zwischen einem Subjekt und einem Objekt kann entweder durch eine perzeptive Verbindung entstehen oder auf kommunikativer Vermittlung basieren, so Récanati (2012b, 34–35). Je nach Art der epistemischen Relation entstehen unterschiedliche mentale Repräsentationen. Über den perzeptiven Erfahrungskanal können beispielsweise physische Merkmale wie Form, Größe oder Ausdehnung des Objekts, sensorische Merkmale wie Farbe, Geruch, Geschmack oder Textur des Objekts, oder relationale Merkmale wie Verknüpfungen zu anderen Objekten erfasst werden. Bricht die direkte perzeptive Relation ab, über die ein Subjekt mit einem Objekt epistemisch verknüpft war, wird der ursprüngliche «demonstrative file», in dem die Informationen abgelegt wurden, in einen «memory file» umgewandelt, so Récanati (2012b, 62–63). Tritt das Subjekt erneut in perzeptiven Kontakt mit dem Objekt und erkennt es als bereits bekannt wieder, wird der durch die aktuelle perzeptive Verbindung entstehende «demonstrative file», der das Objekt repräsentiert, mit dem bereits bestehenden «memory file», der das Objekt auf der Basis der vergangenen Erfahrungsrelation ebenfalls repräsentiert, zu einem «recognitional file» verknüpft (cf. Récanati 2012a, 84–86). Entsprechend den skizzierten Kommunikationsbedingungen sind *ce gamin* und *ce gosse* in (7) Ausdruck eines *demonstrative file* des Sprechers, wohingegen *ce mec* in (8) und *ce livre* in (9) jeweils auf einem *memory file* des Sprechers basieren. Das Personalpronomen *je* im Redebeitrag von Coline Sergent in (7) wiederum repräsentiert den «self file» der Sprecherin, in dem diese Informationen speichert, die sie über sich selbst durch Propriozeption oder Introspektion gewonnen hat (Récanati 2012b, 36).

Indexikalische Konzepte stehen somit nicht nur für Objekte, die unmittelbar durch Perzeption erfasst wurden, sondern auch für Objekte, von denen das Subjekt über kommunikative Vermittlung durch ein anderes Subjekt erfahren hat, das sein Wissen über das Objekt aus direkter Erfahrung oder wiederum selbst aus einer kommunikativ vermittelten Erfahrungsrelation erworben hat (Récanati 2012a, 34–35). Die kommunikative Kette, an deren Ende das gegebene Objekt steht, kann beliebig lang sein. Beispielsweise werden die mit dem Eigennamen historischer Figuren verknüpften Informationen durch kommunikative Vermittlung erworben (cf. Récanati 2012b, 31). Allein die Existenz des mentalen Ordners eines kommunikativ erfahrenen Objekts reicht dann als Beweis für die tatsächliche Existenz des Objekts aus, das dieser repräsentiert. Auch der *mental file*, den *cet appartement* in (12) sowohl beim Adressaten als auch beim Sprecher der Äußerung anlegt, basiert auf kommunikativer Vermittlung, da beide keinen perzeptiven Zugang zum Referenzobjekt haben.

Sprachliche Indices können folglich unabhängig davon, ob der Adressat selbst eine direkte Erfahrungsrelation zum Referenzobjekt etablieren kann, dem Adressaten einen Kontaktkanal zum Referenzobjekt eröffnen. Dies zeigt sich auch in Verweiskontexten, in denen die Identifikation des Verweisobjekts durch den Adressaten nicht möglich ist. Auch wenn indexikalische Zeichen den Adressaten nämlich automatisch zur Identifikation ihres Referenzobjekts auffordern, ist noch nicht sicher gestellt, dass der Adressat den vom Sprecher angesteuerten Referenten tatsächlich identifizieren kann. Nimmt man beispielsweise den Satz in (19), der auf den Streben der Besucherplattformen des Eiffelturms – wie an vielen anderen touristisch frequentierten Orten – in großer Zahl und in zahlreichen Sprachen von Besuchern als Kritzelei hinterlassen wird. Der Sprecher bzw. Schreiber von (19), denotiert durch *j'*, gibt durch den Satz in (19) Zeugnis für seine Existenz an einem bestimmten Ort denotiert durch *ici*. Der Schreiber strebt durch dieses Zeugnis jedoch nicht an, dass der zukünftige Leser ihn als historische Figur eindeutig identifizieren kann, was selbst wenn er seinen Vornamen dazu schreiben würde, sehr schwierig wäre. Vielmehr verfolgt er das Ziel, dass die Äußerung von zukünftigen Besuchern als Spur seiner Existenz erfasst wird. Auch wenn der Adressat von (19) nicht feststellen kann, wer der Sprecher der Äußerung als historische Figur ist, fungiert der auf den Sprecher verweisende Index *j'* als epistemischer Garant dafür, dass die Person, die die Inschrift hinterlassen hat, tatsächlich existiert hat, da sie die Äußerung mit einem direkten Referenzbezug auf sich selbst hinterlassen hat.

(19) J'étais ici.

Ein ähnliches Identifikationsproblem liegt in Situationen vor, in denen eine Äußerung neben dem vom Sprecher intendierten Adressaten einen weiteren Adressaten erreicht, der keinen vollständigen Zugang zu dem von den intendierten Interaktionspartnern geteilten Kontext hat. Angenommen eine Person wird über eine akustisch durchlässige Küchenwand Zeuge, wie die Nachbarin einer Freundin mitteilt, welches Kleid sie am Abend tragen wird, wie in (20).[7] Obwohl die Person als unbeabsichtigter Adressat der Äußerung das Referenzobjekt der demonstrativen Kennzeichnung *cette robe* nicht identifizieren kann, weiß er, dass es sich um ein bestimmtes Kleid handelt. Wie in (19) gesehen, bezeugt auch in (20) der bloße Verweis durch die indexikalische demonstrative Kennzeichnung die Existenz des Objekts unabhängig davon, ob der Adressat tatsächlich eine perzeptive Erfahrungsrelation zum Referenzobjekt herstellen kann.

(20) Je vais mettre *cette robe* ce soir.

Ebenso verhält es sich im Fall perzeptiver Unzugänglichkeit des Verweisobjekts, wie in (21). So ist der Referent von *ce chien* in (21) zwar ein Objekt vergangener perzeptiver Erfahrungen des Sprechers, wie die Prädikation *j'avais un chien* zeigt, zum Sprechzeitpunkt jedoch weder für den Sprecher noch für den Adressaten perzeptiv zugänglich. Das Referenzobjekt von *ce chien* ist dem Adressaten nur durch die sprachliche Vermittlung durch die vorhergehende indefinite Kennzeichnung *un chien* bekannt. Obwohl der Adressat keine direkte Erfahrungsrelation zum Referenten der demonstrativen Kennzeichnung etablieren

---

[7] Beispiel (20) ist die französische Version eines Beispiels von Božičković (1995, 10).

kann, weiß er, dass es sich dabei um ein spezifisches Objekt handelt. Die gleiche Situation liegt vor, wenn der Sprecher auf ein Objekt referiert, das dem Adressaten weder situativ zugänglich ist noch bereits phorisch eingeführt wurde, wie *ce cerisier* in (22). Angenommen der Sprecher aus (22) blickt auf einen leeren Platz in seinem Garten, an dem er gerne einen Kirschbaum pflanzen würde, und dieser Gedanke an Kirschbäume im Allgemeinen führt ihn zu einem bestimmten Kirschbaum aus seiner Kindheit zurück, den er besonders schön fand, und er äußert diesen Gedanken in (22). Wenn der Adressat, wie in diesem Fall, den Kirschbaum aus der Kindheit des Sprechers nicht kennt, kann er den Referenten von *ce cerisier* zwar nicht identifizieren, weiß aber, dass der Sprecher damit auf ein bestimmtes Individuum Bezug nimmt.

(21) Quand j'étais petit j'avais *un chien$_i$*. *Ce chien$_i$* m'accompagnait partout.

(22) Qu'est-ce qu'il était beau, *ce cerisier*.

In den Beispielen in (19–22) wird deutlich, dass referentielle Ausdrücke nicht nur darauf ausgerichtet sind, die Aufmerksamkeit des Adressaten auf ein bestimmtes Referenzobjekt zu lenken, sondern auch anzeigen, dass die Aufmerksamkeit des Sprechers auf das verhandelte Objekt gerichtet ist. Die vollständige referentielle Auflösung ist für den Adressaten somit nicht notwendig, um zu wissen, dass es sich beim Referenten des indexikalischen Ausdrucks um ein spezifisches Objekt handelt. Referentielle Ausdrücke versichern den Adressaten der tatsächlichen Existenz ihres Referenzobjekts unabhängig davon, ob der Adressat die Referenzrelation vollständig auflösen kann, wie in (19–20). Sie fungieren somit, ebenso wie nichtsprachliche Indices, als epistemischer Garant für die spezifische Existenz ihres Referenzobjekts, da sie Ausdruck eines indexikalischen Gedankens des Sprechers in Bezug auf das verhandelte Referenzobjekt sind. Daraus erschließt sich, dass indexikalische Zeichen auch eine nicht-spezifische oder generische Bezugnahme leisten können, wie in (15–17) gesehen. Ebenso wie im Fall situativer Unzugänglichkeit ist im Fall nicht-spezifischer oder generischer Referenz nämlich die Identifikation eines Individualobjekts nicht möglich.

Dass Peirce ([1893–1910]) ebenso wie Récanati (2005, 32–34) für indexikalische Konzepte im Allgemeinen weder die perzeptive Zugänglichkeit des Referenzobjekts noch die Spezifizität des Referenzobjekts als Voraussetzung für die indexikalische Zeichenfunktion erhebt, zeigt sich auch daran, dass Peirce ([1893–1910], 111) nicht nur sprachliche Ausdrücke als indexikalisch wertet, die prototypisch im situativen Referenzraum operieren und auf die Identifikation ihres Referenzobjekts durch den Adressaten ausgerichtet sind, wie Demonstrativa und Personalpronomina, sondern auch sprachliche Ausdrücke, die nicht darauf ausgerichtet sind, wie Quantifizierer oder Indefinitpronomina.

Quantifizierer und Indefinitpronomina liefern dem Adressaten zwar Hinweise, wie das Referenzobjekt aus einer bestimmten Teilmenge ausgewählt werden soll, führen ihn allerdings nicht zu einer bestimmten Entität hin. Vielmehr bleibt es dem Adressaten überlassen, welches Objekt er aus einem implizit definierten Bezugsfeld als Referenzobjekt auswählen möchte.

Aufgrund der Wahlmöglichkeiten, die Indefinitpronomina und Quantifizierer dem Adressaten überlassen, schlägt Peirce ([1893–1910], 111) vor, den Begriff Indefinitpronomina durch den Begriff ‹Selektiva› zu ersetzen. Peirce ([1893–1910], 111) unterscheidet zwischen ‹universalen Selektiva›, wie engl. *any, whatever* oder *everybody* oder fr. *chacun, tous* oder *n'importe qui* und ‹partikulären Selektiva›, wie engl. *some, a* oder *a certain* oder fr. *quelque chose, plusieurs* oder *un (certain)*. Bei universalen Selektiva trifft die im Bezugssatz formulierte Assertion auf jedes Individuum innerhalb einer implizit oder explizit definierten Verweismenge zu. Der Adressat kann folglich bei der referentiellen Auflösung jedwedes Individuum aus der Bezugsmenge herausgreifen. Bei partikulären Selektiva wiederum bezieht sich die Assertion nur auf eine Teilmenge der Objekte aus dem Bezugsfeld.

> «Along with such indexical directions of what to do to find the object meant, ought to be classed those pronouns which should be entitled *selective* pronouns [(])or quantifiers[)] because they inform the hearer how he is to pick out one of the objects intended, but which grammarians call by the very indefinite designation of *indefinite* pronouns. Two varieties of these are particularly important in logic, the *universal selectives*, such as [...] *any, every, all, no, none, whatever, whoever, everybody, anybody, nobody*. These mean that the hearer is at liberty to select any instance he likes within limits expressed or understood, and the assertion is intended to apply to that one. The other logically important variety consists of the particular selectives [...] *some, something, somebody, a, a certain, somebody, some or other, a suitable, one*» (Peirce [1893–1910], 111).

Auch wenn Sprecher mit Selektiva bestimmte Objekte denotieren, streben sie mit ihrem Einsatz in der Regel keine vollständige referentielle Auflösung durch den Adressaten an. So bezeichnet Martin Jaubert mit *quelque chose* in (23) zwar eine bestimmte Entität, wie die kategoriale Prädikation in *C'est un chemin Ernest Delahaye* im zweiten Redebeitrag des Sprechers beweist. Allerdings geht Martin Jaubert nicht davon aus, dass die Adressatin das Objekt kennt, noch geht es ihm darum, sie dazu anzuregen, das gemeinte Objekt zu identifizieren. Der Sprecher nutzt gerade die Unbestimmtheit von *quelque chose*, um die Aufmerksamkeit der Adressatin auf die Identität von *quelque chose* zu lenken, die er im Folgenden näher bestimmen möchte. In (24) wiederum verweist der Sprecher mit *quelque chose à boire* auf kein spezifisches Objekt. Vielmehr verweist er den Adressaten auf eine Menge von Objekten, in diesem Fall Getränke, wie die modifizierende Präpositionalphrase *à boire* zeigt, aus denen der Adressat ein Objekt auswählen kann. Beispiel (24) zeigt auch, dass partikuläre Selektiva nicht auf den Verweis auf spezifische Objekte beschränkt sind, wohl aber eine spezifische Bezugsmenge, aus denen ein Objekt ausgewählt werden kann, voraussetzen.

(23) Martin Jaubert: Vous voulez que je vous montre *quelque chose* ?
Gemma Bovery: Oui, volentiers.
Martin Jaubert: Alors, suivez-moi. C'est un chemin Ernest Delahaye, ami de Rimbaud...
(Anne Fontaine, *Gemma Bovery*, 2014, min. 11:13–11:17)

(24) – Bon, ben, tu prends *quelque chose à boire* ?
– Oui, pourquoi pas.
[...]
– Que puis-je servir ? Soda, thé, bière ?
(Nicole Tourneur 2004, *Passé compliqué*, keine Paginierung)

Indexikalische Zeichen werden in sprachwissenschaftlichen Arbeiten in der Tradition von Bühler ([1934] 1965) in der Regel als *deiktische Ausdrücke* oder *Deiktika* bezeichnet, so u. a. Diewald (1991, 2, etc.), Levinson ([1983]/2009, 64), Lyons (1977, 667), Tanaka (2011, 6 etc.). Die Klasse der Deiktika ist heute weitgehend enger gefasst als die Klasse der indexikalischen Zeichen in den Arbeiten von Peirce. So werden weder Indefinitpronomina und Quantifizierer noch Relativpronomina im Rahmen der Deixisforschung berücksichtigt, etwa bei Cornish (2013), Cornish/Salazar Orvig (2016), Diewald (1991), Levinson ([1983]/2009), Lyons (1977) und Tanaka (2011). Levinson ([1983]/2009, 64–65) betrachtet deiktische Ausdrücke als sprachliche Zeichen, die prototypisch im deiktischen, d. h. situativen exophorischen Verweisraum operieren, wie Demonstrativa, Personalpronomina oder Lokal- und Temporaladverbien. Er setzt den Begriff *deiktisch* somit sowohl zur Bezeichnung einer Zeichenqualität als auch eines Zeigeraumes ein. Dementsprechend unterscheidet Levinson ([1983]/2009, 64–65) zwischen deiktischen und nicht-deiktischen Verwendungsweisen deiktischer Ausdrücke. Diese Begriffsverteilung ist etymologisch und ontogenetisch gerechtfertigt, da deiktische Verwendungsweisen sowohl in der Diachronie eines deiktischen Ausdrucks als auch im frühkindlichen Spracherwerb nicht-deiktischen Verwendungsweisen vorangehen. Mit dem Ziel einer eindeutigen begrifflichen Differenzierung zwischen Zeichenwert einerseits und Verweiskontext andererseits verwende ich den Begriff *indexikalisch* in der Tradition Peirces zum Verweis auf die Zeichenqualität, den Begriff *deiktisch* dagegen zum Verweis auf den situativen, exophorischen Bezugsraum.[8]

---

8 Dies entspricht auch der Differenzierung der Begriffe *indexikalisch* und *deiktisch* in Cornish (2013; 2017), Cornish/Salazar Orvig (2016) und Dufter (2015, 360).

2.1.1.3 Die symbolische Qualität indexikalischer Zeichen

Genauso wie nichtsprachliche Indices stehen sprachliche Indices in existentieller Abhängigkeit zu einem Referenzobjekt. Sie unterscheiden sich allerdings von nichtsprachlichen Indices in der Art ihres Abhängigkeitsverhältnisses. Nichtsprachliche Indices entstehen als direkte kausale oder materielle Konsequenz ihres Referenzobjekts. Existiert ein Objekt, hinterlässt dieses Objekt zwangsläufig Spuren. So verursacht ein Mensch, der sich im Schnee bewegt, automatisch Fußabdrücke, die als kausaler Index auf diesen Menschen zurückverweisen. Ebenso referiert ein Einschussloch als kausaler Index automatisch auf den Schuss zurück, der es erzeugt hat. Existiert ein Objekt, kann es zudem in räumlicher oder zeitlicher Nachbarschaft zu anderen Objekten stehen, die dann wiederum als raumzeitlicher Index für das Objekt verstanden werden können. Raumzeitliche Indices entstehen als Folge eines Kontakts in Raum oder Zeit zu dem Objekt, auf das sie verweisen. Ein Blitz fungiert beispielsweise als raumzeitlicher Index für den Donner, weil dieser grundsätzlich auf einen Blitz folgt.

Nichtsprachliche Indices sind folglich direkt durch das Dasein eines Objekts bedingt. Allein die raumzeitliche oder kausale Kontiguität, die sie zu einem Objekt aufweisen, qualifiziert sie dazu, als Index für dieses Objekt zu fungieren. Auf diese Weise stehen nichtsprachliche Indices in einer unmittelbaren existentiellen Verbindung zu ihrem Referenzobjekt. Nichtsprachliche Indices können daher mit Peirce ([1893–1910], 108) als ‹genuine› oder ‹echte› Indices betrachtet werden. Ein Index ist genuin, wenn er eine unabhängige existentielle Einheit mit seinem Referenzobjekt bildet, die im Objekt selbst ihren Ursprung hat und nicht künstlich hergestellt wird. Aus diesem Grund sind genuine Indices, ebenso wie das Objekt auf das sie verweisen, zwangsläufig realweltlich existierende Individuen, die sowohl als dinghafte Objekte, wie der Polarstern oder Fußabdrücke im Schnee, Fakten oder Ereignisse, wie ein Schuss oder ein Blitz, existieren können.

> «An *Index* [...] is a Representamen whose Representative character consists in its being an individual Second. If the Secondness is an existential relation, the Index is *genuine*. If the Secondness is a reference, the Index is *degenerate*. A genuine Index and its Object must be existent individuals (whether things or facts) [...]» (Peirce [1893–1910], 108).

Zwischen sprachlichen Indices und ihrem Referenzobjekt wiederum kann keine direkte materielle oder kausale Beziehung festgestellt werden. Im Unterschied zu nichtsprachlichen Indices bilden sprachliche Indices mit ihrem Referenzobjekt keine existentielle Einheit, die unabhängig von einem Zeichenbenutzer existiert. Die demonstrative Kennzeichnung *ce gamin* in (7) entsteht beispielsweise weder als kausale Folge des Jungens, auf den sie verweist, noch stellt sie eine unabhängige Entität in raumzeitlicher Kontiguität zu ihrem Referenzobjekt dar. Vielmehr stellt erst der Sprecher die indexikalische Verweisrelation zwischen der demonstrativen Kennzeichnung und ihrem Referenzobjekt her, indem er als Zeichenbenutzer das indexikalische Zeichen zur Referenz auf das ausgewählte Objekt einsetzt.[9]

Sprachliche Indices existieren somit nicht nur in Abhängigkeit von ihrem Referenzobjekt, wie Peirce ([1894], 9) für Indices im Allgemeinen postuliert, sondern in erster Linie in Abhängigkeit zum Sprecher, der als Zeichenbenutzer erst eine Verknüpfung zwischen Index und Referenzobjekt etabliert, die zuvor nicht existiert hat. Mit Peirce ([1893–1910], 108) können sprachliche Indices somit nicht als genuine Indices aufgefasst werden, sondern müssen als ‹degenerierte› oder ‹künstliche› Indices klassifiziert werden. Im Unterschied zu genuinen Indices bilden degenerierte Indices keine existentielle Einheit mit ihrem Referenzobjekt, die ihnen die Fähigkeit verleiht, auf das Objekt Bezug zu nehmen. Mangels einer existentiellen Verknüpfung muss bei degenerierten Indices der Bezug zu dem Objekt, auf das sie verweisen sollen, erst durch einen Zeichenbenutzer vermittelt werden. Die referentielle Relation, die degenerierte Indices zu einem Objekt haben, beruht folglich auf der Vermittlung durch ein Subjekt, das diese Verbindung herstellt, was (25) illustriert. Zeigt ein Sprecher beispielsweise auf Fußspuren im Schnee, die als kausaler Index auf den Verursacher der Fußspuren verweisen, und äußert den Satz in (25), so referiert die demonstrative Kennzeichnung *cet homme* zwar auf dasselbe Referenzobjekt wie die Fußspuren im Schnee, im Unterschied zu den Fußspuren im Schnee wird die demonstrative Kennzeichnung *cet homme* jedoch nicht vom Referenzobjekt selbst, sondern vom Sprecher als dritter Entität generiert.

---

9 An anderer Stelle klassifiziert Peirce ([1893–1910], 107) Demonstrativa und Personalpronomina wiederum als genuine Indices, sofern sie im situativen Verweisraum operieren und folglich auf physisch verfügbare Objekte verweisen. Relativpronomina wiederum klassifiziert er als degenerierte Indices, da sie auf phorischer Ebene operieren und somit nur indirekt auf materiell existierende Individuen referieren können. Da das Referenzobjekt von Relativpronomina generell sprachlich ist, stellt es selbst wiederum eine Referenz dar. Angesichts der Tatsache, dass Peirce ([1893–1910], 108) genuine Indices als Indices klassifiziert, die eine existentielle Einheit mit ihrem Referenzobjekt bilden, und selbst im situativen Raum referierende sprachliche Indices keine existentielle Verbindung mit ihrem Referenzobjekt eingehen, können alle sprachlichen Indices als degenerierte Indices betrachtet werden. Diese Interpretation drängt sich zum einen umso mehr auf, da sprachliche Indices auf einer ersten Ebene Symbole sind, wie im folgenden Verlauf des Textes dargestellt wird. Zum anderen erwähnt Peirce an anderer Stelle explizit: «[...] any mere landmark by which a particular thing may be recognized because it is as a matter of fact associated with that thing, a proper name without signification, a pointing finger, is a degenerate index." ([1903], 163).

(25) *Cet homme* a le pied assez large.

Infolge ihrer Abhängigkeit vom Zeichenbenutzer weisen sprachliche Indices symbolischen Zeichenwert auf. Denn im Unterschied zu raumzeitlichen und kausalen Indices geschieht die Bezugnahme auf ein Objekt bei Symbolen, so Peirce ([1894], 9), nicht durch eine existentielle Verknüpfung zwischen Zeichen und Objekt, sondern allein durch den Zeichenbenutzer, der die Bedeutung eines Symbols kennt und darauf aufbauend eine denotative Verbindung zwischen dem Symbol und einem Objekt herstellen kann.

> «The index is physically connected with its object; they make an organic pair. But the interpreting mind has nothing to do with this connection, except remarking it, after it is established. The symbol is connected with its object by virtue of the idea of the symbol-using mind, without which no such connection would exist» (Peirce [1894], 9).

Die Verweisrelation beruht bei Symbolen folglich nicht auf einer Kontiguitätsbeziehung zwischen Zeichen und Objekt, sondern auf einer konventionell festgelegten Erfassungsregel (cf. Peirce ([1893–1910], 112–113). Das Symbol ist nämlich ein Zeichen, das Objekte durch die Bestimmung ihrer kategorialen Eigenschaften repräsentieren kann. Ein Symbol kodiert somit Qualitäten, die ein Objekt aufweisen muss, um als Referenzobjekt des Symbols erfasst werden zu können. Wenn ein Subjekt das Symbol und die Bedeutung, die es trägt, kennt, kann es eine Denotationsrelation zwischen dem Symbol und einem Objekt herstellen, das die vom Symbol kodierten Eigenschaften aufweist. So ermöglicht erst die Kenntnis des sprachlichen Symbols *gamin* und seiner intensionalen Merkmale dem Interaktionspartner in Beispiel (7) in Kap. 2.1.1.2, das in (26) in Teilen erneut zitiert wird, die Extension des Begriffs zu bestimmen.

(26) Tu vois *ce gamin là-bas* ? C'est la première fois que je le vois et il m'a dit que c'est mon fils.
(Paris 2014, ep. 3, min. 07:31)

Im Umkehrschluss werden einem Objekt, das von einem Symbol denotiert wird, die kategorialen Eigenschaften zugeschrieben, die das gegebene Symbol bestimmt. Bühler ([1934]/1965, 86) bezeichnet Peirces Symbole als *Nennwörter*. Im Unterschied zu Zeigwörtern sind Nennwörter Begriffszeichen, die, so Bühler ([1934]/1965, 119), «ihren Gegenstand als ein so und so Beschaffenes charakterisieren, [...] unterschieden von anderem, nach seiner Wasbestimmtheit». Die extensionale Zuordnung eines Symbols zu einem Objekt schließt somit automatisch eine intensionale Zuordnung mit ein. Infolge der Merkmalszuweisung, die sie leisten, implizieren Symbole somit eine assertive Aussage über ihren Referenten. Wird ein sprachliches Symbol in Bezug zu einem Objekt gesetzt, wird eine kategoriale Aussage über dieses Objekt getroffen, wie Peirce ([1870], 39) am Beispiel eines beschrifteten Kartons illustriert. So ist der Zweck der Aufschrift «glass» auf einem Karton, wie Peirce ([1870], 39) darstellt, anzuzeigen, dass der Inhalt des Kartons der Kategorie ‹Glas› angehört. Die Aufschrift nimmt eine kategoriale Zuordnung vor, selbst wenn der Karton leer und kein Referenzobjekt verfügbar ist. Das Symbol bedeutet dann, dass der Karton für Objekte der Kategorie Glas bestimmt ist oder vormals Objekte dieser Kategorie enthielt.

> «It seems that, speaking broadly, ordinary words in the bulk of languages are assertory. They assert as soon as they are in any way attached to any object. If you write GLASS upon a case, you will be understood to mean that the case contains glass. It seems certainly the truest statement for most languages to say that a *symbol* is a conventional sign which being attached to an object signifies that that object has certain characters» (Peirce [1870], 39).

Im sprachlichen Austausch haben Sprecher jedoch eher selten die Möglichkeit, Objekte, denen sie kategoriale Eigenschaften zuschreiben möchten, direkt mit einer Aufschrift zu kennzeichnen, unter anderem deshalb, weil die verhandelten Referenzobjekte nicht zwangsläufig im Äußerungskontext verfügbar sind, wie bei *mec* in (8) oder *livre* in (9), eine Objektkategorie repräsentieren, wie *ces longs cigares italiens...* in (15), oder überhaupt eine materielle Existenz als Individuum aufweisen, wie beim Verweis auf Zeitpunkte oder -räume etwa durch *aujourd'hui* oder *cette nuit*. Die direkte Beschriftung von Objekten mit Symbolen zum Zwecke der kategorialen Zuordnung stellt für die sprachliche Interaktion demnach keine wirkliche Option dar.

Die Zeichenfunktion von Symbolen reicht, in Artikelsprachen wie dem Französischen, in der Regel also nicht aus, um eine Verweisrelation zu einer außersprachlichen Entität herzustellen. So können *papillon* in (5), *mec* in (8) oder *livre* in (9) nur mithilfe der Determination durch den Demonstrativartikel *ce* denotativ eingesetzt werden (cf. Einleitung zu Kap. 2.1.1 und Kap. 2.1.1.2). Grund dafür ist, dass Symbole Bezeichnungen sind, die, so Peirce ([1893–1910], 102–103), nicht auf Einzelobjekte Bezug nehmen, sondern eine gesamte Objektklasse repräsentieren. Sie verweisen folglich auf ein generisches Objekt, das die Merkmale der gesamten verhandelten Objektklasse aufweist. Das generische Objekt, das ein Symbol repräsentiert, stellt ein abstraktes Objekt dar, das im Zuge einer Generalisierung spezifischer Einzelobjekte entsteht, die zur verhandelten Objektklasse gehören. Symbole verweisen demnach nicht ausschließlich auf ein generalisiertes Objekt, sondern rufen indirekt, über die Referenz auf eine Objektklasse, auch existierende Einzelobjekte auf, die als Vertreter der verhandelten Kategorie fungieren, wie Peirce ([1893–1910], 102–103) darstellt.

> «Not only is [...] [the symbol] general itself, but the Object to which it refers is of a general nature. Now that which is general has its being in the instances which it will determine. There must, therefore, be existent instances of what the Symbol denotes, although we must here understand by ‹existent›, existent in the possibly imaginary universe to which the Symbol refers. The Symbol will indirectly, through association or other laws, be affected by those instances; and thus the Symbol will involve a sort of Index, although an Index of a peculiar kind» (Peirce [1893–1910], 102–103).

Ein Symbol denotiert folglich zwar in erster Linie einen abstrakten Objekttyp, steht jedoch auch mit den konkreten Vertretern der Objektkategorie in referentiellem Zusammenhang, da diese seine Extension konstituieren. Aus diesem Grund wird auch das Symbol, wie bisher nur bei nicht-sprachlichen Indices gesehen, auf ‹indirekte› Weise von seinem Referenzobjekt beeinflusst, so Peirce ([1893–1910], 102–103). Als indirekte Einflussnahme der Vertreter einer Objektklasse auf das Symbol als Bezeichnung der Objektklasse, die, wie Peirce ([1893–1910], 102–103) skizziert, durch ‹Assoziation oder andere Regelmäßigkeiten› geschieht, kann der Einfluss der Referenzmenge eines Symbols auf dessen Bedeutungsdimension verstanden werden. Denn ebenso wie der intensionale Gehalt des Symbols die Extension des Symbols festlegt, bestimmt die Extension den intensionalen Gehalt des Symbols. Die gegenseitige Einflussnahme von Intension und Extension hat zur Folge, dass auch Symbole einen indexikalischen Aspekt aufweisen, wenn auch ‹besonderer Art›, wie Peirce ([1893–1910], 102–103) formuliert.

Die indexikalische Qualität ‹besonderer Art›, die Peirce ([1893–1910], 102–103) Symbolen zuschreibt, fällt im Vergleich zur indexikalischen Qualität sprachlicher Indices, wie Demonstrativa oder Possessiva, deutlich schwächer aus. Denn ausschließlich mittels Symbolen kann in Artikelsprachen wie dem Französischen nur in wenigen Kontexten Bezug zu spezifischen Objekten oder Erfahrungssituationen hergestellt werden. Artikellose Nominalphrasen, die auf ein spezifisches Objekt verweisen, finden sich im Französischen ausschließlich bei Eigennamen, wie *Bruno* in (8), in Vokativen, wie *Papillon* in (27), das der Sprecher zur Anrede eines Schmetterlings einsetzt, in Subjektprädikativen, wie *chef cuisinière* in (28), in bestimmten Kontexten in koordinierten Nominalphrasen,[10] wie *bière et vin* (29), und im Sprachgebrauch von Kleinkindern zwischen ein und zwei Jahren,

---

10 Cf. Roodenburg (2004) für die Bedingungen artikelloser Nominalphrasen in Koordinationen.

wie *ballon* in (30a) oder *lapin* in (30b) (cf. Bassano et al. 2008; auch Prévost 2009).

(27) Au pied de l'arbre, il y a une enfant qui joue seule avec une petite pierre. – Ohhh ! Tu descends de l'arbre sacré ? Que me veux-tu, *Papillon* ? ! Qu'est-ce qui t'amène ici ?
(Jean-Marie Delthil 2010, *Les papillons de mer*, p. 43)

(28) Elle est *chef cuisinière*.

(29) On servait *bière et vin* jusque tard dans la nuit.
(Roodenburg 2004, 311)

(30) a. Je veux ranger *ballon*.
(Bassano et al. 2008, 188)
b. Là-bas *lapin*.
(Bassano et al. 2008, 187)

In allen anderen Kontexten müssen Nominalphrasen von einem Determinierer begleitet werden, sowohl in der Referenz auf spezifische Objekte, wie *ce gamin* und *ce gosse* in (7) sowie *ce mec* in (8) als auch auf nicht-spezifische Objekte, wie *ces mecs qui sont des Grandes Écoles* in (8), *ce livre* in (16) und *ce chien* in (17). Auch *ballon* in (30a) und *lapin* in (30b), die in der Kleinkindersprache in artikelloser Form auf ein spezifisches Objekt Bezug nehmen können, bedürfen in der Standardversion eines Determinierers, wie (31a–b) zeigen, die als Übertragungen von (30a–b) in die Erwachsenensprache zu verstehen sind. So würde *ballon* in (30a) im Sprechen außerhalb des Kleinkindalters beispielsweise um einen bestimmten Artikel erweitert werden, wie bei *le ballon* in (31a). *Lapin* in (30b) könnte dagegen mit dem Indefinitartikel eingeführt werden, wie *un lapin* in (31b).

(31) a. Je veux ranger *le ballon*.
b. Là-bas, il y a *un lapin*.

Da Symbole auf erster Ebene die generische Vorstellung eines bestimmten Objekttyps aufrufen, nicht aber ein spezifisches Token, verfügen sie über eine kontextunabhängige, deskriptive Bedeutung, die auch ohne ein konkretes Bezugsobjekt zugänglich ist, wie am Beispiel des beschrifteten Kartons deutlich wird. So repräsentiert die Aufschrift *glass* auf einem Karton auch dann eine sortale Objektkategorie, wenn der Karton leer ist und kein bestimmtes Referenzobjekt zugänglich ist. Auf sprachlicher Ebene bedürfen Symbole dagegen der Ergänzung durch einen indexikalischen Ausdruck, um auf ein Objekt Bezug nehmen zu können, wie Peirce ([1870], 39) darlegt. Im Unterschied zu Symbolen repräsentieren Indices keinen Objekttyp, sondern verweisen je nach Kontext auf Objekte ganz unterschiedlicher kategorialer Provenienz. Erst die Verbindung aus einem Symbol als kategorialer Kennzeichnung des Objekttyps und einem Index als hinweisendem Element schafft nämlich eine Verknüpfung zwischen einer Vorstellung auf mentaler Ebene («thought», cf. Zitat unten) und einem Objekt aus dem Erfahrungsbereich der Interaktionspartner («a particular experience, or series of experiences», cf. Zitat unten) und somit die Möglichkeit, eine Assertion in Bezug auf dieses Objekt zu formulieren, so Peirce ([1870], 39).[11] Aus der Perspektive des indexikalischen Zeichens stellt die nominale Kategorisierung wiederum eine Identifikationshilfe für den Adressaten dar (cf. Corazza 2003, 268).

> «But a symbol, in itself, is a mere dream; it does not show what it is talking about. It needs to be connected with its object. For that purpose, an *index* is indispensable. No other kind of sign will answer the purpose. [...] [A]n index is essentially an affair of here and now, its office being to bring the thought to a particular experience, or series of experiences connected by dynamical relations. The words *this* and *that* are indicative words. They apply to different things every time they occur. It is the connection of an indicative word to a symbolic word which makes an assertion» (Peirce [1870], 39).

Da sprachliche Indices weder materiell noch existentiell mit ihrem Referenzobjekt verknüpft sind, können sie nicht nur Referenten ansteuern, die ein beliebig ausgewähltes Exemplar einer Kategorie darstellen, wie *ce livre* in (16) und *ce chien* in (17), sondern auch Referenten, die keine Individualexistenz aufweisen, vielmehr eine Objektkategorie repräsentieren, wie *ces mecs* in (8) und *cette (même) couleur* in (14). Sprachliche Indices können folglich nicht nur dazu eingesetzt werden, die generische Vorstellung eines Objekttypes auf mentaler Ebene («thought», cf. Zitat oben) mit der Erfahrung eines bestimmten Objekttokens («a particular experience», cf. Zitat oben) zu verknüpfen, sondern auch mit der Erfahrung der Objektkategorie an sich («series of experiences»), die wiederum auf der Erfahrung konkreter Einzelobjekte beruht. Da ein Symbol als Repräsentation eines Objekttypes indirekt auch Objekttokens aufruft, wie Peirce ([1893–1910], 102–103) darlegt, können demonstrative Kennzeichnungen auch in nichtspezifischen und generischen Referenzkontexten als indexikalisch gewertet werden.

Im Unterschied zu nicht-sprachlichen Indices führen sprachliche Indices den Zeicheninterpreten nicht qua einer existentiellen Verknüpfung zu einem

---

11 Cf. auch Bühler ([1934]/1965, 87–89). Entsprechend Bühler ([1934]/1965, 87) sind Indices, die in seiner Terminologie in etwa *Zeigewörtern* entsprechen, und Symbole, die er als *Nennwörter* klassifiziert, sogar «berufen, einander zu ergänzen».

spezifischen Referenzobjekt hin, sondern liefern Hinweise, die den Adressaten zum angesteuerten Referenzobjekt führen sollen, das spezifischer oder nichtspezifischer Art sein kann. Mangels der existentiellen Verknüpfung mit ihrem Referenzobjekt müssen sprachliche Indices zwangsläufig Merkmale ihres Referenzobjekts kodieren, um eine referentielle Relation herstellen zu können. Indexikalität bedeutet in Bezug auf sprachliche Zeichen somit keine direkte Kontiguitätsbeziehung zu einem Objekt, sondern eine symbolisch vermittelte referentielle Ausrichtung auf ein Objekt. Ebenso wie die Symbole *gamin* oder *gosse*, die Inhaltskategorien abbilden, weisen indexikalische Zeichen wie *ce* oder *qui* eine konstante Wortbedeutung auf, die ihre referentielle Auflösung steuert, wie Peirce ([1870], 39) darlegt.

> «That a word cannot in strictness of speech be an index is evident from this, that a word is general – it occurs often, and every time it occurs, it is the same word, and if it has any meaning *as a word*, it has the same meaning every time it occurs» (Peirce [1870], 39).

Dass sprachliche Indices eine symbolische Qualität aufweisen, zeigt sich im Sprachgebrauch nicht nur darin, dass erst der Sprecher die referentielle Relation zwischen Zeichen und Referenzobjekt etabliert, indem er das Zeichen zur Referenz auf das Objekt einsetzt, sondern auch darin, dass entsprechend der ontologischen Struktur des Referenzobjekts und seiner Rolle sowohl in der Interaktion als auch im Satzverband funktional differenzierte Formen eingesetzt werden. Nunberg (1993, 8–9) zufolge weisen indexikalische Zeichen drei Bedeutungsdimensionen auf: eine (i) deiktische, eine (ii) klassifikatorische und eine (iii) relationale Komponente.

Die (i) deiktische Funktion sprachlicher Indices besteht in der Bestimmung der interaktionalen Rolle des Referenzobjekts und seiner Relation zur Sprecher-Origo. Diese Bedeutungskomponente wird in der reichenbachschen Tradition auch als *token-reflexive rule* indexikalischer Zeichen bezeichnet (cf. Récanati 2010a, 181). Sprachliche Indices können funktional danach unterschieden werden, welche kommunikative Rolle sie spezifizieren. Die Personalpronomina der ersten Person *je*, *me* und *moi* zeigen beispielsweise an, dass das Referenzobjekt mit dem Sprecher der Äußerung übereinstimmt, die Personalpronomina der zweiten Person *tu*, *te* oder *toi*, dass es sich dabei um den Adressaten handelt. Personalpronomina der dritten Person, wie *il*, *le* und *leur*, und Demonstrativa, wie *ce* oder *celui*, spezifizieren wiederum, dass es sich bei dem Referenzobjekt um eine Entität handelt, die nicht an der Interaktion beteiligt ist und somit der Dritte-Person-Welt angehört.[12] Ebenso verhalten sich Definit- und Indefinitarti-

---

[12] Nunberg (1993, 23) zufolge besteht die deiktische Komponente bei Demonstrativa und Personalpronomina der dritten Person lediglich in der Bestimmung der Entfernung des Referenz-

kel, Indefinitpronomina und Quantifizierer, die Nunberg (1993) zwar nicht als indexikalisch verhandelt, Peirce ([1893–1910], 102–103) allerdings als indexikalisch wertet. Die Lokaladverbien *ici* und *là-bas* bestimmen neben der interaktionalen Rolle ihres Referenzobjekts, das den Sprechort oder den Ort der besprochenen Handlung darstellt, auch in welcher Relation der Referenzort zur Sprecher-Origo steht. So zeigt *ici* an, dass der Referenzort mit dem Sprechort übereinstimmt, während *là-bas* indiziert, dass keine Übereinstimmung vorliegt.

Indexikalische Zeichen unterscheiden sich nicht nur in ihrer (i) deiktischen Bedeutungskomponente, so auf Makroebene der denotatorischen Funktionsbereiche, sondern auch auf Mikroebene innerhalb der einzelnen Funktionsklassen in ihrer (ii) klassifikatorischen Bedeutungskomponente. Im Französischen werden die Formen des Paradigmas der personenanzeigenden Indices nicht nur nach grammatischen Personen differenziert, z. B. *je* für die erste Person Singular im Kontrast zu *tu* für die zweite Person Singular, sondern auch nach Kasusfunktionen, z. B. *je* für die erste Person Singular in Subjektfunktion im Kontrast zu *me* für die erste Person Singular im Obliquus, und sogar nach prosodischer Selbstständigkeit, so stehen im Bereich der ersten Person die nicht akzentuierbaren Pronomina *je* und *me* im Kontrast zum akzentuierbaren *moi*. Auch innerhalb des Demonstrativparadigmas finden sich formale Unterscheidungen. Im Französischen sind Demonstrativa nicht nur nach Numerus und Genus differenziert, wie *ce, cet* und *celui* für maskuline Referenzobjekte im Singular im Kontrast zu *cette* und *celle* für feminine Referenzobjekte im Singular, sondern auch nach ihrer morphosyntaktischen Funktion als Determinierer oder Pronomen. Während die Formen *ce, cet, cette* und *ces* ausschließlich in Determiniererfunktion zu finden sind, fungieren *celui, ceux, celle(s), c(e), ceci, cela* und *ça* als Pronomina. Innerhalb der Gruppe der pronominalen Demonstrativformen ist wiederum eine ontologische Opposition wirksam. So werden die genusmarkierten Formen *celui, ceux* und *celle(s)* nur zur Referenz auf Entitäten eingesetzt, die als konturierte oder kategorial spezifizierte Objekte einzeln oder im Kollektiv auftreten, wohingegen die genusneutralen Formen *c(e), ceci, cela* und *ça* zur Referenz auf nicht-konturierte oder kategorial nicht-spezifizierte Entitäten eingesetzt werden.

---

objekts zur Sprecher-Origo, wie durch distanzmarkierte Demonstrativformen, so engl. *this, that* und *yon*, oder durch gestische Demonstration. Jedoch sind nicht alle Demonstrativformen lokaldeiktisch spezifiziert, wie fr. *ce* und *celui*, und nicht alle Demonstrativokkurrenzen können von expliziten Demonstrationen begleitet werden. Folglich kann nicht nur die lokaldeiktische Markierung als deiktische Komponente der Demonstrativa gewertet werden, sondern auch ihre Funktion, die Zugehörigkeit eines Objekts zur Dritte-Person-Welt und somit seine Position außerhalb der Interaktion anzuzeigen.

Die (iii) relationale Bedeutungskomponente sprachlicher Indices legt, so Nunberg (1993, 9), die Relation fest, in der das Referenzobjekt zum Zeigeobjekt steht, sofern Zeige- und Referenzobjekt voneinander abweichen und *deferred reference* vorliegt. Während Personalpronomina der ersten Person anzeigen, dass der Sprecher als Zeigeobjekt das Referenzobjekt selbst instantiiert, bestimmen Demonstrativa und Personalpronomina der dritten Person nicht, in welcher Relation Zeige- und Referenzobjekt zueinanderstehen (cf. Nunberg 1993, 24–25). Dass indexikalische Zeichen, die keine Interaktionsbeteiligten aufrufen, wie Demonstrativa und Personalpronomina der dritten Person, im Unterschied zu Personalpronomina der ersten Person keine relationale Bedeutungskomponente haben, illustriert Nunberg (1993, 9, 25) an den Beispielen in (32–33). So kann ein Lehrer auf einen Schüler zeigen, während er von dessen Eltern spricht, die die Reisegenehmigung für den Klassenausflug noch nicht unterschrieben haben, wie in (32). Das Zeigeobjekt von *they* in (32) ist der Schüler, das Referenzobjekt sind allerdings seine Eltern, wie auch die Pluralflexion des Personalpronomens *they* zeigt. Der Schüler wiederum kann im Gegenzug nicht *we* einsetzen, um auf seine Eltern zu verweisen, wie in (33), da er kein Elternteil ist und das Referenzobjekt somit nicht instantiiert.

(32) *They* haven't signed the permission form.

(33) # *We* haven't signed the form yet.
(Nunberg 1993, 9)

Ebenso wie nichtsprachliche Indices wie der Polarstern oder die Fußspuren im Schnee teilen somit auch sprachliche Indices Merkmale mit ihrem Referenzobjekt. So zeigt das Demonstrativum *ce* in (7) an, dass der Referent der demonstrativen Kennzeichnung ein Objekt der Dritte-Person-Welt darstellt, das nicht aktiv an der Interaktion beteiligt ist. Dies ist die (i) deiktische Bedeutungskomponente nach Nunberg (1993). Das Demonstrativum bildet folglich die interaktive Funktion des Referenzobjekts in der Kommunikationssituation ab. *Ce* fungiert ferner als Determinierer. Als solcher kodiert *ce* weitere flexionsmorphologische Merkmale, nämlich, dass das Referenzobjekt der demonstrativen Kennzeichnung singulär und das grammatische Genus des zugeordneten Nomens, das die kategoriale Spezifikation des Referenzobjekts leistet, das Maskulinum ist, was der (ii) klassifikatorischen Bedeutungskomponente nach Nunberg (1993) entspricht. Auch die morphosyntaktischen Werte, die *ce* neben den personalen Werten kodiert, entsprechen zum Teil ontologischen Eigenschaften des Referenzobjekts. So zeigt der Numerus am Nomen an, ob der Referent als singuläres oder plurales Objekt auftritt, und bildet somit eine ontologische Eigenschaft des Referenzobjekts ab – mit Ausnahme weniger *pluralia* und *singularia tantum*. Die

Genusinformation wiederum entspricht nur bei der Referenz auf menschliche Entitäten der ontologischen Realität, so bei *ce gamin* und *ce gosse* in (7), beim Verweis auf unbelebte Entitäten, wie bei *ce gâteau* in (10), ist das grammatische Genus für die referentielle Auflösung hingegen nicht relevant.

Im Unterschied zum Polarstern oder zu den Fußspuren im Schnee gründen die Merkmale, die sprachliche Indices mit ihrem Referenzobjekt gemeinsam haben, jedoch nicht auf einer unmittelbaren raumzeitlichen oder kausalen Verknüpfung mit dem Referenzobjekt. Sprachliche Indices weisen in ihrer phonischen oder graphischen Gestalt nichts auf, das rein formal eine Kontiguitätsrelation zu ihrem Referenzobjekt etablieren könnte. Vielmehr entsteht die Relation, die sprachliche Zeichen mit indexikalischer Qualität zu ihrem Referenzobjekt herstellen, durch eine konventionell festgelegte symbolische Vermittlung (cf. auch Bühler [1934] 1965, 90, 96). Sprachliche Indices sind somit, wie alle sprachlichen Zeichen, auf einer ersten Ebene als symbolische Zeichen zu betrachten, die sich von nicht indexikalischen sprachlichen Zeichen dadurch unterscheiden, dass sie sich wie Indices verhalten (cf. [Peirce] 1904, 307). Das indexikalische Verhalten sprachlicher Indices zeigt sich sowohl in der Natur der Merkmale, die sie ihren Referenzobjekten zuweisen, als auch in ihrer besonderen Verknüpfung mit den Situationsbedingungen der sprachlichen Äußerung. Die semantischen Merkmale (i) deiktischer, (ii) klassifikatorischer und (iii) relationaler Art, die sprachliche Indices bestimmen, sind nämlich, im Unterschied zu Symbolen, nicht als inhaltliche Beschreibung des Referenten, sondern als Hinweise zu verstehen, die den Adressaten zum Verweisobjekt führen sollen, das der Sprecher ansteuert.

2.1.1.4 Die Kontextsensitivität indexikalischer Zeichen

Als Symbole kodieren sprachliche Indices eine konventionelle Erfassungsregel, die ihre referentielle Auflösung steuert. Diese basiert im Unterschied zu konventionellen Symbolen nicht auf der Vermittlung kategorialer Merkmale, sondern auf der Bestimmung der kommunikativen Rolle des Referenzobjekts. Indexikalische Ausdrücke fungieren nämlich, so Récanati (2010a, 4), als kontextsensitive Variablen, die durch den Bezug auf die Äußerungssituation vervollständigt werden müssen (cf. auch Kaplan 1989a, 490). Récanati (2010a, 4–5) beschreibt den Prozess der kontextuellen Vervollständigung, der im semantischen Gehalt indexikalischer Zeichen angelegt ist und somit von diesen selbst ausgelöst wird, als 'Sättigung' (*saturation*). Auch Bühler ([1934] 1965, 84) schildert einen Vorgang der Komplementierung des Index in Bezug auf die Gegebenheiten der Sprechsituation: Setzt man Zeigwörter nämlich «in das Feld der Sprechsituation» ein, so erhalten sie «bestimmte Feldwerte». «Um ihre volle und präzise Leistung zu erfüllen», so Bühler ([1934]/1965, 84), bedürfen sie jedoch «nicht des Symbolfeldes der Sprache», sondern vielmehr «des Zeigefeldes und der Determination von Fall zu Fall aus dem Zeigefeld». Bühler ([1934]/1965, 96) bezeichnet die kontextuellen Informationen, die zum Verständnis indexikalischer Zeichen bzw. Zeigwörter erschlossen werden müssen, an anderer Stelle auch als «Situationshilfen». Zeigwörter unterscheiden sich in dieser Hinsicht grundlegend von den denotationskonstanten Nennwörtern, die «im Munde jedes und aller als Symbol für *denselben* Gegenstand verwendet [werden]» (Bühler [1934]/1965, 103–104). Folglich besteht eine «Zuordnungskonstanz von Sprachsymbolen und Gegenständen» (Bühler [1934]/1965, 103–104).

Bei der referentiellen Auflösung verweisen indexikalische Ausdrücke den Adressaten daher automatisch auf die kontextuellen Bedingungen der Äußerung. Der Adressat, der selbst wiederum Teil der Kommunikationssituation ist, identifiziert die Referenz des indexikalischen Ausdrucks durch die Bestimmung des Objekts, das die im Index spezifizierte kommunikative Rolle einnimmt. Ändern sich die kontextuellen Bedingungen, die für die Auflösung eines sprachlichen Index-Typs relevant sind, ändert sich folglich auch das Referenzobjekt, wie die Beispiele (34–35) illustrieren (cf. Dufter 2015, 361; Récanati 2010a, 185).

(34) Gemma Bovery: Bonjour, Martin. *Je* voulais m'excuser pour l'autre jour à Rouen. *Je* ne suis pas venue.
     Martin Jaubert: Oui, *j'*ai remarqué.
     Gemma Bovery: *Je* vous demande pardon. *J'*ai eu une euh...
     Martin Jaubert: Un empêchement. C'est comme ça que ça s'appelle.
     (Anne Fontaine, *Gemma Bovery*, 2014, min. 74:23–74:37)

(35) *Mme Birk zeigt M. Lefort drei Fotos. Jedes Foto zeigt ein anderes Model.*
     Mme Birk: M. Lefort ? Attendez. Venez. Approchez. Choisissez vos deux préférées, s'il vous plaît.
     [...]
     M. Lefort: Ben, *celle-là* (S zeigt auf Foto 1) et *celle-là* (S zeigt auf Foto 2). *Celle-là* (S zeigt auf Foto 3) est ... Ben, elle est bien aussi, mais elle est moins ... Elle est un peu moins ...
     (Jérôme Cornuau, *Chic!*, 2015, min. 10:40–11:24)

Das Personalpronomen *je* zeigt im Dialog in (34) in allen fünf Okkurrenzen an, dass es sich bei dem Referenzobjekt um den Sprecher der Äußerung handelt. Allerdings verweist *je* nicht in allen Okkurrenzen auf dasselbe Objekt. Äußert Gemma Bovery *je*, referiert sie damit auf sich selbst, Gemma Bovery. Setzt Martin Jaubert wiederum *je* ein, verweist er damit ebenfalls auf sich selbst, Martin Jaubert. Auch in (35) zeigt das Demonstrativpronomen *celle-là* in den drei vorliegenden Okkurrenzen an, dass es sich um ein singuläres Referenzobjekt der dritten Person handelt, das nicht an der Interaktion beteiligt ist. Der Sprecher, M. Lefort, setzt *celle-là* in allen drei Okkurrenzen allerdings zur Referenz auf verschiedene Objekte ein.

Die Referenz von *je*, das, wie in (34) gesehen, den Sprecher der Äußerung ansteuert, bleibt bis zum Sprecherwechsel konstant. Mit dem Sprecherwechsel verändert sich auch die Referenz von *je*. Die Referenzidentität von *celle-là* wiederum ist nicht von der Sprecheridentität abhängig, da es auf ein Objekt der dritten Person verweist. Vielmehr wird die referentielle Auflösung bei *celle-là* in (35) durch die Zeigegesten des Sprechers gesteuert, die alle drei Okkurrenzen begleiten und jeweils ein anderes Objekt indizieren. Der Referenzwechsel findet in (35) folglich durch den gestischen Verweis auf ein neues Objekt statt.

Der spreacheranzeigende Index *je*, der keiner gestischen Unterstützung bei der referentiellen Auflösung bedarf, unterscheidet sich auf den ersten Blick maßgeblich von *celle-là*, das einen Sprechgegenstand der Dritte-Person-Welt kodiert und der Erweiterung um eine Zeigegeste bedarf. Aus diesem Grund schlägt Kaplan (1989a, 490–491) vor, indexikalische Ausdrücke danach zu unterscheiden, ob ihre referentielle Auflösung von einer außersprachlichen Demonstration des Referenzobjekts abhängig ist, was für die Gruppe der *true demonstratives* gilt, oder nicht, was für die Gruppe der *pure indexicals* gültig ist. Bei *pure indexicals*, zu denen Kaplan (1989a, 491) «‹I›, ‹now›, ‹here› (in one sense) and others» zählt, ist der semantische Gehalt des Zeichens für die Bestimmung des Referenzobjekts aureichend, so Kaplan (1989a, 491, 523). Da *pure indexicals* unikale interaktionale Rollen definieren, die objektiven Bedingungen der Sprechsituation entsprechen, wie Sprecher oder Sprechort, ist keine referentielle Ambiguität gegeben (cf. auch Récanati 2010a, 182–184). Aus diesem Grund führen sie den Adressaten automatisch zum Referenzobjekt, wie bei *je* in (34) gesehen.

True demonstratives, zu denen Kaplan (1989a, 524) Demonstrativa und Personalpronomina der dritten Person zählt, bestimmen wiederum die negativ definierte Rolle der Nicht-Beteiligung an der Interaktion, die nicht unikal ist und somit die Disambiguierung des Referenzobjekts nicht gewährleisten kann, wie bei *celle-là* in (35). Aus diesem Grund bedürfen *true demonstratives* der Vervollständigung durch richtungsweisende Gestik oder Mimik, die die Referenzintentionen des Sprechers sichtbar macht. *Pure indexicals* und *true demonstratives* unterscheiden sich folglich nicht nur in der Automatizität ihrer referentiellen Auflösung, sondern auch in der Rolle, die die Referenzintention des Sprechers dabei spielen könnte. So erlauben *pure indexicals* keine Steuerung der referentiellen Ausrichtung durch das referentielle Interesse des Sprechers, da sie automatisch die Entität ansteuern, die die im Zeichen festgelegte interaktionale Rolle, so Sprecher oder Hörer, erfüllt (Récanati 2010a, 182). Im Unterschied zu *pure indexicals* wird die referentielle Ausrichtung von *true demonstratives* von den Referenzintentionen des Sprechers festgelegt.

Auch Frege (1918–1919, 64) beschreibt den Prozess der kontextuellen Vervollständigung, den indexikalische Ausdrücke auslösen, indem er für das Verständnis des propositionalen Gehalts einer Äußerung, die ein indexikalisches Element enthält, das Wissen um die kontextuellen Umstände der Äußerung voraussetzt (cf. auch Bühler [1934] 1965, 90–96). So führt die Abhängigkeit indexikalischer Zeichen von der Kommunikationssituation umgekehrt dazu, dass der sprachliche Ausdruck eines Satzes, der einen indexikalischen Ausdruck enthält, angepasst werden muss, wenn sich die situativen Umstände verändern, aber derselbe propositionale Gehalt ausgedrückt werden soll, wie Frege (1918–1919, 64) am Beispiel des deutschen Temporaladverbs *heute* skizziert.

> «Wenn jemand heute dasselbe sagen will, was er gestern das Wort ‹heute› gebrauchend ausgedrückt hat, so wird er dieses Wort durch ‹gestern› ersetzen. Obwohl der Gedanke derselbe ist, muß hierbei der Wortausdruck verschieden sein, um die Änderung des Sinnes wieder auszugleichen, die sonst durch den Zeitunterschied des Sprechens bewirkt würde. Ähnlich liegt die Sache bei den Wörtern wie ‹hier›, ‹da›. In allen solchen Fällen ist der bloße Wortlaut, wie er schriftlich festgehalten werden kann, nicht der vollständige Ausdruck des Gedankens, sondern man bedarf zu dessen richtiger Auffassung noch der Kenntnis gewisser das Sprechen begleitender Umstände, die dabei als Mittel des Gedankenausdrucks benutzt werden. Dazu können auch Fingerzeige, Handbewegungen, Blicke gehören» (Frege 1918–1919, 64).[13]

Verändern sich die relevanten kontextuellen Bedingungen, richtet sich also nicht nur die Verweisrelation eines indexikalischen Zeichens neu aus, sondern auch der sprachliche Ausdruck zum Verweis auf einen Referenten, der vor der relevanten kontextuellen Veränderung indexikalisch kodiert wurde, muss angepasst werden, was an der referentiellen Ausrichtung von *moi* und *toi* in (36) sichtbar wird. Im Dialog in (36) steuern *moi* und *toi* dasselbe Referenzobjekt an, die Interaktionsbeteiligte Charlotte. Während Charlotte als Sprecherin im ersten Redebeitrag auf sich selbst mithilfe des Personalpronomens der ersten Person *moi* referiert, setzt Jules zur Referenz auf Charlotte als Adressatin das Personalpronomen der zweiten Person *toi* ein.

(36) Charlotte: C'est *moi*.
      Jules: Je sais que c'est *toi*.
                  (Jean-Luc Godard, 1958, *Charlotte et son Jules*, min. 0:52–0:54, zit. in: Bedijs 2012, 263)

---

[13] Den Hinweis auf dieses Zitat entnehme ich Dufter (2015, 361).

(37) Christian: Roxane !
    Roxane: Qui donc m'appelle ?
    Christian: C'est *moi*.
    Roxane: Qui, *moi* ?
    (Edmond Rostand [1897], *Cyrano de Bergerac*, 3. Akt, Szene 6–7, p. 166–167)

Doch ein Personalpronomen der ersten Person Singular verweist nicht in allen Fällen automatisch auf den Sprecher der Äußerung, wie Beispiel (37) illustriert. Während Christian mit *moi* auf sich selbst als Sprecher referiert, setzt Roxane im darauffolgenden Redebeitrag *moi* nicht zum Verweis auf sich selbst als Sprecherin ein, sondern ebenso zur Referenz auf Christian als Sprecher des vorhergehenden Redebeitrags. Obwohl der Sprecherwechsel eine Veränderung der kontextuellen Bedingungen bedeutet, die für die Auflösung von Personalpronomina der ersten Person Singular relevant sind, löst er in (37) nicht zwangsläufig einen Referenzwechsel von *moi* aus. In (37) steuern nämlich nicht die objektiven kontextuellen Bedingungen die referentielle Ausrichtung von *moi*, sondern die Referenzintention der Sprecherin, die *moi* wie ein Echo wiederholt und somit als direktes Zitat des vorhergehenden Redebeitrags einsetzt. Der Kontext von *moi* in Roxanes Redebeitrag ist somit nicht der aktuelle Sprechkontext, in dem Roxane physisch als Sprecherin fungiert, sondern ein vorgegebener Sprechkontext, in dem *moi* von Christian geäußert wird. Auch wenn sich die kontextuellen Bedingungen faktisch nicht ändern, kann der Sprecher inmitten einer Äußerung einen Kontextwechsel simulieren, in dem, wie bei zitierter Rede der Fall, die Sprecherrolle wechselt (cf. Récanati 2010a, 194–198). Folgt das Zitat der Rede direkt im Anschluss an das Ereignis der zitierten Rede, wie in (37) das Zitat Roxanes direkt an Christians Äußerung anschließt, ist keine explizite Markierung des Zitats durch eine Inquitformel notwendig. Beispiel (37) zeigt somit, dass auch die referentielle Ausrichtung von *pure indexicals* von der Referenzintention des Sprechers gesteuert werden kann.

Auch bei Demonstrativa kann eine Veränderung der kontextuellen Umstände der Äußerung eine Anpassung des sprachlichen Ausdrucks erfordern, um den gleichen propositionalen Gehalt auszudrücken. Würde Coline Sergent aus Beispiel (7) (cf. Kap. 2.1.1.2) ihren Freund Omar beispielsweise erst auf den Jungen hinweisen, nachdem sie das Lokal, in dem das Gespräch in (7) stattfindet, bereits verlassen haben, müsste die demonstrative Kennzeichnung *ce gamin là-bas* um weitere Modifizierer ergänzt werden, um die referentielle Auflösung durch Omar zu ermöglichen, wie (38) illustriert. Würde Mme Birk aus Beispiel (35) M. Lefort wiederum am Telefon um die Auswahl der zwei von ihm bevorzugten Models bitten, müsste der Verweis durch das Demonstrativpronomen *celle-là* jeweils um eine distinktive NP erweitert oder durch DPs ersetzt werden, wie in (39), da M. Lefort in dem veränderten Äußerungskontext nicht auf den gestischen Verweis als außersprachlichen Distinktionsmechanismus zurückgreifen könnte.

(38) Tu as vu *ce gamin blond là-bas qui a pris un coca* ?

(39) Ben, *cette blonde aux yeux clairs* et *cette blonde aux yeux foncés*. La brune elle est bien aussi ... mais elle est moins...

Die Beispiele (38–39) zeigen, dass Demonstrativa nicht in allen Okkurrenzen durch eine Zeigegeste erweitert werden können, um die Identifikation des Referenzobjekts zu steuern, wie Kaplan (1989a) für *true demonstratives* beschreibt. Kaplan (1989a) bezieht sich in seiner Darstellung zur Funktion der *true demonstratives*, wie in Kap. 2.1.1.2 bereits erwähnt, ausschließlich auf Demonstrativa, die im situativen Raum operieren und auf optisch erfassbare und somit gestisch demonstrierbare Objekte verweisen. Demonstrativa sind in ihrer referentiellen Ausrichtung jedoch nicht auf situativ verfügbare und perzeptiv erfassbare Objekte beschränkt, wie in den Beispielen (8–10, 12–17, 22) und (38) gesehen (cf. Kap. 2.1.1.2–2.1.1.3). Selbst im situativen Kontext kann nicht immer eine richtungsweisende Mimik oder Gestik eingesetzt werden, so beispielsweise beim Verweis auf visuell nicht wahrnehmbare Entitäten wie Zeiträume oder -punkte. Außerhalb des Verweises auf situativ verfügbare und gestisch indizierbare Entitäten übernehmen folglich nominale Kennzeichnungen und Nominalmodifizierer die disambiguierende Funktion der Zeigegesten, wie *gamin blond là-bas qui a pris un coca* in (38), da sie die Menge der möglichen Referenten durch die kategoriale Einordnung des Referenzobjekts reduzieren und somit seine Identifikation unterstützen (cf. Kap. 2.1.1.2–2.1.1.3).

Situativ verweisende Demonstrativa unterscheiden sich von nicht situativ verweisenden Demonstrativa nicht nur in Bezug auf die Möglichkeit der Ergänzung durch außersprachliche Zeigemechanismen, sondern auch hinsichtlich der Substitutionspflicht des sprachlichen Ausdrucks bei gleichbleibender Proposition, jedoch veränderten Rahmenbedingungen, wie Frege (1918–1919) für indexikalische Zeichen formuliert. Während situativ referierende Demonstrativa ersetzt oder erweitert werden müssen, wenn die Verfügbarkeit des Referenzobjekts nicht mehr gewährleistet ist, da dieses seine Position verändert, der Sprecher einen Ortswechsel vollzieht oder der Adressat wechselt, ist bei nichtspezifischen Demonstrativa, wie bei *ces mecs qui sont des Grandes Écoles* in (8) und *ces longs cigares italiens...* in (15) keine Anpassung notwendig, da diese nicht auf spezifische Individuen ausgerichtet sind (cf. Kap. 2.1.1.2). Ebenso wenig gilt die Substitutionspflicht für Quantifizierer und Indefinitpronomina. Angenommen Martin Jaubert schlägt Gemma Bovery in Beispiel (23) nicht im direkten Gegenüber, sondern am Telefon vor, ihr etwas zu zeigen (*que je vous montre quelque chose*), ist keine Anpassung des sprachlichen Ausdrucks notwendig. Auch die situativ verweisende indefinite Kennzeichnung *un lapin* in (31) müsste nicht erweitert werden, wenn die Proposition erst dann formuliert wird, wenn das Referenzobjekt bereits verschwunden und somit nicht mehr situativ verfügbar ist, wie (40) zeigt.

(40) Il y avait *un lapin* là-bas.

Da Quantifizierer und Indefinitpronomina nicht substitions- oder erweiterungspflichtig sind, wenn sich der Äußerungskontext verändert, weisen sie im Sinne von Frege (1918–1919, 64) keine indexikalische Zeichenqualität auf, während Peirce ([1893–1910], 111) Indefinitpronomina und Quantifizierer als indexikalisch einstuft, wie in Kap. 2.1.1.2 gesehen, insofern als sie Hinweise für die Identifikation des Referenzobjekts liefern. Der grundlegende Unterschied zwischen Demonstrativa und Quantifizierern sowie Indefinitpronomina bezüglich der Substitutionspflicht des sprachlichen Ausdrucks im veränderten Äußerungskontext ist insofern weniger dem Fehlen einer indexikalischen Qualität seitens der Quantifizierer oder der Indefinitpronomina geschuldet, er weist vielmehr auf einen Unterschied in ihrem referentiellen Verhalten hin.

2.1.1.5 Zusammenfassung

Im Einklang mit den Diskussionen in diesem Abschnitt vertrete ich in der vorliegenden Arbeit einen weiten Indexikalitätsbegriff, wie er etwa aus den Arbeiten von Peirce ([1870]; etc.) und Récanati (2002; etc.) abgeleitet werden kann. Entsprechend den Darlegungen ist Indexikalität als Zeichenqualität zu verstehen, die den Einsatz und die Auswertung der Demonstrativa auch außerhalb der prototypischen Äußerungssituation steuert. So fungieren Demonstrativa nicht nur in der Bezugnahme auf gestalthafte Entitäten aus dem situativen Umfeld des Sprechers indexikalisch, sondern auch beim Verweis auf Entitäten, die nicht in perzeptiver Relation zum Sprecher oder Interpreten stehen oder sogar nichtspezifisch oder generisch profiliert sein können (cf. Kap. 2.1.1.2). Diese Perspektive erlaubt eine einheitliche Analyse aller demonstrativen Gebrauchsweisen und eine abstrahierendere Beschreibung der demonstrativen Funktion.

Als indexikalische Zeichen dienen Demonstrativa dazu, die Aufmerksamkeit des Interaktionspartners auf ein drittes Objekt zu lenken, liefern jedoch nur schemenhafte Hinweise zur kategorialen Zugehörigkeit des Referenzobjekts, etwa durch flexionsspezifische Merkmale wie Genus und Numerus oder Informationen bezüglich der Verortung des Referenzobjekts. Die referentielle Auflösung erfolgt bei Demonstrativa auch darüber, dass sie ihrem Referenzobjekt die kommunikative Rolle einer Entität außerhalb der Sprecher-Hörer-Interaktion zuweisen, und ist daher in hohem Maße kontextabhängig. Infolge der inhaltlich-kategorialen Unbestimmtheit verbinden sich Demonstrativa häufig mit einer Nominalgruppe, die dann als Identifikationshilfe fungiert. Auf diese Weise entstehen demonstrative Kennzeichnungen, auf denen im weiteren Verlauf dieser Arbeit besonderes Augenmerk liegen wird. In adnominaler Position treten Demonstrativa in Konkurrenz zu anderen indexikalischen Zeichen, wie Definit-, Indefinit- oder Possessivartikeln. Diese gehören zwar ebenso wie Demonstrativa zur Gruppe der indexikalischen Zeichen, unterscheiden sich aber in ihrer referentiellen Funktionsweise. Im folgenden Abschnitt werde ich daher die referentielle Perspektive der Demonstrativa ins Zentrum der Aufmerksamkeit rücken.

2.1.2 Demonstrativa als referentielle Zeichen

Wie in Kap. 2.1.1 gesehen, stellen indexikalische Zeichen eine referentielle Relation zwischen einem Zeichen und einem Objekt her und fungieren auf diese Weise als referenzerzeugende Mittel. Je nach indexikalischem Zeichentyp bewerten sie die Zugänglichkeit dieser Relation unterschiedlich. Demonstrativa, die als referentielle Ausdrücke *par excellence* gelten (cf. Robertson 2012, 189), suggerieren dem Interpreten, dass das Referenzobjekt in einer verfügbaren Verweisdomäne gegeben und daher identifizierbar ist. Indefinita fordern den Sprecher dagegen nicht zur Auflösung der Referenzrelation auf und haben auf diese Weise einen verschleiernden Effekt. Vor dem Hintergrund der funktionalen Unterschiede zwischen den einzelnen Referenzmitteln stellt sich die Frage, in welchen Aspekten sich Demonstrativa von Konkurrenzformen unterscheiden und welche Merkmale das referentielle Profil der Demonstrativa im Besonderen kennzeichnen. Abschnitt 2.1.2.1 *Referenz* widmet sich zunächst der Erfassung des Referenzbegriffs. Abschnitt 2.1.2.2 *Die referentielle Funktion von Demonstrativa* beschäftigt sich im Anschluss daran mit der Erfassung des referentiellen Profils von Demonstrativa. In Abschnitt 2.1.2.3 *Epistemischer Status der Referenzobjekte* rücke ich das epistemische Profil der Verweisobjekte in den Mittelpunkt und untersuche die kontextuellen Faktoren, die die Lesarten spezifisch, nicht-spezifisch oder generisch begünstigen. Abschnitt 2.1.2.4 *Typen referentieller Kontexte* entwickelt schließlich eine Typologie der Verweisdomänen, die Demonstrativa aktivieren können, und zeigt die pragmatischen Werte auf, die an die einzelnen Gebrauchsweisen geknüpft sind.

2.1.2.1 Referenz
Referenz bedeutet aus semantischer Perspektive die Beziehung zwischen einem sprachlichen Zeichen und einem Objekt, für das es steht (cf. Abbott 2017, 240; Riley 2007, 832). Aus pragmatischer Perspektive ist die Referenzrelation komplexer. Referenz erschöpft sich nicht in der zweigliedrigen Relation zwischen dem sprachlichen Zeichen und seinem Denotat, sondern wird von einem Sprecher etabliert, der das Zeichen zur Denotation eines Objekts einsetzt, und ist auf einen Adressaten ausgerichtet, der das denotierte Objekt mit Hilfe des referentiellen Ausdrucks identifizieren und seine Aufmerksamkeit darauf richten soll (cf. auch Abbott 2017, 240; Bach 2008, 16–17). Da zur Denotation von Objekten grundsätzlich Nomina eingesetzt werden, ist die Referenzfunktion in der Regel nominalen Kennzeichnungen vorbehalten (cf. Abbott 2017, 240).

Traditionell gilt eine Kennzeichnung nur dann als referentiell, wenn sie auf ein spezifisches Individualobjekt verweist, dieses Objekt in der außersprachlichen Welt tatsächlich existiert und der Sprecher, der die Referenzrelation etabliert, das Objekt selbst direkt perzeptiv erfährt, in einer früheren Situation bereits perzeptiv erfahren hat oder über einen kommunikativen Kanal Informationen über das Objekt erhalten hat (cf. Bach 1994, 214; 2008, 14, 24–25; auch Récanati 2010b, 170). In dieser Funktion treten besonders häufig, so Strawson (1950, 320), Demonstrativa wie *ces fringues* in (41), Eigennamen wie *Alicia Ricosi* in (41), Personalpronomina wie *vous*, *m'* und *je* in (41), und definite Kennzeichnungen wie *la route* in (41) auf.

(41) M. Lefort: Mais ben, *vous m'*avez fait peur. Ça va ? Qu'est ce que *vous* foutez au milieu de *la route* ?
Alicia Ricosi: Ah mais *vous* aussi êtes au milieu de *la route*. C'est tendance.
M. Lefort: Ah *vous* avez froid ?
Alicia Ricosi: Oh *je* suis grelottante.
M. Lefort: Ben, c'est pas étonnant. *Vous* avez vu comment *vous* êtes nippée ? C'est quoi, *ces fringues* ?
Alicia Ricosi: C'est une robe *Alicia Ricosi*.
(Jérôme Cornuau, *Chic!*, 2015, min. 22:40)

Der Dialog in (41) entstammt einem Film und somit einer fiktiven Welt. Nach Bach (1994; 2008) sind die referentiellen Ausdrücke *ces fringues*, *Alicia Ricosi*, *vous* und *la route* daher nicht im eigentlichen Sinn referentiell, da sie auf Objekte referieren, die als solche nicht tatsächlich, sondern nur in einer bestimmten filmischen Inszenierung existieren. Die Sprecher in (41) stellen fiktive Figuren dar. Wenn die Schauspieler in der Rolle dieser fiktiven Figuren kommunikative Akte vollziehen, wie im Dialog in (41), führen sie diese nicht wirklich aus, sondern geben nur vor, diese zu vollziehen (cf. Bach 1994, 214–215). Daher sind auch die referentiellen Bezüge, die sie herstellen, so Bach (1994, 215), keine echten, sondern lediglich «fingierte» oder «vorgetäuschte Referenzbezüge». Obwohl die Bezugswelt in (41) nicht mit der echten Welt übereinstimmt, verhalten sich die referentiellen Ausdrücke in (41) genauso wie in der echten Welt (cf. Bach 1994, 215). Sie dienen dazu Objekte, die Redegegenstände sind, zu benennen und im Vergleich zu anderen Objekten herauszustellen.

Die Existenzebene des Referenzobjekts übt also keinen Einfluss auf die kommunikative Funktion referentieller Ausdrücke aus. Aus diesem Grund kann behauptet werden, dass sprachliche Ausdrücke auch in fiktiven Welten dazu dienen, referentielle Bezüge herzustellen, die unabhängig vom epistemischen Status der Referenzobjekte bestehen. Auch Karttunen (1969, 5) zufolge ist die sprachliche Referentialisierung unabhängig von der epistemischen Ebene der Diskursreferenten. Wie in Beispiel (37) in Kap. 2.1.1.4 für Zitate gesehen, gibt der Sprecher bzw. Autor/Erzähler in fiktiven Welten einen Redekontext vor, der nicht mit dem tatsächlichen Redekontext übereinstimmt (cf. Ehlich 2007, 133, 137; Récanati 2010a, 192–194). Der Sprecher tut nur so, als wäre er an einem anderen Ort als an denjenigem, an dem er sich gerade befindet, und als würde es dort Objekte geben, die es in seiner eigentlichen Welt nicht gibt. Er erschafft somit eine imaginäre Welt, innerhalb derer er Objekte verortet, indem er referentielle Bezüge zu ihnen herstellt. Dabei wählt er zwangsläufig die Mittel, die auch zum Verweis auf wirkliche Entitäten eingesetzt werden. Gleiches gilt für die zitierte Rede, wie in Kap. 2.1.1.4 gesehen.

In fiktiven Sprechkontexten geht es darum, den Adressaten dazu aufzufordern, vor seinem geistigen Auge Entitäten zu konstruieren und somit eine imaginäre Welt entstehen zu lassen (cf. auch Ehlich 2007, 133). Referentielle Ausdrücke dienen somit nicht nur dazu, realweltliche Objekte zu denotieren, sondern auch, fiktive Objekte zu konstruieren (cf. auch Dik 1989, 113; Gary-Prieur 2005, 261–265; Lugea 2016). Der Sprecher kann durch den Einsatz referentieller Mittel folglich nicht nur die Identifikation eines realweltlichen Objekts durch den Adressaten anstreben, sondern auch die Konstruktion eines Objekts, dessen Existenz auf eine mental konstruierte fiktive Welt beschränkt ist. Ist die Existenz eines fiktiven Objekts einmal begründet, kann der Sprecher referentielle Mittel zum Verweis auf dieses fiktiv konstruierte Objekt mit dem Ziel seiner Identifikation durch den Adressaten einsetzen, wie im ersten Abschnitt des Romans *Un barrage contre le Pacifique* von Marguerite Duras in (42) deutlich wird. Die demonstrative Kennzeichnung *ce cheval* denotiert in (42) einen spezifischen Diskursreferenten, der dem Leser als fiktive Entität weder situativ zugänglich noch bereits bekannt ist. Der Leser ist vielmehr dazu eingeladen einen spezifischen Diskursreferenten der Kategorie *cheval* zu konstruieren (cf. Gary-Prieur/Léonard

1998, 19; Riley 2007, 838; Wiebe 1995, 273–274). Die zweite Okkurrenz der Folge *ce cheval* weist wiederum koreferentiell auf den bereits durch die erste Okkurrenz von *ce cheval* etablierten Diskursreferenten zurück.

(42) Il leur avait semblé à tous les trois une bonne idée d'acheter *ce cheval$_i$*. Même si ça ne devait servir qu'à payer les cigarettes de Joseph. D'abord, c'était une idée, ça prouvait qu'ils pouvaient encore avoir des idées. Puis ils se sentaient moins seuls, reliés par *ce cheval$_i$* au monde extérieur [...]. (Marguerite Duras, *Un barrage contre le Pacifique*, p. 9)[14]

Referentielle Ausdrücke dienen nicht nur im Kontext fiktiver Welten, die dezidiert als solche ausgewiesen sind, wie literarische und filmische Werke, dazu, Entitäten zu konstruieren, sondern auch im normalen Sprachgebrauch im Kontext der nicht-fiktiven Wirklichkeit. Dass die referentielle Funktion sprachlicher Ausdrücke unabhängig vom epistemischen Status des Referenzobjekts und nicht zwangsläufig auf die Identifikation eines tatsächlich existierenden Einzelobjekts durch den Adressaten ausgerichtet ist, zeigt sich auch daran, dass Demonstrativa nicht nur zum Verweis auf spezifische Individualobjekte eingesetzt werden, sondern auch in nicht-spezifischen oder generischen Bezugnahmen auftreten, wie in (8) und (15–17) in Kap. 2.1.1.2 gesehen.

So strebt der Sprecher über die demonstrative Kennzeichnung *ces mecs qui sont des Grandes Écoles* in (8) nicht die Identifikation spezifischer Einzelobjekte durch den Adressaten an, sondern die Konstruktion einer Objektkategorie auf Basis der in der erweiterten NP gegebenen inhaltlichen Beschreibung, die der Adressat mit individuellen Erfahrungen von Einzelvertretern dieser Objektkategorie verknüpfen kann. Die nicht-spezifischen demonstrativen Kennzeichnungen *ce livre* in (16) und *ce chien* in (17) haben dagegen eine identifizierende Funktion, sie verweisen beide anaphorisch auf einen durch eine indefinite Kennzeichnung konstruierten nicht-spezifischen Diskursreferenten zurück, nämlich *un livre* in (16) und *un chien* in (17). Ebenso wie in filmischen und literarischen Narrativen, wie in (42) gesehen, konstruieren indefinite und demonstrative Kennzeichnungen, die in nicht-assertiven oder generischen Kontexten auftreten, wie in (16) und (17), Diskursreferenten, die nicht mit konkreten realweltlichen Individuen übereinstimmen, da sie einen beliebigen Vertreter der Objektkategorie profilieren, so im Fall nicht-spezifischer Referenz, oder eine ganze Objektkategorie repräsentieren, wie im Fall generischer Referenz. Aus epistemischer Perspektive weisen nicht-spezifische und generische Referenzobjekte folglich den gleichen

---

14 Die Anregung für Beispiel (42) entnehme ich Philippe (1998, 54). Der in (42) zitierte Ausschnitt geht jedoch über den in Philippe (1998, 54) zitierten Textteil hinaus.

Status auf wie Referenzobjekte in fiktiven Kontexten, z. B. *Alicia Ricosi* in (41) oder *ce cheval* in (42). Da referentielle Ausdrücke im fiktiven Sprechen Diskursreferenten unabhängig von ihrem tatsächlichen epistemischen Status konstruieren oder identifizieren, können sie auch in nicht-spezifischen und generischen Verweiskontexten als referentiell gewertet werden (cf. auch Riley 2007, 838).[15]

Die Tatsache, dass referentielle Ausdrücke nicht zwangsläufig auf spezifische Objekte ausgerichtet sind, veranlasst Strawson (1950, 326) dazu, Referentialität als Qualität zu betrachten, die ein sprachlicher Ausdruck nicht an sich aufweist, sondern die erst dann entsteht, wenn er von einem Sprecher zum Verweis auf ein spezifisches Objekt eingesetzt wird. Aus diesem Grund können auch Indefinita oder Quantifizierer, die weder von Strawson (1950) noch von Bach (1994) als referentielle Mittel klassifiziert werden, zur Bezugnahme auf spezifische Objekte eingesetzt werden, wie bei *quelque chose* in (23) und *une dame* in (43) gesehen (cf. auch Bach 1994, 244–248; 2008, 28).

Auch wenn Indefinita und Quantifizierer spezifische Diskursreferenten aufrufen, erfüllen sie nicht die gleiche referentielle Funktion wie Demonstrativa oder andere definite Ausdrücke, wie Eigennamen oder definite Kennzeichnungen. Mit dem Gebrauch von Indefinita oder Quantifizierern zur Denotation eines spezifischen Referenzobjekts streben Sprecher nämlich, im Unterschied zu Demonstrativa und definiten Kennzeichnungen, keine Identifikation des Referenzobjekts durch den Hörer an (cf. Bach 2008, 29), wie Beispiel (43) illustriert. Der Sprecher in (43) nimmt durch die indefinite Kennzeichnung *une dame* in (43) zwar Bezug auf ein spezifisches Individualobjekt, allerdings nicht mit dem Ziel, die referentielle Auflösung durch die Adressatengruppe zu ermöglichen, wie im weiteren Verlauf des Redebeitrags durch *dont j'éviterais le nom par délicatesse, mais qui se reconnaîtra* explizit formuliert ist. Auch wenn deutlich wird, dass die indefinite Kennzeichnung *une dame* in (43) ein spezifisches Referenzobjekt ansteuert, spielt sie im Sinne eines anonymen Verweises lediglich auf das Referenzobjekt an, ohne die Adressatengruppe vollständig auf das denotierte Objekt zu verweisen (cf. Bach 2008, 28–29; auch Gary-Prieur/Léonard 1998, 18).

(43) M. Lefort: Bonsoir, pardon, je serai pas long. J'ai juste un message pour *une dame* dont j'éviterais le nom par délicatesse, mais qui se reconnaîtra. Je vous plains, Madame, parce que vous avez aucune grâce, aucune élégance et aucun savoir vivre. Voilà. Merci. Ah, oui, oui j'ai oublié : et aucun charme. Là je crois qu'on a fait le tour. Bonne soirée, Messieurs.
(Jérôme Cornuau, *Chic!*, 2015, min. 20:34–20:58)

---

[15] Für eine konträre Position cf. Bach (2008, 24–27, 29–31; 1994).

(44) M. Lefort: Non, mais imaginez juste *cette femme* (zeigt auf Mme Birk) et le parfum. Voilà. Pas de fauve, pas d'hommes en t-shirt grands, costauds, pas d'opéra, patiti, patata. Non, non, rien. Juste elle et lui. Seule, simple. Voilà.
(Jérôme Cornuau, *Chic!*, 2015, min. 86:17–86:30)

Der gegenteilige Fall liegt vor, wenn M. Lefort in (43) anstelle des Indefinitartikels *une* den Demonstrativartikel *cette* wählen würde. Da Demonstrativa im Unterschied zu Indefinita eine Identifikationsaufforderung an den Adressaten formulieren, könnte *cette dame* keine anonyme Referentialisierung leisten. Während *une dame* in (43) das Referenzobjekt denotiert, ohne es zu indizieren, setzt der Sprecher in (44) *cette femme* mit dem Ziel ein, die Aufmerksamkeit der Adressatengruppe auf das Referenzobjekt zu lenken. Aus diesem Grund würde in (44) das indefinite und nicht indizierende *une femme* anstelle des definiten und indizierenden *cette femme* nicht dem Kommunikationsinteresse des Sprechers entsprechen, die Identifikation des Referenzobjekts durch die Adressatengruppe anzuregen. Die funktionalen Kontraste zwischen den einzelnen Referenzausdrücken und die Kennzeichen des referentiellen Profils der Demonstrativa im Besonderen wird Abschnitt 2.1.2.2 im Anschluss beleuchten.

2.1.2.2 Die referentielle Funktion von Demonstrativa

Der Unterschied im referentiellen Verhalten zwischen Demonstrativa und indefiniten Kennzeichnungen kann mithilfe der Akzessibilitätshierarchie referentieller Ausdrücke von Ariel (1990, 2001) und der Gegebenheitshierarchie referentieller Ausdrücke von Gundel et al. (1993) erfasst werden. Sowohl die Akzessibilitätstheorie als auch die Gegebenheitstheorie gehen davon aus, dass bestimmte Diskursreferenten im Gedächtnis des Hörers schneller verfügbar sind als andere, und der Verfügbarkeitsstatus der einzelnen Entitäten sich in der sprachlichen Form widerspiegelt, die zur Einführung oder Reaktivierung der jeweiligen Referenzobjekte eingesetzt wird. Referentielle Ausdrücke kodieren folglich jeweils einen unterschiedlichen Verfügbarkeitsstatus des Referenzobjekts (cf. Ariel 2001, 29). Indem referentielle Ausdrücke anzeigen, ob der Referent für den Adressaten in hohem, mittlerem oder niedrigem Grad zugänglich ist, schränken sie die Menge der möglichen Verweisobjekte eines Referenzausdrucks ein und unterstützen den Adressaten auf diese Weise bei der referentiellen Auflösung. Die situative Verfügbarkeit eines Diskursreferenten hat zwar Einfluss auf seinen Akzessibilitätsstatus, indem sie einen mittleren Akzessibilitätsstatus sichert, entscheidend für das Erreichen eines hohen Verfügbarkeitsstatus ist jedoch seine diskursive Prominenz (cf. Ariel 2001, 31–32). Die Rolle eines Diskursreferenten kann sich im

Laufe des Diskurses nämlich verändern, unabhängig davon, ob der Diskursreferent situativ zugänglich bleibt oder nicht.

Auf der Basis empirischer Untersuchungen zum Englischen entwickelt Ariel (1990, 73) eine Skala, die referentielle Ausdrücke entsprechend dem Verfügbarkeitsstatus, den sie kodieren, zwischen den Polen hoher und niedriger Akzessibilität verortet, wie in Abb. 2.2 dargestellt.[16] Ariel (1990, 31) gliedert die Akzessibilitätsskala in drei Funktionsbereiche. Die referentiellen Ausdrücke, die auf den Positionen (a–f) auftreten, Eigennamen und definite Kennzeichnungen, dienen dazu, eine niedrige Akzessibilität des Referenzobjekts anzuzeigen. Die referentiellen Ausdrücke auf den Positionen (g–l), Demonstrativa, zeigen eine mittlere Akzessibilität des Referenzobjekts an (cf. auch Auer 1984, 636). Die referentiellen Ausdrücke auf den Positionen (m–q), so Personalpronomina, zeigen schließlich eine hohe Akzessibilität des Referenzobjekts an.

Obwohl die Akzessibilitätsskala in Abb. 2.2 auf der Basis englischer Daten entwickelt wurde und, wie Ariel (1990, 75) betont, keine vollständige Inventarisierung der möglichen referentiellen Ausdrucksformen darstellt – so sind beispielsweise weder Possessiva noch indefinite Kennzeichnungen berücksichtigt – kann sie Ariel (1990, 79–82) zufolge trotzdem als universal betrachtet werden. Die Universalität der Akzessibilitätsskala liegt darin begründet, dass sie sichtbar werden lässt, dass die Korrelationen zwischen der sprachlichen Form des referentiellen Ausdrucks und dem Verfügbarkeitsstatus seines Referenzobjekts nicht unvorhersehbar oder zufällig sind, sondern von drei miteinander verknüpften Prinzipien bestimmt werden, die universal wirksam sind. Diese Prinzipien sind: die (i) Informativität des sprachlichen Ausdrucks, seine (ii) Eindeutigkeit und sein (iii) phonologisches und prosodisches Gewicht (cf. Ariel 1990, 79).

Das (i) Prinzip der Informativität (*informativity*) bezieht sich auf das inhaltliche Gewicht des sprachlichen Ausdrucks. Hier gilt: Je mehr kategoriale Informationen ein sprachlicher Ausdruck kodiert, desto niedriger ist der Akzessibilitätsgrad seines Referenzobjekts. So zeigen Demonstrativa, die um Modifizierer (g–h) und/oder eine NP (i–j) erweitert werden und auf diese Weise kategoriale Beschreibungen leisten, einen niedrigeren Verfügbarkeitsgrad des Referenzobjekts an als pronominale Demonstrativa (k–l) und Personalpronomina (m–p), die

---

[16] Die Darstellungsform der Akzessibilitätsskala übernehme ich aus Ariel (1990, 73). Den Inhalt entnehme ich der aktualisierten Version der Akzessibilitätsskala von Ariel (2001, 31), da Ariel (1990, 73) nicht zwischen adnominalen (i–j) und pronominalen (k–l) Demonstrativformen unterscheidet. Die Indizierung in Abb. 2.2 stimmt folglich ab Position (i) nicht mehr mit der Indizierung in Ariel (1990, 73) überein, da entsprechend der aktualisierten Version in Ariel (2001, 31) die Positionen (i–j) hinzugefügt wurden.

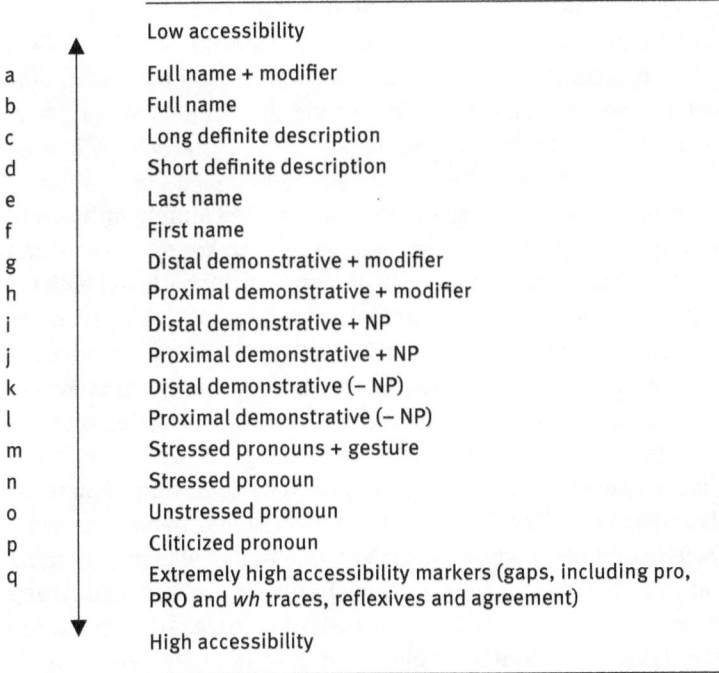

Abb. 2.2: Akzessibilitätsskala (Ariel 1990, 73; 2001, 31).

keine inhaltliche Kennzeichnung liefern (cf. Abb. 2.2). Die demonstrative Kennzeichnung *ce mec* im zweiten Redebeitrag der Sprecherin Magali in (8) (cf. Kap. 2.1.1.2), der in (45) erneut zitiert ist, impliziert somit eine niedrigere Akzessibilität als das koreferentielle Personalpronomen *il*.

(45) Je peux te parler franchement ? Pour moi, tu as fait une erreur de prendre *ce mec$_i$. Il$_i$* est peut-être sorti premier de l'ENA, mais *il$_i$* a le sens politique d'un poulpe.

Das (ii) Prinzip der Eindeutigkeit (*rigidity*) bezieht sich wiederum auf das jeweilige Potenzial des sprachlichen Ausdrucks, das Referenzobjekt durch die inhaltliche Beschreibung, die er kodiert, diskret zu kategorisieren und somit innerhalb einer Menge von Konkurrenzreferenten eindeutig zu identifizieren. Da im Text in (45) keine Konkurrenzreferenten maskulinen Genus vorliegen, leistet sowohl *ce mec* als auch *il* eine im Äußerungskontext ausreichend eindeutige Kategorisierung des Referenzobjekts. Das (iii) Prinzip der Schwächung (*attenuation*) bezieht sich schließlich auf das lautliche Gewicht des sprachlichen Ausdrucks. Je niedriger das phonologische und prosodische Gewicht eines referentiellen Ausdrucks, desto höher ist der Verfügbarkeitsstatus seines Referenzobjekts (cf. Ariel 2001, 31). Beispielsweise zeigt das Personalpronomen *il* in (44) auch deswegen eine höhere Zugänglichkeit seines Referenzobjekts an als die demonstrative Kennzeichnung *ce mec*, weil es sowohl phonologisch als auch prosodisch leichter ist als *ce mec*.

Da nicht alle Sprachen dieselbe Anzahl an referentiellen Mitteln aufweisen, variiert die Anzahl der Elemente, die in der Skala auftreten können, und somit die Anzahl an Konkurrenzformen innerhalb der drei Verfügbarkeitsbereiche. Ariel (2001, 31) unterscheidet Demonstrativokkurrenzen sowohl nach syntaktischen Kriterien, so nach der Präsenz von Modifizierern (g–h) sowie der adnominalen (i–j) und der pronominalen Funktion (k–l), als auch nach semantischen Kriterien, so der Zugehörigkeit zu einem proximalen (h, j, l) oder distalen Demonstrativparadigma (g, i, k). Das moderne Französisch weist im Unterschied zum Englischen keine aktiv wirksame semantische Opposition innerhalb des Demonstrativsystems auf. Zwar können die französischen Demonstrativdeterminierer *ce(t)*, *cette* und *ces* sowie die französischen Demonstrativpronomina *celui*, *celle(s)* und *ceux* um die lokaldeiktischen Partikeln *-ci*, zur Markierung von Proximalität, und *-là*, zur Markierung von Distalität, erweitert werden, um das Distanzverhältnis zwischen Referenzobjekt und Sprecher-Origo anzuzeigen. Im Unterschied zu den einfachen Formen sind die zusammengesetzten Demonstrativformen jedoch distributiv eingeschränkt, da sie nicht in allen Demonstrationskontexten eingesetzt werden können.

Eine Erweiterung demonstrativer Kennzeichnungen um *ci* oder *là* zur lokaldeiktischen Spezifizierung ist nämlich nur in Kontexten möglich, in denen mehr als ein potentieller Referent verfügbar ist, auf den die durch das Demonstrativum vorgenommene Kategorisierung zutrifft (cf. Beyssade 2015, 183; Imoto 1997, 207). So impliziert *ce marteau-ci/là* in (46a) beispielsweise einen Äußerungskontext, in dem mehr als ein Hammer gegeben ist, während das einfache *ce marteau* in (46b) keine Implikation bezüglich der Existenz von Konkurrenzreferenten auslöst. Die Partikeln *-ci* und *-là* werden daher häufig im gleichen Satz eingesetzt, um einen Kontrast zwischen zwei Referenzobjekten derselben Objektkategorie anzuzeigen, wie *cette fois-là* und *cette fois-ci* in (47). In der gesprochenen Sprache wird die lokaldeiktische Opposition, die *-ci* und *-là* kodieren, zugunsten des distalen *-là* neutralisiert (cf. Beyssade 2015, 182–183; De Mulder/Lamiroy 2012, 217; Guillot 2015, 573–574, 577; Gsell 1989, 142). So kann der Sprecher in (48a) das distal markierte *ce vin-là* einsetzen, um auf ein Glas Wein zu verweisen, das er selbst in den Händen hält, wie De Mulder/Lamiroy (2012, 217) ausführen. Die proximale Partikel *-ci* wird selbst dann durch *-là* ersetzt, wenn zwischen den Konkurrenzreferenten ein Distanzunterschied besteht, wie Beyssade (2015, 183) am Beispiel (48b) zeigt.

(46) a. Passe-moi *ce marteau-ci/-là* !
   b. Passe-moi *ce marteau* !
   (Beispiel (46a–b) aus: Beyssade 2015, 183)

(47) C'était vrai *cette fois-là*, mais ça ne l'est pas *cette fois-ci*.
   (Beyssade 2015, 183)

(48) a. J'aime *ce vin-là*.
   (De Mulder/Lamiroy 2012, 217)
   b. J'hésite entre *celui-là* et *celui-là* !
   (Beyssade 2015, 183)

In der Anpassung der Akzessibilitätsskala (cf. Abb. 2.2) an das moderne gesprochene Französisch muss im Bereich der mittleren Akzessibilitätsmarker als Funktionsbereich der Demonstrativa schließlich die semantische Unterscheidung nach proximalen (h, j) und distalen (g, i) Formen aufgehoben und somit die Anzahl der Positionen von sechs auf vier reduziert werden. So müssen die Positionen (g–h) als adnominale und pronominale Demonstrativa mit Modifizierern, die Positionen (i–j) als adnominale Demonstrativa und die Positionen (k–l) als pronominale Demonstrativa zusammengefasst werden.

Der Verfügbarkeitsstatus des Referenzobjekts kann, so Ariel (1990, 22–30), mithilfe von vier ‹kognitiven Faktoren› bestimmt werden, (i) der Distanz (*distance*) zwischen dem referentiellen Ausdruck und seinem Antezedenten, (ii) der Topikalität (*topicality*) des Referenzobjekts, (iii) der textuellen Einheit (*unity*) zwischen referentiellem Ausdruck und Antezedenten und der (iv) Existenz von Konkurrenzreferenten. Je niedriger die (i) Distanz zwischen einem referentiellen Ausdruck und seinem Antezedenten, desto höher der Akzessibilitätsstatus. Je höher die Topikalität (ii) der Diskursreferenten, desto höher ist sein Verfügbarkeitsstatus. Tritt ein referentieller Ausdruck in (iii) der gleichen textuellen Einheit auf wie das Antezedens, z. B. im Beitrag des gleichen Sprechers oder im gleichen Paragraphen, weist der denotierte Diskursreferent ebenfalls einen höheren Verfügbarkeitsstatus auf. Liegt für einen referentiellen Ausdruck dagegen (iv) mehr als ein potentieller Referent vor, weist das denotierte Referenzobjekt einen niedrigeren Verfügbarkeitstatus auf.

Die in (i–iv) genannten kognitiven Faktoren können bei der Kodierung von Diskursreferenten übereinstimmen und sich somit gegenseitig verstärken, wie im Beispiel (8), das in (49) in Ausschnitten erneut zitiert wird. Die demonstrative Kennzeichnung *ce mec* und das Personalpronomen *il* im zweiten Redebeitrag der Sprecherin Magali denotieren beide den Diskursreferenten *Bruno*, der im ersten Redebeitrag des Sprechers Michel Ardent durch die Nennung des Eigennamens als Diskursreferent eingeführt wird. Der letzte explizite Verweis auf den

Diskursreferenten liegt bei der demonstrativen Kennzeichnung *ce mec* zwei Redebeiträge und insgesamt sieben Sätze zurück, das direkte Antezedens von *ce mec* ist nämlich *Bruno* im ersten Redebeitrag von Michel Ardent. Bei den zwei Okkurrenzen von *il* findet sich die letzte explizite Nennung des Diskursreferenten jedoch jeweils im vorhergehenden Satz, so ist *ce mec* direktes Antezedens von der ersten Okkurrenz von *il*, das wiederum direktes Antezedens der zweiten Okkurrenz von *il* ist. Folglich ist zum einen die Distanz zwischen referentiellem Ausdruck und Antezedenten, wie von Ariel (1990, 18) vorhergesagt, bei der demonstrativen Kennzeichnung als mittlerem Akzessibilitätsmarker größer als beim Personalpronomen, das eine hohe Akzessibilität des Referenzobjekts anzeigt. Zum anderen ist die textuelle Einheit zwischen der demonstrativen Kennzeichnung *ce mec* und ihrem direkten Antezedenten *Bruno*, der im Redebeitrag eines anderen Sprechers auftritt, geringer als zwischen dem Personalpronomen *il* und seinem direkten Antezedenten *ce mec*, der im selben Redebeitrag auftritt wie *il*.

(49) Michel Ardent: Qu'est-ce qui ne va pas avec *Bruno$_i$* ?
     Magali: Comment ça qu'est-ce qui ne va pas ?
     Michel Ardent: Je sens bien c'est tendu. C'est dommage. Vous êtes tous les deux de gros bosseurs, compétents, généreux. Je comprends pas qu'est-ce qui se passe.
     Magali: Je peux te parler franchement ? Pour moi, tu as fait une erreur de prendre *ce mec$_i$*. *Il$_i$* est peut-être sorti premier de l'ENA, mais *il$_i$* a le sens politique d'un poulpe.

Die Verteilung von *ce mec* und *il* im Redebeitrag der Sprecherin Magali stimmt außerdem mit Ariels (2001, 35) Ergebnissen überein, dass inhaltlich und phonologisch schwerere Formen wie *ce mec* äußerungsinitial inhaltlich und phonologisch leichteren Formen wie *il* vorgezogen werden. Weiterhin weist der Diskursreferent Bruno zu dem Zeitpunkt, als er zum ersten Mal durch das Personalpronomen *il* kodiert wird, eine höhere Topikalität auf als zu dem Zeitpunkt, als er durch die demonstrative Kennzeichnung *ce mec* kodiert wird, weil *ce mec* als Antezedens von *il* topikal ist, wohingegen *Bruno* als Antezedens von *ce mec* nicht topikal ist. Der Diskursreferent von *ce mec* stellt zum einen kein lokales Topik dar, da er in den vorhergehenden fünf Sätzen nicht direkt, sondern nur als Teilreferent von *vous ... tous les deux* genannt wurde, zum anderen da sein direkter Antezedent nicht Satztopik ist.[17]

---

[17] Cf. für die Kriterien zur Bestimmung eines lokalen Topiks Demol (2007, 12) und Givón (1983).

2.1 Sprachphilosophische und semantische Perspektive — 65

Die kognitiven Faktoren in (i–iv) zeigen jedoch nicht in allen Fällen einen einheitlichen Verfügbarkeitsstatus des Referenzobjekts an. Zudem hat der Sprecher die Möglichkeit, einzelne Kriterien unterschiedlich auszusteuern, beispielsweise die Topikalität eines Diskursreferenten nicht von seinem lokalen, sondern von seinem globalen Topikalitätsstatus aus zu beurteilen. Ariel (2001, 32) zufolge weist das globale Topik sogar eine höhere Verfügbarkeit auf als das lokale Topik, wie ebenso Beispiel (49) illustriert. Auch wenn der Diskursreferent *Bruno* im zweiten Redebeitrag der Sprecherin Magali in dem Moment, in dem sie durch die demonstrative Kennzeichnung *ce mec* auf ihn verweist, noch nicht lokales Topik ist, ist er bereits seit dem ersten Redebeitrag von Michel Ardent als Diskurstopik etabliert. Aus diesem Grund wäre bereits an dieser Stelle eine Referenz durch ein Personalpronomen als höherem Akzessibilitätsmarker möglich, so beispielsweise durch *le*, wie in (50). Dem Sprecher bieten sich also in jedem Fall konkurrierende Möglichkeiten in Bezug auf die Auswertung des Verfügbarkeitsstatus des Diskursreferenten und somit der Kodierung des Referenzobjekts. Die Akzessibilität eines Diskursreferenten wird folglich aus einem komplexen Zusammenspiel der Faktoren (i) Distanz, (ii) Topikalität, (iii) Einheit und (iv) Konkurrenz berechnet, die jeweils unterschiedlich gewichtet werden können.

(50) Pour moi, tu as fait une erreur de *le* prendre.

Demol (2007, 31–32) stellt bei einer kontrastiven Untersuchung des referentiellen Verhaltens des Demonstrativpronomens *celui-ci* und des Personalpronomens *il* nach den Kriterien der Akzessibilitätstheorie von Ariel (1990) fest, dass eine Analyse nach den Parametern (i) Distanz, (ii) Topikalität, (iii) textuelle Einheit und (iv) Konkurrenz ein widersprüchliches Bild in Bezug auf das referentielle Profil von *celui-ci* und *il* ergibt. Demol (2007, 15, 20, 28) zufolge unterscheiden sich *celui-ci* und *il* weder bezüglich des (i) Distanzkriteriums noch bezüglich des Kriteriums der (iii) textuellen Einheit, da beide Formen bevorzugt im gleichen Satz auftreten wie ihr Antezedent und die Distanz zum Antezedenten in Wörtern gemessen bei *celui-ci* sogar kleiner ist als bei *il*. Das (i) Distanzkriterium und das Kriterium der (iii) textuellen Einheit können folglich die Klassifizierung von *celui-ci* als mittlerem Akzessibilitätsmarker nicht rechtfertigen. Bezüglich der Kriterien (ii) Topikalität und (iv) Konkurrenz entspricht die Verteilung von *celui-ci* und *il* dagegen weitgehend den Vorhersagen der Akzessibilitätstheorie. So referiert *il* zum einen häufiger auf topikale Antezedenten als *celui-ci* und weist somit eine höhere Topikalität auf, zum anderen tritt *il* in Kontexten auf, in denen weniger Konkurrenzreferenten vorliegen als in den Kontexten von *celui-ci* (cf. Demol 2007, 23, 29–30).

Die Ergebnisse aus Demols (2007) Untersuchung lassen erkennen, dass die Akzessibilität eines Diskursreferenten weniger von der (i) Distanz zum Antezedenten und der (iii) textuellen Einheit mit dem Antezedenten als vielmehr von seiner (ii) Topikalität und der Präsenz von (iv) Konkurrenzreferenten bestimmt wird. Dass *celui-ci* bevorzugt mit nicht-topikalen Referenten auftritt, wie auch bei *ce mec* in (49), deutet an, dass das Demonstrativum einen Topikwechsel markiert, wohingegen das Personalpronomen Topikkontinuität signalisiert (cf. Fossard/Rigalleau 2005, 297; Fossard 2006, 90; auch Abraham 2007a; 2007b für das Deutsche). Auch Fossard/Rigalleau (2005) und Fossard (2006) zeigen in experimentellen Studien zum referentiellen Verhalten der Demonstrativpronomina *celui-ci/celle-ci* und der Personalpronomina *il/elle*, dass die referentielle Zuordnung der Personalpronomina, gemessen an der Lesegeschwindigkeit geeigneter Beispieltexte durch die Probanden, schneller erfolgt, wenn es auf einen Diskursreferenten hoher Topikalität verweist (cf. Fossard 2006, 87–90), wie *elle* in (51a), als wenn es auf einen Diskursreferenten niedriger Topikalität Bezug nimmt, wie *elle* in (51b). Ersetzt man *elle* in (51a–b) jeweils durch *celle-ci*, ergibt sich der umgekehrte Fall. Die Prozessierung des Demonstrativums erfolgt nämlich schneller, wenn es eine Entität niedriger Topikalität wiederaufnimmt, wie *celle-ci* in (52b), als wenn eine Entität hoher Topikalität angesteuert wird (cf. Fossard 2006, 87–90), wie bei *celle-ci* in (52a). Aus der Perspektive der syntaktischen Rolle des Antezedenten der demonstrativen Kennzeichnung ergibt sich daraus für das Personalpronomen die Präferenz, das Subjekt des vorhergehenden Satzes aufzurufen, z. B. *Salomé* in (51a), für das Demonstrativpronomen hingegen die Präferenz, auf eine Objektkonstituente Bezug zu nehmen, z. B. *de Salomé* in (52b), wie Kaiser/Cherqaoui (2016, 48–50) experimentell nachweisen.[18]

(51) a. Le panier de linge était rempli de vêtements. *Salomé$_i$* écoutait la radio en repassant les chemises d'Hervé. De fatigue, *elle$_i$* s'allongea sur le lit.
b. Le panier de linge était rempli de vêtements. Hervé écoutait la radio en repassant les chemises de *Salomé$_i$*. De fatigue, *elle$_i$* s'allongea sur le lit.
(Beispiel (51a–b) aus: Fossard 2006, 86)

(52) a. Le panier de linge était rempli de vêtements. *Salomé$_i$* écoutait la radio en repassant les chemises d'Hervé. De fatigue, *celle-ci$_i$* s'allongea sur le lit.

---

18 Im Unterschied zu Demol (2007), Fossard/Rigalleau (2005), Fossard (2006, 2014) untersuchen Kaiser/Cherqaoui (2016) neben dem referentiellen Verhalten des proximalen *celui-ci* auch

b. Le panier de linge était rempli de vêtements. Hervé écoutait la radio en repassant les chemises de *Salomé$_i$*. De fatigue, *celle-ci$_i$* s'allongea sur le lit.
(Beispiel (51a–b) aus: Fossard 2006, 86)

Während die Lesegeschwindigkeit von (51a), mit *elle* in der Referenz auf den Diskursreferenten mit der höchsten Topikalität, signifikant höher ist als die Lesegeschwindigkeit von (51b), mit *elle* in der Bezugnahme auf einen niedrig topikalen Diskursreferenten, kann zwischen der Lesegeschwindigkeit von (52b), mit *celle-ci* in der Denotation eines niedrig topikalen Diskursreferenten, und (52a), mit *celle-ci* in der Wiederaufnahme des Diskursreferenten mit der höchsten Topikalität, kein signifikanter Unterschied festgestellt werden, so Fossard (2006, 87). Die erhöhte Prozessierungsgeschwindigkeit in (52b) führt Fossard (2006, 87) darauf zurück, dass das Demonstrativpronomen *celui-ci* vornehmlich in Kontexten referentieller Ambiguität auftritt und diese in (52a–b) nicht gegeben ist, wie auch Demol (2007) feststellt. Fossard/Rigalleau (2005, 297–298) zufolge setzt der Gebrauch von *celui-ci* sogar die Präsenz eines Konkurrenzreferenten derselben Klasse wie der intendierte Referent voraus. Das Demonstrativum dient dann dazu, den am wenigsten topikalen Vertreter aus einer Menge kategorial zusammengehörender Objekte herauszuheben (cf. auch Kleiber 1991a, 143). Auch Apothéloz/Reichler-Béguelin (1999, 370) und De Mulder (1998, 23) schreiben dem Demonstrativum die Funktion zu, das Referenzobjekt aus einer Menge von Objekten der gleichen Kategorie kontrastiv herauszustellen (cf. auch Corblin 1987, 220–222; Scott 2013, 61–62). Die kontrastive Funktion von Demonstrativa, die Fossard/Rigalleau (2005, 298) als «selection-presupposition-constraint» bezeichnen, führt dazu, dass erst dann eine signifikant höhere Verarbeitungsgeschwindigkeit von *celle-ci* im Verweis auf einen niedrig topikalen Diskursreferenten festgestellt werden kann, wenn ein kategorial passender Konkurrenzreferent im Äußerungskontext verfügbar ist, wie die Diskursreferenten *Marie* und *la maîtresse* in (53a–b). So verläuft die Prozessierung von *celle-ci* in (53a), wo es auf *la maîtresse* als Diskursreferenten niedriger Topikalität verweist, signifikant schneller als in (53b), wo es auf *Marie* als Diskursreferenten höchster Topikalität Bezug nimmt. Die deutliche Präferenz von Demonstrativpronomina im Fall referentieller Ambiguität für die Bezugnahme auf eine nicht-topikale Entität steht im Zusammenhang mit den Vorhersagen der Akzessibilitätstheorie, dass der Verfügbarkeitsstatus eines Diskursreferenten in der Präsenz von Konkurrenzobjekten sinkt und folglich mittlere Akzessibilitätsmarker zur Kodierung bevorzugt werden (cf. Ariel 1990, 28).

---

das referentielle Verhalten des distalen *celui-là*. Den Ergebnissen von Kaiser/Cherqaoui (2016, 49–50) zufolge weisen *celui-ci* und *celui-là* keine Verteilungsunterschiede auf.

Die referentielle Auflösung des Personalpronomens wird von der Präsenz der Konkurrenzreferenten hingegen nicht beeinflusst. Sie läuft, ebenso wie in (51a–b) gesehen, schneller im Fall von Topikkontinuität, wie bei *elle* als Verweis auf *Marie* in (54a), als im Kontext diskontinuierlicher Referenz, wie für *elle* im Verweis auf *la maîtresse* in (54b) gilt (cf. Fossard 2006, 89–90).

(53) a. Les élèves de l'école se défoulaient pendant la récréation. Marie a donné un coup de pied à *la maîtresse$_i$*. *Celle-ci$_i$* a eu un gros hématome.
    b. Les élèves de l'école se défoulaient pendant la récréation. *Marie$_i$* a donné un coup de pied à la maîtresse. *Celle-ci$_i$* a été sévèrement punie.
(Beispiel (53a–b) aus: Fossard 2006, 89)

(54) a. Les élèves de l'école se défoulaient pendant la récréation. *Marie$_i$* a donné un coup de pied à la maîtresse. *Elle$_i$* a été sévèrement punie.
    b. Les élèves de l'école se défoulaient pendant la récréation. Marie a donné un coup de pied à *la maîtresse$_i$*. *Elle$_i$* a eu un gros hématome.
(Beispiel (54a–b) aus: Fossard 2006, 89)

Fossard (2014, 252) stellt in einer umfassenden experimentellen Studie zur referentiellen Funktion von demonstrativen Kennzeichnungen im Vergleich zu Personalpronomina fest, dass demonstrative Kennzeichnungen ebenso wie Demonstrativpronomina schneller verarbeitet werden, wenn sie im Kontext referentieller Ambiguität auf nicht topikale Diskursreferenten verweisen (cf. für das Englische Gundel et al. 1993, 299). Demonstrative Kennzeichnungen weisen somit dasselbe referentielle Verhalten auf wie Demonstrativpronomina. Dass Demonstrativa in Kontexten referentieller Ambiguität eindeutiger auf nicht topikale Diskursreferenten ausgerichtet sind als in Kontexten referentieller Eindeutigkeit, zeigt wiederum, dass die Fähigkeit von Demonstrativpronomina, ein neues Topik zu etablieren, stark mit ihrer kontrastiven Funktion verknüpft ist. Die referentielle Auflösung von Personalpronomina wiederum wird nicht von der Präsenz von Konkurrenzreferenten beeinflusst. Sie werden in beiden Fällen gleichermaßen schneller verarbeitet, wenn Topikkontinuität vorliegt. In Bezug auf die Bedingungen, die sie an die Topikalität des Antezedenten stellen, verhalten sich Demonstrativa und Personalpronomina folglich komplementär zueinander. Die funktionale Komplementarität ist jedoch nicht vollständig, da Demonstrativa referentielle Ambiguität als zusätzliche Bedingung definieren, wohingegen Personalpronomina diesbezüglich unmarkiert bleiben (cf. Fossard/Rigalleau 2005, 297–298; Fossard 2014, 256).

Die experimentellen Untersuchungen von Fossard/Rigalleau (2005) und Fossard (2006; 2014) belegen, dass sowohl Demonstrativpronomina als auch demonstrative Kennzeichnungen schneller referentiell zugeordnet werden können, wenn sie auf nicht-topikale Diskursreferenten ausgerichtet sind.[19] Sie bestätigen somit Ariels (2001) Klassifikation von Demonstrativa als mittleren Akzessibilitätsmarkern. Fossards (2014) Analyse macht jedoch auch deutlich, dass die referentielle Funktion von Demonstrativa nicht vollständig durch die Mittel der Akzessibilitätstheorie erfasst werden kann. Demonstrative Kennzeichnungen können, Fossards (2014, 251–253) Ergebnissen zufolge, nur dann in der Bezugnahme auf niedrig topikale Diskursreferenten signifikant schneller prozessiert werden als in der Bezugnahme auf den topikalsten Diskursreferenten, wenn diskursive Kontinuität zum vorhergehenden Kontext besteht, wie in den Beispielsätzen in (55a–b), die als alternative Fortsetzungen zu dem Einleitungstext in (55) zu betrachten sind. Die Lesegeschwindigkeit im Beispiel (55b) mit *cette femme* in der Bezugnahme auf die niedrig topikale Nebenfigur *la serveuse* ist nämlich, wie auch in (54a–b) gesehen, signifikant höher als in (55a) mit *cette femme* in der Bezugnahme auf die Hauptfigur *Alice*.

Stehen die Sätze, in denen die demonstrativen Kennzeichnungen auftreten, wiederum nicht in Kontinuität zum vorhergehenden Diskurs, verhalten sich die Prozessierungsgeschwindigkeiten genau umgekehrt. Die Verarbeitung verläuft nämlich schneller, wenn die demonstrative Kennzeichnung auf den Diskursreferenten mit der höchsten Topikalität verweist, wie in den Beispielsätzen in (55c–d), die ebenso als alternative Fortsetzungen zum Einleitungstext in (55) zu betrachten sind. Die Lesegeschwindigkeit von (55c) mit *cette femme* im Verweis auf die Hauptfigur *Alice* ist nämlich höher, wenn auch nicht signifikant, als von (55d) mit *cette femme* im Verweis auf die Nebenfigur *la serveuse*. Die Beispielsätze in (55c–d) sind im Unterschied zum vorhergehenden Satz nicht-episodisch, wie die Modifikation durch das Adverb *toujours* anzeigt, und stellen somit einen diskursiven Bruch gegenüber dem Vortext dar.

(55) Au restaurant, *Alice$_i$* adore prendre son temps pour lire la carte. La dernière fois, *elle$_i$* avait tellement hésité entre deux plats qu'*elle$_i$* avait finalement demandé à *la serveuse$_{ii}$* de l'aider à choisir quelque chose.
    a. En fait, *cette femme$_i$* a simplement commandé le plat du jour.
    b. En fait, *cette femme$_{ii}$* a simplement conseillé le plat du jour.
    c. En fait, *cette femme$_i$* est toujours indécise dans ses choix.
    d. En fait, *cette femme$_{ii}$* est toujours prête à rendre service.
    (Fossard 2014, 248)

---

[19] Cf. ebenso Averintseva-Klisch/Consten (2007, 228) für die Präferenz von Demonstrativa für niedrig topikale Diskursreferenten im Deutschen und Russischen.

Im Unterschied zur demonstrativen Kennzeichnung verläuft die Prozessierung des Personalpronomens, so Fossard (2014, 243–254), unbeeinflusst vom Faktor der diskursiven Diskontinuität, ebenso wie von der Präsenz von Konkurrenzreferenten, wie in (54a–b) gesehen. So ist die Verarbeitungsgeschwindigkeit von *elle* in der anaphorischen Wiederaufnahme der Hauptfigur *Alice* im Kontext des diskursiven Bruchs in (56c) in der gleichen Weise signifikant höher als in der Wiederaufnahme der Nebenfigur *la serveuse* in (56d) wie im Kontext diskursiver Kontinuität, denn (56a) mit dem Antezedenten *Alice* wird entsprechend schneller prozessiert als (56b) mit dem Antezedenten *la serveuse*. Obwohl die Wiederaufnahme der Figur mit der höchsten Topikalität dem Funktionsbereich der Personalpronomina der dritten Person entspricht, ist die Prozessierungsgeschwindigkeit von *cette femme* in der Bezugnahme auf die Hauptfigur im Kontext des diskursiven Bruchs in (56c) sogar höher, wenn auch nicht signifikant, als die von *elle* im gleichen Kontext in (56c) (cf. Fossard 2014, 253). Die höhere Verarbeitungsgeschwindigkeit der demonstrativen Kennzeichnung kann schließlich auf die diskursive Diskontinuität zurückgeführt werden, da diskursive Brüche, wie Szenen-, Hintergrund- oder Perspektivenwechsel, das Sinken des Akzessibilitätsstatus der bereits etablierten Diskursreferenten bewirken (cf. Ariel 1990, 26–28).

(56) Au restaurant, *Alice$_i$* adore prendre son temps pour lire la carte. La dernière fois, *elle$_i$* avait tellement hésité entre deux plats qu'*elle$_i$* avait finalement demandé à *la serveuse$_{ii}$* de l'aider à choisir quelque chose.
    a. En fait, *elle$_i$* a simplement commandé le plat du jour.
    b. En fait, *elle$_{ii}$* a simplement conseillé le plat du jour.
    c. En fait, *elle$_i$* est toujours indécise dans ses choix.
    d. En fait, *elle$_{ii}$* est toujours prête à rendre service.
    (Fossard 2014, 248)

Während das referentielle Verhalten des Personalpronomens stabil nach dem Kriterium der Topikalität gesteuert wird, unabhängig von der diskursiven Kontinuität und der Existenz von Konkurrenzreferenten, ist das referentielle Verhalten von Demonstrativa vom Zusammenspiel mehrerer kontextueller Faktoren bestimmt, so Fossard (2014, 255–256), und weist somit eine insgesamt komplexere Referentialisierung auf. So reagieren Demonstrativa zum einen nur in der Präsenz von Konkurrenzreferenten sensibel auf den Topikalitätsstatus des Antezedenten, zum anderen kehren sie ihre topikale Ausrichtung um, wenn keine diskursive Kontinuität zum Vortext gegeben ist. Liegt kein diskursiver Bruch vor, signalisieren Demonstrativa einen Wechsel in der topikalen Kontinuität, indem sie als Verweis auf eine niedrig topikale Nebenfigur analysiert werden. Liegt ein diskursiver Bruch vor, signalisieren Demonstrativa wiederum Topikkontinuität, da sie als Verweis auf die Figur mit der höchsten Topikalität analysiert werden. Demonstrativa zeigen folglich entweder einen Wechsel in der topikalen oder in der diskursiven Kontinuität an, indem sie entweder ein neues Topik etablieren, wie in (55b), oder eine neue Perspektive auf die Entität mit der höchsten Topikalität entwerfen, wie in (55c) (cf. auch De Mulder 1998, 24–26). Die referentielle Funktion von Demonstrativa besteht somit in allen Fällen darin, eine diskursive Neuorientierung zu markieren (cf. Fossard 2014, 246; auch Apothéloz/ Reichler-Béguelin 1999, 370; Corblin 1987, 223; De Mulder 1998, 24–26; Diessel 1999, 99; Kleiber 2005, 282, 294–295; Léonard 1998, 67). Aus diesem Grund werden anaphorische demonstrative Kennzeichnungen sowohl häufig zur Rekategorisierung des Diskursreferenten eingesetzt als auch in narrativer Fiktion zur Markierung eines Wechsels in der Erzählperspektive (cf. Apothéloz/Chanet 1997, 168–170; Béguelin 1998, 100; Gary-Prieur 2005, 262–264; Schnedecker 2006).

Demonstrativa, die als Marker eines mittleren Verfügbarkeitsstatus in Diskontinuitätskontexten auf Entitäten mit der höchsten Topikalität und somit einem hohen Verfügbarkeitsstatus verweisen, wie in (55c), können auch als Fall referentieller Überspezifikation analysiert werden. Von referentieller Überspezifikation spricht man, wenn ein referentieller Ausdruck, der eine niedrigere Akzessibilität anzeigt, zur Kodierung eines Diskursreferenten mit einer höheren Akzessibilität eingesetzt wird. Referentielle Überspezifikation äußert sich häufig in der Form, dass der referentielle Ausdruck eine genauere inhaltliche Beschreibung des Referenzobjekts liefert als zu dessen Identifikation notwendig ist und somit insgesamt einen niedrigeren Akzessibilitätsstatus anzeigt als der Diskursreferent aufweist. Koolen et al. (2011a; 2011b; 2016) weisen experimentell nach, dass referentielle Überspezifikation in definiten Kennzeichnungen vor allem dann auftritt, wenn eine große Menge an Konkurrenzobjekten verfügbar ist. Die untersuchten Sprecher erweitern definite Kennzeichnungen in diesem Fall häufiger um klassifizierende Adjektive, die im gegebenen Kontext keine individualisierende Funktion haben, als in Kontexten, in denen weniger Konkurrenzobjekte vorliegen (cf. Koolen et al. 2011b, 1029).

Referentielle Überspezifizierung wird somit eingesetzt, um dem Adressaten die referentielle Auflösung zu erleichtern, wenn diese kontextuell erschwert (cf. Arnold 2008) oder sehr wichtig ist (cf. Arts et al. 2011). Van Vliet (2002; 2009) zeigt am Beispiel literarischer Texte aus dem Englischen und Niederländischen, dass referentielle Überspezifizierung in literarischen Texten immer in Kontexten diskursiver Diskontinuität auftritt, z. B. wenn die Erzählperspektive vom Erzähler zu einer Figur oder der Ereignistyp von episodischen zu nicht-episodischen Prädikaten wechselt (2002, 191–196). Die referentielle Überspezifizierung dient dann dazu, so van Vliet (2009, 195), die diskursive Struktur des Textes sichtbar zu machen und die referentielle Zuordnung über diskursive Grenzen hinweg zu gewährleisten. Die erhöhte Prozessierungsgeschwindigkeit von französischen Demonstrativa im Verweis auf topikale Disursreferenten in Diskontinuitätskontexten, wie Fossard (2014) zeigt, ist somit auch als Ausdruck einer universalen Tendenz zu betrachten, das Verständnis nach einem diskursiven Bruch durch referentielle Überspezifizierung sicherzustellen.

Dass das referentielle Profil eines sprachlichen Ausdrucks nicht allein an seiner Ausrichtung auf der Akzessibilitätsskala bemessen werden kann, zeigen auch Maes (1991) und Maes/Noordmann (1995). Maes (1991, 157–162)[20] stellt fest, dass anaphorische demonstrative Kennzeichnungen im Niederländischen bevorzugt zur Wiederaufnahme im gleichen oder vorhergehenden Satz neu eingeführter Diskursreferenten in fokaler Position dienen. Somit besteht nur eine geringe Distanz zwischen der demonstrativen Wiederaufnahme und dem Antezedenten, wie auch Demol (2007) für *celui-ci* im Französischen zeigt. Maes/Noordmann (1995, 257–259) zufolge steht die Tatsache, dass anaphorische demonstrative Kennzeichnungen beinahe in allen Fällen durch eine entsprechende definite Kennzeichnung ersetzt werden können, im Widerspruch zur Akzessibilitätstheorie. Gleichzeitig weist die Substitutionsmöglichkeit definiter durch demonstrative Ausdrücke in anaphorischen Verweisen darauf hin, so Maes/Noordmann (1995, 257–259), dass Demonstrativa nicht ausschließlich eine identifizierende, sondern auch eine prädizierende Funktion haben. Anaphorische demonstrative Kennzeichnungen steuern folglich nicht nur die bloße Identifikation des denotierten Diskursreferenten an, sondern bewirken eine Modifikation der mentalen Repräsentation des Diskursreferenten, indem sie, so Maes/Noordmann (1995, 261), die Verknüpfung in der nominalen Kennzeichnung gegebener und/oder kontextuell inferierbarer Informationen mit dem Referenzobjekt aktivieren (cf. auch Corblin 1987, 222–223; Veldre 2003, 132–133). Maes/Noordmann (1995, 261) zufolge ist die identifizierende Funktion die Basisfunktion demonstrativer Kennzeichnungen, während die modifizierende Funktion ein «interpretative surplus» darstellt (cf. auch Corazza 2003, 267–268). In diesem Punkt unterscheiden sich demonstrative Kennzeichnungen auch von definiten, die primär eine identifizierende Funktion erfüllen.

Maes/Noordmann (1995, 261) unterscheiden entsprechend der Gestaltung des Nominalkomplements der demonstrativen Kennzeichnung drei verschiedene Modifikationstypen: (i) die klassifizierende Modifikation, (ii) die kontextualisierende Modifikation und (iii) die attributive Modifikation. Ruft die demonstrative Kennzeichnung den Diskursreferenten durch die Nennung einer übergeordneten Kategorie auf, nimmt sie (i) eine klassifizierende Modifikation vor, wie *this/that*

---

[20] Bei Maes (1991) handelt es sich um ein unveröffentlichtes Manuskript. Aus diesem Grund zitiere ich diesen Text nach Maes/Noordmann (1995, 259).

vehicle zur Wiederaufnahme von *his car* in (57a) (Maes/Noordmann 1995, 262–264). Durch die Zuordnung des Diskursreferenten zu einer übergeordneten Kategorie aktiviert die demonstrative Kennzeichnung die Vorstellung weiterer Vertreter dieser Kategorie, aus denen das Referenzobjekt als konkrete Figur herausgehoben wird. Dieser Effekt ist auf die kontrastive Funktion von Demonstrativa zurückzuführen. Auch definite Kennzeichnungen können einen Diskursreferenten durch die Nennung seiner übergeordneten Kategorie wieder aufgreifen, wie *the vehicle* in (57b). Während *the vehicle* in (57b) jedoch lediglich zur Identifikation des von *his car* etablierten Diskursreferenten dient, löst *this/that vehicle* in (57a) zusätzlich eine Kontrastierung des Referenzobjekts mit anderen Objekten der Kategorie *vehicle* aus (cf. Maes/Noordmann 1995, 262-264). Die modifizierende Zusatzfunktion von Demonstrativa zeigt sich auch daran, dass demonstrative Kennzeichnungen dazu eingesetzt werden können, aufbauend auf der anaphorischen Wiederaufnahme spezifischer Diskursreferenten ein generisches Referenzobjekt zu konstruieren, wie bei *this/that vehicle* in (58a), das, wie der Folgesatz zeigt, verknüpft mit *his car* als Bezugnahme auf die gesamte Kategorie *car* zu verstehen ist (cf. Maes/Noordmann 1995, 263-264). Definite Kennzeichnungen können in der anaphorischen Wiederaufnahme eines spezifischen Diskursreferenten hingegen keine generische Lesart generieren, wie die Agrammatikalität von *the vehicle* in (58b) zeigt, was wiederum ein Beleg dafür ist, dass definite Kennzeichnungen sich von demonstrativen Kennzeichnungen durch das Fehlen einer modifizierenden Zusatzfunktion unterscheiden.

(57) a. John likes *his car$_i$*. *This/that vehicle$_i$* is close to his heart.
b. John likes *his car$_i$*. *The vehicle$_i$* is close to his heart.
(Beispiel (57a–b) aus: Maes/Noordmann 1995, 263)

(58) a. John likes *his car$_i$*. *This/that vehicle$_i$* is close to his heart. He owns about ten of them.
b. John likes *his car$_i$*. # *The vehicle$_i$* is close to his heart. He owns about ten of them
(Beispiel (58a–b) aus: Maes/Noordmann 1995, 264)

Wiederholen demonstrative Kennzeichnungen teilweise oder ganz die nominale Kennzeichnung des Antezedenten, bewirken sie (ii) eine kontextualisierende Modifikation, wie *this/that air pollution* in (59a) (cf. Maes/Noordmann 1995, 264–269). Im Unterschied zur anaphorischen definiten Kennzeichnung *the air pollution* in (59b), die ebenso wie in (57b) lediglich die Identifikation des Antezedenten *air pollution* anstrebt, aktiviert die demonstrative Kennzeichnung in (59a) die Verknüpfung der kontextuell gegebenen Lokalisierung *in the big cities* mit dem Diskursreferenten, ohne diese Information explizit zu nennen. Dieser

Effekt ist ebenso auf die kontrastive Funktion von Demonstrativa zurückzuführen. So nimmt die demonstrative Kennzeichnung in (59a) automatisch auch die lokalisierende Adverbiale wieder auf, da sie einen Kontrast zwischen dem Referenzobjekt und anderen Vertretern derselben Objektkategorie impliziert.[21] Dass die definite Kennzeichnung in (59b) im Unterschied zur demonstrativen Kennzeichnung in (59a) diese Kontextualisierung nicht leistet, zeigen auch die Beispiele in (60a–b). Die explizite Nennung der kontextuell verfügbaren Information über den Diskursreferenten in der anaphorischen Wiederaufnahme blockiert nämlich die modifizierende Funktion des Demonstrativartikels, indem sie diesen überflüssig werden lässt, wie die Inakzeptabilität von *this/that increasing air pollution in the big cities* in (59a) zeigt. Der Definitartikel wiederum kann in diesem Fall eingesetzt werden, wie die Akzeptabilität von (59b) illustriert, da er keine modifizierende Funktion hat.

(59) a. In the big cities, *air pollution$_i$* is increasing. *This/that air pollution$_i$* is a result of bad policy.
b. In the big cities, *air pollution$_i$* is increasing. *The air pollution$_i$* is a result of bad policy.
(Beispiel (59a–b) aus: Maes/Noordmann 1995, 265)

(60) a. # In the big cities, *air pollution$_i$* is increasing. *This/that increasing air pollution in the big cities$_i$* is a result of bad policy.
b. In the big cities, *air pollution$_i$* is increasing. *The increasing air pollution in the big cities$_i$* is a result of bad policy.
(Beispiel (60a–b) aus: Maes/Noordmann 1995, 266)

Enthält die demonstrative Kennzeichnung zusätzliche Modifizierer, die der Antezedent nicht aufweist, nimmt sie schließlich (iii) eine attributive Modifikation vor, wie *this conservative chancellor* in (61a). In diesem Kontext erweitert die demonstrative Kennzeichnung die Repräsentation des Diskursreferenten durch die explizite Nennung kontextuell nicht inferierbarer Informationen. Im Unterschied zu definiten Kennzeichnungen, die das zusätzlich im Modifizierer gegebene Merkmal präsupponieren, wie in (61b), weist die demonstrative Kennzeichnung in (61a) die neue Information als noch nicht in der Repräsentation des Diskursreferenten enthalten aus und löst somit eine Prädikation der neuen Information auf den Diskursreferenten aus. Aus diesem Grund können De-

---

[21] Da im Modifikationstyp (i) ebenso der kontrastive Effekt der Demonstrativa sichtbar wird, könnte die Unterscheidung zwischen den Modifikationstypen (i-ii) in der Theorie von Maes/Noordmann (1995) aufgehoben werden.

monstrativa nicht in Anaphern auftreten, welche zusätzliche Modifizierer enthalten, die als bereits mit dem Diskursreferenten verknüpft gelten, wie in (62a). Der Definitartikel ist in diesen Kontexten wiederum möglich, wie (62b) zeigt.

(61) a. Yesterday evening, *the chancellor$_i$* had a meeting with representatives of European women's movements. *This conservative chancellor$_i$* repeated his ideas on women and labor.
b. Yesterday evening, *the chancellor$_i$* had a meeting with representatives of European women's movements. *The conservative chancellor$_i$* repeated his ideas on women and labor.
(Beispiel (61a–b) aus: Maes/Noordmann 1995, 269)

(62) a. # In the Walloon government, *Cools$_i$* took issue with his political enemies yesterday. *This attorney from Flémalle$_i$*, as he is called in the region of Liege, had obviously sworn to get rid of Happart's companions once and for all.
b. In the Walloon government, *Cools$_i$* took issue with his political enemies yesterday. *The attorney from Flémalle$_i$*, as he is called in the region of Liege, had obviously sworn to get rid of Happart's companions once and for all.
(Beispiel (62a–b) aus: Maes/Noordmann 1995, 270)

Da demonstrative Kennzeichnungen sowohl eine identifizierende als auch eine prädizierende Funktion erfüllen, siedeln sie sich funktional zwischen definiten Kennzeichnungen, bei denen die identifizierende Funktion dominiert, und indefiniten Kennzeichnungen an, die vornehmlich prädizierend fungieren (cf. Maes/Noordmann 1995, 273–274; cf. für das Französische Gary-Prieur/Léonard 1998, 16–18; Corblin 1987, 27–28). Treten indefinite Kennzeichnungen im anaphorischen Referenzkontext auf, dienen sie nämlich dazu, dem denotierten Diskursreferenten bisher unbekannte kategoriale Eigenschaften zuzuweisen, und erfüllen somit in erster Linie eine prädizierende Funktion, wie *un homme si courageux* in (63), das die Figur Dussardier anaphorisch wiederaufgreift (cf. auch Apothéloz/Reichler-Béguelin 1999, 394).

(63) *Dussardier$_i$* était à l'autre bout, en face ; il avait l'air un peu embarrasseé de sa position. D'ailleurs, ce milieu artistique l'intimidait. [...] Cette lâcheté d'*un homme si courageux$_i$* fut agréable à Frédéric comme une justification de la sienne. (Gustave Flaubert, *L'éducation sentimentale*, 391)

Ausschließlich prädizierend ist die Funktion von indefiniten Kennzeichnungen in Erstnennungen, wie bei *une dame* in (43) gesehen, die den typischen, frequen-

in focus	> activated	> familiar	> uniquely identifiable	> referential	> type identifiable
{it}	{that} {this} {this N}	{that N}	{the N}	{indefinite this N}	{a N}

Abb. 2.3: Gegebenheitshierarchie (Gundel et al. 1993, 275).

tativ stärksten Gebrauchskontext indefiniter Kennzeichnungen darstellen. Indefinite Kennzeichnungen streben in der Erstnennung keine Identifikation des Referenzobjekts durch den Adressaten an, sondern vielmehr die Konstruktion eines spezifischen oder nicht-spezifischen Diskursreferenten, der einen beliebigen Vertreter der im Nominalkomplement genannten Objektkategorie darstellt. Während indefinite Kennzeichnungen in der Akzessibilitätsskala von Ariel (1990; 2001), ebenso wie Possessiva und possessive Kennzeichnungen, nicht berücksichtigt werden, ordnen Gundel et al. (1993, 275–276) indefinite Kennzeichnungen der niedrigsten Gegebenheitsstufe zu, wie Abb. 2.3 illustriert. Ebenso wie Ariel (1990; 2001) gehen Gundel et al. (1993, 274–275) davon aus, dass Determinierer und Pronomina jeweils einen anderen Gegebenheitsstatus ihres Referenzobjekts anzeigen. Gundel et al. (1993, 274–275) unterscheiden sechs verschiedene kognitive Status, die von jeweils verschiedenen referentiellen Ausdrücken kodiert werden und in der Gegebenheitshierarchie hierarchisch miteinander verknüpft sind, wie in Abb. 2.3 anhand englischer Daten visuell dargestellt ist. Durch den Gebrauch eines bestimmten referentiellen Ausdrucks signalisiert der Sprecher, dass er den implizierten kognitiven Status für den Diskursreferenten und alle niedrigeren kognitiven Status als gegeben betrachtet (cf. Gundel et al. 1993, 275–276). So zeigt der Gebrauch von *that N* an, dass das Referenzobjekt dem Interaktionspartner bereits bekannt und aus diesem Grund identifizierbar ist. Der kognitive Status *familiar* setzt gleichzeitig alle niedrigeren Gegebenheitsstufen voraus, nämlich dass das Referenzobjekt unter der gegebenen nominalen Kennzeichnung eindeutig identifizierbar ist (*uniquely identifiable*), einer spezifischen Repräsentation des Sprechers entspricht (*referential*) und eine Repräsentation der Objektkategorie verfügbar ist (cf. Gundel et al. 1993, 275–278).

Ebenso wie in Ariels (1990; 2001) Akzessibilitätsskala treten Demonstrativa in der Gegebenheitshierarchie vornehmlich in den mittleren Markierungsstufen auf. So zeigen *that*, *this* und *this N* an, dass der Referent 'aktiviert' ist (*activated*), also bereits diskursiv erwähnt wurde oder im Äußerungskontext präsent ist. Die demonstrative Kennzeichnung *that N* signalisiert dagegen lediglich die Bekanntheit des Referenzobjekts seitens des Adressaten (*familiar*). In seiner Funktion als *indefinite this* findet sich *this N* außerdem in der Markierung des

Status *referential*, wenn es zur Neueinführungen von Diskursreferenten eingesetzt wird, die dem Adressaten noch nicht bekannt sind, jedoch eine spezifische Repräsentation des Sprechers denotieren, wie *this car* in (64). Da jede Stufe in der Gegebenheitshierarchie alle tiefer liegenden Stufen als erfüllt voraussetzt, kann ein Diskursreferent, der einen höheren kognitiven Status aufweist, unter Umständen durch Formen ersetzt werden, die einen niedrigeren kognitiven Status signalisieren (cf. Gundel et al. 1993, 290–294). Der topikale Diskursreferent, der von der demonstrativen Kennzeichnung *these incredibly small magnetic bubbles* im Einleitungssatz in (65) denotiert wird, weist den kognitiven Status *in focus* auf, da er topikal ist und im Zentrum der Aufmerksamkeit der Interaktionspartner steht. In der Wiederaufnahme des *in focus*-Diskursreferenten in einem Folgesatz kann wiederum nicht nur das dem Gegebenheitsstatus des Diskursreferenten entsprechende proximale *these* eingesetzt werden, wie in (65a), sondern auch das distale *those* (*familiar*), wie in (65b), der Definitartikel (*uniquely identifiable*), wie in (65c), und die Nullmarkierung (*type identifiable*), wie in (65d). Der umgekehrte Fall eines Diskursreferenten, der von einem referentiellen Ausdruck kodiert wird, der einen höheren Gegebenheitsstatus anzeigt als dieser aufweist, gefährdet dagegen den Erfolg der referentiellen Auflösung und auf diese Weise das kommunikative Verständnis. Entspricht der Diskursreferent nicht dem vom Determinierer kodierten Gegebenheitsstatus, ist die Identifikation des Referenzobjekts durch den Adressaten nicht möglich, wie im Dialog in (66) (cf. Gundel et al. 1993, 292). So verweist der Sprecher M durch *these* auf ein Referenzobjekt, das weder aktiviert noch dem Adressaten K bekannt ist, wie im Verlauf des Dialogs in (66) deutlich wird.

(64) We went to Southtown Toyota Yesterday. Ellen bought *this car*. It's a Regatta Blue Corolla with a sunroof.
(Gundel et al. 1993, 289)

(65) *These incredibly small magnetic bubbles$_i$* are the vanguard of a new generation of ultradense memory-storage systems.
    a. *These systems$_i$* are extremely rugged: they are resistant to radiation and are nonvolatile.
    b. *Those systems$_i$* are extremely rugged: they are resistant to radiation and are nonvolatile.
    c. *The systems$_i$* are extremely rugged: they are resistant to radiation and are nonvolatile.
    d. *New generation ultradense memory storage systems$_i$* are extremely rugged: they are resistant to radiation and are nonvolatile.
(Gundel et al. 1993, 294)

(66) M: *These$_i$*. Do *these$_i$* go in here or there?
      K: *These$_i$*?
      M: *The ones I just got done writing$_i$*.
      (Gundel et al. 1993, 292)

Abgesehen von *indefinite this* setzen alle Demonstrativa im Englischen voraus, dass das Referenzobjekt dem Adressaten zumindest bekannt ist. Den Untersuchungen von Gundel et al. (1993, 286–289) zufolge gilt diese Bedingung auch für Demonstrativa im Chinesischen, Japanischen, Russischen und Spanischen. So ist *ese/aquel perro* in Beispiel (67a) aus dem Spanischen nur dann passend, wenn angenommen werden kann, dass der Adressat das Referenzobjekt identifizieren kann. Das mediale *ese* und das distale *aquel* könnten im Kontext von (67a) jedoch nicht durch das proximale *este* ersetzt werden, da *este* ebenso wie *this* im Englischen voraussetzt, dass der Diskursreferent bereits diskursiv aktiviert oder situativ verfügbar ist (cf. Gundel et al. 1993, 286–287).

(67) a. No pude dormir anoche. *Ese/Aquel perro* de al lado no me dejó dormir.
     b. #No pude dormir anoche. *Este perro* de al lado no me dejó dormer.
     (Beispiel (67a–b) aus: Gundel et al. 1993, 286)

Demonstrativa verweisen im Französischen im Kontext diskursiver Kontinuität bevorzugt auf niedrig topikale Entitäten, wie Fossard/Rigalleau (2005) und Fossard (2006; 2014) zeigen (cf. auch Veldre 2003, 134). Aus diesem Grund kann davon ausgegangen werden, dass auch französische Demonstrativa den kognitiven Status *activated* voraussetzen, wie in der Gegebenheitshierarchie bestimmt. Die Verteilung der Personalpronomina, die in allen Kontexten bevorzugt topikale Entitäten denotieren, bestätigt wiederum die Einordnung von Personalpronomina als Marker des kognitiven Status *in focus* in der Gegebenheitshierarchie.

Da das Französische, im Unterschied zu den von Gundel et al. (1993) untersuchten Sprachen, keine semantische, sondern eine syntaktische Opposition innerhalb des Demonstrativparadigmas aufweist, kann die Gegebenheitshierarchie nicht eins zu eins auf das Französische übertragen werden. Die Positionen *activated* und *familiar* können im Französischen folglich nicht mit lokaldeiktisch unterschiedlich markierten Demonstrativparadigmen besetzt werden. Die Verteilungsunterschiede zwischen Demonstrativ- und Definitdeterminierer lassen dennoch vermuten, dass auch im Französischen die Positionen *activated* und *familiar* formal verschieden besetzt werden. Während Demonstrativpronomina nämlich ausschließlich Diskursreferenten denotieren können, die diskursiv, wie in (52a–b, 53a–b), oder situativ, wie in (48b), aktiviert sind, ist der Gebrauch demonstrativer Kennzeichnungen nicht auf Referenzobjekte des kognitiven Status *activated* beschränkt. Demonstrative Kennzeichnungen können nämlich auch zur Einführung von Diskursreferenten dienen, die weder situativ noch diskursiv verfügbar sind, jedoch dem Adressaten aus einer früheren Interaktion bekannt sein können, wie *ce petit chalet* in (68a). Da das Referenzobjekt von *ce petit chalet* erst durch die Nennung als Diskursreferent etabliert wird und folglich noch nicht aktiviert ist, kann die demonstrative Kennzeichnung in (68a) nicht durch ein Demonstrativpronomen ersetzt werden, wie die Inakzeptabilität von *celui* in (68b) zeigt. Im Unterschied zu Demonstrativpronomina setzt der Gebrauch demonstrativer Kennzeichnungen im Französischen folglich nicht die Aktivierung des Referenzobjekts (*activated*), sondern lediglich seine Bekanntheit (*familiar*) voraus. An situativ gestützten demonstrativen Erstnennungen wird deutlich, dass der Einsatz demonstrativer Kennzeichnungen nicht in erster Linie von der Bekanntheit des Referenzobjekts motiviert wird, wie *ce gamin* aus (7) zeigt, das in (68c) erneut zitiert wird. So geht die Sprecherin in (68c) nicht davon aus, dass der Adressat das Referenzobjekt identifizieren kann, weil er es bereits kennt, sondern weil er einen kontextuellen Zugang zu ihm hat. Der Einsatz des Demonstrativums wird folglich nicht durch eine Bekanntheitsvermutung gesteuert, sondern impliziert lediglich die Verfügbarkeit des Referenzobjekts im Kontext der Äußerung (cf. Sperber/Wilson 1986, 43–44; auch Kap. 2.1.2.4 & Kap. 2.1.3).

(68) a. J'ai acheté *ce petit chalet*, tu sais, que nous avions visité ensemble l'an dernier.
(Gary-Prieur 2005, 261)
b. # J'ai acheté *celui* que nous avions visité ensemble l'an dernier.
c. Tu vois *ce gamin là-bas* ?

Demonstrative Kennzeichnungen treten im Französischen, ebenso wie *indefinite this* im Englischen, auch zur Neueinführung von Diskursreferenten auf, die nicht situativ gestützt und für den Adressaten weder verfügbar noch bekannt sind, wie *cet homme* und *cette femme* in (69a), oder eine Objektkategorie repräsentieren, wie *ces jeunes hommes* in (69b). So entsteht der Eindruck, Demonstrativa könnten auch niedrigere Gegebenheitsstufen anzeigen, wie den kognitiven Status *referential*, wie in (69a), oder *type identifiable*, wie in (69b). Auch in diesen Kontexten steuert jedoch die grundlegende Funktion demonstrativer Kennzeichnungen ihre pragmatische Auswertung (cf. Kap. 2.1.2.4).

(69) a. *Cet homme* et *cette femme* sont dans une voiture étrangère.
(Anna Gavalda, *Je voudrais que quelqu'un m'attende quelque part*, «Le Dilettante», p. 43, zit. in: Gary-Prieur 2005, 264)

b. D'ailleurs, il éprouvait une sorte de honte en se voyant haussé au rang social d'étudiant et le pareil de *ces jeunes hommes qui avaient des mains si blanches*.
(Gustave Flaubert, *L'éducation sentimentale*, 49)

Ariel (1990, 53) zufolge werden mittlere Akzessibilitätsmarker zu niedrigen Akzessibilitätsmarkern, wenn sie um einen Relativsatz erweitert werden, wie die demonstrative Kennzeichnung *ces jeunes hommes qui avaient des mains si blanches* in (69b), und somit funktional äquivalent zu definiten Kennzeichnungen, die entsprechend Abb. 2.2 als niedrige Akzessibilitätsmarker gewertet werden. Als niedrige Akzessibilitätsmarker zeigen demonstrative Kennzeichnungen, die durch einen Relativsatz modifiziert sind, folglich an, dass das Referenzobjekt nicht aus dem unmittelbaren diskursiven oder situativen Kontext erfassbar ist, sondern aus dem Langzeitgedächtnis aktiviert werden muss. Sowohl die funktionale Kategorisierung von Demonstrativa als mittlere Verfügbarkeitsmarker als auch als niedrige Verfügbarkeitsmarker, im Fall der Modifikation durch einen Relativsatz, durch die Akzessibilitätstheorie (cf. Abb. 2.2) stimmt schließlich mit der funktionalen Kategorisierung von Demonstrativa als Marker des kognitiven Status *activated* oder *familiar* überein, wie sie die Gegebenheitshierarchie vornimmt (cf. Abb. 2.3). Demonstrativa signalisieren nämlich in allen Fällen die Verfügbarkeit und Identifizierbarkeit des Diskursreferenten, auch wenn dieser dem Adressaten zunächst noch nicht bekannt ist, wie in (69a). Denn auch wenn demonstrative Kennzeichnungen Diskursreferenten kodieren, die den Gegebenheitsstatus *referential*, so in (69a), oder *type identifiable* aufweisen, und somit im Funktionsbereich indefiniter Kennzeichnungen eingesetzt werden, wie in (69b), können sie funktional nicht mit indefiniten Kennzeichnungen gleichgesetzt werden. Ebenso wie in der Bezugnahme auf spezifische Entitäten, wie bei *cette femme* in (44) gesehen, signalisieren demonstrative Kennzeichnungen mit generischer Bezugnahme dem Adressaten nämlich, dass ihm Vertreter der denotieren Objektkategorie bekannt sind und das Referenzobjekt folglich kategorial erfassbar ist (cf. auch Gary-Prieur 2001, 232–233). Indefinite Kennzeichnungen wiederum fordern den Adressaten weder zur Identifikation des Referenzobjekts auf, noch suggerieren sie ihm, dass das Referenzobjekt bereits bekannt ist, wie bei *une dame* in (43) gesehen, sondern stellen als Quantifizierer lediglich die kategoriale Allusion eines Referenzobjekts dar.

Der Verfügbarkeits- oder Gegebenheitsstatus, den demonstrative Kennzeichnungen und andere referentielle Ausdrücke anzeigen, ist folglich unabhängig vom epistemischen Status des Referenzobjekts als spezifisches, nicht-spezifisches oder generisches Verweisobjekt. Da die Frage nach den Kontexten, die eine spezifische, nicht-spezifische oder generische Lesart demonstrativer Kennzeichnungen entstehen lassen, bisher offengeblieben ist, widme ich mich in Kap. 2.1.2.3 im Anschluss den Bedingungen für die einzelnen epistemischen Status der Referenzobjekte und ihren Implikationen für die referentielle Auflösung demonstrativer Kennzeichnungen.

2.1.2.3 Epistemischer Status der Referenzobjekte

Wie in Kap. 2.1.1.2 und 2.1.2.3 gesehen, wird der epistemische Status eines Referenzobjekts bei demonstrativen, definiten und indefiniten Kennzeichnungen nicht vom sprachlichen Ausdruck festgelegt, der zu seiner Denotation eingesetzt wird, sondern entsteht als diskurspragmatische Lesart aus dem kontextuellen Zusammenhang des referentiellen Zeichens (cf. auch Späth 2006, Kap. 1.2). Spezifizität, Nicht-Spezifizität und Generizität stellen demnach referentielle Eigenschaften einer Kennzeichnung dar, die unabhängig von der Determinierersemantik bestimmt werden (cf. von Heusinger 2002, 252). Zur Differenzierung der spezifischen und der nicht-spezifischen Lesart werden sowohl epistemische als auch diskursstrukturelle Faktoren herangezogen.

Spezifische DPs repräsentieren Individuen, die eine tatsächliche außersprachliche Existenz aufweisen oder im Text als solche konstruiert werden. Ein Diskursreferent ist spezifisch, wenn er über eine epistemische Verbindung mit dem Sprecher oder einem anderen spezifischen Diskursreferenten innerhalb der Äußerung verbunden ist (cf. von Heusinger 2002, 267–269). So liegt die Spezifizität des Referenten von *ce vicomte* in (70) darin begründet, dass er mit dem spezifischen Diskursreferenten *Emma Bovary*, in (70) denotiert durch *elle* und *l'*, existentiell verknüpft ist. Der Diskursreferent von *ce vicomte* kann nämlich referentiell eindeutig zugewiesen werden, da er über die assertiven und episodischen Prädikate *se rappela* und *avait fait valser* an *Emma Bovary* als spezifischen Diskursreferenten gebunden ist, welcher seine Spezifizität wiederum an ihn weitergibt. Die Spezifizität von *ce vicomte* wird durch das ebenso assertive Prädikat *exhalait* wiederum auf die Kennzeichnungen *la barbe*, *ces cheveux-là* und *cette odeur* übertragen. Die spezifische Profilierung des Diskursreferenten von *ce vicomte* in (70) bleibt auch erhalten, wenn die demonstrative Kennzeichnung *ce vicomte* durch eine entsprechende indefinite ersetzt werden würde, wie durch *un vicomte* in (71), was wiederum die Unabhängigkeit der spezifischen Lesart von der Determinierersemantik beweist.

(70) [E]lle [=Emma Bovary] se rappela *ce vicomte* qui l'avait fait valser à la Vaubyessard, et dont la barbe exhalait, comme *ces cheveux-là*, *cette odeur* de vanille et de citron [...].
(Gustave Flaubert, *Madame Bovary*, p. 214)

(71) Elle se rappela *un vicomte* qui l'avait fait valser à la Vaubyessard.

Im Unterschied zu spezifischen DPs repräsentieren nicht-spezifische DPs keine Individuen, sondern beliebige Vertreter einer Objektkategorie. Die nicht-spezifische Lesart einer DP entsteht, wenn der denotierte Diskursreferent keine epistemische Verbindung zum Sprecher der Äußerung oder einem anderen spezifischen Diskursreferenten aufweist (cf. Enç 1991, 8; von Heusinger 2002, 268–269). Die demonstrative Kennzeichnung *ce mari* in (72) ist zwar mit dem spezifischen Diskursreferenten *Emma* verknüpft, jedoch negiert das verknüpfende Prädikat *cherchait à imaginer quels eussent été* ebenso wie der von *ce mari* abhängige Relativsatz *qu'elle ne connaissait pas* die referentielle Eindeutigkeit des denotierten Diskursreferenten. Auch die demonstrativen Kennzeichnungen *ces événements non survenus* und *cette vie différente* in (72), die propositionalanaphorisch die hypothetische Proposition *s'il n'y aurait pas eu moyen, par d'autres combinaisons du hasard, de rencontrer un autre homme* wiederaufgreifen, stehen im Skopus des nicht-assertiven *cherchait à imaginer quels eussent été* und sind demzufolge nicht-spezifisch ausgerichtet.

(72) *Emma$_a$ se répétait: « Pourquoi, mon Dieu ! me suis-je mariée ? » Elle$_a$ se demandait [s'il n'y aurait pas eu moyen, par d'autres combinaisons du hasard, de rencontrer un autre homme$_b$]$_c$; et elle$_a$ cherchait à imaginer quels eussent été ces événements non survenus$_c$, cette vie différente$_c$, ce mari$_b$ qu'elle ne connaissait pas. Tous, en effet, ne ressemblaient pas à celui-là. Il$_b$ aurait pu être beau, spirituel, distingué, attirant, tels qu'ils étaient sans doute, ceux qu'avaient épousés ses anciennes camarades du couvent.*
(Gustave Flaubert, *Madame Bovary*, p. 96)

Nicht-spezifische Diskursreferenten weisen keine unabhängige Existenz auf, die durch eine existentielle Verknüpfung zu einem spezifischen Diskursreferenten epistemisch versichert wäre. Vielmehr stehen nicht-spezifische Diskursreferenten in direkter referentieller Abhängigkeit von weltbildenden Prädikaten und besitzen ausschließlich innerhalb nicht-assertiver Kontexte Gültigkeit (cf. Karttunen 1969, 21). So greift die demonstrative Kennzeichnung *ce mari* in (72) den nicht-spezifischen Diskursreferenten auf, der durch die indefinite Kennzeichnung *un autre homme* etabliert wurde, die ebenso im Skopus des nicht-assertiven *n'y aurait pas eu moyen de rencontrer* steht. *Ce mari* wird im weiteren Verlauf des Textes wiederum von *il* aufgegriffen, dem das konditionale Prädikat *aurait pu être* zugeschrieben wird. Nicht-spezifische Referenzobjekte können nur solange referentiell angesteuert werden, solange der nicht-assertive Kontext, in dem sie verankert sind, bestehen bleibt. Aus diesem Grund könnte die Referenzkette *un autre homme*, *ce mari* und *il* nicht in Verbindung mit einem assertiven Prädikat fortgeführt werden, wie die Agrammatikalität von *il* in der Referenz auf *ce mari* in der assertiven Variante in (73) beweist.

(73) # Elle cherchait à imaginer *ce mari$_i$* qu'elle ne connaissait pas. *Il$_i$* était beau, spirituel, distingué, attirant.

Da nicht-spezifische Diskursreferenten nur innerhalb des Einflussbereichs nicht-assertiver Prädikate referentialisierbar sind, weisen sie einen engen Skopus auf (cf. Karttunen 1969, 9–12; von Heusinger 2002, 258–259). Spezifische Diskursreferenten haben hingegen einen weiten Skopus, da sie sowohl in assertiven als auch in nicht-assertiven Kontexten auftreten können. Der spezifische Diskursreferent *Rodolphe* wird in Beispiel (74) durch *il*, *cette figure* und *cet homme* wiederaufgegriffen. Er tritt sowohl im Zusammenhang mit assertiven Prädikaten auf, wie *mâchait*, *avait aimée* mit den Wiederaufnahmen *il* und *cette figure*, als auch im Zusammenhang mit dem nicht-assertiven *aurait voulu être*, das aufgrund der Spezifizität des Diskursreferenten keinen Einfluss auf dessen ontologischen Status ausübt.

(74) Accoudé en face de lui, *il$_i$* [=Rodolphe] mâchait son cigare tout en causant, et Charles se perdait en rêveries devant *cette figure$_i$* qu'elle avait aimée. Il lui semblait revoir quelque chose d'elle. C'était un émerveillement. Il aurait voulu être *cet homme$_i$*.
(Gustave Flaubert, *Madame Bovary*, p. 445)

Das Skopuskriterium zeigt auch, dass die Spezifizität des Diskursreferenten nicht von der Bekanntheit des Referenzobjekts für den Sprecher bestimmt wird. Angenommen der Sprecher aus (75a) zeigt auf einen geparkten Ferrari, während er den Satz in (75a) äußert. Die demonstrative Kennzeichnung *cet homme* nimmt in (75a) als *deferred reference* Bezug auf den Besitzer des indizierten Autos. Obwohl der Sprecher in (75a) den Besitzer des Ferraris als Referenzobjekt von *cet homme* nicht kennt und demzufolge nicht identifizieren kann, denotiert die demonstrative Kennzeichnung einen spezifischen Diskursreferenten. Die Spezifizität des Referenzobjekts von *cet homme* in (75a) ist folglich epistemisch nicht durch die Kenntnis des Sprechers abgesichert, sondern durch die Spezifizität des Ferraris, der als Index für seinen Besitzer fungiert und dessen Existenz als Individuum bestätigt. Dass *cet homme* einen spezifischen Diskursreferenten kodiert, lässt sich außerdem daran ablesen, dass eine anaphorische Wiederaufnahme in einem assertiven Kontext möglich ist, wie durch *il* in (75b). Der Diskursreferent von *cet homme* in (75a–b) weist aus der Perspektive des Sprechers, dem er unbekannt ist, zwar keine epistemische Spezifizität im Sinne von Farkas (2002, 239) auf. Aus einer globalen Kontext-Perspektive ist die Spezifizität des Diskursreferenten von *cet homme* jedoch gegeben, da sich der Diskursreferent durch die Möglichkeit der Wiederaufnahme in einem assertiven Kontext wiederum als skopal spezifisch im Sinne von Farkas (2002, 236–238) erweist (cf. auch Karttunen 1969, 9–12).

(75) a. *Cet homme* doit être riche pour posséder une ferrari.[22]
 b. *Cet homme$_i$* doit être riche pour posséder une ferrari. Mais *il$_i$* ne sait absolument pas se garer.

Der Stellenwert, der der Bekanntheit des Referenzobjekts seitens des Sprechers bei der Bestimmung des referentiellen Werts nominaler Kennzeichnungen zukommt, grenzt den Spezifizitätsbegriff auch von der Unterscheidung einer referentiellen und attributiven Lesart ab, die Donnellan (1966) in Bezug auf die Auswertung definiter Kennzeichnungen etabliert hat. Donnellan (1966) zufolge können definite Kennzeichnungen sowohl «referentiell» als auch «attributiv» eingesetzt werden. Benutzt ein Sprecher eine Kennzeichnung referentiell, zielt er darauf ab, dem Publikum die Identifikation eines bestimmten Individuums zu ermöglichen, unabhängig davon, ob die gewählte nominale Kategorisierung auf das angesteuerte Objekt zutrifft oder nicht (cf. Donnellan 1966, 285–289).

Setzt ein Sprecher eine Kennzeichnung attributiv ein, bezieht er sich hingegen auf ein unbestimmtes Individuum, das die in der nominalen Kennzeichnung gegebenen kategorialen Eigenschaften erfüllt, so Donnellan (1966, 285–286). Während in der referentiellen Lesart folglich die Sprecherintention die referentielle Auflösung des Verweisobjekts steuert, ist bei der attributiven Lesart die kategoriale Übereinstimmung zwischen Verweisobjekt und nominaler Kennzeichnung relevant. Donnellans (1966) referentiell/attributiv Unterscheidung entspricht in der russellschen Tradition der Dichotomie von *de re* und *de dicto* (cf. Bach 1994, 12; Récanati 2009), Bachs (1994, 12, 18, 32, 36) Unterscheidung zwischen relationaler und satisfaktorischer Determination und Farkas' (2002, 239) Differenzierung nach epistemischer Spezifizität und epistemischer Nicht-Spezifizität.

Auch demonstrative Kennzeichnungen können entsprechend nach einer referentiellen und einer attributiven Ausrichtung unterschieden werden. Bezieht sich der Sprecher in (76a) mit der demonstrativen Kennzeichnung *ce proprié-*

---

[22] Beispiel (75a) stellt eine veränderte und ins Französische übertragene Variante eines englischen Beispiels dar, das Corazza (2003, 269) einsetzt, um *deferred reference* zu illustrieren.

taire d'une ferrari auf einen Mann, den er gerade aus einem schlecht geparkten Ferrari aussteigen sieht, trifft er eine Aussage über diesen Mann als die Person, die er für den Besitzer des Ferrari hält, unabhängig davon, ob dieser tatsächlich Besitzer des Ferrari ist. In (76a) liegt folglich eine referentielle Lesart vor. Äußert der Sprecher den Satz in (76) jedoch erst, nachdem der Ferrarifahrer den Parkplatz bereits verlassen hat und nicht mehr als Individuum erfassbar ist, wie in (76b), bestimmt wiederum der deskriptive Gehalt der demonstrativen Kennzeichnung *ce propriétaire d'une ferrari* das Referenzobjekt. Ist der Besitzer des Ferrari dem Sprecher nicht bekannt und gibt es keine Person, die er dafür hält, wie im Kontext von (76b), ist die demonstrative Kennzeichnung *ce propriétaire d'une ferrari* zwangsläufig attributiv ausgerichtet. Dies gilt auch für *cet homme* in (75a–b). Da auch der Sprecher in (75a–b) nicht mit dem Besitzer als Referenzobjekt von *cet homme* bekannt ist, weist die demonstrative Kennzeichnung *cet homme* in (75a–b), so Corazza (2003, 269), ebenso eine attributive Lesart auf.

(76) a. *Ce propriétaire d'une ferrari* ne sait absolument pas se garer. (Person steigt aus Ferrari aus)
 b. *Ce propriétaire d'une ferrari* ne sait absolument pas se garer. (Keine Person als Besitzer verfügbar)

(77) a. *Ce propriétaire d'une ferrari$_i$* ne sait absolument pas se garer. *Il$_i$* a mis sa voiture sur une ligne blanche. (Person steigt aus Ferrari aus)
 b. *Ce propriétaire d'une ferrari$_i$* ne sait absolument pas se garer. *Il$_i$* a mis sa voiture sur une ligne blanche. (Keine Person als Besitzer verfügbar)

Ebenso wie *cet homme* in (75a–b) kodiert auch *ce propriétaire d'une ferrari* in (76a–b) trotz seiner Unbekanntheit für den Sprecher einen skopal-spezifischen Diskursreferenten. Dafür spricht, wie in (75a–b), zum einen der weite Skopus von *ce propriétaire d'une ferrari* in (76a–b), das sowohl in der referentiellen als auch in der attributiven Ausrichtung anaphorisch wiederaufgenommen werden kann, wie durch *il* in (77a) und (77b), zum anderen, dass der Ferrari als Index für seinen Besitzer fungiert. Die Beispiele in (75–77) zeigen schließlich, dass spezifische demonstrative Kennzeichnungen sowohl referentiell als auch attributiv ausgerichtet sein können. Während die Spezifizität einer demonstrativen Kennzeichnung anhand des epistemischen Status des Referenzobjekts bestimmt wird, ist die Unterscheidung nach der referentiellen und der attributiven Lesart einer demonstrativen Kennzeichnung an der Sprecherkenntnis orientiert. Die Spezifizitätsbestimmung operiert folglich auf einer anderen Ebene als die der referentiellen und attributiven Ausrichtung.

Die Zweiteilung der referentiellen Eigenschaften in spezifisch und nichtspezifisch erfasst nicht die gesamte funktionale Bandbreite demonstrativer

Kennzeichnungen. Spezifische sowie nicht-spezifische Diskursreferenten stellen in allen Fällen partikuläre Objekte dar und sind in Propositionen eingebunden, die Aussagen über individuierte Objekte treffen (cf. von Heusinger 1997, 10–11). Sowohl *ce vicomte* in (71) als auch *ce mari qu'elle ne connaissait pas* in (72) repräsentieren kategorial definierte Einzelobjekte. Demonstrative Kennzeichnungen können jedoch nicht nur auf spezifische oder nicht-spezifische Einzelobjekte Bezug nehmen, sondern auch auf eine gesamte Objektklasse verweisen (cf. Gary-Prieur 1998; 2001; Kleiber/Sock 2006). Ebenso wie im nicht-spezifischen Kontext sind generische Kennzeichnungen nicht auf referentiell bestimmte Objekte ausgerichtet. Im Unterschied zum nicht-spezifischen Verweisobjekt stellen generische Verweisobjekte jedoch keine individuierten Vertreter dar, sondern sind als Kennzeichnung der Gesamtheit aller Vertreter einer Objektkategorie zu verstehen (cf. von Heusinger 2002, 252). Aus diesem Grund treten generische Referenzobjekte auch in assertiven Kontexten auf, wie *ces longs cigares italiens que fume Clint Eastwood dans les western spaghetti* als Objekt des assertiven Prädikats *aime* in (78), *ces ouvrages ne touchant pas le cœur* als Subjekt des assertiven Prädikats *s'écartent* in (79) sowie *ces grands seigneurs* in (80) und *ces Anglais* in (81) jeweils im Skopus von *sont*.

(78) J'aime *ces longs cigares italiens que fume Clint Eastwood dans les western spaghetti*.
(Gary-Prieur 2001, 232)

(79) – [...] j'adore les histoires qui se suivent tout d'une haleine, où l'on a peur. Je déteste *les héros communs et les sentiments tempérés$_i$*, comme il y en a dans la nature.
– En effet, observa le clerc, *ces ouvrages ne touchant pas le cœur$_i$*, s'écartent, il me semble, du vrai but de l'Art.
(Gustave Flaubert, *Madame Bovary*, p. 140–141)

(80) *Le gentilhomme$_i$* s'étant résigné, Arnoux lui solda vingt-cinq louis, et, dès qu'il fut dehors :
– Sont-ils assommants, *ces grands seigneurs$_i$* !
(Gustave Flaubert, *L'éducation sentimentale*, p. 54)

(81) Pellerin lui demanda s'il était vrai que *le fameux Saül Mathias$_i$*, de Londres, fût venu, le mois passé, lui en offrir vingt-trois mille francs.
– Rien de plus vrai ! et, se tournant vers Frédéric : C'est même le monsieur que je promenais l'autre jour à l'Alhambra, bien malgré moi, je vous assure, car *ces Anglais$_i$* ne sont pas drôles !
(Gustave Flaubert, *L'éducation sentimentale*, p. 102)

Wie alle generischen Kennzeichnungen entsteht eine generische Profilierung des Referenzobjekts bei demonstrativen Kennzeichnungen in der Regel nur im Zusammenhang mit nicht-episodisch ausgerichteten Prädikaten (cf. Carlson 2011, 1175), wie bei *aime* in (78), *s'écartent* in (79) und *sont* in (80–81). Die Beschränkung generischer Bezugnahmen mit demonstrativen Kennzeichnungen auf nicht-episodische Kontexte besteht nicht, wenn die demonstrative Kennzeichnung Komplement einer indefiniten Kennzeichnung in der Konstruktion *un/e de ces N* ist, wie Beispiel (82) mit der generischen demonstrativen Kennzeichnung *une de ces vagues conversations*... in Verbindung mit dem episodischen Prädikat *entrèrent* zeigt.

(82) C'est ainsi, l'un près de l'autre, pendant que Charles et le pharmacien devisaient, qu'ils *entrèrent* dans *une de ces vagues conversations où le hasard des phrases vous ramène toujours au centre fixe d'une sympathie commune*. (Gustave Flaubert, *Madame Bovary*, p. 142)

Auch wenn der epistemische Status des Referenzobjekts grundsätzlich unabhängig von der Determinierersemantik entsteht, kann die referentielle Funktionalität des Determinierers bestimmte referentielle Lesarten in bestimmten Kontexten blockieren oder gar vollständig ausschließen. Wie die Beispiele in (78–82) zeigen, können demonstrative Kennzeichnungen nur im Plural eine generische Profilierung erreichen. Die individuierende Funktion des Singulars in Kombination mit der kontrastiven und konturierenden Funktion des Demonstrativums erzeugt automatisch eine individuierte Profilierung des Referenzobjekts (cf. Bühler [1934]/ 1965, 89; Gary-Prieur 1998, 46, 49). Von dieser Regel ausgenommen sind direkte anaphorische Wiederaufnahmen bereits generischer Kennzeichnungen, wie in *cette tortue* in (83a) als Wiederaufnahme von *la tortue olivâtre*, und lexikalisch motivierte generische Profilierungen, wie sie die Konstruktionen *ce type de N*, *cette espèce de N*, *cette sorte de N* und *ce genre de N* leisten, wie in (83b) (cf. Gary-Prieur 2001, 222, 227; Kleiber 2008, 229).

(83) a. *La tortue olivâtre$_i$ est très menacée. Cette tortue$_i$ pond surtout au Surinam.*
(Gary-Prieur 2001, 227)
b. *La tortue olivâtre$_i$ est très menacée. Cette espèce de tortue$_i$ pond surtout au Surinam.*

Zudem können generische Aussagen mit demonstrativen Kennzeichnungen zur Repräsentation der verhandelten Objektkategorie im Französischen keine allgemeingültigen Aussagen über die gegebene Objektkategorie formulieren, sondern nur im Zusammenhang ihrer konkreten Bezugssituation als subjektive Generalisierungen Gültigkeit beanspruchen, so Gary-Prieur (2001, 223–226). Demonstrative Kennzeichnungen repräsentieren zum einen nur dann eine Objektkategorie, wenn sich die generische Bezugnahme im Sinne einer deiktischen oder einer anaphorischen Generalisierung auf einen im Äußerungskontext verfügbaren Vertreter der denotierten Objektkategorie stützt, der die in der generischen Aussage formulierten Merkmale instantiiert (cf. Gary-Prieur 2001, 224–230; auch Kleiber 1990b, 28; Vanderbauwhede/Lauwers/Desmet 2013, 29–30). Die generischen demonstrativen Kennzeichnungen in (79–81) basieren etwa auf einem bereits phorisch eingeführten Diskursreferenten. *Ces ouvrages ne touchant pas le cœur* in (79) ist assoziativ anaphorisch in dem bereits generischen Diskursreferenten *les héros communs et les sentiments tempérés* verankert. Ähnlich stellt *ces Anglais* in (81) eine verallgemeinernde Wiederaufnahme des bereits eingeführten spezifischen Diskursreferenten *Saül Mathias, de Londres* als exemplarischem Vertreter der Objektkategorie *Anglais* dar. Die generische Profilierung von *ces grands seigneurs* in (80) baut wiederum auf dem situativ verfügbaren Referenzobjekt *le gentilhomme* als spezifischem Vertreter der Objektkategorie *grands seigneurs* auf.

Basiert die generische Bezugnahme nicht auf einem situativ oder phorisch verfügbaren spezifischen Vertreter der Objektkategorie, können demonstrative Kennzeichnungen nur in der Erweiterung um restriktive Modifikatoren einen generischen Diskursreferenten profilieren (cf. Gary-Prieur 2001, 231–235). Die Modifikatoren erweitern den Begriffsinhalt der Kennzeichnung und schränken infolgedessen ihren Begriffsumfang ein. Auf diese Weise dienen sie dazu, eine Unterkategorie innerhalb einer übergeordneten Kategorie zu etablieren, die inhaltlich stark differenziert und in der gegebenen Bezeichnungsform nicht konventionalisiert ist. Aus diesem Grund sind die Modifikatoren meist sehr zahlreich und liefern detaillierte Informationen über die kategorialen Merkmale, die die etablierte Unterkategorie von den übrigen Mitgliedern der Oberkategorie unterscheiden (cf. Gary-Prieur 2001, 232). In (78) bilden die Adjektive *longs*, *italiens* und der Relativsatz *que fume Clint Eastwood dans les western spaghetti*, der selbst wiederum durch eine Umstandsangabe erweitert ist, eine inhaltlich modifizierte Unterkategorie innerhalb der Oberkategorie *cigares*, in (82) das Adjektiv *vagues* und der Relativsatz *où le hasard des phrases vous ramène toujours au centre fixe d'une sympathie commune* innerhalb der Oberkategorie *conversations*.

Da modifikatorisch gestützte generische demonstrative Kennzeichnungen nicht in einem bereits bekannten Diskursreferenten verankert sind, können sie ohne die zugeordneten Modifikatoren keine generische Profilierung leisten. So könnte die demonstrative Kennzeichnung *ces cigares* in (83a) als Variante des Beispiels in (78) nicht zur Repräsentation der gesamten Objektkategorie *cigares* eingesetzt werden (cf. Gary-Prieur 2001, 231–232). Vielmehr suggeriert die modi-

2.1 Sprachphilosophische und semantische Perspektive — 89

fikatorlose demonstrative Kennzeichnung *ces cigares* in (84a), dass in der Äußerungssituation ein bestimmter Typ der Kategorie *cigares* verfügbar ist, über den der Sprecher eine Aussage trifft. Zur Repräsentation der gesamten Kategorie *cigares* müsste ohne die kontextuelle Verfügbarkeit eines Repräsentaten wiederum der Definitartikel eingesetzt werden, wie *les cigares* in (84b). Die Beschränkung modifikatorischer demonstrativer Generalisierungen auf die Konstruktion neuer Unterkategorien geht auf die kontrastive Funktion von Demonstrativa zurück (cf. auch Gary-Prieur 2001, 236). Ebenso wie Demonstrativa im Verweis auf spezifische Einzelobjekte dazu dienen, das denotierte Objekt kontrastiv aus der Menge der Vertreter der Objektkategorie herauszustellen, wie unter Punkt 2.1.2.2 dargestellt, fungieren sie in der generischen Bezugnahme kontrastiv, indem sie eine Unterkategorie aus der Gesamtheit einer übergeordneten Kategorie kontrastiv herausbilden (cf. auch Heinz 1982, 229).

(84) a. # J'aime *ces cigares*.
    b. J'aime *les cigares*.

Modifikatorisch gestützte demonstrative Generalisierungen etablieren folglich *Ad-hoc*-Kategorien, deren Gültigkeit auf die Subjektivität der Äußerungssituation beschränkt ist. Deiktische und anaphorische Generalisierungen greifen dagegen bereits etablierte Kategorien auf, die in generische Aussagen integriert sind, deren Gültigkeit ebenso auf die Subjektivität der Äußerungssituation beschränkt ist. Aufgrund der Gültigkeitsbeschränkung auf den Entstehungskontext treten generische Aussagen mit demonstrativen Kennzeichnungen häufig mit Prädikaten auf, die eine subjektive Wertung formulieren (cf. Gary-Prieur 2001, 224), wie *aime* in (78), *sont-ils assomants* in (80) und *ne sont pas drôles* in (81). Auch wenn die zugeordneten Prädikate nicht subjektiv ausgerichtet sind, wie *s'écartent* in (79) und *entrèrent* in (82), implizieren sie einen subjektiven Bewertungsrahmen (cf. Gary-Prieur 2001, 224–225). In (79) weist zudem der Einschub *il me semble* auf die Subjektivität der Bewertung hin, in (82) das generalisierende *vous* im Relativsatz, das als Ausdruck einer Leseranrede gleichzeitig ein Hinweis auf die konkrete Bewertungssituation ist. Da Demonstrativa grundsätzlich die Verfügbarkeit und somit die Identifizierbarkeit und Bekanntheit des Diskursreferenten implizieren, wie in Ariels (1990; 2001) Akzessibilitätsskala und der Gegebenheitshierarchie von Gundel et al. (1993) deutlich wird, signalisieren generische demonstrative Kennzeichnungen eine Komplizenschaft zwischen Sprecher und Adressaten (cf. Gary-Prieur 2001, 232–233). Sie suggerieren dem Adressaten, dass ihm Vertreter der denotierten Kategorie bereits bekannt sind und dass er auf der Basis der Kenntnis dieser Objekte eine neue Kategorie konstruieren kann.

Denotieren demonstrative Kennzeichnungen eine Ad-hoc-Kategorie, können sie auch in der Funktion als Prädikativ auftreten, wie *cette femme captivante, féministe, indépendante, cet écrivain contesté* und *cette femme rebelle que l'on veut effacer* jeweils als Subjektprädikative in (85). Prädikative stellen kategorisierende Ergänzungen der Subjekt- oder Objektkonstituente dar und etablieren daher selbst keinen Diskursreferenten. Aus diesem Grund kongruieren demonstrative Kennzeichnungen im Numerus mit der zugeordneten Konstituente und können in Prädikativfunktion bei generischer Lesart auch im Singular auftreten, *cette femme captivante..., cet écrivain* und *cette femme rebelle* in (85) zeigen.

(85) Au cours de certains entretiens, à notre grande surprise, les passions se réveillent autour de la femme écrivain controversée que fut Mary Shelley. Elle est *cette femme captivante, féministe, indépendante*, à l'image des désirs et des revendications de sa mère Mary Wollstonecraft, auteur de la Déclaration des Droits de la femme en 1792, et de son père William Godwin, le penseur social et utopiste anglais. Elle est aussi *cet écrivain contesté, cette femme rebelle que l'on veut effacer*, elle qui ne signa pas la première édition de *Frankenstein* et autour de laquelle persistent les malentendus un siècle et demi après sa mort.
(*Radiobeitrag Marie Shelley*)

Dass der subjektive Charakter der Generalisierung, ihre auf die Äußerungssituation beschränkte Gültigkeit und die Komplizenschaft zwischen Sprecher und Adressaten verschwinden, wenn der Demonstrativartikel ersetzt wird, bestätigt wiederum die Vermutung, dass die Einbindung des Sprechers in die Kategorienbildung und die generische Aussage als pragmatischer Effekt maßgeblich vom Demonstrativum erzeugt wird (cf. Gary-Prieur 2001, 233). Wird anstelle des Demonstrativartikels der Definitartikel eingesetzt, kann die generische Aussage ebenso wie in der demonstrativen Form eine persönliche Einschätzung des Sprechers oder Erzählers darstellen, allerdings wird die Subjektivität und Vorläufigkeit der Generalisierung nicht sichtbar gemacht, wie *les longs cigares...* in (86a) als Variante von (78), *les ouvrages ne touchant pas le cœur* in (86b) als Variante von (79), *les grands seigneurs* in (86c) als Variante von (80), *les Anglais* in (86d) als Variante von (81) und *une des vagues conversations...* in (86e) als Variante von (82) zeigt. Das Gleiche gilt für prädikative Demonstrativa. Ersetzt man den Demonstrativartikel in den demonstrativen Kennzeichnungen in (85) durch den Indefinitartikel, geht der subjektive Charakter der Kategorisierung verloren, wie (86f) zeigt.

(86) a. J'aime *les longs cigares italiens que fume Clint Eastwood dans les western spaghetti.*
 b. *Les ouvrages ne touchant pas le cœur*, s'écartent, il me semble, du vrai but de l'Art.
 c. Sont-ils assommants, *les grands seigneurs* !
 d. *Les Anglais* ne sont pas drôles.
 e. Ils entrèrent dans *une des vagues conversations où le hasard des phrases vous ramène toujours au centre fixe d'une sympathie commune.*
 f. Elle est *une femme captivante, féministe, indépendante* [...]. Elle est aussi *un écrivain contesté, une femme rebelle que l'on veut effacer.*

Die referentielle Funktionalität von Demonstrativa wirkt sich auch auf die Einsetzbarkeit demonstrativer Kennzeichnungen im Bereich nicht-spezifischer Bezugnahmen aus. Infolge der Existenz- und Identifizierbarkeitspräsupposition, die Demonstrativa leisten, können nicht-spezifische Lesarten von Demonstrativa nicht in Erstnennungen entstehen, sondern nur in der anaphorischen Wiederaufnahme eines bereits etablierten nicht-spezifischen Diskursreferenten, wie bei *ces événements non survenus, cette vie différente* und *ce mari qu'elle ne connaissait pas* in (72). Aus diesem Grund konstruiert die demonstrative Kennzeichnung *ce poisson* im Skopus des nicht-assertiven Prädikats *voulait attraper* in (87a) zwangsläufig einen spezifischen Diskursreferenten (cf. auch Prince 1981, 237–239; von Heusinger 2012, 441, 443). Ebenso verhält sich der Definitartikel, der in der Hierarchie von Gundel et al. (1993) zwar keine Bekanntheit, jedoch Identifizierbarkeit im Zuge der Unikalität des Diskursreferenten signalisiert, wie *le poisson* in (87b). Im Unterschied dazu zeigt der Indefinitartikel keine Bekanntheit oder Identifizierbarkeit des Diskursreferenten an. Aus diesem Grund kann die indefinite Kennzeichnung *un poisson* im Kontext des nicht-assertiven Prädikats in (87c) nur einen nicht-spezifischen Diskursreferenten etablieren (cf. Corblin 1987, 44).

(87) a. Pierre voulait attraper *ce poisson* avant le repas. (spezifisch)
 b. Pierre voulait attraper *le poisson* avant le repas. (spezifisch)
 c. Pierre voulait attraper *un poisson* avant le repas. (nicht-spezifisch)
 (Corblin 1987, 44)

Der epistemische Status des Referenzobjekts einer demonstrativen Kennzeichnung entsteht schließlich aus einem komplexen Zusammenspiel der semantisch-pragmatischen Ausrichtung des Prädikats (*assertiv* oder *nicht-assertiv, episodisch* oder *nicht-episodisch*), der referentiellen Funktion demonstrativer Ausdrücke und des Kontextes, auf den sich die Referentialisierung stützt. Die Funktion von

Demonstrativa, die mittlere Identifizierbarkeit des Referenzobjekts anzuzeigen, welche durch dessen Bekanntheit für den Adressaten als Individualobjekt oder Objektkategorie gestützt ist, wirkt sich auch auf die Auswertung des referentiellen Kontextes aus, auf den sich die Bezugnahme stützt. Da die Referenzräume, in denen demonstrative Kennzeichnungen verankert sein können, bisher noch nicht systematisch erfasst wurden, eine Typologie der Referenztypen für die empirische Untersuchung der demonstrativen Kennzeichnungen im Altfranzösischen jedoch unerlässlich ist, widme ich mich in Kap. 2.1.2.4 im Anschluss der Erfassung der referentiellen Kontexte und ihrer strukturellen Implikationen.

2.1.2.4 Typen referentieller Kontexte

Wie in Kap. 2.1.1.2 dargelegt, sind indexikalische Ausdrücke nicht auf bestimmte referentielle Kontexte festgelegt, sondern können Referenzobjekte aus verschiedenen Verweisdomänen aufrufen. Koch/Oesterreicher (2011, 11) unterscheiden vier Kontexttypen, in denen referentielle Bezüge verankert sein können. Der situative Kontext (88a) umfasst Objekte, die in der Sprechsituation materiell präsent und somit für die Interaktionspartner perzeptiv erfassbar sind. Der Wissenskontext (88b) bezieht sich zum einen auf Objekte, die Sprecher und Hörer aus der gemeinsamen Interaktionsgeschichte bekannt sind und daher den individuellen Wissenskontext bilden. Zum anderen schließt er Objekte ein, die als universal oder in einem bestimmten soziokulturellen Kontext als bekannt vorausgesetzt werden und folglich den allgemeinen Wissenskontext konstituieren. Der sprachlich-kommunikative Kontext (88c) umfasst Objekte, die als Redegegenstände im Vortext sprachlich verhandelt wurden. Zuletzt ist schließlich der Kontext zu nennen, der parasprachliche Elemente und nichtsprachliche Faktoren der Körpersprache im Miteinander der Interaktionspartner umfasst, so in (88d). Ariel (1990, 170) zufolge ist der kognitive Aufwand bei der Restitution eines Referenzobjekts aus dem Wissenskontext am höchsten, im situativen Kontext geringer und im sprachlich-kommunikativen Kontext am niedrigsten.

(88) *Referentielle Kontexttypen* (Koch/Oesterreicher 2011, 11)
    a. *Situativer Kontext*
       (in der Kommunikationssituation wahrnehmbare Gegenstände, Personen und Sachverhalte)
    b. *Wissenskontext*
       – *individueller Wissenskontext*
         (gemeinsame Erlebnisse der Partner, Wissen übereinander, etc.)
       – *allgemeiner Wissenskontext*
         (soziokulturelle und universal menschliche Wissensbestände, kulturelle Tatsachen, logische Relationen, physikalische und biologische Gesetzmäßigkeiten, etc.)

c. *Sprachlich-kommunikativer Kontext*
   (vorherige und folgende Äußerungen und Äußerungsteile)
d. *Andere kommunikative Kontexte*
   – *parasprachlich-kommunikativer Kontext*
     (intonatorische Phänomene, Sprechgeschwindigkeit, Lautstärke, etc.)
   – *nichtsprachlich-kommunikativer Kontext*
     (begleitende Gestik, Mimik, Körperhaltung, Proxemik, etc.)

Die Zahl der Kontexttypen, die im sprachlichen Austausch eingesetzt werden können, variiert je nach der Kommunikationssituation, in der sich die Interaktionspartner befinden. Während *face-to-face*-Situationen eine Verankerung der Referentialisierung in allen vier Kontexttypen ermöglichen, können in der schriftlich vermittelten Kommunikation nur der Wissenskontext und der sprachlich-kommunikative Kontext zum Einsatz kommen (cf. Koch/Oesterreicher 2011, 11). Sind die Sprechgegenstände situations- und handlungsentbunden, kann auch in der *face-to-face*-Kommunikation nicht auf den situativen Kontext zurückgegriffen werden (cf. Koch/Oesterreicher 2011, 11). In beiden medialen Formen wirken sich zudem der Bekanntheitsgrad der Interaktionspartner untereinander und ihre jeweiligen soziokulturellen Parameter auf das Auslastungspotential des individuellen und allgemeinen Wissenskontextes aus. So können die Interaktionspartner nicht oder kaum auf Inhalte einer individuellen Interaktionsgeschichte zurückgreifen, wenn sie sich noch nicht oder nur sehr wenig kennen (cf. Koch/Oesterreicher 2011, 11). Entsprechend verringern sich die Auslastungsmöglichkeiten des allgemeinen Wissenskontexts mit der Anzahl der soziokulturellen Unterschiede, die die Interaktionspartner aufweisen.

Aus diesem Grund können Sprecher nur dann hohe und mittlere Akzessibilitätsmarker erfolgreich zur Einführung neuer Diskursreferenten einsetzen, wenn die Referentialisierung direkt an eine vergangene Konversation anknüpft und der denotierte Diskursreferent somit aus der gemeinsamen Interaktionsgeschichte bekannt ist, wie in (89) sichtbar wird. Die Sprecherin Alice Ardent ruft zu Beginn der Konversation in (89) zwei weder im situativen noch im sprachlichen Kontext verfügbare Diskursreferenten auf, die durch die Personalpronomina *il* und *elle* denotiert und somit als in hohem Maße verfügbar markiert werden. Die referentielle Auflösung gelingt, wie im weiteren Verlauf der Unterhaltung sichtbar wird, da sich die Referentialisierung von *il* und *elle* auf den individuellen Wissenskontext der Interaktionspartner stützt und die denotierten Diskursreferenten aus der Sprecher und Hörer gemeinsamen Interaktionsgeschichte eine hohe Verfügbarkeit ererbt haben.

(89) Alice Ardent: Michel, faut que je te parle. *Il$_a$* est chez *elle$_b$*.
    Michel Ardent: Chez *Coline$_b$* ?
    Alice Ardent: Oui, *elle$_b$* vient de m'appeler. *Elle$_b$* vient de m'appeler pour que j'aille *le$_a$* chercher.
    (*Paris* 2014, ep. 4, min. 39:02–39:22)

Besteht eine hohe physische Distanz zwischen den Interaktionspartnern, wie in der schriftlichen Kommunikation in der Regel der Fall, erfährt der sprachliche Kontext eine besonders hohe Auslastung, da der Rückgriff auf den situativen Kontext sowie den para- und nichtsprachlichen Kontext nicht möglich ist, kontextuelle Informationen folglich sprachlich vermittelt werden müssen und somit in den sprachlichen Verfügbarkeitsraum übergehen (cf. Koch/Oesterreicher ²2011, 11). Die Stützung sprachlicher Referentialisierungen im situativen Kontext setzt folglich sowohl voraus, dass sich Sprecher und Adressat am gleichen Ort in physischer Nähe zueinander befinden, als auch, dass die Sprechgegenstände situations- und handlungseingebunden sind. Dennoch treten situative Bezugnahmen auch dann auf, wenn sich das Referenzobjekt weder im situativen Kontext von Sprecher und Adressat befindet, noch Sprecher und Adressat einen gemeinsamen situativen Kontext teilen, wie es in literarischer Fiktion der Fall ist.

So stützt sich die Referentialisierung von *celle-là* in (90) zwar auf einen situativen Kontext, wie durch *en désignant la concierge* in der Erzählerrede eindeutig ersichtlich wird, jedoch entspricht dieser nicht dem des Autors als tatsächlichem Sprecher und dem des Lesers als tatsächlichem Adressaten außerhalb der fiktiven Welt, sondern dem situativen Kontext der Figuren innerhalb der fiktiven Welt. Wie in Kap. 2.1.2.1 und 2.1.2.3 gesehen, dient Sprache nicht nur dazu, Wirklichkeiten abzubilden, sondern kann auch dafür eingesetzt werden, fiktive Welten entstehen zu lassen. Demonstrativa können folglich dazu eingesetzt werden, situative Verweisräume zu erschaffen und diese räumlich zu strukturieren. Der Bezug auf einen situativen Kontext innerhalb der fiktiven Welt entsteht nicht nur in der direkten Figurrede, wie bei *celle-là* in (90), sondern auch in der freien indirekten Rede oder im inneren Monolog, wie in dem der Figur Maria Barbara, in dem das situativ gestützte *ces deux-là* in (91) auftritt (cf. auch Kleiber 1990a, 164). Die Erzählperspektive in (91) wechselt ab *Quel âge ont-ils ?* von der Darstellung aus der Sicht des Erzählers zur Darstellung aus der Figurenperspektive. Da die Diskursreferenten von *ces deux-là* in (91) innerhalb des situativen Kontextes der Figur Maria Barbara verfügbar sind, wie aus dem Vortext ersichtlich wird, ist die Referentialisierung auf den situativen Kontext bezogen (cf. Kleiber 2005, 285). Die demonstrative Kennzeichnung *ces deux-là* in (91) markiert auch einen diskursiven Bruch. Während die zwei vorhergehenden Sätze generische Äußerungen darstellen, tritt in dem Satz, in dem die demonstrative Kennzeichnung *ces deux-là* in (91) auftritt, eine Rückkehr zum diskursiven Topik *les deux jumeaux* ein, das in den zwei vorhergehenden Sätzen (*Comme c'est difficile...* und *Comment se souvenir...*) unterbrochen wurde.

(90) Janvier questionna en désignant *la concierge* qui s'était levée.
  – Et *celle-là* ?
  (Georges Simenon, *L'Ami d'enfance de Maigret*, p. 187, zit. in: Kleiber 2005, 285)

(91) [...] et Maria Barbara retrouvait à travers les brumes salées des marées de septembre l'odeur âcre des fanes brûlant dans tout l'arrière-pays. Elle jeta un châle sur *les deux jumeaux* noués l'un à l'autre dans le même hamac. Quel âge ont-ils ? Cinq ans ? Non, au moins six. Non, ils ont sept ans. Comme c'est difficile de se rappeler l'âge des enfants. Comment se souvenir de quelque chose qui change constamment ? Surtout pour *ces deux-là*, si chétifs, si peu mûrs.
  (Michel Tournier, *Les Météores*, 10, gekürztes Zitat aus Kleiber 2005, 283)

Sowohl *celle-là* in (90) als auch *ces deux-là* in (91) weisen neben der Verankerung im situativen Kontext der beschriebenen Figur auch eine anaphorische Verknüpfung auf. So kann *la concierge* aus der Erzählerrede als Antezedent von *celle-là* in (90) analysiert werden, *les deux jumeaux* wiederum als Antezedent von *ces deux-là* in (91). Die anaphorische Relation der demonstrativen Kennzeichnungen spielt für den Auflösungsprozess des Lesers zwar eine wichtige Rolle, die Referentialisierung erschöpft sich jedoch nicht in der Bezugnahme auf den sprachlichen Kontext (cf. Kleiber 2005, 286–287, 290–291). Vielmehr stellt der diskursive Bruch eine Unterbrechung der anaphorischen Kette dar. Hinsichtlich der Diskursstruktur in (89–90) stehen die demonstrativen Kennzeichnungen *celle-là* in (90) und *ces deux-là* in (91) nämlich nicht in direkter anaphorischer Kontinuität zu einem Diskursreferenten, sondern verweisen jeweils auf Referenzobjekte, die aus der Perspektive der Figuren situativ verfügbare Objekte darstellen.

Koch/Oesterreicher (2011, 11) äußern sich nicht zur Einordnung situativer Verweise in der erlebten indirekten Rede und innerhalb fiktiver Kontexte, da sie in ihrer Differenzierung sprachlicher Kontexttypen auf die Gegebenheiten der Versprachlichung in Bezug auf die nicht-fiktive Wirklichkeit ausgerichtet sind. Mit Bühler ([1934]/1965) und Levinson ([1983]/2009; 2004) können situativ ausgerichtete Verweise auf Entitäten, die, wie in (89–90), entgegen des Situativitätsbegriffs nicht in der Äußerungssituation verfügbar sind, jedoch dem Bereich der exophorischen Bezugnahmen zugeordnet werden.

Bühler ([1934]/1965, 105, 121–125) unterscheidet drei verschiedene Modi des Zeigens, in denen Demonstrativa operieren können und die jeweils auf unterschiedliche deiktische Verweisräume ausgerichtet sind. Unter dem Begriff der *demonstratio ad oculos et ad aures* fasst Bühler ([1934]/1965, 105) die Bezogenheit eines Zeigwortes auf ein Referenzobjekt im Sprecher und Hörer gemeinsamen situativen Verweisraum der perzeptiven Zugänglichkeit. Wie im situativen Kontext können auch im sprachlichen Kontext Zeigewörter mit dem Ziel der Aufmerksamkeitslenkung eingesetzt werden. Das «Zeigen auf Plätze im Aufbau der Rede» bezeichnet Bühler ([1934]/1965, 121) als *anaphorisches Zeigen*. Dabei bezieht er sich sowohl auf die Wiederaufnahme einer nominalen Konstituente, den eigentlichen anaphorischen Gebrauch, als auch die Vorwegnahme einer nominalen Konstituente durch ein pronominales Element, den eigentlichen kataphorischen Gebrauch, sowie den Verweis auf propositionale Einheiten, den diskursdeiktischen Gebrauch. Als dritten Zeigemodus führt Bühler ([1934]/1965, 123, 125) den Begriff der *Deixis am Phantasma* als «das Zeigen am Abwesenden» ein. Deixis am Phantasma liegt vor, wenn das Referenzobjekt weder im perzeptiven noch im diskursiven Raum der Äußerung verankert ist, sondern in der Vergegenwärtigung einer «Erinnerungs- oder Phantasiesituation von wahrnehmungsähnlichem Charakter» imaginiert wird, die «die primäre Gegebenheit [...] [der] Wahrnehmungsituation» überlagert (Bühler [1934]/1965, 133). Der Einsatz von Zeigewörtern zur Referenz auf abwesende Objekte impliziert eine Versetzung des Sprechers in eine Sprechsituation, durch Erinnerung oder Vorstellungskraft, in der diese Objekte situativ präsent sind, wie Bühler ([1934]/1965, 139) am folgenden Beispiel illustriert.

> «Der Mensch vermag nur deshalb mit sprachlichen Mitteln Abwesendes einem anderen im Phantasma zu präsentieren, weil es Versetzungen gibt. Handelt es sich bei einer Erzählung [...] um nichts anderes als um die Wiedererweckung einer vom jetzigen Sprecher und jetzigen Hörer gemeinsam erlebten Szene, die noch frisch in beider Gedächtnis haftet, dann bedarf es nicht vieler Worte. Vor allem können Nennwörter, welche die Wasbestimmtheit der Dinge und Ereignisse angeben, gespart werden. Es bedarf nur einer Aufstellungsskizze, um den präsenten Wahrnehmungsraum zur Bühne umzugestalten, auf welcher der Sprecher mit sinnlichen Gesten Anwesendes zu zeigen vermag. Der mitwissende Hörer wird ‹dort› jetzt mit geistigem Auge wiedersehen, was er damals mit leiblichem gesehen hat. Kaum anders, wenn der Hörer zwar diesmal nicht mit dabei war, aber eine ihm dem Typus nach geläufige Handlung, sagen wir eine homerische Rauferei, geschildert wird. ‹Ich hier – er dort – da ist der Bach›, so beginnt der Erzähler mit hinweisenden Gebärden und die Bühne ist fertig, der präsente Raum ist zur Bühne umgestaltet» (Bühler [1934]/1965, 139).

Wie Bühler ([1934]/1965, 139) darstellt, ist der Erfolg der referentiellen Auflösung im Kontext der Deixis am Phantasma in hohem Maße von der Orientiertheit des

Adressaten im Erinnerungs- und Phantasieraum des Sprechers abhängig, wie in (90–91) gesehen, und dementsprechend auch von den Hilfestellungen, die der Sprecher ihm für eine erfolgreiche Auflösung bietet. Hat der Adressat die vergegenwärtigte Erinnerungssituation nicht persönlich miterlebt, ist eine einführende szenische Beschreibung oder «Aufstellungsskizze», wie Bühler ([1934]/1965, 139) formuliert, umso unerlässlicher. Gleiches gilt für das Zeigen an Phantasiesituationen, in der mündlichen wie schriftlichen Darstellung, wie in (90–91). Auch in den Beispielen (90–91) liegt Deixis am Phantasma vor, da sich der Erzähler als Sprecher in beiden Fällen in die Perspektive einer fiktiven Figur versetzt, in (90) im Rahmen der direkten Rede in die Figur *Janvier*, in (91) im Rahmen des inneren Monologs in die Figur *Maria Barbara*. So trägt die phorische Situationsbeschreibung in der Erzählrede *en désignant la concierge qui s'était levée* in (90) maßgeblich zur referentiellen Auflösung des Demonstrativpronomens *celle-là* durch den Leser bei, ebenso wie *les jumeaux* in der Erzählerrede in (91) zur referentiellen Auflösung von *ces deux-là*.

Bühler ([1934]/1965, 134–135) unterscheidet drei «Hauptfälle» der Deixis am Phantasma. Der erste Fall betrifft eine Verortung der erinnerten oder imaginierten Objekte im situativen Umfeld des Sprechers selbst. Bühler ([1934]/1965, 134) zufolge kommt es im ersten Fall zu einer Versetzung des Erinnerungs- oder Phantasieobjekts in die eigene «Wahrnehmungsordnung hinein und kann dort, wenn nicht geradezu ‹gesehen›, so doch lokalisiert werden». Der zweite Fall wiederum stellt eine Umkehrung des ersten Falls dar. Der Sprecher versetzt das Referenzobjekt nicht in das eigene Wahrnehmungsfeld, sondern versetzt sich selbst in die vorgestellte Erinnerungs- oder Phantasiesituation, wie in (90–91) gesehen. Der dritte Fall beschreibt schließlich «einen Zwischenfall zwischen Hierbleiben und Hingehen», zwischen dem ersten und zweiten Hauptfall (Bühler [1934]/1965, 135). Der dritte Fall liegt folglich vor, wenn der Sprecher das Erinnerungs- oder Phantasieobjekt «von seinem Wahrnehmungsfeld aus» sieht und somit «imstande ist, die Richtung, in welcher das Abwesende vom geistigen Auge gesehen wird, anzugeben» (Bühler [1934]/1965, 135). Dazu gehören alle Verweise auf Objekte der Realwelt, die von der Wahrnehmungsposition des Sprechers nicht perzeptiv erfasst werden können, die er jedoch aus seiner Erinnerung heraus rekonstruieren und räumlich situieren kann, wie in der Wegbeschreibung in Beispiel (92). So zeigt der Informant I_1 mit *là derrière* und der begleitenden Zeigegeste in (92) zwar auf den Ort, an dem sich die von E_2 gesuchte Kirche befindet. Aus der Perspektive der Sprecher-Origo ist dieser Ort jedoch nicht sichtbar und auch in keiner anderen Form (beispielsweise durch das Läuten der Glocken) perzeptiv erfassbar (cf. Barbéris 2008, 201–202). Der Sprecher I_1 kann den Ort ohne visuelle Stützen ausschließlich mithilfe seines räumlichen Gedächtnisses in Relation zur Sprecher-Origo situieren.

(92) E$_2$: excusez-nous / le:: l'église Saint Roch s'il vous plaît
    I$_1$: le ?
    E$_2$: l'église Saint Roch
    I$_2$: l'église saint Roch
    I$_1$: oh c'est *là derrière* l'église Saint Roch (*geste d'orientation*)
    (*Corpus de Montpellier Saint-Roch*, gekürztes Zitat aus Barbéris 2008, 202)

Demzufolge findet in allen Bezugnahmen auf situativ-perzeptiv und phorisch nicht erfassbare Objekte Deixis am Phantasma statt, unabhängig vom epistemischen Status des Objekts und unabhängig davon, ob es in das situative Umfeld der Äußerung versetzt wird, der Sprecher selbst eine Versetzung vornimmt oder es von seinem Wahrnehmungsraum aus betrachtet. Hinsichtlich der referentiellen Ausrichtung auf den exophorischen Verweisraum stimmt die Deixis am Phantasma folglich mit der *demonstratio ad oculos et ad aures* überein (cf. auch Consten 2004, 23). Sie unterscheiden sich jedoch in Bezug auf die Existenzebene des Referenten. Während dieser in der *demonstratio ad oculos et ad aures* ein realweltliches, materiell präsentes und daher perzeptiv erfassbares Objekt darstellt, ist er bei der Deixis am Phantasma als Erinnerungs- oder Phantasieobjekt abwesend. In diesem Punkt stimmt die Deixis am Phantasma wiederum mit dem anaphorischen Zeigen überein, das ebenso auf materiell nicht präsente Objekte verweist (cf. auch Consten 2004, 23). Gleiches kann folglich für das Zeigen auf Objekte vermutet werden, die weder situativ noch phorisch verfügbar sind.

Auch mit Levinson ([1983]/2009; 2004) können exophorische Verweise auf in der direkten Äußerungssituation nicht-präsente Objekte, wie in (89–90), erfasst werden. Levinson ([1983]/2009, 65–82; 2004, 108) unterscheidet auf einer übergeordneten Ebene zwischen *deiktischen* und *nicht-deiktischen* Gebrauchskontexten. Im Bereich der deiktischen Gebrauchskontexte grenzt Levinson ([1983]/2009; 2004) wiederum den *exophorischen* Gebrauch, der im außersprachlichen Bereich operiert, vom *diskursdeiktischen* Gebrauch ab, der die Bezugnahme auf propositionale Textteile aus dem Redekontext meint. Die exophorische Bezugnahme spezifiziert Levinson ([1983]/2009; 2004) in Bezug auf die Umstände des Zeigens als *gestisch*, *symbolisch* oder *versetzt*. Im exophorisch-gestischen Gebrauchskontext kann die referentielle Auflösung nur dann gelingen, wenn der Adressat vollständigen perzeptiven Zugang, d. h. auf visueller, auditiver, taktiler und olfaktorischer Ebene, zur Äußerungssituation und zum parasprachlich- und nichtsprachlich kommunikativen Kontext (88d) hat (cf. Levinson [1983]/2009, 65). Der gestische Verweis kann dabei entweder eine *kontrastive* oder eine *nicht-kontrastive* Funktion haben. Die drei Okkurrenzen des Demonstrativpronomens *celle-là* im Redebeitrag von M. Lefort in Beispiel (35), der in (93) erneut zitiert wird, werden *gestisch-kontrastiv* gebraucht. Die Zeigegeste, die alle drei Okkurrenzen begleitet, ist jeweils auf ein anderes Objekt gerichtet und hat folglich eine kontrastive Funktion. Da die Referenzobjekte nicht zusätzlich durch sprachliche Mittel inhaltlich kontrastiert werden, bedarf es eines visuellen Zugangs zum Sprecher und seinem visuellen Raum, um die Referenzobjekte zu identifizieren.

(93) Ben, *celle-là* (S zeigt auf Foto 1) et *celle-là* (S zeigt auf Foto 2). *Celle-là* (S zeigt auf Foto 3) est .... Ben, elle est bien aussi, mais elle est moins. Elle est un peu moins ...

Der exophorische Gebrauch ist symbolisch, wenn die Referenzobjekte zwar anwesend sind, zu ihrer Identifikation jedoch lediglich die Kenntnis der zeitlich-räumlichen Parameter und der interaktiven Rollenverteilung der Äußerung vorausgesetzt wird (cf. Levinson [1983]/2009, 65). Als Beispiel dient *cette ville* in (94). Referiert der Sprecher mit der demonstrativen Kennzeichnung *cette ville* in (94) auf die Stadt, in der er sich gerade befindet, benötigt der Adressat zur Identifikation der konkreten Stadt nur die Kenntnis des lokalen Parameters der Äußerung, direktive Mimik oder Gestik ist nicht notwendig.

(94) J'aime *cette ville*.
(cf. Levinson [1983]/2009, 66; aus dem Englischen ins Französische übertragen)

Die Bezugnahme ist *exophorisch-versetzt*, wenn der Sprecher sich in Erinnerungs- oder Phantasiesituationen selbst in eine andere Situation versetzt oder die Perspektive einer anderen Figur einnimmt und aus dieser Position Objekte in einem Wahrnehmungsraum verortet, der nicht mit seinem aktuellen Sprechumfeld übereinstimmt (cf. Levinson 2004, 111), wie in (90–91) gesehen. Die exophorisch-versetzte Bezugnahme von Levinson (2004, 11) stimmt konzeptuell somit nicht vollständig mit Bühlers ([1934]/1965) Deixis am Phantasma überein, sondern bezieht sich nur auf den zweiten und wichtigsten Hauptfall, der die Versetzung des Sprechers selbst in Erinnerungs- oder Phantasiesituationen beschreibt (cf. auch Himmelmann 1996, 222).

Neben den deiktischen Verweisdomänen treten Demonstrativa auch in nicht-deiktischen Kontexten auf. Im Bereich des nicht-deiktischen Gebrauchs unterscheidet Levinson ([1983]/2009, 67–68; 2004, 107–108) drei Verweiskontexte: den nicht-deiktischen phorischen, den nicht-deiktischen emphatischen (‹empathetic›) und den nicht-deiktischen wiedererkennenden (‹recognitional›) Gebrauch.

Innerhalb des phorischen Gebrauchskontexts differenziert Levinson (2004, 108) weiterhin zwischen einer anaphorischen und einer kataphorischen Bezugnahme. Während anaphorische demonstrative Kennzeichnungen koreferentiell sind und denselben Diskursreferenten wiederaufgreifen, auf den ein sprachlicher Ausdruck des vorhergehenden Textes verweist, so Levinson ([1983]/2009, 67), nehmen kataphorische Verweise einen Diskursreferenten vorweg, der im Folgetext erst eingeführt werden soll.

Jedoch stellt nicht jede demonstrative Kennzeichnung, die als Erstnennung fungiert, zwangsläufig eine kataphorische Relation her, ebenso wie nicht jedes Demonstrativum, das einen Diskursreferenten aufruft, der bereits eingeführt ist, als anaphorischer Verweis fungiert, wie in (90–91) gesehen. So kann die demonstrative Kennzeichnung *cet homme* in (69a), das in (95) in einem längeren Ausschnitt erneut zitiert wird, zwar als kataphorische Vorwegnahme der definiten Kennzeichnung *l'homme* und des Personalpronomens *l'* klassifiziert werden. Die kataphorische Analyse entspricht jedoch nicht der diskursiven Funktion von *cet homme*, da *cet homme* bereits einen spezifischen Diskursreferenten etabliert und *l'homme* und *l'* selbst diesen Diskursreferenten anaphorisch wiederaufnehmen. Auch wenn demonstrative Erstnennungen im Folgetext wiederaufgegriffen werden, wie in (95), beschränkt sich ihre referentielle Funktion nicht auf den kataphorischen Vorverweis auf einen noch zu etablierenden Diskursreferenten, sondern besteht selbst in der Einführung eines Diskursreferenten, der im Folgetext wiederaufgenommen werden kann.

(95) *Cet homme$_i$ et cette femme sont dans une voiture étrangère. Cette voiture a coûté trois cent vingt mille francs et, bizarrement, c'est surtout le prix de la vignette qui a fait hésiter l'homme$_i$ chez le concessionnaire. Le gicleur droit fonctionne mal. Cela l$_i$'agace énormément.*
(Anna Gavalda, *Je voudrais que quelqu'un m'attende quelque part*, «Le Dilettante», p. 43)

Die Verweisdomäne einer demonstrativen Erstnennung als kataphorisch zu analysieren, erscheint demzufolge als nicht gerechtfertigt, wenn das Demonstrativum, wie in *cet homme*, durch eine nominale Kennzeichnung erweitert wird, die eine kategoriale Konstruktion des Diskursreferenten erlaubt. Anders verhält es sich im Fall pronominaler Erstnennungen, die keine inhaltliche Bestimmung leisten. Achard (2015, 233–236) zufolge unterscheiden sich die neutralen Demonstrativpronomina *ça* und *ceci* in Bezug auf den referentiellen Kontext, in dem sie bevorzugt eingesetzt werden. Während *ça* den Adressaten bei der referentiellen Auflösung auf den vorhergehenden Kontext verweist und somit anaphorische Bezüge herstellt, wie in (96a), fungiert *ceci*, so Achard (2015, 235), ausschließlich als kataphorische Vorwegnahme, wie in (96b).

(96) a. Tenez, sans aller si loin, il était pas bien mon Jacquot à l'Hôtel de Ville ? Non, *Matignon$_i$*, *ça$_i$* la foutait mieux, c'était plus classe question adresse.
(Achard 2015, 228)
b. Kirilov, se lève et semble réfléchir [:] De quoi faudra-t-il me déclarer coupable ?
Pierre [:] vous le saurez
Kirilov [:] bon. Mais n'oubliez pas *ceci$_i$*. [Je ne vous aiderai en rien contre Stavroguine.]$_i$
(Albert Camus, *Les possédés*, 1043, zit. in: Achard 2015, 235)

Ebenso wie *cet homme* in (95), etabliert *ceci* in (96b) einen Diskursreferenten. Im Unterschied zu *cet homme* in (95), erlaubt *ceci* in (96b) jedoch keine inhaltliche Spezifikation. Als neutrales Pronomen signalisiert es dem Adressaten vielmehr, dass dieser kategorial nicht bestimmt ist und im Folgetext in propositionaler Form auftreten wird, wie *Je ne vous aiderai en rien contre Stavroguine* in (96b). Somit operiert *ceci* in (96b) nicht nur im kataphorischen, sondern auch im diskursdeiktischen Verweiskontext. Diskurs- oder textdeiktische Verweise liegen vor, wenn sich ein referentieller Ausdruck auf eine oder mehrere Propositionen des vorhergehenden oder folgenden Textes bezieht (Levinson [1983]/2009, 85–86), wie *ceci* in (96b) und *cette nouvelle* in (97).

(97) Une fois revenu, il annonça que [l'acquéreur proposait quatre mille francs]$_i$. Emma s'épanouit à *cette nouvelle$_i$*.
(Gustave Flaubert, *Madame Bovary*, p. 358)

Während Bühler [1934] und Koch/Oesterreicher (2011) den diskursdeiktischen Gebrauch infolge seiner Stützung auf den Vortext innerhalb der Verweisdomäne des anaphorischen Zeigens bzw. dem sprachlich-kommunikativen Kontext verorten, ordnet Levinson (2004, 108) propositionalanaphorische Verweise infolge ihres funktionalen Verhaltens in die deiktischen Gebrauchskontexte ein, wie Tab. 2.1 illustriert (cf. auch Ehlich 1982, 331; 2007, 14–17).

Referentielle Ausdrücke, die sich auf einen Teil des Diskurses beziehen, sind deiktisch, weil ihre referentielle Auflösung, so Levinson ([1983]/2009, 85), von ihrer Position im Text abhängig ist. Ausgehend von ihrer diskursiven Position steuern diskursdeiktische Demonstrativa einen Textteil an, aus dem sie einen neuen Diskursreferenten konstruieren. So stellt die Proposition *l'acquéreur proposait quatre mille francs* lediglich eine prädikative Relation zwischen den Diskursreferenten *l'acquéreur* und *quatre mille francs* her. Die demonstrative Kennzeichnung *cette nouvelle* wiederum synthetisiert diese Proposition, leistet

Tab. 2.1: Verweisdomänen referentieller Ausdrücke.

Levinson ([1983]/2009; 2004) «kinds of usage of deictic expressions» ([1983]/2009, 64)				Koch/Oesterreicher ²2011	Bühler [1934] «Modi des Zeigens»
deiktisch	exophorisch	gestisch	kontrastiv	situativer Kontext	demonstratio ad oculos et aures
			nicht-kontrastiv		
		symbolisch			
		versetzt			Deixis am Phantasma (2. Hauptfall)
nicht-deiktisch	diskursdeiktisch			sprachlich-kommunikativer Kontext	anaphorisches Zeigen
	phorisch	anaphorisch			
		kataphorisch			
	empathetic				
	recognitional			Wissenskontext	anamnestisch

durch die nominale Kennzeichnung *nouvelle* eine metatextuelle Bestimmung und konstruiert auf diese Weise ein neues Referenzobjekt, das im Folgetext wieder aufgenommen werden kann (cf. Ehlich 2007, 40). Diskursdeiktische Verweise sind folglich auch deiktisch, da sie zur Einführung eines neuen Diskursreferenten dienen, während anaphorische Verweise zur Reaktivierung eines bereits bekannten Diskursreferenten eingesetzt werden (cf. Levinson [1983]/2009, 86; auch Himmelmann 1997, 85). Diskursdeiktische Verweise haben Borreguero/Octavio de Toledo y Huerta (2007, 120, 122) zufolge eine manipulative Funktion, da sie Informationen und Sachverhalte kategorial einordnen und bewerten. Im Spanischen treten sie hauptsächlich mit definiten oder demonstrativen Kennzeichnungen auf, so Borreguero/Octavio de Toledo (2007, 120). Infolge der komprimierenden Funktion diskursdeiktischer Bezugnahmen werden diese, genauer gesagt, die nominalen Kennzeichnungen, die in sie integriert sind und die metatextuelle Kategorisierung des Redeteils leisten, als sp. *encapsuladores* (cf. Borreguero/Octavio de Toledo 2007) oder engl. *shell nouns* bezeichnet (cf. Schmid 2010).

Auch Ehlich (1982; 2007) unterscheidet deiktische und anaphorische Verweise entsprechend ihren konträren referentiellen Funktionen. Im Unterschied zu Levinson ([1983]/2009; 2004) betrachtet Ehlich (1982, 329, 331; 2007) deiktische und anaphorische Verweise jedoch nicht als unterschiedliche Gebrauchskontexte, in denen ein Ausdruck auftreten kann, sondern als komplementäre

Funktionen, die in der Bedeutungsebene der Zeichen bestimmt sind und die Auswertung des Zeichens unabhängig von der jeweiligen kontextuellen Verankerung des Referenzobjekts im exo- oder endophorischen Kontext steuern. Ehlich (1982; 2007) unterscheidet in dieser Hinsicht zwischen einer deiktischen und einer anaphorischen Prozedur.

Die deiktische Prozedur ist eine sprachliche Aktivität, so Ehlich (1982, 325–326, 331), die mithilfe von deiktischen Ausdrücken ausgeführt wird und das Ziel verfolgt, die Aufmerksamkeit des Adressaten auf ein Objekt aus dem deiktischen Raum auszurichten. Da die deiktische Prozedur den Hörer zu einer Orientierungshandlung veranlassen will, impliziert sie in der Regel eine Neuausrichtung des Adressaten auf Objekte, die bisher nicht im Zentrum der Aufmerksamkeit waren (cf. Ehlich 2007, 11–12, 19). Die anaphorische Prozedur wiederum ist eine sprachliche Handlung, so Ehlich (1982, 330; 2007, 21–23), die mithilfe von anaphorischen Ausdrücken ausgeführt wird und das Ziel verfolgt, die Aufmerksamkeit des Adressaten auf ein Referenzobjekt, das bereits in seinem Aufmerksamkeitsfokus ist, aufrecht zu erhalten. Im Unterschied zur deiktischen Prozedur stellt die anaphorische Prozedur ein «Kontinuitätssignal» dar, und als solches befreit es den Adressaten davon, eine neue Orientierungshandlung zu vollziehen (cf. Ehlich 2007, 23).

Ehlich (1982; 2007) illustriert die funktionale Komplementarität der deiktischen und anaphorischen Prozeduren anhand der referentiellen Funktionen des Demonstrativpronomens dt. *der*, das er als Beispiel für die deiktische Prozedur gibt, und anhand des Personalpronomens dt. *er* als Beispiel für die anaphorische Prozedur. Ehlich (1982, 329–330) spricht den Demonstrativa auch in der anaphorischen Wiederaufnahme eine deiktische Funktion zu, da sie den Adressaten zu einer Orientierungshandlung auffordern, beispielsweise zu einem Topikwechsel, wie für fr. *celui-ci* und *ce N* in Kap. 2.1.1.1 gesehen. Ist das angesteuerte Referenzobjekt bereits Aufmerksamkeitsfokus, behindert das Demonstrativum demzufolge die referentielle Auflösung, da die Neuorientierung des Aufmerksamkeitsfokus, zu der das Demonstrativum den Adressaten auffordert, keine Ausrichtung auf das angesteuerte Referenzobjekt ergibt. Das Demonstrativpronomen *der* im Deutschen weist demnach ein ähnliches referentielles Verhalten auf wie *celui-ci* im Französischen, das eine diskursive Neuorientierung über den Topikalitätsfaktor hinaus markiert, wie die Analysen von Fossard (2006; 2014) und Fossard/Rigalleau (2005) zeigen (cf. Kap. 2.1.2.2).

Die Analysen von Ehlich (1982; 2007) machen deutlich, dass die referentielle Funktion von Demonstrativa, wie in Kap. 2.1.2.2 untersucht, in allen Verweisdomänen wirksam wird. Demonstrativa zeigen somit in allen Kontexten die Zugänglichkeit und Bekanntheit des Diskursreferenten an, wie in der Akzessibilitätstheorie und in der Gegebenheitsskala bestimmt ist. Unabhängig von der

Verweisdomäne, in der das Referenzobjekt zu finden ist, signalisieren Demonstrativa somit eine diskursive Neuorientierung, die entweder einen Wechsel in der topikalen Struktur aufzeigt oder einen Perspektivenwechsel in Bezug auf die Auswertung des Referenten.

Aus diesem Grund können Demonstrativa auch zum Ausdruck einer positiven oder negativen Haltung gegenüber dem denotierten Diskursreferenten eingesetzt werden (cf. auch Carlson 2011, 1173; Gary-Prieur 2011, 74–75). Die demonstrative Kennzeichnung *cette femme* in (98) tritt innerhalb der direkt zitierten Rede einer Figur auf und verweist auf einen Diskursreferenten mit hohem Verfügbarkeitsstatus, der im vorhergehenden Satz selbst durch das Personalpronomen *la* denotiert wird. Während der vorhergehende Redeteil eine neutrale Ereignisschilderung darstellt, macht die Sprecherin in *cette femme ! cette femme !* eine subjektive Betroffenheit in Bezug auf den Diskursreferenten der demonstrativen Kennzeichnung sichtbar. Aus dem Vortext wird ersichtlich, dass es sich dabei um eine negative Betroffenheit handelt, dies im Besonderen durch die prädikatlose Form, die Exklamation, die vollständige Wiederholung sowie den daran anschließenden Erzählerkommentar *elle la détesta*.

(98) Mais quand elle sut qu'il avait *une fille$_i$*, elle alla aux informations ; et elle apprit que *mademoiselle Rouault$_i$*, élevée au couvent, chez les Ursulines, avait reçu, comme on dit, une belle éducation, qu'*elle$_i$* savait, en conséquence, la danse, la géographie, le dessin, faire de la tapisserie et toucher du piano. Ce fut le comble !
— C'est donc pour cela, se disait-elle, qu'il a la figure si épanouie quand il va *la$_i$* voir, et qu'il met son gilet neuf, au risque de l'abîmer à la pluie ? Ah ! *cette femme$_i$* ! *cette femme$_i$* ! ...
Et elle la détesta, d'instinct.
(Gustave Flaubert, *Madame Bovary*, p. 65)

Demonstrative Referenz, die zum Ausdruck eines affektiven Werts eingesetzt wird, wie in (98), wird seit Lyons (1977, 677) als *empathetic deixis* klassifiziert. Lyons (1977, 677) zufolge liegt 'empathische' Deixis im Englischen dann vor, wenn im anaphorischen Gebrauch das proximale *this* dem distalen *that* vorgezogen wird, um anzuzeigen, dass der Sprecher vom Verweisobjekt emotional betroffen ist. Im empathischen Gebrauch korreliert das proximale *this* im Englischen mit der emotionalen Nähe des Sprechers zum Verweisobjekt, so Levinson ([1983]/2009, 81), das distale *that* wiederum mit emotionaler Ferne oder Distanzierung (cf. auch Cornish 2001; 2017, 228–229, 19, 22–23). Lakoff (1974, 347) zufolge dienen Demonstrativa in diesem Gebrauchskontext nicht nur dazu, die emotionale Betroffenheit des Sprechers anzuzeigen, sondern auch dazu, den Adressaten emotional anzusprechen und so ein Gefühl der Solidarität zu erzeugen. Aus diesem Grund treten empathische Lesarten von Demonstrativa häufig in exklamativen Sätzen auf, wie in (98) gesehen (cf. Lakoff 1974; Potts/Schwarz 2010, 17). Da der Begriff *empathisch* eine positive Grundausrichtung der emotionalen Betroffenheit impliziert, wird er zur Beschreibung des emotionalen Werts deiktischer Ausdrücke häufig durch die Begriffe *emphatische Deixis*, so Ernst (2002, 52), *emotionale Deixis*, so Lakoff (1974) oder *affektive Deixis*, so Potts/Schwarz (2010), ersetzt, die in Bezug auf die Ausrichtung der emotionalen Lesart nicht festgelegt sind.

Cornish (2017, 220–228) zufolge kann die Verteilung der Demonstrativa im Französischen, die um die lokaldeiktischen Partikeln *-ci* als proximalem Marker und *-là* als distalem Marker erweitert sind, ebenso von einer affektiven Opposition bestimmt werden, sofern die Opposition nicht zugunsten von *-là* neutralisiert ist, wie in Kap. 2.1.2.2 für das gesprochene Französisch gesehen. So dient das proximale Lokaladverb *-ci* in der diskursdeiktisch verankerten demonstrativen Kennzeichnung *ce débat-ci* in (99a) dazu, die persönliche Verbundenheit des Sprechers mit dem Referenzobjekt der demonstrativen Kennzeichnung anzuzeigen, nämlich der Debatte um den Status der Regionalsprachen in Frankreich. Die emotionale Beteiligung des Sprechers an dieser Debatte wird im Text auch daran deutlich, dass er, wie in *je sais mieux de quel côté je penche* ersichtlich wird, dazu eine eigene Position bezieht (cf. Cornish 2017, 222). Als distales Lokaladverb signalisiert der Sprecher durch eine Ergänzung um *-là*, so Cornish (2017, 227, 231), wiederum eine emotionale Distanzierung von dem Referenzobjekt, wie (99b) zeigt (cf. auch Veldre 2003, 129–130). Die demonstrative Kennzeichnung *ce registre-là* referiert diskursdeiktisch auf die weit verbreitete Satirepraxis, François Hollande als *président peu charismatique, incapable d'arbitrer et d'agir* darzustellen, von der sich der Sprecher, selbst Satiriker, persönlich abgrenzt, wie im weiteren Verlauf der Rede deutlich wird (*Mais on peut aussi [...] se démarquer. Parce que moi, sincèrement je trouve etc.*).

(99) a. La question, pourtant, n'est pas définitivement tranchée dans mon esprit. Car la position « républicaine » ne me semble pas seulement inspirée par la nécessité de répondre à la menace islamiste, mais par la constante difficulté de la politique française à faire place à la diversité. Ce que montre assez [le problème, si étrangement dramatisé, des langues régionales, avec sa récente relance]$_i$. Dans *ce débat-ci$_i$*, je sais mieux de quel côté je penche.
(M. Ozouf 2009, *Composition française*, p. 266–267, zit. in: Cornish 2017, 222)

b. Des « Guignols » à Nicolas Canteloup, en passant pas Laurent Gerra et Didier Porte, tous dépeignent François Hollande comme un président

peu charismatique, incapable d'arbitrer et d'agir. « [On s'engouffre tous dans la brèche]$_i$ une fois que c'est admis par l'opinion. On est, nous les humoristes, souvent obligés d'aller dans *ce registre-là$_i$*, explique Didier Porte, avant d'ajouter : Mais on peut aussi montrer qu'on n'est pas dupes, se démarquer. Parce que moi, sincèrement, je trouve le type pas du tout mou. Je trouve qu'il a le cuir tanné et qu'il a les nerfs sacrément solides, autrement plus solides que ceux de son prédécesseur. [...] »
(Hélène Delye, *Le Monde Supplément Radio-Télévision*, 27–28/04/13, p. 14, in einem größeren Ausschnitt zit. in: Cornish 2017, 227)

Angesichts der Tatsache, dass emotionale Deixis im demonstrativen Referenzsystem in den Darstellungen von Lyons (1977, 677), Levinson ([1983]/2009, 81) und Cornish (2017) in Bezug zu den affektiven Effekten gesetzt werden, die proximale und distale Demonstrativa erzeugen können, stellt sich die Frage ob, lokaldeiktisch unmarkierte Demonstrativa, die, wie fr. *ce* und *celui*, keinen proximalen oder distalen Grundwert aufweisen, überhaupt affektiv ausgewertet werden können, wie in Beispiel (98) gesehen. Angesichts der Tatsache wiederum, dass die lokaldeiktische Opposition zwischen -*ci* und -*là* im gesprochenen Französischen neutralisiert ist, kann davon ausgegangen werden, dass auch lokaldeiktisch unmarkierte Demonstrativa eine affektive Dimension eröffnen (cf. auch Himmelmann 1997, 62). Dass emotionale Deixis nicht zwangsläufig mit lokaldeiktischen Werten korreliert, zeigt sich auch daran, dass das distale Demonstrativum im Englischen nicht auf die Markierung negativer affektiver Betroffenheit festgelegt ist, sondern, wie Carlson (2011, 1173) illustriert, sowohl zum Ausdruck einer positiven als auch einer negativen Haltung gegenüber dem Referenzobjekt eingesetzt werden kann (cf. auch Ariel 1990, 199). Ebenso verhält sich das Demonstrativum *dieser* im Deutschen, das eine emotionale Beteiligung positiver oder negativer Art signalisieren kann (cf. Himmelmann 1997, 61). Die Ablösung der positiven und negativen Ausrichtung der affektiven Lesart von Distanzwerten erscheint umso plausibler, als in vielen Fällen zwar eine emotionale Beteiligung vermittelt wird, jedoch nicht deutlich wird, ob der Sprecher eine positive oder negative emotionale Haltung gegenüber dem Referenzobjekt einnimmt. Die Art der emotionalen Beteiligung kann somit ambivalent sein.

Levinson (2004, 108) verortet den affektiven Gebrauch von Demonstrativa innerhalb der nicht-deiktischen Einsatzformen. Im Unterschied zu den deiktisch-exophorischen oder nicht-deiktisch-phorischen Kontexten zeichnet sich der affektive Gebrauch jedoch nicht durch den Bezug auf eine eigene Verweisdomäne aus, in der die Referentialisierung verankert ist. Vielmehr bezieht er sich auf eine affektive Dimension, die durch die demonstrative Referenz ausgeschöpft wird und sich demnach in allen Referenzkontexten ereignen kann. Der affektive Gebrauch stellt folglich keine eigene Verweisdomäne dar, sondern beschreibt einen modalen Effekt demonstrativer Referenz, die sowohl durch deiktische als auch durch nicht-deiktische Verweisdomänen gestützt sein kann. So liegt in (98) eine anaphorische Stützung vor, in (99a–b) jeweils eine diskursdeiktische. Auch die demonstrative Kennzeichnung *ce gosse* in (7), das in (100) in Ausschnitten erneut zitiert wird, erzeugt einen Effekt negativer affektiver Beteiligung, die in der distanzierenden Haltung der Sprecherin gegenüber dem Diskursreferenten, etwa in *On s'est fait la bise puis quoi ?*, sichtbar wird. Die Referentialisierung von *ce gosse* in (7) ist sowohl situativ als auch anaphorisch gestützt. Die demonstrative Kennzeichnung *ce gosse*, die gleichzeitig deiktisch-exophorisch und nicht-deiktisch phorisch verweist, illustriert auch, dass eine demonstrative Bezugnahme mehrere Verweisdomänen gleichzeitig aktivieren kann (cf. auch Levinson [1983]/2009, 67).

(100) Coline Sergent: Tu vois *ce gamin là-bas$_i$* ? C'est la première fois que je le$_i$ vois et il$_i$ m'a dit que c$_i$'est mon fils.
Omar: Et c'est vrai ?
Coline Sergent: Oui, c'est possible, et alors ? On s'est fait la bise et puis quoi ? Qu'est-ce que
tu veux que j'en foute de *ce gosse$_i$* ?

Die strukturellen Bedingungen, die zu einer affektiven Auswertung von Demonstrativa führen, können nicht eindeutig bestimmt werden (cf. Lyons 1977, 677). Ariel (1990, 206) zufolge stellt der Wert der emotionalen Beteiligung keine Konnotation des Demonstrativums selbst dar, sondern entsteht als Folge der Auswahl der demonstrativen Kennzeichnung als referentieller Ausdruck in Vergleich zu den konkurrierenden Kodierungsmöglichkeiten. Dafür spricht zum einen, dass emotionale Lesarten auch bei demonstrativen Ausdrücken auftreten, die nicht distanzmarkiert sind, wie in (98) und (100) für das Französisch gesehen. Zum anderen können die Kontexte, die emotionale Lesarten fördern, in der Regel als Fälle der Über- oder der Unterspezifikation ausgewertet werden. So hätte der Diskursreferent von *ce gosse* in (100) anstelle der demonstrativen Kennzeichnung auch durch das Personalpronomen *lui* aufgerufen werden können, da der denotierte Diskursreferent bereits eine hohe Akzessibilität aufweist. Mit Ariel (1990, 206) kann folglich vermutet werden, dass emotionale Lesarten in Kontexten auftreten, in denen der Verfügbarkeitsstatus des Diskursreferenten und der Akzessibilitätswert des referentiellen Ausdrucks nicht übereinstimmen. Angesichts der strukturellen Unterschiede, die zwischen den zitierten Beispielen für die emotionale Dimension demonstrativer Referenz vorliegen, kann weiterhin davon ausgegangen werden, dass die Bedingungen, die eine affektive Lesart von Demonstrativa entstehen lassen, entsprechend der Verweisdomäne, auf die sich die Referentialisierung stützt, divergieren. Im diskursdeiktischen Kontext ist die Entstehung affektiver Effekte von der Ergänzung durch die lokaldeiktischen Adverbien *-ci* und *-là* abhängig. Ohne das proximale *-ci* könnte die demonstrative Kennzeichnung in (99a) nämlich keine affektive Betroffenheit signalisieren, wie das affektiv unmarkierte *ce débat* in (101a) zeigt. Gleiches gilt für die um das distale *-là* ergänzte demonstrative Kennzeichnung in (99b), wie *ce registre* in (101b) illustriert, das ohne *-là* affektiv neutral ist. In der diskursdeiktischen Bezugnahme können allein durch das Demonstrativum folglich keine modalen Effekte erzeugt werden, da die demonstrative Determination in diesem Kontext die unauffälligste Determinationsart darstellt. So könnte *ce* in (101a–b), im Unterschied zu vielen anderen Kontexten, nicht durch den entsprechenden Definitartikel ersetzt werden, wie (101c–d) zeigen. Für eine affektive Stellungnahme des Sprechers bedarf es vielmehr der Erweiterung um einen Modifikator, der der emotionalen Position des Sprechers gegenüber dem Referenzobjekt Ausdruck verleiht, wie *admirable* in (102a) zum Ausdruck einer positiven und *ridicule* in (102b) zum Ausdruck einer negativen Einstellung.

(101) a. Ce que montre assez [le problème, si étrangement dramatisé, des langues régionales, avec sa récente relance]$_i$. Dans *ce débat*$_i$, je sais mieux de quel côté je penche.
b. [On s'engouffre tous dans la brèche]$_i$ une fois que c'est admis par l'opinion. On est, nous les humoristes, souvent obligés d'aller dans *ce registre*$_i$, explique Didier Porte.
c. # Ce que montre assez [le problème, si étrangement dramatisé, des langues régionales, avec sa récente relance]$_i$. Dans *le débat*$_i$, je sais mieux de quel côté je penche.
d. # [On s'engouffre tous dans la brèche]$_i$ une fois que c'est admis par l'opinion. On est, nous les humoristes, souvent obligés d'aller dans *le registre*$_i$, explique Didier Porte.

(102) a. Je ne suis pas seulement l'homme du 18 juin, disait-*il* [= Charles de Gaulle]. On parle d'appel, de discours, de phrases, mais jamais de l'effort de chaque jour. Austerlitz, c'est ce « Soldats, je suis content de vous ». Mais, parle-t-on jamais de *cette admirable stratégie* ? (Jean Mauriac 1972, *Mort du général de Gaulle*, p. 76)
b. C'est le retour, sous une forme à peine différente, de ce qui fut nommé en son temps « lutte pour la vie » et qui n'a guère changé de nature. Chacun tentant de trouver un ou plusieurs autres à terroriser, dominer, écraser. On est, sans toujours s'en rendre compte, en plein

dans la civilisation du « petit chef ». Et toute réussite dans *ce registre ridicule$_i$*, confère aussitôt assurance, morgue et insolence [...].
(Aldo Naouri 2017, *Trois grandes questions autour de la famille*, p. 27)

Averintseva-Klisch/Consten (2007, 224–225, 233–235) illustrieren anhand von Daten aus dem Deutschen und Russischen, dass die anaphorische Wiederaufnahme eines topikalen Diskursreferenten durch demonstrative Kennzeichnungen emotionale Emphase des Sprechers und somit eine evaluative Positionierung in Bezug auf das Referenzobjekt signalisiert. Dass anaphorische demonstrative Kennzeichnungen in der Wiederaufnahme hoch topikaler Diskursreferenten einen affektiven Effekt erzeugen, zeigt sich auch bei *ce gosse* in (7, 100) und *cette femme* in (98). In Kap. 2.1.2.2 wurde der Einsatz demonstrativer Kennzeichnungen zur Bezugnahme auf Diskursreferenten hoher Topikalität als referentielle Überspezifikation klassifiziert. Referentielle Überspezifikation entsteht als Folge eines Impetus des Sprechers, referentielle Ambiguität zu vermeiden und demzufolge referentielle Eindeutigkeit zu erzeugen. Wie in Kap. 2.1.2.2 gesehen, wird referentielle Überspezifikation durch die Präsenz von Konkurrenzreferenten, so Arnold (2008) und Koolen et al. (2011b), oder durch Diskontinuität in der diskursiven Struktur motiviert, so Ariel (1990), Fossard (2006; 2014) und van Vliet (2002; 2009). Van Hoek (1998, 173–175) zufolge vermittelt referentielle Überspezifizierung einen Effekt der Distanzierung, der als emotionale Abwendung des Sprechers vom Referenzobjekt ausgewertet werden kann. Dies wird besonders deutlich beim Einsatz von Eigennamen zur Bezugnahme auf menschliche Diskursreferenten hoher Topikalität, die, so van Hoek (1998, 175), insbesondere dann auftreten, wenn der Sprecher die denotierten Personen kritisieren oder ridikulisieren möchte. Demonstrativa in referentieller Überspezifikation können jedoch nicht nur eine negative Einstellung gegenüber dem denotierten Diskursreferenten vermitteln, sondern auch zum Einsatz einer positiven Haltung eingesetzt werden. Sie sind folglich nicht festgelegt, was die Ausrichtung der emotionalen Bewertung betrifft.

Demonstrative Kennzeichnungen dienen im Verweis auf topikale Diskursreferenten schließlich der Hervorhebung des Diskursreferenten, die entweder auftritt, weil die referentielle Auflösung durch die Präsenz von Konkurrenzreferenten oder einen diskursiven Bruch gefährdet ist, oder vom Sprecher bewusst eingesetzt wird, um eine emotionale Verwicklung mit dem Referenzobjekt zu signalisieren. Treten demonstrative Kennzeichnungen zur Wiederaufnahme von Topikkonstituenten in Kontexten auf, in denen ihre referentielle Auflösung nicht gefährdet ist, zeigen sie automatisch eine emotionale Betroffenheit des Sprechers an, wie *cette femme ! cette femme !* in (98) und *ce gosse* in (100) (cf. auch Ariel 1990, 201). In Kontexten diskursiver Kontinuität und referentieller Ambiguität ist die Entstehung der affektiven Lesart dagegen vom semantischen Wert des

Nominalkomplements oder des Prädikats abhängig. So wird die demonstrative Wiederaufnahme von *cette femme* in (55c), das in (103) erneut zitiert ist, zwar vom Wechsel von einem episodischen zu einem nicht-episodischen Kontext motiviert, wie in Kap. 2.1.2.2 gesehen. Die prädikative Zuschreibung *est indécise dans ses choix* erzeugt jedoch eine negativ ausgerichtete affektive Lesart der demonstrativen Kennzeichnung *cette femme* in (55c, 103).

(103) Au restaurant, *Alice$_i$* adore prendre son temps pour lire la carte. La dernière fois, *elle$_i$* avait tellement hésité entre deux plats qu'*elle$_i$* avait finalement demandé à la serveuse de l'aider à choisir quelque chose. En fait, *cette femme$_i$* est toujours indécise dans ses choix.
(Fossard 2014, 248)

In indirekten anaphorischen Bezugnahmen sind demonstrative Kennzeichnungen sogar nur dann zulässig, wenn sie eine affektive Betroffenheit des Sprechers gegenüber dem Diskursreferenten anzeigen, wie Averintseva-Klisch/Consten (2007, 235) für das Deutsche und Russische feststellen. Im Unterschied zur definiten Kennzeichnung *der Motor* in (104a) signalisiert die demonstrative Kennzeichnung *dieser (verdammte) Motor* in (104b) eine negative Einstellung des Sprechers gegenüber dem Referenzobjekt, auch ohne die Erweiterung um das qualifizierende Adjektiv *verdammte*, das zusätzlich eine negative Wertung denotiert. Demzufolge kann vermutet werden, dass Demonstrativa im Deutschen und Russischen als indirekte Anaphern automatisch eine emotionale Beteiligung des Sprechers anzeigen.

(104) a. *Mein Auto muss in die Werkstatt. Dieser (verdammte) Motor* ist kaputt.
b. *Mein Auto muss in die Werkstatt. Der Motor* ist kaputt.
(Beispiel (104a–b) aus: Averintseva-Klisch/Consten 2007, 235)

Indirekte anaphorische Relationen liegen vor, wenn ein referentieller Ausdruck einen neuen Diskursreferenten aktiviert, der mit einem bereits eingeführten Diskursreferenten ontologisch verknüpft ist und folglich aus diesem abgeleitet werden kann (cf. Apothéloz/Reichler-Béguelin 1999, 364; Schwarz-Friesel 2007, 5). Die referentielle Verknüpfung zwischen der indirekten Anapher und dem Antezedenten ist frame-induziert und erfolgt somit auf Basis des spezifischen Frames, in das der Antezedent eingebunden ist und in dem der von der indirekten Anapher denotierte Diskursreferent einen Slot besetzt (cf. Schwarz-Friesel 2007, 11). Indirekte Anaphern verweisen folglich auf Referenzobjekte, die in der Repräsentation des Antezedenten bereits angelegt sind. Aus diesem Grund werden indirekte Anaphern auch als assoziative Anaphern klassifiziert, etwa von Kleiber (1999a). Im Unterschied zu direkten Anaphern, wie *cette femme* in (98) und (103), rufen indirekte Anaphern keinen bereits bekannten Diskursreferenten auf, sondern etablieren einen neuen, gleichzeitig jedoch anaphorisch verankerten Diskursreferenten. Auf diese Weise kombinieren sie sowohl Topikkontinuität als auch Topikwechsel (cf. Apothéloz/Reichler-Béguelin 1999, 364; Schwarz-Friesel 2007, 8, 11).

Die diskursive Basis indirekter Anaphern kann nominal sein, wie *l'ésprit nord-américain* als phorischer Anker von *ces gens-là* in (105a) oder die koordinierte DP *les héros communs et les sentiments tempérés* als Anker von *ces ouvrages ne touchant pas le cœur* aus (79), das in (105b) erneut zitiert wird, oder propositional, wie die Protasis *si l'on percevait un impôt de 700'000 francs [...] sur un revenu d'un million* als Anker von *ce contribuable* in (105c) (cf. Apothéloz/Reichler-Béguelin 1999, 364–365; Averintseva-Klisch/Consten 2007, 230–231). Indirekte Anaphern, die auf Diskursreferenten verweisen, deren Existenz aus einer Proposition aus dem Vortext abgeleitet werden kann, treten, so Averintseva-Klisch/Consten (2007, 230), jedoch äußerst selten auf. Erkü/Gundel (1987, 534) postulieren, dass die informative Basis assoziativer Anaphern nicht zwangsläufig im diskursiven Kontext zu finden sein muss, sondern auch im nicht-sprachlichen Kontext der Sprechsituation vorliegen kann, wie in der referentiellen Ausrichtung der definiten Kennzeichnung *the bridesmaids* in (105d) sichtbar wird, das im Kontext einer Hochzeit geäußert wird, die als Anker für die Bezugnahme fungiert (cf. Apothéloz/Reichler-Béguelin 1999, 364–365; Consten 2004, 133).

(105) a. Directeur de l'Hôtel du Rhône à Genève, Marco Torriani a vécu vingt ans à l'étranger. « J'avais commencé à apprécier *l'ésprit nord-américain$_i$. Ces gens-là$_i$* travaillent toujours ensemble. »
(*Le nouveau Quotidient* [sic!], 28.1.1994, zit. in: Apothéloz/Reichler-Béguelin 1999, 374)
b. [...] Je déteste *les héros communs et les sentiments tempérés$_i$*, comme il y en a dans la nature. – En effet, observa le clerc, *ces ouvrages ne touchant pas le cœur$_i$*, s'écartent, il me semble, du vrai but de l'Art.
c. Mais quand se décidera-t-on à imposer les gros revenus et fortunes des multimillionaires comme sont imposés les petits revenus qui le sont jusqu'au dernier franc ? Exemple: [si l'on percevait un impôt de 700'000 francs (commune, canton et Confédération) sur un revenu d'un million (il en est qui ‹gagnent' encore plus)]$_i$, *ce contribuable$_i$* aurait à sa disposition encore 300'000 francs. (*L'Impartial*, 27.12.1993, zit. in: Apothéloz/Reichler-Béguelin 1999, 371)

d. (At a wedding ceremony) I wonder who *the bridesmaids* are.
(Hawkins 1984, 681, zit. in: Apothéloz/Reichler-Béguelin 1999, 365)

Ist der Diskursreferent einer assoziativen Anapher mit einem Element aus der Sprechsituation verknüpft und somit nicht sprachlich verankert, liegt keine anaphorische Relation im eigentlichen Sinn vor (cf. Kap. cf. 2.1.1.2; auch Kleiber 1990a, 160–164). Vielmehr handelt es sich dann um eine situative Bezugnahme, deren Referenzobjekt nicht mit dem Zeigeobjekt übereinstimmt, jedoch indirekt erschlossen werden kann, wie im Fall von *deferred reference* in den Beispielen (10, 13, 25, 75) gesehen, die in (106a–e) erneut zitiert werden (cf. Kap. cf. 2.1.1.2; auch Kleiber 1990a, 161). Der Referent eines indirekt-situativen Verweises ist im Äußerungskontext folglich entweder nicht präsent oder nicht perzeptiv erfassbar. Seine Existenz wird jedoch duch das Zeigeobjekt inferiert, bei dem es sich um die situativen Umstände, wie in (105d) und (106b), oder ein anderes verfügbares Objekt handeln kann, wie in (106a, c, d). Ebenso verhält es sich bei indirekten Anaphern. Als Zeigeobjekt indirekter Anaphern kann der sprachliche Antezedent betrachtet werden, mit dem sie verküpft sind. Wie bei indirekten Exophora stimmt bei indirekten Endophora das Zeigeobjekt nicht mit dem angesteuerten Referenzobjekt überein. Somit liegt auch in indirekten Anaphern *deferred reference* vor.

(106) a. (S zeigt auf einen leeren Teller mit Krümeln) Qui a mangé *ce gâteau* ?
b. (S steht am Bahngleis) *Ce train* a toujours du retard.
(Kleiber 1987a, 109; 1990a, 160)
c. (S zeigt auf Fußspuren) *Cet homme* a le pied assez large.
d. (S zeigt auf Ferrari) *Cet homme* doit être riche pour posséder une ferrari.

Die Dimension *direkt-indirekt* bezieht sich auf die kontextuelle Verankerungsstärke einer referentiellen Bezugnahme und stellt folglich eine Größe dar, die unabhängig von der jeweiligen Verweisdomäne wirksam wird (cf. Consten 2004, 131–132). In allen Verweisdomänen können folglich neben direkten auch indirekte Bezugnahmen auftreten, wie in (105a–d, 106a–d) für den exophorischen, phorischen und diskursdeiktischen Kontext gesehen. Die assoziative Relation zwischen der indirekten Bezugnahme und dem sprachlichen oder nicht-sprachlichen Anker basiert auf einer metonymischen Verknüpfung (cf. auch Apothéloz/Reichler-Béguelin 1999, 381–382; Kern 2010, 190; Kleiber 2003b, 44–46).[23] In

---

[23] Cf. Kleiber (1999a, 351–355) für die Bedingungen, die assoziative Anaphern mit definiten Kennzeichnungen ermöglichen.

(104) entsteht das Assoziationsverhältnis zwischen der indirekten Anapher und dem Antezedenten beispielsweise durch eine meronymische Relation, da *dieser Motor* einen Teil des Antezedenten *mein Auto* darstellt. *L'ésprit nord-américain* in (105a) kodiert eine Eigenschaft, auf deren Träger *ces gens-là* verweist. Zwischen *ces ouvrages ne touchant pas le cœur* und dem Anker *les héros communs et les sentiments tempérés* in (105b) besteht eine Behälter-Inhalt-Beziehung. Die assoziative Anapher *ce contribuable* in (105c) ruft das Patiens des im propositionalen Antezedenten dargestellten Sachverhalts auf. *The bridesmaids* in (105d) denotiert eine Funktion, die prototypisch im Hochzeitsschema als situativer Informationsbasis angelegt ist. In (106a) steht *ce gâteau* sowohl in meronymischem Zusammenhang mit den gezeigten Krümeln als auch in raumzeitlichem Zusammenhang mit dem Teller als Ort des Kuchens. Ebenso steht *ce train* in (106b) in raumzeitlicher Kontiguität zu seinem situativen Anker, dem Bahngleis. *Cet homme* in (106c) etabliert eine kausale Relation zu dem Zeigeobjekt. Bei *cet homme* in (106d) ruft das Zeigeobjekt als Besitztum seinen Besitzer auf.

Ebenso liegt in generischen Verweisen, die auf einem spezifischen situativ oder phorisch verfügbaren Referenzobjekt basieren, eine metonymische Relation vor, da das Zeigeobjekt bzw. der Antezedent eine bestimmte Objektkategorie instantiiert, die in der indirekten Bezugnahme generisch profiliert wird, wie in (8, 14, 80–81), die in (107a–d) in gekürzter Version im Zusammenhang mit der indirekten Verweisrelation erneut zitiert und diskutiert werden (cf. auch Apothéloz/Reichler-Béguelin 1999, 372; Kleiber 1994, 29–30). In (107a–d) repräsentiert das situative oder sprachliche Ankerobjekt einen spezifischen Vertreter einer Objektkategorie, während das angesteuerte Referenzobjekt die gesamte Objektkategorie aufruft, so fungiert *ce mec* in (107a) als Beispiel für die Kategorie *mecs qui sont des Grandes Ecoles*, die Wandfarbe in (107b) als spezifische Okkurrenz eines bestimmten Farbtyps, *le gentilhomme* in (107c) als Muster für *ces grands seigneurs* und *le fameux Saül Mathias, de Londres* in (107d) als Beispiel für *ces Anglais*. Da Ankerobjekt und Referenzobjekt in (107a–d) nicht übereinstimmen, liegt eine indirekte Bezugnahme vor. Infolge ihrer phorischen Verankerung stellen die generischen demonstrativen Kennzeichnungen in (107a, d) folglich assoziative Anaphern dar. Die generischen demonstrativen Kennzeichnungen in (107b–c) wiederum sind situativ verankert und demzufolge indirekt-situativ.

(107) a. Pour moi, tu as fait une erreur de prendre *ce mec$_i$*. [...] Le problème de *ces mecs qui sont des Grandes Écoles$_i$* c'est qu'on leur a tellement répété qu'ils sont géniaux qu'ils le croient.
b. *Cette couleur$_i$* est magnifique ! Je vais repeindre ma cuisine de *cette même couleur$_i$*.

c. *Le gentilhomme$_i$* [...] « Sont-ils assommants, *ces grands seigneurs$_i$* ! »
d. *le fameux Saül Mathias$_i$, de Londres* [...] *ces Anglais$_i$* ne sont pas drôles.

Kleiber (1990a, 159–160; 1994, 28, 37) zufolge eignen sich demonstrative Kennzeichnungen nicht als assoziative Anaphern, sondern können nur in indirekt-situativen Bezugnahmen eingesetzt werden. Dass Kleiber (1990a; 1994) demonstrative Kennzeichnungen aus dem Funktionsbereich der assoziativen Anaphern ausschließt, liegt daran, dass er assoziative Anaphern als bestimmten Typ der indirekten Bezugnahme betrachtet, der ausschließlich definite Kennzeichnungen betrifft, und generische Wiederaufnahmen, wie in (107a, d), zwar als indirekte Bezugnahmen, jedoch nicht als assoziative Anaphern klassifiziert (cf. Kleiber 1994, 28–29; 1999b, 70). Dass Demonstrativa nicht als assoziative Anaphern auftreten können, sieht Kleiber (1990a, 155–156) an der Agrammatikalität von *cette église* in der assoziativen Verknüpfung mit *village* in (108a) bestätigt (cf. auch Kleiber 1994, 28). Im Kontext von (108a) kann, so Kleiber (1990a, 155–156), nur eine definite Kennzeichnung als assoziative Anapher auftreten, wie wiederum die Grammatikalität von *l'église* in (108b) zeigt.

(108) a. *Nous arrivâmes dans *un village*. *Cette église* était fermée.
b. Nous arrivâmes dans *un village*. *L'église* était fermée.
(Beispiel (108a–b) aus: Kleiber 1990a, 156)

Im Unterschied zu Kleiber (1990a; 1994) werten Apothéloz/Reichler-Béguelin (1999, 392) alle demonstrativen Kennzeichnungen, die mit einem kontextuell verfügbaren und aktivierten Referenzobjekt verknüpft sind, wie in (105–107), als assoziative Anaphern. Auch Charolles (1990, 128) zeigt, dass demonstrative Kennzeichnungen sehr wohl assoziative Verknüpfungen herstellen und als assoziative Anaphern in der Relation *village-église* auftreten können, wie die Grammatikalität von *cette église* in (109) zeigt. Im Unterschied zu (108a) kommt in (109) durch die Prädikation *quel horreur* eine subjektive Bewertung des Referenzobjekts durch den Sprecher zum Ausdruck. Die demonstrative Kennzeichnung in (109) wird folglich durch die Intention des Sprechers motiviert, eine affektive Emphase zu kodieren.

(109) Nous arrivâmes dans *un village*. *Cette église*, tout de même, quel horreur !
(Charolles 1990, 128; zit. in: Apothéloz/Reichler-Béguelin 1999, 374)

Da in den indirekten Bezugnahmen in (105a–b, 106–107) ebenso eine affektive Betroffenheit des Sprechers in Bezug auf das Referenzobjekt sichtbar wird, kann vermutet werden, dass auch im Französischen, wie Averintseva-Klisch/Consten (2007) für das Deutsche und Russische feststellen, demonstrative Kennzeichnungen in assoziativen Anaphern zum Ausdruck emotionaler Emphase eingesetzt werden und demzufolge automatisch eine affektive Lesart zur Folge haben. In (104a) weist das Prädikat *travaillent toujours ensemble*, das der demonstrativen Kennzeichnung *ces gens-là* zugeordnet ist, auf eine positive Einstellung hin. In (105b) lassen sowohl das dem anaphorischen Anker *les héros communs et les sentiments tempérés* zugeordnete Prädikat *déteste* als auch das der assoziativen Anapher *ces ouvrages ne touchant pas le cœur* zugeschriebene Prädikat *s'écartent du vrai but de l'art* eine negative Haltung gegenüber dem Referenzobjekt vermuten. Auch in (106a–d) deuten die mit der indirekten situativen Bezugnahme verknüpften Prädikate auf eine durch eine emotionale Betroffenheit bedingte emphatische Herausstellung des Referenzobjekts hin. So unterstützt das Demonstrativum in (106a) den Ärger über das Verschwinden des Kuchens, in (106b) über die Verspätung des Zuges, in (106c) das Erstaunen über die Größe des Fußabdrucks und in (106d) über den Reichtum des Autobesitzers. Ebenso verhält es sich in (107a–d). So verstärkt die demonstrative Kennzeichnung die negative Einstellung des Sprechers gegenüber dem Referenzobjekt in (106a, c–d), wie in (107a) u. a. an *le problème de ces mecs ... est que* deutlich wird, an dem zugeordneten Prädikat *sont-ils assomants* in (107c) und *ne sont pas drôles* in (107d). In (107b) deutet das Prädikat *est magnifique* wiederum auf eine positive Einstellung hin.

Bei dem indirekt-diskursdeiktischen *ce contribuable* in (105c) und der definiten indirekt-assoziativen Bezugnahme in (105d) kommt keine emotionale Emphase zum Ausdruck. Die neutrale Lesart in (105c–d) zeigt zum einen, dass definite Kennzeichnungen im Unterschied zu demonstrativen Kennzeichnungen keine affektiven Werte transportieren, zum anderen, dass demonstrative Kennzeichnungen in indirekt-diskursdeiktischen Bezugnahmen keine affektive Lesart erzeugen. Sie verhalten sich somit im diskursdeiktischen Verweiskontext in der indirekten Verankerung ebenso wie in der direkten, wie in der Analyse der Beispiele (97, 99a–b, 101a–b, 102a–b) in diesem Kapitel gesehen. Im situativen und anaphorischen Verweiskontext wiederum differieren die Lesarten in der direkten und der indirekten Verankerung. Während direkt anaphorische Verweise nur im Kontext referentieller Überspezifikation einen affektiven Effekt fördern, wie in der Diskussion der Beispiele (98, 100, 103) in diesem Kapitel gesehen, entsteht dieser Effekt bei assoziativ anaphorischen Verweisen in allen Fällen. Direkt situativ verankerte demonstrative Kennzeichnungen fördern eine affektive Lesart, wenn sie zusätzlich anaphorisch gestützt sind und demzufolge Ausdruck einer referentiellen Überspezifikation sind, wie bei dem situativen und affektiv neutralen *ce gamin là-bàs* im Unterschied zu dessen anaphorischer

Wiederaufnahme durch *ce gosse* in (100), das eine emotionale Emphase trägt. In indirekt situativ verankerten Bezugnahmen fördern Demonstrativa wiederum in allen Fällen eine affektive Lesart.

Während bei direkten Bezugnahmen referentielle Überspezifikation eine emotionale Lesart demonstrativer Kennzeichnungen auslöst, kann die affektive Interpretation bei den indirekten Bezugnahmen auf referentielle Unterspezifikation zurückgeführt werden. Auch Schwarz (2000, Kap. 4) klassifiziert indirekte Anaphern aller Arten als Form referentieller Unterspezifikation. Indirekte Anaphern sind referentiell unterspezifiziert, da sie Objekte als bekannt und identifizierbar präsentieren, die noch nicht als Diskursreferenten etabliert wurden (cf. Schwarz 2000, 83). Fungieren demonstrative Kennzeichnungen als indirekte Anaphern, ergibt sich die Unterspezifiziertheit des Referenzbezugs durch die Diskrepanz zwischen dem Aktivierungsgrad des Referenzobjekts und dem Akzessibilitätswert des referentiellen Mittels. Als mittlere Akzessibilitätsmarker präsentieren Demonstrativa ihr Referenzobjekt nämlich als bekannt und demzufolge identifizierbar durch den Rückgriff auf einen verfügbaren Wissenskontext (cf. Kap. 2.1.2.2). Da indirekte Anaphern im Grunde genommen Erstnennungen darstellen, wenn auch in Relation zum Vortext stehend, kann ihrem Referenzobjekt sonach kein mittlerer Verfügbarkeitsstatus attestiert werden.

Ebenso verhält es sich bei demonstrativen Erstnennungen, die im Unterschied zu den exophorischen, diskursdeiktischen und phorischen Bezugnahmen auf Referenzobjekte verweisen, die weder direkt noch indirekt aus der endophorischen oder exophorischen Verweisdomäne erschlossen werden können. In Levinsons (1983; 2004) Taxonomie entsprechen demonstrative Erstnennungen, die nicht durch den situativen oder phorischen Kontext gestützt sind, der nicht-deiktischen Verweisdomäne *recognitional* (cf. Tab. 2.1). Himmelmann (1997, 61) schlägt als Bezeichnung den Begriff *anamnestisch* vor, der auf Bühler ([1934]/1965, 309) zurückgeht, der seinerseits auf Wackernagel (1924, 134) verweist (cf. Tab. 2.1). Kleiber (1990b) bietet wiederum den Begriff fr. *démonstratif de notoriété* an, der ebenso wie engl. *recognitional* und dt. *anamnestisch*, die Reaktivierung von bereits bekannten Objekten aus der Erinnerung des Sprechers und des Adressaten impliziert. Da Demonstrativokkurrenzen typischerweise mit der situativen oder phorischen Präsenz des Referenzobjekts assoziiert werden, klassifizieren Gary-Prieur/Noailly (1996) anamnestische Demonstrativa auch als *démonstratifs insolites*. Aus typologischer Perspektive sind anamnestische Bezugnahmen durch Demonstrativa allerdings keineswegs als ungewöhnlich zu betrachten, wie der Begriff *insolites* unterstellt, vielmehr handelt es sich dabei um einen typischen Gebrauchskontext (cf. Himmelmann 1997, 62; auch Kapitel 2.2.2). Demonstrative Erstnennungen sind Himmelmann (1997, 61) zufolge immer mit affektiven Werten belegt (cf. auch Kleiber 2008, 233; 2011, 188–189; Potts/Schwarz 2010, 6–7). Wie bei indirekt verankerten Erstnennungen der

Fall, kann die affektive Lesart anamnestischer Demonstrativa als absoluter Erstnennungen auf referentielle Unterspezifikation zurückgeführt werden. Schließlich stimmt auch hier der Verfügbarkeitsstatus des Referenzobjekts, das diskursneu ist, nicht mit dem Akzessibilitätswert der demonstrativen Kennzeichnung überein, die eine mittlere Verfügbarkeit anzeigt.

Himmelmann (1997, 61) beschränkt den anamnestischen Referenzkontext auf individuelles Wissen, das nur den Interaktionspartnern zugänglich ist, und schließt somit den Verweis auf allgemeines Wissen aus der anamnestischen Verweisdomäne aus. Vanderbauwhede/Lauers/Desmet (2013, 24) wiederum unterscheiden vier Typen des *emploi mémoriel*: den Verweis auf (i) generische Objekte des allgemeinen Wissenskontextes, wie *ces vagues conversations où le hasard des phrases vous ramène toujours au centre fixe d'une sympathie commune* aus (82), das in (110a) erneut zitiert wird, auf (ii) generische Objekte des individuellen Wissenskontextes der Interaktionspartner, wie *ces sifflements aigus qui nous avaient impressionés le premier soir* in (110b), auf (iii) spezifische Objekte des allgemeinen Wissenskontextes, wie *ce musicien célèbre qui [...] avait coutume d'aller jouer du piano devant quelque site imposant* in (110c), und auf (iv) spezifische Objekte des individuellen Wissenskontextes der Interaktionspartner, wie *ce petit chalet* in (68a), das in (110d) erneut zitiert wird (cf. auch Gary-Prieur 1998, 45, 47; Kleiber 2011, 178–179). Mit der Typologie von Vanderbauwhede/Lauers/Desmet (2013, 24) können schließlich alle demonstrativen Erstnennungen der anamnestischen Verweisdomäne zugeschrieben werden, ungeachtet der Tatsache, welcher Wissensdomäne sie angehören.

(110) a. C'est ainsi, l'un près de l'autre, pendant que Charles et le pharmacien devisaient, qu'ils entrèrent dans une de *ces vagues conversations où le hasard des phrases vous ramène toujours au centre fixe d'une sympathie commune*.
(Gustave Flaubert, *Madame Bovary*, p. 142)
b. Il faisait très froid. La nuit n'était pas venteuse et on n'entendait pas *ces sifflements aigus qui nous avaient impressionnés le premier soir* [...].
(Umbert Eco, *Le nom de la rose*, p. 391, zit. in: Kleiber 2011, 179)
c. J'ai un cousin qui a voyagé en Suisse l'année dernière, et qui me disait qu'on ne peut se figurer la poésie des lacs, le charme des cascades, l'effet gigantesque des glaciers. [...] Ces spectacles doivent enthousiasmer, disposer à la prière, à l'extase ! Aussi je ne m'étonne plus de *ce musicien célèbre qui, pour exciter mieux son imagination, avait coutume d'aller jouer du piano devant quelque site imposant*.
(Gustave Flaubert, *Madame Bovary*, p. 138–139)

d. J'ai acheté *ce petit chalet*, tu sais, *que nous avions visité ensemble l'an dernier*.
(Gary-Prieur 2005, 261)

Demonstrativa präsupponieren, wie in Kap. 2.1.2.2 gesehen, die Bekanntheit und demzufolge die Identifizierbarkeit des Referenzobjekts durch den Adressaten, auch wenn die demonstrative Kennzeichnung weder durch den unmittelbaren situativen noch durch den sprachlichen Kontext gestützt ist (cf. auch Auer 1984, 636–637). Auf diese Weise erzeugen anamnestische Demonstrativa einen sog. *effet de connivence*, eine Komplizenschaft zwischen Sprecher und Adressaten (cf. Kleiber 2008, 232; auch Cornish 2001, 300). Setzt ein Sprecher ein anamnestisches Demonstrativum ein, zeigt er dem Adressaten an, dass sie einen gemeinsamen Wissenskontext teilen, der über die unmittelbare situative und sprachliche Äußerungssituation hinausgeht. Diese Komplizenschaft entsteht auch dann, wenn Sprecher und Hörer keine gemeinsame Interaktionsgeschichte aufweisen. Gleichzeitig signalisieren Demonstrativa dem Interaktionspartner, dass die im Demonstrativpronomen oder der demonstrativen Kennzeichnung gegebenen Informationen nicht dazu ausreichen, den Referenten zu identifizieren, sondern ein Rückgriff auf den Äußerungskontext zur erfolgreichen Identifikation nötig ist (cf. Kap. 2.1.1.2 & 2.1.1.4; auch Auer 1984, 636). Apothéloz/Reichler-Béguelin (1999, 391) beschreiben diesen Effekt als «call for cooperation», den der Sprecher an den Hörer sendet. Demonstrative Kennzeichnungen, die weder sprachlich noch situativ verankert sind, stellen daher schwierige referentielle Akte dar und als solche eine Herausforderung für den Erfolg der Interaktion, insbesondere wenn dem Adressaten das Referenzobjekt eigentlich nicht bekannt ist. Aus diesem Grund werden anamnestische Gebrauchskontexte von Demonstrativa häufig auch mittels negativ konnotierter Adjektive charakterisiert. So spricht Kleiber (2008, 225) etwa von *démonstratifs indociles*, Bénard (1998) sogar von *démonstratifs insolents*.

Anamnestische demonstrative Bezugnahmen werden in der spontansprachlichen Kommunikation häufig von Pausen, Längungen und Wiederholungen unterbrochen, so Auer (1984, 638–639). Diese begleitenden Verzögerungsphänomene bilden den Such- und Formulierungsprozess des Sprechers ab und zeigen auf, dass dieser Schwierigkeiten bei der Reaktivierung des Referenzobjekts aus dem Langzeitgedächtnis und bei der Auswahl einer geeigneten Kennzeichnung hat (cf. Auer 1984, 639). Gleichzeitig signalisieren sie dem Interaktionspartner, dass sich die referentielle Auflösung der demonstrativen Bezugnahme auch für ihn problematisch gestalten wird. Um den Erfolg der referentiellen Auflösung sicherzustellen, werden anamnestische demonstrative Kennzeichnungen häufig gleich um mehrere Modifikatoren erweitert, die als Identifikationshilfen fungieren (cf. Gary-Prieur 1998, 48; auch Himmelmann 1997, 77, 82; Kleiber 2011, 170–171). So liegt in den demonstrativen Kennzeichnungen in (110a–d) etwa sowohl ein Adjektiv als auch ein Relativsatz vor. Sogar die Modifikatoren selbst werden um fakultative Angaben ergänzt, wie die satzförmige PP *pour exciter mieux son imagination* im Relativsatz in (110c) oder der Zirkumstant *l'autre jour* im Relativsatz in (110d). Die referentielle Identifikation ist trotz der elaborierten kategorialen Beschreibung nur möglich, wenn der Interaktionspartner das Referenzobjekt, ob als spezifisches Individuum oder generische Repräsentation, aus der gemeinsamen Interaktionsgeschichte oder dem allgemeinen Wissen reaktivieren kann. Im Fall der Nichtkenntnis des Adressaten dienen die Modifizierer wiederum einer präziseren Konstruktion des denotierten Diskursreferenten, wie in Kap. 2.1.2.2 gesehen.

Die hohe Anzahl an Modifikatoren und Zögerungsphänomenen in Verbindung mit anamnestischen demonstrativen Kennzeichnungen in der spontansprachlichen Interaktion erzeugt den Eindruck der Vorläufigkeit der Kategorisierung, wie in Kap. 2.1.2.3 in Bezug auf generische demonstrative Kennzeichnungen gesehen. Je nach Hörerwissen können diese Identifikationshilfen verschiedene Effekte erzielen. Ist dem Interaktionspartner das Referenzobjekt ausreichend bekannt und die referentielle Identifikation daher nicht gefährdet, kann modifikatorische Elaboration als Unterschätzung des Hörerwissens und somit als Face Threatening Act verstanden werden (cf. Auer 1984, 629). Ist dem Interaktionspartner das Referenzobjekt hingegen unzureichend bekannt, kann wiederum das Ausbleiben von modifikatorischer Elaboration die Kooperationsbereitschaft des Adressaten negativ beeinflussen (cf. Auer 1984, 629).

Da der Sprecher weder die Bekanntheit noch die Identifizierbarkeit des Referenzobjekts situativ und phorisch nicht-gestüzer Erstnennungen voraussetzen kann, ergeben sich, aus der Sicht des Sprechers, Nachfragen des Adressaten bezüglich der Identität des Referenzobjekts als logische Konsequenz (cf. Auer 1984, 637; Himmelmann 1997, 81). Durch demonstrative Erstnennungen signalisiert der Sprecher dem Interaktionspartner somit auch immer die Bereitschaft, eine detaillierte Kategorisierung des Referenzobjekts im Fall des Scheiterns der referentiellen Auflösung nachzuliefern (cf. Himmelmann 1997, 81). Dieses Spezifizierungsversprechen zeigt sich umso deutlicher, wenn der Sprecher demonstrative Kennzeichnungen zur Einführung von Diskursreferenten mit der bewussten Annahme einsetzt, dass diese für den Interaktionspartner unbekannt sind, wie *this car* im englischen Beispiel in (64), das in (111a) erneut zitiert wird, und *dieser Meisterdieb* im deutschen Beispiel in (111b). Aufgrund der Diskurs- und Hörerunbekanntheit der Referenzobjekte in (111a–b) klassifizieren Prince (1981) und von Heusinger (2012, 420–424) Demonstrativa im Kontext von Neueinführungen als «indefinit» (cf. zur funktionalen Nähe von Demonstrativa und Indefinitartikel auch Hawkins 1978, 150–151).

(111) a. We went to Southtown Toyota Yesterday. Ellen bought *this car*. It's a Regatta Blue Corolla with a sunroof.
(Gundel et al. 1993, 289)
b. Da war *dieser Meisterdieb*. Er wollte aussteigen. Aufhören, anderen Leuten die Juwelen aus dem Safe zu stehlen.
(*Braunschweiger Zeitung* 2005, zit. in: von Heusinger 2012, 420)

Ebenso wie für den anaphorischen Gebrauch in Kap. 2.1.2.2 gesehen, weisen Demonstrativa im «indefiniten» Gebrauchskontext «Topikveränderungspotenzial»[24] auf, da sie einen Topikwechsel zur Folge haben (cf. von Heusinger 2012, 429). So wird das mit demonstrativen Erstnennungen verbundene Spezifizierungsversprechen des Sprechers sofort eingelöst, da der Diskursreferent im Folgetext zum Satztopik erhoben wird und somit weitere Informationen zum Referenzobjekt gegeben werden (cf. Prince 1981, 234–235). Von Heusinger (2012, 429, 444–445) zeigt anhand einer experimentellen Studie, dass demonstrative Erstnennungen sogar ein deutlich höheres Topikveränderungspotenzial aufweisen als Einführungen durch den Indefinitartikel. Die Probanden in der Untersuchung von von Heusinger (2012) wurden gebeten, eine Geschichte mit fünf Sätzen fortzuführen. Die Geschichten unterscheiden sich lediglich in der Determiniererwahl zur Einführung der Nebenfigur. Wurde die Nebenfigur durch eine demonstrative Kennzeichnung eingeführt, wie durch *dieser Mann* in (112a), wurde der denotierte Diskursreferent deutlich häufiger wiederaufgenommen als im Fall der Einführung durch eine indefinite Kennzeichnung, wie durch *ein Mann* in (112b) (cf. von Heusinger 2012, 429, 444–445). So wird der durch die demonstrative Kennzeichnung *dieser Mann* eingeführte Diskursreferent in der Textvorlage in (112a) im Probandentext vier weitere Male reaktiviert. Die Einführung der Nebenfigur durch das indefinite *ein Mann* im Textanfang in (112b) führt hingegen zu keiner einzigen Wiederaufnahme im Probandentext.

(112) a. *Textanfang*
Das Essen in dem Restaurant war wirklich total lecker, aber ziemlich teuer. Als ich_a nach fünf Gängen beim Dessert war, hab' ich_a gesehen, wie dieser $Mann_b$ Sekt bestellte.
Fortführung durch Probanden
Er_b hatte eine riesige Nase. Deshalb starrte ich_a ihn_b immer wieder an. Als er_b den Sekt trank, verschüttete er_b etwas. Die Krawatte war bekleckert. Dann musste ich_a grinsen.

---

[24] Von Heusinger (2012) übernimmt den Begriff von Givón (1983).

b. *Textanfang*
Das Essen in dem Restaurant war wirklich total lecker, aber ziemlich teuer. Als *ich$_a$* nach fünf Gängen beim Dessert war, hab' *ich$_a$* gesehen, wie ein Mann$_b$ Sekt bestellte.
Fortführung durch Probanden
Ich$_a$ wollte auch ein Glas, aber hatte Angst, dass *mein$_a$* Geld dann nicht reichen würde. Dann bestellte *ich$_a$* aber doch eins. *Ich$_a$* musste ewig auf den Kellner warten um zu bezahlen. *Ich$_a$* gab einen Euro Trinkgeld und verließ das Restaurant. Es regnete, aber *ich$_a$* lief nach Hause, da *ich$_a$* mir kein Taxi mehr leisten konnte.
(Beispiel (112a–b) aus: von Heusinger 2012, 428)

Auch im Französischen treten demonstrative Erstnennungen in Kontexten auf, in denen weder die Rekonstruierbarkeit aus dem individuellen noch aus dem allgemeinen Wissenskontext des Adressaten vorausgesetzt ist. Demonstrative Ersteinführungen unbekannter Referenten stehen häufig im Skopus der Existenzkonstruktion *il y a*, wie die zwei Okkurrenzen von *cette fille* in (113a) und *ce mec* in (113b) (cf. Coy/Umbreit 2015, 276–279). Sie finden sich allerdings auch im Zusammenhang mit anderen Prädikaten wieder, wie *cette fille qui charmerait quelconque* als Objekt von *j'ai rencontré* in (113c). Die demonstrative Erstnennung *cette fille* in (113a) tritt im Titel eines Onlineblogeintrags auf. Der von *cette fille* denotierte Diskursreferent wird erst im dritten Abschnitt des Textes wiederaufgegriffen bzw. als Topik eingeführt, auch hier durch die demonstrative Kennzeichnung *cette fille* im Skopus der Existenzkonstruktion *il y a*. In (113b) dient die demonstrative Kennzeichnung *ce mec* zur Neueinführung eines Diskursreferenten, in (113c) wiederum *cette fille*. Wie von Heusinger (2012) für das Deutsche zeigt, wie in (112a) gesehen, weisen demonstrative Erstnennungen auch im Französischen Topikveränderungspotenzial auf, da sie Diskurstopiks etablieren. Demonstrativa erfüllen auf diese Weise eine diskursstrukturierende Funktion, so Veldre-Gerner (2007, 91, 96). So wird der durch *cette fille* eingeführte Diskursreferent im Text in (113a) in den folgenden fünf Sätzen sechs Mal wiederaufgenommen, davon in fünf Fällen in Subjektposition, der von *ce mec* etablierte Diskursreferent in (113b) sechs Mal, davon in drei Fällen in Subjektposition, der von *cette fille* eingesetzte Diskursreferent in (113c) wird im unmittelbaren Folgetext sechs weitere Mal aktiviert, davon in drei Fällen in Subjektposition, und dann schließlich aufgegeben.

(113) a. Il y a *cette fille$_i$* dans le bus...
[...]
Il y a *cette fille$_i$* dans le bus, *qui$_i$ le prend régulièrement*, comme moi, du coup j'ai eu l'occasion de *l$_i$*'analyser plusieurs fois. *Elle$_i$* doit avoir

entre vingt et vingt-cinq ans. J'aime à me dire qu'*elle$_i$* en a vingt-deux, c'est le bel âge vingt-deux ans. Cheveux bruns, longs, parfois lissés, parfois négligés. Je ne vous dirais pas si *elle$_i$* est jolie ou non, ce n'est pas intéressant et c'est subjectif. *Elle$_i$* a un regard vert, froid mais intense, qui laisse transparaître des faiblesses.
(*Blogeintrag «Il y a cette fille...»*, 27.03.2017)

b. Là-dessus je pars en mission trois semaines aux Pays Bas et lorsque je reviens enfin sur Paris et que je la revoie, elle me dit toute excitée qu'il y a *ce mec$_i$, un genre de critique d'art$_i$, qui$_i$ veut bien je lui$_i$ présente mes toiles...* Alors on en choisit deux ou trois elle et moi... On va voir *le gars en question$_i$...* Il$_i$ regarde... Mais, genre il$_i$ ne dit pas grande chose... Juste que c'est intéressant...
(Laurent Rosset, 2016, *La théorie des dominos*, p. 152)

c. Et j'ai rencontré *cette fille$_i$ qui$_i$* charmerait quiconque, j'*te$_i$* mens pas quand j'*te$_i$* dis que *t$_i$*'es la seule qui compte, *t$_i$*'es ma p'tite heroine et j'peux pas m'passer d'*toi$_i$*. Crois-moi c'est pas drôle les soirs où j'm'endors tout seul dans l'froid !
(*Songtext «Comme ça tu sais»*, 05.05.2008)

Kleiber (2008; 2011) stellt einen weiteren Einsatzbereich demonstrativer Kennzeichnungen im modernen Französischen fest, der funktional mit dem des indefiniten *this* im Englischen und *dieser* im Deutschen vergleichbar ist. Es handelt sich dabei um demonstrative Kennzeichnungen, die als Überschrift journalistischer Artikel, als Buch- oder Filmtitel auftreten, wie in (114a–b). Aufgrund ihrer Position im Text klassifiziert Kleiber (2008; 2011) diese Demonstrativa als *démonstratif-titre*. Wie für demonstrative Erstnennungen im Englischen, Deutschen und Französischen in (1131a–c) gesehen, etablieren Titeldemonstrativa ein Diskurstopik und aktivieren Diskursreferenten, die nicht zwangsläufig Teil des Weltwissens des Adressaten sind.

(114) a. *Ce biomécanicien qui répare les golfeurs*
(*Journal du Dimanche*, 10.07.2005)
b. *Ces merveilleux fous volants dans leurs drôles de machines* (Filmtitel)
(Beispiel (114a–b) aus: Kleiber 2011, 189)

Titeldemonstrativa stellen Kleiber (2008; 2011) zufolge einen eigenständigen Gebrauchskontext dar, der sich durch eine Reihe struktureller Merkmale von demonstrativen Erstnennungen unterscheidet, die durch einen Relativsatz modifiziert werden, wie in (110a–d). Letztere definieren Gary-Prieur (1998; 2001), Kleiber (2008; 2011) und Kleiber/Sock (2006) ebenfalls als eigenständigen

Gebrauchskontext und klassifizieren sie entsprechend ihrer syntaktischen Struktur als *démonstratifs cataphoriques*. Der Gebrauchskontext des Titeldemonstrativums unterscheidet sich sowohl auf syntaktischer Ebene als auch auf intonatorischer Ebene vom Gebrauchskontext des kataphorischen Demonstrativums.[25] Beispielsweise ist die Modifikation durch einen Relativsatz beim Titeldemonstrativum nicht-obligatorisch, wie (114b) illustriert, im Unterschied zum kataphorischen Demonstrativum (cf. Kleiber 2008, 228). Zudem ist der Elaborationsgrad eines Relativsatzes als Modifikator eines Titeldemonstrativums im Vergleich zum kataphorischen Demonstrativum deutlich eingeschränkt (cf. Kleiber 2008, 228). So ist die demonstrative Kennzeichnung *ce musicien célèbre* (110c) als Beispiel für ein kataphorisches Demonstrativum um einen Relativsatz erweitert, der zwei Infinitivsätze enthält (*aller jouer du piano...* und *pour mieux exciter...*) und aus insgesamt 15 Wörtern – aus graphischer Perspektive – besteht. Der Relativsatz, der die demonstrative Kennzeichnung *ce biomécanicien* in (114a) als Beispiel für ein Titeldemonstrativum modifiziert, fällt hingegen strukturell deutlich einfacher aus, da er nicht um zusätzliche fakultative Erweiterungen ergänzt ist und somit insgesamt nur drei Wörter, ebenso aus graphischer Perspektive, aufweist.

Die Unterschiede im Elaborationsgrad zwischen Titeldemonstrativa und kataphorischen Demonstrativa spiegeln sich auch auf intonatorischer Ebene wider. Kleiber/Sock (2006, 263–268) zeigen experimentell, dass Titeldemonstrativa und kataphorische Demonstrativa unterschiedliche intonatorische Gestalten aufweisen. Während Titeldemonstrativa in der Regel eine einzige intonatorische Einheit bilden, sind kataphorische Demonstrativa häufig durch Pausen unterbrochen, die die Binarität der Struktur aus der Folge *ce (adj) N (adj)* als ersten Teil und dem Relativsatz als zweitem Teil sichtbar machen sowie den Reaktivierungsprozess des Referenzobjekts aus dem Langzeitgedächtnis abbilden (cf. Kleiber 2008, 234–235). Die Ergebnisse von Kleiber/Sock (2006) entsprechen somit den Analysen von Auer (1984, 638–639), wie weiter oben in diesem Kapitel gesehen.

Die syntaktischen und prosodischen Unterschiede zwischen Titeldemonstrativa und kataphorischen Demonstrativa können auch auf den diskursiven Ort zurückgeführt werden, in dem diese auftreten. Während kataphorische Demonstrativa in textuellen Äußerungsstrukturen zu finden sind, treten Titeldemonstrativa bekanntlich als Headlines diskursiver Einheiten auf. Stilistische Vorgaben der visuellen Textgestaltung sehen eine knappe Titelformulierung vor, das be-

---

25 Für eine vollständige und ausführliche Darstellung der Gemeinsamkeiten und Unterschiede zwischen den demonstrativen Gebrauchsformen *démonstratif-titre* und *démonstratif cataphorique* cf. Kleiber/Sock (2006, 252–263), Kleiber (2008, 227–231) und Kleiber (2011, 170–190).

trifft Printmedien ebenso wie digitale Medien und audiovisuelle Erzeugnisse. So wäre die modifikatorisch elaborierte demonstrative Kennzeichnung *ce musicien célèbre qui, pour exciter mieux son imagination, avait coutume d'aller jouer du piano devant quelqe site imposant* aus (110c) nicht als Artikel-, Buch- oder Filmtitel einsetzbar, zum einen da es die gängigen Überschriftformate in Zeitungen, das Titelfeld auf Buchcovern oder Filmplakaten deutlich überschreitet, zum anderen da es der diskursiven Funktion eines Titels als knapp und prägnant formulierter Leseanreiz widerspricht. Aus diesem Grund ist die Titelposition schon aus rein designtechnischen Gründen in ihrer Ausdehnung und demzufolge in ihrem Elaborationsgrad eingeschränkt. Aus der Kürze der Ausdehnung der Titeldemonstrativa ergibt sich automatisch eine niedrigere Silbenzahl als bei kataphorischen Demonstrativa, daher keine Notwendigkeit der Gliederung in mehrere Intonationsphrasen und auf diese Weise eine stärkere prosodische Einheit. Aus der Perspektive der Diskursposition können Titeldemonstrativa und kataphorische Demonstrativa zwar als verschiedene Gebrauchsweisen betrachtet werden, aus der Perspektive der Verweisdomäne, die sie aktivieren, stellen sie allerdings, ebenso wie kataphorische Demonstrativa, anamnestische Bezugnahmen dar.[26]

Titeldemonstrativa sind häufig opak formuliert, wie der Fachbegriff *biomécanicien* in (114a) und die intransparente nicht-generalisierte Kategorisierung *merveilleux fous volants dans leurs drôles de machines* illustrieren (cf. Kleiber 2011, 204). Durch die Verschleierung behindern Sprecher bzw. Autoren zum einen die referentielle Auflösung durch den Adressaten bewusst, um ihm zu suggerieren, dass er das Referenzobjekt nicht kennt, und ihn auf diese Weise zur Rezeption des jeweiligen Artikels, Buchs oder Films anzuregen. Denn auch wenn Sprecher in demonstrativen Erstnennungen die Identifizierbarkeit des Referenzobjekts durch den Adressaten nicht voraussetzen, wie in (113a–c), oder gar bewusst

---

26 Kleiber (2011, 195–196) betrachtet Titeldemonstrativa als Pseudo-Anaphern oder vorgetäuschte Anaphern, da sie einen Vortext implizieren, in dem der Diskursreferent eingeführt wird. Das Titeldemonstrativum stellt somit die Wiederaufnahme eines in einem evozierten Kontext etablierten Diskursreferenten dar. Titeldemonstrativa bilden somit gleichzeitig den absoluten Anfang eines Textes und geben einen Vortext vor. Sie sind somit gleichzeitig diskursneu und diskursalt. Kleibers (2011) Analyse der Pseudoanaphorizität von Titeldemonstrativa entspricht der Analyse, die Corazza (2003, 270–271) für indirekte Bezugnahmen und demonstrative Erstnennungen vorschlägt. Corazza (2003, 270–271) zufolge formulieren indirekte Bezugnahmen und Erstnennungen zwei Propositionen: eine erste Proposition des Typs *there is a (unique) F*, die die Existenz des Referenzobjekts etabliert und als *tacit initiator* für die zweite Proposition des Typs *that F is G* fungiert, die den etablierten Diskursreferenten wiederaufnimmt. Der Satz *That hominid who discovered fire is a genius* bringt sowohl die Proposition (i) *There is a unique hominid who discovered fire* als auch die Proposition (ii) *That hominid must have been a genius* zum Ausdruck.

beeinträchtigen, wie in (114a–b), machen sie sich die referentielle Funktion der Demonstrativa zunutze, um den Adressaten bzw. Leser auf ihren Text aufmerksam zu machen. Indem demonstrative Kennzeichnungen dem Adressaten anzeigen, dass das Referenzobjekt durch den Rückgriff auf den gemeinsamen situativen, sprachlichen oder epistemischen Kontext erfasst werden kann, fordern sie ihn gezielt zur referentiellen Auflösung auf und lenken seine Aufmerksamkeit auf diese Weise auf das denotierte Referenzobjekt. Die Aufmerksamkeit, die der Adressat dem Referenzobjekt zuwendet, richtet sich automatisch auf den Folgetext, wenn ihm die Identifikation des Referenzobjekts nicht gelingt, da es in keinem der ihm zugänglichen Referenzkontexte verfügbar ist, wie für die Verweisobjekte der demonstrativen Erstnennungen in (113a–c, 114a–b) angenommen werden kann.

Gleichzeitig implizieren demonstrative Kennzeichnungen, die weder situativ noch sprachlich verankert sind, dass das Referenzobjekt einen Teil des epistemischen Kontextes darstellt. Auf diese Weise signalisieren Sprecher durch demonstrative Erstnennungen zum einen, dass sie mit dem Adressaten einen gemeinsamen epistemischen Kontext teilen und vermitteln somit eine solidarische Einstellung, die den Adressaten für den folgenden Text empfänglich machen soll (cf. auch Acton/Potts 2014, 21; Lapesa 1961, 39). Auch Ariel (1990, 206) postuliert, dass die Einführung neuer Diskursreferenten durch mittlere Akzessibilitätsmarker einen lebendigen Diskurs erzeugt, ebenso wie Lakoff (1974, 347), der postuliert, dass demonstrative Erstnennungen, wie in (109a–d, 110a–b, 111a, 112a–c, 113a–b), den Adressaten aufgrund ihres Solidaritätseffekts «vollständiger» einbinden als indefinite Kennzeichnungen.[27] Zum anderen deckt das Nichtgelingen der referentiellen Auflösung als notwendige Folge der Unbekanntheit des Referenzobjekts für den Adressaten eine Lücke in seinem Weltwissen auf und weist ihn auf diese Weise als inkompetent aus (cf. Auer 1984, 635). Folglich wird seine Aufmerksamkeit auf den Folgetext gelenkt, der ihm die Möglichkeit bietet, diese Lücke zu schließen.

Aus diesem Grund erscheint die Klassifikation von demonstrativen Erstnennungen, die Diskurstopiks etablieren, als indefinit, wie Prince (1981) und von Heusinger (2012) vorschlagen (cf. auch Diessel 1999, 138–139), als nicht gerechtfertigt. Denn auch wenn Sprecher demonstrative Erstnennungen zur Einführung von Diskursreferenten nutzen, die dem Adressaten unbekannt sind, bauen

---

27 Aus diesem Grund treten demonstrative Erstnennungen auch im englischen Sprachraum sehr häufig in Kontexten auf, in denen es darum geht, eine solidarische Einstellung gegenüber dem Rezipienten zu vermitteln und auf diese Weise sein Vertrauen zu gewinnen, etwa in der Werbung, um Konsumenten zu akquirieren, und in der Politik, um Wähler zu überzeugen (Acton/Potts 2014, 4; Potts/Schwarz 2010, 22–23).

die damit erzielten pragmatischen Effekte auf der referentiellen Funktion von Demonstrativa auf, die auf diskursfunktionaler Ebene als Definitheitsmarker fungieren. Aus diesem Grund betrachte ich «indefinite» Demonstrativa im Folgenden als dem Bereich der weder phorisch noch situativ gestützten Erstnennungen zugehörig und unterscheide zwischen einer hörerneuen oder einer hörerbekannten bzw. anamnestischen Bezugnahme. Obwohl demonstrativen Erstnennungen kein indefiniter Wert zugeschrieben werden kann, weisen sie funktionale Gemeinsamkeiten mit dem Indefinitartikel auf, etwa die Kontrastivität (cf. Kap. 2.1.2.2 und Kap. 2.1.2.3). Da die Funktionalität der Demonstrativa bisher nicht vor dem Hintergrund der Definitheitstheorie betrachtet wurde, diese aber wichtige Einblicke in das funktionale Verhalten von Demonstrativa liefert, widme ich mich in Kap. 2.1.3 der Analyse der Demonstrativa aus der Perspektive ihres definiten Werts.

2.1.2.5 Zusammenfassung

Mithilfe der Begriffe der Referenztheorie wurden in diesem Abschnitt Kategorien vorgestellt und diskutiert, die für die empirische Analyse der altfranzösischen Demonstrativa unerlässlich sind. Entsprechend den Erörterungen in Abschnitt 2.1.2.1 vertrete ich in dieser Arbeit einen weiten Referenzbegriff. Demnach entstehen referentielle Relationen immer dann, wenn ein sprachlicher Ausdruck zur Aktivierung einer Entität eingesetzt wird. Zur Beschreibung fiktiver Welten werden dieselben referenzerzeugenden Mittel mit denselben Effekten eingesetzt wie zum Verweis auf tatsächliche Entitäten. Referenzbeziehungen können folglich auch außerhalb der prototypischen Konstellation (im situativen Kontext verfügbares spezifisches Einzelobjekt) und unabhängig vom epistemischen Status der Referenzobjekte als spezifische, nicht-spezifische oder generische Objekte etabliert werden.

Gemäß der Akzessibilitätstheorie und der Gegebenheitshierarchie implizieren Demonstrativa, dass das Referenzobjekt in einem den Interaktionspartnern gemeinsamen Verweisraum verfügbar und somit identifizierbar ist. Dieser Wert ist auch dann wirksam, wenn das Referenzobjekt nicht zugänglich und dem Interaktionspartner noch nicht bekannt ist, etwa in situativ und phorisch nicht verankerten Erstnennungen. Des Weiteren implizieren Demonstrativa einen Äußerungskontext referentieller Ambiguität, in dem mehr als ein Vertreter der Objektkategorie des angesteuerten Referenzobjekts verfügbar ist, das aus der Menge von Konkurrenzreferenten kontrastiv herausgehoben werden soll. Die kontrastive Funktion der Demonstrativa steuert auch in generischen Bezugnahmen den Einsatz und die Auswertung demonstrativer Kennzeichnungen, sodass diese nicht auf vollständige Objektkategorien Bezug nehmen, sondern Teilmengen profilieren.

Die Systematisierung der epistemischen Status (cf. Kap. 2.1.2.3) und der Verweisdomänen (cf. Kap. 2.1.2.4) ist nicht nur als theoretische Grundlage für die empirische Analyse unerlässlich, sondern ermöglicht auch ein besseres Verständnis für die Entstehung pragmatischer Effekte, wie etwa der affektiven oder emotionalen Lesarten. So konnte die affektive Emphase in allen Fällen darauf zurückgeführt werden, dass die demonstrative Kennzeichnung im gegebenen Kontext ein referentiell über- oder unterspezifiziertes Referenzmittel darstellt. Dieser Faktor ist insbesondere für die Analyse der altfranzösischen Demonstrativa relevant, da in der neueren Forschung zur Funktionalität von *CIST* und *CIL*, so etwa bei Guillot (2005; etc.) und Marchello-Nizia (2003; etc.), den affektiven Werten der Formen besonderes Gewicht zugeschrieben wird.

2.1.3 Demonstrativa als definite Zeichen

Definitheit gilt als diskurspragmatische Eigenschaft, die einem Referenzobjekt zugewiesen wird, wenn es von einem definiten Ausdruck kodiert wird (cf. von Heusinger 2002, 252). Der Definitheitsbegriff wird häufig anhand des referentiellen Verhaltens und des pragmatischen Werts des bestimmten Artikels entwickelt, so bei Löbner (1985) und Roberts (2003). Als Definitheitsmarker fungieren jedoch nicht nur der Definitartikel, sondern auch Personalpronomina, Demonstrativa, Possessiva und Eigennamen (cf. Abbott 2014, 327–328; Buvet 2013, 215; Gary-Prieur 2011, Kap. 3; von Heusinger 2013, 351–353; Löbner 1985, 279; Lyons 1999, 17; Riley 2007, 865; Roberts 2002; 2004).

Uneinigkeit besteht bisweilen in der Konzeptualisierung der diskurspragmatischen Eigenschaft, die definiten Ausdrücken zugeschrieben wird. So liegen zwei konkurrierende Definitionen für den Begriff Definitheit vor: (i) die *Unikalitätshypothese* und (ii) die *Bekanntheitshypothese*. Als Vertreter der Unikalitätshypothese versteht Löbner (1985, 291, 295; 2011, 292, 296, 314) Definitheit als referentielle Eindeutigkeit (*unambiguous reference, non-ambiguity of reference* und *unique reference*) (cf. auch Abbott 2014, 328–329; Coppock/Beaver 2013, 393–395; Lyons 1999, 278; Riley 2007, 864–865; Strawson 1950, 333). Definite Zeichen signalisieren demnach, dass der Diskursreferent durch die gegebene kategoriale Kennzeichnung im jeweiligen Bezugskontext eindeutig bestimmt ist und somit vom Adressaten erfolgreich identifiziert werden kann (cf. Löbner 2013, 80). Indefinite Zeichen, wie Indefinitartikel, Quantifizierer oder Indefinitpronomina, zeichnen sich diesbezüglich durch eine negative Markierung aus (cf. Löbner 2011, 296; 2013, 81; Lyons 1999, 33). Sie zeigen an, dass der Diskursreferent durch die gegebene kategoriale Information im entsprechenden Bezugskontext nicht eindeutig bestimmt ist und folglich nicht identifiziert werden kann, wie bei *une dame* (43) im Kontrast zu *cette femme* (44) in Kap. 2.1.2.1 gesehen (cf. Du Bois 1980, 207; Lyons 1999, 3).

Als Vertreterin der Bekanntheitshypothese weist Roberts (2003, 294–306) definiten Ausdrücken die Funktion zu, die Bekanntheit (*familiarity*) des Diskursreferenten anzuzeigen (cf. auch Heim [1982]/2011). Definite Ausdrücke präsupponieren demnach, dass der denotierte Diskursreferent in einem Verweisraum der Äußerung existiert, dem Adressaten daher bekannt ist und eindeutig identifiziert werden kann (cf. Roberts 2003, 288). Nach Roberts (2002, 106–107; 2003, 290) ist der Wert Bekanntheit als Grundwert in der semantischen Struktur des Definitartikels angelegt, während referentielle Eindeutigkeit sich aus diesem Grundwert ableiten lässt. Der Gegebenheitshierarchie von Gundel et al. (1993) zufolge entspricht die Markierung des kognitiven Status 'Bekanntheit' jedoch dem Funktionsbereich des distalen Demonstrativartikels (cf. Abb. 2.3 in Kap. 2.1.2.2). Auch der proximale Demonstrativartikel, das proximale und distale Demonstrativpronomen sowie Personalpronomina implizieren den Status 'Bekanntheit', da sie höhere kognitive Status markieren. Der Definitartikel ist in der Gegebenheitshierarchie wiederum zur Markierung referentieller Eindeutigkeit eingetragen.

Bei der Analyse demonstrativer Erstnennungen in Kap. 2.1.1.2 und Kap. 2.1.2.4 wurde bereits deutlich, dass die Bekanntheit des Referenzobjekts seitens des Adressaten keine Voraussetzung für den erfolgreichen Einsatz demonstrativer Kennzeichnungen ist. Vielmehr signalisieren Demonstrativa, dass das Referenzobjekt in einem der gegebenen Versprachlichungskontexte verfügbar und daher zugänglich ist (cf. Hawkins 1991, 413). Dass nicht Bekanntheit, sondern referentielle Eindeutigkeit den semantischen Grundwert des Definitartikels und somit das gemeinsame Merkmal der definiten Zeichen darstellt, zeigt sich nicht nur an der Kompatibilität definiter Kennzeichnungen mit Äußerungskontexten, die explizit die Unbekanntheit des Diskursreferenten seitens des Adressaten herausstellen (cf. Abbott 2014, 330). So setzt der Sprecher in (115a) die definite Kennzeichnung *le magasin rue Neuve* zur Bezugnahme auf ein Referenzobjekt ein, das er für unbekannt hält, wie der Folgesatz *Tu ne le connais certainement pas* expliziert. Ferner sind definite Kennzeichnungen inkompatibel mit Äußerungskontexten, die explizit auf die Uneindeutigkeit der referentiellen Auflösung hinweisen (cf. Abbott 2014, 330). Als Prädikativ zur Subjektkonstituente *l'Auvergne* profiliert die definite Kennzeichnung *LA destination pour les familles* in (115b) das Prädikatssubjekt nicht nur als unikalen Vertreter der Kategorie *destination pour les familles* im gegebenen Bezugskontext, sondern auch als den prominentesten Vertreter dieser Kategorie aus der Perspektive eines globalen Kontexts, was von der Großschreibung des Definitartikels unterstützt wird (cf. Epstein 1999, 64). Aus diesem Grund kann der Satz in (115b) nicht in einem Kontext auftreten, in dem das Referenzobjekt durch die Kennzeichnung *destination pour les familles* nicht unikal determiniert ist, wie in (115c) durch den Folgesatz *En effet, il y en a plusieurs* angezeigt wird. Die Eindeutigkeitspräsupposition einer definiten Kennzeichnung kann nur widerrufen werden, wenn diese als Prädikativ im Skopus einer Satznegation steht, wie in (115d) (cf. Coppock/Beaver 2013, 380, 393–395).

(115) a. À la demande de Bob, Grégory et Murcia ont repris *le magasin rue Neuve*. Tu ne *le* connais certainement pas.
(Guy Melchior 2011, *Hélène*, p. 124)
b. L'Auvergne est *LA destination pour les familles*, les vôtres et ceux que vous aimez.
(*Werbetext Auvergne Tourisme*)
c. # L'Auvergne est *LA destination pour les familles*. En effet, il y en a plusieurs.
(nach dem Modell von Beispiel (14) in Abbott 2014, 33)
d. Destination familiale par excellence, *l'Auvergne$_i$* vous attend quelle que soit la saison pour vous offrir l'énergie qui manque à votre corps et la détente dont vous avez besoin. Mais *ce$_i$ n'est pas la seule destination familiale qui peut faire rêver toute la famille*, que ce soit en été ou en hiver [...].
(*Werbetext Casamundo France*)

Die Negation in (115d) steht nicht im Widerspruch zur Eindeutigkeitspräsupposition des Definitartikels. In (115d) wird nämlich nicht die Eindeutigkeit der Kennzeichnung negiert, sondern die Existenz eines unikalen Referenzobjekts, das der Kennzeichnung *seule destination familiale* entspricht (cf. Coppock/Beaver 2013, 380). Die Beispiele in (115a–d) zeigen schließlich, dass referentielle Eindeutigkeit als Grundwert in der semantischen Struktur des Definitartikels angelegt ist, während die Werte Bekanntheit und Existenz nicht präsupponiert werden, sondern als kontextuelle Implikation inferiert werden können (cf. Abbott 2014, 330; Coppock/Beaver 2013, 380, 393–395).

Im Unterschied zum Definitartikel kodieren Demonstrativa neben der Eindeutigkeitspräsupposition sowohl die Bekanntheit des Referenzobjekts als auch die Existenz des Referenzobjekts (cf. Kap. 2.1.1.2 & Kap. 2.1.2.2). Die Gemeinsamkeit der definiten Zeichen besteht demzufolge lediglich in der Präsupposition referentieller Eindeutigkeit, die sie jeweils mit anderen semantischen Werten kombinieren (cf. Abbott 2014, 327–329; Lyons 1999, 15–16). Wie in (115a–b) gesehen, ist die Präsupposition referentieller Eindeutigkeit beim Definitartikel mit der Präsupposition existentieller Unikalität des Referenzobjekts verknüpft (cf. Apothéloz/Reichler-Béguelin 1999, 366; Gary-Prieur 2005, 264; Riley 2007, 851–852, 865). Der Definitartikel zeigt also an, dass das angesteuerte Referenzobjekt im Äußerungskontext das einzige Objekt ist, das die gegebene kategoriale

Kennzeichnung erfüllt, und demzufolge mithilfe der kategorialen Kennzeichnung identifiziert werden kann (cf. Auer 1984, 636; Gary-Prieur 2011, 65–66; Récanati 2005, 21–26; Wolter 2004, 605). Demnach können definite Kennzeichnungen nur erfolgreich zur Bezugnahme auf ein Referenzobjekt eingesetzt werden, wenn die nominale Kennzeichnung eine eindeutige Beschreibung liefert, die das Referenzobjekt kategorial ausreichend von den Konkurrenzobjekten abhebt. Äußert ein Sprecher den Satz in (116a), während ein Zug auf dem Gleis einfährt, an dem er zusammen mit anderen Reisenden wartet, leistet die definite Kennzeichnung *le train* eine eindeutige Bestimmung des Referenzobjekts, da auf dem gegebenen Gleis nur ein Zug einfahren kann und daher keine referentielle Ambiguität gegeben ist. Bezieht sich der Sprecher mit *le train* jedoch nicht auf den einfahrenden Zug, sondern die Verbindung, die dieser Zug bedient, wie in (116b), ermöglicht die definite Kennzeichnung *le train* dagegen keine unikale Beschreibung des Referenzobjekts, da andere Verbindungen als Konkurrenzreferenten vorliegen (cf. Beispiel (13) in Kap. 2.1.1.2). Infolge der referentiellen Ambiguität ist der Definitartikel in (116b) schließlich unpassend (cf. auch Schwarz-Friesel 2007, 16). Vielmehr kommt hier nur der Demonstrativartikel in Frage, der infolge der Kontrastfunktion referentielle Eindeutigkeit in der Präsenz von Konkurrenzreferenten anzeigen kann, wie in (13) gesehen, das in (116c) erneut zitiert wird.

(116) a. *Le train* arrive.
b. # *Le train* a toujours du retard.
c. *Ce train* a toujours du retard
(Beispiele (116a–c) aus: Kleiber 1987a, 109–110)

Die Unikalitätspräsupposition des Definitartikels wird auch daran deutlich, dass identische definite Kennzeichnungen nicht zur Bezugnahme auf verschiedene Diskursreferenten eingesetzt werden können, wie die Agrammatikalität der Folge *the cookie, and the cookie, and the cookie* zur Denotation von drei verschiedenen Diskursreferenten in (117a) zeigt (cf. Abbott 2014, 328).[28] Gleiches gilt für das Personalpronomen der dritten Person, wie die Agrammatikalität der Folge *it, it* und *it* zur Bezugnahme auf drei verschiedene Diskursreferenten in (117b) zeigt. Ersetzt man den Definitartikel in (117a) wiederum durch den Demonstrativartikel, ist eine Bezugnahme auf drei verschiedene Diskursreferenten trotz identischer nominaler Kennzeichnung möglich, wie die Grammatikalität der Folge *that cookie, that cookie* und *that cookie* in (117c) zeigt (cf. Abbott 2014, 328; Löbner 2011, 296; auch Brugmann 1904, 12). Ebenso verhält es sich, wenn

---

[28] Cf. für eine konträre Position von Heusinger (2007, 125, 139–140; 2013, 366–367).

das Personalpronomen in (117b) durch ein Demonstrativpronomen ersetzt wird, wie in (117d) (cf. auch Beispiel (35) in Kap. 2.1.1.4 und Beispiel (48b) in Kap. 2.1.2.2).

(117) a. # I want *the cookie$_a$*, and *the cookie$_b$*, and *the cookie$_c$*.
b. # I want *it$_a$*, and *it$_b$*, and *it$_c$*.
c. I want *that cookie$_a$*, and *that cookie$_b$*, and *that cookie$_c$*.
d. I want *that$_a$*, and *that one$_b$*, and *that one$_c$*.
(Beispiele (116a–d) aus: Abbott 2014, 328)

Dass Demonstrativa trotz gleichbleibenden referentiellen Ausdrucks einen Referenzwechsel ermöglichen, liegt zum einen daran, dass sie im Unterschied zum Definitartikel keine Unikalitätspräsupposition kodieren. Zum anderen resultiert es daraus, dass in der semantischen Struktur des Demonstrativums eine kontrastive Funktion angelegt ist, die den Adressaten bei der referentiellen Auflösung automatisch auf die Präsenz von Konkurrenzreferenten hinweist (cf. Kap. 2.1.2.2). Während definite Kennzeichnungen präsupponieren, dass die kategoriale Information ausreicht, um den Referenten zu identifizieren und keine Konkurrenzreferenten verfügbar sind, signalisieren Demonstrativa im Gegenteil dazu, dass die inhaltliche Beschreibung alleine die Identifikation des Referenten nicht ermöglicht, sondern mit zusätzlichen disambiguierenden Informationen aus dem Äußerungskontext angereichert werden muss (cf. Auer 1984, 636; Abbott 2014, 328; Bühler [1934]/1965, 311–312; Gary-Prieur 2011, 68–72; von Heusinger 2013, 352). Im situativen Verweiskontext fungieren gestisch-mimische Zeigeformen als zusätzliche Interpretationshilfen, im sprachlichen Verweisraum die perspektivische Lenkung auf diskursiver Ebene, wie (118a–c) zeigen. In (118a) liegen zwar zwei potentielle Antezedenten für das anaphorische *that woman* vor, *a woman* und *another woman*. Die demonstrative Kennzeichnung *that woman* verweist jedoch automatisch auf den von *another woman* eingeführten Diskursreferenten, da dieser zuletzt präsentiert wurde (cf. Wolter 2004, 607). Aufgrund der Unikalitätspräsupposition des Definitartikels wäre eine Ersetzung des Demonstrativartikels im Kontext von (118a) durch den Definitartikel nicht möglich. So könnte *the woman* in (118b) weder den Diskursreferenten von *a woman* noch von *another woman* aufrufen.

(118) a. *A woman$_a$* entered from stage left. *Another woman$_b$* entered from stage right. *That woman$_b$* was carrying a basket of flowers.
(Wolter 2004, 607; Roberts 2002, 110)
b. *A woman$_a$* entered from stage left. *Another woman$_b$* entered from stage right. # *The woman$_{a/b}$* was carrying a basket of flowers.
(Roberts 2002, 110)

c. *The cat$_a$* is in the carton. *The cat$_a$* will never meet *our other cat$_b$*, because *our other cat$_b$* lives in New Zealand. *Our New Zealand cat$_b$* lives with the Cresswells. And there he'll stay, because Miriam would be sad if *the cat$_b$* went away.
(von Heusinger 2013, 366)

Die Unikalitätspräsupposition des Referenzobjekts gilt jedoch nur innerhalb eines beschränkten kontextuellen Rahmens, wie von Heusinger (2013, 366) zeigt. So kann *the cat* in (118c) zur Bezugnahme auf zwei verschiedene Diskursreferenten eingesetzt werden. In den ersten beiden Okkurrenzen zur Referenz auf eine situativ verfügbare Katze, in der letzten Okkurrenz dagegen als anaphorische Wiederaufnahme des durch *our other cat* eingeführten Diskursreferenten (cf. von Heusinger 2013, 366). Von Heusinger (2013, 366–367) zufolge spricht die Grammatikalität des Referenzwechsels von *the cat* in (118c) dafür, dass der Definitartikel nicht Unikalität präsupponiert, sondern maximale Salienz des denotierten Diskursreferenten indiziert. Definite Kennzeichnungen dienen demzufolge dazu, den salientesten Diskursreferenten der gegebenen Kategorie aufzurufen, der auf lokaler Ebene zu finden ist. Die zwei Diskursreferenten von *the cat* sind jedoch in verschiedenen Kontexten verankert, in denen sie jeweils Unikalität aufweisen. Die ersten beiden Okkurrenzen von *the cat* verweisen auf eine situativ verfügbare Katze. Die dritte Okkurrenz von *the cat* bezieht sich dagegen auf ein diskursiv verhandeltes Referenzobjekt. Da Definitartikel als indexikalische Zeichen ebenso wie Demonstrativa eine kontextuelle Vervollständigungspräsupposition leisten, ist die Unikalität, die sie anzeigen, folglich automatisch als kontextuell beschränkt gültig zu betrachten. Dementsprechend stellt (118c) kein Gegenbeispiel zur Unikalitätshypothese dar.

Dass Demonstrativa im Unterschied zum Definitartikel eine kontrastive Bezugnahme präsupponieren, wird auch an ihrem divergierenden Verhalten im diskursdeiktischen Gebrauchskontext sichtbar. In textdeiktischen Bezugnahmen ist eine explizite Nennung des Objektarguments des in der nominalen Kennzeichnung komprimierten Prozesses nicht nötig, dazu reicht die demonstrative Determination aus (cf. Apothéloz/Chanet 1997, 172–173; Apothéloz/Reichler-Béguelin 1999, 387). In (119a) kondensiert *cette vue* die Proposition *il aperçut une jeune femme, occupée à laver un enfant dans ses eaux* und lässt auf diese Weise einen neuen Diskursreferenten entstehen. Während das Nomen *vue* den allgemeinen Sachverhalt *aperçut* denotiert, verweist das Demonstrativum auf das Objektkomplement des Sachverhalts zurück. Die implizierte kontrastive Funktion des Demonstrativums wird besonders daran deutlich, dass die Realisierung des Objektkomplements und somit die Versprachlichung des individualisierenden Merkmals, wie in *cette vue de cette femme* in (119b), als pleonastisch ausgewertet werden würde (cf. Apothéloz/Chanet 1997, 173). Der Demonstrativartikel fungiert in (119a) zwar nicht als direkte Anapher der Objektkonstituente, signalisiert dem Adressaten jedoch, dass im Kotext verfügbare Informationen zur referentiellen Auflösung herangezogen werden müssen. Tritt anstelle des Demonstrativums ein Definitartikel ein, liegt der umgekehrte Fall vor. Mangels einer kontrastiven Funktion kann der Definitartikel nicht als Ersatz für das Objektkomplement fungieren, wie die Agrammatikalität von *la vue* in (119c) zeigt. Aus diesem Grund bedürfen textdeiktische Bezugnahmen einer Ergänzung um das Objektkomplement, wie die Grammatikalität von *la vue de cette femme* in (119d) beweist. Daher treten häufiger demonstrative als definite Kennzeichnungen im diskursdeiktischen Verweiskontext auf (cf. Apothéloz/Reichler-Béguelin 1999, 389).

(119) a. Il allait s'en retourner lorsque soudain, au bord d'une source qui arrosait la gorge, [il aperçut une jeune femme, occupée à laver un enfant dans ses eaux]$_i$. Son cœur bondit à *cette vue*$_i$. (Heinrich von Kleist, *Le Tremblement de terre au Chili*, Paris: Aubier, 1970, p. 69, Übersetzung aus dem Deutschen zit. in: Apothéloz/Reichler-Béguelin 1999, 387)
   b. # Son cœur bondit à *cette vue de cette femme*.
       (Apothéloz/Chanet 1997, 173)
   c. # Son cœur bondit à *la vue*.
       (Apothéloz/Reichler-Béguelin 1999, 387)
   d. Son cœur bondit à *la vue de cette femme*.
       (Apothéloz/Reichler-Béguelin 1999, 387)

Die kontrastive Funktion von Demonstrativa wird auch an ihrem Verhalten in generischen Bezugnahmen sichtbar. Wie in Kap. 2.1.2.3 gesehen, implizieren generische demonstrative Kennzeichnungen eine beschränkte Gültigkeit, die durch eine kontextuelle Verankerung begründet sein kann, so bei *ces Anglais* in (81), das in (120a) erneut zitiert wird, oder kategorial in der Profilierung einer Ad-hoc-Unterkategorie besteht, so bei *ces longs cigares italiens que fume Clint Eastwood dans les western spaghetti* in (78) gesehen, das in (120b) erneut zitiert wird. Aus diesem Grund können demonstrative Kennzeichnungen nicht auf eine vollständige Objektkategorie Bezug nehmen, wie die Agrammatikalität von *ces cigares* aus (84a) zeigt, erneut in (120c), im Kontrast zur Grammatikalität von *les cigares* aus (84b), erneut in (120d), beweist (cf. Gary-Prieur 1998, 46). Ersetzt man den Demonstrativ- durch den Definitartikel, verschwindet die kontextuelle Beschränkung der Gültigkeit der generischen Aussage, wie *les cigares* in (120d) und *les Anglais* in (120e) zeigen.

(120) a. Pellerin lui demanda s'il était vrai que *le fameux Saül Mathias$_i$, de Londres*, fût venu, le mois passé, lui en offrir vingt-trois mille francs. – Rien de plus vrai ! et, se tournant vers Frédéric : C'est même le monsieur que je promenais l'autre jour à l'Alhambra, bien malgré moi, je vous assure, car *ces Anglais$_i$* ne sont pas drôles.
(Gustave Flaubert, *L'éducation sentimentale*, p. 102)
b. J'aime *ces longs cigares italiens que fume Clint Eastwood dans les western spaghetti*.
c. # J'aime *ces cigares*.
d. J'aime *les cigares*.
e. *Les Anglais* ne sont pas drôles.

An der referentiellen Funktion von definiten Kennzeichnungen in generischen Bezugnahmen wird eine weitere Implikation der Unikalitätspräsupposition sichtbar, die mit Hawkins (1978, 17) und Löbner (1985, 282) als Vollständigkeitspräsupposition (*inclusiveness*, *completeness*) bezeichnet werden kann. Demnach impliziert der Definitartikel eine Bezugnahme auf die Gesamtheit der Objekte, die im gegebenen Bezugsrahmen vorliegen und die kategoriale Bestimmung erfüllen (cf. Hawkins 1978, 17). Steht eine definite Kennzeichnung im Plural im Skopus eines nicht-episodischen Prädikates und demzufolge in einem nicht eingeschränkten Bezugsrahmen, wie *les cigares* in (120d) und *les Anglais* in (120e), dann verweist sie auf die Gesamtheit der Objektvertreter und leistet auf diese Weise eine Artenreferenz. Im Singular ist die Verweismenge der definiten Kennzeichnung numerisch zwar auf einen Objektvertreter beschränkt, bedeutet jedoch den Bezug auf das vollständige Objekt, das der gegebenen Kategorie entspricht (cf. Hawkins 1978, 165; Löbner 1985, 282). In Verbindung mit zählbaren Substantiven ist der Verweis somit automatisch auf ein Objektexemplar ausgerichtet, wie *le train* in (116a), in Verbindung mit Massennomen dagegen auf die Totalität der denotierten Substanz, die im Bezugsrahmen vorliegt, wie bei *la neige* in (121).

(121) Un vent tiède lui soufflait au visage ; *la neige*, se fondant, tombait goutte à goutte des bourgeons sur l'herbe.
(Gustave Flaubert, *Madame Bovary*, p. 400)

Demonstrativa leisten hingegen keine Vollständigkeitspräsupposition, da sie weder in spezifischen, wie etwa (117c–d) zeigen, noch in generischen Bezugnahmen, wie (120a–b) zeigen, auf alle in der Bezugssituation verfügbaren Kategorienvertreter ausgerichtet sind (cf. Hawkins 1978, 254). Im Unterschied zum Definitartikel vermitteln Demonstrativa schließlich, dass im Bezugskontext mehr als ein Kategorienvertreter verfügbar ist und nur die Demonstrationsintention des Sprechers referentielle Eindeutigkeit herstellen kann (cf. Kap. 2.1.1.4; auch Hawkins 1978, 156; Löbner 2016, 295–297; Roberts 2002, 117; Wolter 2004, 605). Auf diese Weise wird das denotierte Referenzobjekt in Kontrast zu der Gesamtmenge der verfügbaren Kategorievertreter gestellt und als besonders herausgehoben (cf. Kap. 2.1.2.2; auch Bühler [1934]/1965, 89; Gary-Prieur 2011, 66–67; Roberts 2002, 124). Die kontrastive Funktion des Demonstrativums hat zur Folge, dass es, im Unterschied zum Definitartikel, auch in Verbindung mit Stoffnamen eine gebundene Profilierung leistet. So bezieht sich *ce vin-là* aus (48a), erneut in (122), nicht auf die vollständige Menge des verfügbaren Stoffes *vin* im gegebenen Kontext, sondern ausschließlich auf den Weintyp.

(122) J'aime *ce vin-là*.

Die semantischen Unterschiede zwischen Definit- und Demonstrativartikel spiegeln sich auch in ihrer jeweiligen Präferenz für die Determination bestimmter Nominaltypen wider, wie Löbner (2011) in seiner *Concept-Type-And-Determination-Theory* (CTD-Theorie) nachweist. Entsprechend der CTD-Theorie unterscheiden sich die einzelnen Determinationsarten in Bezug auf die semantische Struktur der Nomina, die sie am häufigsten determinieren. Die Präferenzen für die Determination bestimmter Nominaltypen können von der semantischen Struktur der Determinierer und der Nomina abgeleitet werden. Die CTD-Theorie gründet auf einer Typologie aus vier Nominaltypen, die sich aus einer Kreuzklassifikation der Kriterien *inhärente Eindeutigkeit* und *Relationalität* ergeben: (i) *sortale*, (ii) *individuale*, (iii) *relationale* und (iv) *funktionale* Nomina, wie Tab. 2.2 illustriert.[29] Ein Nomen ist inhärent eindeutig, wenn seine Bedeutung dazu ausreicht, den Referenten in einem gegebenen Kontext eindeutig zu bestimmen (cf. Löbner 2013, 76) (cf. Tab. 2.2). Ein Nomen ist relational, wenn es ein Objekt über seine Relation zu einer anderen Entität bestimmt und die referentielle Identifikation des profilierten Objekts nur durch die Identifikation des Ankerobjekts möglich ist (cf. Tab. 2.2).

Der Nominaltyp eines Nomens ist in seiner semantischen Struktur festgelegt, kann jedoch durch Determination modifiziert werden (cf. Löbner 2011, 282–283, 289). Stimmen Artikelwort und determiniertes Nomen in den Werten inhärente Eindeutigkeit und Relationalität nicht überein, bewirkt der Determinierer eine Verschiebung des semantischen Typs des Nomens entsprechend den Werten, die er selbst kodiert (cf. Löbner 2011, 289). Demonstrativa implizieren, dass im Äußerungskontext Konkurrenzreferenten verfügbar sind. Aus diesem

---

29 Cf. Löbner (2015a) für die deutschen Übersetzungen der Begriffe von Löbner (2011; 2013; 2016).

Tab. 2.2: Nominaltypen nach Löbner (2011, 280–282, 307).

	– relational	+ relational
– unikal	sortal *gamin, femme, couleur, cheval*	relational *camarade, cheveux*
+ unikal	individual *Bruno, ENA, date, heure*	funktional *mari, vie*

Grund kongruieren sie semantisch mit inhärent nicht eindeutigen Nominaltypen, die sie als referentiell eindeutig profilieren (cf. Löbner 2011, 290). Treten Demonstrativa hingegen mit inhärent eindeutigen Nominaltypen auf und somit in inkongruenter Determination, profilieren sie diese als inhärent nicht eindeutige Konzepte im Input, die erst durch die Determination referentielle Eindeutigkeit im Output erreichen. Infolge der Unikalitätspräsupposition kongruiert der Definitartikel dagegen semantisch mit inhärent eindeutigen Nominaltypen (cf. Löbner 2011, 289–290). Tritt der Definitartikel in inkongruenter Determination mit inhärent nicht eindeutigen Nominaltypen auf, bewirkt er wiederum eine Verschiebung zu einem Nominaltyp inhärenter Eindeutigkeit (Löbner 2011, 311). Epstein (1999, 60–64) zufolge etablieren definite Kennzeichnungen auf diese Weise unikale Rollen im Frame des Bezugskontexts.

Löbner (2011, 307, 317–318) zufolge ist kongruente Determination frequenter als inkongruente. Aus diesem Grund ist zu erwarten, dass der Demonstrativartikel häufiger mit nicht inhärent eindeutigen Nominaltypen auftritt, der Definitartikel wiederum eine höhere Frequenz mit inhärent eindeutigen Nominaltypen aufweist (cf. auch Fraurud 1996, 68–69). Brenner et al. (2014, 28–29) bestätigen Löbners (2011) Vermutung empirisch. Anhand eines Korpus aus fiktionalen und nicht-fiktionalen Texten des Deutschen zeigen sie, dass kongruente Determination in 60% bis 74% der Fälle vorliegt und somit weitaus häufiger ist als inkongruente (cf. auch Horn/Kimm 2014). Brenner et al. (2014, 38–40) liefern weiterhin psycholinguistische Evidenzen für die konzeptuelle Divergenz zwischen kongruenter und inkongruenter Determination. Brenner et al. (2014, 39) stellen experimentell fest, dass die Verarbeitungsgeschwindigkeit im Fall kongruenter Determination höher ist als im Fall inkongruenter.

(i) *Sortale Nomina* denotieren kategoriale Merkmale, die in einem gegebenen Kontext mehr als ein Objekt erfüllen kann und keine ontologische Verknüpfung des profilierten Objekts mit einem anderen Objekt vorsehen, wie *gamin, femme, couleur* und *cheval* (cf. Löbner 2011, 280, 307; 2015b, 27).[30] Sortale Nomi-

---

30 Fraurud (1996, 72) klassifiziert sortale Nomina als sog. *instances*, da sie beliebige Instantiierungen einer Objektkategorie darstellen.

na sind folglich weder inhärent eindeutig noch relational. Somit stellen sie die prototypische Nominalklasse dar, was auch daran sichtbar wird, dass die meisten Appellativa zur Gruppe der sortalen Nomina gehören (cf. Löbner 2011, 280). Da sortale Konzepte Objekttypen denotieren, die in einem gegebenen Kontext mehr als einen Kategorienvertreter aufweisen können, kongruieren sie semantisch mit Determinierern, die keine Unikalitätspräsupposition leisten, wie Demonstrativa und Indefinita. In *ce gamin* in (7, 123a), *cette femme* in (44, 123b), *cette couleur* in (14, 123c) und *ce cheval* in (42, 123d) besteht folglich kongruente Determination. Inkongruente Determination liegt dagegen vor, wenn sortale Konzepte von einem Definitartikel determiniert und somit als inhärent eindeutig markiert werden, wie *le parfum* in (124a) und *l'enfant* in (124b). Der Definitartikel bewirkt bei sortalen Nomina nämlich eine Verschiebung zu einem Individualnomen (cf. Löbner 2011, 311). Definite Kennzeichnungen mit sortalen Nomina sind in der Regel durch die situative Präsenz des Referenzobjekts, wie *le parfum* in (124a), oder durch eine anaphorische Verankerung gestützt, wie *l'enfant* in (124b) (cf. Löbner 2011, 311).

(123) a. Tu vois *ce gamin là-bas* ?
b. Non mais imaginez juste *cette femme* et le parfum.
c. *Cette couleur* est magnifique !
d. Il leur avait semblé à tous les trois une bonne idée d'acheter *ce cheval*.
e. J'ai acheté *ce petit chalet*, tu sais, *que nous avions visité ensemble l'an dernier*.

(124) a. Non mais imaginez juste cette femme et *le parfum*.
b. – Imbécile ! grommela Léon s'élançant hors de l'église. Un gamin$_i$ polissonnait sur le parvis : – Va me chercher un fiacre !
L'enfant$_i$ partit comme une balle, par la rue des Quatre-Vents […].
(Gustave Flaubert, *Madame Bovary*, p. 325)

(ii) *Individualbegriffe* denotieren kategoriale Merkmale, denen in einem gegebenen Kontext nur ein Objekt entsprechen kann, das nicht in ontologischer Kontiguität zu einem anderen Objekt steht (cf. Löbner 2011, 281–284). Individualbegriffe sind folglich inhärent eindeutig und nicht relational (cf. Löbner 2011, 307). Zur Gruppe der Individualbegriffe gehören Eigennamen, wie *Bruno*, Namen für unikale Institutionen, wie *l'ENA*, Würdenträger, Objekte oder Ereignisse sowie Personalpronomina (cf. Löbner 2011, 284). Die Eindeutigkeit der Referenzzuweisung von Individualbegriffen kann kontextuell stark eingeschränkt sein, wie bei *date* oder *heure*, die sich auf unikale Dimensionen des Bezugsraumes beziehen (cf. Löbner 2011, 284). Aus diesem Grund muss der Referent eines

Individualbegriffs immer in Relation zum Redekontext identifiziert werden (cf. Löbner 2011, 284). Individualbegriffe kongruieren semantisch mit dem Definitartikel, wie *la date* und *l'heure* in (125b) (cf. Löbner 2011, 289, 307). Da individuale Nomina bereits inhärent eindeutig bestimmt sind, ist auch die artikellose Determination semantisch kongruent, wie bei *Bruno* in (125a) (cf. auch 8) (cf. Löbner 2011, 307).

(125) a. Elle s'assit à son secrétaire, et écrivit une lettre qu'elle cacheta lentement, ajoutant *la date* du jour et *l'heure*.
(Gustave Flaubert, *Madame Bovary*, p. 407)
b. Qu'est-ce qui ne va pas avec *Bruno* ?

Inkongruente Determination entsteht, wenn Individualbegriffe durch den Demonstrativartikel determiniert werden, wie *ce Paris* in (126a) und *ce Dorfaut* in (126b) (cf. Löbner 2011, 307). Die Determination von Eigennamen durch Demonstrativa ist Kleiber (1991b, 86) zufolge in ihrem Gebrauch eingeschränkt. So können demonstrative Kennzeichnungen mit Eigennamen nicht zur Einführung eines neuen Diskursreferenten eingesetzt werden, sondern treten nur in der Wiederaufnahme bereits aktivierter Referenzobjekte auf, wie *ce Paris* in (126a) als Anapher von *le Paris de mon enfance* und *ce Dorfaut* in (126b), das als disloziertes Objekt fungiert und ebenfalls ein kontextuell aktiviertes Referenzobjekt impliziert (cf. Kleiber 1991b, 87–92). Demonstrative Kennzeichnungen mit Individualbegriffen unterstützen häufig eine affektive Evaluation des Referenzobjekts seitens des Sprechers und haben eine emotionale Lesart, wie in (125a–b) deutlich wird (cf. Kleiber 1991b, 92–94 und Raible 1972, 176 für das Französische; auch von Heusinger 2012, 436 für das Deutsche, Lakoff 1974 und Potts/ Schwarz 2010, 4–6 für das Englische sowie Rybarczyk 2015, Kap. 2.4.1 für das Polnische).

(126) a. Ah ! *Le Paris$_i$ de mon enfance* ! Que j'aimerais le retrouver ! Mais *ce Paris$_i$* n'existe plus.
(Kleiber 1991b, 98)
b. *Il$_i$* a un air cruel, *ce Dorfaut$_i$*, ce serait vraiment un bandit que ça ne m'étonnerait pas.
(Griesman et Dellisse, *La péniche bleue*, Dargaud, s. p., zit. in: Kleiber 1991b, 92)

(iii) *Relationale Nomina* denotieren kategoriale Merkmale, die in einem gegebenen Kontext mehr als ein Objekt erfüllen kann und eine ontologische Verknüpfung mit einem anderen Objekt vorsehen (cf. Löbner 2011, 281). Zur Gruppe der relationalen Nomina gehören Rollenbezeichnungen, die keine unikalen Funktionen bestimmen, wie *camarade*, Meronyme, die keine unikalen Teile denotieren, wie *cheveux*, Dimensionswörter, die keine unikalen Objektdimensionen kodieren, und deverbale Nominalisierungen, die mehr als ein zusätzliches Argument haben können (cf. Löbner 2015b, 26–27). Relationale Nomina beschreiben Objekte folglich in Funktion der Relation, die sie mit einem anderen Objekt verbindet (cf. Löbner 2011, 281, 285–286). Sie stellen Beziehungen dar, die mehrere Objekte zu einem gegebenen Possessor aufweisen können und sind daher nicht inhärent eindeutig (cf. Löbner 2011, 281–282).

(iv) *Funktionale Nomina* sind relationale Nomina, die inhärent eindeutige Relationen denotieren (cf. Löbner 2011, 282). Sie stellen Beziehungen dar, in der nur ein Objekt zu einem gegebenen Possessor stehen kann (cf. Löbner 2011, 282).[31] Zur Gruppe der relationalen Nomina gehören Rollenbezeichnungen, die unikale Funktionen bestimmen, wie *mari*, Meronyme, die unikale Teile denotieren, wie *barbe*, Dimensionswörter, die unikale Objektdimensionen kodieren, wie *vie* und *odeur*, und deverbale Nominalisierungen, die Situationen profilieren, die im Bezug auf eine bestimmte Entität einmalig sind, wie *commencement* oder *naissance* (cf. Löbner 2015b, 24–25). Relationale und funktionale Nomina kongruieren semantisch mit Possessiva, die das relationale Komplement sättigen (cf. Löbner 2011, 285–286). Bei relationalen Nomina fungieren auch Demonstrativa als kongruente Determinierer, da sie das Merkmal inhärent nicht eindeutig teilen (cf. Löbner 2011, 307). Funktionale Nomina kongruieren auf semantischer Ebene weiterhin mit dem Definitartikel, mit dem sie das Merkmal inhärent eindeutig teilen (cf. Löbner 2011, 307).

Da sowohl der Demonstrativ- als auch der Definitartikel in Bezug auf das Merkmal Relationalität unmarkiert sind, bewirken sie eine Verschiebung des Nomens in Richtung ihres nicht relationalen Pendants, auch wenn das Possessorargument durch den Kontext erschließbar ist. Relationale Nomina werden durch den Demonstrativartikel folglich zu sortalen, funktionale Nomina durch den Definitartikel zu individualen Konzepttypen (cf. Löbner 2011, 312). Das relationale *camarades* in (72, 127b) ist durch den Possessivartikel kongruent determiniert. Der Demonstrativartikel determiniert das relationale *cheveux* in (70, 127a) in Bezug auf das Merkmal inhärente Eindeutigkeit kongruent, sättigt jedoch das Possessorkomplement von *cheveux* nicht, sodass es als sortales Konzept profiliert wird. Auch das funktionale *barbe* in (70, 127a) ist durch den Definitartikel in Bezug auf das Merkmal inhärente Eindeutigkeit kongruent determiniert, ein Possessorargument wird jedoch nicht realisiert, sodass es durch den Definitartikel

---

31 Fraurud (1996, 73–74, 76) fasst relationale und funktionale Nomina in einer Gruppe zusammen, die sie als *functionals* bezeichnet.

als Individualkonzept profiliert wird. Bei den funktionalen Nomina *odeur* in (70, 127a), *vie* in (72, 127b) und *mari* in (72, 127b) liegt hingegen eine vollständig inkongruente Determination vor, da sie weder im Wert inhärente Eindeutigkeit noch im Wert Relationalität mit dem Demonstrativartikel übereinstimmen. Vielmehr impliziert die Determination durch den Demonstrativartikel eine sortale Profilierung der funktionalen Nomina. Wie für Individualbegriffe gesehen, fördern Demonstrativa auch in Verbindung mit relationalen und funktionalen Nomina eine emotionale, emphatische Lesart, so in (127a–b) (cf. Rybarczyk 2015, Kap. 2.4.2. für das Polnische).

(127) a. Elle se rappela ce vicomte qui l'avait fait valser à la Vaubyessard, et dont *la barbe* exhalait, comme *ces cheveux-là, cette odeur de vanille et de citron*.
(Gustave Flaubert, *Madame Bovary*, p. 214)
b. Emma se répétait: « Pourquoi, mon Dieu ! me suis-je mariée ? » Elle se demandait s'il n'y aurait pas eu moyen, par d'autres combinaisons du hasard, de rencontrer un autre homme ; et elle cherchait à imaginer quels eussent été ces événements non survenus, *cette vie différente, ce mari qu'elle ne connaissait pas*. Tous, en effet, ne ressemblaient pas à celui-là. Il aurait pu être beau, spirituel, distingué, attirant, tels qu'ils étaient sans doute, ceux qu'avaient épousés *ses anciennes camarades du couvent*.
(Gustave Flaubert, *Madame Bovary*, p. 96)

Die von der CTD-Theorie vorhergesagten und empirisch überprüften Verteilungsmuster legen offen, dass Determinierer nicht nur die referentielle Auflösung des Referenzobjekts steuern, sondern auch seine ontologische Profilierung beeinflussen. Demzufolge kodieren sie neben den referenzpragmatischen Informationen zur Verfügbarkeit, Eindeutigkeit oder Bekanntheit auch Hinweise zur ontologischen Struktur der Referenten. Vor dem Hintergrund der Tatsache, dass definite wie indefinite Determinierer sprachliche Indices darstellen, wie in Kap. 2.1.1.2 erläutert, wird deutlich, dass die ontologische Bedeutungsdimension der Artikelwörter bereits in ihrer Zeichenqualität angelegt ist. Sprachliche Indices sind im Unterschied zu nicht-sprachlichen Indices weder existentiell noch materiell mit ihrem Referenzobjekt verknüpft (cf. Kap. 2.1.1.3). Aus diesem Grund müssen sprachliche Indices zwangsläufig Merkmale ihres Referenzobjekts abbilden, um eine referentielle Relation herstellen zu können. Die CTD-Theorie zeigt, dass sich die Kodierung objektspezifischer Merkmale nicht in der Markierung von Genus und Numerus erschöpft, wie in Kap. 2.1.1.3 gesehen, sondern auch abstraktere Informationen zur ontologischen Struktur enthält. Der Verdacht liegt folglich nahe, dass sich auch die demonstrativen Kennzeichnungen im Altfranzösischen auf der Ebene der ontologischen Informationen, die sie kodieren, unterscheiden. Da die CTD-Theorie keine Unterschiede in der Verteilung semantisch differenzierter Demonstrativparadigmen vorsieht, kann die Typologie von Löbner (2011) nicht zur Untersuchung der Verteilungsunterschiede von Demonstrativparadigmen herangezogen werden. Zur Ordnung der demonstrativen Okkurrenzen der vorliegenden Untersuchung werde ich aus diesem Grund eine nach weiteren ontologischen Prinzipien differenzierte Typologie heranziehen (cf. Kap. 4.2.2).

Zusammenfassung
Dieser Abschnitt untersucht die demonstrative Referenzfunktion vor dem Hintergrund der Definitheitstheorie. Als definite Zeichen präsupponieren Demonstrativa referentielle Eindeutigkeit. Sie zeigen folglich an, dass der Diskursreferent durch die kategoriale Zuordnung im Äußerungskontext eindeutig gekennzeichnet ist. Diese Eigenschaft teilen sie mit anderen definiten Zeichen, etwa dem Definitartikel. Im Unterschied zum Definitartikel tragen Demonstrativa jedoch eine Kontrastpräsupposition. Demnach geben sie einen Bezugsrahmen vor, in dem mehr als ein Kategorienvertreter präsent ist, auf den die kategoriale Kennzeichnung zutrifft und daher weitere Informationen zur Identifizierung herangezogen werden müssen. Der Definitartikel präsupponiert die gegenteilige Identifikationsanforderung. Da der Definitartikel nicht um eine Kontrastfunktion erweitert ist, wird die referentielle Eindeutigkeit, die er präsupponiert, als absolute Unikalität ausgewertet. Das Referenzobjekt gilt somit auch ohne Zuhilfenahme zusätzlicher Identifikationsmittel als durch die gegebene kategoriale Kennzeichnung eindeutig identifizierbar. Im Unterschied zum Definitartikel vertritt der Demonstrativartikel folglich einen modifizierten Definitheitswert.

Die referenzsemantischen Unterschiede zwischen Demonstrativa, insbesondere in Determiniererposition, und dem Definitartikel, spiegeln sich über die Nominalsemantik auch auf der Ebene der ontologischen Eigenschaften der Referenzobjekte wider, wie die CTD-Theorie darlegt. So treten Demonstrativa vornehmlich zur Determination von Objekttypen ein, die in einer gegebenen Situation in Form mehrerer Okkurrenzen vertreten sein können, wie sortale und relationale Konzepte, während der Definitartikel unikale Objekttypen bevorzugt, wie individuale und funktionale Konzepte. Mit der Verknüpfung der Determinierer- und Nominalsemantik eröffnet die CTD-Theorie auch für die Verteilungsanalyse der altfranzösischen Demonstrativa eine gänzlich neue Analyseebene.

Die Perspektive der Definitheit vervollständigt die sprachphilosophisch und semantisch begründete theoretische Grundlage dieser Arbeit und bietet eine weitere Systematisierung der Begriffe, die für die diskurspragmatische Analyse der Funktionalität der altfranzösischen Demonstrativa im Verlauf dieser Untersuchung erforderlich sind. Aus diesem Grund werden sowohl bei der Bestimmung der Analysekriterien und Auswertung der Ergebnisse der Korpusuntersuchung in Kap. 4–5 als auch bei der Besprechung und Diskussion der Verteilungsmodelle aus bereits bestehender Forschung in Kap. 3.3.1.2 und Kap. 3.3.1.3 zahlreiche Begriffe, Modelle und Schlußfolgerungen aus diesem Kapitel herangezogen.

2.2 Sprachtypologische Perspektive

Demonstrativa gelten als universale Wortklasse. Jede Sprache weist mindestens ein Demonstrativum auf, während Definitartikel nicht in allen Sprachen zu finden sind und sogar als typologische Seltenheit eingeschätzt werden (cf. Diessel 1999, 1; Dixon 2003, 61; Himmelmann 1997, 1). Alle Sprachen verfügen zwar über Demonstrativa, die Demonstrativsysteme der einzelnen Sprachen unterscheiden sich jedoch stark in ihrer morphologischen, semantischen und syntaktischen Komplexität, wie Diessel (1999) anhand einer auf 85 Sprachen basierenden typologischen Untersuchung zeigt (cf. auch Diessel 2013b; 2013c; Dixon 2003). Je nach Anzahl der semantisch und/oder syntaktisch spezifizierten Stämme innerhalb eines Demonstrativparadigmas sowie der Kasus-, Numerus- und Genusunterscheidungen einer Sprache kann so eine erstaunlich hohe Vielfalt an demonstrativen Einzelformen entstehen, wie im Inuktitut, einer Inuitsprache, die 686 verschiedene Demonstrativformen vorweist, die auf der Basis von zwölf nach semantischen Kriterien differenzierten Demonstrativstämmen gebildet werden (cf. Diessel 1999, 13, 49).

Die Universalität der Demonstrativa mag in ihrer kommunikativen Funktion und der Rolle, die diese Funktion im Spracherwerb einnimmt, begründet liegen (cf. Diessel 2006, 471–472; Sidnell/Enfield 2017, 217–218). Demonstrativa entsprechen nämlich funktional einer sozial-kognitiven Fähigkeit, die allseits unter dem Begriff *joint attention* verhandelt wird und eine entscheidende Voraussetzung für den Spracherwerb darstellt (cf. Diessel 2006, 469; Diessel 2013a, 243; Tomasello 2009, 21). *Joint attention* beschreibt die Fähigkeit, den Aufmerksamkeitsfokus eines Gegenübers erkennen und sich auf diesen einstellen zu können (cf. Diessel 2006, 465; Tomasello 2009, 21). Kinder entwickeln diese Fähigkeit zwischen dem neunten und zwölften Lebensmonat (cf. Tomasello 2009, 21). Der Erwerb der *joint-attention*-Kompetenz lässt sich daran ablesen, dass ein Kind nicht mehr auf dyadische Aufmerksamkeitsrelationen entweder in Bezug auf eine Person oder auf einen Gegenstand beschränkt ist, sondern nunmehr triadische Relationen sowohl in Bezug auf eine Person als auch auf einen Gegegenstand eingehen kann (cf. Tomasello 2009, 21).

Erst wenn ein Kind dem Blick oder dem zeigenden Finger eines Interaktionspartners folgen und auf diese Weise erfassen kann, auf welches Objekt dessen Aufmerksamkeit gerichtet ist, kann es sprachliche Äußerungen als Bezugnahmen auf das Aufmerksamkeitsobjekt auswerten. Das Kind versteht die Sprachlaute, die ein Interaktionspartner äußert, während er einen bestimmten Gegenstand oder ein Ereignis im Blick hat, dann als Aufforderung, seine Aufmerksamkeit ebenfalls auf das fokussierte Objekt zu richten (cf. Tomasello 2009, 23). Die Entwicklung der *joint-attention*-Kompetenz ermöglicht folglich nicht nur das Verständnis und den Erwerb von Inhaltswörtern, die kategoriale Aspekte der Aufmerksamkeitsobjekte beschreiben, sondern auch referentieller Funktionswörter, wie Pronomina und Determinierer, sowie der Kommunikationsbedingungen, die deren Einsatz ermöglichen (cf. Tomasello 2009, 27, 31, 89). Auch das erste Sprechen der Kinder ist an *joint-attention*-Situationen gebunden, da mit dem Erwerb der *joint-attention*-Fähigkeit das eigene *joint-attention*-Verhalten des Kinds seinen Anfang nimmt. Um die Aufmerksamkeit der Bezugsperson auf ein Objekt zu lenken, setzt das Kind zeigende Blicke und Gesten oder Wörter ein, die häufig in Kombination mit Zeigehandlungen auftreten (cf. Tomasello 2009, 31). Der Einsatz von Sprache zur Herstellung eines gemeinsamen Aufmerksamkeitsfokus ermöglicht dem Kind dann sogar die Bezugnahme auf Entitäten, die außerhalb des visuell erfassbaren und somit gestisch indizierbaren Raumes liegen (cf. Rozendaal 2008, 71).

Aus semantischer Perspektive stellen Demonstrativa, insbesondere in ihrer pronominalen Form, das geeignetste Mittel zur Aufmerksamkeitslenkung dar, da sie nicht nur dazu dienen, einer Demonstrationsintention des Sprechers sprachlichen Ausdruck zu verleihen, sondern auch kategorial kaum festgelegt sind und somit als Default zur Bezugnahme auf Objekte fungieren können, die das Kind noch nicht mit einem Inhaltswort benennen kann (cf. Diessel 2006, 472; Sidnell/Enfield 2017, 218). Das zeigt sich auch daran, dass Demonstrativa sowohl in der Kinder- als auch in der Erwachsenensprache unter den häufigsten Wörtern zu finden sind. Auf der Liste der 25 häufigsten Wörter eines 2;0-jährigen englischsprachigen Kindes figurieren beispielsweise gleich drei Demonstrativformen (*that*, *this* und *that's*), so Tomasello (2009, 81–82). Auch die Ergebnisse einer quantitativen Korpusuntersuchung von Diessel (2006, 482) zeigen, dass *that* das häufigste Wort ein- bis zweijähriger englischsprachiger Kinder darstellt, auch *this* ist in dieser Liste vertreten, auf Platz 13. Clark/Sengul (1978, 459) zufolge gehören Demonstrativpronomina sogar häufig zu den ersten zehn Wörtern englischsprachiger Kinder und somit zu den ersten Funktionswörtern, die eingesetzt werden (cf. Diessel 2006, 471; Espinosa Ochoa 2007, 59).

Cornish/Salazar Orvig (2016, 70) zeigen, dass in der französischen Kindersprache Demonstrativpronomina, so die neutralen Pronomina *ça* (frei) und *ce* (klitisch), die ersten referentiellen Funktionswörter darstellen, die Kinder einsetzen. Im Frequenzindex des modernen Französischen von Lonsdale/Le Bras (2009, 9–11) figurieren alle Demonstrativparadigmen unter den 60 am häufigsten gebrauchten Wortparadigmen (cf. die Übersicht in Tab. 2.3). So tritt das Demonstrativum *ce*, zu dem Lonsdale/Le Bras (2009) sowohl die Okkurrenzen als neutrales Pronomen (*ce*, *c'*) als auch die Okkurrenzen als Determinierer in allen Flexionsformen (*ce*, *cet*, *cette*, *ces*) zählen, auf dem zwölften Platz auf. Das ausschließlich pronominal verwendete *CELUI*-Paradigma mit den Formen *celle*, *celles* und *ceux* nimmt den 45. Platz ein, die neutralen Formen *cela* und *ça* den 54. Platz. Quasthoff/Fiedler/Hallsteinsdóttir (2013) unterscheiden in ihrem Frequenzwörterbuch nicht nach der Frequenz der einzelnen Paradigmen, sondern nach der Frequenz der einzelnen Flexionsformen. Da der Frequenzindex von Quasthoff/Fiedler/Hallsteinsdóttir (2013, 4) an der Wortform ausgerichtet ist, werden homophone Formen nicht funktional differenziert, sondern als ein einzelner Eintrag aufgeführt. Ebenso listen Quasthoff/Fiedler/Hallsteinsdóttir (2013, 5) graphische Varianten der Formen als eigene Einträge, die sich etwa durch Großschreibung am Satzanfang (*ce* vs. *Ce*) ergeben (cf. Tab. 2.3). Die Kleinschreibung ist für alle Demonstrativformen häufiger, wie Tab. 2.3 zeigt. Auch im Frequenzindex von Quasthoff/Fiedler/Hallsteinsdóttir (2013, 31–41) tritt das homophone *ce*, das sowohl neutrales Pronomen als auch maskuliner Determinierer vor konsonantisch anlautenden Substantiven sein kann, auf Platz 29 als häufigste Demonstrativform auf, in der morphosyntaktischen Variante *c'*, die auf den pronominalen Gebrauch beschränkt ist, als dritthäufigste Form zudem auf Rang 60, mit Großschreibung *Ce* als sechsthäufigste Demonstrativform auf Rang 83. Als zweithäufigste Demonstrativform figuriert der feminine Determinierer *cette* auf Rang 45, mit Großschreibung als siebthäufigste Form auf Rang 117. Der Pluraldeterminierer *ces* tritt als vierthäufigste Demonstrativform auf (Rang 63), mit Großschreibung *Ces* zudem auf Rang 193. Zur absoluten Frequenz von Demonstrativa unter den ersten 10 bis 25 Wörtern französischsprachiger Kinder liegen derzeit leider keine Ergebnisse vor.

In allen Sprachen gehören Demonstrativa folglich zum Grundinventar der sprachlichen Mittel. Die Funktion der Demonstrativa als *joint-attention*-Korrelate auf der Ebene der sprachlichen Zeichen lässt zudem vermuten, dass Demonstrativa in allen Sprachen ähnlich früh und in hoher Frequenz im Spracherwerb auftreten und auch im Erwachsenensprechen zu den häufigsten sprachlichen Zeichen zählen, wie für das Französische und Englische weiter oben in diesem Kapitel gesehen. Infolge der universal herausragenden Rolle der Demonstrativa liegt der Verdacht nahe, dass der Sprachvergleich wichtige Einsichten in die de-

Tab. 2.3: Frequenzindex der französischen Demonstrativa.

Demonstrativparadigmen im Frequenzindex der 60 häufigsten Wortparadigmen von Lonsdale/Le Bras (2009)			Demonstrativformen im Frequenzindex der 1.000 häufigsten Wortformen im Französischen von Quasthoff/Fiedler/ Hallsteinsdóttir (2013, 31–41)		
Position	Rang	Paradigma	Position	Rang	Form
1	12.	*ce* (D/PRO)	1	29.	*ce* (PRO/D)
2	45.	*celui* (PRO)	2	45.	*cette* (D)
3	54.	*cela* (PRO)	3	60.	*c'* (PRO)
			4	63.	*ces* (D)
			5	72.	*C'* (PRO)
			6	83.	*Ce* (PRO/D)
			7	117.	*Cette* (D)
			8	171.	*cela* (PRO)
			9	183.	*cet* (D)
			10	193.	*Ces* (D)
			11	195.	*ça* (PRO)
			12	263.	*ceux* (PRO)
			13	270.	*celui* (PRO)
			14	334.	*celle* (PRO)
			15	458.	*Cela* (PRO)
			16	692.	*Cet* (D)
			17	871.	*celles* (PRO)

monstrative Funktion, insbesondere semantisch differenzierter Paradigmen wie im Altfranzösischen liefern kann. In diesem Kapitel rücke ich daher die sprachtypologische Perspektive der Demonstrativa in den Mittelpunkt des Erkenntnisinteresses. Im weiteren Verlauf dieses Kapitels gebe ich in Abschnitt 2.2.1 *Demonstrativa im Spracherwerb* zunächst einen Überblick über die Ergebnisse der Spracherwerbsforschung zur Chronologie des Erwerbs der Demonstrativa und zu sprachspezifischen Unterschieden im Erwerbsprozess. Im Anschluss daran widme ich mich in Abschnitt 2.2.2 *Typologie der Demonstrativa* der linguistischvergleichenden Perspektive der demonstrativen Formen und der funktionalen Werte semantisch differenzierter Paradigmen.

2.2.1 Demonstrativa im Spracherwerb

Wenn das Kind im Alter von neun bis zwölf Monaten zu sprechen beginnt, kann es zunächst nur Holophrasen bilden (cf. Clark 2016, 173; Tomasello 2009, 36–39). Holophrasen sind nicht-analysierte Einheiten, die das Kind aus der Erwachsenensprache übernimmt (cf. Tomasello 2009, 36). Sie können als echte Ein-Wort-Sätze aus nur einem Wort bestehen, oder als funktionale Ein-Wort-Sätze mehrere Wörter umfassen, die als eine Einheit betrachtet werden (cf. Tomasello 2009, 36, 39). Es wird vermutet, dass Kinder in dieser ersten Spracherwerbsphase Wörter noch nicht nach ihrer grammatischen Funktion differenzieren und somit nicht als Vertreter einer bestimmten Wortklasse einsetzen, so Clark (2016, 89) und Tomasello (2009). Das ändert sich schrittweise mit dem Auftreten der ersten Mehrwortäußerungen im Alter zwischen 18 und 24 Monaten (cf. Tomasello 2009, 113).

Entsprechend den Daten zum Erwerb der referentiellen Ausdrücke im Französischen von Rozendaal (2008, 184–186) setzen französische Kinder bereits im Alter von 2;0 Jahren produktiv Demonstrativpronomina zur Referentialisierung ein. Empirische Daten für den Gebrauch von Demonstrativpronomina in der französischen Kindersprache vor dem zweiten Lebensjahr liegen leider nicht vor. Es kann jedoch vermutet werden, dass auch französische Kinder bereits in der Ein-Wort-Phase Demonstrativpronomina einsetzen, worauf auch die Daten von Cornish/Salazar Orvig (2016, 70) hindeuten (cf. auch Clark/Sengul 1978, 459). Der Demonstrativartikel tritt bei den von Rozendaal (2008, 154) untersuchten Kindern wiederum erst im Alter zwischen 2;3 und 2;6 und somit nach der Ein-Wort-Phase auf (cf. auch Tomasello 2009, 208). Der Erwerb des Demonstrativartikels erfolgt somit erst nach dem Erwerb des Definitartikels, der bereits im Alter von 2;0 Jahren produktiv eingesetzt wird, sowie nach dem Erwerb des Indefinitartikels, der zwischen 2;0 und 2;3 erworben wird, und dem Erwerb des Possessivartikels, der ab einem Alter von 2;3 eingesetzt wird, so die Daten von Rozendaal (2008, 154).

Der Gebrauch des Definit- und des Indefinitartikels setzt anderen Autoren zufolge noch vor dem Ende des zweiten Lebensjahres ein (cf. Bassano 2010; auch Clark 1985, 699 für das Englische). Bassano (2010, §27) zufolge benutzen französische Kinder schon im Alter von 1;8 Jahren Definit- und Indefinitdeterminierer. Bereits im Alter von 2;6 Jahren können französische Kinder Definit-, Indefinit-, Possessiv- und Demonstrativartikel produktiv einsetzen (cf. Rozendaal 2008, 153). Im Alter zwischen 2;6 und 2;9 Jahren gebrauchen französische Kinder Nominaldeterminierer dann in 90% der obligatorischen Kontexte (cf. Rozendaal 2008, 158–161; auch Bassano 2010; Bassano et al. 2008). Aus crosslinguistischer Perspektive erwerben französische Kinder das Determinierersystem somit insgesamt früher als Kinder, die andere Artikelsprachen erwerben, da sie im Alter zwischen 2;0 und 3;3 im Vergleich zu niederländisch- und englischsprachigen Kindern mehr Determinierer in obligatorischen Kontexten einsetzen (cf. Rozendaal 2008, 158–161; auch die Ergebnisse von Bassano 2010; Bassano et al. 2008; van der Velde 2004).

2.2 Sprachtypologische Perspektive — 147

Rozendaal (2008, 65) führt den schnelleren Erwerb des Determinierersystems französischer Kinder auf den höheren Grammatikalisierungsgrad des Determinierersystems im modernen Französischen zurück, das im Unterschied zum Niederländischen und Englischen kaum artikellose NPs erlaubt und somit Determinierer häufiger einsetzt. Der frühkindliche Gebrauch der Determinierer im Französischen wird auch durch prosodische Faktoren gesteuert. So treten Determinierer in obligatorischen Kontexten im Alter von 1;8 und 2;6 in der Determination einsilbiger Nomina deutlich häufiger auf als in der Determination mehrsilbiger Nomina, wie die Daten von Bassano et al. (2008, 179–180) zeigen. Dies wird auf die jambische Struktur des Französischen zurückgeführt, in dem eine Akzentuierung der letzten betonbaren Silbe innerhalb einer prosodischen Gruppe obligatorisch ist. Der Determinierer, der nicht akzentfähig ist, trägt in der Kombination mit einsilbigen Nomina zur Bildung einer mehrsilbigen funktionalen Einheit und somit zur Bildung der Akzentphrase bei.

Kinder benutzen zwar sehr früh referentielle Ausdrücke, beherrschen bestimmte pragmatische Dimensionen, die deren Verteilung im Diskurs steuern, jedoch erst später (cf. Tomasello 2009, 208, 210). Bereits im Alter von drei Jahren macht das Kind in der Determinierewahl sichtbar, dass es den Spezifizitätsstatus des Referenzobjekts erfasst hat. Es setzt den Definitartikel nämlich ausschließlich zur Bezugnahme auf spezifische Referenten ein, den Indefinitartikel ausschließlich zur Bezugnahme auf nicht-spezifische Referenten (cf. Rozendaal 2008, 249; Tomasello 2009, 212). Diese Verteilung entspricht nicht dem Sprachverhalten von Erwachsenen, in deren Sprechen sowohl Definit- als auch Indefinitartikel zur Kennzeichnung spezifischer und nicht-spezifischer Diskursreferenten eintreten (cf. Kap. 2.1.2.3). Was die Ausrichtung der Referentialisierung am Gegebenheitsstatus des Diskursreferenten für den Adressaten betrifft, erreicht das Kind jedoch frühestens im Alter von vier Jahren ein erwachsenenähnliches Sprechverhalten (cf. Tomasello 2009, 212). So setzen Kinder unter vier Jahren den Definitartikel kategorisch zur Referenz auf spezifische Objekte ein, auch wenn diese für den Adressaten kontextuell nicht gestützt sind und somit keine unikale Identifizierbarkeit für den Hörer gegeben ist (cf. Clark 1985, 699; Prévost 2009, 256–257; Tomasello 2009, 212).

Ebenso verhält es sich beim Erwerb semantisch spezifizierter Demonstrativparadigmen, wie sie beispielsweise im Englischen und Spanischen vorliegen. Kinder setzen zwar bereits in der Ein-Wort-Phase Formen der verschiedenen Demonstrativparadigmen ein, erwerben die semantischen und pragmatischen Unterschiede jedoch frühestens ab einem Alter von vier Jahren (cf. Clark/Sengul 1978, 459–460, 468; Tomasello 2009, 208, 212). Clark/Sengul (1978) unterscheiden drei Phasen im Erwerb des Distanzkontrasts zwischen dem proximalen Demonstrativum *this* und dem distalen Demonstrativum *that* im Englischen. Im

Alter von 3;3 unterscheiden die untersuchten Kinder die Formen *this* und *that* noch nicht deiktisch, sondern setzen sie in freier Variation ein (cf. Clark/Sengul 1978, 468). Ab 3;10 Jahren kann ein partieller Kontrast festgestellt werden, da die Kinder *this* und *that* in bestimmten Situationen bereits kontrastiv einsetzen und verstehen können (cf. Clark/Sengul 1978, 468, 472). Im Alter von 4;0 beherrschen sie die semantisch-pragmatischen Unterschiede zwischen *this* und *that* dann vollständig (cf. Clark/Sengul 1978, 468).

Clark/Sengul (1978, 462–463), De Cat (2015, 273–274) und Tomasello (2009, 212) führen die Schwierigkeiten, die Kinder vor dem Alter von vier Jahren beim Erwerb der pragmatischen Dimension referentieller Ausdrücke aufweisen, auf die noch nicht entwickelte Fähigkeit des Kindes zum Perspektivwechsel zurück. Das Verständnis und der richtige Einsatz referentieller Mittel erfordert nämlich die soziokognitive Fähigkeit, sich in ein Gegenüber und seine kontextuellen Verfügbarkeiten und Perspektivierungen hineinversetzen zu können (cf. Rozendaal 2008, 71). Der deiktische Kontrast zwischen *this* und *that* ist nämlich von zwei Prinzipien gesteuert, so Clark/Sengul (1978, 461–463): das (i) Distanzprinzip, da *this* auf ein Objekt proximal zum Sprecher referiert, während *that* auf ein Objekt distal zum Sprecher Bezug nimmt, und das (ii) Sprecherprinzip, da der Sprecher den perspektivischen Mittelpunkt der Distanzbewertung darstellt.

Um *this* und *that* entsprechend richtig verstehen und in einem zweiten Schritt richtig gebrauchen zu können, müssen die Kinder zum einen lernen, Nah- und Fernräume in Relation zu ihrer eigenen Person oder einem Gegenüber zu konzeptualisieren und die jeweilige Position des Objekts, auf das sie Bezug nehmen möchten, in der Referentialisierung zu berücksichtigen. Der Erwerb des Distanzprinzips erweist sich als umso schwieriger als die räumliche Ausdehnung des Nah- und Fernraums kontextuell variabel ist (cf. Clark/Sengul 1978, 462; auch Kap. 2.2.2.2). So legt die Bezugnahme durch *this* einen Nahraum fest, die Bezugnahme durch *that* einen Fernraum, der den Ort des Sprechers eher ausschließt (cf. Clark/Sengul 1978, 462). Zum anderen erfordert der Erwerb des deiktischen Kontrasts zwischen *this* und *that* das Verständnis, dass der jeweilige Sprecher das perspektivische Zentrum der räumlichen Bezugnahme darstellt und *this* beispielsweise Objekte aufruft, die im Näheraum des Sprechers liegen, jedoch nicht zwangsläufig im Näheraum des Kindes. Das Sprecherprinzip hat auch zur Folge, dass der Bezugsraum, in dem *this* und *that* jeweils operieren, sich mit jedem Sprecherwechsel verschieben kann (cf. Clark/Sengul 1978, 462). Der Erwerb des Sprecherprinzips ist folglich erst nach der Überwindung der egozentrischen Phase möglich. Darüber hinaus lernen Kinder, so Clark/Sengul (1978, 462, 471–472), die semantisch-pragmatischen Werte der auf die Sprecher-Origo verweisenden Deiktika *this*, *here* und *I* früher als die von *that*, *there* und *you*, die jeweils origo-ferne Objekte ansteuern.

Zusammenfassung

Entsprechend den Darlegungen zum Erwerb der Demonstrativa in diesem Abschnitt stellt die semantische Ebene beim Gebrauch von Artikelwörtern und Pronomina eine deutlich größere Schwierigkeit dar als die syntaktische. Dafür sprechen zum einen die Forschungsergebnisse zum Erwerb der Nominaldeterminierer französischsprachiger Kinder, zum anderen die zum Erwerb der lokaldeiktisch spezifizierten Demonstrativa englischsprachiger Kinder. Französische Kinder wissen zwar bereits im Alter zwischen 2;0 und 3;3 Jahren und somit früher als bei anderen Artikelsprachen, in welchen Kontexten ein Determinierer zur Einführung einer Nominalgruppe eingesetzt werden muss, beherrschen die referenzsemantischen Prinzipien, die die Verteilung der einzelnen Determinierer in der Erwachsenensprache steuern (cf. Kap. 2.1.2 & Kap. 2.1.3), jedoch frühestens im Alter von vier Jahren. Gleiches gilt für den Erwerb von *this* und *that* bei englischen Kindern. So setzen englische Kinder zwar schon früh demonstrative Formen in die syntaktisch vorgesehenen Positionen ein, wenden die semantisch-pragmatischen Verteilungsprinzipien jedoch erst nach Überwindung der egozentrischen Phase im Alter von vier Jahren an.

Den Spracherwerbsdaten zufolge stehen französischsprachige Kinder bei der Beherrschung des Kontrastwerts der demonstrativen Formenparadigmen dennoch vor einer kleineren kognitiven Herausforderung als englischsprachige Kinder. Da im französischen Demonstrativsystem mit *CE* als Determiniererparadigma und *CELUI* als Pronominalparadigma ein rein syntaktisches Verteilungsprinzip vorliegt, ist davon auszugehen, dass französischsprachige Kinder die Unterscheidung von *CE* und *CELUI* mit dem Erwerb des Determinierersystems im Alter zwischen zwei und drei Jahren beherrschen, auch wenn zu diesem Zeitpunkt noch kein erwachsenenähnlicher Einsatz im Kontrast zu konkurrierenden Referenzmitteln gegeben ist. Kinder, die Sprachen mit lokaldeiktisch differenzierten Demonstrativsystemen erwerben, bedürfen dagegen der Entwicklung der kognitiven Fähigkeit zum Perspektivenwechsel, um die Verteilungsprinzipien verstehen und anwenden zu können.

Die Diskrepanz beim Erwerb syntaktisch differenzierter Demonstrativformen im Kontrast zu semantisch differenzierten liefert auch neue Einblicke in die Diachronie der altfranzösischen Demonstrativa. Wie in Kap. 1 skizziert, liegt im Altfranzösischen ein semantisch differenziertes Demonstrativsystem vor, wie im Englischen und in allen romanischen Schwestersprachen. Die Entwicklung von einem semantisch hin zu einem syntaktisch organisierten Demonstrativsystem, wie sie sich im Wandel vom Alt- zum Neufranzösischen vollzieht, kann im Einklang mit der Spracherwerbsforschung folglich als Abbau kognitiver Komplexität beschrieben werden. Die Beherrschung der Verteilungsprinzipien von *CIST* als proximaler Form und *CIL* als distaler Form im Altfranzösischen fordert nämlich ein höheres Maß an kognitiver Entwicklung als die Kontrolle der Verteilungsprinzipien von *CE* als Determinierer und *CELUI* als Pronomen im modernen Französischen (cf. Kap. 1 & Kap. 3.3.2). In der Diachronie des Französischen findet im Demonstrativsystem also eine Entwicklung von einem kognitiv und semantisch komplexeren hin zu einem kognitiv und semantisch einfacheren System statt.

Die semantischen und pragmatischen Unterschiede zwischen proximalen und distalen Demonstrativa aus sprachvergleichender Perspektive wurden bisher noch nicht besprochen. Die Vermutung liegt jedoch nahe, dass die sprachübergreifende Untersuchung der Funktionalität lokaldeiktisch differenzierter Demonstrativa zentrale Hinweise auf die Organisation der Verteilung der altfranzösischen Demonstrativa liefert. Aus diesem Grund widmet sich Kap. 2.2.2 im Anschluss dem Vergleich der Demonstrativformen aus universallinguistischer Perspektive.

2.2.2 Typologie der Demonstrativa

Dieses Kapitel widmet sich der Erfassung der sprachübergreifenden Variation innerhalb der Demonstrativsysteme. Abschnitt 2.2.2.1 *Morphologie und Syntax* untersucht zunächst die morphologischen und syntaktischen Distributionsprinzipien demonstrativer Ausdrücke. Abschnitt 2.2.2.2 *Semantik und Pragmatik* beschäftigt sich im Anschluss daran mit den semantisch-pragmatischen Ordnungsparametern dieser Systeme.

2.2.2.1 Morphologie und Syntax

Als grammatische Zeichen konstituieren Demonstrativa in allen Sprachen ein geschlossenes Formenparadigma (cf. Dixon 2003, 62). Demonstrativa treten aus syntaktischer Perspektive in vier verschiedenen Funktionen auf, denen je nach Objektsprache eigene Formenklassen entsprechen: in (i) *adnominaler*, (ii) *pronominaler*, (iii) *adverbialer* oder (iv) *präsentativer Funktion* (cf. Diessel 1999, Kap. 4).

Dixon (2003, 63) fasst den (i) adnominalen und den (ii) pronominalen Gebrauch unter dem Begriff *nominale Demonstrativa* in einer Kategorie zusammen, da die meisten Sprachen die adnominale und die pronominale Position nicht mit verschiedenen Formen besetzen, wie das Englische, Spanische und Portugiesische (cf. auch Diessel 1999, 59). Auch im Korpus von Diessel (1999, 59) differenzieren nur 24 von 85 Sprachen Demonstrativa in adnominaler und pronominaler Distribution morphologisch. Im Korpus von Diessel (2013b), das 201 Sprachen umfasst, liegt in 68 Sprachen ein morphologischer Unterschied zwischen Determinierern und Pronomina vor. Dazu gehört auch das Französische, das als einzige romanische Sprache über eine adnominale (*CE*) und eine pronominale Formenklasse (*CELUI*) verfügt. Das Französische bildet somit nicht nur innerhalb der romanischen Sprachfamilie eine absolute typologische Ausnahme bezüglich der Verteilung der Demonstrativparadigmen, sondern weist auch aus einer umfassenderen Sicht ein typologisch eher seltenes Verhalten auf.

Die formale Differenz zwischen Determinierern und Pronomina besteht entweder in einem lexikalischen Unterschied im Stamm, wie im Französischen, im Mulao oder im Japanischen, oder einem Unterschied im Flexionsverhalten, wie im Türkischen oder im Lesgischen (cf. Diessel 1999, 59–60; 2013). Im Türkischen beispielsweise treten im adnominalen und pronominalen Gebrauch zwar lexikalisch die gleichen Formen auf, als Determinierer bleiben diese jedoch unflektiert, während sie als Pronomina nach Numerus und Kasus flektiert werden (cf. Diessel 1999, 59).

Stammunterschiede zwischen Demonstrativpronomina und -determinierern liegen im Korpus von Diessel (2013b) in 37 Sprachen vor, die sich geographisch zwar auf den nord- und zentralafrikanischen Raum konzentrieren, jedoch auch in anderen Regionen auftreten, so in Europa, Asien, Südamerika und im pazifischen Raum. Diessel (2013b) verzeichnet in Europa nur im Französischen und im Walisischen einen Stammunterschied zwischen pronominalen und adnominalen Demonstrativa. Flexionsunterschiede zwischen Pronomina und Determinierern nehmen, so Diessel (2013b), insgesamt 21 Sprachen vor, die sich auf den südosteuropäischen und asiatischen Raum konzentrieren.

Sprachen, die Determinierer und Pronomina nicht formal unterscheiden, sind mit 71% im Korpus von Diessel (2013b) typologisch weitaus häufiger. Demonstrativa sind in diesen Sprachen kategorial entweder als Pronomen einzuschätzen, wie im Tuscarora oder Wardaman, oder als Determinierer, wie im Koreanischen oder im Kusaieanischen (cf. Diessel 1999, 61, 71). Nominale Demonstrativa fungieren kategorial als Determinierer, wenn sie nicht ohne eine nominale Sättigung eingesetzt werden können, so dass sie auch im pronominalen Gebrauch um ein expletives Element erweitert werden müssen, beispielsweise durch ein Personalpronomen, wie im Kusaieanischen (128a), oder ein Nomen mit einer inhaltlich wenig spezifizierten Bedeutung, wie im Koreanischen (128b) (cf. Diessel 1999, 72).

(128) a. Kusaieanischen
 el **uh**
 3SG PROX
 'this (one)'
 (Sohn 1994, 295, zit. in: Diessel 1999, 72)

b. Koreanisch
ce   il-ul   nwu-ka   mak-keyss-ni
DIST thing-ACC who-NOM block-will-Q
'Who would be able to block that?'
(Lee 1975, 101, zit. in: Diessel 1999, 72)

Im Tuscarora und Wardaman treten in pronominaler und adnominaler Position dieselben Formen auf. Da in diesen Sprachen im pronominalen Gebrauch kein nominales Expletivum erforderlich ist und das Demonstrativum im adnominalen Einsatz weder positionell festgelegt noch prosodisch an die nominale Ergänzung gebunden ist, kann es kategorial als Demonstrativpronomen eingeschätzt werden. So kann das Demonstrativum im Tuscarora optional dem Nomen vorangestellt werden, wie in (129a), oder in der Nachstellung auftreten, wie in (129b) (cf. Mithun 1987, 186). Im Wardaman können zudem andere Satzkonstituenten zwischen adnominalem Demonstrativum und nominaler Ergänzung auftreten, wie in (129c).

(129) a. Tuscarora
hè:ní:kə̃: *áha:θ*
DIST   horse
'that horse'
(Mithun 1987, 184; auch zit. in: Diessel 1999, 61)

b. Tuscarora
uhtšíhrə̃ʔ **kyè:ní:kə̃**
bear   PROX
'this bear'
(Mithun 1987, 184)

c. Wardaman
dang-nyi   *wunggun-bu-ndi*   *yibiyan-yi*
yonder-ERG 3SG/3NSG-hit-PAST man-ERG
'That man hit them.'
(Merlan 1994, 143, zit. in: Diessel 1999, 61)

Im Korpus von Diessel (2013b) gehören alle australischen (z. B. das Wardaman) und alle nordamerikanischen Sprachen (z. B. das Tuscarora), letztere mit einer Ausnahme, diesem Typus an. Da die genannten Sprachen nicht-konfigurational sind, kann ein Zusammenhang zwischen der morphologischen Differenzierung adnominaler und pronominaler Demonstrativa und der Konfigurationalität einer Sprache vermutet werden, so Diessel (2013b). Mithun (1987, 186–187) zufolge stellt das Nomen in Sprachen, die wie das Tuscarora oder Wardaman die Position des adnominalen Demonstrativums nicht festlegen und keine obligatorische Nominaldetermination vorsehen, nämlich kein Nominalkomplement dar, das in syntaktischer Abhängigkeit zum Demonstrativum steht, sondern eine syntaktisch freie appositive Erweiterung, die koreferentiell zum Demonstrativum ist (cf. Diessel 1999, 61; auch Adams 2013 für das Lateinische). Das Demonstrativum fungiert in diesen Sprachen folglich auch in adnominaler Funktion als Pronomen (cf. Diessel 1999, 61; auch Kap. 2.3.2 & Kap. 3.2.1).

Anders verhält es sich in Sprachen, die zwar keine morphologische Unterscheidung zwischen Demonstrativpronomina und -determinierern vornehmen, jedoch ein grammatikalisiertes Determinierersystem und eine feste syntaktische Struktur in der Nominalgruppe aufweisen, wie im Englischen. Diessel (1999, 62–71) postuliert, dass *this* und *that* im Englischen im adnominalen Gebrauch kategorial als Determinierer einzustufen sind, obwohl aus morphologischer Perspektive keine formalen Abweichungen zum pronominalen Gebrauch der Formen festgestellt werden können. Adnominales *this* und *that* sind nicht nur positionell auf die pränominale Stellung festgelegt, sondern auch syntaktisch gegen den Definit-, Indefinit- oder Possessivartikel austauschbar und gliedern sich demzufolge in das Paradigma der Nominaldeterminierer ein (cf. Diessel 1999, 65). Auch für das Spanische und Portugiesische, die nicht im Korpus von Diessel (1999) auftreten, kann folglich ein formal nicht gestützter kategorialer Unterschied zwischen Demonstrativformen im adnominalen und pronominalen Einsatz vermutet werden. Sowohl *este/-a*, *ese/-a* und *aquel(la)* im Spanischen als auch *este/-a*, *esse/-a* und *aquel(la)* im Portugiesischen sind in pränominaler Position syntaktisch äquivalent zu einem entsprechenden Definit-, Indefinit- oder Possessivartikel und können demzufolge mit Diessel (1999) im adnominalen Gebrauch kategorial als Determinierer eingestuft werden.

Im Zuge der Hypothese von Abney (1987, 279–284), dass Pronomina syntaktisch mit Determinierern gleichzustellen sind, könnte das pronominale Demonstrativum in Sprachen mit einem grammatikalisierten Artikelsystem auch als Determinierer ohne overtes Nominalkomplement analysiert werden (cf. auch Diessel 1999, 65–68; cf. zur D=PRO-Hypothese Kap. 2.3.2). Diese Analyse erscheint für das Englische umso plausibler, als *this* und *that* in vielen Kontexten nicht ohne das nominale Ersatzelement *one* eingesetzt werden können (cf. Dixon 2003, 66–67; cf. für eine konträre Position Diessel 1999, 68). Bezieht sich *that one* auf eine belebte Entität, wie in (130a), ist die Auslassung von *one* nicht möglich (cf. Dixon 2003, 66). Auch in der Bezugnahme auf nicht belebte, zählbare Objekte wird die Ergänzung durch *one* bevorzugt, ist jedoch nicht obligatorisch, wie in (130b) (cf. Dixon 2003, 66).

(130) a. *That one* is beautiful.
(Dixon 2003, 66)
b. I'll have *that (one)*.
(Dixon 2003, 67)

Im Unterschied zu (i) adnominalen und (ii) pronominalen Demonstrativformen fungieren (iii) *adverbiale* Demonstrativa in erster Linie als Modifizierer innerhalb von Verbalphrasen. Entsprechend der ontologischen Kategorie, auf die sie Bezug nehmen, können drei Typen adverbialer Demonstrativa unterschieden werden (cf. Diessel 1999, 74–75; König/Umbach 2018, 286): (a) Adverbiale Demonstrativa, die als Lokaladverbien auf einen Ort referieren, in dem der verbale Sachverhalt situiert wird, wie (*i*)*ci*, *là* oder *là-bas* im Französischen in (131a), (b) adverbiale Demonstrativa, die als Temporaladverbien auf einen Zeitpunkt oder Zeitraum Bezug nehmen, in dem die verbale Situation gültig ist, wie *maintenant*, *demain* oder *plus tard* in (131b), und (c) adverbiale Demonstrativa, die als Adverbien der Art und Weise auf die Qualität eines Sachverhalts verweisen, wie *comme ça*, *ainsi* oder *tellement* im Französischen in (131c–d).

(131) a. Je viens d'*ici*/de *là*/de *là-bas*.
b. Je viens *maintenant*/*demain*/*plus tard*.
c. Il est grand *comme ça*.
(König/Umbach 2018, 289)
d. Il se tenait les bras croisés sur ses genoux, et, *ainsi* levant la figure vers Emma, il la regardait de près, fixement.
(Gustave Flaubert, *Madame Bovary*, p. 214)

Lokaldeiktische Demonstrativa können auch als Modifizierer adnominaler und pronominaler Demonstrativa eingesetzt werden, wie die Partikeln -*ci* und -*là* im Französischen, wie u. a. in Beispiel (46a) in Kap. 2.1.2.2 gesehen, das in (132a) erneut zitiert wird (cf. auch Diessel 1999, 44). Ebenso können Demonstrativa der Art und Weise auch als Nominalmodifizierer fungieren, wie die Adjektive *tel(le)* und *pareil(le)* (132b) im Französischen oder *so* (132c) im Deutschen (cf. König/Umbach 2018, 290).

(132) a. Passe-moi ce marteau-*ci*/-*là* !
b. Rodolphe avait mis de longues bottes molles, se disant que sans doute elle n'en avait jamais vu de pareilles […].
(Gustave Flaubert, *Madame Bovary*, p. 226)
c. *So* eine Tasse hat Anna auch.
(König/Umbach 2018, 303)

Ebenso wie (i) adnominale und (ii) pronominale Demonstrativa dienen Demonstrativa im (iv) *präsentativen* oder *identifizierenden* Einsatz dazu, bestimmte Entitäten ins Zentrum der Aufmerksamkeit des Adressaten zu rücken (cf. Diessel 1999, 79). Im Unterschied zu den nominalen Demonstrativa ist der Gebrauch präsentativer Demonstrativa auf prädikatlose Sätze und Kopulasätze beschränkt. Diessel (1999, 87–88) zufolge fungiert das neutrale Demonstrativpronomen fr. *ce* in der Konstruktion *c'est* als identifizierendes Demonstrativum, wie in (133a) (cf. auch Dixon 2003, 85). Auch fr. *voici* und *voilà*, wie in (133b–c), sowie lat. *ecce* fungieren als Präsentative, können jedoch nicht als Subjekte von Kopulasätzen auftreten (cf. Fillmore 1982, 47). Grund dafür ist, dass *voilà* und *voici* satzförmige Demonstrativformen darstellen, die alleine oder frei neben nominalen oder satzförmigen Konstituenten auftreten (cf. Diessel 1999, 79; Fillmore 1982, 47).[32]

(133) a. *C'est* mon frère.
b. – Regarde donc, cher ami, lui dit Emma d'une voix tranquille : *voilà la petite qui, en jouant, vient de se blesser par terre.*
(Gustave Flaubert, *Madame Bovary*, p. 177)
c. – *Voici une journée superbe* ! tout le monde est dehors ! les vents sont à l'est.
(Gustave Flaubert, *Madame Bovary*, p. 201)

Demonstrativformen unterscheiden sich nicht nur nach ihrer syntaktischen Distribution und ihren flexionsmorphologischen Markierungen. Innerhalb der syntaktischen Funktionsklassen können auch formale Unterschiede festgestellt werden, die semantisch oder pragmatisch motiviert sind. So weichen die Ortsadverbien *ici*, *là* und *là-bas* im Französischen jeweils in ihrer lokaldeiktischen Markierung voneinander ab, die Adverbien der Art und Weise *comme ça*, *ainsi* und *tellement* werden in verschiedenen pragmatischen Kontexten eingesetzt. *Comme ça* kann beispielsweise nur mit situativer Bezugnahme auftreten, während *tellement* nicht exophorisch eingesetzt werden kann (cf. König/Umbach 2018, Kap. 2). Auch das Demonstrativsystem der nominalen Demonstrativa weist in den meisten Sprachen semantisch differenzierte Einzelparadigmen auf. Der semantischen und pragmatischen Typologie von Demonstrativa widmet sich der folgende Abschnitt.

2.2.2.2 Semantik und Pragmatik
Die semantischen Merkmale von Demonstrativa können zwei verschiedenen Denotationsbereichen zugeordnet werden (cf. Kap. 2.1.1.3). Demonstrativa weisen

---
[32] Cf. Diessel (1999, 79) für eine konträre Position zur Analyse von fr. *voilà* und *voici* sowie lat. *ecce* als echte Präsentativdemonstrativa.

zum einen eine (i) *lokaldeiktische* Bedeutungskomponente auf, indem sie Auskunft über die Position des Referenzobjekts in Relation zur Sprecher-Origo geben (cf. Diessel 1999, 35; Nunberg 1993, 8–9). Zum anderen verfügen sie über eine (ii) *klassifikatorische* Bedeutungsdimension, indem sie ontologische Eigenschaften des Referenzobjekts nennen, wie den Numerus (*celui* vs. *ceux*), das natürliche Genus (*celui* vs. *celle*), die Gebundenheit des Referenzobjekts (*celui* vs. *ça*) oder seine Objektkategorie (*celui* zur Referenz auf Einzelobjekte vs. *ici* zur Referenz auf einen Ort) (cf. Diessel 1999, 47–50; Dixon 2003, 92–93; Nunberg 1993, 8–9; cf. Kap. 2.1.1.3)

Die (i) *lokaldeiktische* Bedeutungsdimension demonstrativer Ausdrücke besteht in den meisten Sprachen in der Markierung eines Distanzwerts, wie im Spanischen und Englischen (cf. Dixon 2003, 85–86). Daneben können Demonstrativa auch Auskunft über die Sichtbarkeit eines Referenzobjekts geben, wie im Ute, Quileute und weiteren indigenen Sprachen Nordamerikas, die Höhe, wie im Dyirbal (Australien) oder im Lesgischen (Kaukasus), oder den Bewegungszustand, wie im Nunggubuye (cf. Diessel 1999, 41–47; Dixon 2003, 89–91).

Liegen innerhalb einer syntaktischen Funktionsklasse mehrere Demonstrativparadigmen vor, wird die Verteilung der Formen häufig von einem Distanzkontrast zwischen den einzelnen Paradigmen gesteuert. Zusätzlich zu den distanzmarkierten Formen können jedoch auch distanzneutrale Formen auftreten sowie Formen, die Markierungen bezüglich der Werte Sichtbarkeit, Höhe oder Bewegungszustand aufweisen. Neben dem proximalen *este* finden sich im Spanischen im adnominalen und pronominalen Gebrauch beispielsweise auch die Formen *ese* und *aquel*, die sich in ihrem jeweiligen Distanzwert von *este* unterscheiden. Die Form *ese* weist nämlich eine mediale Markierung auf, während *aquel* als distal gilt. Der dreigliedrige Distanzkontrast der nominalen Demonstrativa im Spanischen findet sich auch im adverbialen Bereich wieder, in dem das proximale *aquí*, das mediale *ahí* und das distale *allí* eingesetzt werden.

In einigen Sprachen weichen die syntaktischen Funktionsklassen in der Anzahl der Distanzwerte, die sie unterscheiden, voneinander ab (cf. Diessel 2013c, Kap. 1). So sind im Französischen sowohl die adnominalen (*CE*) als auch die pronominalen Demonstrativa (*CELUI*) distanzneutral, während die Verteilung der demonstrativen Lokaladverbien nach einem dreigliedrigen Distanzkontrast mit *ici* als proximalem, *là* als medialem und *là-bas* als distalem Ausdruck gesteuert wird. Diessel (2013c, Kap. 1) und Dixon (2003, 81) vermuten, dass demonstrative Lokaladverbien in allen Sprachen distanzmarkiert sind. Aus diesem Grund kann Distanzneutralität im adnominalen und pronominalen Bereich bei Bedarf durch die Erweiterung durch demonstrative Lokaladverbien, wie durch *là-bas* in Beispiel (7), das in (134a) erneut zitiert wird, oder durch die Lokalpartikeln *-ci* und *-là* in (134b) ausgeglichen werden (cf. auch Diessel 1999, 37–39).

(134) a. Tu vois *ce gamin là-bas* ?
b. Je préfère *cette maison-ci* à *cette maison-là*.

Im Französischen können die nachgestellten demonstrativen Lokalpartikeln *-ci* und *-là* die Distanzneutralität des nominalen Demonstrativums jedoch nur bedingt ausgleichen, da der Distanzkontrast, den *-ci* und *-là* denotieren, in der gesprochenen Sprache zugunsten von *-là* neutralisiert wird (cf. Kap. 2.1.2.2). Typologisch ist Distanzneutralität im Bereich der nominalen Demonstrativa äußerst selten. Im Korpus von Diessel (2013c) liegen nur sieben Sprachen vor, die wie das Französische keinen Distanzkontrast innerhalb des adnominalen Funktionsbereichs aufweisen (cf. auch Diessel 1999, 38). Das Korpus von Diessel (2013c) nennt für den europäischen Sprachraum neben dem Französischen nur das Deutsche als Beispiel für Distanzneutralität im Bereich der nominalen Demonstrativa, Diessel (1999, 38) führt auch das Tschechische auf.[33] In der Mehrheit der von Diessel (2013c) untersuchten Sprachen, so in insgesamt 127, liegt ein zweigliedriger Distanzkontrast zwischen einem proximalen und einem distalen Ausdruck vor, wie im Englischen zwischen proximalem *this* und distalem *that*. Ein dreigliedriger Distanzkontrast zwischen einem proximalen, einem medialen und einem distalen Ausdruck, wie im Spanischen, findet sich in 88 Sprachen und ist somit am zweithäufigsten. Acht Sprachen verfügen über einen viergliedrigen Distanzkontrast, in vier Sprachen liegen sogar fünf oder mehr Distanzwerte vor. Sprachen mit dreigliedrigen Distanzkontrasten unterscheiden sich danach, so Diessel (1999, 39) und Dixon (2003, 86), ob der mediale Ausdruck anzeigt, dass sich das Referenzobjekt in mittlerer Entfernung zur Sprecher-Origo befindet oder in der Nähe des Adressaten zu finden ist. Im ersten Fall spricht man von einem distanzbasierten System, wie für das Spanische und Portugiesische angenommen wird, im zweiten Fall von einem personenbasierten, wie für das Baskische oder das Japanische angenommen wird (cf. Diessel 1999, 39). Jungbluth (2003, 29–30) vermutet wiederum, dass dreigliedrige Demonstrativsysteme nicht auf ein Ordnungsmuster festgelegt sind, sondern entsprechend der Anordnung der Interaktionspartner sowohl eine personen- als auch distanzbasierte Struktur realisieren können. Enfield (2003, 88–89) geht davon aus, dass in Demonstrativsystemen mit einem zwei- oder mehrgliedrigen Distanzkontrast häufig ein Ausdruck lokaldeiktisch unspezifiziert bleibt und nur in Relation zu einem distanzmarkierten Demonstrativum einen lokaldeiktischen Wert erhält (cf. auch Sidnell/Enfield 2017, 218; Rybarczyk 2015). In dreigliedrigen Demonstrativsystemen weist das mediale Demonstrativum in der Regel ein lokaldeiktisch neutrales Verhalten auf,

---

[33] Cf. für eine konträre Position Gunkel et al. (2017, 270–271), die das Französische als Sprache mit einem zweigliedrigen Kontrast im Bereich der nominalen Demonstrativa einordnen.

wie Ehrich (1992, 24–29) für das mediale demonstrative Lokaladverb *da* im Deutschen feststellt, das sowohl das proximale *hier* und als auch das distale *dort* ersetzen kann, und Gutiérrez-Rexach (2015, 461) für das mediale nominale Demonstrativum *ese* im Spanischen postuliert.

Die typologische Häufigkeit zweigliedriger Distanzkontraste kann auf die Zweigliedrigkeit des visuellen Wahrnehmungssystems zurückgeführt werden. Das menschliche Gehirn verfügt nämlich über zwei visuelle Perzeptionsmechanismen, die getrennt voneinander arbeiten (cf. Kemmerer 1999, 38–45). Das eine System dient der Repräsentation des peripersonalen Raumes, der sich in etwa bis zu einer Armlänge vom menschlichen Körper entfernt erstreckt und den Raum erfasst, der taktil erfahren werden kann (cf. Kemmerer 1999, 38). Das andere System dient wiederum der Repräsentation des extrapersonalen Raumes, der über den erfassbaren peripersonalen Raum hinausgeht und nur visuell erfahren werden kann (cf. Kemmerer 1999, 38). Das peripersonale und das extrapersonale System unterscheiden sich funktional. Das peripersonale visuelle System dient der Erfassung der Ausdehnung von Objekten im nahen visuellen Umfeld sowie zur Koordination von Kopf-, Arm- und Handbewegungen in Richtung eigener Körperteile oder taktil erreichbarer Objekte (cf. Kemmerer 1999, 40–41, 44–45). Die Funktion des extrapersonalen visuellen Systems besteht hingegen in der Koordination sakkadischer Augenbewegungen, die die Erfassung von Objekten jenseits des taktil erreichbaren Feldes und ihres Bewegungsverlaufs steuern (cf. Kemmerer 1999, 41, 45). Das peripersonale und das extrapersonale Feld unterscheiden sich somit nicht nur in der Art des Objekterfassungsmechanismus, den sie involvieren, sondern auch in der Art der unmittelbaren Objektkontrolle, die sich daraus für das Subjekt ergibt. So kann das Subjekt Objekte in peripersonaler Reichweite besser kontrollieren, da es sowohl visuell als auch taktil auf diese zugreifen kann. Daraus ergibt sich im Umkehrschluss eine höhere Einwirkungsmöglichkeit des Objekts auf das Subjekt selbst. Im extrapersonalen Raum stellt die visuelle Erfassung wiederum die einzige direkte Kontrollmöglichkeit des Objekts durch das Subjekt dar, was gleichzeitig eine niedrigere Möglichkeit der Einflussnahme des Objekts selbst auf das Subjekt impliziert (cf. Kemmerer 1999, 41).

Auch sprachvergleichende Konvergenzen im lautlichen Bereich lassen einen Zusammenhang zwischen der Zweigliedrigkeit des visuellen Systems auf kognitiver Ebene und der funktionalen Ordnung der Formen auf sprachlicher Ebene vermuten. Dixon (2003, 87–88) zeigt, dass Lautähnlichkeiten zwischen proximalen und distalen Formen zwischen Sprachen bestehen, die nicht verwandt sind und nicht zueinander in Kontakt stehen (cf. auch Woodworth 1991). Der proximale Ausdruck weist nämlich im Unterschied zu distalen Formen in vielen Sprachen einen hohen vorderen Vokal auf, häufig auch in Kombination

2.2 Sprachtypologische Perspektive — 159

mit einem dentalen Konsonanten, wie *this* und *that* im Englischen, *(i)ci* vs. *là* im Französischen, *níh* vs. *núh* im Khmer oder *ii* vs. *aa* im Telugu zeigen.

Die Analogie zwischen der Ordnung des visuellen Wahrnehmungssystems und der typologisch bevorzugten Ordnung des Demonstrativsystems bleibt jedoch formaler Natur. Der Distanzkontrast, der zwischen dem peripersonalen und dem extrapersonalen visuellen System besteht, spiegelt sich nämlich nicht eins zu eins in der Semantik proximaler und distaler Demonstrativa wider. So ist der proximale Ausdruck womöglich in keiner Sprache mit einem zweigliedrigen oder auch dreigliedrigen Distanzkontrast auf die Denotation von Referenzobjekten in ertastbarer Reichweite des Sprechers beschränkt (cf. Kemmerer 1999, 51–52). Genausowenig ist die topographische Ausdehnung des Bezugsraums distanzmarkierter Formen *a priori* durch objektive quantitative Kriterien festgelegt (cf. Kemmerer 1999, 52–55), wie die Referentialisierung von *ici* in (135a–c) zeigt. So ist der Referenzraum von *ici* in (135a), das sich auf einen Unterrichtsraum bezieht, beispielsweise weitaus größer als der von *ici* in (135b), das eine Körperstelle meint. Distanzmarkierte Demonstrativa weisen jedoch nicht nur in der Extension ihrer Bezugsräume Variabilität auf, sondern auch im Grad der räumlichen Abgrenzung. Während der Unterrichtsraum als Referenzraum in (135a) eindeutig demarkiert ist, sind die Grenzen der Bezugsräume von *ici* in (135b) und (135c) weniger bis kaum definiert. Im Unterschied zu demonstrativen Lokaladverbien, wie bei fr. *ici* in (135a–c) gesehen, können distanzmarkierte nominale Demonstrativa keine räumliche Position angeben. Dies zeigt die Inakzeptabilität eines Demonstrativpronomens oder einer demonstrativen Kennzeichnung als Antwort auf die Frage nach der Position eines Objekts, wie Enfield (2003, 86) am Beispiel (136) illustriert.

(135) a. *Ici* il fait chaud. (un professeur à ses élèves dans une salle de classe pour leur dire qu'il y fait chaud)
   b. Docteur, j'ai mal *ici*. (un patient qui montre au docteur l'endroit de sa poitrine où il a mal)
   c. Venez *ici* ! (le guide pour demander à ses clients-touristes de se ranger auprès de lui pour qu'ils entendent ses explications)
   (Beispiel (135a–c) aus: Kleiber 2010, 37, 39)

(136) Where is my copy of War and Peace? – **This book/This one.*
   (Enfield 2003, 86)

Auch Dixon (2003, 80) zeigt, dass sich die pragmatische Funktion von distanzmarkierten Demonstrativa nicht in der Denotation der Entfernung des Referenzobjekts erschöpft, wie an den Beispielen (137a–b) sichtbar wird (cf. auch Strauss

2002, 134).³⁴ Die Interaktionspartner Mary und John sitzen in den Dialogen in (137a–b) an einem Tisch, auf dem sich zwei Schälchen mit Erdbeeren befinden (X, Y), die in gleicher Entfernung zu jedem Sprecher stehen. Schälchen X befindet sich in der Nähe von Mary und John, Schälchen Y ist weiter von beiden entfernt. In (137a) bietet Mary John das nähere Schälchen X mit dem proximalen *this one* an, in (137b) das entferntere Schälchen Y ebenfalls mit dem proximalen *this one*. In beiden Fällen wählt John ein anderes Schälchen als das von Mary vorgeschlagene. In (137a) das entferntere Schälchen Y, das er durch *that one* denotiert. In (137b) das nähere Schälchen X, das nur durch das proximale *this one* denotiert werden kann, da es näher ist als das Konkurrenzschälchen Y. Da das proximale *this* im Englischen zur Neueinführung von Referenzobjekten eingesetzt wird, kann es auch zur Bezugnahme auf Referenten genutzt werden, die sich in weiterer Entfernung zur Sprecher-Origo befinden als ein Konkurrenzreferent, wie in der Rede von Mary in (137b).

(137) a. Mary: Would you like *this one*? [pointing at X]
John: No, I'd rather have *that one*. [pointing at Y]

b. Mary: Would you like *this one*? [pointing at Y]
John: No, I'd rather have *this one/*that one*. [pointing at X]
(Beispiel (137a–b) aus: Dixon 2003, 80)

Dixon (2003, 81) zufolge wird das proximale Demonstrativum im Englischen in der situativen Bezugnahme eingesetzt, wenn nur ein Referenzobjekt Sprechgegenstand ist oder kein Distanzunterschied zwischen den verhandelten Objekten vorliegt. Befinden sich die verhandelten Referenzobjekte hingegen in unterschiedlicher Entfernung zum Sprecher, wird das proximale Demonstrativum zur Referenz auf das nähere Objekt eingesetzt, das distale zum Verweis auf das entferntere Objekt (cf. Dixon 2003, 81). Die Beispiele (137a–b) zeigen zum einen, dass der Distanzwert demonstrativer Ausdrücke erst dann bei der Denotation eine Rolle spielt, wenn die Formen kontrastiv eingesetzt werden, und ein proximaler oder distaler Referenzraum sich jeweils erst dann bestimmen lässt, wenn die Position des angesteuerten Referenzobjekts in Relation zu einem anderen Objekt gesetzt wird (cf. Diessel 1999, Kap. 1; Scott 2013, 59). Zum anderen wird deutlich, dass die tatsächliche Entfernung eines Referenzobjekts nur bedingt

---

34 Cf. Jacquesson (2015, 511–513, 523–526) zur Kritik an der Klassifikation demonstrativer Ausdrücke als distanzmarkierende Ausdrücke. Cf. Pieroni (2010, 405–408) zur Problematisierung der Bewertung der lateinischen Demonstrativa nach Distanzwerten. Cf. Meermann/Sonnenhauser (2015) und Zeman (2015) zur Problematisierung der Konzeptualisierung des Distanzbegriffs in linguistischen Analysen im Allgemeinen.

Einfluss auf den Einsatz eines distanzmarkierten Demonstrativums hat und der Distanzwert eines Demonstrativums daher von anderen pragmatischen Funktionen überlagert werden kann (cf. auch Gipper 2017).

Strauss (2002), Piwek/Beun/Cremers (2008) und Jarbou (2010) weisen etwa nach, dass der Einsatz proximaler und distaler Demonstrativa nicht von der objektiven Entfernung des Referenzobjekts zur Sprecher-Origo bestimmt wird, sondern im Zusammenhang mit der Zugänglichkeit des Referenzobjekts steht. Strauss (2002, 135) und Piwek/Beun/Cremers (2008, 701–702) postulieren in Anlehnung an das Modell von Kirsner (1979; 1993), dass sich proximale Demonstrativa von distalen in erster Linie in ihrer Zeigeintensität unterscheiden. Demnach impliziert das proximale Demonstrativum als *intense indicator* eine stärkere Identifikationsaufforderung an den Adressaten als das distale Demonstrativum, das als *neutral indicator* fungiert, was sich an der pragmatischen Verteilung der Formen zeigt (cf. Piwek/Beun/Cremers 2008, 714; auch Rybarczyk 2015, 47 für die proximalen Demonstrativa im Polnischen). So rufen proximale Demonstrativa bevorzugt Referenzobjekte auf, die diskursneu, für den Adressaten unbekannt oder nicht im fokussierten Blickfeld des Adressaten liegen (cf. Strauss 2002, 141 für das Englische; Piwek/Beun/Cremers 2008, 710 für das Niederländische; Etelämäki 2009, 33–36 für das Finnische; Mithun 1987, 188 für das Tuscarora). Distale Demonstrativa zeigen wiederum eine Präferenz für Referenzobjekte auf, die diskursalt sind, eine hohe Verfügbarkeit aufweisen, dem Adressaten bekannt sind oder im fokussierten Blickfeld des Adressaten liegen (cf. Strauss 2002, 141 für das Englische; Piwek/Beun/Cremers 2008, 710 für das Niederländische; Etelämäki 2009, 33–36 für das Finnische).[35] Proximale Demonstrativa suggerieren dem Adressaten demnach, dass eine hohe Aufmerksamkeitsleistung und Anstrengung erforderlich ist, um das Referenzobjekt zu identifizieren, während distale Demonstrativa anzeigen, dass keine erhöhte Anstrengung für die referentielle Auflösung nötig ist.

Die hohe Zeigeintensität des proximalen Demonstrativums im Kontrast zum distalen Demonstrativum spiegelt sich auch in seiner pragmatischen Verteilung wider. So tritt engl. *this* häufiger in Erstnennungskontexten auf als engl. *that*, das bevorzugt anaphorisch eingesetzt wird (cf. Strauss 2002, 142; auch von Heusinger 2012, 449). In Erstnennungen setzt das proximale *this* keine referentielle Identifikation durch den Adressaten voraus und fungiert somit als hörerneue Erstnennung (cf. Strauss 2002, 146; cf. Kap. 2.1.2.4). Das distale *that* setzt wie-

---

35 Die Analyse von Strauss (2002) stimmt somit nicht mit den Analysen von Ariel (1990) und Gundel et al. (1993) überein, die dem Referenzobjekt des proximalen Demonstrativums einen höheren Verfügbarkeitsstatus zuschreiben als distalen Demonstrativa (cf. Kap. 2.2.2.1).

derum eine Verankerung im allgemeinen oder individuellen Wissenskontext voraus und erfüllt somit eine anamnestische Funktion (cf. Strauss 2002, 147; auch von Heusinger 2012, 449). Auch wenn distale Demonstrativa aus linguistisch-vergleichender Perspektive häufiger in anamnestischen Gebrauchskontexten auftreten als proximale, ist das Verteilungsmuster, das *this* und *that* im Englischen in Erstnennungen aufweisen, nicht universal (cf. Himmelmann 1997, 71). So findet die proximale Form im Russischen sowohl als hörerneue als auch als hörerbekannte Erstnennung Anwendung, während die distale Form nicht zur Ersteinführung eingesetzt wird (cf. von Heusinger 2012, 449). Gleiches gilt für das Italienische mit dem proximalen *questo*, das hörerneu wie anamnestisch auftritt, wobei in letzterem Kontext auch, und das mit größerer Häufigkeit, das distale *quello* zu finden ist (cf. von Heusinger 2012, 449).

Jarbou (2010, 3088–3095) zeigt wiederum, dass die Verteilung distanzmarkierter Demonstrativa im Arabischen Jordaniens durch die perzeptive Zugänglichkeit des Referenzobjekts bestimmt wird. Proximale Demonstrativa werden im situativen Gebrauch bevorzugt eingesetzt, wenn das Referenzobjekt perzeptiv leicht zugänglich ist, da es den einzigen Vertreter einer Objektklasse darstellt oder sich durch bestimmte qualitative Merkmale eindeutig von Konkurrenzobjekten abhebt (cf. Jarbou 2010, 3090–3091). Distale Demonstrativa überwiegen wiederum, wenn die perzeptive Zugänglichkeit des Referenzobjekts etwa durch die Präsenz von kategorial und qualitativ ähnlichen Konkurrenzobjekten erschwert oder das Referenzobjekt durch schlechte Sichtverhältnisse, wie Nebel, Dunkelheit oder andere Objekte, verdeckt wird (cf. Jarbou 2010, 3090). Die Entfernung des Referenzobjekts zur Sprecher-Origo ist dabei nicht entscheidend. So kann eine Wolke am Himmel proximal markiert werden, wenn sie sich durch ihre Größe von den anderen Wolken abhebt, wie in (138), während ein Buch, das griffbereit im Regal zwischen anderen Büchern liegt, distal kodiert wird, wie in (139) (cf. Jarbou 2010, 3091–3094). Im Dialog in (139) setzt Sprecher A in seinen ersten beiden Redebeiträgen jeweils die distale Form zur Kodierung eines Buches ein, das für den Adressaten perzeptiv schwer identifizierbar ist, da es im Regal zwischen anderen Büchern steht. Sprecher B setzt in beiden Redebeiträgen wiederum die proximale Form zur Kodierung eines Buches ein, das perzeptiv salient ist, da B es aus dem Regal genommen hat und seinem Interaktionspartner präsentiert.

(138) Jordanisches Arabisch
 haii elghaime elbaida ?ijat min hunak?
 this.SG.F cloud white came-she from there
 'this white cloud came from there'
 (Jarbou 2010, 3091)

(139) Jordanisches Arabisch
A: *šaeef* **haẓiik** *erresaleh elli cə-ləlyəmeen?*
see-you.2SG.M that.SG.F thesis which on-the-right
'do you see that MA thesis to the right'

B: **haii?**
this.SG.F
'this (one)?

A: *la'* **haẓiik** *elli wəraahə*
no that.SG.F which behind-her
'no, it's that one behind it'

B: **haii?**
this.SG.F
'this (one)?'

A: *'ywa* **haii** *hatily yahə*
yes this.SG.F bring-me-her
'yes, this one, bring it to me' (Jarbou 2010, 3093)

Auch Jungbluth (2003) weist nach, dass der exophorische Einsatz der proximalen und distalen Formen im Spanischen im Zusammenhang mit der perzeptiven Zugänglichkeit des Referenzobjekts für den Adressaten steht. Jungbluth (2003, 19–28) zeigt, dass die Verteilung der Demonstrativa im Spanischen entsprechend der räumlichen Anordnung der Interaktionspartner variiert. Stehen die Gesprächspartner einander gegenüber (*face-to-face*), tritt das proximale *este* zum Verweis auf Objekte innerhalb des Feldes auf, das sich zwischen Sprecher und Adressat als Demarkationsgrenzen erstreckt und beiden Interaktionspartnern gleichermaßen zugänglich ist, wie das Referenzobjekt von *estas* in (140a) (cf. Jungbluth 2003, 20–21). Das distale *aquel* wird wiederum zum Verweis auf Objekte außerhalb des dyadischen Feldes eingesetzt, wie in (140b) (cf. Jungbluth 2003, 21–22). Der extradyadische Raum, der für den Sprecher visuell erfassbar ist, befindet sich im Rücken des Adressaten und ist für diesen wiederum visuell nicht zugänglich (cf. Jungbluth 2010, 21–22). Gleiches gilt für den visuell erfassbaren extradyadischen Raum des Adressaten. In *face-to-face*-Situationen zeigt das proximale *este* dem Adressaten folglich visuelle Zugänglichkeit an, während *aquel* signalisiert, das das Referenzobjekt nicht im unmittelbaren Sichtfeld verfügbar ist und für die referentielle Auflösung demnach eine höhere Anstrengung, wie das Umdrehen des Kopfes oder ein Positionswechsel, erforderlich ist.

(140) a. *The market woman is surrounded by lots of crates with different kinds of vegetable and fruit. The customer refers to the lettuces with* estas *although they are nearer to the woman and they belong to her.*
Vendedora: ¿Qué más quiere?
Cliente: Las (2 sec), *estas* (4 sec). ¿Cómo se llaman? Las lechugas.
(BRATOLI CS021, zit. in: Jungbluth 2010, 20)

b. *The customer is looking at the apples, which are situated behind the market woman.*
Cliente: ¡Dame de las manzanas, (5 sec) *aquellas*!
(BRATOLI CS0210, zit. in: Jungbluth 2010, 21)

Este und *aquel* bilden in *face-to-face*-Situationen folglich nicht das Entfernungsverhältnis der Referenzobjekte ab, sondern geben Auskunft über die Sichtbarkeit des Referenzobjekts für den Adressaten, wie in (138–139) für das jordanische Arabisch gesehen. In *face-to-face*-Situationen findet somit eine räumliche Zweiteilung in einen intradyadischen Raum statt, der von *este* bedient wird, und einen extradyadischen Raum, auf den *aquel* verweist. Das mediale *ese* wird in *face-to-face*-Situationen daher auch dann kaum exophorisch eingesetzt, wenn das Referenzobjekt eine größere Nähe zum Adressaten als zum Sprecher aufweist, wie in (140a), da es eine Teilung des intradyadischen Raumes bewirken würde (cf. Jungbluth 2003, 21, 26).

Befindet sich der Sprecher hinter dem Adressaten, in einer sog. *face-to-back*-Situation, entsteht kein intradyadisches Feld, das für beide Interaktionspartner gleichermaßen visuell erreichbar wäre (cf. Jungbluth 2003, 24–26). Vielmehr hat der Sprecher beinahe vollständigen Zugang zum visuellen Feld des Adressaten, dieser jedoch nicht zu dem des Sprechers, das in seinem Rücken liegt. Infolge der asymmetrischen Verteilung der Zugänglichkeit des Sichtfeldes für Sprecher und Hörer tritt in *face-to-back*-Situationen sowohl das proximale *este* als auch das mediale *ese* mit exophorischer Verankerung auf. Das mediale *ese* referiert dann auf Objekte im Sichtfeld des Adressaten, wie *ese* im Redebeitrag des Vaters (*Padre*) in (141), das proximale *este* nimmt dagegen auf Objekte Bezug, die ausschließlich für den Sprecher visuell erreichbar sind, wie *este* ebenfalls im Redebeitrag des Vaters in (141) (cf. Jungbluth 2003, 25).

(141) *The son is about to take a juice pack out of the shelves in a supermarket. The father is holding the advertising leaflet in his hands. He first points to the picture (*este*) then he looks up and instructs his son, who is squatting in front of him at some distance. Both are looking in the same direction towards the juices offered in the shelves. He refers to the space in front of the hearer as* ese.

Hijo: ¿Este?
Padre: ¡No (2 sec), *este* (8 sec), *ese*!
(BRATOLI CS0810, zit. in: Jungbluth 2010, 25)

In *face-to-back*-Situationen zeigt *este* folglich an, dass das Referenzobjekt für den Sprecher sichtbar ist, nicht aber für den Hörer. *Ese* signalisiert dem Adressaten, dass das Referenzobjekt in seinem Sichtfeld erreichbar ist. Infolge der Positionierung von Sprecher und Hörer impliziert Hörerzugänglichkeit gleichzeitig eine weitere Entfernung des Referenzobjekts vom Sprecher, zumal Entitäten im Sichtfeld des Adressaten physisch vom Sprecher weiter entfernt sind als ausschließlich sprecherzugängliche Objekte. Auf diese Weise bilden *este* und *ese* in *face-to-back*-Situationen auch Entfernungsstufen ab.

Aquel dient in Gesprächssituationen, in denen die Interaktionspartner die gleiche Perspektive einnehmen, zur Abbildung einer physischen Entfernungsstufe. Stehen die Interaktionspartner nebeneinander, in einer sog. *side-by-side*-Situation, und haben den Blick nach vorne gerichtet, stimmen ihre Sichtfelder vollständig überein (cf. Jungbluth 2003, 26–28). Die Verteilung von *este, ese* und *aquel* wird nicht vom Faktor der visuellen Zugänglichkeit bestimmt, sondern bildet eine Einteilung des Wahrnehmungsraums in ein Nahfeld, durch das proximale *este*, ein Feld mittlerer Entfernung, durch das mediale *ese*, und ein Feld weiterer Entfernung, durch das distale *aquel*, ab, wie der Gebrauch von *esto, eso* und *aquello* in (143) illustriert (cf. Jungbluth 2003, 26). Das distale *aquel* impliziert folglich in *side-by-side*-Situationen im Unterschied zur *face-to-face*-Situation visuelle Zugänglichkeit des Referenzobjekts für den Adressaten.

(142) The carpenter makes his message clear with eye-gesture and the assumption of knowledge of specific lexical items. The machines are in the small hall at different distances.
Carpintero: *Esto* es una refresadora, *eso* es una cierra. *Aquello* es una escuadradora.
(BRATOLI CS0210, zit. in: Jungbluth 2010, 26)

Auch Enfield (2003, 88–89) weist für das Laotische nach, dass der Einsatz lokaldeiktisch spezifizierter Demonstrativa nicht nur von der räumlichen, sondern auch von der interaktionalen Gliederung der Gesprächssituation bestimmt wird. Im Laotischen liegt ein zweigliedriges nominales Demonstrativsystem mit den Formen *nii* (proximal) und *nan* (distal) vor. Enfield (2003, 91–102) zufolge zeigt das distale *nan* an, dass das Referenzobjekt entweder durch eine räumliche oder eine interaktionale Grenze vom Sprecher getrennt ist und somit nicht in seinem Nahfeld liegt. So setzt ein Sprecher, der an einem Flußufer steht, zur Referenz auf ein Boot, das sich auf dem Fluß befindet, das distale *nan* ein, da zwischen Sprecher und Referenzobjekt eine natürliche Grenze liegt, wie Enfield (2003, 92) zeigt.

Die Verteilung des proximalen *nii* wiederum lässt keine Rückschlüsse zu, dass *nii* eine Verortung des Referenzobjekts im Nahfeld des Sprechers vornimmt und somit semantisch komplementär zur *nan*-Form ist. Vielmehr lässt sie vermuten, dass *nii* ein lokaldeiktisch unmarkiertes Demonstrativum ist, das in kontrastiver Relation zur *nan*-Form zwar einen proximalen Referenzbezug herstellt, jedoch nicht darauf festgelegt ist (cf. Enfield 2003, 87; auch Alexiadou et al. 2007, 103 für das proximale *afto* im Griechischen; Rybarczyk 2015, 38–42 für das proximale *ten* im Polnischen). So kann ein Sprecher die Form *nii* sowohl zur Bezugnahme auf Referenzobjekte einsetzen, die außerhalb des räumlichen und interaktionalen Feldes des Sprechers verortet sind, als auch innerhalb (cf. Enfield 2003, 103–107). Das distale *nan* wiederum ist auf den Bereich außerhalb des räumlichen und interaktionalen Feldes festgelegt, was zur Folge hat, dass zur Bezugnahme auf Objekte im Nahraum nur die Form *nii* zum Einsatz kommen kann (cf. Enfield 2003, 105–106; auch Alexiadou et al. 2007, 103 für das distale *ecino* im Griechischen und Rybarczyk 2015, 38–42 für das distale *tamten* im Polnischen). Der Aufmerksamkeits- und Handlungsraum des Sprechers verändert sich im Laufe der Interaktion kontinuierlich. Zudem können die Interaktionspartner zu einem gegebenen Sprechzeitpunkt mehrere Handlungen gleichzeitig vollziehen und ihre Aufmerksamkeit verschiedenen Aktivitäten oder Interaktionspartnern gleichzeitig zuwenden. Somit können konkurrierende Faktoren zur Bestimmung des aktuellen Aufmerksamkeits- und Handlungsraums vorliegen, was Enfield (2003, 95–96) am Beispiel einer Interaktion zwischen einer Marktverkäuferin und einer Kundin illustriert.

Im Beispiel von Enfield (2003, 95–96) fragt eine Kundin nach dem Preis einer Ware, während die Verkäuferin auf der anderen Seite des Marktstands sich mit einer weiteren Person unterhält. Die Verkäuferin verweist auf die von unserer Kundin ausgewählte Ware mit dem distalen *nan*, obwohl diese im räumlichen Nahfeld von Sprecherin und Adressatin liegt. Auf diese Weise etabliert die Sprecherin eine interaktionale Grenze zwischen ihr selbst und dem Referenzobjekt sowie der Adressatin und profiliert die Unterhaltung mit der anderen Person als interaktionales Nahfeld. Die *nan*-Form wird in diesem Fall folglich durch eine interaktionale Grenze motiviert und zeigt an, dass die Sprecherin in ein Handlungsfeld eingebunden ist, das die Adressatin ausschließt. Auf diese Weise dient das distale *nan* auch dazu, sozial-interaktionale Räume zu konfigurieren, indem es signalisiert, dass der Sprecher das Referenzobjekt als aus seinem Nahfeld ausgeschlossen betrachtet und somit eine Grenze zwischen ihm selbst und dem Referenzobjekt sichtbar macht oder etabliert. Auch Bühler

([1934]/1965, 99–100) beschreibt die Funktion des distalen *jener* im Deutschen als den Verweis auf «etwas Ferneres und etwas auf der anderen Seite einer Grenze, die zwischen dem Zeigenden und dem Gezeigten liegt». Das proximale *nii* liefert jedoch keine Hinweise zur Verortung des Referenzobjekts und lässt somit keine Rückschlüsse auf die topographische und interaktionale Gliederung der Äußerungssituation zu.

Auch Rybarczyk (2015, 38–47) weist an polnischen Daten nach, dass die Verteilung der proximalen und distalen Formen nicht komplementär organisiert ist. Im Polnischen ist das proximale Demonstrativum *to*, so Rybarczyk (2015, 38–39), nicht auf die Denotation von Entitäten im Nahfeld des Sprechers beschränkt, sondern weist ein distanzneutrales Verhalten auf. Die Distanzneutralität von *to* wird in erster Linie daran sichtbar, dass es sowohl im Zusammenhang mit dem proximalen demonstrativen Lokaladverb *tutaj*, wie in (143a), als auch mit dem distalen *tam* als lokaldeiktischem Verstärker eingesetzt werden kann, wie in (143b).[36] Doch auch ohne lokaldeiktische Spezifizierung durch ein demonstratives Adverb kann das proximale *to* zum Verweis auf origo-exklusive Entitäten eingesetzt werden, wie in (143c) zum Verweis auf einen Zeitraum, der den Äußerungszeitpunkt nicht einschließt (cf. Rybarczyk 2015, 40). Während *to* keine distanzorientierte Auswertung zulässt, zeigt das distale *tamten* an, dass sich das Referenzobjekt in einer großen Distanz zum Sprecher befindet, wie in (143d) (cf. Rybarczyk 2015, 39–40). Aus diesem Grund kann das distale *tamten* nicht zur Bezugnahme auf physische oder temporale Räume eingesetzt werden, die den Sprechort oder den Sprechzeitpunkt einschließen. Das distale *tamten* ist folglich im Unterschied zum proximalen *to* distanzmarkiert.

(143) Polnisch
    a. *Już   dalej   nie dam rady. Usiądźmy **tutaj** w cieniu **tego***
       already further not I.manage let.us.sit here in shade PROX
      drzewa
      tree
      'I can't go any further. Let's sit in the shade here under this tree.'
      (Rybarczyk 2015, 39)

    b. *Widzisz **to**   drzewo **tam** na wzgórzu?*
      you.see PROX tree   there on hill
      'Do you see that tree there on the hill?' (Rybarczyk 2015, 39)

---

36 Auch im modernen Griechischen kann das proximale *afto* sowohl von dem proximalen Lokaladverb *edho* als auch dem distalen Lokaladverb *eci* modifiziert werden (cf. Alexiadou et al. 2007, 103).

c. *Pamiętam upalne sierpniowe wieczory 1996 roku. **Tego lata** moje życie stanęło na głowie.*
'I remember hot august evenings of 1996. That (lit. 'this') summer my life turned upside down.' (Rybarczyk 2015, 40; ohne Glosse im Original)

d. *Widzisz **tamto drzewo** na wzgórzu?*
you.see DIST tree on hill
'Do you see that tree on the hill?' (Rybarczyk 2015, 39)

Cornish (2013, 93), Potts/Schwarz (2010, 3) und Lakoff (1974, 347) postulieren, dass die raumzeitliche Distanzmarkierung proximaler und distaler Demonstrativa vielmehr eine kontextuell induzierte Interpretation eines abstrakten Grundwerts darstellt denn einen eigenen semantischen Wert (cf. auch Meermann/Sonnenhauser 2015, 53). Demnach wäre das proximale Demonstrativum Ausdruck einer Verortung des Referenzobjekts in der abstrakten Sphäre des Sprechers, so Cornish (2013, 93) für das proximale *this* im Englischen, Cornish (2017, 220–228) für die komplexe Form *ce N-ci* mit proximaler Semantik im Französischen und Laury (1997, 62–70) für proximales *tämä* im Finnischen (cf. auch Kap. 2.1.2.4). Die Eingebundenheit des Referenzobjekts in die Sprechersphäre kann je nach Sprechkontext die räumliche oder affektive Nähe des Referenzobjekts, ein Possessionsverhältnis zum Referenzobjekt oder die interaktionale oder soziale Teilhabe des Referenzobjekts bedeuten. Komplementär zum proximalen Demonstrativum verortet das distale Demonstrativum das Referenzobjekt außerhalb der Sprechersphäre, so Cornish (2013, 93). Die Ausgeschlossenheit des Referenzobjekts aus der Sprechersphäre kann entweder als räumliche Ferne oder als räumliche Trennung des Referenzobjekts, als affektive Ferne, als Nichtpossession oder als interaktionaler bzw. sozialer Ausschluss verstanden werden, wie Enfield (2003) für das distale *nan* im Laotischen zeigt, Cornish (2017, 220–228) für die komplexe Form *ce N-là* mit distaler Semantik im Französischen, Cornish (2001, 303–304), Lakoff (1974) und Lyons (1977, 677) für distales *that* im Englischen und Laury (1997, 70–77) für distales *tuo* im Finnischen.

Auch wenn proximale Demonstrativa häufig mit affektiver Nähe, distale Demonstrativa mit emotionaler Distanznahme assoziiert werden, sind distanzmarkierte Demonstrativa nicht auf eine positive bzw. negative affektive Ausrichtung festgelegt (cf. Kap. 2.1.2.4). So kann ein distales Demonstrativum auch zur Verstärkung einer positiven affektiven Haltung eingesetzt werden (cf. die Beispiele von Acton/Potts 2014, 5; Carlson 2011, 1173). Strauss (2002, 143) zeigt, dass anaphorisches *that* im Englischen häufig in Kontexten auftritt, in denen die Interaktionspartner Interessen teilen und ein gemeinsames Ziel verfolgen. Das proximale engl. *this* wiederum tritt häufiger auf, wenn die Interaktionspartner geteilte Meinungen vertreten und somit ein erhöhtes Konfliktpotenzial besteht (cf. Strauss 2002, 143–144). Diese Verteilung lässt Strauss (2002, 143–144) vermuten, dass das distale engl. *that* dazu dient, Solidarität anzuzeigen, während das proximale engl. *this* eine konfrontative Haltung der Interaktionspartner und affektive Distanz zwischen ihnen impliziert. Mit Strauss (2002) kann die Distribution von engl. *this* und engl. *that* nach kommunikativen Situationen auch auf die unterschiedliche Zeigeintensität der Formen zurückgeführt werden. Im Zuge der hohen Zeigeintensität, die engl. *this* impliziert, wie weiter oben in diesem Kapitel gesehen, eignet es sich besser als engl. *that* zur Referentialisierung in konfrontativen Kontexten, in denen aufgrund der unterschiedlichen kommunikativen Ziele der Interaktionspartner das Verständnis und die Aufmerksamkeit des Interaktionspartners gefährdet sein kann. In Kontexten, in denen die Interaktionspartner hingegen solidarisch ein gemeinschaftliches Ziel verfolgen, ist keine hohe Zeigeintensität und Aufmerksamkeitsaufforderung notwendig.

In der Individualität des Diskurses entsteht schließlich eine je neue Konfiguration des Bezugsraums distanzmarkierter Demonstrativa, die sich in Relation zum Referenzobjekt selbst, zu Konkurrenzobjekten, die als Vergleichspunkte herangezogen werden, sowie zu weiteren pragmatischen Faktoren der Äußerungssituation ergibt, etwa dem diskursiven Gewicht des Referenzobjekts oder der emotionalen Einstellung des Sprechers diesem gegenüber. Wie im Verlauf dieses Abschnitts gesehen, kann der Einsatz proximaler und distaler Demonstrativa durch unterschiedliche semantische Werte bedingt sein, wie in Tab. 2.4 zusammengefasst. Je nach den situativen und diskursiven Umständen einer Äußerung können die Formen somit unterschiedliche pragmatische Lesarten erhalten. Entsprechend den Darlegungen in diesem Abschnitt werden proximale Demonstrativa in vielen Sprachen mit Nähewerten assoziiert, auf raumzeitlicher Ebene, im Sinne der perzeptiven Zugänglichkeit, auf affektiver Ebene oder zum Ausdruck eines Possessionsverhältnisses (cf. Tab. 2.4). Darüber hinaus wird proximalen Demonstrativa eine hohe Zeigeintensität zugeschrieben. Demnach kommen sie in Kontexten zum Einsatz, die eine erhöhte Aufmerksamkeitsleistung des Interaktionspartners bei der referentiellen Auflösung erfordern, etwa auf situativer Ebene zum Verweis auf Entitäten außerhalb des Blickfelds des Interaktionspartners oder zur Bezugnahme auf diskursneue oder unbekannte Referenzobjekte (cf. Tab. 2.4). In dieser Funktion kommen proximale Demonstrativa auch zum Ausdruck einer konfrontativen Haltung zwischen den Interaktionspartnern zum Einsatz. Distale Demonstrativa werden komplementär dazu mit den gegenläufigen Werten assoziiert, so zum Ausdruck von Distanzwerten, wie raumzeitlicher und affektiver Ferne, zur Markierung perzeptiver Unzugänglichkeit des Referenzobjekts oder der Negation eines Possessionsverhältnisses eingesetzt (cf. Tab. 2.4). Im Unterschied zu proximalen Demonstrativa weisen

Tab. 2.4: Lesarten proximaler und distaler Demonstrativa.

PROXIMAL origo-inklusiv, intradyadisch	DISTAL origo-exklusiv, extradyadisch
Nähe (a) raumzeitlich nah (b) perzeptiv zugänglich (c) affektiv nah (d) Possession	**Ferne** (a) raumzeitlich fern (b) perzeptiv unzugänglich (c) affektiv fern (d) Nicht-Possession
Hohe Zeigeintensität (a) niedrige Verfügbarkeit (diskursneu, unbekannt, nicht in Blickrichtung) (b) hohe Aufmerksamkeitsleistung zur Identifikation (c) Konfrontation der Interaktionspartner	**Neutrale Zeigeintensität** (a) hohe Verfügbarkeit (diskursalt, bekannt, in Blickrichtung) (b) normale Aufmerksamkeitsleistung zur Identifikation (c) Solidarität der Interaktionspartner

distale Demonstrativa eine neutrale Zeigeintensität auf. Entsprechend werden sie zum Verweis auf Referenzobjekte bevorzugt, deren referentielle Identifikation keiner erhöhten Aufmerksamkeitsleistung bedarf, etwa bei diskursalten, bekannten oder auf situativer Ebene im Blickfeld verorteten Referenzobjekten (cf. Tab. 2.4).

Das funktionale Tableau in Tab. 2.4 lässt eine vollständig komplementäre Verteilung proximaler und distaler Demonstrativa vermuten. In der Tat ist es jedoch so, dass sich die mit einer proximalen oder distalen Form assoziierten Werte in einigen Fällen erst durch den direkten Kontrast zur jeweiligen Konkurrenzform manifestieren, wie etwa in (137a–b) und (142) gesehen. Darüber hinaus können die einzelnen Werte in einem gegebenen Gebrauchskontext im Widerspruch zueinander stehen. So kann die Wahl eines proximalen Demonstrativums etwa vom Faktor hohe Zeigeintensität motiviert werden, obwohl das Referenzobjekt raumzeitlich und affektiv fern ist. Da der Einsatz proximaler und distaler Demonstrativa durch viele teils nicht zusammenhängende Werte bedingt sein kann, gestaltet sich die Verteilung der Formen nicht als vollständig komplementär und ist daher in vielen Kontexten nicht festgelegt.

2.2.2.3 Zusammenfassung

Die linguistisch-vergleichende Analyse der Funktionalität distanzmarkierter demonstrativer Ausdrücke hat zum einen gezeigt, dass ihre Verteilung keine Ermittlung eines Distanzwerts als konsistenter Grundbedeutung zulässt. Zum anderen legt sie offen, dass die distanzorientierte Auswertung zwar eine mögliche Lesart der Demonstrativformen darstellt, die Funktion lokaldeiktisch differenzierter Formen sich jedoch nicht in der Markierung von Distanzwerten erschöpfen muss (cf. auch Jacquesson 2015, 511–513). Auch wenn zu vermuten ist, dass sich die zusätzlichen Lesarten proximaler und distaler Demonstrativa aus diachroner Perspektive metonymisch aus den Nähe- und Distanzmarkierungen ableiten, ist diese Funktionserweiterung wohl schon so alt, dass sie historisch nicht mehr nachvollzogen werden kann. Da sich distanzbewertende Adjektive (*proximal, medial, distal*) zur Klassifikation einzelner Demonstrativparadigmen in der linguistischen Beschreibung und Analyse mehrgliedriger Demonstrativsysteme als Bezeichnungstradition etabliert haben, werden auch in der vorliegenden Arbeit die Adjektive *proximal, medial* und *distal* zur klassifikatorischen Differenzierung der einzelnen Demonstrativparadigmen eingesetzt. Die Begriffe *proximal, medial* und *distal* sind hier folglich eher Kennzeichnungsformen einzelner Demonstrativparadigmen als funktionale Festlegungen auf einen distanzbestimmten semantischen Grundwert.

Mit dem Abbau der lokaldeiktischen Spezifizierung der Demonstrativa in der Diachronie des Französischen vollzieht sich aus sprachvergleichender Perspektive ein Wandel von einem typologisch häufigen nominalen Demonstrativsystem mit einem zweigliedrigen Distanzunterschied ohne formale Differenzierung adnominaler und pronominaler Funktionen zu einem der typologisch seltensten Ordnungsmuster im Bereich der nominalen Demonstrativa, so zu einem System ohne Distanzunterscheidung, dafür mit formaler Differenzierung adnominaler und pronominaler Paradigmen. Infolge dieser Verschiebung im Demonstrativsystem nimmt das Französische heute nicht nur innerhalb der romanischen Sprachfamilie, sondern auch im umfassenderen Sprachvergleich eine Ausnahmeposition ein.

Vor dem Hintergrund der Tatsache, dass das syntaktische Verteilungsprinzip kognitiv einfacher ist als das semantische, wie in Kap. 2.2.1 gesehen, sind die höheren Frequenzen lokaldeiktisch geordneter Demonstrativsysteme umso erstaunlicher. Da in den meisten Sprachen im nominalen Bereich wie im Altfranzösischen keine formale Unterscheidung zwischen adnominalen und pronominalen Demonstrativa getroffen wird, die Formen dagegen syntaktisch polyvalent sind, drängt sich darüber hinaus die Vermutung auf, dass adnominale und pronominale Formen funktional konvergieren. Kap. 2.3 im Anschluss wird daher die syntaktische Perspektive der Analyse der Demonstrativa ins Zentrum der Aufmerksamkeit rücken.

2.3 Syntaktische Perspektive

Nominale Demonstrativa können sowohl als Determinierer in Begleitung eines Nominalkomplements als auch als Pronomina eingesetzt werden. Wie in

Kap. 2.2.2.1 gesehen, ist die Unterscheidung zwischen der adnominalen und der pronominalen Funktion in den meisten Sprachen im Gegensatz zum modernen Französischen nicht an eine formale Unterscheidung adnominaler und pronominaler Demonstrativparadigmen gekoppelt. Die Tatsache, dass demonstrative Formen in den meisten Sprachen im nominalen Bereich syntaktisch polyvalent sind, lässt Konvergenzen zwischen der adnominalen und der pronominalen Funktion vermuten. Wie in Kap. 1 gesehen, bauen die nominalen Demonstrativa ihre syntaktische Polyvalenz in der Geschichte des Französischen zunehmend ab und gleichzeitig eine syntaktische Spezialisierung auf (cf. auch Kap. 3.2.2 & 3.3.2). Um diesen Wandelprozess auf syntaktischer Ebene nachvollziehen zu können, bedarf es einer Analyse und Erfassung der syntaktischen Strukturen adnominaler und pronominaler Demonstrativa sowie ihrer Konvergenzen und Divergenzen. In Kapitel 2.3.1 *Demonstrativa in der Determiniererphrase* diskutiere ich daher zunächst die Position von Demonstrativa in der funktionalen Gliederung der Determiniererphrase. In Kapitel 2.3.2 *Demonstrativa als Determinierer und Pronomina* zeige ich dann die syntaktischen Unterschiede zwischen adnominalen und pronominalen Demonstrativa auf und diskutiere die Möglichkeit, Pronomina funktional als Determinierer zu analysieren.

2.3.1 Demonstrativa in der Determiniererphrase

Seit der Analyse von Abney (1987) werden Determinierer in der Nominalgruppe als strukturelles Äquivalent des Komplementierers (Comp) und der Flexionsmerkmale am Verb (Infl) in der Satzstruktur betrachtet. Wie Comp und Infl in der Verbalgruppe projizieren Determinierer, so Abney (1987, Kap. 3.4), eine funktionale Phrase, die die maximale Projektion der Nominalgruppe darstellt.[37] Der Determinierer (D) fungiert demzufolge als Kopf einer Determiniererphrase (DP) und regiert als solcher die zugeordnete Nominalphrase (NP), die das obligatorische Komplement des Kopfes (D) stellt, wie in Abb. 2.4 dargestellt.

Die Köpfe funktionaler Phrasen werden von funktionalen Elementen besetzt. Funktionale Elemente unterscheiden sich von lexikalischen, so Abney (1987, 43–44), in fünf Aspekten: (i) sie stellen eine geschlossene Wortklasse dar, (ii) sind phonologisch oder morphologisch schwach (z. B. Klitika oder Affixe) bis hin zu inexistent, (iii) das Komplement funktionaler Elemente ist nicht-argumental, (iv) funktionale Elemente können nicht von ihrem Komplement getrennt werden, (v) ihr semantischer Gehalt leistet keine kategoriale Deskription, sondern stellt eine

---

[37] Cf. Bernstein (2001, 538–544) für morphologische, syntaktische und semantische Evidenzen für die DP-Hypothese.

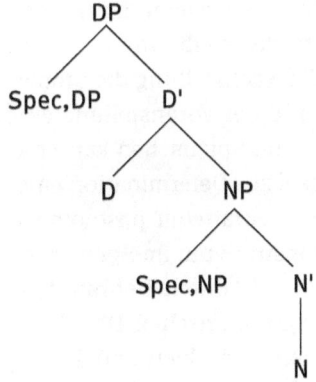

Abb. 2.4: Struktur der DP nach Abney (1987, Kap. 3.4.) und Bernstein (2001a, 537).

Funktion dar, die die referentielle Auflösung ihres Komplements steuert. Den Kriterien von Abney (1987) folgend ist der funktionale Kopf D nicht dem Definitartikel vorbehalten, sondern kann auch von anderen Formenparadigmen besetzt werden, die eine determinative Funktion erfüllen (cf. Abney 1987, Kap. 2.3.4; auch Longobardi 2001, 580–581). Im Französischen treten in Determiniererfunktion neben dem Definitartikel auch der Demonstrativartikel (144a), der Possessivartikel (144b) und der Indefinitartikel (144c) auf. Wie der Definitartikel stellen Demonstrativ-, Possessiv- und Indefinitartikel jeweils eine geschlossene, funktionale Wortklasse dar, wie Abney (1987) in Kriterium (i) spezifiziert. Sie sind klitisch gebunden und folglich phonologisch schwach, wie Abney (1987) in Kriterium (ii) definiert. Demonstrativ-, Possessiv- und Indefinitartikel bleiben in Akzentphrasen unbetont, wie in (145a), ein Hauptakzent ist nur in Ausnahmefällen möglich, wie im kontrastiven Einsatz in (145b) zu sehen (cf. auch Beispiel (115c) in Kap. 2.1.3 für einen Definitartikel unter dem Hauptakzent).

(144) a. *ce cheval, cette renarde, ces bêtes*
b. *mon cheval, ton renarde, ses bêtes*
c. *un cheval, une renarde, des bêtes*

(145) a. *ce chevAL, mon chevAL, un chevAL*
b. [C]e n'est pas *CET* homme, mais *L'HOMME* qui est fait à l'intention de la nature.
(Marty 1962, 151)

In vielen Sprachen treten Demonstrativa nicht anstelle eines Definitartikels auf, wie für das Französische gesehen, sondern nur in Kombination mit einem Definitartikel, wie die Beispiele (146a–b) aus dem Griechischen zeigen. Im Griechischen kann das Demonstrativum der Folge DEF-N nachgestellt, wie in (146a), oder vorangestellt werden, wie in (146b). Während die Nachstellung die unmarkierte Version darstellt, erreicht das Demonstrativum in der Voranstellung eine Fokalisierung (cf. Alexiadou et al. 2007, 80–81). Auch im Spanischen kann das Demonstrativum in Kombination mit dem Definitartikel zur Determination einer NP eingesetzt werden, wie in (147a), wenn das Demonstrativum postnominal auftritt. In pränominaler Position blockiert das Demonstrativum im Spanischen die Realisierung des Definitartikels, wie (147b) zeigt. Die durch Definitartikel und Demonstrativum entstehende Struktur der determinatorischen Dopplung, wie in (147a), ist im Vergleich zur einfachen Determination markiert und demzufolge in ihrer pragmatischen Verteilung eingeschränkt (cf. auch Taboada 2007, 327–328).

(146) Griechisch
    a. *to   vivlio afto*
       DEF Buch PROX
       (Alexiadou et al. 2007, 80)

    b. *afto to   vivlio*
       PROX DEF BUCH
       (Alexiadou et al. 2007, 106)

(147) Spanisch
    a. *el   libro este*
       DEF Buch PROX

    b. *este (*el) libro*
       PROX DEF BUCH

Auch in französischbasierten Kreolsprachen unterstützt der Definitartikel die Determination in demonstrativen Kennzeichnungen. Im Haitianischen Kreol findet sich die distanzneutrale Demonstrativform *sa* in allen Fällen in Begleitung des Definitartikels, wie in (148a–c) (cf. Wespel 2008, 95). Sowohl das Demonstrativum als auch der Definitartikel sind im Haitianischen Kreol der determinierten NP immer nachgestellt, wie *liv* in (148a), *chwal* in (148b) sowie in der durch einen Relativsatz modifizierten NP *moun ke m konnen* in (148c) (cf. Wespel 2008, 92–95). In allen Beispielen von Wespel (2008, 95) zum Haitianischen Kreol geht die Demonstrativform dem Definitartikel voraus. Im Mauritianischen Kreol ist der Definitartikel in demonstrativen Kennzeichnungen nicht obligatorisch, wird jedoch in den meisten Fällen realisiert (cf. Wespel 2008, 139). Da das Demonstrativum im Mauritianischen Kreol auf die Position vor der NP festgelegt ist, der Definitartikel wiederum auf die nachgestellte Position, entsteht eine Determinativklammer der Struktur *sa ... la*, wie in (149a–b).

(148) Haitianisches Kreol
    a. *li   sa   a*
       Buch DEM DEF

    b. *chwal sa yo*
       Pferd DEM DEF.PL

    c. *moun ke m konnen sa a*
       Mann REL ich weiß   DEM DEF.SG
       (Beispiele (146a–c) aus: Wespel 2008, 95)

(149) Mauritianisches Kreol
    a. *sa   lakaz la*
       DEM Haus DEF

    b. *tu sa   ban liv   la*
       alle DEM PL Buch DEF
       (Beispiele (147a–b) aus: Wespel 2008, 139–140)

In Folge der verbreiteten Kopräsenz von Definitartikel und Demonstrativum zur Determination einer NP liegt die Vermutung nahe, dass Demonstrativa und Definitartikel innerhalb der DP verschiedene funktionale Positionen besetzen. Aus diesem Grund geht die neuere Forschung davon aus, dass nur der Definitartikel den Kopf D realisiert, während das Demonstrativum als Demonstrativphrase (DemP) die Position Spec,DP einnimmt, wie in (150a–b) anhand französischer Beispiele dargestellt (cf. Brugè 1996; Giusti 1997; Leu 2015, 11; Roehrs 2009, 42). Die positionalen Unterschiede zwischen Demonstrativum und Definitartikel ermöglichen auch eine Analyse der Beispiele doppelter Determination durch ein Demonstrativum und einen Definitartikel, wie in (146b) für das Griechische gesehen, das in (151) erneut dargestellt ist. Die Nachstellung des Demonstrativums, wie in (146a) für das Griechische und in (147a) für das Spanische gesehen, lässt weiterhin annehmen, dass das Demonstrativum nicht in Spec,DP basisgeneriert wird, sondern in einer unterhalb von D liegenden funktionalen Phrase und dann nach Spec,DP verschoben werden kann, wie Brugè (1996, 10, 18–19) und Giusti (1997, 109–110; 2015, 134–135) vertreten. Die Basisgeneration der DemP in einer unterhalb von D liegenden Position erklärt, so Brugè (1996, u. a. 10) und Giusti (1997, 110–111), die crosslinguistische und innersprachliche Variation der syntaktischen Position von Demonstrativa. Im Spanischen können Demonstrativa, so

Brugè (1996, 29), entweder nach Spec,DP verschoben werden oder in ihrer Basisposition verharren. Im ersten Fall ergibt sich eine pränominale Position des Demonstrativums, wie in (147b), das in (152a) erneut zitiert wird (cf. Brugè 1996, 5). Im zweiten Fall bleibt das Demonstrativum in der postnominalen Position, wie in (147a), das in (152b) erneut zitiert wird.

(150) a. [$_{DP}$ [$_{Spec,DP}$ [$_{D'}$ [$_D$ *le*] [$_{NP}$ [$_N$ *livre*]]]]]
      b. [$_{DP}$ [$_{Spec,DP}$ *ce* [$_{D'}$ [$_D$] [$_{NP}$ [$_N$ *livre*]]]]]
         (cf. Gutiérrez-Rexach 2015, 445)

(151) [$_{DP}$ [$_{Spec,DP}$ *afto* [$_{D'}$ [$_D$ *to*] [$_{NP}$ *vivlio*]]]]

(152) a. [$_{DP}$ [$_{Spec,DP}$ *este*$_i$ [$_{D'}$ [$_D$] ... [$_{XP}$ [$_X$ *libro*$_j$] [$_{FP}$ [$_{Spec,FP}$ t$_i$] [$_{F'}$ [$_F$] [$_{NP}$ t$_j$]]]]]]]
      b. [$_{DP}$ [$_{Spec,DP}$ [$_{D'}$ [$_D$ *el*] ... [$_{XP}$ [$_X$ *libro*$_j$] [$_{FP}$ [$_{Spec,FP}$ *este*] [$_{F'}$ [$_F$] [$_{NP}$ t$_j$]]]]]]]
      c. *[$_{DP}$ [$_{Spec,DP}$ *este*$_i$ [$_{D'}$ [$_D$ *el*] ... [$_{XP}$ [$_X$ *libro*$_j$] [$_{FP}$ [$_{Spec,FP}$ t$_i$] [$_{F'}$ [$_F$] [$_{NP}$ t$_j$]]]]]]][38]
         (cf. Brugè 1996, 5, 19)

Mit der Besetzung von Spec,DP durch eine DemP ist, so Giusti (1997, 109–110), die Funktion des Kopfes D, die in der Herstellung eines Referenzbezugs besteht, ausreichend sichtbar gemacht. Für den Kopf D ist dann keine offene Realisierung notwendig, wie in (152a). Im Unterschied zum Griechischen unterdrückt die Besetzung von Spec,DP die Realisierung von D, wie die Agrammatikalität von (152c) zeigt. Bewegt sich die DemP nicht nach Spec,DP, sondern verbleibt in ihrer Basisposition, wie in (152b), ist die Realisierung eines expletiven Artikels notwendig. Im Unterschied zum Spanischen ist im Französischen die Verschiebung der DemP nach Spec,DP obligatorisch, wie (153a) im Kontrast zu (153b) zeigt. Ebenso wie im Spanischen verhindert die DemP in Spec,DP im Französischen die offene Realisierung von D, wie die Agrammatikalität von (153c) zeigt.[39]

(153) a. [$_{DP}$ [$_{Spec,DP}$ *ce*$_i$ [$_{D'}$ [$_D$] ... [$_{XP}$ [$_X$ *livre*$_j$] [$_{FP}$ [$_{Spec,FP}$ t$_i$] [$_{F'}$ [$_F$] [$_{NP}$ t$_j$]]]]]]]
      b. *[$_{DP}$ [$_{Spec,DP}$ [$_{D'}$ [$_D$ *le*] ... [$_{XP}$ [$_X$ *livre*$_j$] [$_{FP}$ [$_{Spec,FP}$ *ce*] [$_{F'}$ [$_F$] [$_{NP}$ t$_j$]]]]]]]
      c. *[$_{DP}$ [$_{Spec,DP}$ *ce*$_i$ [$_{D'}$ [$_D$ *le*] ... [$_{XP}$ [$_X$ *livre*$_j$] [$_{FP}$ [$_{Spec,FP}$ t$_i$] [$_{F'}$ [$_F$] [$_{NP}$ t$_j$]]]]]]]

---

[38] In den romanischen Sprachen findet in demonstrativen Kennzeichnungen zudem eine Bewegung der NP in den Kopf einer funktionalen Phrase unterhalb von D statt, wie in den Analysen in (150a–b) sichtbar ist (cf. auch Giusti 1997, 107–108).
[39] Bernstein (1997, 94; 2001a, 552) betrachtet die komplementäre Verteilung des Demonstrativums und des Definitartikels in pränominaler Position im Französischen als Indiz dafür, dass sich die DemP im Französischen nicht nach Spec,DP bewegt, sondern in den Kopf D gehoben wird (cf. auch Taboada 2007, 329–330).

Die Bewegung der DemP aus der Basisposition nach Spec,DP im Französischen erlaubt es auch, die syntaktische Spaltung der komplexen Demonstrativa *ce N-ci* und *ce N-là* strukturell nachzuvollziehen. Als deiktische Verstärker des Demonstrativums besetzen *-ci* und *-là* den Kopf der funktionalen Phrase, in der das Demonstrativum basisgeneriert wird (cf. Bernstein 1997, 98). Während die DemP und die NP in eine höhere Position gehoben werden, bleiben *-ci* und *-là* in F zurück, was schließlich die Spaltung von Demonstrativum und demonstrativem Lokaladverb bewirkt, wie in (154a) dargestellt (cf. Bernstein 2001a, 553). Die Agrammatikalität von (154b) beweist, dass eine Hebung des deiktischen Verstärkers aus F nach Spec,DP im Französischen ausgeschlossen ist.

(154) a. [$_{DP}$ [$_{Spec,DP}$ *ce*$_i$ [$_{D'}$ [$_D$] ... [$_{XP}$ [$_X$ *livre*$_j$] [$_{FP}$ [$_{Spec,FP}$ t$_i$] [$_{F'}$ [$_F$ *-ci/-là*] [$_{NP}$ t$_j$]]]]]]]]

b. *[$_{DP}$ [$_{Spec,DP}$ *ce-ci*$_i$ [$_{D'}$ [$_D$] ... [$_{XP}$ [$_X$ *livre*$_j$] [$_{FP}$ [$_{Spec,FP}$ t$_i$] [$_{F'}$ [$_F$ t$_i$] [$_{NP}$ t$_j$]]]]]]]]

Während im Französischen die Spaltung von Demonstrativum und deiktischem Verstärker obligatorisch ist, ebenso wie in den anderen romanischen Sprachen, sind in germanischen Sprachen sowohl Klammerstrukturen als auch syntaktisch gebundene Strukturen möglich (cf. Roehrs 2010, 226–227; 2013, 333, 370). Im Englischen stellt die Klammerstruktur das Standardmuster dar, wie (155a) zeigt. In Substandardvarietäten des Englischen bleibt die Spaltung von Demonstrativum und demonstrativem Lokaladverb jedoch aus, wie in (155b) (cf. Bernstein 1997, 98). Auch in Substandardvarietäten des Schwedischen liegt keine Klammerstruktur vor, wie in (155c). Das schwedische Beispiel zeigt auch, dass die demonstrative Referentialisierung einer DP erst kompositionell durch die Präsenz eines deiktischen Verstärkers entstehen kann. In (155c) entsteht die Demonstrationsfunktion nämlich durch die Verbindung des Definitartikels *den* mit dem Lokaladverb *här*, das die demonstrative Bedeutungskomponente liefert (cf. Leu 2007, 145).

(155) a. Englisch (Standard)
this guy *here*
b. Englisch (Substandard)
this here guy
c. Schwedisch (Substandard)
den här mannen
DEF hier Mann.DEF
(Beispiel (155a–c) aus: Bernstein 1997, 91, 98)

Bernstein (2001a, 553; 2001b, 6) führt die postnominale Stellung des deiktischen Verstärkers in demonstrativen Kennzeichnungen auf ein grundsätzliches syntaktisches Prinzip der romanischen Sprachen zurück, Elemente mit einer kontrastiven Funktion postnominal und somit in der rechten Peripherie der DP zu positionieren. Die demonstrativen Lokaladverbien, -ci, -là und là-bas, die zur lokaldeiktischen Spezifizierung in Demonstrativ-DPs dienen, unterstreichen die kontrastive Funktion der Demonstrativa, da sie die Präsenz von Konkurrenzreferenten in der Äußerungssituation vermuten lassen (cf. Kap. 2.1.2.2). Demonstrative Lokaladverbien erreichen in Demonstrativ-DPs somit automatisch eine kontrastive Lesart, während die Auslassung eine neutrale Interpretation bewirkt, wie *cette femme intelligente ci* in (156a) im Kontrast zu *cette femme intelligente* in (156b) zeigt (cf. Bernstein 2001b, 15–18; auch Aboh 2004, 3). Die kontrastive Funktion demonstrativer Lokaladverbien wird durch ihre starke Position in der prosodischen Einheit gestützt. Als DP-finale Elemente tragen demonstrative Verstärkerelemente nämlich den Hauptakzent einer Akzentphrase (cf. Bernstein 2001b, 15), im Unterschied zu den Demonstrativdeterminierern in pränominaler Position, die nur in Ausnahmefällen einen Akzent tragen können.

(156) a. *cette femme intelligente ci*
b. *cette femme intelligente*
c. Le rugby, ça se joue avec *un ballon ovale et pas rond*.
(Beispiel (156a–b) aus: Bernstein 2001b, 17)

Als kontrastiv herausgestellte Elemente entsprechen demonstrative Lokaldeiktika funktional postnominalen Adjektiven. Die Erweiterung einer nominalen Kennzeichnung um ein Adjektiv, das eine qualitative oder relationale Dimension des Referenzobjekts denotiert, stellt nämlich ebenso die Präsenz von Konkurrenzreferenten der Kategorie N heraus, die im Unterschied zum angesteuerten Referenzobjekt die genannten Eigenschaften nicht aufweisen (cf. Kap. 2.1.2.2; auch Löbner 2016). Dass postnominale, DP-finale Adjektive im Französischen, wie auch in den übrigen romanischen Sprachen, kontrastiv fokussiert werden, lässt sich auch daran ablesen, dass sie mit Konkurrenzwerten assoziiert werden können, wie *ovale* und *rond* in (156c) (cf. Bernstein 2001b, 7–8 für Beispiele aus dem Spanischen).

Zusammenfassung
In vielen Sprachen treten Demonstrativa in der Determination von Nominalgruppen nicht als funktionales Korrelat von Definitartikeln auf, sondern sind in dieser Funktion in Kombination mit definiten Determinierern zu finden, etwa im Griechischen oder haitianischen Kreol. Aus diesem Grund ist zu vermuten, dass adnominale Demonstrativa nicht D besetzen, sondern in einer funktionalen

Phrase DemP unterhalb von D basisgeneriert werden und sich von dort nach Spec,DP bewegen. Die funktionalen Konvergenzen zwischen Definit- und Demonstrativartikeln spiegeln sich somit auch auf syntaktischer Ebene wider. Wie in Kap. 2.1.3 gesehen, teilen Demonstrativa als definite Zeichen den Wert der referentiellen Eindeutigkeit mit dem Definitartikel, reichern diesen jedoch durch eine Kontrastpräsupposition an. Die höhere semantische Spezifiziertheit des Demonstrativartikels im Unterschied zum Definitartikel zeichnet sich somit auch in der Grundposition der DemP unterhalb von D ab. Die inhärente Kontrastpräsupposition des Demonstrativartikels kommt darüber hinaus in der Struktur der DemP zum Ausdruck. So besetzt der Demonstrativartikel den Spezifikator der DemP, während der funktionale Kopf Dem nur durch Elemente, die die kontrastive Funktion der Demonstrativa sichtbar machen, overt besetzt werden kann, wie lokaldeiktische Verstärker. Die Vermutung liegt folglich nahe, dass der funktionale Kopf Dem die demonstrative Kontrastpräsupposition indiziert, die durch die Partikeln *-ci* und *-là* lokaldeiktisch interpretiert werden kann. Nachdem in diesem Abschnitt die syntaktische Position der Demonstrativdeterminierer im Vordergrund stand, stellt sich nun die Frage, welche syntaktische Position Demonstrativpronomina einnehmen.

2.3.2 Demonstrativa als Determinierer und Pronomen

Der funktionale und positionale Unterschied zwischen Demonstrativ- und Definitartikel in der Struktur der DP spiegelt sich auch darin wider, so Alexiadou et al. (2007, 106) und Giusti (1997, 103), dass nominale Demonstrativformen im Unterschied zum Definitartikel in vielen Sprachen nicht auf die adnominale Funktion festgelegt sind, sondern auch pronominal eingesetzt werden können, wie im Italienischen (157a–b), Spanischen (158a–b) oder Englischen (159a–b) der Fall.

(157) Italienisch
    a. Ho visto *il/un *(ragazzo)*.
    b. Ho visto *quello (ragazzo)*.
       (Beispiel (157a–b) aus: Giusti 1997, 103)

(158) Spanisch
    a. Me gusta *el *(libro)*.
    b. Me gusta *este (libro)*.

(159) Englisch
    a. I like *the *(book)*.
    b. I like *that (book)*.
       (Beispiel (159a–b) aus: Alexiadou et al. 2007, 106)

Im Englischen ist der Gebrauch der Demonstrativformen ohne NP-Komplement pragmatisch stark eingeschränkt, da bei der Bezugnahme auf individuierte Entitäten *one* als nominales Defaultelement ergänzt werden muss, wie in Kap. 2.2.2.1 gesehen. Im Spanischen wiederum ist die pronominale Einsatzmöglichkeit nicht in allen Kontexten dem Demonstrativum vorbehalten. Wie das Demonstrativum kann der maskuline Definitartikel im Singular im Spanischen in betonter Form in Subjektposition pronominal verwendet werden, sofern das Referenzobjekt männlich und menschlich ist, wie in (160a) (cf. Luján 2001, 38). Definitartikel und Personalpronomina der dritten Person sind im Spanischen, wie auch im Französischen, Italienischen und den meisten übrigen romanischen Sprachen, etymologisch identisch, auch wenn in vielen Fällen keine formale Identität besteht (cf. Kap. 3.2.2). Formale Unterschiede ergeben sich durch kasus- und akzentbedingte alternative Entwicklungen (cf. Kap. 3.2.2). Da Definitartikel nicht akzentfähig sind, stimmen sie formal zumeist mit Objektklitika überein, wie in (160b), die an das Verb gebunden sind. Vergleicht man den Definitartikel mit Subjektpronomina, so stellt der Definitartikel, aus diachroner Perspektive, meist das Resultat einer alternativen formalen Entwicklung des Etymons oder eine reduzierte Form dar (cf. Kap. 3.2.2). Aufgrund der etymologischen und formalen Einheit zwischen Definitartikel und -pronomen betrachtet Luján (2001; 2002) den Definitartikel als formal und funktional modifiziertes Personalpronomen.

(160) Spanisch
    a. *El actor* me gusta./*Él* me gusta.
    b. Conozco a *la novia de Juan.*/*La* conozco.

Die formale Identität zwischen Definitartikeln und Personalpronomina der dritten Person in den romanischen Sprachen beruht folglich nicht nur auf etymologischer Identität, sondern entspricht auch einer funktionalen und positionalen Gleichheit in der syntaktischen Struktur. So vermuten Abney (1987, Kap. 4.1.2) und Bernstein (2008, 1256–1259) eine funktionale Äquivalenz zwischen Pronomina und Determinierern (cf. auch Postal 1966; Roehrs 2005), indem sie davon ausgehen, dass Pronomina ebenso wie Determinierer D besetzen. Dass Pronomina den Kopf D füllen und nicht als Nominal fungieren, sieht Abney (1987, 178–180) darin bestätigt, dass sie im Englischen zum einen nicht von einem Artikelwort determiniert werden können, wie (161a) zeigt, zum anderen selbst ein Nominalkomplement regieren können, wie in (161b). Gleiches gilt für das Spanische (162a–b) und Französische (163a–b).

(161) a. *[$_D$ *my* [$_{NP}$ *she*]] has always been good to me.
     b. [$_D$ *we* [$_{NP}$ *tradesmen*]]
     (Beispiel (161a–b) aus: Abney 1987, 178–179)

(162) Spanisch
   a. *[_D mi [_NP ella]] siempre me ha tratado muy bien.
   b. La lista, como digo, era muy completa e incluía todo – o casi todo – lo que hoy en día se considera que es importante en relación al lenguaje desde la perspectiva de lo que [_D nosotros [_NP lingüistas]] denominamos, un tanto pretenciosamente, biolingüística.
   (Balari 2006, 594)

(163) Französisch
   a. *[_D mon [_NP elle]] m'a toujours bien traité.
   b. [_D Nous [_NP danseurs]] voulions vous montrer que nous étions contents pour vous.
   (Costa 2008, 365)

Pronomen, wie engl. *that* (159b) und *we* (161b), sp. *este* (158b), *la* (160b) und *nosotros* (162b) oder fr. *nous* (163b), stellen demzufolge funktional Determinierer dar, die nicht auf die Erweiterung durch ein NP-Komplement festgelegt sind, im Unterschied zu engl. *the* und *a* oder den französischen Demonstrativartikeln (cf. Abney 1987, 175–176). Infolge der sich daraus ergebenden unterschiedlichen Komplementierungseigenschaften von Determinierern in der PRO=D-Analyse geht Larson (2014, 428–430) davon aus, dass Determinierer analog zu Verben jeweils über eigene Argument- und Valenzstrukturen verfügen. Determinierer, die wie Personalpronomina kein Komplement vorsehen, weisen eine monadische Struktur auf, so Larson (2014, 431, 437), und können demzufolge als intransitiv klassifiziert werden. Determinierer, die wie Artikelwörter ein Komplement fordern, sind hingegen dyadisch strukturiert und demzufolge als transitiv zu bewerten (cf. Larson 2014, 431, 436; auch Diessel 1999, 67; Postal 1966).

Die Demonstrativformen des Spanischen, Italienischen und Englischen können als polyvalent betrachtet werden, da sie regulär als Pronomina und Determinierer fungieren. Demzufolge weisen sie sowohl eine 0-stellige als auch eine 1-stellige Valenz auf. Im Französischen sind die einzelnen Demonstrativformen, im Unterschied zum Englischen und Spanischen, funktional nicht polysem, sondern werden formal nach ihrer syntaktischen Funktion differenziert (cf. Kap. 2.2.2.1). In adnominaler Position finden sich ausschließlich die Formen *ce*, *cet*, *cette* und *ces* (164a), während die pronominale Funktion den Formen *celui*, *celle*, *ceux* und *celles* vorbehalten ist (164b). Die französischen Demonstrativdeterminierer weisen folglich, ebenso wie ihre spanischen Entsprechungen, eine transitive Struktur auf. Die französischen Demonstrativpronomina lassen sich jedoch weder in ihrer funktionalen noch in ihrer formalen Struktur auf ihre spanischen Gegenstücke abbilden.

(164) Französisch
- a. J'ai très envie de *cette tartelette-là/*cette-là*.
- b. J'ai très envie de *celle-là/*celle tartelette-là*.

Die pronominalen Demonstrativformen des Französischen können in zwei morphologische Konstituenten gespalten werden, den Determinierer *ce*, der die demonstrative Qualität herstellt, und die betonten Personalpronomina *lui* (*ce-lui*), *elle* (*c(e)-elle*), *eux* (*c(e)-eux*), und *elles* (*c(e)-elles*), die jeweils ein Nominalkomplement repräsentieren, das auf seine grammatischen Eigenschaften (Genus und Numerus) reduziert ist, wie in (165a) dargestellt (cf. Zribi-Hertz 2013, 73–74; auch Kleiber 1991a; Zribi-Hertz 2011, 367–368). Die Segmentierung in das demonstrative Segment *c(e)* und das pronominale Segment (*lui*, *elle*, *eux* oder *elles*) entspricht auch der diachronen Entstehung der Demonstrativpronomina im Französischen, die im Zuge der Univerbierung des deiktischen Verstärkers *ecce*, auf das *c(e)* zurückgeführt werden kann, und der Formen des distalen Demonstrativums *ille* entstehen, auf die wiederum die Pronomina *lui*, *elle*, *eux* und *elles* zurückgehen (cf. Kap. 3.1, 3.2.2.1).

Zribi-Hertz (2011, 73–74) zufolge sind die formalen Bestandteile der Demonstrativpronomina aus synchroner Perspektive syntaktisch unabhängig und werden erst durch die Bewegung des Pronomens zu einer morphologischen Einheit, wie (165b) illustriert. Nach der Analyse von Zribi-Hertz (2011, 368; 2013, 74) stellen die französischen Demonstrativpronomina demnach ein morphologisches Wort dar, das aufgrund der Inkorporation des betonten Personalpronomens akzentfähig ist, repräsentieren jedoch kein lexikalisches Wort.

(165) a. ce|lui, c|elle, c|eux, c|elles
    b. celle {que Max habite/de Max/-là}

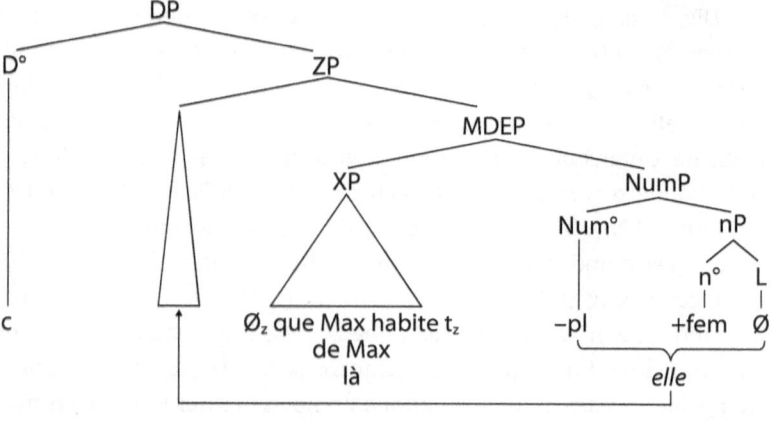

(Darstellung aus: Zribi-Hertz 2013, 73)

Trotz der potentiellen Akzentuierbarkeit reichen die Demonstrativpronomina im Französischen, im Unterschied zu den spanischen Pronomina, nicht zur Sättigung einer DP aus, wie (166a) zeigt, sondern bedürfen der Präsenz zusätzlicher DP-interner Elemente. Als Ergänzungen können sowohl die Lokalpartikeln -*ci* und -*là* fungieren, wie in (166b), als auch Partizipien, wie in (166c), Präpositionalphrasen, wie in (166d), oder Relativsätze, wie in (166e) (cf. Zribi-Hertz 2011, 364–365; 2013, 67). Die französischen Demonstrativpronomina weisen folglich keine 0-stellige Valenz auf, sondern sind ebenso wie Demonstrativdeterminierer transitiv. Während die adnominalen Demonstrativa eine Ergänzung durch ein NP-Komplement benötigen, wie in (164a) gesehen, erlauben Demonstrativpronomina ausschließlich eine Sättigung durch nicht-nominale Elemente, wie Lokaladverbien, so in (164b) und (166b), Partizipien (166c), Präpositionalphrasen (166d) oder Relativsätze (166e).

(166) a. J'ai très envie de *celle
   b. J'ai très envie de *celle-là*.
   c. J'ai très envie de *celle préparée par Hermes*.
   d. J'ai très envie de *celle au citron*.
   e. J'ai très envie de *celle que j'ai goûtée hier*.

Während die Lokalpartikeln -*ci* und -*là*, wie in (166b), als lokaldeiktische Verstärker eine lexikalische Realisierung des Kopfes der funktionalen Phrase, in dessen Spezifizier das Demonstrativum basisgeneriert wird, darstellen (cf. Kap. 2.3.1), fungieren Partizipien (166c), Präpositionalphrasen (166d) und Relativsätze (166e) als Modifizierer der Nominalphrase. Zribi-Hertz (2013, 71) zufolge repräsentieren Adjektive auf der einen Seite und Lokaladverbien, Partizipien, Präpositionalphrasen und Relativsätze auf der andere Seite verschiedene Typen von Modifizierern, die sich sowohl auf der Ebene der syntaktischen Position als auch auf der Ebene der semantischen Funktionalität unterscheiden. Zribi-Hertz (2013) stellt die unterschiedlichen Funktionen der Modifizierertypen am Beispiel der Ergänzungsmöglichkeiten der Demonstrativpronomina im Kontrast zu den definiten Kennzeichnungen mit Nominalellipse dar. Ebenso wie die Demonstrativartikel müssen die Definitartikel durch ein Nominalkomplement erweitert werden, das im Fall der Ellipse des Kopfes N mindestens eine transparent realisierte Adjektivphrase aufweisen muss. Der formale Unterschied zwischen Adjektiven auf der einen Seite sowie Lokaladverbien, Partizipien, Präpositionalkomplementen und Relativsätzen auf der anderen Seite spiegelt sich entsprechend Zribi-Hertz (2013) auch auf der Ebene der semantisch-funktionalen Auswertung wider. Während die Modifizierer der Demonstrativpronomina nämlich als externe Modifizierer basisgeneriert werden, stellen die Modifizierer definiter Kennzeichnungen mit elliptischem Kopf N interne Modifizierer dar, wie (167a) zeigt. Die unterschiedlichen Positionen externer und interner Modifizierer in der syntaktischen Struktur entsprechen wiederum unterschiedlichen semantischen Funktionen. Während externe Modifizierer die referentielle Auswertung aussteuern, besteht die Funktion interner Modifizierer in der inhaltlich-kategorialen Bestimmung des Referenzobjekts, so Zribi-Hertz (2013, 71).

Obwohl Adjektive formal typischerweise als interne Modifizierer fungieren, Lokaladverbien, Präpositionalphrasen und Relativsätze wiederum als externe Modifikatoren, wird die semantisch-funktionale Ausrichtung des Modifikators und somit der Modifikatortyp nicht von der formalen Gestalt des Modifizierers festgelegt. Die Funktion eines Modifikators wird vielmehr von der Position bestimmt, die er in der syntaktischen Tiefenstruktur einnimmt (cf. Zribi-Hertz 2013, 74). So können, obgleich selten der Fall und von der *Académie Française* nicht empfohlen, Demonstrativpronomina auch durch Adjektive vervollständigt werden, sofern diese in der syntaktischen Tiefenstruktur eine externe Position einnehmen, wie in (167b–c) der Fall (cf. Zribi-Hertz 2013, 67; auch Nyrop 1925, 296–301).

(167) a. les films noirs que Max a vus/les fonds noirs de Soulage/*ces {films/ fonds} noirs-là*

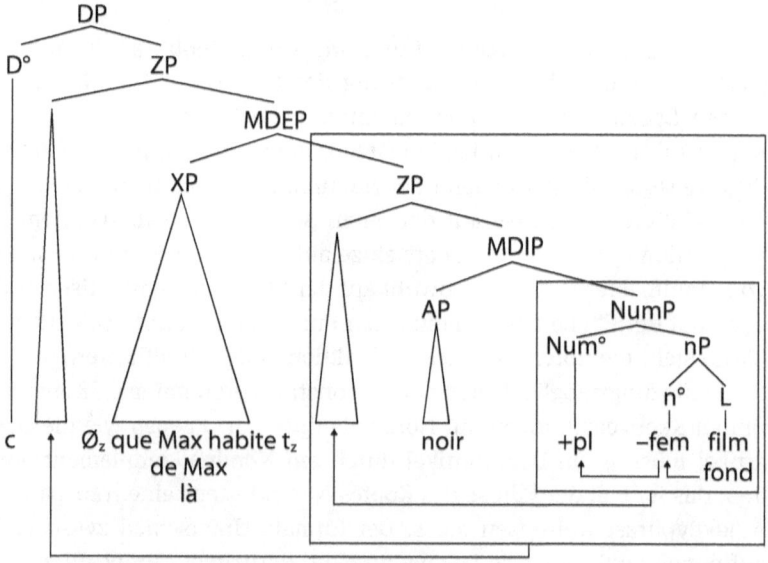

(Darstellung aus: Zribi-Hertz 2013, 72)

b. Les femmes qui sont plus susceptibles d'avoir un cancer du sein sont *celles plus âgées*, ayant des antécédants familiaux et souffrant de maladies bénignes du sein
(Zribi-Hertz 2013, 74)

c. *Les générations qui l'ont suivi* ont été beaucoup plus dures je ne dis pas *la mienne*, mais *celles intermédiaires*.
(Zribi-Hertz 2011, 377)
d. Nous avons *toutes les tailles* à notre disposition, *les grandes*, *les petites* et *les intermédiaires*.
(Zribi-Hertz 2011, 376)

Die funktionalen Unterschiede zwischen externen Modifizierern, wie sie in Demonstrativ-DPs auftreten, und internen Modifizierern in Definit-DPs lassen sich anhand der semantischen Ausrichtung des Adjektivs *intermédiaires* in (167c) im Kontrast zu (167d) sichtbar machen. In (167c) knüpft *intermédiaires* die Referentialisierung der Demonstrativ-DP an die Referentialisierung von *les générations qui l'ont suivi* und *la mienne* aus dem Vortext an. So bildet es keine inhaltliche Qualität des Verweisobjekts der Demonstrativ-DP ab, sondern zeigt eine Relation zu bereits aktivierten Diskursreferenten auf, die seine referentielle Auflösung steuert. Die Referentialisierung des Referenzobjekts wird folglich in Bezug auf die 'mittlere' Position in einer Skala aufgelöst, deren Endpunkte von den Diskursreferenten *les générations qui l'ont suivi* und *la mienne* festgelegt werden. In (167c) fungiert *intermédiaires* folglich als diskursreferentielles Adjektiv. In (167d) denotiert *intermédiaires* dagegen ein kategoriales Merkmal des Referenzobjekts, das auf diese Weise zur Etablierung einer Unterkategorie dient, wie *les tailles intermédiaires*, und so eine Differenzierung zu anderen Subklassen herstellt, nämlich *les grandes* und *les petites* (cf. Zribi-Hertz 2011, 377). Wie in (167c) wird auch in (167d) eine Skala möglicher Größen impliziert. Im Unterschied zu (167c) ist die Position des Diskursreferenten auf dieser Skala jedoch nicht variabel, da sie nicht in Relation zu anderen Diskursreferenten festgelegt wird, sondern allein durch die relationale Zuschreibung *intermédiaires* bestimmbar ist. In Definit-DPs mit Nominalellipsen erfüllen Adjektive folglich eine klassifizierende oder auch qualitative Funktion. Während interne Modifizierer schließlich eine lexikalische Einheit mit dem modifizierten elliptischen Nomen bilden, beeinflussen externe Modifizierer die referentielle Dimension der DP und fungieren auf diese Weise als Kodeterminatoren (cf. Zribi-Hertz 2011, 368, 375–376).

Zusammenfassung
Entsprechend den theoretischen Darlegungen in diesem Abschnitt können Pronomina funktional als Determinierer analysiert werden. Auf syntaktischer Ebene besetzen Pronomina demnach dieselbe Position wie Determinierer, unterscheiden sich von letzteren jedoch in ihrer Wertigkeit. Im Einklang mit den Ausführungen in diesem und im vorhergehenden Abschnitt kann für Demonstrativpronomina ebenso wie für Demonstrativdeterminierer eine Grund-

position in der funktionalen Phrase DemP angenommen werden. Auf syntaktischer Ebene sind Pronomina und Determinierer folglich funktional gleich, auch wenn sie durch unterschiedliche Formenparadigmen besetzt werden, wie im Demonstrativsystem des Französischen. In den meisten Sprachen unterscheiden sich Demonstrativdeterminierer und -pronomina nicht auf formaler, jedoch auf argumentaler Ebene. Während Determinierer der Ergänzung durch ein Nominalkomplement bedürfen und somit als transitiv zu verstehen sind, weisen Pronomina eine intransitive Struktur auf. Auch in dieser Hinsicht stellt das französische Demonstrativsystem eine Ausnahme dar. Im Französischen sind nämlich nicht nur Demonstrativdeterminierer, sondern auch Demonstrativpronomina transitiv. Sie unterscheiden sich jedoch im Komplementierungstyp. Wie alle Determinierer verlangen Demonstrativdeterminierer die Ergänzung durch eine Nominalphrase. Demonstrativpronomina benötigen dagegen eine Komplettierung durch einen externen Modifizierer, der die referentielle Auflösung unterstützt, wie etwa Lokaldeiktika, Partizipien oder Relativsätze.

Die syntaktischen Begriffe, die in Kapitel 2.3 erarbeitet wurden, liefern wertvolle Einsichten in die funktionalen Konvergenzen und Divergenzen von Determinierern und Pronomina. Aus diesem Grund sind sie unverzichtbar, wenn es darum geht, den Wandel nachzuvollziehen, der sich in der Geschichte des Französischen im System der nominalen Demonstrativa ereignet hat. Vor dem Hintergrund der theoretischen Ausführungen in Abschnitt 2.3.2 kann die Entwicklung der altfranzösischen Demonstrativa als Abbau syntaktischer Polyvalenz betrachtet werden. Während *CIST* und *CIL* in der altfranzösischen Sprachstufe sowohl transitiv als auch intransitiv konstruiert werden können, ist für die Kognaten im modernen Französischen nur mehr der transitive Gebrauch möglich. *CIST* und *CIL* erleben folglich dieselbe Verschiebung hin zu einer transitiven Struktur, wenn auch die modernen Entsprechungen unterschiedliche Erweiterungen fordern, so die *CELUI*-Formen (aus afr. *CIL*) externe Modifizierer, die *CE*-Formen (aus afr. *CIST* und *CIL*) dagegen Nominalkomplemente (cf. Kap. 1 & Kap. 3.3.1.1).

Die syntaktische Perspektive komplettiert das theoretische Grundgerüst, das der Funktionsanalyse der altfranzösischen Demonstrativa im weiteren Verlauf dieser Untersuchung zugrunde liegt. Ziel dieser Studie ist es jedoch nicht nur, die Funktionalität der altfranzösischen Demonstrativa zu ermitteln, sondern auch den Einfluss der funktionalen Dimension der einzelnen Formen auf die diachronen Verschiebungen aufzudecken. Aus diesem Grund widmet sich Kap. 3 im Anschluss der Erarbeitung einer diachronen Perspektive auf die demonstrative Funktionsklasse und ihre Ausdrucksformen.

3 Demonstrativa in der Diachronie

Nachdem sich Kapitel 2 der Ermittlung der demonstrativen Funktionalität aus synchroner Perspektive und vor dem Hintergrund unterschiedlicher theoretischer Zugänge widmete, rückt in diesem Kapitel die diachrone Perspektive der Demonstrativa in den Mittelpunkt. Um die diachronen Entwicklungen, die sich in der Geschichte des Französischen vollziehen, in größere universale Zusammenhänge einzuordnen, behandelt Kapitel 3.1 *Entstehung und Entwicklung demonstrativer Formen* zunächst die Genese und diachronen Veränderungsprozesse von Demonstrativa aus sprachvergleichender Perspektive. Um die diachronen Verschiebungen des französischen Demonstrativsystems und die funktionalen Zusammenhänge zwischen den alten und den neuen Formen nachzuvollziehen, bedarf es im Anschluss nicht nur einer ausführlichen Analyse des altfranzösischen Demonstrativsystems und seiner historischen Verschiebungen, sondern auch des lateinischen Demonstrativsystems, aus dem das altfranzösische entsteht. Daher untersucht Kapitel 3.2 *Demonstrativa vom Lateinischen zu den romanischen Sprachen* die formale und funktionale Ordnung des lateinischen Demonstrativsystems und verfolgt die Reallokationsprozesse, die im Wandel vom Lateinischen zu den romanischen Sprachen stattgefunden und schließlich die Konstitution des altfranzösischen Systems bedingt haben. Kapitel 3.3 *Demonstrativa vom Altfranzösischen zum modernen Französischen* widmet sich schließlich der formalen und funktionalen Gliederung des altfranzösischen Demonstrativsystems sowie den diachronen Wandelprozessen, die zur Entstehung des modernen Systems geführt haben.

3.1 Entstehung und Entwicklung demonstrativer Formen

Demonstrativa stellen nicht nur eine universale Wortklasse dar, sondern sind in den meisten Sprachen auch so alt, dass sie etymologisch im Unterschied zu anderen grammatischen Wortklassen nicht mehr auf Inhaltswörter nichtdemonstrativer Semantik zurückgeführt werden können (cf. Diessel 2006, 474–475; Dufter 2015, 376; Himmelmann 1997, 20). Bühler ([1934]/1965, 86–90) geht sogar von einer grundsätzlichen etymologischen Dissoziation von Demonstrativa, die als Signalwörter fungieren, und Inhaltswörtern aus, die Objektkategorien repräsentieren. Nach Brugmann (1904, 7–8) und Bühler ([1934]/1965, 86) ist die Emergenz von Demonstrativa aus phylogenetischer Perspektive direkt an gestisches Zeigeverhalten gebunden, das dann irgendwann durch das Lautzeichen ersetzt werden kann (cf. auch Diessel 2012, 39–40). Auch Plank (1979, 331–332) erwägt, dass Demonstrativa nicht auf Inhaltswörter oder nicht-demonstrative grammatische Funktionszeichen zurückgehen, sondern als «neologistische ‹Urschöpfungen›» entstehen.

Diese Vermutung findet Rückhalt in der Tatsache, dass Demonstrativa selbst die häufigste etymologische Quelle für Demonstrativa darstellen, sofern diese ermittelt werden kann. So weisen Heine/Kuteva (2007, 84) demonstrative Lokaladverbien als Hauptquelle für nominale Demonstrativa aus, wie im Angolar, der portugiesischbasierten Kreolsprache von São Tomé. Neben den Demonstrativdeterminierern können im Angolar nämlich auch die lokalen Demonstrativadverbien *aki* (proximal), *nha* (medial) und *nhala* (distal) in adnominaler Position auftreten und somit als Demonstrativdeterminierer fungieren, wie (1a) mit dem proximalen Determinierer *dhe* im Kontrast zu (1b) mit dem proximalen Demonstrativadverb *aki* illustriert.[40] Neben demonstrativen Lokaladverbien können auch Präsentativdemonstrativa als nominale Demonstrativa fungieren, wie lat. *ecce* in (2). Demonstrativadverbien oder Präsentativdemonstrativa, die ihren syntaktischen Funktionsradius in den adnominalen Bereich erweitern oder verschieben, erfahren keine Veränderungen auf semantischer Ebene, sondern vielmehr eine syntaktische Dekategorisierung, im Fall der Erweiterung, oder eine syntaktische Rekategorisierung, im Fall der endgültigen Beschränkung der syntaktischen Distribution auf den adnominalen Bereich (cf. Heine/Kuteva 2007, 84).

(1) Angolar
   a. *moto ngai   dhe*
      moto grande D.PROX
      'cette grande moto-ci' (Maurer 1995, 43)

   b. *mbata aki*
      côté   ADV.PROX
      'cette côté-ci' (Maurer 1995, 44; auch zit. in: Heine/Kuteva 2007, 85)

(2) Latein
   ecce in am misit...*ille* in bo misit
   (Terentius, 225.27–28, zit. in: Adams 2013, 475; im Original ohne Übersetzung)

In der Diachronie der meisten Demonstrativsysteme sind regelmäßig formale und funktionale Verstärkungsprozesse zu beobachten, die schrittweise zur Ersetzung der alten Formen durch neue führen können (cf. Greenberg 1978, 77;

---

40 Im portugiesisch-basierten Kreol Angolas liegt ein formaler Unterschied zwischen Demonstrativa in pronominaler und in adnominaler Position vor (cf. Maurer 1995, Kap. 2.1.2.3, 2.1.8.2).

Himmelmann 1997, 23; Lüdtke 1979, 212). Als Verstärker der Demonstrativformen fungieren häufig Präsentativdemonstrativa, wie *ecce* im Lateinischen in (3a–b),[41] lokale Demonstrativadverbien, wie in der Synchronie romanischer und germanischer Sprachen in (4a–b) (cf. auch Kap. 2.3.1), oder, im Zuge eines Reduplikationsprozesses, die jeweilige Demonstrativform selbst, wie im Angolar in (5a–b) (cf. Greenberg 1978, 77). Entsprechend ihrer semantischen Struktur dienen Verstärkerelemente entweder zur Intensivierung der Identifikationsaufforderung der Demonstrativa, so Präsentativdemonstrativa, wie in (3a–b), oder zur lokaldeiktischen Spezifizierung, wie die Lokaladverbien in (4a–c) (cf. auch Vindenes 2017, 10–11). Auch Reduplikation leistet eine genauere Beschreibung der Position des Referenzobjekts im Verweisraum und bewirkt somit eine lokaldeiktische Spezifizierung. So verstärkt die Verdopplung des proximalen *dhe* im Angolar in (5a) den proximalen Wert der Form und signalisiert im Unterschied zur einfachen Nennung eine besonders große physische Nähe des Referenzobjekts (cf. Maurer 1995, 41). Ebenso intensiviert die Reduplikation des distalen Demonstrativums die distale Ausrichtung der Form. So hebt *dha-dha* in (5b) im Unterschied zum einfachen *dha* die physische Distanz des Referenzobjekts hervor und signalisiert somit eine besonders große physische Entfernung zwischen Sprecher und Referenten (cf. Maurer 1995, 41).

(3) Latein
    a. requisiui de eo quam longe esset ipse locus. tunc ait ille sanctus presbyter: «*ecce hic* est in ducentis passibus. nam si uis, ecce modo pedibus duco uos ibi»
    (*Peregrinatio Aetheriae* 15.1, zit. in: Adams 2013, 473; im Original ohne Übersetzung)
    b. zeugma et hypozeuxis, *ecce ista* duo contraria sunt
    (Pompeius GL, 301.11, zit. in: Adams 2013, 473; im Original ohne Übersetzung)

(4) a. Französisch
    Je préfère *cette* couleur-*ci*.
    (Beyssade 2015, 183)
    b. Portugiesisch (Brasilien)
    Esse aqui, esse aí e *aquele* prato *lá*.
    (Jungbluth 2005, 159)

---

[41] Cf. Adams (2013, Kap. 5.4.1) zur Problematisierung des funktionalen Status von *ecce* als Verstärker des Demonstrativums in der Juxtaposition und zur Unterscheidung von *ecce* als Satzmodifizierer und *ecce* als Demonstrativverstärker.

c. Norwegisch
Jeg synes det var så tregt med **den** **derre**
I think it was so dull with D.DIST ADV.DIST
felemusikken.
fiddel-music.DEF
'I think that fiddle music was quite dull.' (Vindenes 2017, 9)

(5) Angolar
a. *A ka bi tua Kompa ki pakara ngaa* **dhe dhe**
On FUT venir prendre Compère avec coup endroit PROX PROX
'On va venir te chercher ici même à grands coups.' (Maurer 1995, 41)

b. *Katxi ane ngê si-e, ngê* **si-dha-dha** *masi dhangaru*
parmi PL personne MED, personne DIST DIST plus haut
'Parmi ces gens, cette personne là-bas est la plus grande.' (Maurer 1995, 41)

Das Verstärkerelement kann im Zuge eines Grammatikalisierungsprozesses sukzessive Verluste auf morphophonologischer Ebene (formaler Abbau und Klitisierung), syntaktischer Ebene (Einschränkung der syntaktischen Distribution und Erhöhung des Kohäsionsgrads) sowie semantischer Ebene (Abbau der Bedeutungswerte) erfahren und infolgedessen eine formale Einheit mit dem Demonstrativum bilden. Im Lateinischen liegen bereits in den Komödien von Plautus univerbierte Formen vor, so *eccistam* in (6a), *eccillam* in (6b) und *eccum* in (6c) (cf. Adams 2013, 465–470). Da die kontrahierten Formen *eccistam*, *eccillam* und *eccum* nur im Akkusativ auftreten, ordnet Adams (2013, 467–470) diese funktional als syntaktisch vom Matrixsatz unabhängige exklamatorische Parenthesen ein.[42] Trotz der Kontraktion fungiert *ecce* in (6a–c) folglich als deiktischer Verstärker. In der Entwicklung vom Lateinischen zu den romanischen Sprachen finden wiederum weitere formale und funktionale Schwächungsprozesse des Verstärkerelements statt, wie im Französischen in (7a) und im Spanischen in (7b). Im Unterschied zum Französischen tritt in der Diachronie einiger spanischer Demonstrativa **accu* als Allomorph von *ecce* als Verstärker auf, wie (7b) zeigt (cf. Penny 2002, 144). In der Diachronie der französischen Präsentativdemonstrativa *voici* und *voilà* lässt sich wiederum eine Verstärkung durch die Imperativform des Verbs des Sehens *voir* ablesen, wie (7c) zeigt (cf. Lyons 1999,

---

[42] Aufgrund der eingeschränkten Distribution können die plautinischen Univerbierungen, so Adams (2013, 470), nicht als direkte Vorläufer der romanischen Demonstrativformen betrachtet werden.

331). Während in der Entwicklung der romanischen Sprachen insbesondere das Verstärkerelement formale Reduktionen erfährt, kommt es in anderen Sprachen sogar zu einem vollständigem Abbau des Demonstrativums, wie im Norwegischen Trøndelags in (8), in dem formal nur mehr das ehemalige Verstärkerelement übrig ist (cf. Vindenes 2017, 10).

(6) a. nullam abduxi. :: certe *eccistam* uideo
(Plautus, Curc. 615, zit. in: Adams 2013, 467; im Original ohne Übersetzung)
b. *eccillam* uideo
(Plautus, Merc. 434–435, zit. in: Adams 2013, 467; im Original ohne Übersetzung)
c. atque *eccum* uideo. leno, salue
(Plautus, *Curc.* 455, zit. in: Adams 2013, 470; im Original ohne Übersetzung)

(7) a. lat. *ecce hoc* > fr. *ce*, lat. *ecce illui* > fr. *celui*, lat. *ecce istam* > fr. *cette*, lat. *ecce hic* > (a)fr. *(i)ci* (Lüdtke 1979, 212; Rheinfelder ²1976, 134–135)
b. lat. *accu ille* > sp. *aquel*, lat. *accu hac* > sp. *acá*, lat. *accu hic* > sp. *aquí* (Adams 2013, 466)
c. afr. *vois ci* > fr. *voici*, afr. *vois là* > fr. *voilà*

(8) Norwegisch
Har du sett derre   nye reklamen?
have you seen ADV.DIST new commercial
'Have you seen that new commercial?'
(Vindenes 2017, 10)

Die formalen und funktionalen Verstärkungsprozesse demonstrativer Formen, wie in (3–5) gesehen, entstehen als notwendige Folge einer Schwächung der pragmatischen Funktion der einfachen Demonstrativformen, die häufig mit einem Verlust an phonologischem Gewicht einhergeht. Diessel (2006, 474) führt die regelmäßige formale und funktionale Schwächung, die Demonstrativformen erfahren, auf ihre hohe Frequenz im Sprachgebrauch zurück (cf. auch Ramat 2015, 586; Rheinfelder 1976, 132–133). Greenberg (1978, 77) geht wiederum davon aus, dass die demonstrative Funktion der Formen durch den anaphorischen Gebrauch geschwächt wird. Einzelne Demonstrativformen können diese Verstärkungsprozesse in ihrer Entwicklungsgeschichte sogar mehrmals durchlaufen. In der Geschichte des Französischen finden derartige «Anreicherungsprozeduren», so Lüdtke (1979, 212), in «eine[m] besonders schnellen Entwicklungsrhythmus» statt (cf. auch Brugmann 1904, 17 für Demonstrativa in indogermanischen Sprachen im Allgemeinen). Nachdem die Demonstrativformen in der Entwicklung vom Lateinischen zum Altfranzösischen durch das Präsentativ *ecce* verstärkt werden, kommt es in der Entwicklung vom Alt- zum Neufranzösischen zu einem weiteren Verstärkungsprozess der Demonstrativformen durch die demonstrativen Lokaladverbien *-ci* und *-là*, wie in (9a–c) (cf. auch Rheinfelder 1976, 132, 146–148). Wie in (7a) gezeigt, geht die Lokalpartikel *-ci* selbst wiederum aus einem Verstärkungsprozess hervor. Für das neutrale Demonstrativum *ce* liegen im modernen Französischen bereits univerbierte Formen vor, wie *cela* und die reduzierte Form *ça* in (9a). Gleiches gilt für die Verstärkung mit dem proximalen *ci* zu *ceci*, wie in (9b). Während das einfache neutrale Demonstrativpronomen *ce* nur mehr in konventionalisierten Folgen eingesetzt werden kann, wie dem Präsentativ *c'est*, den Komplementierern *ce qui* und *ce que*, den Konjunktionen *parce que* und *cependant*, dem Interrogativmarker *est-ce* oder der Wendung *pour ce faire*, bleibt die Verstärkung durch *-ci* und *-là* im Bereich der Determinierer und der nicht-neutralen Pronomen, wie *cette* in (9c) und *celle* in (9d), fakultativ (cf. auch Kap. 2.1.2.2 & Kap. 2.3). Orthographisch wird diese Fakultativität bei nicht-neutralen Demonstrativa an der Präsenz des Hyphens zwischen Demonstrativform bzw. Nomen und Verstärkerelement sichtbar, wie in (9c–d).

(9) a. lat. *(ecce) hoc* > afr. *ceo* > *ço* > *ce* ⟶ *ce (la)* ⟶ (a)fr. *cela* > *ça*
(Lüdtke 1979, 212, Rheinfelder 1976, 133)
b. lat. *(ecce) hoc* > afr. *ceo* > *ço* > *ce* ⟶ *ce (ci)* ⟶ (a)fr. *ceci*
(Rheinfelder 1976, 133)
c. lat. *(ecce) ista* > afr. *(c)este* ⟶ *ceste N (-ci)* > fr. *cette N(-ci)*
(Lüdtke 1979, 212)
d. lat. *(ecce) illa* > afr. *(c)ele* ⟶ *cele (-là)* > fr. *celle N(-là)*
(Lüdtke 1979, 212)

Die durch Verstärkungselemente bedingten diachronen Veränderungsprozesse der Demonstrativformen bewirken im Unterschied zu anderen Grammatikalisierungsprozessen keine semantische Verschiebung oder gar die Entstehung einer neuen grammatischen Kategorie (cf. Diessel 2006, 474–475). Die Kontinuität der Demonstrativfunktion wird im Zuge der pragmatischen und formalen Schwächung vielmehr erst durch die formale Erneuerung sichergestellt. Das zeigt sich vor allem daran, dass phonologisch reduzierte Demonstrativformen häufig nicht mehr als Demonstrativa fungieren können, sondern eine funktionale Verschiebung erleben. So führt lat. *ille* im Französischen und Spanischen beispielsweise nur in der aus der Verstärkung durch *ecce* entstehenden Form die Demonstrativfunktion fort, während die einfachen Formen als Personalpronomina, wie (10a–b) zeigen, oder als Definitartikel reanalysiert werden, wie (10c–d) illustrieren (cf. Harris 1978, 70–71; Heine/Kuteva 2007, 87–89).

(10) a. lat. *ille* > fr. *il*, lat. *illum* > fr. *le*, lat. *illa* > fr. *elle*, lat. *illam* > fr. *la*
 (Rheinfelder 1976, 106)
 b. lat. *ille* > sp. *él*, lat. *illa* > sp. *ella*, lat. *illud* > sp. *ello/lo*
 (Penny 2002, 133)
 c. lat. *illum* N > fr. *le/l'* N, lat. *illam* N > fr. *la* N, lat. *illos/illas* N > fr. *les* N
 (Rheinfelder 1976, 106)
 d. lat. *illum* N > sp. *el*, lat. *illam* N > sp. *la*, lat. *illud* N > sp. *lo*
 (Penny 2002, 143, 145–147)

Die Regelmäßigkeit, mit der Verstärkungsprozesse und daran anschließend die Grammatikalisierung und Univerbierung des Verstärkerelements in der Diachronie der Demonstrativa stattfinden, lässt vermuten, dass bereits die ältesten belegten historischen Formen in einer demonstrativen Filiationskette in ihrer formalen Struktur inkorporierte Verstärkungselemente aufweisen. In der Geschichte der französischen Demonstrativa stellen die lateinischen Demonstrativa die ältesten belegten Formen dar. Die lateinischen Demonstrativa weisen in ihrer formalen Struktur eindeutige Zeugnisse dieser historischen Verstärkungsprozesse auf. Bauer (1995, 81) analysiert das Demonstrativum *iste* als Univerbierung des Demonstrativums *is* und des Verstärkerelements *-te*. In den Formen des distalen *ille*-Paradigmas zeigt ein *-l* Distalität an, so Bauer (1995, 81). Die Form *hic* sowie weitere Formen des Paradigmas, wie *haec* und *hoc*, wurden wiederum mit der deiktischen Partikel *-c(e)* suffigiert, die auch in *ecce* inkorporiert vorliegt (cf. Dupraz 2012a, 287, 294). In altlateinischen Schriften, wie den Komödien des Plautus, tritt die Suffigierung durch *-c(e)* auch bei Formen der Paradigmen *iste* und *ille* auf, wie *istic*, *istaec* oder *illic* (cf. Adams 2013, Kap. 20.2). Das lokaldeiktisch nicht spezifizierte *ipse* entsteht, so Fruyt (2010, 2), als Univerbierung aus dem Demonstrativum *is* und der enklitischen Partikel *-pse*, die zur Fokalisierung dient. Da auch die Formen des *idem*-Paradigmas auf *i-* anlauten, ist weiterhin anzunehmen, dass sie ebenfalls aus einer Univerbierung von *is* und einem deiktischen Verstärkerelement entstehen.

Auch wenn Demonstrativa selbst die häufigste Quelle moderner Demonstrativformen darstellen, konnten für bisher wenige Fälle etymologische Filiationen zwischen Demonstrativa und Inhaltswörtern aufgedeckt werden. So liegen in einigen Tschad- und Khoisansprachen sowie im Altchinesischen Demonstrativformen vor, die auf Verben des Gehens zurückgehen, wie Frajzyngier (1996, 195–197) und Heine/Kuteva (2007, 76–77) nachweisen. Im E3-Dialekt des !Xun, einer Khoisansprache, entsteht das distale Demonstrativum *tóáh* beispielsweise aus dem Bewegungsverb *tò'à* 'gehen', wie in (11a) (cf. Heine/Kuteva 2007, 77). Dass das Verb *tò'à* 'gehen' die Quelle für die Demonstrativform *tóáh* darstellt und nicht der umgekehrte Fall vorliegt, sehen Heine/Kuteva (2007, 77) darin bestätigt, dass auch das Bewegungsverb *úú* 'gehen' als lokaldeiktischer Verstärker von *tóáh* und somit demonstrativ eingesetzt werden kann, wie (11b) zeigt. Frajzyngier (1996, Kap. 5) führt als weitere Quelldomäne für Demonstrativa Verben des Sagens auf, wie bei *ledit* im Französischen. Die Grammatikalisierung von Verben des Sagens zu Demonstrativa setzt mit ihrem Gebrauch als Modifizierer von Nominalphrasen ein. So stellt fr. *ledit* die Univerbierung des Definitartikels und des Partizips Perfekts von *dire* dar. Als Nominalmodifizierer dient *dit* dazu, die anaphorische Relation der modifizierten Nominalphrasen zu einem bereits genannten Diskursreferenten explizit zu machen. *Ledit* wird seit dem Altfranzösischen in anaphorischen Bezugnahmen eingesetzt, wie in (12a). Im modernen Französischen ist sein Gebrauch weitgehend auf juristisch-administrative Redekontexte beschränkt, es findet jedoch auch in literarischen oder journalistischen Texten Verwendung, wie in (12b) (cf. Frajzyngier 1996, 182–183). Demonstrativa, die aus Verben des Sagens entstehen, können im Zuge eines Grammatikalisierungsprozesses ihre pragmatische Distribution auf situative Bezugnahmen erweitern (cf. Frajzyngier 1996, 184).

(11) a. *dzháú-s-à*   **tòàh**
 woman-PL-TOP DIST
 'the woman there/those women' (Köhler 1973, 48, zit. in: Heine/Kuteva 2007, 77)

 b. *dzháú-à'*   **úú-tóáh**
 woman-TOP go-DIST
 'the woman over there (far away)' (Köhler 1973, 48, zit. in: Heine/Kuteva 2007, 77)

(12) a. En la duché de Bourgoigne eut nagueres *ung petit gentil chevalier$_i$* dont l'ystoire presente passe le nom, qui maryé estoit a une belle et gente dame. Assez près du chasteau ou *le dit chevalier$_i$* faisoit sa residence demouroit ung musnier [...].
 (*Cent nouvelles nouvelles*, 37 zit. in: De Mulder/Mortelmans 2010, 297)
 b. C'est *un manuel scolaire$_i$* qui a mis le feu aux poudres. Publié par Hatier en septembre 2017 et destiné aux classes de CE2, *ledit volume$_i$* pratique l'écriture inclusive [...].
 (*Online-Artikel «Écriture inclusive»*, 12.11.2017)

Insgesamt bleibt die Anzahl der Sprachen, die über Demonstrativformen verfügen, deren Entstehung aus Inhaltswörtern noch nachvollziehbar ist, jedoch begrenzt. Der überwiegende Mangel an Hinweisen für eine Entstehung der Demonstrativformen aus Formen nicht-demonstrativer Funktion, spricht wiederum für einen Status der Demonstrativa als semantische Primitiva (cf. auch Diessel 1999, 151; Heine/Kuteva 2002, 159). Wierzbicka (1994, 468–469) spricht nur dem proximalen Demonstrativum den Status eines semantischen Primitivums zu. Grund dafür ist eine crosslinguistische funktionale Übereinstimmung proximaler Demonstrativa, die distale Demonstrativa nicht aufweisen können. Während proximale Demonstrativa in allen Sprachen des Untersuchungskorpus funktional äquivalent sind, so Wierzbicka (1994, 468–469), liegen bei distalen Demonstrativa keine funktionalen Entsprechungen vor. Die funktionalen Divergenzen zwischen distalen Demonstrativa aus crosslinguistischer Perspektive führt Wierzbicka (1994, 469) wiederum darauf zurück, dass distale Demonstrativa in dreigliedrigen Demonstrativsystemen im Unterschied zu zweigliedrigen Systemen nicht nur in Kontrast zu proximalen, sondern auch zu medialen Demonstrativa stehen können.

Der Status der Demonstrativa als semantische Primitiva zeigt sich auch darin, dass Demonstrativa zwar selten auf Formen nicht-demonstrativer Funktion zurückgeführt werden können, jedoch selbst als Quelldomänen für eine Reihe verschiedener grammatischer Zeichen fungieren (cf. Diessel 1999, 115, 151–153; Heine/Kuteva 2002, 159). Distale Demonstrativa schlagen häufiger nicht-demonstrative Grammatikalisierungspfade ein als proximale Demonstrativa (cf. Diessel 1999, 118). Die Grammatikalisierungsrichtung der Demonstrativa variiert zudem entsprechend ihrer inhärenten syntaktischen Funktion oder der syntaktischen Umgebung, in der sie auftreten.[43] So stellen pronominale Demonstrativa in vielen Sprachen die Quelldomäne für Personalpronomina der dritten Person dar (cf. Diessel 1999, 119–120; Heine/Kuteva 2002, 112–113), wie in (10a–b) für die Formen des lateinischen Demonstrativparadigmas *ille* in der Diachronie der romanischen Sprachen gesehen.[44] Zudem werden pronominale Demonstrativa in vielen Sprachen als Relativpronomina reanalysiert, wie *der* (13a) im Deutschen, als Komplementierer, wie fr. *ce qui* und *ce que* (13b), als Satzkonnektoren, wie die Konjunktion fr. *parce que* (13c), oder als Possessivpronomina, wie fr. *leur* (13d), das auf die lateinische Demonstrativform *illorum* zurückgeht (cf. Diessel 1999, 120–128; Heine/Kuteva 2002, 106–108, 114–116).

(13) a. Der Vogel, *der* sich gestern auf deine Hand gesetzt hat, war heute schon wieder am Fenster zu sehen.
b. Dis-moi *ce que* tu en penses.

---

43 Im Folgenden beschränke ich mich auf die diachronen Entwicklungsrichtungen pronominaler und adnominaler Demonstrativa. Cf. Diessel (1999, 139–150) für die Grammatikalisierungsrichtungen von Demonstrativadverbien und Präsentativdemonstrativa.
44 Ishiyama (2012, 56) zeigt anhand japanischer Daten auch eine etymologische Filiation zwischen Pronomina der zweiten Person und Demonstrativa auf.

c. Je suis fatigué *parce que* j'ai mal dormi.
d. Jérôme et Sylvie pensaient à *leur* vie d'autrefois.

Adnominale Demonstrativa stellen wiederum die häufigste Quelldomäne für Definitartikel dar, wie bei der Entwicklung des lateinischen distalen *ille* in den romanischen Sprachen in (10c–d) gesehen (cf. Diessel 1999, 128–129; Heine/Kuteva 2002, 111–112). Distale Demonstrativa werden zwar häufiger als Definitartikel reanalysiert, wie in der Geschichte der romanischen Sprachen der Fall (cf. De Mulder/Carlier 2011, 523, 531). Dennoch finden sich auch proximale Demonstrativa als Etyma von Definitartikeln, wie der Definitartikel *mẹ* im Vai in (14a), der auf das gleichlautende proximale Demonstrativum zurückgeht. Als weiteres Grammatikalisierungsziel adnominaler Demonstrativa führt Diessel (1999, 130–131) die Entwicklung zu nominalen Konnektoren an, so beispielsweise im Tagalog. Im Tagalog geht der nominale Konnektor *na/ng*, der als Verbindungselement in mehrgliedrigen Nominalgruppen fungiert, etymologisch auf das mediale Demonstrativum zurück, wie in (14b) (cf. Diessel 1999, 130–131; Himmelmann 1997, 160–172).

(14) a. *án'da   ní-mẹ   gbí fa.*
3PL.TAM bullock-DEF all kill
'They killed all the bullocks.' (Koelle [1854] 1968, 42, 106, 200, zit. in: Heine/Kuteva 2002, 109)

b. *isa-ng   manika-ng ma-liít*
one-LK doll-LK   IRR.STAT-small
'a small doll' (Himmelmann 1997, 162)

Hayashi/Yoon (2006, 525–529) führen als eine weitere Grammatikalisierungsrichtung nominaler Demonstrativa die Entwicklung zu Diskursmarkern auf, wie beispielsweise im Japanischen, Koreanischen und Chinesischen. Diskursmarker demonstrativer Provenienz fungieren sowohl als Zögerungssignale, die im Fall von Wortfindungsschwierigkeiten eingesetzt werden, wie im japanischen Beispiel in (15a), als auch äußerungsinitial als *turn-taking*-Signale, die dazu eingesetzt werden, die Aufmerksamkeit des Hörers auf die folgende Äußerung zu lenken, wie im koreanischen Beispiel in (15b) (cf. Hayashi/Yoon 2006, 507–513, 526–528).

(15) a. Japanisch
*iya konkai **ano**   hashittemo*
well this.time ADN.DIST.DEM run:even.if
'Well, this time, ano [=um], even if ((you)) run ((in a race)).' (Hayashi/Yoon 2006, 508)

b. Koreanisch
ce ...   *malssum   com   nuwt-keyss-nuntey-yo*
ADN.DIST.DEM   talk   a.little ask-MOD-CIRCUM-POL
'Ce [=Excuse me], may ((I)) ask ((you)) a question ?' (Hayashi/Yoon 2006, 528)

Als konzeptuelle Verknüpfung zwischen Demonstrativa und Zögerungs- oder *turn-taking*-Signalen kann die aufmerksamkeitslenkende und indikatorische Funktion der Demonstrativa angeführt werden. Ebenso wie bei Demonstrativa besteht die Funktion von Zögerungs- und *turn-taking*-Signalen nämlich darin, die Aufmerksamkeit des Interaktionspartners zu erhalten und auf die kommende Äußerung zu lenken.

Zusammenfassung
Obwohl Demonstrativa als Quelldomäne für viele grammatische Kategorien fungieren, etwa Determinierer, Personalpronomina, Komplementierer oder Zögerungssignale, können sie selbst meist nicht auf Etyma nicht-demonstrativer Funktion zurückgeführt werden. Demonstrativa zeigen in ihrer formalen Struktur sehr häufig Spuren von Verstärkungsprozessen durch Präsentativpartikel oder Lokaldeiktika auf. In der Diachronie der französischen Demonstrativa können diese sogar mehrfach attestiert werden. Auch wenn die inkorporierten Elemente zunächst zur Intensivierung des demonstrativen Werts dienen, tragen sie letztendlich zur Erhaltung der demonstrativen Funktion bei. Dies zeigt sich insbesondere daran, dass nicht verstärkte Varianten in der Regel nicht-demonstrative Entwicklungsrichtungen einschlagen. Der Verdacht liegt folglich nahe, dass das Verstärkerelement im Zuge des semantisch-pragmatischen Abbaus der Formen die demonstrative Funktion sichert. Vor dem Hintergrund dieses Prinzips kann die Notwendigkeit eines ergänzenden Elements bei den Demonstrativpronomina im modernen Französischen, wie in Kap. 2.3.2 gesehen, auch als Verstärkungsprozess klassifiziert werden. Obwohl *CELUI* nicht ausschließlich von Elementen demonstrativer Funktion ergänzt werden kann, wie den Lokaldeiktika *ci* und *là*, fungiert sein Komplement als externer Modifizierer und unterstützt somit die referentielle Auflösung. Doch nicht nur Verstärkungsprozesse können die Struktur von Demonstrativsystemen beeinflussen, sondern auch paradigmatische Abbauprozesse und funktionale Reallokationen, was insbesondere in der Diachronie des Lateinischen sichtbar wird, wie Kap. 3.2 im Anschluss zeigt.

3.2 Demonstrativa vom Lateinischen zu den romanischen Sprachen

Das nominale Demonstrativsystem des Französischen nimmt nicht nur im Vergleich zu den romanischen Schwestersprachen, sondern auch im Vergleich zu den Vorgängersystemen in der eigenen Diachronie eine Sonderstellung ein. Um die Exklusivität des französischen Demonstrativsystems sowohl im Kontext der Romania als auch im Kontext der eigenen Geschichte nachzuvollziehen und funktionale Kontinuitäten der Formenparadigmen im Verlauf des historischen Wandels aufzudecken, ist eine Analyse des lateinischen Systems notwendig. Dieses Kapitel widmet sich daher der Untersuchung der Diachronie der nominalen Demonstrativa im Wandel vom Lateinischen zu den romanischen Sprachen. Kapitel 3.2.1 *Lateinische Demonstrativa* stellt zunächst das Formeninventar des Lateinischen und die funktionale Ordnung der Paradigmen vor. Kapitel 3.2.2 *Entwicklungslinien in den romanischen Sprachen* skizziert dann die Entwicklungslinien der lateinischen Demonstrativformen in den romanischen Sprachen.

3.2.1 Lateinische Demonstrativa

Das Lateinische weist sechs Formenparadigmen auf, die als nominale Demonstrativa fungieren: die Formenserien um (i) *hic*, (ii) *iste*, (iii), *ille*, (iv) *is*, (v) *ipse* und (vi) *idem* (cf. Fruyt 2009; 2010; Lüdtke 2015, 541–543; Väänänen 1981, 120–121). Die Paradigmen (i) *hic*, (ii) *iste* und (iii) *ille* stehen sowohl in einem personen- als auch in einem distanzbasierten semantischen Kontrast zueinander, mit (i) *hic* als proximalem, (ii) *iste* als medialem und (iii) *ille* als distalem Ausdruck (cf. Fruyt 2009, 52; Touratier 1994, 40–41). Die distanz- und personenmarkierten Formen (i) *hic*, (ii) *iste* und (iii) *ille* treten sowohl in exophorischen als auch in endophorischen Referenzkontexten auf, die distanz- und personenneutralen Formen (iv) *is*, (v) *ipse* und (vi) *idem* sind größtenteils auf den endophorischen Verweisraum beschränkt (cf. Fruyt 2009, 46; Touratier 1994, 29–48). Innerhalb der zweiten, endophorischen Formenserie fungiert (iv) *is* als neutraler Ausdruck, während (v) *ipse* und (vi) *idem* zusätzliche semantische Markierungen aufweisen (cf. Fruyt 2009, 46–51, 69–73). So entsteht (v) *ipse* etymologisch als Folge eines Verstärkungsprozesses von *is* durch die fokalisierende Partikel *-pse* und fungiert schließlich als fokalisierendes anaphorisches Demonstrativum (cf. Kap. 3.1; Fruyt 2009, 69–74, 2010, 2). Ebenso entsteht *idem* in Folge einer Univerbierung von *is* und der identitätsanzeigenden Partikel *-(d)em* (cf. Fruyt 2010, 4). Entsprechend besteht die Funktion von (vi) *idem* darin, die Identitätsbeziehung zu einem Antezedenten herauszustellen (cf. Touratier 1994, 44–46).

Tab. 3.1: Lateinische Demonstrativa im Frequenzindex von Delatte et al. (1981).[45]

Rang	Paradigma	Frequenz
7.	hic	8.174
8.	is	6.990
9.	ille	6.460
23.	ipse	3.602
46.	idem	1.702
77.	iste	1.210

Was die Frequenzen der einzelnen Demonstrativparadigmen betrifft, liegen jedoch teils erhebliche Unterschiede vor, wie die Daten des lateinischen Frequenzwörterbuchs von Delatte et al. (1981) aufzeigen, das auf einer Textbasis von 794.662 Okkurrenzen basiert, die wiederum 13.077 verschiedenen Lemmata entsprechen (S. II) (cf. Tab. 3.1). So gehören (i) *hic*, (iv) *is* und (iii) *ille* in absteigender Reihenfolge zu den zehn häufigsten Lemmata, während *ipse* auf Rang 23, *idem* auf Rang 46 und *iste* auf Rang 77 erscheint, wie in Tab. 3.1 dargestellt (cf. auch Fruyt 2009, 45).

Die Gruppierung der lateinischen Demonstrativparadigmen in zwei Funktionsbereiche bestimmt auch die Ordnung dieses Kapitels. So untersucht Abschnitt 3.2.1.1 *Hic, iste und ille* zunächst die distanz- und personenmarkierten Formenparadigmen. Abschnitt 3.2.1.2 *Is, ipse und idem* widmet sich dann den vornehmlich endophorisch gebrauchten Formenparadigmen.

3.2.1.1 *Hic, iste* und *ille*

Die Verteilung der Paradigmen *hic, iste* und *ille* wird sowohl von personen- als auch distanzbezogenen Merkmalen bestimmt. So dient *hic* als proximales Demonstrativum zum Verweis auf Objekte, die in Relation zum Sprecher als erster Person stehen, wie *haec urbs* in (16a), das sich auf den aktuellen Ort des Sprechers bezieht, oder *hoc ... caput* in (16b), das sich auf ein Körperteil und somit einen unveräußerlichen Besitz des Sprechers bezieht (cf. Fruyt 2009, 56–57; 2010, 10–13; Harris 1978, 68; Touratier 1994, 40–41). *Iste* als mediales Demonstrativum referiert wiederum auf Objekte, die zur Sphäre des Interaktionspartners als zweiter Person gehören, wie *fidicina istac* in (17a) als Besitz des Adressaten oder *istuc* in (17b) zum Verweis auf die vorhergehende Adressatenrede (cf. Fruyt 2009, 57–59; Harris 1978, 68; Touratier 1994, 40–41). *Ille* als distales Demonstrativum wird schließlich zur Bezugnahme auf Objekte im Einflussbe-

---

[45] Auch zit. in: Fruyt (2009, 45).

reich einer dritten Person eingesetzt oder zum Verweis auf Entitäten, die nicht an der sprachlichen Interaktion zwischen Sprecher und Hörer beteiligt sind, wie *illisce ... aedibus* in (18a) oder *illic* in (18b) (cf. Fruyt 2009, 56–57; Harris 1978, 68; Touratier 1994, 40–41).

(16) a. *Haec urbs* est Thebae.
    'La ville (où nous sommes) est Thèbes.'
    (Plautus, *Amphitruo*, V. 97, zit. in: Fruyt 2009, 56)
  b. fugit *hoc* libertas *caput*
    'la liberté fuit cette tête (qui est la mienne)'
    (Plautus, *Stichus*, V. 751, zit. in: Fruyt 2009, 57)

(17) a. O Thais mea, meum sauium, quid agitur? Ecquid nos amas de *fidicina istac*?
    'O ma chère Thais, mon délice, comment va ? Est-ce que tu nous es reconnaissante en quelque manière pour cette joueuse de flute ?'
    (Terentius, *Eunuchus*, V. 455–457, zit. in: Fruyt 2009, 58)
  b. Alc.: Quippe qui ex te audiui [ut urbem maximam expugnauisses regemque Pterelam tute occideris.]$_i$
    'Oui, puisque j'ai entendu de ta bouche comment tu avais pris d'assaut une ville très importante et toi-même tué le roi Ptérélas.'
    Am. : Egone *istuc*$_i$ dixi?
    'Moi, je t'ai dit cela ?'
    (Plautus, *Amphitruo*, V. 745–748, zit. in: Fruyt 2009, 58)

(18) a. in *illisce* habitat *aedibus* Amphitruo.
    'Dans cette maison là-bas habite Amphitryon.'
    (Plautus, *Amphitruo*, V. 97–98, zit. in: Fruyt 2009, 54)
  b. *Illic* hic abiit.
    'He is gone.'
    (Plautus, *Epidicus*, V. 81, zit. in: Fruyt 2010, 12)

Während das sprecherbezogene *hic* und das adressatenbezogene *iste* auf den Zugänglichkeitsbereich der Sprecher-Hörer-Dyade ausgerichtet sind, nimmt *ille* als Demonstrativum der dritten Person Bezug auf den Raum, der außerhalb des von Sprecher und Adressat(en) konstituierten interaktionalen Felds liegt (cf. Fruyt 2009, 52, 56; Pieroni 2010, 408–409). Die Opposition zwischen *hic* und *iste* bildet folglich eine zusätzliche Teilung des kommunikativen Raumes innerhalb des intradyadischen Felds ab. So konstituiert *hic* eine exklusiv dem Sprecher zugehörige Sphäre, *iste* hingegen eine exklusiv dem Adressaten zugehörige Sphäre (cf. Fruyt 2010, 16–17; Guillot/Carlier 2015, 346–347). Die Teilung des intradyadischen Raumes nach Sprecher- und Adressatensphäre wird jedoch erst durch den Einsatz von *iste* ausgelöst, wie in (17a–b). So verdeutlicht der Sprecher in *fidicina istac* in (17a), das auf eine Sklavin verweist, die der Sprecher der Adressatin Thais kürzlich geschenkt hat, dass das Referenzobjekt exklusiv dem Verfügbarkeitsbereich des Interaktionspartners angehört (cf. Fruyt 2009, 57–58). Das propositionalanaphorische *istuc* in (17b) ist wiederum Ausdruck einer Distanzierung des Sprechers von der Proposition *urbem maximam expugnauisses regemque Pterelam tute occideris* im Redebeitrag des Interaktionspartners, die dieser wiederum als Zitat unseres Sprechers ausweist.

Beim Gebrauch von *hic* ist, außer beim Verweis auf Körperteile des Sprechers, wie in (16b) gesehen, keine derartige Konstitution einer exklusiv dem Sprecher vorbehaltenen Sphäre ersichtlich. So ist der Sprechort, den *haec urbs* in (16a) denotiert, nicht ausschließlich der Sprechersphäre zugehörig, sondern verweist auf den Sprecher und Interaktionspartner gemeinsamen Ort. In (19a) denotiert *aurum hoc* zwar den Besitz der Sprecherin Thais, konstituiert jedoch keine Sprechersphäre, die die Adressatin ausschließen würde, da die Sprecherin das denotierte Objekt ihrer Dienerin übergibt. Im Unterschied zu *iste* verweist *hic* folglich auf den Sprecher und Interaktionspartner gemeinsamen intradyadischen Raum, ohne eine exklusive Sprechersphäre in Opposition zum Adressaten zu profilieren (cf. Fruyt 2009, 52–53, 55–56; Joffre 2015, 417–418). In (19b) denotiert *hasce* in der Rede von Pinacio eine Tür, an die er gerade klopft. *Istas pultas* in (19b) in der Rede von Phaniscus, der der Szene auf der gleichen Seite der Tür beiwohnt wie Pinacio, bezieht sich auf das Klopfen des Pinacio. Pinacio setzt zur Referenz auf die Tür, zu der er selbst eine Handlungsrelation aufweist, *hic* ein, während Phaniscus, der nicht an der Handlung des Pinacio beteiligt ist, *iste* zum Verweis auf die Aktivität des Pinacio gebraucht, um sich so von dieser abzugrenzen. *Iste* unterstützt in der Rede des Phaniscus somit eine Distanzierung des Sprechers, der die Effizienz der Handlung des Interaktionspartners hinterfragt und von dieser Abstand nimmt. Da *hic* in (19b) *iste* voraufgeht, ergibt sich im Redebeitrag von Pinacio zunächst keine ausschließlich sprecherbezogene, den Adressaten ausschließende Lesart von *hic*. Vielmehr kann eine solche Interpretation erst rückwirkend mit dem Auftritt von *iste* in der Rede des Phaniscus entstehen. Anders verhält es sich, wenn eine Referentialisierung mit *hic* auf eine Referentialisierung mit *iste* folgt, wie in (19c). So vergleicht der Sprecher in (19c) das Schwert seines Interaktionspartners, das denotiert durch *istam machaeram* der Adressatensphäre zugeordnet wird, mit seinem eigenen Schwert, denotiert durch *haec*, das in dieser gegenüberstellenden Konstellation eine ausschließlich sprecherbezogene Lesart erhält. *Hic* gewinnt folglich erst in direktem Kontrast zu *iste* eine exklusiv auf die Sprechersphäre bezogene Auswertung.

(19) a. Aufeer *aurum hoc*.
'Emporte ces objets en or [dit Thaïs à sa servante en lui donnant son coffret à bijou].'
(Terentius, *Eunuchus*, V. 726, zit. in: Joffre 2012, 67)
b. Pinacio *(frappant à grands coups dans la porte)* :
Pinacio: Heus uos, ecquis *hasce* aperit?
'Holà, vous! [E]st-ce que quelqu'un ouvre cette porte (= *hic* : que je frappe) ?'
Phaniscus: Quid *istas pultas*, ubi nemo intus est?
'Pourquoi frappes-tu à grands coups cette porte (= *iste* : que tu frappes), là où il n'y a personne à l'intérieur ?'
(Plautus, *Mostellaria*, V. 988, zit. in: Fruyt 2010, 17)
c. *istam machaeram* longiorem habes quam *haec* est
'Your sword is longer than mine'
(Plautus, *Truculentus*, V. 627, zit. in: Fruyt 2010, 17)

Hic fungiert folglich als neutraler Ausdruck zum Verweis auf den intradyadischen Raum, während *iste* einen markierten Ausdruck darstellt, der zur Bildung einer intradyadischen Grenze eingesetzt wird (cf. Fruyt 2010, 10, 18; Joffre 2012, 70; Pieroni 2010, 418). Die Abgrenzung ist dabei nicht zwangsläufig auf einen konkreten Interaktionspartner ausgerichtet, sondern in erster Linie auf das denotierte Referenzobjekt selbst. Dies wird besonders deutlich in Kontexten, in denen *iste* zur Bezugnahme auf ein Objekt eingesetzt wird, das nicht in Relation zum direkten Interaktionspartner steht, wie *ista culpa* in (20a) oder *isti scortatores* in (20b) (cf. Joffre 2007a, 13; Pieroni 2006, 193–194; 2010, 410). Setzt ein Sprecher *iste* ein, legt er folglich eine Trennlinie zwischen sich selbst und dem Referenzobjekt fest, was als Distanznahme gegenüber dem Interaktionspartner ausgewertet werden kann, sofern das Bezugsobjekt in dessen Zugänglichkeitsbereich liegt oder in Relation zu ihm steht (cf. auch Pieroni 2010, 412). *Iste* stellt somit eine interaktionale Opposition zwischen Sprecher und Referenzobjekt heraus, die gleichzeitig eine Opposition zwischen Sprecher und Interaktionspartner vermitteln kann. *Iste* kodiert daher nicht zwangsläufig eine Relation des Referenzobjekts zum Adressaten als personenbasierten Wert, sondern profiliert im Unterschied zu *hic* ein korrelatives Sprecher-Ich, das sich in Kontrast zum Referenzobjekt und gegebenenfalls dem Adressaten definiert, so Pieroni (2004, 177–179; 2006, 194–196; 2010, 409–417) (cf. auch Dupraz 2012a, 278; Joffre 2007a, 20).

(20) a. Patris, inquies, *ista culpa* est.
 'C'est la faute de mon père.'
 (Cicero, *Philippica II*, V. 44, zit. in: Joffre 2007a, 13)
 b. Ubi sunt *isti scortatores* qui soli inuiti cubant?
 'Dove sono codesti libertini che non vogliono dormire da soli?'
 (Plautus, *Amphitruo*, V. 287, zit. in: Pieroni 2006, 191)

Hic und *iste* teilen schließlich das Merkmal der Origo-Inklusivität, unterscheiden sich jedoch in Bezug auf ihre korrelative Funktion. Während *iste* ein korrelatives Sprecher-Ich und eine Teilung des intradyadischen Raumes konstituiert, ist *hic* hinsichtlich der korrelativen Funktion unmarkiert und bewirkt keine Spaltung des intradyadischen Raumes (cf. Pieroni 2004, 180). Gleiches gilt für *ille*, das im Unterschied zu *hic* und *iste* Origo-Exklusivität anzeigt, jedoch in Bezug auf den Wert der Korrelativität unmarkiert ist (cf. Pieroni 2004, 181; 2006, 189; 2010, 408–409). Dass *iste* im Vergleich zu *hic* und *ille* höhere Markiertheitswerte aufweist, zeigt sich auch an der Frequenz der Formenparadigmen und ihrer diskurspragmatischen Verteilung. Wie in Tab. 3.1 gesehen, weist *iste*, das erst auf Rang 77 des lateinischen Frequenzindex von Delatte et al. (1981) auftritt, insgesamt eine deutlich niedrigere Frequenz auf als *hic* (Rang 7) und *ille* (Rang 9), die laut Delatte et al. (1981) zu den zehn häufigsten lateinischen Paradigmen gehören (cf. Fruyt 2010, 18; Joffre 2007a, 12, 2015, 409–411; Pieroni 2006, 196). Zudem scheint der Gebrauch von *iste* diskurspragmatischen Einschränkungen zu unterliegen. So tritt *iste* hauptsächlich in dialogisch organisierten Texten oder Textstücken auf, die direkte Rede und Mündlichkeit wiedergeben, wie Theaterstücke, Reden, Dialoge und Briefe, oder Erzählungen in der ersten Person (cf. Joffre 2007a, 12; Pieroni 2004, 173; 2010, 411). In historischer Prosa und Epen findet sich *iste* hingegen selten und wenn, dann ausschließlich in direkter Rede (cf. Joffre 2007a, 12; Pieroni 2004, 172–173).

Während *hic* und *iste* in Bezug auf den Wert Korrelativität in semantischem Kontrast zueinander stehen, unterscheiden sich *hic* und *ille* im Wert der Origozugehörigkeit. So verweist *hic* auf den intradyadischen bzw. origo-inklusiven Raum des Sprechers und Interaktionspartners, *ille ex negativo* auf den extradyadischen bzw. origo-exklusiven Raum (cf. Fruyt 2009, 52–53; 2010, 13; Guillot/ Carlier 2015, 347–348). Die Ausdehnung des origo-inklusiven Raumes wird entsprechend der Ontologie des Referenzobjekts je neu bestimmt. In Bezug auf physische und temporale Räume wird *hic* als Bezugnahme auf die Koordinaten der Sprechsituation ausgewertet, wie der Sprechort, so *haec urbs* in (16a), oder die Sprechzeit, so *hanc diem* in (21a) und *haec nox* in (21b) (cf. Fruyt 2009, 55; Joffre 2007a, 67–68). Bezugnahmen auf Zeiträume, die Teile einer zeitlichen Einheit bilden, so Monate oder Jahreszeiten als Teile eines Jahres, wie *haec nox* in (21b), können dabei sowohl auf den aktuellen Zeitraum ausgerichtet sein, sofern dieser in der Nacht liegt, wie in (21b), oder auf die folgende Nacht, sofern der Sprechzeitpunkt auf einen Tag fällt (cf. Fruyt 2009, 55). Beim Verweis auf physische Räume bestimmt wiederum die angesteuerte räumliche Dimension die quantitative Ausdehnung der Bezugnahme. So ist *haec urbs* in (16a) auf die gesamte Stadt ausgerichtet, in der die Konversation stattfindet, während sich *hic* in (21c) als Adverb auf das gesamte Land bezieht (cf. Fruyt 2010, 13). Im Unterschied zu *hic* zeigt *ille* in der Referenz auf physische und temporale Räume eine extradyadische Verortung an. Der Bezugsort stimmt somit nicht mit den Koordinaten der Sprechsituation überein, wie *illisce [...] aedibus* in (18b), das auf ein Haus verweist, das vom Sprechort aus in der Ferne als visuelles Objekt sichtbar ist, und das adverbiale *illic* in (21c), das auf das Herkunftsland des Interaktionspartners verweist, das nicht dem Land entspricht, in dem das Gespräch stattfindet, wie die Beiordnung *apud vos* zeigt (cf. Fruyt 2009, 54; 2010, 13–14).

(21) a. Quod [signum] autem est ad introitum Ponti [...] usque ad *hanc diem* integrum [...]
'Cette [statue] se dresse à l'entrée du Pont [...], conservée intacte jusqu'à ce jour'
(Cicero, *Verrines IV*, §130, zit. in: Joffre 2007a, 67)
b. *haec nox* est facta longior.
'Cette nuit a été allongée.'
(Plautus, *Amphitruo*, V. 113, zit. in: Fruyt 2009, 55)
c. Vt uos *hic*, itidem *illic apud uos* meus seruatur filius
'just as you are prisoners here (in my country), so my son is a prisoner there in your country'
(Plautus, *Captivi*, V. 261, zit. in: Fruyt 2009, 14)

Bei der Bezugnahme auf Menschen wird die Extension des origo-inklusiven bzw. intradyadischen Raumes wiederum von der Möglichkeit der potentiellen interaktionalen Handlungsbeteiligung der denotierten Figur bestimmt. Dem Sprecher und Hörer gemeinsamen intradyadischen Raum gehört an, wer oder was sich in ausreichender Nähe zur Sprecher-Origo befindet, um sich an der sprachlichen Interaktion kommunikativ beteiligen zu können, so Fruyt (2009, 53; 2010, 11). Folglich zeigt die Referentialisierung durch *hic* an, dass die entsprechende Figur so im Raum positioniert ist, dass sie die Konversation der Interaktionspartner akustisch wahrnehmen oder selbst verbal eingreifen könnte (cf. Fruyt 2009, 53; 2010, 11). Die Bezugnahme durch *ille* impliziert wiederum, dass sich die Figur außerhalb des akustisch zugänglichen Feldes und somit im extradyadischen Raum befindet (cf. Fruyt 2009, 53; 2010, 11; auch Joffre 2012, 69).

Dass das Kriterium der kommunikativen Handlungsbeteiligung die Verteilung von *hic* und *ille* bei der Bezugnahme auf Menschen steuert, zeigt sich in einigen Beispielen aus den Komödien von Plautus und Terentius, so Fruyt (2009, 53). Befindet sich eine Figur im Hintergrund der Bühne und außerhalb der akustischen Reichweite der sprachlichen Handlung der zentralen Figuren der Szene, wird sie durch das extradyadische *ille* denotiert, wie *illic* in (22a) und *illum pulchre* in (22b). Nähert sich die betreffende Figur dem Ort der Sprecher-Hörer-Interaktion oder bewegt sich der Sprecher in Richtung der Figur, so dass diese in das akustische Feld integriert wird, tritt *hic* zur Referentialisierung ein, wie in (22b). So sind *illum pulchre* und *hunc* in (22b) auf dasselbe Referenzobjekt ausgerichtet, zeigen jedoch eine je unterschiedliche Position in Bezug auf das akustische Feld der sprachlichen Haupthandlung an. Das Referenzobjekt liegt zunächst außerhalb des intradyadischen Raumes, wie die erste Bezugnahme *illum pulchre* anzeigt. Sogleich nähert sich der Sprecher der Figur jedoch soweit, dass eine sprachliche Kontaktaufnahme möglich ist, die im weiteren Verlauf der Szene auch eintreten wird und die die zweite Bezugnahme durch *hunc* impliziert (cf. Fruyt 2010, 11).

(22) a. Sed Amphitruonis *illic* est seruus Sosia;
a portu illīc nunc cum lanterna aduenit.
'Mais cet homme là-bas, c'est Sosie, l'esclave d'Amphitryon ; il arrive en ce moment du port, là-bas, avec une lanterne.'
(Plautus, *Amphitruo*, V. 148–149, zit. in: Fruyt 2009, 53)
b. Extetam ego *illum pulchre* iam, si di uolunt.
Hau dormitandum est; opus est chryso Chrysalo.
Adibo *hunc* quem quidem ego hodie faciam hic arietem Phrix<i>.
'Moi, je vais tromper cet homme (là-bas) de la belle manière, si les dieux le veulent bien. Il ne faut pas s'endormir ; Chrysale a besoin d'or. Je vais aborder cet homme (ici près de moi) et, assurément, maintenant et ici, j'en ferai un bélier de Phrixus.'
(Plautus, *Bacchides*, V. 239–242, zit. in: Fruyt 2010, 17)

Die Ausdehnung des intradyadischen Feldes zwischen Sprecher und Interaktionspartner entspricht somit der 'Reichweite der Stimme' der Interaktionspartner, die den Raum des gegenseitigen akustischen Verstehens, innerhalb dessen verbale Interaktion möglich ist, konstituiert (cf. Fruyt 2009, 53). Die Integration eines Referenzobjekts in das intradyadische Feld stellt die kommunikative Beteiligung jedoch nicht sicher fest, sondern zeigt vielmehr an, dass diese potentiell möglich ist, da die Figur sich in ausreichender Nähe zur Sprecher-Origo befindet, wie (22b) zeigt. Der Wert der Origo-Inklusivität des proximalen *hic* impliziert so-

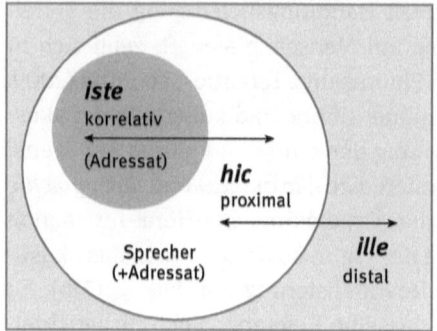

Abb. 3.1: Verweisräume von *hic*, *iste* und *ille*.

mit gleichzeitig eine raumzeitliche Nähe des Referenzobjekts zur Sprecher-Origo, die Origo-Exklusivität des distalen *ille* raumzeitliche Ferne (cf. Fruyt 2009, 54–55; Touratier 1994, 41). Die Verteilung des proximalen *hic* und des distalen *ille* entspricht somit annähernd der Verteilung des proximalen *este* und des distalen *aquel* im Spanischen (cf. Kap. 2.2.2.2).

Hic steht somit in zwei verschiedenen semantischen Oppositionen. Auf der einen Seite kontrastiert es als proximales Demonstrativum zum Verweis auf den intradyadischen Raum mit *ille* als distalem Demonstrativum zum Verweis auf den extradyadischen Raum, wie die schematische Darstellung in Abb. 3.1 zeigt. Auf der anderen Seite steht *hic* im Kontrast zu *iste*, das innerhalb des intradyadischen Feldes einen sprecherfernen Verweisraum konstituiert, wie Abb. 3.1 zeigt.

Die distanzmarkierende Funktion von *hic* und *ille* wird den beiden Formen auch im anaphorischen Verweiskontext attestiert, wie in (23a) (cf. Fruyt 2009, 61–62, 66–68; 2010, 19; Touratier 1994, 41–42). So ruft *hos* in (23a) den nominalen Antezedenten auf, der der Okkurrenz am nächsten liegt, nämlich *eos amicos*, während *illos* den weiter entfernten nominalen Antezedenten *quibusdam acerbos inimicos* reaktiviert (cf. Fruyt 2010, 19; Touratier 1994, 41–42). Jedoch ist die Referentialisierung von *hic* und *ille* nicht in allen anaphorischen Kontexten nach der relativen Distanz des Antezedenten organisiert, wie in (23b) (cf. auch Kap. 2.1.2.2 zur Irrelevanz des Distanzkriteriums bei anaphorischen Verweisen). So verweist das distale *ille* in (23b), im Unterschied zu (23a), auf den nominalen Antezedenten *adulescens*, der der Okkurrenz am nächsten liegt. Das proximale *hic* ruft dagegen den entfernteren nominalen Antezedenten *senex* auf. Eine Verteilung von anaphorischem *hic* und *ille* entsprechend dem Wert der Zeigeintensität erscheint folglich als wahrscheinlicher, wie in Kap. 2.2.2.2 gesehen. Aus diesem Grund führt auch Fruyt (2010, 20) die Verteilung von *hic* und *ille* in (23b) auf das pragmatische Gewicht der denotierten Referenzobjekte zurück. In (23b) stehen die Diskursreferenten von *senex* und *adulescens* in einem asymmetrischen Verhältnis zueinander, was ihre diskursive Salienz betrifft (cf. Fruyt 2010, 20). Da das Zitat einem Werk entstammt, in dem es um das Alter und das Altern geht, wie bereits am Titel *Cato maior de senectute* ersichtlich, liegt die Vermutung nahe, dass der Diskursreferent von *senex*, der von *hic* denotiert wird, die zentrale Figur darstellt, während der Diskursreferent von *adulescens*, der von *ille* denotiert wird, als nebengeordnete Vergleichsgröße fungiert (cf. auch Joffre 2012, 63). Auch für (23a) kann eine entsprechende Verteilung von *hic* und *ille* nach dem diskursiven Status der Diskursreferenten vermutet werden. Da (23a) einem Dialog über die Freundschaft entstammt, stellt der Diskursreferent von *eos amicos*, der ebenfalls von *hic* denotiert wird, die zentrale Figur dar, der Diskursreferent von *quibusdam acerbos inimicos*, der von *ille* denotiert wird, eine nebengeordnete Vergleichsgröße. Die Korrelationen zwischen der Ausrichtung des Demonstrativums und der Zentralität des Diskursreferenten, wie (23a–b) zeigen, kann wiederum mit der Zeigeintensität der Formen verknüpft werden. Als Demonstrativum hoher Zeigeintensität schreibt das proximale *hic* seinem Verweisobjekt nämlich ein höheres pragmatisches Gewicht zu als *ille*, was *hic* als Demonstrativum zur Markierung von Hauptfiguren in kontrastiven Kontexten qualifiziert (cf. Kap. 2.2.2.2).

(23) a. Melius de *quibusdam acerbos inimicos$_i$* mereri, quam *eos amicos$_{ii}$*, qui dulces videantur; *illos$_i$* uerum saepe dicere, *hos$_{ii}$* numquam.
'Les ennemis acharnés rendent plus de services à certains que les amis, doux en apparence: ceux-là disent souvent la verité; ceux-ci jamais.'
(Cicero, *Laelius de amicitia*, §90, zit. in: Touratier 1994, 42)

b. At *senex$_i$* [...] est eo meliore condicione quam *adulescens$_{ii}$*, cum id quod *ille$_{ii}$* sperat *hic$_i$* consecutus est: *ille$_{ii}$* uolt diu vivere, *hic$_i$* diu uixit.
'[...] But the old man is in such a better situation than the young man in that what the young man (*ille*) hopes for, the old man (*hic*) has already obtained: the young man (*ille*) wants to live long, the old man (*hic*) has already lived long.'
(Cicero, *Cato Maior de senectute*, §68, p. 83, zit. in: Fruyt 2010, 19–20)

Wie in (23a–b) für den anaphorischen Kontext gesehen, ist die distanzmarkierte Ausrichtung von *hic* und *ille* nicht auf die Auswertung auf raumzeitlicher Ebene festgelegt. Wie in Kap. 2.1.2.4 und 2.2.2.2 gesehen, können proximale Demonstrativa zum Ausdruck affektiver Nähe bzw. Origo-Inklusivität eingesetzt werden, distale Demonstrativa zur Markierung affektiver Distanz. So findet sich auch das proximale *hic* im Lateinischen zur Referentialisierung von Entitäten, die sich zwar aus raumzeitlicher Perspektive nicht im origo-inklusiven Feld befinden, zu denen der Sprecher jedoch eine große emotionale Nähe empfindet, wie *hanc uxorem* in (24a), das auf eine in der Sprechsituation nicht präsente Frau verweist (cf. Fruyt 2009, 60; 2010, 15; Joffre 2012, 63). Das distale *ille* kann wiederum dazu eingesetzt werden, eine affektive Aversion gegenüber dem Referenzobjekt zum Ausdruck zu bringen, so Fruyt (2009, 60; 2010, 15). So denotiert *illum eunuchum* in (24b) eine Person, die sich zwar in raumzeitlicher Nähe zum Sprecher befindet, der er jedoch negativ gegenüber steht. In dieser Funktion ist *ille* auch in lateinischen Fluchinschriften zur Denotation einer missbilligten Entität dokumentiert (cf. Dupraz 2012a, 278).

Neben *ille* tritt insbesondere das mediale *iste* zum Ausdruck einer despektierlichen Haltung gegenüber dem Referenzobjekt und/oder dem Interaktionspartner ein, sofern es in Relation zu diesem steht, wie *ista uestra nomina* in (25a) (cf. Fruyt 2009, 61; 2010, 20–21; Touratier 1994, 43). Die pejorative Lesart von *iste* entsteht als Folge seiner korrelativen Funktion, wie in (20a–b) gesehen. Sie tritt häufig in anamnestischen Referenzkontexten auf, wie das pronominale *isti* in (25b), mit dem sich der Schreiber Brutus in abwertender Absicht auf seine Feinde bezieht (cf. Fruyt 2009, 61). Die explizite Nennung einer Objektkategorie kann ausbleiben, da sie dem Adressaten aus der gemeinsamen Interaktionsgeschichte bereits bekannt ist.

(24) a. Emoriar, si non *hanc uxorem* duxero.
'Je mourrai si je n'épouse pas cette femme.'
(Terentius, *Eunuchus*, V. 888, zit. in: Joffre 2012, 63)
b. Ego *illum eunuchum*, si opus siet, uel sobrius...
'Moi, cet eunuque, si besoin est, même sobre...'
(Terentius, *Eunuchus*, V. 479, zit. in: Fruyt 2009, 60)

(25) a. Cum ea consectus nondum eram, quae sunt hominum opinionibus amplissima, tamen *ista uestra nomina* numquam sum admiratus.
'Even before I had attained the honours which are most magnificent in the eyes of men, even then those titles of yours never excited my admiration.'
(Cicero, *Epistolae ad familiares* III, 7 §5, zit. in: Fruyt 2010, 21)
b. Gratiorem me esse in te posse, quam *isti* peruersi sint in me, exploratum habes.
'Tu sais parfaitement que ma reconnaissance envers toi peut être plus grande que la nocivité de mes ennemis à mon égard.'
(Brutus apud Cicero, *Epistolae ad familiares* XI, 10 §1, zit. in: Fruyt 2009, 61)

Auch wenn das mediale *iste* in anamnestischen Bezugnahmen zu finden ist, gilt in erster Linie das distale *ille* als typisch für diesen Gebrauchskontext (cf. Dupraz 2012b; Fruyt 2009, 60–61; 2010, 15; cf. Kap. 2.2.2.2). Anamnestisches *ille* tritt insbesondere zum Verweis auf berühmte historische Persönlichkeiten ein, die als Teil des allgemeinen Wissenskontexts betrachtet werden, wie in (26a–b) (cf. Kap. 2.1.2.4 zur Stufung der Wissensbereiche). So verweist die demonstrative Kennzeichnung *dux ille Graeciae* in (26a) auf den berühmten griechischen Heerführer im trojanischen Krieg, Agamemnon, der im Vortext nicht explizit erwähnt wird (cf. Dupraz 2012b, 82). In dieser Funktion findet sich *ille* auch besonders häufig in Verbindung mit Eigennamen, wie *Philonem illum architectum* in (26b) (cf. Dupraz 2012b, 75–77, 82; Touratier 1994, 43). Im Unterschied zu *iste* impliziert die Kennzeichnung *ille* N im anamnestischen Verweis eine positive Wertung des Referenzobjekts im Sinne von «ce fameux/cet illustre N», so Touratier (1994, 43), und dient somit zum Ausdruck einer respektvollen Haltung des Sprechers gegenüber dem Referenzobjekt, wie im Kontext von *dux ille Graeciae* in (26a) und *Philonem illum architectum* in (26b) deutlich wird. Die affektive Ausrichtung von *ille* in (26a–b) beweist auch, dass *ille* nicht auf eine negative affektive Lesart festgelegt ist, wie es die distale Semantik vermuten lassen könnte und wie in (24b) gesehen, sondern sowohl eine negative als auch, und das sogar weitaus häufiger, eine positive Haltung des Sprechers unterstützen kann (cf. Kap. 2.1.2.4).

(26) a. Quam ad suauitatem nullis egebat [scil. Nestor] corporis uiribus; et tamen *dux ille Graeciae* nusquam optat ut Aiacis similis habeat decem, sed ut Nestoris; quod si sibi acciderit, non dubitat quin breui si Troia peritura.
'Pour cette douceur, il [scil. Nestor] n'avait pas besoin de forces physiques ; et pourtant ce chef de la Grèce ne souhaite nulle part d'avoir dix hommes semblables à Ajax, mais à Nestor ; car si c'était le cas, il ne doute pas que Troie périrait à bref délai.'
(Cicero, *Cato maior de senectute*, 10 §5, zit. in: Dupraz 2012b, 82)
b. Neque enim, si *Philonem illum architectum*, qui Atheniensibus armamentarium fecit, constat perdiserte populo rationem operis sui reddidisse, existimandum est architecti potius artificio disertum quam oratoris fuisse.
'En effet, de ce qu'il est établi que cet architecte Philon qui fit l'arsenal d'Athènes rendit compte au peuple de son travail avec la plus grande facilité de parole, il ne faut pas conclure qu'il fut éloquent grâce à l'art de l'architecture plus que grâce à celui de l'éloquence.'
(Cicero, *De oratore* I, 14 §62, zit. in: Dupraz 2012b, 76)

Schließlich ist die Respekt ausdrückende Lesart von *ille* nicht auf den anamnestischen Verweiskontext beschränkt, sondern kann auch Bezugnahmen im exophorischen Verweisraum betreffen, wie in (27a–b). Ebenso wie in (24b) gesehen, verweist *ille* in (27a–b) auf origo-inklusive Entitäten. So gibt in (27a) die Identitätsrelation zwischen *hic* als Prädikatssubjekt und *ille Demosthenes* als Subjektprädikativ Auskunft über die raumzeitliche Nähe des Referenzobjekts, in (27b) die appositive Zuordnung der Kennzeichnung *ille Romanus uatus* zum Sprecher der Äußerung *ego*. In (27a–b) ist *ille* im Unterschied zu den Okkurrenzen in (21c) und (22a–b) jedoch nicht auf das Referenzobjekt als im Sprechkontext präsente und verortete Entität ausgerichtet, sondern bezieht sich auf das Referenzobjekt als Teil des allgemeinen Wissenskontextes (cf. Touratier 1994, 43). *Ille* ruft in (27a–b) folglich die Vorstellung der denotierten Entität im kollektiven Gedächtnis auf, während die identitäre Verknüpfung dieser konzeptuellen Gestalten mit situativ verfügbaren Objekten von explizit origo-inklusiven Deiktika geleistet wird, wie *hic* in (27a) und *ille* in (27b) zeigen. *Ille* ist in (27a–b) folglich zwar indirekt situativ verankert, entspricht in erster Linie jedoch einer anamnestischen Bezugnahme. Der anamnestische Verweiskontext steht nicht im Widerspruch zur origoexklusiven Markierung von *ille*, da anamnestische Verweisobjekte grundsätzlich perzeptiv nicht erfassbar und somit automatisch extradyadisch sind (cf. auch Dupraz 2012b, 85, 89). Da die Ausdehnung des extradyadischen Raums unbegrenzt ist, sind situative Verweise ohne phorische Verankerung und auf perzeptiv weder direkt noch indirekt erfassbare Entitäten immer auch anamnestisch, denn die Bezugnahme auf diskursiv nicht verhandelte und nicht präsente Entitäten impliziert eine Verankerung im Wissenskontext (cf. Kap. 2.1.2.4).

(27) a. *Hic* est *ille Demosthenes*.
 'C'est lui, le (fameux) Démosthène.'
 (Cicero, *Tusculanae disputationes*, 5 §103, zit. in: Touratier 1994, 43)
 b. *Ille ego Romanus uates* [...] Sarmatico cogor plurima more loqui.
 'Moi, le poète romain bien connu (ou : moi, jadis poète romain), je suis très souvent obligé de parler comme les Sarmates.'
 (Ovid, *Tristia*, 5,7 V. 55, zit. in: Touratier 1994, 43)

Wie in Kap. 2.2.2.2 aus crosslinguistischer Perspektive gesehen, wird die pragmatische Distribution der personen- und distanzmarkierten Demonstrativformen *hic*, *iste* und *ille* im Lateinischen von mehreren Faktoren gesteuert, die unter Umständen im Widerspruch zueinander stehen. So kann die Wahl des proximalen *hic* von der Notwendigkeit einer hohen Zeigeintensität motiviert werden, gleichzeitig aber dem Wert der relativen Nähe des Referenzobjekts widersprechen, wie in den Beispielen (22a–b) für den anaphorischen Kontext der

Fall. Ebenso kann emotionale Nähe des Sprechers zum Referenzobjekt den Einsatz von *hic* bedingen, obwohl keine raumzeitliche Nähe gegeben ist, wie in (24b). Gleiches gilt für Okkurrenzen von *ille*, wie in (23b) und (24b), die mit raumzeitlicher Ferne konfligieren, jedoch durch die assoziierten Werte neutrale Zeigeintensität, wie in (23b), und affektive Ferne motiviert werden, wie in (24b).

Entsprechend den Darlegungen in diesem Abschnitt können die proximalen und distalen Demonstrativa im Lateinischen in fast allen Lesarten eingesetzt werden, die in Kap. 2.2.2.2 aus sprachvergleichender Perspektive aufgedeckt wurden (cf. in Tab. 2.4). Darüber hinaus konnten weitere Werte ermittelt werden. Tab. 3.2 im Anschluss führt alle Lesarten auf, die *hic*, *iste* und *ille* zugeschrieben werden können. Wie für proximale Demonstrativa aus universallinguistischer Perspektive in Kap. 2.2.2.2 gesehen, tritt das proximale *hic* im Lateinischen zum Ausdruck von Nähewerten ein, das distale *ille* im Gegensatz dazu zum Ausdruck von Distanzwerten (cf. Tab. 3.2). Das funktionale Tableau von *hic* und *ille* kann im Bereich der Nähe- oder Distanzwerte zudem um die Ebene der interaktionalen Teilnahme erweitert werden, die insbesondere auf menschliche Referenzobjekte bezogen ist. Wie die Analysen in diesem Abschnitt zeigen, weist *hic* sein Referenzobjekt als dem interaktionalen Geschehen ausreichend nah aus, dass es an der Unterhaltung teilnehmen könnte. *Ille* zeigt dagegen an, dass sich die Entität räumlich außerhalb der interaktionalen Reichweite befindet. Das Verhalten von *hic* und *ille* im endophorischen Verweisraum hat weiterhin offen gelegt, dass *hic* vornehmlich Diskursreferenten wiederaufnimmt, die ein hohes pragmatisches Gewicht aufweisen, während *ille* zur Referenz auf weniger prominente Diskursreferenten eingesetzt wird. Demnach kann *hic* eine hohe Zeigeintensität zugeschrieben werden, *ille* wiederum eine neutrale, wie in Tab. 2.4 gesehen (cf. Tab. 3.2). Für die übrigen Werte, die in Tab. 2.4 mit hoher Zeigeintensität verknüpft sind, liegen für *hic* und *ille* keine Evidenzen vor. Im funktionalen Tableau ist ein weiterer Wert zu nennen. So drückt *ille* in anamnestischen Bezugnahmen Respekt und Wertschätzung gegenüber dem Referenzobjekt aus und weist in diesem Kontext somit regulär eine positive Ausrichtung auf affektiver Ebene auf (cf. Tab. 3.2). Folglich kann auch für das Lateinische keine vollständige Korrelation zwischen proximalen Demonstrativa und positiven affektiven Werten sowie respektive distalen Demonstrativa und negativen affektiven Werten festgestellt werden (cf. Kap. 2.1.2.4).

Im Lateinischen ist der proximale Bereich durch zwei Formenparadigmen besetzt. Neben *hic* gilt auch *iste* als proximal, das sich von *hic* durch das korrelative Merkmal unterscheidet (cf. Abb. 3.1 & Tab. 3.2). Demnach wird *iste* dazu eingesetzt, um einen sprecherfernen Nahraum zu profilieren. In dieser Funktion impliziert *iste* zwar Nähe im raumzeitlichen Bereich, wird gleichzeitig jedoch mit Distanzwerten auf affektiver Ebene assoziiert (cf. Tab. 3.2). Das funktionale

Tab. 3.2: Lesarten der distanzmarkierten Demonstrativa im Lateinischen.

hic proximal	*iste* proximal, korrelativ	*ille* distal
Nähe	**Nähe**	**Ferne**
(a) raumzeitlich nah	(a) raumzeitlich nah	(a) raumzeitlich fern
(b) perzeptiv zugänglich	(b) perzeptiv zugänglich	(b) perzeptiv unzugänglich
(c) interaktional zugänglich	(c) interaktional zugänglich	(c) interaktional unzugänglich
(d) affektiv nah		(d) affektiv fern
(e) Possession	**Ferne**	(e) Nicht-Possession
	(a) affektiv fern	
Hohe Zeigeintensität	(b) Nicht-Possession	
(a) diskursive Prominez/ Vordergrund		**Neutrale Zeigeintensität**
	Hohe Zeigeintensität	(a) diskursiver Hintergrund
	(a) konfrontative Haltung des Sprechers	

Tableau von *iste* stimmt folglich nicht in allen Bereichen mit den universalen Werten proximaler Demonstrativa überein (cf. Tab. 2.4 im Kontrast zu Tab. 3.2). Ebenso wie *hic* kann *iste* jedoch eine hohe Zeigeintensität zugeschrieben werden, da es eine konfrontative Haltung des Sprechers gegenüber dem Referenzobjekt zum Ausdruck bringt.

3.2.1.2 *Is, ipse* und *idem*

Während die distanzmarkierten Formen *hic, iste* und *ille* sowohl in exophorischen als auch in endophorischen Referenzkontexten eingesetzt werden, treten *is, ipse* und *idem* überwiegend im endophorischen Verweisraum auf (cf. Fruyt 2009, 46; Pieroni 2010, 443; Touratier 1994, 29, 44). Als zweithäufigstes Demonstrativparadigma und als achthäufigstes lateinisches Formenparadigma überhaupt, entsprechend dem Frequenzindex von Delatte et al. (1981), stellt *is* im Lateinischen das typische Demonstrativum zur Herstellung anaphorischer Bezüge dar (cf. Tab. 3.1; auch Pieroni 2010, 444–446). Wie *hic, iste* und *ille* tritt *is* sowohl in pronominaler, so *is, eum, eius* und *is* in (28a), als auch in adnominaler Funktion auf, wie *ea [...] agritudine* in (28a) und *is [...] Amphitruo* in (28b) (cf. Fruyt 2009, 46–47; Touratier 1994, 30–31). Ebenso kann der Antezedent sowohl eine nominale Gestalt aufweisen, wie *Epidamniensis quidam [...] mercator* in (28a) als Antezedent von *is* und *puerum* als Antezedent von *eum* in (28a), als auch eine propositionale, wie bei *ea [...] agritudine* in (28a), das textdeiktisch auf die Proposition *postquam puerum perdidit, animum despondit* verweist (cf. Fruyt 2009, 47–48; Touratier 1994, 32). Insgesamt ist *is* im textdeiktischen Verweiskontext jedoch selten zu finden (cf. Fruyt 2009, 47).

(28) a. [Epidamniensis quidam ibi mercator]$_a$ fuit;
is$_a$ puerum$_b$ tollit auehitque Epidamnum eum$_b$.
[Pater eius$_b$]$_c$ autem [postquam puerum perdidit,
animum despondit]$_d$, ea$_d$ que is$_c$ aegritudine$_d$
paucis diebus post Tarenti emortuust.
'Là se trouvait un marchand d'Epidamne ; il enlève l'enfant et le transporte à Epidamne. Mais lorsque son père eut perdu l'enfant, il perdit tout goût à la vie et, en raison de ce chagrin, il mourut quelques jours plus tard à Tarente.'
(Plautus, Menaechmi, V. 97, zit. in: Fruyt 2009, 46–47)

b. Haec urbs est Thebae ; in illisce habitat aedibus Amphitruo$_i$ [...] quicum Alcumena est nupta, Electri filia.
Is$_i$ nunc Amphitruo$_i$ praefectust legionibus.
'Cette ville où nous sommes, c'est Thèbes; dans cette maison là-bas habite Amphitryon..., avec lequel est mariée Alcmène, fille d'Electros. Ce (même) Amphitryon, à présent, a été placé à la tête des légions.'
(Plautus, Amphitruo, V. 97–100, zit. in: Fruyt 2009, 47)

Is gilt im Unterschied zu *hic* und *ille* als Anapher 'kurzer Reichweite', da der Antezedent meist im unmittelbaren Vortext zu finden ist und somit in direkter Nähe zur Okkurrenz von *is* liegt (cf. Fruyt 2009, 46; Pieroni 2010, 403). Als unmarkiertes anaphorisches Demonstrativpronomen kann *is* demzufolge in diskursiven Sequenzen auch in hoher Dichte auftreten, wie in (28a). Im Unterschied zu *is* weisen *ipse* und *idem* zusätzliche semantische Markierungen auf, die ihre pragmatische Distribution steuern. Die semantische Markiertheit der Formen spiegelt sich auch in ihrer jeweiligen Frequenz im Kontrast zu *is* wider. So entspricht die Anzahl der Okkurrenzen von *ipse* (Rang 23) im Frequenzindex von Delatte et al. (1981) nur etwas mehr als der Hälfte der Okkurrenzen von *is*, die Anzahl der Okkurrenzen von *idem* (Rang 46) sogar etwas weniger als einem Viertel (cf. Tab. 3.1). *Is* tritt somit in etwa doppelt so häufig auf wie *ipse* und viermal so oft wie *idem*.

Das fokalisierende Demonstrativum *ipse* zeigt nicht nur an, dass der Diskursreferent im Vortext eindeutig bestimmt und verfügbar ist, so wie *is*, sondern hebt den denotierten Diskursreferenten auch als zentrale Figur innerhalb der Gesamtmenge der etablierten Diskursreferenten und der möglichen Konkurrenzreferenten hervor (cf. Bertocchi 2000, 16; Joffre 2007b, 108–109; Touratier 1994, 47). *Ipse* signalisiert so eine unerwartete Referenzidentität zu einem bereits eingeführten Diskursreferenten und markiert auf diese Weise einen kontrastiven Fokus, wie *ipsus [...] Amphitruo* in (29a), *ipse aries* in (29b) und *te ipse* in (29c) (cf. Bertocchi 2000, 15; Selig 1992, 160; Pieroni 2007, 157). Als fokalisierendes Demonstrativum ist *ipse*, im Unterschied zu *is*, nicht auf den anaphorischen Verweiskontext festgelegt, wie in (29a) mit *ipsus [...] Amphitruo* als direkter Anapher zu *Amphitruo* und in (29b) mit *ipse aries* als indirekter Anapher zu *oues* vorliegt. Vielmehr kann *ipse* auch zur Herausstellung der Interaktionspartner eingesetzt werden und tritt somit auch zur Fokalisierung von Personalpronomina auf, wie *te ipso* in (29c) (cf. Pieroni 2007; Touratier 1994, 47). Zudem kann *ipse* auch zur Fokalisierung anderer Demonstrativa, mit Ausnahme von *is*, eingesetzt werden (cf. Touratier 1994, 47).

(29) a. *ipsusque Amphitruo regem Pterelam sua optruncauit manu.*
'and Amphitryon himself killed king Pterela with his own hands'
(Plautus, *Amphitruo*, V. 252, zit. in: Pieroni 2007, 157)
b. *Parcite, oues, nimium, procedere: non bene ripae creditur: ipse aries etiam nunc uellera siccat.*
'Gardez-vous, brebis, d'avancer trop loin : on ne peut pas se fier en toute sécurité à la rive : le bélier lui-même, encore maintenant, fait sécher sa toison.'
(Vergil, *Bucolica*, 3 V. 94–95, zit. in: Fruyt 2009, 72)
c. *Postquam mihi nihil neque a te ipso neque ab ullo alio de aduentu tuo scriberetur [...].*
'Alors qu'aucune lettre ne m'avait été envoyée, ni par toi-même, ni par quelqu'un d'autre, à propos de ton arrivée [...].'
(Cicero, *Epistolae ad familiares*, 2,19 §1, zit. in: Fruyt 2009, 71)

Infolge seiner fokalisierenden Funktion stellt *ipse* die Handlungsbeteiligung der denotierten Figur am dargestellten Sachverhalt als besonders auffällig oder bemerkenswert heraus. *Ipse* impliziert folglich, dass sein Referenzobjekt derjenigen Entität entspricht, deren Beteiligung in der gegebenen prädikativen Relation und in der ihr darin zugewiesenen Rolle am wenigsten zu erwarten und daher am erstaunlichsten ist (cf. Bertocchi 2000, 18–19; auch Fruyt 2009, 72). So hebt *ipse* in *ipsus [...] Amphitruo* in (29a) die Rolle des Amphitruo als Mörder von König Pterela heraus. In (29b) wird die Tatsache als bemerkenswert dargestellt, dass sogar ein Schafbock (*ipse aries*) in einen Fluß stürzen kann, obwohl er stärker ist als Mutterschafe (*oues*) (cf. Fruyt 2009, 72). Im Skopus einer Negation wird im umgekehrten Verfahren gerade die Nichtbeteiligung des Referenzobjekts am denotierten Sachverhalt als auffällig markiert, wie in (29c) (cf. Bertocchi 2000, 18–19). So impliziert *te ipso* in (29c) die Erwartung, dass der Interaktionspartner dem Sprecher seine Ankunft selbst ankündigt, und das Erstaunen über das Nichteintreten dieser Erwartung (cf. Fruyt 2009, 71).

Das identitätsanzeigende *idem* impliziert nicht nur, dass der denotierte Diskursreferent im Vortext verfügbar ist, so wie *is*, sondern dient auch dazu, die anaphorische Relation zum Antezedenten und somit die Übereinstimmung des Referenzobjekts mit einem bereits verfügbaren Diskursreferenten herauszustellen (cf. Touratier 1994, 44). *Idem* hat folglich eine insistierende Funktion, wie *eundem* in (30a), *huic eidem Sopatro, idem inimici* und *eiusdem rei* in (30b) (cf. Touratier 1994, 44). Ebenso wie das fokalisierende *ipse* kann auch das identitätsanzeigende *idem* in Kombination mit anderen Demonstrativpronomina, mit Ausnahme von *is*, eingesetzt werden, wie *huic eidem Sopatro* in (30b) beweist (cf. Touratier 1994, 44).

(30) a. nam tu *quemuis*ᵢ confidentem facile tuis factis facis,
 *eundem*ᵢ ex confidente actutum diffidentem denuo.
 'by your deeds you so easily make whoever you like trust in you and then in the next moment you make the same person distrustful.'
 (Plautus, *Mercator*, V. 855–856, zit. in: Pieroni 2010, 448)
 b. *Huic eidem Sopatro idem inimici* ad C. Verrem [...] *eiusdem rei* nomen detulerunt
 'Ce même Sopater fut dénoncé à C. Verrès [...] par les mêmes ennemis, pour le même fait'
 (Cicero, *In Verrem*, 2, 2, 68, zit. in: Touratier 1994, 44)

Als insistierende Anapher kann *idem* zudem gebraucht werden, um eine unerwartete referentielle Identität mit einem Antezedenten anzuzeigen, etwa wenn die prädikative Relation, in die *idem* argumental eingebunden ist, im Widerspruch zu den bisher bekannten Informationen über den Diskursreferenten steht, wie in (30a) der Fall. Daraus ergibt sich eine funktionale Nähe zwischen *idem* und *ipse*. Im Unterschied zu *ipse* weist *idem* jedoch keine adversative, kontrastive Funktion auf und kann aus diesem Grund keine automatische Fokalisierung auslösen.

3.2.1.3 Zusammenfassung

Die Analysen zur Ordnung der lateinischen Demonstrativa in diesem Abschnitt haben gezeigt, dass die Formenparadigmen des Lateinischen zwei Funktionsbereichen zugeordnet werden können, *hic, iste* und *ille* der Gruppe der distanzmarkierenden Demonstrativa, *is, ipse* und *idem* dagegen der Gruppe der vornehmlich endophorischen Demonstrativa. In beiden Gruppen weisen die semantisch am stärksten spezifizierten Paradigmen die niedrigsten Frequenzen auf. Das seltenste Demonstrativum insgesamt stellt *iste* dar, das neben dem proximalen Wert auch als korrelativ gekennzeichnet ist und somit stärker markiert ist als *hic* und *ille*. Im endophorischen Bereich treten *ipse* und *idem*, die im Vergleich zu *is* semantisch eingeschränkter sind, in deutlich niedrigeren Frequenzen auf. Das funktionale Tableau von *hic* und *ille* entspricht den Werten, die aus sprachvergleichender Perspektive für proximale und distale Demonstrativa in Kap. 2.2.2.2 herausgearbeitet wurden. Mit *hic* und *iste* ist der proximale Funktionsbereich im Lateinischen jedoch doppelt besetzt. Während *hic* funktional die prototypischen Eigenschaften proximaler Demonstrativa aufweist, stellt *iste* eine semantisch differenziertere und daher pragmatisch stärker markierte Form dar. Als solche weicht *iste* in einigen Punkten, etwa der negativen affektiven Ausrichtung, vom universalen Verhalten proximaler Formen ab. Die semantische Differenzierung hat darüber hinaus Einfluss auf die diachrone Entwicklung der Formen, wie Kap. 3.2.2 im Anschluss zeigen wird.

3.2.2 Entwicklungslinien in den romanischen Sprachen

Das lateinische Demonstrativsystem hat im Wandel zu den romanischen Sprachen eine Reihe von Umstrukturierungs- und Reduktionsprozessen auf formaler und funktionaler Ebene erfahren. Wie in Kap. 3.1 gesehen, bilden die lateinischen Demonstrativa nicht nur die etymologische Grundlage der romanischen Demonstrativparadigmen, sondern auch der romanischen Definitartikel und Personalpronomina der dritten Person. Während die romanischen Demonstrativa in funktionaler Kontinuität zu ihren lateinischen Etyma stehen, die ja bereits selbst als Demonstrativa fungieren, entsprechen Definitartikel und Personalpronomina funktionalen Kategorien, die sich in den romanischen Sprachen erst neu herausbilden.

Die Entwicklungslinien der lateinischen Demonstrativa weisen innerhalb der romanischen Sprachfamilie erhebliche Parallelen auf. Die Vermutung liegt daher nahe, dass die funktionalen Verschiebungen, die die lateinischen Demonstrativa im Wandel zu den romanischen Sprachen erfahren haben, bereits in der funktionalen Distribution der Paradigmen im Sprechlatein angelegt sind, auf das die romanischen Sprachen zurückgehen. Im weiteren Verlauf dieses Kapitels skizziere ich daher in Abschnitt 3.2.2.1 *Lateinische Demonstrativa in den romanischen Sprachen* zunächst die Entwicklungslinien der lateinischen Demonstrativa in den romanischen Sprachen und stelle die Filiationsketten zwischen lateinischen und romanischen Demonstrativa heraus. In Abschnitt 3.2.2.2 *Reallokation der Demonstrativa im Lateinischen* gehe ich anschließend der Frage nach, ob sich die Entwicklungslinien der lateinischen Demonstrativa in den romanischen Sprachen bereits in der Distribution der Paradigmen im Lateinischen abzeichnen.

3.2.2.1 Lateinische Demonstrativa in den romanischen Sprachen

Von den drei distanz- und personenmarkierten Demonstrativparadigmen (i) *hic*, (ii) *iste* und (iii) *ille* werden in den romanischen Sprachen nur (ii) *iste* und (iii) *ille* als distanzmarkierte Demonstrativparadigmen fortgeführt. Relikte des proximalen (i) *hic*-Paradigmas bleiben im Französischen zwar in bestimmten Formen bis heute erhalten, verlieren, im Unterschied zu (ii) *iste* und (iii) *ille*, jedoch bereits in vorromanischer Zeit ihre lokaldeiktische Markierung. So entsteht das neutrale, lokaldeiktisch unmarkierte Demonstrativpronomen *ce* im Französischen, wie in *c'est, ce sont, ceci* und *cela*, aus der durch *ecce* verstärkten Form im Neutrum Singular *hoc*, wie (31a) zeigt (cf. Rheinfelder 1976, 133; auch Beispiele (9a–b) in Kap. 3.1). In anderen Kontexten verliert *hic* seine demonstrative Funktion wiederum gänzlich, so in der Affirmationspartikel *oui*, die ebenso auf das neutrale *hoc* (31b) zurückgeht, oder in der Konjunktion *avec*, die eine Univerbierung des Syntagmas *ab hoc* darstellt (31c) (cf. Rheinfelder 1976, 133).

(31) a. lat. *ecce hoc* > afr. *ço/ce* > fr. *ce*
   (Rheinfelder 1976, 133)
   b. lat. *hoc* > fr. *oui*
   (Rheinfelder 1976, 133)
   c. lat. *ab hoc* > fr. *avec*
   (Rheinfelder 1976, 133)

Als proximales Demonstrativparadigma des Lateinischen wird (i) *hic* in allen romanischen Sprachen von (ii) *iste* abgelöst, das im Kriterium der Origo-Inklusivität bereits im Lateinischen mit (i) *hic* übereinstimmt, im Unterschied zu (i) *hic* jedoch korrelativ markiert ist (cf. Kap. 3.2.1.1). Die Proximalformen der romanischen Sprachen gehen sowohl auf die einfachen Formen von *iste* zurück, wie im Spanischen und Portugiesischen, als auch auf die durch das Präsentativdemonstrativum *ecce/*eccum* verstärkten Varianten, wie im Altfranzösischen, im Italienischen und im Rumänischen (cf. Tab. 3.3). Während im Französischen bereits in der altfranzösischen Sprachstufe beinahe ausschließlich die verstärkten Varianten zu finden sind, konkurrieren in der mittelalterlichen Sprachstufe des Spanischen und Portugiesischen einfache und verstärkte Formen (cf. Tab. 3.3), wobei die einfachen Formen quantitativ überlegen sind (cf. García Fajardo 2006, 467–469; Mattos e Silva 2006, 108–109).[46] Langfristig setzen sich die frequentativ

---

46 Im Altfranzösischen sind die nicht-verstärkten Varianten des *CIST*-Paradigmas nur in geringer Zahl, ausschließlich in adnominaler Funktion und insbesondere in den ältesten französischen Texten zu finden, so in der Folge *d'ist di en avant* in den *Serments de Strasbourg* (cf. Brunot/Bruneau 1949, 246; Giesecke 1880, 5; Harris 1980, 148; Jensen 1990, 189; Meyer-Lübke 1934, 199; Togeby 1974, 90), in den Folgen *de tot est mond* und *mi parent d'este terre* in der *Vie de saint Alexis* (cf. Giesecke 1880, 5; Jensen 1990, 189), in der Folge *quandius visquiet ciel reis, a ciels temps* in der *Vie de saint Léger* (cf. Giesecke 1880, 5; Togeby 1974, 90) sowie in der Folge *oi en est di* in der *Passion du Christ* (cf. Wunderli 1993, 172). Im südwestlichen Teil des

Tab. 3.3: Lat. *(ecce) iste* in den romanischen Sprachen.[47]

Etymologisches Paradigma		Französisch		Weitere romanische Sprachen
		Altfranzösisch	Neufranzösisch	
Formen	lat. *iste*	*ecce iste/isti > cist*		(a) **eccum istum*
		ecce *istui > cestui		> it. *questo*
		ecce istum > cest	> *ce, cet* N	> ru. *acest(a)*
		ecce istos > cez	> *ces* N	(b) *(*eccum) istum*
		ecce ista/ista(m) >		> asp. *(aqu)este >*
		ceste		nsp. *este*
		ecce isti/*istaei >	> *cette* N	> apt. *(aqu)este >*
		cesti		npt. *este*
		ecce istae/istas >		
		cestes		
Semantik	demonstrativ proximal korrelativ	demonstrativ proximal	demonstrativ	demonstrativ proximal
Distribution	D PRO	D PRO	D	D PRO

stärkeren einfachen Formen im Spanischen und Portugiesischen jedoch durch (cf. Azofra Sierra 2010, 127; Mattos e Silva 2006, 108–109). Der proximale Wert der Kognaten von lat. *iste* bleibt in allen romanischen Sprachen außer dem Französischen bis heute erhalten. In der Diachronie des Französischen verlieren die auf *iste* zurückgehenden Formen gegen Ende der mittelalterlichen Sprachperiode ihre proximale Markierung. Gleichzeitig wird ihre syntaktische Distribution auf die adnominale Position eingeschränkt, sodass die auf *iste* zurückgehenden Formen *ce*, *cet*, *cette* und *ces* des modernen Französischen nur mehr als Demonstrativdeterminierer fungieren können, wie Tab. 3.3 zeigt.

Während die auf (ii) *iste* zurückgehenden Formen in den romanischen Sprachen sowohl in der verstärkten als auch in der nicht verstärkten Variante ihre

---

altfranzösischen Sprachraums sind noch bis zum 13. Jahrhundert nicht-verstärkte Formen des *CIST*-Paradigmas zu finden, so unter anderem in *Gormont et Isembart*, im *Roman de Thèbes* und im *Roman de Troie* sowie in der *Passion de sainte Catherine d'Alexandrie*, was dafür spricht, dass der nicht-verstärkte Gebrauch von *CIST* diatopisch markiert ist (cf. Buridant 2000, 125; auch Ganzlin 1888, 6).

[47] Cf. Rheinfelder (1976, 135) und Togeby (1974, 91) für das Französische, Heinemann (2017, 78) für das Italienische, Pană Dindelegan (2013, 295–296) für das Rumänische, García Fajardo (2006, 467–469) für das Spanische und Mattos e Silva (2006, 108–109) für das Portugiesische.

Tab. 3.4: Lat. *(ecce) ille* in den romanischen Sprachen.[49]

Etymologisches Paradigma		Französisch		Weitere romanische Sprachen
		Altfranzösisch	Neufranzösisch	
Formen	lat. *ille*	*ecce ille/illi* > *cil* *ecce illi/*illui* > *celui* *ecce illum* > *cel* *ecce illos* > *cels* *ecce illa/illa(m)* > *cele* *ecce illi/illaei* > *celi* *ecce illae/illas* > *celes*	> *celui* > *ce N* > *ceux, ces N* > *celle* > *celles*	**eccum illum* > it. *quello* > ru. *acel(a)* > sp. *aquel* > pt. *aquele*
Semantik	demonstrativ distal	demonstrativ distal	demonstrativ	demonstrativ distal
Distribution	D PRO	D PRO	PRO	D PRO

demonstrative Qualität erhalten, können die auf (iii) *ille* zurückgehenden Formen ihre Funktion als Demonstrativa nur in der Verstärkung durch *ecce/*eccum* bewahren, wie in Tab. 3.4 dargestellt wird. Wie für die auf lat. *(ecce/*eccum) iste* zurückgehenden Formen gesehen, bleibt der lokaldeiktische Wert der Kognaten von lat. *ecce/*eccum ille* in allen romanischen Sprachen außer dem Französischen bis heute erhalten.[48] Im Französischen verlieren die auf lat. *ecce ille* zurückgehenden Formen gegen Ende der mittelalterlichen Sprachperiode ihre distale Markierung, gleichzeitig werden sie in ihrer syntaktischen Distribution auf die pronominale Funktion festgelegt. Die auf lat. *ille* zurückgehenden Demonstrativa *celui*, *ceux*, *celle* und *celles* werden folglich als Demonstrativpronomina reanalysiert, wie Tab. 3.4 zeigt. Ihre funktionale Entwicklung verläuft demzufolge kom-

---

48 Eine weitere Ausnahme stellt die Form *cel* des Rumänischen dar, die im Zuge einer Aphärese und einer Apokope des distalen Demonstrativums *acel(a)* entsteht (Pană Dindelegan 2016, 300). *Cel* verliert in der historischen Entwicklung des Rumänischen sowohl seine distale lokaldeiktische Markierung als auch seine demonstrative Funktion und wird als Definitartikel reanalysiert (Pană Dindelegan 2013, 309–310; 2016, 301–302).
49 Cf. Rheinfelder (1976, 135) und Togeby (1974, 91) für das Französische, Heinemann (2017, 78) für das Italienische, Pană Dindelegan (2013, 296–297) für das Rumänische, García Fajardo (2006, 467–469) für das Spanische und Mattos e Silva (2006, 108–109) für das Portugiesische.

Tab. 3.5: Lat. *ille* in den romanischen Sprachen (Determinierer).[50]

Etymologisches Paradigma		Französisch	Weitere romanische Sprachen
Formen	lat. *ille* N	*illum* > *le, l'*	*illum*
		illam > *la, l'*	> it. *lo, il, el, l'*
		illos/illas > *les*	> ru. *-l, -le*
			> sp. *el, lo*
			> pt. *o*
Semantik		demonstrativ distal	definit	definit
Distribution		D PRO	D	D

plementär zur Entwicklung der aus lat. *iste* entstandenen Formen, die, wie in Tab. 3.3 gesehen, als Demonstrativdeterminierer reanalysiert werden. Wie in Kap. 1 dargelegt, ist für die Determinierer fr. *ce* und *ces* eine Doppelfiliation aus afr. *CIST* und *CIL* nicht auszuschließen (cf. auch Kap. 3.3.1.1). Dementsprechend bleibt lat. *ille* über die altfranzösischen Formen *cel* und *cels* auch in den modernen Determinierern *ce* und *ces* erhalten.

Wie in Kap. 3.1 gesehen, verliert lat. *ille* in den romanischen Sprachen in einfacher Form, ohne die Erweiterung durch die Verstärkungspartikel *ecce/*eccum*, seinen lokaldeiktischen Wert und seine demonstrative Funktion. In adnominaler Position wird lat. *ille* daher als Definitartikel reanalysiert, in pronominaler Funktion als Personalpronomen der dritten Person (cf. Rheinfelder 1976, 106–109; cf. Beispiele (10a–d)), wie Tab. 3.5 und Tab. 3.6 zeigen.

Von den endophorischen Demonstrativa (iv) *is*, (v) *ipse* und (vi) *idem* wird in den romanischen Sprachen nur das fokalisierende (v) *ipse*, teilweise in mehreren kategorialen und funktionalen Zuordnungen, fortgeführt. *Ipse* integriert zum einen den Funktionsbereich des identitätsanzeigenden *idem* und besteht in einigen romanischen Sprachen, wie im Französischen, Spanischen und Portugiesischen, somit sowohl als identitätsanzeigendes als auch als fokalisierendes Demonstrativum fort (cf. Fruyt 2010, 4; Rheinfelder 1976, 177–178). So gehen die identitätsanzeigenden und fokalisierenden Demonstrativa des Französischen (*même*), Spanischen (*mismo*) und Portugiesischen (*mesmo*) auf die vulgärlateinische Form **metipsimu* zurück, die sich aus der Partikel *met* und der

---

[50] Cf. Rheinfelder (1976, 106–107) für das Französische, Heinemann (2017, 65) für das Italienische, Pană Dindelegan (2013, 285–286) für das Rumänische, Penny (2002, 145–146) für das Spanische und Mattos e Silva (2006, 106–107) für das Portugiesische.

3.2 Demonstrativa vom Lateinischen zu den romanischen Sprachen — 221

Tab. 3.6: Lat. *ille* in den romanischen Sprachen (Pronomen).[51]

Etymologisches Paradigma		Französisch	Weitere romanische Sprachen
Formen	lat. *ille*	*ille > il*	*ille*
		illum > le	> ru. *el*
		illi > *illui > lui	> sp. *él*
		illos > eux	> pt. *ele*
		illorum/illarum > leur	
		illa > elle	*illi > *illui*
		illam > la	> it. *lui*
		illas > elles	
		illud > le	
Semantik	demonstrativ distal	definit	definit
Distribution	PRO	PRO	PRO

Superlativform von *ipse* zusammensetzt, wie (32a) zeigt. Die fokalisierenden und identitätsanzeigenden Demonstrativa fr. *même*, sp. *mismo* und pt. *mesmo* reichen zur Determination einer NP nicht aus, sondern fungieren als diskursreferentielle Adjektive. Zum anderen lebt *ipse* in einigen romanischen Sprachen mit einem dreigliedrigen Demonstrativsystem, wie dem Spanischen, Portugiesischen und Italienischen, als Demonstrativum medialen Werts fort, wie (32b) zeigt. Im Spanischen und Portugiesischen gehen die medialen Demonstrativformen auf die nicht verstärkten Formen von *ipse* zurück, wie (32b) zeigt, auch wenn in der mittelalterlichen Sprachstufe, wie für lat. *iste* in Tab. 3.3 gesehen, die einfachen Formen noch in Konkurrenz zu den verstärkten Formen stehen, so asp. *aquese* (< lat. *eccum ipsum*) und apt. *aquesse* (< lat. *eccum ipsum*) (cf. Azofra Sierra 2010, 42–43; García Fajardo 2006, 467; Mattos e Silva 2006, 108–109). Auch im Toskanischen, auf das das moderne Standarditalienisch zurückgeht, sowie in weiteren zentral- und süditalienischen Varietäten des Italienischen wird *ipse* als mediales Demonstrativum reanalysiert (cf. Heinemann 2017, 78; Stavinschi 2012, 76–77). So entsteht das mediale Demonstrativum *codesto* des Toskanischen aus dem vulgärlateinischen Syntagma **eccum tibi/te ipsum*, wie (32c) zeigt. Lat. *ipse* kann seine ursprüngliche Funktion als fokalisierendes Demonstrativum folglich nur in verstärkter Form erhalten, wie in (32a) (cf. auch

---

51 Cf. Rheinfelder (1976, 106–107) für das Französische, Heinemann (2017, 72) für das Italienische, Pană Dindelegan (2013, 379–380) für das Rumänische, Penny (2002, 133) für das Spanische und Mattos e Silva (2006) für das Portugiesische.

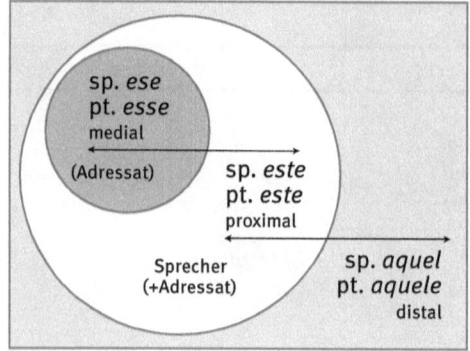

Abb. 3.2: Verweisräume von sp. *este, ese, aquel* und pt. *este, esse, aquele*.

Stavinschi 2012, 78). In der einfachen Form wird *ipse* hingegen, wenn dies auch nicht für alle romanischen Sprachen gilt, als mediales Demonstrativum reanalysiert (cf. Stavinschi 2012, 78).[52]

(32) a. lat. **metipsimu* > fr. *même*, sp. *mismo*, pt. *mesmo*
 (Mattos e Silva 2006, 109; Penny 2002, 144; Rheinfelder 1976, 177)
 b. lat. *(*eccum) ipsum* > asp. *(aqu)ese*, apt. *(aqu)esse* > nsp. *ese*, npt. *esse*
 (Mattos e Silva 2006, 108; Penny 2002, 144)
 c. lat. **eccum tibi/te ipsum* > tosk. *codesto*
 (Heinemann 2017, 78; Stavinschi 2012, 76)

Auf diese Weise entsteht im Spanischen, Portugiesischen und Italienischen ein dreigliedriges Demonstrativsystem mit einem proximalen, einem medialen und einem distalen Ausdruck, das in seiner funktionalen Gliederung weitgehend dem lateinischen System entspricht, wie Abb. 3.2 darstellt.[53] Im Unterschied zum Spanischen und Portugiesischen ist das mediale *codesto* im Italienischen heute nur noch in elaborierten Sprachregistern zu finden, sodass das Italienische eine weitere Reduktion von einem dreigliedrigen auf ein zweigliedriges

---

52 An dieser Stelle kann nicht auf die konzeptuellen Voraussetzungen und Implikationen der Reanalyse von lat. *ipse* als mediales Demonstrativum eingegangen werden. Cf. dazu Lüdtke (2005, 128–137), Selig (1992, 173–174) und Stavinschi (2012, 79–85).
53 Gutiérrez-Rexach (2015, 460–461) zufolge zeigt sp. *ese* keine Nähe zur zweiten Person an, wie in Kap. 3.2.1.1 auch für lat. *iste* gesehen, sondern stellt ein distanzneutrales Demonstrativum dar, das sowohl zum Verweis auf raumzeitlich nahe als auch auf raumzeitlich ferne Entitäten eingesetzt werden kann (cf. für das referentielle Verhalten von *este*, *ese* und *aquel* im Spanischen auch Kap. 2.2.2.2).

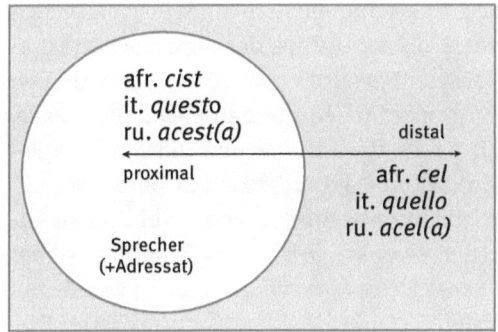

Abb. 3.3: Verweisräume von afr. *cest* und *cel*, it. *questo* und *quello* sowie ru. *acest(a)* und *acel(a)*.

Demonstrativsystem erfährt, ebenso wie im Altfranzösischen und im Rumänischen (cf. Abb. 3.3; Iliescu 2008, 3270). Harris (1978, 72) zufolge kann der Abbau des dreigliedrigen lateinischen Systems zu einem zweigliedrigen System im Altfranzösischen auf den zum Teil intensiven und langen Kontakt zu den germanischen Sprachen zurückgeführt werden, die zweigliedrige Systeme aufweisen, wie *dieser* (proximal) und *jener* (distal) im Deutschen oder *deze/dit* (proximal) und *die* (distal) im Niederländischen (cf. Kirsner 2014, 9–10). Im Rumänischen kann der Abbau wiederum auf den Kontakt zu slawischen Sprachen zurückgeführt werden, so Harris (1978, 72).

Neben dem Italienischen zeichnen sich auch in sprechsprachlichen Varietäten des Katalanischen Reduktionsprozesse ab. Im Katalanischen (*aquest* – proximal, *aqueix* – medial, *aquell* – distal) findet, wie im Italienischen, ein Abbau des medialen Paradigmas statt (Ramat 2015, 585). Der Abbau von tertiären zu binären Demonstrativsystemen erweist sich folglich als gemeinromanische Entwicklungstendenz, sowohl aus zeitgenössischer als auch aus historischer Perspektive. Die romanischen Sprachen unterscheiden sich jedoch hinsichtlich ihres jeweiligen Entwicklungsrhythmus. So ist in den ersten schriftlichen Zeugnissen des Altfranzösischen bereits ein zweigliedriges System etabliert, im Italienischen und im Katalanischen zeigen sich dagegen erst in den modernen Sprachstufen Abbauprozesse. Im Spanischen und europäischen Portugiesischen ist die Dreigliedrigkeit dagegen noch heute weitgehend stabil.

In der Geschichte des Französischen führt die allgemeine Tendenz zur Reduktion semantischer Merkmale und somit semantischer Kontraste im Demonstrativsystem sogar zum vollständigen Abbau der lokaldeiktischen Werte im Bereich der nominalen Demonstrativa und Determinierer. So entsteht im Französischen auf Basis der lokaldeiktisch markierten formalen Zweigliedrigkeit aus proximalem und distalem Ausdruck des Altfranzösischen eine morphosyntaktisch markierte Zweigliedrigkeit aus adnominalem und pronominalem Ausdruck, die dem Französischen innerhalb der Gruppe der romanischen Sprachen einen Sonderstatus verleiht. Gleichzeitig weisen sowohl die adnominalen Formen *ce(t), cette, ces* als auch die pronominalen Formen *celui, ceux, celle, celles* syntaktische Abhängigheit auf, da sie der Erweiterung um ein Komplement bedürfen (cf. Kap. 2.3.2). Im Hinblick auf die Struktur des Demonstrativsystems hat sich das Französische folglich am weitesten vom lateinischen Ursprung entfernt und gilt aufgrund der syntaktischen Ungesättigtheit seiner nominalen Demonstrativformen als romanische Sprache mit dem am stärksten grammatikalisierten Demonstrativsystem (cf. De Mulder/Lamiroy 2011, 315–316).[54]

Im modernen Französischen liegt folglich ein Demonstrativsystem mit einer morphologischen Zweigliedrigkeit, jedoch mit einem eingliedrigen Distanzkontrast vor. Auch das brasilianische Portugiesisch zeigt Entwicklungstendenzen in Richtung einer vollständigen Reduktion der Distanzkontraste auf. So erfährt das mediale *esse* im brasilianischen Portugiesischen eine funktionale Ausweitung insbesondere zu Ungunsten des proximalen *este*, jedoch auch des distalen *aquele* (cf. Jungbluth 2005, Kap. 4). Wie im Französischen treten auch im brasilianischen Portugiesischen, wenn nötig, die lokaldeiktischen Adverbien, so proximales *aqui*, mediales *aí* und distales *ali*, zur Distanzmarkierung ein. Somit erweist sich nicht nur der Abbau von einem dreigliedrigen zu einem zweigliedrigen System, sondern auch der vollständige Abbau der Distanzunterscheidungen im Bereich der nominalen Demonstrativa als gemeinromanische Entwicklungstendenz.

Die geographische Verteilung der tertiären und binären Demonstrativsysteme in den romanischen Sprachen zeigt eine Gruppierung nach romanischen Sprachen des Nordens, mit einem zweigliedrigen System, wie Altfranzösisch, Okzitanisch, Dalmatisch, Rumänisch und vielen norditalienischen Varietäten, wie Ladinisch und Friaulisch, und nach romanischen Sprachen des Südens, die eine dreigliedrige Struktur aufweisen, wie Spanisch, Katalanisch, Portugiesisch, Galicisch, Sardisch, Korsisch und einige zentral- und süditalienische Varietäten (cf. Iliescu 2008, 3270; Lüdtke 2015, 552). Nach Ramat (2015, 588–590) steht die Nord-Süd-Verteilung und die damit einhergehende geographische Bündelung der binären und tertiären Demonstrativsysteme mit verschiedenen Sprachkontakteinflüssen in Zusammenhang. So kann der Erhalt der Dreigliedrigkeit der Demonstrativsysteme im südlichen Teil, wie in Korsika, Sardinien und Süditali-

---

[54] Das Französische weist im Vergleich zu den anderen romanischen Sprachen nicht nur im Demonstrativsystem, sondern auch in anderen grammatischen Bereichen höher grammatikalisierte Strukturen auf. Das gilt beispielsweise für die Futurperiphrase *aller INF*, das *passé simple* und die Existenzkonstruktion *il y a*, wie De Mulder/Lamiroy (2011) zeigen.

en auf einen starken historischen Einfluss des Spanischen zurückgeführt werden (cf. Ramat 2015, 589). Gleichzeitig unterliegen das Französische, Okzitanische und die norditalienischen Varietäten seit dem Mittelalter wechselseitigen sprachlichen Einflüssen, was die Gemeinsamkeiten in der Struktur des Demonstrativsystems, so zumindest im Altfranzösischen, erklären könnte (cf. Ramat 2015, 590).

3.2.2.2 Reallokation der Demonstrativa im Lateinischen

Die romanischen Sprachen unterscheiden sich zwar bezüglich der Anzahl der Demonstrativparadigmen, die sie aufweisen, stimmen jedoch in der formalen Besetzung der einzelnen Funktionsstellen innerhalb der Demonstrativsysteme vollständig überein. So gehen die proximalen Demonstrativformen in allen romanischen Sprachen auf lat. *iste* zurück, die distalen auf lat. *ille*. Liegt ein dreigliedriges Demonstrativsystem mit einem medialen Ausdruck vor, so besteht in allen Fällen eine etymologische Filiation zu lat. *ipse*. In Anbetracht der formalen und funktionalen Konvergenzen, die ungeachtet der Divergenzen in der paradigmatischen Gliederung oder in der Lautung des Demonstrativsystems zweifelsohne zwischen den romanischen Sprachen bestehen, liegt der Verdacht nahe, dass die Reallokationen der lateinischen Demonstrativparadigmen in den romanischen Sprachen Ursprünge im Sprechlatein als direktem Vorläufer der romanischen Sprachen haben und somit auf einer weitgehend gemeinsamen Basis gründen (cf. Lüdtke 2015, 539).

Es kann also vermutet werden, dass die Restrukturierungsprozesse der Paradigmen in den romanischen Sprachen aus den Strukturen des Sprechlateins hervorgehen und insbesondere auf Präferenzen und diachrone Verschiebungen in der Frequenz, der funktionalen Verteilung und der formalen Gestalt der einzelnen Paradigmen im Sprechlatein zurückgeführt werden können. Als gesprochene, nähesprachliche Varietät wird das Sprechlatein nur bedingt in schriftlichen Dokumenten wiedergegeben. Als ausgedehntere Zeugnisse des Sprechlateins gelten in erster Linie nähesprachlich orientierte Genres wie die Komödien von Plautus (ca. 250–184 v. Chr.) und Terentius (190–159 v. Chr.) aus altlateinischer Zeit (240– 80 v. Chr.) sowie Texte ungeübter Schreiber, insbesondere von christlichen Autoren wie der Reisebericht der Nonne Egeria *Itinerarium Egeriae* (ca. 390 n. Chr.) aus spätlateinischer Zeit (180–650 n. Chr.) (cf. Müller-Lancé 2006, 27–28, 34, 64, 67). Da die Paradigmen *hic*, *is* und *idem* in allen romanischen Sprachen fast vollständig abgebaut werden, ist zu vermuten, dass die Frequenz der Paradigmen *hic*, *is* und *idem* im Sprechlatein insgesamt niedriger ist als in klassischlateinischen Texten oder auch kontinuierlich abnimmt, während die Paradigmen *iste*, *ille* und *ipse* wiederum, die in allen romanischen Sprachen erhalten bleiben,

Tab. 3.7: Diachrone Verteilung von lat. *hic, iste, ille, is, ipse* und *idem*.[55]

Alltatein (240–80 v. Chr.)	hic		iste		ille		is		ipse		idem	
	D	PRO	D	PRO	D	PRO	D	PRO	D	PRO	D	PRO
Plautus, *Asinaria* (Joffre 2007a, 12)		110		65		60		57		–		–
Plautus, *Rudens*, 83–705 (Joffre 2015, 410)	55	32	8	7	13	20	6	38		–		–
Klassisches Latein (80 v. Chr.– 180 n. Chr.)	hic		iste		ille		is		ipse		idem	
	D	PRO	D	PRO	D	PRO	D	PRO	D	PRO	D	PRO
Cicero, *De praetura siciliensi*, 1–67 (Joffre 2015, 410)	36	44	9	44	44	41	34	95		–		–
Cicero, *De oratore*, lib. I, Kap. 24–159 (Joffre 2007a, 12)	9	139	0	34	5	89		117		–		–
Titus Livius, *Ab urbe condita*, lib. XXVII, 30–50 (Joffre 2015, 410)	16	25	0	0	12	10	43	66		–		–
Ovid, *Metamorphoses* (Joffre 2015, 410)	43	86	9	14	22	45	0	83		–		–
Seneca, *Epistulae morales ad Lucilium*, ep. 89–92 (Joffre 2015, 410)						13	5	32		–		–

Spätlatein (180–650 n.Chr.)	hic		iste		ille		is		ipse		idem	
	D	PRO	D	PRO	D	PRO	D	PRO	D	PRO	D	PRO
Itinerarium Egeriae (Bordal Hertzenberg 2015, 166, 263)	45	78	16	0	91	50	92	221	178	55	29	1
Vita Wandregiseli (Selig 1992, 65–67)	18	26	2	3	14	29	0	151	47	27	0	0
Vita Hugberti (Selig 1992, 68–69)	12	22	3	14	18	48	2	70	17	25	1	0
Vita Trudonis (Selig 1992, 71–72)	76	42	5	0	73	104	1	131	9	34	38	1
Vita Eufrosinae (Selig 1992, 74–75)	8	17	20	0	2	71	1	39	24	16	0	0

55 Die Markierung – zeigt in Tab. 3.7 an, dass keine Angaben zu den Frequenzen der Formenparadigmen vorliegen.

eine Frequenzsteigerung erfahren, die die funktionale Erweiterung und Reanalyse bedingen könnte.

In der Hierarchisierung der lateinischen Demonstrativparadigmen nach dem Frequenzindex von Delatte et al. (1981) in Tab. 3.1 (cf. Einleitung zu diesem Kapitel) treten die Paradigmen *hic* (Rang 7), *is* (Rang 8) und *ille* (Rang 9) als häufigste Demonstrativa auf, während die Okkurrenzen von *iste* (Rang 77), als seltenstem Demonstrativum, weniger als einem Sechstel der Okkurrenzen von *hic* entsprechen. Der Verlust des *hic*-Paradigmas und die Ausweitung des *iste*-Paradigmas lässt sich folglich, entgegen der Vermutungen und entsprechend den Daten von Delatte et al. (1981) (cf. Tab. 3.1), nicht an der frequentativen Verteilung ablesen. Gleiches gilt für den Verlust des *is*-Paradigmas. *Iste* weist nicht nur insgesamt eine deutlich niedrigere Frequenz auf als *hic*, sondern tritt auch auf der Ebene der Einzeltexte deutlich seltener auf als *hic* und *ille*, wie die frequentative Verteilung der lateinischen Demonstrativa nach Einzeltexten und Sprachperioden des Lateinischen in Tab. 3.7 zeigt (cf. Fruyt 2010, 18; Joffre 2007a, 12; 2015, 409–411; Pieroni 2006, 196).

Auch auf diachroner Ebene zeichnet sich weder eine zunehmende Frequenzsteigerung von *iste* noch ein drastischer Quantitätsverlust von *hic* im Vergleich der Daten der klassisch-lateinischen und der spätlateinischen Texte ab. In den spätlateinischen Distanztexten sind die Frequenzen von *iste* in vielen Texten deutlich niedriger als die von *hic* (cf. Selig 1992, 174; auch Carlier 2017, 30–31). So entsprechen die Okkurrenzen von *iste* (16) im *Itinerarium Egeriae* einem Achtel der Okkurrenzen von *hic* (123), in der *Vita Wandregiseli* einem Neuntel (44 *hic* zu 5 *iste*), in der *Vita Trudonis* sogar nur dem 24. Teil (118 *hic* zu 5 *iste*) (cf. Tab. 3.7). Die einzigen Ausnahmen für die spätlateinische Periode stellen die *Vita Hugberti* dar, in der die Okkurrenzen von *iste* genau der Hälfte der Okkurrenzen von *hic* entsprechen, und die *Vita Eufrosinae*, in der *iste* (20) beinahe genauso häufig zu finden ist wie *hic* (25) (cf. Tab. 3.7) (cf. Selig 1992, 174). In der *Vita Eufrosinae* zeichnen sich jedoch nicht nur auf quantitativer Ebene die romanischen Reallokationen ab, sondern auch auf der Ebene der diskurspragmatischen Verteilung. *Hic* tritt in der *Vita Eufrosinae* vor allem in lexikalisierten Syntagmen auf, wie *de hoc seculo*, *de hac luce*, während *iste* in freien, nicht-fixierten Verbindungen zu finden ist (cf. Selig 1992, 174–175). Der Gebrauch von *hic* in festen Wendungen deutet auf eine Reduktion der lexikalischen Autonomie dieses Demonstrativums hin. Dies gilt für spätlateinische Texte im Allgemeinen, so Fruyt (2010, 25).

Auch wenn die einzeltextuelle und diachrone Verteilung in Tab. 3.7 keine Hinweise auf den Verlust des *hic*-Paradigmas und die Durchsetzung des *iste*-Paradigmas auf der Ebene der absoluten Quantitäten gibt, lässt sie dennoch Rückschlüsse über die textsortenspezifischen und syntaktischen Präferenzen von *iste* zu. Die Quantifizierung in Tab. 3.7 gibt zu erkennen, dass die absolute Häufigkeit von *iste* abnimmt, je weiter der Text sich von den Strukturen der Mündlichkeit entfernt (cf. Joffre 2015, 409). So erscheint *iste* bevorzugt in dialogisch organisierten Texten, die direkte Rede und Mündlichkeit wiedergeben, wie Theaterstücke, Reden, Dialoge, Briefe oder Erzählungen in der ersten Person, während es in historischer Prosa und Epen kaum auftritt, wenn überhaupt, dann ausschließlich in direkten Redeteilen (cf. Joffre 2007a, 12; 2015, 409; Pieroni 2004, 172–173; 2010, 411). In der Komödie *Asinaria* von Plautus entsprechen die Okkurrenzen von *iste* (65) beispielsweise deutlich mehr als der Hälfte der Okkurrenzen von *hic* (110) (cf. Tab. 3.7). Gleiches gilt für die Relation der Frequenzen von *hic* (80) und *iste* (53) in den politischen Reden von Cicero in *De praetura siciliensi* (Tab. 3.7). Im untersuchten Textteil der historischen Chronik von Titus Livius findet sich hingegen keine Okkurrenz von *iste*, ebensowenig in den *Metamorphosen* von Ovid (cf. Tab. 3.7). Was die syntaktische Ebene betrifft, zeigen alle Demonstrativformen Präferenzen für den pronominalen Einsatz mit der Ausnahme von *iste* (cf. Joffre 2015, 410–411). Während *iste* in den spätlateinischen und klassisch-lateinischen Texten sowohl adnominal als auch pronominal zu finden ist, mit einer leichten Präferenz für den pronominalen Gebrauch, tritt es in einigen spätlateinischen Texten ausschließlich als Determinierer auf, so in dem *Itinerarium Egeriae*, in der *Vita Trudonis* und in der *Vita Eufrosinae* (cf. Bordal Hertzenberg 2015, 166; Joffre 2007a, 12).

Bezüglich der quantitativen Verteilung von *ille* und *is* liefern die Daten in Tab. 3.7, ebenso wie für *iste*, entgegen den Erwartungen, auf den ersten Blick keine Hinweise auf eine Zunahme der Frequenz von *ille* auf der einen Seite und einen Frequenzverlust von *is* auf der anderen Seite. *Ille* gehört über alle Sprachperioden und Einzeltexte hinweg zu den häufigsten Demonstrativparadigmen. Die Frequenzen von *ille* liegen in den altlateinischen und klassisch-lateinischen Texten zum Teil, mit Ausnahme der *Asinaria* von Plautus, weit unterhalb der Frequenzen von *is*, so beispielsweise in Titus Livius' Chronik (cf. Tab. 3.7; auch Joffre 2015, 410). Erst in den spätlateinischen Texten tritt *ille* häufiger auf als *is*, so in der *Vita Trudonis* mit 177 Okkurrenzen für *ille* gegen 132 für *is* und in der *Vita Eufrosinae* mit 73 Okkurrenzen für *ille* gegen 40 für *is* (cf. Tab. 3.7). In der *Vita Eufrosinae* lässt sich folglich nicht nur die Ersetzung von *hic* durch *iste* erahnen, sondern auch die von *is* durch *ille*.

Die Analyse der quantitativen Verteilung der lateinischen Demonstrativparadigmen über verschiedene Sprachperioden des Lateinischen hinweg liefert schließlich keine eindeutigen Evidenzen dafür, dass die Reallokationsprozesse der lateinischen Demonstrativparadigmen in den romanischen Sprachen frequenzinduziert wären. Zumindest gilt dies für die geschriebene Sprache. Selig (1992, 174) zufolge deuten die Quantifizierungen der spätlateinischen Texte mit ihren hohen Frequenzen für *hic* und *is* nämlich darauf hin, dass die Normen der Schriftsprache deutlich hinter den Strukturen der gesprochenen Sprache zurückliegen (cf. auch Väänänen 1981, 121). Dafür spricht weiterhin, dass *iste* in den spätlateinischen Texten vornehmlich in direkten Redebeiträgen auftritt, wie Fruyt (2010, 27) feststellt, was *iste* eindeutig als Demonstrativum des gesprochenen Lateins ausweist (cf. auch Abel 1971, 72 für lateinische Bibelübersetzungen). Die geringe Gebrauchsfrequenz von *iste* in den schriftlichen Dokumenten des Spätlateins erklärt sich demzufolge auch aus der diasystematischen Markierung von *iste* als «diastratisch und diaphasisch niedrig», so Selig (1992, 175).

Während auf quantitativer Ebene keine Evidenzen für den Abbau des *hic*-Paradigmas zugunsten von *iste* vorliegen, ergeben sich aus funktionaler Perspektive eindeutigere Motive für die Reduktion von *hic* in den romanischen Sprachen. Die Substitution von *hic* durch *iste* wird, so Pieroni (2010, 418), von zwei funktionalen Faktoren begünstigt.[56] Zum einen ergibt sie sich bereits aus der semantischen Übereinstimmung von *iste* mit *hic* im Merkmal der Origo-Inklusivität, folglich der Markierung beider Formen als proximale Demonstrativa. Zum anderen wird sie durch die zusätzliche semantische Markierung von *iste* als korrelativ gefördert. Infolge der doppelten semantischen Wertigkeit stellt *iste* nämlich das am stärksten markierte Demonstrativum der distanzmarkierten Formen dar, während *hic* als einfach markierte Form eine mittlere Position einnimmt, *ille* wiederum, das sowohl in Bezug auf Origo-Inklusivität als auch in Bezug auf Korrelativität unmarkiert ist, schließlich das am niedrigsten markierte Demonstrativum darstellt (cf. Abb. 3.1). *Hic* wird folglich trotz höherer Frequenz abgebaut, da es im Paradigma der distanzmarkierten Demonstrativa die schwächste Position einnimmt, wohingegen *iste* und *ille* den größten paradigmatischen Kontrast zueinander aufbauen (cf. Fruyt 2010, 20; Pieroni 2010, 418, 479). In dieser Hinsicht entspricht die Reduktion von *hic* auch einer universalen Tendenz, hoch frequente Formen, die durch den häufigen Gebrauch an semantischem und pragmatischem Gewicht verlieren, durch semantisch und pragmatisch markierte Formen zu ersetzen (cf. Fruyt 2010, 20).

Im Zuge des Anstiegs der Gebrauchsfrequenz in der gesprochenen Sprache und der Verdrängung von *hic* verliert *iste* wiederum seinen korrelativen Wert und

---

56 Cf. für eine gegenläufige Position Guillot/Carlier (2015, 360, 365). Den Autorinnen zufolge stellt *iste* als medialer Ausdruck das funktional schwächste Glied der Gruppe der distanzmarkierten Demonstrativa des Lateinischen dar, was den Abbau von *iste* zugunsten von *hic* als wahrscheinlicheres Szenario erscheinen ließe. Für den Erfolg von medialen Ausdrücken und gegen die These von Guillot/Carlier (2015) spricht über das oben Gesagte hinaus der Gebrauch der Demonstrativa im brasilianischen Portugiesischen. Dort verdrängt mediales *esse* sowohl proximales *este* als auch distales *aquele*, wie in Kap. 3.2.2.1 gesehen.

wird in allen romanischen Sprachen als einfach markiertes proximales Demonstrativum reanalysiert (cf. Pieroni 2004, 185; Fruyt 2010, 24). Während der Frequenzanstieg in den Schriftdokumenten des Spätlateins nur bedingt nachvollzogen werden kann, zeichnet sich der semantische Abbau von *iste* auf funktionaler Ebene durchaus in den Texten ab (cf. Tab. 3.7). So tritt *iste* in den spätlateinischen Texten als funktionales Äquivalent von *hic* auf, wie Selig (1992, 175–176) zeigt (cf. auch Abel 1971, 75 für lateinische Bibelübersetzungen; Carlier 2017, 41–43; Guillot/Carlier 2015, 363). Die Durchsetzung von *iste* gegen *hic* kann jedoch nicht nur auf ein Gefälle zwischen den beiden Paradigmen auf semantisch-pragmatischer Ebene, sondern auch auf der Ebene der formalen Gestalt zurückgeführt werden. So sind die Formen des *hic*-Paradigmas, mit Ausnahme der Genitiv- und einiger Dativformen, einsilbig, während alle Formen der Paradigmen *iste* und *ille* mindestens zwei Silben aufweisen (cf. Fruyt 2010, 28; Guillot/Carlier 2015, 367–368; Lüdtke 2005, 121).

Ebenso wie bei *hic* gesehen, ist die Reduktion von *is* sowohl auf eine semantisch-pragmatische als auch auf eine phonologische Schwäche im Vergleich zu den Konkurrenzformen zurückzuführen (cf. Lüdtke 2005, 124–126; Väänänen 1981, 120). Als Demonstrativum, das ausschließlich endophorisch Bezug nehmen kann, ist *is* im Vergleich zu *hic*, *iste*, *ille* und *ipse* funktional eingeschränkt und weist demzufolge eine niedrigere Zeigeintensität auf als die Konkurrenzformen. Im Spätlatein wird *is* daher zunehmend von *hic*, *ille*, *ipse* und schließlich *iste* verdrängt (cf. Fruyt 2010, 21; Väänänen 1981, 120; auch Selig 1992, 132 für spätlateinische Urkunden). Wie bei *hic* gesehen, tritt *is* in spätlateinischen Texten zum Teil besonders häufig in lexikalisierten Wendungen auf, wie *eo loco*, *ea hora*, *id est* oder *eo modo*, was auf einen stetigen Verlust der lexikalischen Autonomie der Formen hindeutet und demzufolge auf den zunehmenden Abbau des Paradigmas (cf. Fruyt 2010, 21). Während *is* auf endophorischer Ebene in allen Verweisarten in etwa gleichermaßen vertreten ist, weisen *hic*, *iste*, *ipse* und *ille* im Bereich der textinternen Bezugnahmen je unterschiedliche Präferenzen auf. So tritt *hic* bevorzugt im textdeiktischen Verweis auf, *ille* findet sich dagegen weitaus häufiger in anaphorischen Bezugnahmen (cf. Dupraz 2012a, 267; Fruyt 2009, 64–66; 2010, 18–19; Joffre 2012, 62–63; Pieroni 2010, 465, 468). Auch *ipse* tritt entsprechend seiner Funktionalität vornehmlich in anaphorischen Bezugnahmen auf (cf. Kap. 3.2.1.2., cf. Pieroni 2010, 460). *Iste* wird beinahe ausschließlich in deiktischen Referenzkontexten (cf. Tab. 2.1) eingesetzt, so mit exophorischem und textdeiktischem Bezug, und weist folglich dieselben Präferenzen auf wie *hic* (cf. Fruyt 2009; 2010, 18; Pieroni 2010, 466). *Hic*, *ille*, *ipse* und schließlich *iste* ersetzen *is* entsprechend ihrer jeweiligen endophorischen Präferenzen. So steigt der Gebrauch von *ille* in anaphorischen Bezugnahmen zu Ungunsten von *is*. Im anaphorischen Kontext wird *is* auch durch *ipse* ersetzt (cf. Pieroni 2010, 481; Väänänen 1981, 120–121). *Hic* verdrängt *is* dagegen aus dem textdeiktischen Funktionsbereich (cf. Fruyt 2010, 21–22). In der spätlateinischen Sprechsprache wird *hic* dann wiederum von *iste* aus exophorischen wie endophorischen Bezugnahmen verdrängt (cf. Fruyt 2010, 24).

Die zunehmende Substitution von pragmatisch schwächeren durch pragmatisch stärkere Demonstrativa in der Diachronie des Lateinischen, wie bei der Ersetzung von *is* durch *hic*, *ille* und *ipse* sowie wiederum von *hic* durch *iste* gesehen, geht mit einem allgemeinen Anstieg der Frequenz von Demonstrativa in pronominaler wie adnominaler Funktion einher. Während im klassischen Latein Null-Pronomina in Objekt- wie Subjektfunktion den unmarkierten Fall darstellen, liegen im *Itinerarium Egeriae* als Beispieltext für den spätlateinischen Gebrauch keine Null-Pronomina mit Objektfunktion mehr vor (cf. Luraghi 1998 zit. in: Pieroni 2010, 430–432). Auch im adnominalen Bereich steigt die Frequenz der Demonstrativa an, insbesondere die von *ille* und *ipse* (cf. Lüdtke 2005, 140; Selig 1992, 170). Auf Textebene äußert sich die Zunahme von *ille* und *ipse* in einer Ausweitung des Gebrauchs in funktionale Kontexte, in denen sie vorher selten oder gar nicht zum Einsatz kommen (cf. Selig 1992, 116). Für *ille* liegen diese im Bereich der definiten Erstnennungen, insbesondere wenn das determinierte Nomen von einem Relativsatz modifiziert wird (cf. Adams 2013, 512). Bereits im klassischen Latein gilt das origo-exklusive *ille* als typisches Demonstrativum für anamnestische Bezugnahmen, die als höreralte Erstnennungen zu verstehen sind (cf. Kap. 2.1.2.4 & Kap. 3.2.1.1).[57] In den spätlateinischen Texten weitet sich der Gebrauch von *ille* schließlich auch auf den Bereich der hörerneuen Erstnennungen sowie der assoziativen Anaphern aus, die indirekt endophorisch verankerte Erstnennungen darstellen (cf. Selig 1992, 167–169; cf. für eine universaltypologische Perspektive Carlier/De Mulder 2011, 529–530). Für *ipse* wiederum bedeutet die funktionale Ausweitung einen vermehrten Einsatz zur Herstellung rein anaphorischer Bezüge, ohne dass der Kontext, entsprechend seiner ursprünglichen Funktion (cf. Kap. 3.2.1.2), eine kontrastive Fokussierung erfordern würde (cf. Selig 1992, 152–153).

---

[57] Himmelmann (1997, 95–100) weist den anamnestischen Referenzkontext als Brückenkontext aus, der die Grammatikalisierung eines Demonstrativums zu einem Definitartikel einleiten kann. Himmelmann (1997, 96) gründet seine Vermutung auf der Beobachtung, dass nur Demonstrativformen, die typischerweise für anamnestische Bezugnahmen eingesetzt werden, als Definitartikel reanalysiert werden, wie die Entwicklung von lat. *ille*, das im anamnestischen Kontext häufig zu finden ist, im Unterschied zu *is* zeigt, das seinerseits auf den anaphorischen Referenzkontext beschränkt ist, und bekannterweise nicht zum Definitartikel wird. *Ipse* zeigt wiederum kein konsistentes Auftreten in anamnestischen Bezugnahmen und fungiert daher als Gegenbeispiel.

Der Frequenzanstieg von *ille* und *ipse* zur Determination definiter Diskursreferenten und ihre kontextuelle Ausweitung führt schließlich zu einem Abbau der demonstrativen Funktion der Formen und zu einer Reanalyse als Definitartikel (cf. auch Adams 2013, 512). Auch wenn die Gebrauchsfrequenz von *ipse* in Determiniererfunktion in den meisten spätlateinischen Texten die von *ille* übersteigt, so beispielsweise im *Itinerarium Egeriae*, in der *Vita Wandregiseli* und in der *Vita Eufrosinae* (cf. Tab. 3.7), ist es größtenteils *ille*, das in den romanischen Sprachen als Definitartikel erhalten bleibt, so in allen großen romanischen Sprachen, wie dem Französischen, Spanischen, Italienischen, Portugiesischen und Rumänischen, und in den meisten kleinen romanischen Sprachen, wie dem Galicischen und Okzitanischen. *Ipse* bleibt nur im Sardischen, im Katalanischen der Balearen, in einigen zentral- und süditalienischen Varietäten sowie in diatopischen Varietäten des Bereichs der Alpes Maritimes bis heute als Definitartikel erhalten (cf. Selig 1992, 133). Im Gaskognischen und Provenzalischen ist zudem ein Gebrauch der auf *ipse* zurückgehenden Formen als Definitartikel für die mittelalterliche Sprachstufe dokumentiert (cf. Selig 1992, 133).

Die Konkurrenzsituation zwischen *ipse* und *ille* als Artikelvorläufer im Spätlateinischen deutet Selig (1992, 116, 178–183) als Hinweis auf eine formale Doppelgliedrigkeit des funktionalen Paradigmas der Definitheitsmarker mit *ipse* als Definitartikel für den Kontext der anaphorischen Bezugnahmen und *ille* als Definitartikel zur Markierung von Definitheit bei Erstnennungen. Die formale Zweigliedrigkeit erfährt erst im Zuge der Obligatorisierung der Definitheitsmarkierung spezifischer Diskursreferenten im Frühromanischen eine Reduktion auf ein einziges Formenparadigma (cf. auch De Mulder/Carlier 2006, 104–105). Die Fortführung von *ille* zu Ungunsten von *ipse* im größten Teil des romanischen Sprachraums führt Selig (1992, 132–133, 183–185) auf die funktionale Breite von *ille* zurück, das als ursprünglich distales Demonstrativum bereits in allen Referenzkontexten, zwar in unterschiedlich großen Anteilen, zum Einsatz kommt (cf. auch Carlier/De Mulder 2010, 262).[58] Auch wenn der Reduktionsprozess auf ein Formenparadigma zur Definitheitsmarkierung eine gemeinromanische Tendenz darstellt, liegen auch Beispiele für den Erhalt der formalen und funktionalen Zweigliedrigkeit vor. So findet sich im Katalanischen der Balearen nicht nur ein auf *ipse* zurückgehender Definitartikel, sondern auch einer, der aus *ille* entsteht (cf. Selig 1992, 181).

Mit der Obligatorisierung von *ille* und *ipse* zur Definitheitsmarkierung und ihrer Desemantisierung im Wandel zu den romanischen Sprachen geht automa-

---

58 An dieser Stelle kann leider nicht auf die funktionalen Voraussetzungen von *ipse* als Artikelvorläufer im Kontrast zu *ille* eingegangen werden. Cf. dazu Carlier/De Mulder (2010, 253) und Selig (1992, 184–185).

Tab. 3.8: Diskurspragmatische Funktion adnominaler Demonstrativa im Wandel (nach Selig 1992, 117, 119).[59]

	nicht fokussierend	fokussierend	stark fokussierend
Latein	ø N	is N	hic N
			iste N
			ille N
			ipse N
Französisch	le N	ce N	ce N-ci
			ce N-là

tisch ein Abbau der Zeigeintensität der Formen einher, den Selig (1992, 117–119) als «De-Fokalisierung» beschreibt. Dieser Prozess erfasst nicht nur *ille* und *ipse*, sondern auch die übrigen Demonstrativformen, wie Selig (1992, 117–119) zeigt, hier zusammengefasst in Tab. 3.8. Die «De-Fokalisierung» geht daher mit einer umfassenden Reallokation der pragmatischen Wertigkeiten der einzelnen Paradigmen einher. Da im Altlatein und im klassischen Latein Nulldetermination häufiger ist und demzufolge den unmarkierten Fall darstellt, hat jede Determination durch einen Definitausdruck automatisch eine Fokussierung der determinierten NP zur Folge, wie in Tab. 3.8 dargestellt (cf. Selig 1992, 117). Die Fokussierungsstärke variiert wiederum entsprechend der gewählten Form (cf. Tab. 3.8). So weist *is* als häufigstes demonstratives Anaphorikum eine niedrigere Zeigeintensität und somit eine niedrigere Fokussierungsstärke auf als *hic*, *iste*, *ille* und *ipse*, die, im Vergleich zu *is*, semantisch stärker markiert sind und demzufolge eine stärkere Fokussierung leisten (cf. Tab. 3.8) (cf. auch Carlier/De Mulder 2010, 251–253). Selig (1992, 117) klassifiziert *is* entsprechend auch als nichtemphatischen Definitausdruck, *hic*, *iste*, *ille* und *ipse* dagegen als emphatische Definitdeterminanten.

Die Obligatorisierung der Kognaten von *ille* oder *ipse* als Definitausdrücke in den romanischen Sprachen führt dazu, dass sie ihre ursprüngliche Zeigebzw. Fokussierungsstärke verlieren und somit zur unmarkierten Definitheitsmarkierung werden, wie für den Definitartikel *le* im Französischen gilt. Die «De-Fokalisierung» der Kognaten von *ille* oder *ipse* als obligatorische Definitausdrücke bewirkt gleichzeitig einen Verlust der Zeigeintensität der Kognaten der Demonstrativformen *hic*, *iste* und *ille*, die entsprechend in die Funktionsstelle der

---

[59] In Tab. 3.8 entnehme ich die Gliederung und die Zeile zum Lateinischen der Tabelle von Selig (1992, 117). Die Zeile zu den romanischen Sprachen und die Angaben zum Französischen ergänze ich als weiterführende Synthese der Darstellung in Selig (1992, 117, 119).

einfachen Fokussierung abrücken, wie für den Demonstrativartikel *ce* im Französischen gilt (cf. Tab. 3.8). In den romanischen Sprachen fungiert der Definitartikel folglich als nicht fokussierender Definitausdruck (cf. Tab. 3.8), während die Demonstrativformen zur einfachen Fokussierung eintreten (cf. Tab. 3.8). Zur verstärkten Fokussierung, die im Lateinischen allein durch die Demonstrativa geleistet werden konnte, bedarf es in den romanischen Sprachen wiederum der Erweiterung der Demonstrativformen durch demonstrative Lokaladverbien als Verstärkungselemente, wie im Französischen beispielsweise durch die Konstruktionen *ce N-ci* und *ce N-là* geleistet wird (cf. Tab. 3.8). Der Verlust der Zeigeintensität und somit des pragmatischen Gewichts der Kognaten von lat. *ille* im Zuge ihrer Generalisierung als Definitausdrücke wird insbesondere daran sichtbar, dass *ille* in den romanischen Sprachen nur in der durch *ecce* verstärkten Form seine ursprüngliche Funktion als distales Demonstrativum erhalten konnte, wie in Kap. 3.2.2.1 gesehen.

3.2.2.3 Zusammenfassung

Die Ausführungen in diesem Kapitel haben gezeigt, dass die Fortführung der demonstrativen Formenserien in den romanischen Sprachen nicht so sehr von der Frequenz der einzelnen Paradigmen, sondern weit eher von ihrer semantischen Struktur gesteuert wird. Wie in Kap. 3.2.1.1 gesehen, stehen *hic* und *iste* im proximalen Funktionsbereich als semantisch und pragmatisch stärker differenzierte Formen in Konkurrenz zueinander. Obwohl *hic* weitaus höhere Frequenzen aufweist als *iste* und kein diachroner Frequenzanstieg zu ermitteln ist, setzt sich *iste* in allen romanischen Sprachen als proximales Demonstrativum durch, während *hic* abgebaut wird. Im Zuge des Abbaus von *hic* steigt die Frequenz von *iste* und damit sein funktionaler Radius. Dass *iste* trotz der semantischen Markiertheit und der niedrigen Frequenzen in allen romanischen Sprachen als proximales Demonstrativum erhalten bleibt, kann als Folge des demonstrativen Erneuerungszyklus betrachtet werden. Wie in Kap. 3.1 gesehen, führen in der Diachronie der Demonstrativformen regelmäßig Verstärkungsprozesse zur Erneuerung und zum Erhalt der demonstrativen Funktion der Formen. Auch in der Entwicklung von *iste* zu afr. *cist* und *ille* zu afr. *cil* finden Verstärkungsprozesse statt. In der Diachronie von *ille* bleibt die demonstrative Funktion in allen romanischen Sprachen sogar ausschließlich in der verstärkten Variante erhalten. Im proximalen Funktionsbereich scheint der Erhalt der demonstrativen Funktion vielmehr durch die Verdrängung von *hic* durch *iste* und somit durch eine paradigmatische Erneuerung gesichert. Demzufolge kann die Substitution von *hic* durch *iste* als Abbau einer semantisch und pragmatisch schwächeren Form zugunsten einer semantisch und pragmatisch stärkeren Form betrachtet werden, welche im Zuge der Generalisierung ihrerseits semantisch geschwächt wird (cf. Koch/Oesterreicher 1996). Um die funktionalen Kontinuitäten zwischen den lateinischen und den altfranzösischen Formen sowie den Prinzipien der diachronen Reallokationsprozesse zu ermitteln, widmet sich Kap. 3.3 im Anschluss der funktionalen Gliederung der altfranzösischen Demonstrativa.

3.3 Demonstrativa vom Altfranzösischen zum modernen Französischen

Um den Einfluss der funktionalen Profile der altfranzösischen Demonstrativa auf die diachronen Verschiebungen ermitteln zu können, bedarf es nicht nur einer ausführlichen Analyse der Funktionen von *CIST* und *CIL*, sondern auch der diachronen Mechanismen, die zur Entstehung des neufranzösischen Systems geführt haben. Dieses Kapitel untersucht daher die formale und funktionale Gliederung des altfranzösischen Demonstrativsystems und zeichnet die Reallokationsprozesse nach, die sich im Wandel vom mittelalterlichen zum modernen Französischen ereignen. Dazu beschäftigt sich Abschnitt 3.3.1 *Altfranzösische Demonstrativa* zunächst mit den mittelalterlichen Formen sowie ihren semantischen und pragmatischen Funktionen. Anschließend untersucht Abschnitt 3.3.2 *Reallokation der Demonstrativa in der Geschichte des Französischen* die diachronen Wandelprozesse, denen die Formen in der Geschichte des Französischen unterliegen.

3.3.1 Altfranzösische Demonstrativa

Die altfranzösische Sprachperiode beginnt mit den Straßburger Eiden 842 als erstem überlieferten französischen Text und erstreckt sich in etwa bis zur Mitte des 14. Jahrhunderts (cf. Togeby 1974, 20). Mit Selig (2006) können innerhalb der Epoche des Altfranzösischen weiterhin zwei Phasen kontrastiert werden, die sich entsprechend der Menge der Textproduktion und des Umfangs ihrer Einzeltexte unterscheiden. Die erste Phase kann vom Auftreten der ersten französischen Textzeugnisse im 9. Jahrhundert bis zur Mitte des 12. Jahrhunderts festgesetzt werden (cf. Selig 2006, 1927). Diese Anfangsphase der Verschriftlichung zeichnet sich durch eine geringe Textproduktion, eine niedrige Tokenzahl und eine lokal beschränkte Diffusion der Texte aus (cf. Selig 2006, 1927). Die zweite Phase setzt in etwa Mitte des 12. Jahrhunderts ein (cf. Selig 2006, 1932). In der zweiten Phase ist eine Institutionalisierung der volkssprachlichen Schriftlichkeit zu beobachten, was sich in einer im Vergleich zur ersten Phase reichen Textproduktion, dem hohen Umfang und der breiten räumlichen Diffusion der Texte sowie der Herausbildung eigener volkssprachlicher Textgenres wie der Chanson de geste und dem höfischen Roman äußert (cf. Selig 2006, 1932, 1935–1937). Während die Texte aus der ersten Phase häufig in nur einem Manuskript verfügbar sind, wie etwa die *Séquence d'Eulalie*, liegen die Texte aus der zweiten Phase in der Regel in mehreren Abschriften verschiedener Skriptae vor, wie die höfischen Romane von Chrétien de Troyes (cf. Selig 2006, 1933). Aufgrund der höheren Textvielfalt und der größeren diskurspragmatischen Differenzierung nehmen die Untersuchungen in diesem Kapitel vornehmlich auf Texte der zweiten Phase Bezug.

Das Altfranzösische unterscheidet sich in einer Vielzahl lautlicher und struktureller Merkmale vom modernen Französischen. Dazu gehört, wie in Kap. 3.2.2.1. gesehen, auch die Konstitution und Ordnung des Systems der nominalen Demonstrativa. Im Altfranzösischen liegen fünf Paradigmen vor, die als nominale Demonstrativa fungieren: das (i) neutrale Pronomen *ce*, das (ii) proximale *CIST*-Paradigma, das (iii) distale *CIL*-Paradigma, die (iv) distanzneutralen Determinierer *CE* sowie der (v) anaphorische Determinierer *ledit*. Im Unterschied zu den übrigen Formen sind die distanzmarkierten (ii) *CIST*- und (iii) *CIL*-Formen sowohl adnominal als auch pronominal einsetzbar. Das moderne Französisch verfügt dagegen nur über drei nominale Demonstrativparadigmen: die (a) neutralen Pronomina *ce*, *cela/ça* und *ceci*, die (b) Determinierer *ce(t)*, *cette* und *ces* sowie die (c) Pronomina *celui*, *ceux*, *celle* und *celles*. Die (a) neutralen Pronomina des modernen Französischen stehen in formaler und funktionaler Kontinuität zu den (i) neutralen Pronomina des Altfranzösischen, der (v) anaphorische Determinierer *ledit* verschwindet aus dem Sprachgebrauch. Die distanzmarkierten Paradigmen (ii) *CIST* und (iii) *CIL* sowie die (iv) distanzneutralen Determinierer *CE* unterliegen wiederum umfassenden Reallokationsprozessen.[60] Diese führen von einer semantisch bestimmten Ordnung des Kontrastpaars *CIST* und *CIL* im Altfranzösischen zu einer morphosyntaktisch basierten Zweigliedrigkeit im modernen Französischen. Wie in Kap. 1 und Kap. 3.2.2.1 gezeigt, gehen die (b) modernen Determiniererformen auf die altfranzösischen Paradigmen (ii) *CIST* und (iii) *CE* zurück, die (c) modernen Pronomina entstehen dagegen aus (iii) *CIL*. Im weiteren Verlauf dieses Kapitels stellt Abschnitt 3.3.1.1 *Formen und Paradigmen* zunächst die einzelnen Demonstrativ-

---

[60] Cf. Brunot/Bruneau (1949, 246–251), Buridant (2000, 138–145), Jensen (1990, 199–202), Giesecke (1880, 4), Moignet (1979, 150–152), Nyrop (1925, 303–310), Togeby (1974, 89–90) zur Funktionalität der neutralen Demonstrativpronomina im Altfranzösischen und zu formalen und syntaktischen Unterschieden zwischen den neutralen Demonstrativpronomina im Altfranzösischen und im modernen Französischen. Cf. De Mulder/Mortelmans (2010), Mortelmans (2006) und Mortelmans/Guillot (2008) zur Funktionalität und Grammatikalisierung von *ledit* im Altfranzösischen.

formen sowie ihre dialektalen Varianten vor und bespricht die paradigmatischen Zuordnungen der Formen. Abschnitt 3.3.1.2 *Funktionale Ordnung der Paradigmen* untersucht im Anschluss daran die semantischen und pragmatischen Werte der altfranzösischen Demonstrativa. Abschnitt 3.3.1.3 *Referenzkontexte* stellt abschließend Untersuchungen zur referentiellen Verteilung von *CIST* und *CIL* vor.

3.3.1.1 Formen und Paradigmen

Abgesehen vom neutralen Pronomen *ce* und seinen diatopischen und morphologischen Varianten sowie dem anaphorischen Artikel *ledit* ist die paradigmatische Zuordnung der nominalen Demonstrativformen des Altfranzösischen zum proximalen *CIST*- oder zum distalen *CIL*-Paradigma nicht in allen Fällen morphologisch eindeutig. Insbesondere die adnominalen Formen *cis*, *ce* und *ces*, die nicht über die distinktiven Morpheme *-st* für das proximale oder *-l* für das distale Paradigma verfügen, sind sowohl in ihrer Distanzmarkierung als auch in ihrer paradigmatischen Zugehörigkeit ambivalent, was schließlich zur Ausgliederung dieser Formen aus den distanzmarkierten Paradigmen und somit zur Neugruppierung in einem distanzneutralen Determiniererparadigma führt. In diesem Abschnitt führe ich die formale Vielfalt der nominalen Demonstrativa des Altfranzösischen vor und diskutiere ihre paradigmatischen Zuordnungsmöglichkeiten.

Wie in Kap. 3.2.2.1 gesehen, entsteht die proximale *CIST*-Serie aus dem lat. *iste* und die distale *CIL*-Serie aus dem lat. *ille*. *CIST* und *CIL* weisen nach Genus (Maskulinum und Femininum), Numerus (Singular und Plural) und Kasus (Rectus und Obliquus) deklinierte Einzelformen auf, wie Tab. 3.9 zeigt (cf. auch Tab. 1.1, Tab. 3.3–3.4). Im Maskulinum Singular liegen jeweils zwei Obliquusformen vor, nämlich *cest* und *cel* einerseits, die auf die lateinischen Akkusative zurückgehen, sowie *cestui* und *celui* andererseits, die aus den lateinischen Dativen entstehen. *Cest* und *cestui* sowie *cel* und *celui* werden im Altfranzösischen nicht nach ihrer Funktion im Satzverband differenziert, sondern gleichermaßen als direktes und indirektes Objekt oder als Komplement eines präpositionalen Kopfes eingesetzt (cf. Brunot/Bruneau 1949, 252; Buridant 2000, 128–129; Guillot-Barbance/Marchello-Nizia 2015, 90; Jensen 1990, 197; Rheinfelder 1976, 137, 141–142; Togeby 1974, 93–94). Zwischen *cel* und *celui* liegt jedoch eine funktionale Differenzierung auf der Ebene ihrer syntaktischen Einbettung vor. Während *cel* vornehmlich adnominal auftritt, weist *celui* eine starke Präferenz für den pronominalen Einsatz auf (cf. Dees 1971, 21; Foulet 1982, 170; Price 1969, 495). Auch *cest* und *cestui* sind auf der Ebene der syntaktischen Position komplementär verteilt, mit *cest* als bevorzugt adnominalem und *cestui* als bevorzugt pronominalem Ausdruck, wobei zu beachten ist, dass *cestui* insgesamt weitaus

3.3 Demonstrativa vom Altfranzösischen zum modernen Französischen — 239

Tab. 3.9: Diatopisch neutrale Formen der Paradigmen *CIST* und *CIL* (cf. Buridant 2000, 123; Meyer-Lübke 1934, 199–200; Rheinfelder 1976, 135; Togeby 1974, 91).

		CIST	CIL
mask.	rec. sg.	(i)cist	(i)cil
	obl. 1 sg.	(i)cest	(i)cel, (i)ceu
	obl. 2 sg.	(i)cestui	(i)celui
	rec. pl.	(i)cist	(i)cil
	obl. pl.	(i)cez	(i)cels, (i)ceus
fem.	rec. sg.	(i)ceste	(i)cele
	obl. sg.	(i)cesti	(i)celi
	pl.	(i)cestes	(i)celes

seltener auftritt als *celui* (cf. Dees 1971, 21; Price 1969, 495; auch die Daten von Marchello-Nizia 1995, 150–151 in Tab. 3.19 in Kap. 3.3.2.1).[61] Die Präferenz für *celui* und *cestui* im pronominalen Gebrauch kann auf ihre segmentale und parasegmentale Struktur zurückgeführt werden. Im Unterschied zu *cest* und *cel* sind *cestui* und *celui* zweisilbig und tragen als auf *-ui* endende Formen immer einen Akzent (cf. Marchello-Nizia 1995, 143–144). Daher können sie in der Kombination mit Nominalgruppen nicht klitisiert werden und eignen sich weniger gut als Determinierer, wohingegen sie in pronominaler Funktion als längere akzenttragende Formen präferiert werden (cf. Harris 1980, 149; Marchello-Nizia 1995, 143–144). In den maskulinen Formenserien fällt zudem die Homonymie der Rectusformen im Singular und im Plural auf, die im *CIST*-Paradigma in beiden Fällen *cist*, im *CIL*-Paradigma in beiden Fällen *cil* lauten (cf. Tab. 3.9). Wie für die altfranzösische Kasusmarkierung im Allgemeinen gilt, erfolgt die Verteilung der kasusmarkierten maskulinen Demonstrativformen nicht strikt nach den syntaktischen Funktionen, denen die Formen im jeweiligen Verwendungskontext entsprechen. So finden sich bereits im Altfranzösischen Obliquusformen in Rectusfunktion (cf. Ganzlin 1888, 48; Giesecke 1880, 7; Heinemann 2010, 111; Jensen 1990, 198; Meyer-Lübke 1934, 200).

In den femininen Serien wird nur im Singular eine Unterscheidung zwischen Rectus und Obliquus vorgenommen und auch dort anders als im Maskulinum (cf. Tab. 3.9). Wie für das maskuline Paradigma bereits gesehen, werden auch

---

61 Die Verteilung von *cest-cestui* und *cel-celui* weist insbesondere in den Heldenliedern *Chanson de Roland*, *Couronnement de Louis* und *Charroi de Nîmes* eine komplementäre Verteilung nach adnominalen, für *cest-cel*, und pronominalen Kontexten auf, für *cestui-celui* (cf. Price 1969, 495). Dees (1971, 119–120) stellt zudem fest, dass die Gebrauchsfrequenz von *celui-cel* dialektal variiert und in einigen Urkunden entweder nur *celui* oder nur *cel* zu finden ist.

ceste und *cesti* sowie *cele* und *celi* im Femininum nicht nach der syntaktischen Funktion im Satzverband eingesetzt. *Cesti* und *celi* treten zwar weitgehend in Obliquuskontexten auf, *ceste* und *cele* übernehmen jedoch sowohl Rectus- als auch Obliquusfunktionen (cf. Buridant 2000, 128–129; Foulet 1982, 173; Jensen 1990, 197; Rheinfelder 1976, 139, 143–144; Togeby 1974, 93–94). Im Unterschied zu *ceste* und *cele* kommen *cesti* und *celi* zudem, wenn auch insgesamt seltener, vornehmlich pronominal zum Einsatz (cf. auch die Daten von Marchello-Nizia 1995, 150–151 in Tab. 3.19 in Kap. 3.3.2.1). Auch die Präferenz für *cesti* und *celi* im pronominalen Gebrauch kann auf die Akzentuierung der Formen zurückgeführt werden, da *cesti* und *celi* auf -*i* enden und somit immer akzenttragend sind (cf. Marchello-Nizia 1995, 143–144).

Alle Demonstrativformen liegen zudem in verstärkten Varianten vor, die sich von den einfachen Formen durch ein präfigiertes *i*- unterscheiden, wie Tab. 3.9 zeigt. Die Herkunft des Präfixes *i*- ist umstritten. Während Ganzlin (1888, 1) und Mathews (1907, 107) *i*- als Relikt des Tonvokals der lateinischen Verstärkungspartikel *ecce* analysieren, wird das Präfix *i*- nach Buridant (2000, 125–126), Pope (1973, 325) und Togeby (1974, 91) aus den Formen *(i)luec* (< *illo loco*) und *(i)lore* (< *illa hora*) übernommen, die parallel mit ihrem etymologischen *i*- im Anlaut vorliegen. Ungeachtet der Frage nach der tatsächlichen etymologischen Provenienz des Präfixes *i*- werden die auf *i*- anlautenden Varianten durch das lautliche und silbische Mehrgewicht, das die Präfigierung erzeugt, häufig als verstärkt oder emphatisch wahrgenommen (cf. Brunot/Bruneau 1949, 246; Buridant 2000, 125–126). Dafür spricht auch, dass die verstärkten Formen immer akzenttragend sind, so Marchello-Nizia (1995, 143–144).

Die funktionalen Unterschiede zwischen den einfachen und verstärkten Formen äußern sich folglich weniger auf semantischer denn auf syntaktischer und pragmatischer Ebene (cf. Guiraud 1967, 61; Mathews 1907, 109; Moignet 1979, 155). Beispielsweise liegen keine Evidenzen vor, dass die Formen *icist*, *iceste* etc. zum Ausdruck einer größeren raumzeitlichen Nähe eingesetzt werden. Vielmehr geben die syntaktischen und pragmatischen Verteilungspräferenzen der *i*-Varianten Hinweise auf ihren Gebrauchswert. So legt Mathews (1907, 109–117) dar, dass die auf *i*- anlautenden Formen beinahe ausschließlich die erste Position einer prosodischen Einheit einnehmen – in Verstexten im Versanlaut oder nach der Zäsur, in Prosatexten am Satzanfang. Die Präferenz der Formen auf *i*- für die erste Position einer prosodischen Einheit spricht für die grundsätzliche Akzentuiertheit der Formen (cf. Marchello-Nizia 1995, 141–142). Im Unterschied zu den tontragenden Formen *cestui*, *cesti*, *celui* und *celi*, treten die durch *i*- verstärkten Formen jedoch vornehmlich als Determinierer auf (cf. Marchello-Nizia 1995, 141–142). Die *i*-Formen bieten folglich die Möglichkeit, die adnominale Position, die grundsätzlich den Akzentabbau der Formen fördert,

Tab. 3.10: Pikardische Formen von *CIST* und *CIL* (cf. Buridant 2000, 124; Gossen 1976, 128–129; Togeby 1974, 91).

		CIST	*CIL*
mask.	rec. sg.	*(i)chist*	*(i)chil*
	obl. 1 sg.	*(i)chest, ches*	*(i)chel*
	obl. 2 sg.	*(i)chestui*	*(i)chelui*
	rec. pl.	*(i)chist*	*(i)chil*
	obl. pl.	*(i)ches*	*(i)chiaus*
fem.	rec. sg.	*(i)cheste*	*(i)chele, chille*
	obl. sg.	*(i)chesti*	*(i)cheli*
	pl.	*(i)chestes*	*(i)cheles*

prosodisch zu verstärken. Was die referentielle Verankerung und syntaktische Funktion betrifft, stellt Buridant (2000, 129) fest, dass die verstärkten Formen in der ersten Position einer prosodischen Einheit vornehmlich anaphorisch verankert sind und Objektkomplemente kodieren. Buridant (2000, 129) schreibt den verstärkten Formen infolge ihrer Position und referentiellen Präferenz eine topikalisierende Funktion zu. Dafür spricht auch, so Marchello-Nizia (1995, 141–142), dass die präverbale Positionierung eines Objektkomplements bereits im Altfranzösischen eine markierte Struktur darstellt, die der Topikalisierung dient.

Da das Altfranzösische als Konglomerat diatopischer Varietäten zu verstehen ist und nicht über eine überregionale Sprachnorm verfügt, liegen in den Einzeltexten neben den diatopisch neutralen auch diatopisch markierte Formen vor. Während die Formen der *CIST*- und *CIL*-Serie im Anglonormannischen den Gemeinformen entsprechen, wie in Tab. 3.10 dargestellt, unterscheiden sich die pikardischen Formen in ihrer Lautung von den diatopisch neutralen Formen im Anlaut, da die Palatalisierung von /k/ vor den vorderen Vokalen /i, e/ im Pikarischen /tʃ/ ergibt, im Unterschied zur Lautung /ts/ in den übrigen Varietäten, wie Tab. 3.10 illustriert (cf. Buridant 2000, 124; Pope 1973, 325).

Ab dem 12. Jahrhundert treten in adnominaler Position vermehrt die Formen *ce, ces* und *cis* auf (*che, ches* und *chis* im Pikardischen), die auf lautliche Reduktionen der Obliquusformen von *CIST* und *CIL* zurückgeführt werden und infolge des Verlustes der distinktiven Morpheme *-st* und *-l* im Unterschied zu den Formen in Tab. 3.9 als distanzneutral gelten (cf. Dees 1971, 124; Marchello-Nizia 1995, 144–145; Price 1969, 498). Während Brunot/Bruneau (1949), Foulet (1982) und Pope (1973) *ce* und *ces* ausschließlich aus *cest* und *cez* ableiten und demzufolge dem *CIST*-Paradigma zuordnen (cf. auch die Beispielsauswahl von Mathews 1907, 6, 11), führen Ganzlin (1888, 27, 51, 60), Harris (1978, 73), Posner

Tab. 3.11: Distanzmarkierte und distanzneutrale Formen (cf. Buridant 2000, 123; Dees 1971, 114; Meyer-Lübke 1934, 199–200; Togeby 1974, 91).

		CIST	CIL
mask.	rec. sg.	c(h)ist	c(h)il, c(h)ils
		> c(h)is (D)	
	obl. 1 sg.	c(h)est	c(h)el, c(h)eu (vor K)
		> c(h)e (D)	
	obl. 2 sg.	c(h)estui	c(h)elui
	rec. pl.	c(h)ist	c(h)il
	obl. pl.	c(h)ez	c(h)els, c(h)eus
		> c(h)es (D)	
fem.	rec. sg.	c(h)este	c(h)ele
	obl. sg.	c(h)esti	c(h)eli
	rec./obl. pl.	c(h)estes	c(h)eles
		c(h)es (D)	

(1997, 342), Price (1969, 494, 498) und Togeby (1974, 94) *ce* sowohl auf *cest* als auch auf *cel* zurück, *ces* wiederum sowohl auf *cez* als auch auf *cels*. Demnach kommt es nicht nur bei *cest*, sondern auch bei *cel* in adnominaler Position in implosiver Stellung zur Elision des Kodakonsonanten, sodass beide Formen die Lautung *ce* entwickeln (cf. Price 1969, 498; Togeby 1974, 94).[62] Als homonyme Form repräsentiert *ce* sowohl *cest* als auch *cel* und führt demzufolge zur Neutralisierung des Distanzparameters im adnominalen Funktionsbereich des Obliquus Singular im Maskulinum (cf. Tab. 3.11).

Ebenso entsteht *ces* nicht nur als Folge einer Deaffrizierung des Kodakonsonanten von *cez*, sondern auch in Folge einer Monophthongierung von *cels/ceus* zu *ces*, wie bei *dels* > *des* und *als/aus* > *as* in einigen nordöstlichen Dialekten

---

[62] Dees (1971, 122–128) analysiert die Singularform *ce* als Ableitung von der Pluralform *ces* (cf. auch Yvon 1951, 162–163). Dees (1971, 123) zufolge fungiert als Modell für die analoge Bildung von *ce* ausgehend von *ces* das Definitartikelpaar des Obliquus *le-les* (cf. auch Yvon 1951, 162–163). Dees (1971, 126–128) stellt weiterhin fest, dass die Entstehung von *ce* eine lokale Innovation der zentralfranzösischen Dialekte darstellt, da *ce* die höchste Gebrauchsfrequenz in Urkunden aus dem Pariser Raum sowie aus den *départements* Marne, Aube, Troyes und Yonne aufweist. Ganzlin (1888, 28–29) zufolge erreicht *ce* in der Variante *che* zuerst in den pikardischen Texten hohe Gebrauchsfrequenzen.

(cf. Dees 1971, 100–105; Price 1968, 242; 1969, 494; Togeby 1974, 92). Somit stellt auch *ces* eine homonyme Form dar, die sowohl *cez* als auch *cels* repräsentiert und folglich als distanzneutraler Demonstrativdeterminierer im Funktionsbereich des Obliquus Plural fungiert. Die Entstehung von *ces* aus *cez* und *cels* führt notwendig zur Konfusion mit der etymologischen Form *cez* aus dem *CIST*-Paradigma, sodass diese Formen als graphische Varianten betrachtet werden müssen (cf. Dees 1971, 99, 105; Ganzlin 1888, 60, 78). Infolge der Homonymie mit dem distanzneutralen adnominalen *ces* wird distanzmarkiertes *cez* zunehmend aus dem pronominalen Gebrauch verdrängt (cf. Dees 1971, 115). Im Unterschied zu *ce* ist *ces* nicht auf das Maskulinum beschränkt, sondern tritt auch zur Determination femininer Nomina auf und ersetzt somit *cestes* und *celes*, die so aus dem adnominalen Bereich abgedrängt werden (cf. Tab. 3.11) (cf. Buridant 2000, 126; Dees 1971, 100, 118; Foulet 1982, 174; Ganzlin 1888, 67–68, 78–80; Giesecke 1880, 4–6; Jensen 1990, 190, 197; Meyer-Lübke 1934, 200; Moignet 1979, 113; Pope 1973, 326; Price 1969, 494; Togeby 1974, 93–94).

Auch im Rectus Singular im Maskulinum fallen die lautlichen Entwicklungen von *CIST* und *CIL* im adnominalen Funktionsbereich in *cis* als distanzneutraler homonymer Form zusammen (cf. Tab. 3.11). So kann die Form *cis* gleichermaßen auf die Rectus Singularformen *cist+s* und *cil+s* zurückgeführt werden, in denen jeweils ein pleonastisches *-s* zur Markierung der Rectusfunktion vorliegt (cf. Buridant 2000, 125; Jensen 1990, 192; Togeby 1974, 91). *Cis* entsteht somit als Folge der Vereinfachung von Konsonantenclustern in der Koda, im Fall von *cist+s* infolge der totalen Assimilation des interkonsonantischen /t/, im Fall von *cil+s* des vorkonsonantischen /l/ (cf. Ganzlin 1888, 9–12; Giesecke 1880, 8; Rheinfelder 1953, 218–219, 221, 235; 1976, 137).[63] Mit *cis* liegt folglich auch im Rectus Maskulinum Singular eine semantisch neutralisierte Form vor (cf. Tab. 3.11).

Der lautliche Zusammenfall von *cest* und *cel* in *ce*, von *cez* und *cels* in *ces* sowie von *cists* und *cils* in *cis* führt schließlich zur Bildung eines dritten distanzneutralen Paradigmas *CE*, wie Tab. 3.11 darstellt (cf. Buridant 2000, 126; Marchello-Nizia 1995, 123–125). Die distanzneutralen Formen unterscheiden sich von den distanzmarkierten Formen nicht nur in ihrer lokaldeiktischen Unmarkiertheit, sondern auch in ihrer syntaktischen Spezialisierung auf die adnominale Funktion sowie in ihrer Akzentfähigkeit. Während die Formen auf *-ui/-i* immer akzentuiert und die übrigen Formen der *CIST*- und *CIL*-Serien grundsätzlich akzentuierbar sind, gelten *cis*, *ce* und *ces* als nicht akzentfähig (cf. Buridant 2000, 126–127; Marchello-Nizia 1995, 143–144). Für die Tonlosigkeit der *CE*-Formen spricht auch, dass *ce*, *ces* und *cis* satzinitial vermieden werden (cf. Marchello-Nizia 1995, 142–143).

---

[63] Ganzlin (1888, 10) zufolge ist die Form *cis* zuerst in Texten aus dem pikardischen und wallonischen Raum zu finden.

Die Tilgung der Kodakonsonanten entspricht zwar einem regelmäßigen Lautwandel in der Geschichte des Französischen, der seit dem 12. Jahrhundert viele mediale und finale Kodakonsonanten erfasst, darunter besonders prominent /t, s/ (cf. Ganzlin 1888, 27; Rheinfelder 1953, 217–221, 284–286). Die Entwicklung verläuft bei der Entstehung von *ce*, *ces* und *cis* jedoch unregelmäßig. Während im Übergang von *cest* zu *ce* die Koda vollständig elidiert wird, bleibt beim Wandel von *cez* /(t)sets/ zu *ces* /(t)ses/ sowie von *cists* und *cils* zu *cis* jeweils -*s* erhalten. Diese Unregelmäßigkeit kann darauf zurückgeführt werden, dass das Koda-*s* bei *ces* und *cis* als Deklinationsmerkmal analysiert wird, was seinen Erhalt zunächst flexionsmorphologisch begünstigt. Die Bewahrung des Flexions-*s* hält jedoch nur bis zum 13. Jahrhundert an, denn im Laufe dieses Jahrhunderts verstummt wortfinales -*s* in allen Lexemen, ausgenommen in vorvokalischer Position (cf. Rheinfelder 1953, 285–286).

Die distanzneutralen Formen entstehen zwar als reduzierte Formenvarianten in bestimmten Kontexten, so im nicht akzentuierten, adnominalen Gebrauch vor Konsonanten, können die nicht-gekürzten Ausgangsformen jedoch nicht aus dem adnominalen Funktionsbereich verdrängen. So konkurrieren im adnominalen Bereich distanzneutrale und distanzmarkierte Formen (cf. auch Heinemann 2010, 108–110). Die Konkurrenzsituation zwischen dem lokaldeiktisch unbestimmten *CE* auf der einen Seite und den lokaldeiktisch bestimmten Serien *CIST* und *CIL* in Determiniererfunktion führt dazu, dass letztere in adnominaler Position als markiert betrachtet werden können (cf. Buridant 2000, 126).

Aufgrund der Ambivalenz ihrer paradigmatischen Herkunft und ihres lokaldeiktischen Werts wurden die *CE*-Formen in der Forschungsgeschichte zur semantischen und pragmatischen Funktionalität der altfranzösischen Demonstrativa bisher nicht berücksichtigt, so unter anderem nicht bei Guillot-Barbance (2017), Guiraud (1967, 72), Kleiber (1987b), Marchello-Nizia (2003, 417; 2005, 45) und Massé-Arkan (2013b, 561). Massé-Arkan (2013b, 561) schließt auch die Form *cez* aufgrund der graphischen Konfusion mit *ces* aus der pragmatischen Analyse von *CIST* und *CIL* aus (cf. auch Dees 1971, 99). Angesichts der Tatsache, dass die distanzneutrale Serie *CE* funktional in Konkurrenz zu den distanzmarkierten Paradigmen *CIST* und *CIL* tritt, muss davon ausgegangen werden, dass sie die funktionale Verteilung von *CIST* und *CIL* in adnominaler Position beeinflusst, ja sogar selbst ein referentielles Leistungsprofil entwickelt. Aus diesem Grund untersuche ich im empirischen Teil der vorliegenden Studie auch die Distribution der distanzneutralen *CE*-Serie. In den folgenden Abschnitten 3.3.1.2 und 3.3.1.3, die vornehmlich der Vorstellung und kritischen Diskussion der Forschungsliteratur zur funktionalen Verteilung der altfranzösischen Demonstrativa dienen, spielt die Funktionalität von *CE* dagegen aus oben genannten Gründen keine Rolle.

3.3.1.2 Funktionale Ordnung der Paradigmen

Die funktionale Ordnung der distanzmarkierten altfranzösischen Demonstrativparadigmen *CIST* und *CIL* ist Thema zahlreicher Forschungsarbeiten aus dem 19., 20. und 21. Jahrhundert. Dank diesem Umstand liegen in der Forschungsgeschichte zu den altfranzösischen Demonstrativa viele Untersuchungen vor, die es sich zum Ziel gesetzt haben, die semantische Opposition von *CIST* und *CIL* zu erfassen und einen semantischen Grundwert für jede Form aufzuspüren, der ihre Verteilung in allen Gebrauchskontexten steuert und mit dessen Hilfe die Präsenz der einen oder anderen Form in möglichst allen Okkurrenzen nachvollzogen werden kann. Angesichts der Vielzahl an Faktoren, die auf die Verteilung distanzmarkierter Demonstrativa Einfluss nehmen können, und ihrer partiellen Widersprüchlichkeit, wie in Kap 2.2.2.2 aus universaltypologischer Perspektive und in Kap. 3.2.1.1 für die distanzmarkierten Demonstrativa im Lateinischen gesehen, erscheint die Reduktion der semantischen Funktionalität distanzmarkierter Demonstrativa auf einen Grundwert jedoch als eine aussichtslose Vereinfachung der funktionalen Möglichkeiten der Formen. Inkonsistenzen in Bezug auf das beanspruchte Erklärungspotential des formulierten Werts sind unvermeidlich. Im weiteren Verlauf dieses Kapitels werde ich die in der wissenschaftlichen Literatur vorliegenden Hypothesen zur Bestimmung der semantischen Opposition von *CIST* und *CIL* zunächst vorstellen und kritisch diskutieren. Im Anschluss daran werde ich zeigen, dass der Einsatz von *CIST* und *CIL* von verschiedenen und teils konträren Werten motiviert wird und daher nicht auf eine Grundfunktion reduziert werden kann. Im Einklang mit den Ausführungen in Kap. 2.2.2.2 aus sprachvergleichender Perspektive und Kap. 3.2.1.1 zu den lateinischen Demonstrativa werde ich abschließend darlegen, dass auch für *CIST* und *CIL* ein multidimensionaler Verteilungsmechanismus angenommen werden kann.

Traditionell wird der Kontrast zwischen *CIST* und *CIL* als primär distanzbasiert gewertet, mit *CIST* als proximalem und *CIL* als distalem Ausdruck. Zu den Vertretern der sogenannten Distanzhypothese zählen insbesondere Foulet (1982), Giesecke (1880), Mathews (1907), Moignet (1979), Price (1968), Togeby (1974) und Wunderli (1993). Der Distanzhypothese zufolge geben *CIST* und *CIL* in erster Linie Auskunft über die Verortung des Referenzobjekts im außersprachlichen Raum und die Entfernung, die es zum Sprecher bzw. zur Sprecher-Origo aufweist. Die genannten Autoren gründen ihre Behauptungen auf die Beobachtung, dass *CIST* in den für Demonstrativa der Nähe typischen Gebrauchsweisen auftritt, *CIL* wiederum in den für Demonstrativa der Ferne charakteristischen Verwendungskontexten zu finden ist (cf. Foulet 1982, 168; Giesecke 1880, 19–22; Jensen 1990, 190–191; Mathews 1907, 3–12; Moignet 1979, 111–112, 153; Price 1968, 246–247; Togeby 1974, 91–92; Wunderli 1993, 172; auch Massé-Arkan 2013a, 80–81).

So wird *CIST* zur Bezugnahme auf raumzeitliche Parameter der Sprechsituation eingesetzt, wie *ceste vile* in (33a) als Verweis auf den Sprechort und *cheste nuit* in (33b) als Referenz auf den Sprechzeitpunkt der Äußerung. Des Weiteren ist CIST im Verweis auf origo-inklusive Entitäten, Zustände und Sachverhalte zu finden, wie *cheste tavle* in (33b) zur Denotation eines Objekts im Wahrnehmungsraum der Gesprächspartner, *icest plait* und *ceste dolor* in (33c) zur Bezugnahme auf den körperlichen Zustand des Interaktionspartners sowie *cest mangier* in (33d) zum Verweis auf eine zum Sprechzeitpunkt stattfindende Veranstaltung.

(33) a. « Nicolete laise ester, que ce est une caitive qui fu amenee d'estrange terre, si l'acata li visquens de *ceste vile* as Sarasins, si l'amena en *ceste vile* [...]. »
'Lass Nicolette in Ruhe, denn sie ist eine Gefangene, die aus einem fremden Land hierher gebracht wurde. Der Vicomte *dieser Stadt* hat sie gekauft und in *diese Stadt* gebracht.'
(*Aucassin et Nicolette*, §2)

b. « Dame Morgue et se compaignie
fust ore assise a *cheste tavle* ;
car ch'est droite coustume estavle
k'eles vienent en *cheste nuit*. »
'Frau Morgue und ihr Gefolge saßen gerade eben an *diesem Tisch*. Denn es ist gute alte Sitte, dass sie in *dieser Nacht* kommen.'
(Adam de la Halle, *Jeu de la feuillée*, V. 564–567)

c. « Mais, bele, çou vos ai jou fait,
par moi avés vos *icest plait*.
Se jou ne venisse en la tor,
n'eüssiés pas *ceste dolor*. »
'Aber, Schöne, dies habe ich euch angetan, meinetwegen habt ihr *diesen Streit*. Wenn ich nicht in diesen Turm gekommen wäre, hättet ihr nicht *diesen Schmerz*.'
(*Floire et Blancheflor*, V. 2783–2786)

d. « Sire, fait el, molt es pensis.
a *cest mangier* t'ai esgardé :
poi as mangié, molt as pensé.
Çou que as pris de *cest mangier*
seroit legier a eslegier »
'«Herr», sagt sie, «du bist sehr traurig. Ich habe dich bei *diesem Mahl* beobachtet: du hast wenig gegessen und viel nachgedacht. Das, was du von *diesem Mahl* gegessen hast, wäre leicht zu nennen.»'
(*Floire et Blancheflor*, V. 1290–1294)

Während CIST im Verweis auf physische und temporale Räume im Allgemeinen die Übereinstimmung des Referenzraums oder der Referenzzeit mit den Parametern der Sprechsituation voraussetzt, wie in (33a–b) gesehen, impliziert sein Einsatz in Verbindung mit Monatsnamen, Jahreszeiten oder Kirchenfesten, die Zeitpunkte oder -räume innerhalb übergeordneter zeitlicher Einheiten benennen, keine Übereinstimmung des denotierten Zeitraums mit dem Sprechzeitpunkt, sondern weist lediglich auf eine Verortung im selben übergeordneten Zeitraum hin (cf. Foulet 1982, 169; Mathews 1907, 5). So nimmt *ceste Pasque* in (34a) auf das Osterfest des laufenden Kirchenjahres Bezug, ohne zu bedeuten, dass dies zum Sprechzeitpunkt tatsächlich stattfindet (cf. Mathews 1907, 5). Foulet (1982, 169) zufolge impliziert der Verweis mit *CIST* sogar eine Verortung des angesteuerten Zeitraums in der Zukunft, während zum Verweis auf vergangene Ereignisse *CIL* eingesetzt wird. In ähnlicher Weise bedingt beim Verweis auf Sachverhalte kein physisches Korrelat des Ereignisses den Einsatz von *CIST*, wie bei *cest guerre* in (34b) und *ceste guerre* in (34c). Vielmehr nimmt *cist* in (34b) auf eine präsentische bzw. origo-inklusive Gültigkeit des Sachverhalts Bezug, die auch ohne ein unmittelbares physisches Geschehen zum Sprechzeitpunkt bestehen kann. In (34c) äußert der Sprecher *ceste guerre* wiederum beim direkten Anblick des Schlachtfelds unmittelbar im Anschluss an eine kriegerische Auseinandersetzung. Da das Zeigeobjekt von *ceste guerre* in (34c) als Resultat von *guerre* nicht mit dem eigentlichen Referenzobjekt, der Aktivität *guerre*, übereinstimmt, liegt auch hier kein physisches Korrelat des Ereignisses vor. Es handelt sich folglich um einen indirekten situativen Verweis (cf. Massé-Arkan 2013b, 567).

(34) a. pour aler en France à *ceste Pasque* qui vient
'um nach Frankreich zu gehen an *diesem kommenden Osterfest*'
(*Histoire de Saint Louis par Jean sire de Joinville*, p. 610, zit. in: Mathews 1907, 5, meine Übersetzung)
b. « Ves ci vostre anemi qui tant vous a gerroié et mal fait : vint ans ja dure *cest guerre* ; onques ne pot iestre acievee par home. »
'«Du siehst hier euren Feind, der euch so stark bekriegt und so großes Leid angetan hat. *Dieser Krieg* dauert schon 20 Jahre. Bisher konnte ihn niemand beenden.»'
(*Aucassin et Nicolette*, §10)
c. or voudroie ge que *ceste guerre* n'eüst onques esté commenciee
'I wish *this war* never took place'
(*La mort Artu*, §116, zit. in: Massé-Arkan 2013b, 567)

CIL findet sich in den altfranzösischen Texten wiederum in den für distale Demonstrativa typischen Gebrauchskontexten. Im Kontext der exophorischen Referenz wird *CIL* so zur Bezugnahme auf raumzeitliche Einheiten eingesetzt, die nicht den Parametern der Sprechsituation entsprechen, wie *cele tor* in (35a) zum

Verweis auf einen Ort und *cele nuit* in (35b) zum Verweis auf einen Zeitraum, der außerhalb der Sprecher-Origo verortet ist (cf. Foulet 1982, 168; Jensen 1990, 190–191; Massé-Arkan 2013a, 81–82; Mathews 1907, 26–34; Ménard 1976, 31; Moignet 1979, 111–112, 153; Togeby 1974, 91–92; Wunderli 1993, 161). Auch bei der Referenz auf Entitäten, Zustände und Sachverhalte impliziert *CIL* eine Lokalisierung im extradyadischen Bezugsfeld, wie *chieus clers a chele cape* in (35c) zum Verweis auf ein Objekt, das in Relation zu einer Figur außerhalb der Interaktion von Sprecher und Hörer steht, *cele assanlee* in (35d) zur Bezugnahme auf eine Aktivität, die zwar zum Sprechzeitpunkt, jedoch nicht im Wahrnehmungsfeld der Interaktionspartner stattfindet, und *cele rage* in (35e) zur Bezugnahme auf einen vergangenen emotionalen Zustand des Interaktionspartners (cf. Jensen 1990, 190–191; Massé-Arkan 2013a, 81–82; Mathews 1907, 34–38).

(35) a. « Ceste corbeille me portés
lassus amont en *cele tor*
a damoisele Blanceflor »
'«Tragt mir diesen Korb nach oben hinauf in *jenen Turm* zu Fräulein Blanchefleur.»'
(*Floire et Blancheflor*, V. 2305–2306b)

b. En sa maison *cele nuit* jurent
quant il hors de mer issu furent.
'*Jene Nacht*, als sie an Land gegangen waren, ruhten sie in seinem Haus.'
(*Floire et Blancheflor*, V. 1427–1428)

c. « Ki est *chieus clers a chele cape* ? »
'«Wer ist *jener Mönch in jener Kutte*?»'
(Adam de la Halle, *Jeu de la feuillée*, V. 422)

d. Li rois entra en jalousie,
crient que aucuns gise o s'amie :
« Aportés moi, fait il, m'espee,
s'irai veïr *cele assanlee*. »
'Der König wurde eifersüchtig. Er fürchtet, dass jemand bei seiner Freundin liegt. «Bringt mir mein Schwert», sagt er, «ich werde mir *jene Zusammenkunft* anschauen.»'
(*Floire et Blancheflor*, V. 2605–2608)

e. Quant *cele rage* m'ot si pris,
dont maint autre ont esté sorpris,
vers les rosiers tantost me trés
'Als mich *jene Wut* so ergriffen hatte, von der viele andere bereits heimgesucht wurden, warf ich mich sogleich in die Rosensträucher.'
(Guillaume de Lorris, *Roman de la Rose*, V. 1621–1623)

3.3 Demonstrativa vom Altfranzösischen zum modernen Französischen — 249

Wie in Kap. 2.2.2.2 gesehen, hat die tatsächliche Entfernung eines Referenzobjekts nur bedingt Einfluss auf den Einsatz distanzmarkierter Demonstrativa. Des Weiteren ist die Entfernung eines Referenzobjekts zur Sprecher-Origo nur bei der Bezugnahme auf situativ verfügbare Entitäten relevant oder überhaupt bestimmbar. Auf phorischer Ebene spielt die Distanz des Referenzobjekts dagegen keine Rolle bei der Entscheidung für eine proximale oder distale Form, wie in Kap. 3.2.1.1 für lat. *hic* und *ille* gesehen. Hier stehen vielmehr diskurspragmatische Faktoren im Vordergrund, wie die Topikalität oder die diskursive Rolle (cf. Kap. 2.1.2.2). Die Distanzhypothese stellt sich demzufolge als ungeeignet heraus, wenn es darum geht, die Verteilung von *CIST* und *CIL* funktional von einem einzigen Grundwert herzuleiten, wie auch Guiraud (1967, 75), Kleiber (1987b, 5, 9–15) und Massé-Arkan (2011, 428; 2013a, 60–61) feststellen. Kleiber (1987b, 13–14) führt unter anderem an, dass eine distanzbasierte Distribution von *CIST* und *CIL* nur objektiv festgestellt werden kann, wenn zwei Referenzobjekte aufgerufen werden, die verschiedene räumliche Positionen einnehmen, wie in (36a), da die raumzeitliche Nähe oder Ferne eines Referenzobjekts nur relativ zu einem Vergleichsobjekt bestimmt werden kann. So spiegelt der kontrastive Einsatz von *CIST* und *CIL* in (36a) einen räumlichen Distanzunterschied zwischen den beiden Referenzobjekten wider, den weitere Hinweise im Text bestätigen. So macht die Aufforderung *prenez* deutlich, dass sich das Referenzobjekt von *ceste estole* in greifbarer Nähe der Interaktionspartner befindet, während *cele costure* durch *la jus* außerhalb der Sprecher-Origo verortet wird, *cele costure* folglich nicht im Sprechort ankert (cf. Kleiber 1987b, 13; Moignet 1979, 112). Liegt kein Vergleichsobjekt vor, kann raumzeitliche Nähe oder Ferne wiederum, so Kleiber (1987b, 14), nur behauptet, jedoch nicht objektiv festgestellt werden, wie etwa bei *cheste tavle* in (33b) oder *chele cape* in (35c).

Massé-Arkan (2013a, 60–61) zeigt ihrerseits anhand des Beispiels (36b) auf, dass auch der kontrastive Einsatz von *CIST* und *CIL* zur Bezugnahme auf situativ verfügbare Entitäten nicht zwangsläufig einen Distanzunterschied impliziert, was wiederum für die Insuffizienz der Distanzhypothese spricht. So spiegeln *CIST* und *CIL* in (36b) nur teilweise Unterschiede in der räumlichen Entfernung der Referenzobjekte wider. Die Aufforderung *tenez* macht deutlich, dass sich der Referent von *ceste lance* in (36b) in greifbarer Nähe der Interaktionspartner befindet, was die Determination durch *CIST* rechtfertigt, während *cel cheval* und *cel val* im Vergleich zu *ceste lance* eine größere Entfernung zur Sprecher-Origo aufweisen, was wiederum die Determination durch *CIL* rechtfertigt. Abweichend erscheint aus der Perspektive der Distanzhypothese dagegen die Kodierung von *cest chevalier*, das sich im Vergleich zu *cel val* und insbesondere *cel cheval* nicht durch eine größere Nähe zur Sprecher-Origo auszeichnet, was eine Determination durch *CIST* begründen würde (cf. Massé-Arkan 2013a,

60–61). Die Unabhängigkeit des kontrastiven Gebrauchs von *CIST* und *CIL* in (36b) von einem räumlichen Distanzunterschied zwischen den Referenzobjekten deutet schließlich darauf hin, dass die Verteilung von *CIST* und *CIL* nicht ausschließlich von ihren Distanzwerten gesteuert wird. Massé-Arkan (2013a, 60–61) zufolge bringen *CIST* und *CIL* in (36b) vielmehr unterschiedliche narrative Prominenzwerte zum Ausdruck. So nehmen *ceste lance* und *cest chevalier* in (36b) auf Entitäten Bezug, die für die Interaktionspartner im Mittelpunkt der Aufmerksamkeit stehen sollen, während *cel cheval* und *cel val* Referenzobjekte denotieren, die diskursiv weniger prominent sind und als situative Vergleichswerte fungieren (cf. auch Guillot-Barbance 2017, 127–129 für die Analyse von *CIST* als Demonstrativum zur Markierung diskursiver Prominenz im Verweis auf situativ verfügbare Objekte). Beispiel (36b) zeigt schließlich, dass der kontrastive Einsatz der Formen auch der Profilierung unterschiedlicher narrativer Ebenen dient. *CIST* konstituiert einen thematischen Vordergrund, während *CIL* dazu eingesetzt wird, Diskursreferenten als Orientierungspunkte im thematischen Hintergrund zu verorten (cf. Massé-Arkan 2013a, 60–61). Entsprechend den Analysen von Massé-Arkan (2013a) erweist sich *CIST*, ebenso wie für lat. *hic* und *iste* in Kap. 3.2.1.1 gesehen, als Demonstrativum hoher Zeigeintensität, während *CIL*, wie für distale Demonstrativa typisch, eine neutrale Zeigeintensität vermittelt (cf. auch Kap. 2.2.2.2).

(36) a. « Sire Bruns, prenez *ceste estole*,
et vos, Sire Bruianz li tors,
recommandez l'ame dou cors.
La jus an mi *cele costure*
me faites une sepouture
entre ce plain et ce jardin. »
'«Herr Bruns, nehmt *diese Stola*, und ihr, Herr Bruianz der Gebückte, empfehlt die Seele dieses Körpers. Macht mir dort unten mitten in *jenen Feldern* ein Grab, zwischen dieser/jener Ebene und diesem/jenem Garten.»'
(*Le roman de Renart*, V. 404–409, zit. in: Kleiber 1987, 13; Moignet 1979, 112; meine Übersetzung)

b. « Sire, tenez *ceste lance* et si m'amenez
cest chevalier sor *cel cheval*
que voi aler parmi *cel val* [...]. »
'« Seigneur, prenez *cette lance* et amenez-moi *ce chevalier* sur *ce cheval* que je vois aller dans *cette vallée* [...]. »'
(*Première continuation de Perceval*, ohne Versangabe, zit. in: Massé-Arkan 2013a, 60)

Guiraud (1967, 75, 81) siedelt die semantische Opposition zwischen CIST und CIL wiederum auf der Ebene der rhetorischen Verteilung an. Diese Hypothese basiert auf der Beobachtung, dass CIST und CIL konträre Präferenzen aufweisen, was ihre Frequenzen in der direkten Figurenrede und in der Erzählerrede betreffen, wie Guiraud (1967) zeigt (cf. auch Dees 1971, 24–28; Yvon 1951, 147–148). So tritt CIST, entsprechend der Zählung von Guiraud (1967, 68), in der *Chanson de Roland* in 67 Okkurrenzen in der direkten Figurenrede auf, in der Erzählerrede ist es dagegen nur in 21 Okkurrenzen zu finden, was weniger als einem Drittel der Frequenz in der Figurenrede entspricht. Komplementär dazu zeigt CIL eine noch deutlichere Präferenz für die Erzählerrede. So liegt CIL in der *Chanson de Roland* in 83 Fällen in der Erzählerrede vor, in nur 13 Fällen ist es in der direkten Rede zu finden, was nur einem Sechstel der Okkurrenzen in der Erzählerrede entspricht (cf. Guiraud 1967, 68).[64] Infolge der kontrastierenden Verteilungspräferenzen von CIST und CIL in Relation zur Erzählebene vermutet Guiraud (1967, 81), dass die erzählebenenspezifischen Markierungen mit CIST als Demonstrativum der direkten Rede und CIL als Demonstrativum der Narration die Opposition zwischen den beiden Formenparadigmen steuern und in erster Linie zur Orientierung des Lesers innerhalb der Erzählung dienen (cf. Guiraud 1967, 75, 80, 83). Dafür spricht auch, so Guiraud (1967, 68), dass die neun Okkurrenzen, in denen CIL in der direkten Figurenrede vorliegt, in indirekte Redebeiträge integriert sind. Price (1968, 252) führt die komplementären Verteilungspräferenzen, die Guiraud (1967) aufdeckt, jedoch auf die Distanzwerte von CIST und CIL zurück. Da CIST als proximales Demonstrativum eine origo-inklusive Verortung des Referenzobjekts impliziert, tritt es automatisch vornehmlich in der direkten Figurenrede auf, so Price (1968, 243), da diese häufiger exophorisch auf Gegebenheiten der Sprechsituation Bezug nimmt als die Erzählerrede, wie (33a–d) illustrieren (cf. Guiraud 1967, 75–76; Ménard 1976, 31; Wunderli 1993, 167, 172). Als distales Demonstrativum impliziert CIL keine perzeptive Zugänglichkeit des Referenzobjekts und ist aus diesem Grund häufiger in der Erzählerrede zu finden, die auf die Schilderung vergangener oder fiktiver Ereignisse, und dies möglicherweise aus der Perspektive einer narrativen Figur, ausgerichtet ist, wie in (35b) (cf. Price 1968, 243; Guiraud 1967, 69; Massé-Arkan 2011, 438–439, 447; Ménard 1976, 31; Wunderli 1993, 167, 171, 177). Gegen die Hypothese von Guiraud (1967) sprechen weiterhin die Beispiele (33a, c–e), in

---

[64] Auch im *Perceval* von Chrétien de Troyes überwiegt in den narrativen Sequenzen der Gebrauch von CIL mit 234 Okkurrenzen deutlich, während CIST in nur 21 Fällen, was einem glatten Elftel der CIL-Okkurrenzen in der Narration entspricht, in der Erzählerrede auftritt, wie die Daten von Massé-Arkan (2011, 430; 2013b, 561) zeigen.

denen *CIL* in direkter Rede vorliegt und nicht in indirekte Redewiedergaben integriert ist.

Die Formulierung eines einzigen Grundwerts für die Opposition zwischen *CIST* und *CIL* birgt, wie im Distanzmodell und in der Studie von Guiraud (1967), zwangsläufig die Gefahr der Insuffizienz, wenn es darum geht, vom Grundwert nicht vorhergesehene Verwendungen in das Modell zu integrieren, wie in (36b) gesehen. Zur Lösung dieses Problems bieten sich drei verschiedene Wege an: Zum ersten kann die Tatsache akzeptiert werden, dass ein Grundwert nicht alle Gebrauchsweisen erklären kann, wie Price (1968, 241) vorschlägt. Price (1968, 241) zufolge ist es nämlich evident, dass nicht alle Okkurrenzen mithilfe eines Modells abgeleitet werden können, daher die Theorie zu bevorzugen ist, der dies für den größten Teil gelingt, was für Price (1968, 249) das Distanzmodell leistet. Zum zweiten können abweichende Gebrauchsweisen als «anormaux» oder «grammaticalement fautifs» verstanden und somit als Gegenbeispiele disqualifiziert werden, wie bei Guiraud (1967, 68–69). Zum dritten kann eine abstraktere und interpretationsoffenere Formulierung des Grundwerts gewählt werden, die es ermöglicht, alle Verwendungsweisen zu berücksichtigen und in die Konzeptualisierung miteinzubeziehen, wie bei den Modellen von Kleiber (1987b) und Marchello-Nizia (2003; 2005; 2006a; 2006b).

Da das Distanzmodell nicht als umfassendes Erklärungsmodell eingesetzt werden kann, schlägt Kleiber (1987b, 19, 33) vor, die Verteilung von *CIST* und *CIL* vollständig unabhängig vom Faktor der raumzeitlichen Verortung des Referenzobjekts zu betrachten. Kleibers (1987b, 18–19) «conception anti-localisante» gründet auf der Vorstellung, dass die referentielle Auflösung indexikalischer Zeichen in besonderem Maße vom kontextuellen Umfeld der Äußerung abhängig ist und dass ihr Ziel in erster Linie darin besteht, die Aufmerksamkeit des Interaktionspartners auf ein bestimmtes Referenzobjekt zu lenken, wie in Kap. 2.1.1 gesehen. Um die Aufmerksamkeit des Interaktionspartners erfolgreich zum angesteuerten Referenzobjekt führen zu können, kodieren indexikalische Zeichen Identifikationshilfen, wie ebenfalls in Kap. 2.1.1 dargelegt wurde. Diese bestehen bei den altfranzösischen Demonstrativa *CIST* und *CIL* im Unterschied zur Distanzhypothese nicht in der Kodierung raumzeitlicher Nähe oder Ferne, wie Kleiber (1987b, 19) postuliert, sondern geben vielmehr Auskunft über die allgemeine Verfügbarkeit des Referenzobjekts im kontextuellen Umfeld der Äußerung. Während *CIST* nämlich anzeigt, dass die Identifikation des Referenzobjekts durch den Rückgriff auf das unmittelbare situative oder sprachliche Umfeld der Okkurrenz gewährleistet ist, gibt *CIL* keine Auskunft über die kontextuelle Verfügbarkeit des Referenten, so Kleiber (1987b, 19–20, 22–23).

Der Gebrauch von *CIST* setzt folglich die kontextuelle Präsenz des Referenzobjekts voraus, was in Bezug auf den situativen Kontext die perzeptive Erreichbarkeit des Referenten durch die Interaktionspartner meint, im sprachlichen Kontext wiederum die textuelle Nennung (cf. Kleiber 1987b, 19–20). Diese Bedingung kann für alle Okkurrenzen von *CIST* in (33a–d) und (36a–b) als erfüllt betrachtet werden, da *CIST* in (33a–d) und (36a–b) in allen Fällen auf Objekte ausgerichtet ist, die im visuellen Feld der Interaktionspartner verfügbar sind und teilweise zusätzlich im sprachlichen Umfeld der Äußerung, wie bei der zweiten Okkurrenz von *cest mangier* in (33d) der Fall. *CIST* erzeugt somit als ‹natürliche Konsequenz› einen Effekt der Nähe, wie Kleiber (1987b, 20–21) postuliert, da es in raumzeitlicher oder diskursiver Kontiguität zu seinem Referenzobjekt steht, ohne aber tatsächlich Auskunft über die Entfernung des Referenzobjekts zu geben.

Im Unterschied zu *CIST* setzt der Gebrauch von *CIL* die Präsenz des Referenzobjekts im sprachlichen oder situativen Kontext der Äußerung nicht voraus, wie Kleiber (1987b, 22–31) darlegt. Kleiber (1987b, 23–24) sieht diese Interpretation darin bestätigt, dass in demonstrativen Erstnennungen nur *CIL* eingesetzt werden kann. So ist die anamnestische Kennzeichnung *cel apostre qu'en quiert en Noiron pré* in (37), die häufig auftritt und daher als epische Formel gilt (cf. Heinemann 1993, 307), beispielsweise in keinem Fall in Verbindung mit *CIST* zu finden. Obwohl *CIL* impliziert, dass andere als die situativ und phorisch verfügbaren Informationen zur Identifikation des Referenzobjekts aktiviert werden müssen, schließt es die Verfügbarkeit des Referenzobjekts im situativen und sprachlichen Kontext nicht aus (cf. Kleiber 1987b, 24–29). Der Einsatz von *CIL* ist folglich in allen Gebrauchskontexten möglich und kann somit in allen Okkurrenzen in (35a–d) und (36a–b) als motiviert betrachtet werden. Da *CIL* weder eine negative noch eine positive Markierung bezüglich der raumzeitlichen oder diskursiven Verfügbarkeit des Referenzobjekts aufweist, steht es schließlich nicht in komplementärer Opposition zu *CIST*. Vielmehr ist *CIL* als unmarkiertes Demonstrativum zu betrachten, während *CIST* den markierten Ausdruck des Kontrastpaares darstellt (cf. Kleiber 1987b, 22–23).[65] Da *CIL* nicht auf den unmittelbaren Äußerungs-

---

[65] Das Modell von Kleiber (1987b) stimmt mit dem Modell von McCool (1981) in der Unmarkiertheitsvermutung für *CIL* überein, unterscheidet sich jedoch im Wert, nach dem die semantische Opposition organisiert wird. McCool (1981, Kap. 3) zufolge erweist sich *CIST* als markierter Ausdruck in Bezug auf die Verortung des Referenzobjekts im Nahraum des Sprechers, während *CIL* diesbezüglich unmarkiert ist. Während McCool (1981) in der Tradition des Distanzmodells folglich die origo-inklusive Verortung des Referenzobjekts zum Bestimmungskriterium erhebt, ist es für Kleiber (1987b), wie oben gesehen, das Kriterium der referentiellen Verfügbarkeit. Auch Massé-Arkan (2013a) zufolge unterscheiden sich *CIST* und *CIL* in ihren Markiertheitswerten. Entsprechend Massé-Arkan (2013a, 80) erweist sich *CIST* jedoch als unmarkierter, *CIL* dagegen als markierter Ausdruck. *CIST* verweist den Adressaten nämlich zur referentiellen Auflösung auf den Sprecher und Hörer gemeinsamen Referenzraum («l'espace commun de référence»), so Massé-Arkan (2011, 433; 2013a, 80–81), während *CIL* indiziert, dass

kontext bezogen ist, sondern vielmehr darüber hinausweist, erzeugt es, so Kleiber (1987b, 25), automatisch einen Effekt der Ferne, ohne explizit raumzeitliche Ferne zu kodieren.

(37) Por *cel apostre* qu'en quiert en Noiron pré [...]
      'Bei *jenem Apostel*, der in Rom angerufen wird.'
      (*Le charroi de Nimes*, V. 279, zit. in: Kleiber 1987, 23; meine Übersetzung)

Das Modell von Kleiber (1987b) ermöglicht zwar die Integration aller Okkurrenzen von *CIST* und *CIL*, lässt jedoch einige Fragen bezüglich der Funktionalität von *CIL* unbeantwortet, wie auch Marchello-Nizia (2004, 74) kritisch feststellt. In der Tat impliziert die von Kleiber (1987b) vorgeschlagene funktionale Ordnung mit *CIL* als unmarkiertem und *CIST* als markiertem Ausdruck, dass *CIL* in allen Gebrauchsweisen anstelle von *CIST* eingesetzt werden kann (cf. Kleiber 1987b, 23). Es liegen jedoch drei Kontexte vor, in denen *CIL* in keinem Fall als Ersatz für *CIST* zu finden ist und die demzufolge als Gegenargumente für die Klassifikation von *CIL* als unmarkiertem Ausdruck angeführt werden können, wie Marchello-Nizia (2004, 75–80; 2005, 48–53) anführt.

Während der Einsatz von *CIL* bei *cel cheval* und *cel val* in (36b) trotz der referentiellen Kontiguität der Referenzobjekte möglich ist, bleibt er beim Verweis auf raumzeitliche Parameter der Sprechsituation ausgeschlossen. So ist bei Bezugnahmen auf den Ort oder den zeitlichen Rahmen der Äußerung nur *CIST* zu finden, wie *ceste vile* in (33a) und *cheste nuit* in (33b) illustrieren (cf. Marchello-Nizia 2004, 75–76; 2005, 49–51). Die Inkompatibilität von *CIL* mit origo-inklusiven raumzeitlichen Verweisen zeigt sich auch daran, dass *CIL* nicht mit Temporal- oder Lokaladverbien proximaler Semantik kombiniert werden kann, wie *ci* oder *oi*, etwa in *oi cest jurn* in (38a) (cf. Marchello-Nizia 2004, 75–77).

---

der Interaktionspartner seine Aufmerksamkeit über das bekannte Bezugsfeld hinaus erweitern soll. Massé-Arkan (2013a, 81) sieht dies darin bestätigt, dass *CIL* häufiger als direktes Objekt von *veeir* auftritt als *CIST* und somit in prädikative Relationen eingebunden ist, die auf die Erweiterung des visuellen Aufmerksamkeitsfeldes des Adressaten ausgerichtet sind. Die Unmarkiertheit von *CIST* ergibt sich schließlich daraus, so Massé-Arkan (2013a), dass bei der Bezugnahme durch *CIST* der origo-inklusive Raum, der nicht durch räumliche Kriterien bestimmt wird, und der Referenzraum einander entsprechen, während beim Verweis mit *CIL* eine Dissoziation derselben vorliegt. Massé-Arkan (2013a) lässt jedoch offen, nach welchen Kriterien der gemeinsame Referenzraum bestimmt wird, was die Anwendbarkeit und Überprüfbarkeit des Modells insgesamt schwierig macht. Die Diskrepanzen zwischen den Modellen von Kleiber (1987b) und McCool (1981) auf der einen Seite und dem Modell von Massé-Arkan (2013a) auf der anderen Seite zeigen wiederum, dass die Markiertheitsbewertungen von *CIST* und *CIL* je nach Bewertungsstandpunkt ganz unterschiedlich ausfallen können.

3.3 Demonstrativa vom Altfranzösischen zum modernen Französischen — 255

Gegen die Unmarkiertheitshypothese von *CIL* ist als zweites Argument die Inkompatibilität von *CIL* mit Possessiva der ersten Person anzuführen, als drittes Argument im Zusammenhang damit das Ausbleiben von *CIL* in Bezugnahmen, die auf den Sprecher selbst ausgerichtet sind (cf. Marchello-Nizia 2004, 77–79; 2005, 51–52). So ist der Gebrauch von *CIL* sowohl in Verbindung mit einem Possessivum der ersten Person ausgeschlossen, denn in diesem Kontext ist nur *CIST* zu finden, wie *cist meon fradre* in (38b) illustriert, als auch im Verweis auf die erste Person selbst (cf. Marchello-Nizia 2004, 77–79; 2006b, 111–112). Bezugnahmen auf den Sprecher treten vornehmlich in Kontexten der Wehklage über die eigene Situation und im Zusammenhang mit evaluativen Kennzeichnungen auf, wie *las*, *chaitif* oder *dolent*, die diesen Zustand zum Ausdruck bringen, wie *chest chaitif* in (38c) illustriert (cf. Marchello-Nizia 2004, 79). *Cel chaitif* findet sich wiederum in keiner Okkurrenz zur Selbstkennzeichnung des Sprechers (cf. Marchello-Nizia 2004, 79; 2005, 52–53).

(38) a. Sainz Alexis out bone volentét,
   puroec en est *oi cest jurn* oneurét.
   'Saint Alexis n'était que bonté, c'est pour cela qu'il est honoré *aujourd'hui*.'
   (*Vie de Saint Alexis*, V. 542, zit. in: Marchello-Nizia 2004, 76)
   b. si saluarai eo *cist meon fradre Karlo*
   'Et je protègerai *mon frère Charles*'
   (*Serments de Strasbourg*, ohne Zeilenangabe, zit. in: Marchello-Nizia 2004, 77)
   c. « Sainte Marie, genitrix,
   mere Deu, dame, Isembart dist,
   depreez en vostre beau fiz,
   qu'il eit merci de *cest chaitif* ! »
   '« Sainte Marie, Mère de Dieu, dame, dit Isembart, priez votre cher fils qu'il ait pitié de *ce malheureux que je suis* ! »'
   (*Gormont et Isembart*, V. 651–654, zit. in: Marchello-Nizia 2004, 79)

Gegen die Klassifizierung von *CIST* als Demonstrativum der referentiellen Kontiguität, wie im Modell von Kleiber (1987b) vorgenommen, spricht ferner eine Gebrauchsweise von *CIL*, in der *CIST* niemals zum Einsatz kommen kann, obwohl das Referenzobjekt im situativen Kontext verfügbar ist. So ist der Einsatz von *CIST* zur Denotation von Körperteilen des Interaktionspartners in bestimmten Äußerungen ausgeschlossen, die Aggressionen gegen den Feind ankündigen und, insbesondere in den Chansons de geste, vor kämpferischen Auseinandersetzungen von den gegnerischen Parteien ausgetauscht werden, wie *celle teste* und *celle pance* in (39) (cf. Marchello-Nizia 2003, 422–423; 2004, 80; 2005, 53–54). *CIST* erweist sich folglich als funktional ungeeignet, wenn es darum geht, auf Körperteile eines Feindes Bezug zu nehmen, wie in (39) (cf. Marchello-Nizia 2004, 80; 2006b, 110–111). Dass *CIST* in (39) trotz der situativen Verfügbarkeit des Referenzobjekts nicht eingesetzt werden kann, lässt deutlich werden, dass auch Kleiber (1987b) mit der Klassifizierung von *CIST* als Demonstrativum der referentiellen Kontiguität noch nicht auf den Grundwert der semantischen Funktionalität von *CIST* gestoßen ist.

(39) Ancui avréz *celle teste* tranchie
et *celle pance* estroee et percie.
'Aujourd'hui vous aurez *la tête* tranchée et *le ventre* troué et percé.'
(*Ami et Amile*, V. 1347–1348, zit. in: Marchello-Nizia 2004, 80)

Da die Inkompatibilität von *CIL* in den Gebrauchsweisen in (38a–c) und von *CIST* im Kontext des Verweises auf Körperteile des Interaktionspartners in (39) nicht aus dem Modell von Kleiber (1987b) abgeleitet werden kann, erarbeitet Marchello-Nizia (2003; 2004; 2005; 2006a; 2006b) ein eigenes Modell zur funktionalen Ordnung der Paradigmen, das auf dem Konzept der Sprechersphäre basiert und die Integration der Okkurrenzen erlaubt, die vom Modell der referentiellen Kontiguität nicht berücksichtigt werden können. Unter dem Begriff Sprechersphäre versteht Marchello-Nizia (2003, 425–426; 2006a, 116; 2006b, 109) eine abstrakte Sphäre, die alles umfasst, was der Sprecher in Folge einer possessiven, familiären oder positiven affektiven Relation als seiner Sphäre zugehörig empfindet. Die Verortung des Referenzobjekts innerhalb oder außerhalb der Sprechersphäre ist nicht von vornherein festgelegt, sondern ergibt sich allein durch den Einsatz von *CIST* und *CIL* (cf. Marchello-Nizia 2005, 59). Während *CIST* zur Integration des denotierten Objekts in die Sprechersphäre dient, wird *CIL* zum Ausschluss des denotierten Objekts aus der Sprechersphäre eingesetzt (cf. Marchello-Nizia 2003, 421–422; 2006a, 116). Die Verteilung von *CIST* und *CIL* wird folglich in erster Linie vom Sprecher als subjektiver Richtinstanz bestimmt. Denn der Sprecher selbst entscheidet darüber, ob er ein Referenzobjekt mithilfe Denotation durch *CIST* als seiner Sphäre zugehörig präsentieren will oder das Referenzobjekt als aus der Sprechersphäre ausgeschlossen darstellen möchte, was die Determination durch *CIL* bewirkt. Wie Kleiber (1987b) vermutet auch Marchello-Nizia (2006a, 120), dass *CIST* entsprechend seiner Funktionalität einen Effekt der raumzeitlichen Nähe, *CIL* im Gegensatz dazu einen der raumzeitlichen Ferne erzeugt.

Dass die Funktion von *CIST* darin besteht, die Zugehörigkeit eines Referenzobjekts zur Sprechersphäre anzuzeigen, wird insbesondere daran deutlich, dass zum Verweis auf raumzeitliche Parameter der Sprechsituation, wie in (38a) gesehen, auf Objekte, die in possessiver Relation zum Sprecher stehen, wie in (38b), und in Verbindung mit Selbstkennzeichnungen, wie in (38c), vornehmlich *CIST* zum Einsatz kommt (cf. Guillot-Barbance/Marchello-Nizia 2015, 93; Marchello-Nizia 2005, 56–59; 2006a, 117–118; 2006b, 111; auch Guillot-Barbance 2017, 121–122, 125–126; Jensen 1990, 193; Lommatzsch 1922, 105–107, 113–114, 119–122; Ménard 1976, 31; Massé-Arkan 2013a, 81). Im Unterschied dazu findet sich *CIL* vornehmlich zur Bezugnahme auf raumzeitliche Einheiten, die außerhalb der Sprechsituation liegen, wie in (35b) gesehen und Objekte, die in possessiver Relation zum Interaktionspartner oder einer dritten Person stehen, wie in (39) der Fall, was wiederum für die Funktionalität von *CIL* als Demonstrativum zur Exklusion eines Objekts aus der Sprechersphäre spricht (cf. Guillot-Barbance/Marchello-Nizia 2015, 93–94; Marchello-Nizia 2003, 420–421; 2006a, 119–120; 2006b, 111; auch Lommatzsch 1922, 107; Ménard 1976, 31; Massé-Arkan 2013a, 81). Auf diese Weise kann die Unvereinbarkeit von *CIL* mit Possessiva der ersten Person, wie in (38b) gesehen, auch auf die Funktionalität von *CIL* zurückgeführt werden, als Demonstrativum der Exklusion ist es nämlich automatisch semantisch inkompatibel mit Erste-Person-Possessoren (cf. auch Marchello-Nizia 2003, 420–421).

In (39) wird *CIL* jedoch nicht nur eingesetzt, um anzuzeigen, dass das Referenzobjekt nicht in possessiver Relation zum Sprecher steht, sondern insbesondere um eine negative affektive Einstellung gegenüber dem Referenzobjekt und seinem Possessor, dem zu besiegenden Feind, zum Ausdruck zu bringen (cf. Marchello-Nizia 2004, 422–424; 2006a, 119; auch Guillot-Barbance 2017, 129; Jensen 1990, 193–194; Lommatzsch 1922, 118). Die Dimension der affektiven oder emotionalen Einstellung, die eine Verortung innerhalb oder außerhalb einer abstrakten Sprechersphäre eröffnet, kommt insbesondere im kontrastiven Einsatz von *CIST* und *CIL* zur Geltung, wie in (40) (cf. Marchello-Nizia 2003, 422; 2006a, 118). So verweist der Sprecher in (40) durch *ceste* auf seine Tochter, die im situativen Umfeld präsent ist, und durch *celle teste* auf ihren Liebhaber, der ebenfalls anwesend ist. Der Sprecher setzt folglich *ceste* zum Verweis auf eine Figur ein, zu der er in einer positiven affektiven und zudem familiären Relation steht, während er *celle teste*, wie auch in (39), zur Bezugnahme auf eine Figur wählt, die er ablehnt und somit als seiner Sprechersphäre nicht zugehörig ausweist (cf. Guillot-Barbance 2017, 131–133; Guillot-Barbance/Marchello-Nizia 2015, 93–94; Marchello-Nizia 2005, 55; 2006a, 118; 2006b, 112).

(40) « Se voz de *ceste* ne voz poéz oster,
je voz ferai *celle teste* coper. »
'« Si vous ne pouvez vous disculper à propos de *celle-ci*, je vous ferai couper *la tête*. »'
(*Ami et Amile*, V. 752–753, zit. in: Marchello-Nizia 2006a, 118)

Die Zugehörigkeit zur Sprechersphäre wird nach dem Modell von Marchello-Nizia (2003; 2005; 2006a; 2006b) schließlich nicht von der raumzeitlichen Verortung, wie im Distanzmodell, oder der Verfügbarkeit des Referenzobjekts im situativen oder diskursiven Kontext bestimmt, wie im Modell der referentiellen Kontiguität von Kleiber (1987b), sondern allein von der Einschätzung des Sprechers, der unabhängig von den situativen und diskursiven Bedingungen der Äußerung frei zwischen einer Bezugnahme durch *CIST* oder *CIL* entscheiden kann (cf. auch Guillot 2013, 222–225; Guillot-Barbance 2017, 122). Die Konstitution der Sprechersphäre ist daher automatisch einer Veränderungsdynamik unterworfen, da die Verortung eines Referenzobjekts innerhalb oder außerhalb der Sphäre von Sprecher zu Sprecher und von Kontext zu Kontext variieren kann, wie in (41a–b) deutlich wird (cf. Marchello-Nizia 2004, 422; 2006a, 116–117). Die Äußerungen in (41a–b) werden vom selben Sprecher, jedoch zu verschiedenen Zeitpunkten geäußert. Dieser Sprecher nimmt durch die demonstrativen Kennzeichnungen *ceste meschinne* in (41a) und *celle* in (41b) auf dasselbe Referenzobjekt, seine Frau, Bezug. In (41a) weist der Sprecher seine Frau durch die Denotation durch *ceste meschinne* als seiner Sphäre zugehörig aus und bringt somit affektive Nähe zum Ausdruck, als er sich des Glücks erinnert, wie er diese vom König zur Frau bekam (cf. Marchello–Nizia 2005, 55–56; 2006a, 117). In (41b) setzt der Sprecher wiederum *celle* zur Referenz auf seine Frau ein, als diese ihn verstößt, und bringt dadurch seine affektive Ferne zum Ausdruck.

(41) a.   « Li roi meïsmez qui France a a baillier
           m'i ot donné Lubias a moillier,
           ceste meschinne au gent cors afaitié. »
           '« Le roi de France lui-même m'avait donné Lubias pour épouse, *cette jeune fille* au beau corps élégant. »'
           (*Ami et Amile*, V. 2200–k.A., zit. in: Marchello-Nizia 2006a, 117)
       b. « *Celle* me faut qui me deüst amer. »
           '« *Celle* qui aurait dû m'aimer me fait défaut ! »'
           (*Ami et Amile*, V. 2444, zit. in: Marchello-Nizia 2006a, 117)

Die Unabhängigkeit des Einsatzes von *CIST* und *CIL* von der raumzeitlichen Verortung des Referenzobjekts gilt auch für Bezugnahmen auf Orte oder Zeiträume. Obwohl Sprechort und Sprechzeit unabdingbare Parameter jeder Äußerung darstellen und daher in der Regel als der Sprechersphäre zugehörig konzipiert werden, steuert die Einschätzung des Sprechers auch beim Verweis auf Orte und Zeiträume die Verteilung und die Ausrichtung von *CIST* und *CIL* (cf. Marchello-Nizia 2004, 75–76; 2005, 49–51; 2006b, 120–121). So setzt ein Sprecher beispielsweise *cest païs*, entsprechend Marchello-Nizia (2006a, 121), nicht ein, um damit auf den Ort Bezug zu nehmen, an dem er sich befindet, sondern um anzuzeigen, dass es um das Land geht, das er als das Seine betrachtet und dem er sich daher zugehörig fühlt. Aus diesem Grund kann *CIST* auch zum Verweis auf einen Ort eingesetzt werden, der nicht dem Sprechort entspricht, jedoch als Teil der Sprechersphäre konzipiert wird (cf. Marchello-Nizia 2006a, 120). Guillot-Barbance (2017, 119–120) stellt die gleiche Dissoziationsmöglichkeit beim Verweis mit *CIL* fest. So nimmt der Sprecher in (42) durch *chele vile* auf Konstantinopel Bezug, obwohl er sich in dieser Stadt befindet. Der Gebrauch von *CIL* in *chele vile* in (42) kann darauf zurückgeführt werden, dass der Sprecher (*li dux de Venice*) nicht in einem possessiven Verhältnis zu Konstantinopel steht und somit die Exklusion des Referenzobjekts durch *CIL* sichtbar macht (Guillot-Barbance 2017, 119). Dafür spricht zudem die Tatsache, dass sich *li dux de Venice* im Redebeitrag in (42) an den Kaiser von Konstantinopel richtet und die Markierung der Nicht-Possession folglich als Respekterweisung fungiert (Guillot-Barbance 2017, 119).

(42) tant que li dux de Venice dist que trop estoit haus hons pour pendre : « [...] il a en *chele vile* deus hautes colombes, n'i a chelui qui n'ait tost soisante toises ou chinquante de haut ; si le fache on monter en som l'une, et puis si le faiche on tresbuskier jus a tere. »
'si bien que le duc de Venise dit que c'était un homme trop noble pour qu'on le pende : « [...] il y a dans *cette ville* deux hautes colonnes, d'au moins soixante ou cinquante toises de haut ; qu'on le fasse monter au sommet de l'une, puis qu'on le fasse trébucher vers le bas jusqu'à terre. »' (Robert de Clari, *Conquête de Constantinople*, p. 104, zit. in: Guillot-Barbance 2017, 119)

Insgesamt bleiben die Fälle, in denen *CIST* zum Ausdruck einer possessiven oder affektiven Relation auf einen Ort Bezug nimmt, der nicht dem Sprechort entspricht, oder *CIL* zum Verweis auf den Sprechort eingesetzt wird, um Nicht-Possession anzuzeigen, wie in (42), jedoch sehr selten und stellen somit Ausnahmen im Gebrauch von *CIST* und *CIL* dar (cf. Guillot-Barbance 2017, 120). Aus diesem Grund entsteht die Frage, ob bei einem Verweis mit *CIST*, in dem Sprechort und angesteuerter Ort übereinstimmen, wirklich eine possessive oder affektive Relation des Sprechers zum denotierten Ort den Einsatz von *CIST* motiviert. Auch beim Verweis mit *CIL* stellt sich die Frage, ob der Gebrauch bei der Bezugnahme auf origo-exklusive Orte nicht eher zur Markierung raumzeitlicher Ferne als zum Ausdruck von Nicht-Possession oder affektiver Ferne dient. Dieser Verdacht drängt sich umso mehr auf, als sich die sprachliche Interaktion in (42) im Palast des *duc de Venice* zuträgt und somit in einem von der Umgebung abgegrenzten, geschlossenen Raum innerhalb der Stadt Konstantinopel stattfindet, wie ein Blick in den Vortext des Beispiels in (42) verrät (cf. Robert de Clari, *Conquête de Constantinople* §109, p. 103–104). Folglich kann vermutet werden, dass der Einsatz von *CIL* in (42) zum Ausdruck einer räumlichen Dissoziation zwischen dem Sprechort und dem Umgebungsraum dient, in den dieser strukturell eingebunden ist, und aus diesem Grund zur Lokalisierung des Referenzobjekts eingesetzt wird.

Marchello-Nizia (2005, 46–48) versteht das Modell der Sprechersphäre nicht nur als Reaktion gegen das Modell der referentiellen Kontiguität von Kleiber (1987b), sondern auch gegen die Distanzhypothese. In der Tat finden sich die Grundideen des Modells der Sprechersphäre jedoch bereits bei Vertretern der distanzbasierten Ordnung wieder, so in etwa in Giesecke (1880) und Price (1968). Price (1968, 241–242, 252) zufolge besteht die Grundopposition zwischen *CIST* und *CIL* zwar in der Kodierung eines raumzeitlich bestimmten Distanzunterschieds, die Bewertung eines Referenzobjekts als nah oder fern ist jedoch «surtout subjective, dépendant de celui qui parle» (252) (cf. auch Moignet 1979, 112). So kann der Gebrauch von *CIST* in den Heldenliedern *Le Couronnement de Louis*, *La Chanson de Guillaume* und *Le Charroi de Nîmes*, entsprechend den Analysen von Price (1968, 246–247), in allen Fällen auf eine räumliche Nähe, eine zeitliche Nähe oder eine Interessensnähe («proximité d'intérêt») zurückgeführt werden. Auch Giesecke (1880, 23) zufolge ist der «Gesichtspunct» der Bewertung der Nähe oder Ferne eines Referenzobjekts «ein willkürlicher». So kann ein Objekt mittels des Verweises durch *CIST* als «zum Geiste in unmittelbarer Nähe» stehend präsentiert werden, obwohl es raumzeitlich fern ist, wie Giesecke (1880, 19–21) darlegt. Ebenso kann Nahes, entsprechend Giesecke (1880, 23), durch *CIL* als «dem Geiste nicht unmittelbar Gegenwärtiges» ausgewiesen werden, als etwas, «das zu dem Sprechenden in keiner persönlichen Beziehung steht».

Die Nähe des Modells der Sprechersphäre von Marchello-Nizia (2003; 2005; 2006a; 2006b) zum Distanzmodell, wie es Giesecke (1880) und Price (1968) vertreten, wird umso deutlicher, als auch Marchello-Nizia (2006a; 2006b) eine diachrone Entwicklung des semantischen Werts von *CIST* und *CIL* hin zu einer raumzeitlich organisierten Distanzopposition annimmt. Marchello-Nizia (2006a, 116, 120; 2006b, 109–110) zufolge entspricht die Verteilung von *CIST* und *CIL* insbesondere in den älteren altfranzösischen Texten aus der Zeit vor 1150 weitestgehend dem Modell der Sprechersphäre, so unter anderem in den *Serments de Strasbourg*, der *Séquence de sainte Eulalie*, der *Vie de saint Alexis* und der *Chanson de Roland*. Allerdings zeichnen sich, so Marchello-Nizia (2006a, 120–125; 2006b, 118), bereits im 12. Jahrhundert Indizien einer diachronen Verschiebung der semantischen Werte von *CIST* und *CIL* ab, die bis zum 13. Jahrhundert zum Abschluss kommt. Während *CIST* und *CIL* bis zum 11. Jahrhundert vornehmlich nach dem Prinzip einer subjektiv konstituierten Sprechersphäre eingesetzt werden, mit *CIST* als Ausdruck der Inklusion und *CIL* als Ausdruck der Exklusion, treten ab Mitte des 12. Jahrhunderts zunehmend Verwendungen von *CIST* und *CIL* auf, die auf eine Verschiebung von einer subjektiven zu einer raumzeitlichen Konstitution der Sprechersphäre schließen lassen (cf. Guillot-Barbance/Marchello-Nizia 2015, 100–102; Marchello-Nizia 2006a, 120–121). So wird *CIST* ab Mitte des 12. Jahrhunderts zunehmend in Kontexten eingesetzt, in denen es nicht zum Ausdruck einer possessiven oder affektiven Relation dient, sondern ausschließlich von der raumzeitlichen Nähe des Referenzobjekts motiviert wird, wie für *cest diable ci* in (43) gilt (cf. Guillot-Barbance/Marchello-Nizia 2015, 100–102; Marchello-Nizia 2006a, 120). Die Kennzeichnung *cest diable ci* in (43) verweist nämlich auf eine Figur, die dem Sprecher zwar perzeptiv zugänglich ist und ihm daher räumlich nahesteht, aber keine affektive Nähe zu ihm aufweist, da es sich dabei um einen Feind handelt.

(43) « La moie mors n'iert jamais restorée,
q'en *cest diable ci* n'a point de rousée. »
'«Mein Tod wird nicht mehr vermieden werden, denn in *diesem Teufel hier* gibt es kein Erbarmen.»'
(*Raoul de Cambrai*, V. 2996–2997)

Marchello-Nizia (2006a, 121; 2006b, 117) führt den Verlust des Merkmals der Subjektivität von *CIST* auf den Einfluss der Gebrauchskontexte zurück, in denen das Referenzobjekt gleichzeitig Teil der Sprechersphäre und des situativen Kontexts ist, was für die Referenzobjekte aller demonstrativen Kennzeichnungen in (38a–c) und *ceste* in (40) gilt, oder zusätzlich im diskursiven Kontext verfügbar ist. Da *CIST* als Demonstrativum der Inklusion ohnehin bereits die situative oder diskursive Verfügbarkeit des Referenzobjekts impliziert, bewirkt der häufige Gebrauch in diesen Kontexten nur den Aufstieg einer ursprünglichen pragmatischen Implikation zum eigentlichen semantischen Grundwert, so Marchello-Nizia (2006a, 121–122; 2006b, 117). Die Primordialisierung des Werts der situativen oder diskursiven Verfügbarkeit des Referenzobjekts in der Semantik von *CIST* führt schließlich dazu, dass *CIST* in Kontexten eingesetzt werden kann, in denen es ausschließlich situative oder diskursive Zugänglichkeit markiert, wie in (43) gesehen (cf. Marchello-Nizia 2006a, 121–122; 2006b, 117). Während *CIST* zunächst anzeigt, dass das Referenzobjekt über eine possessive oder affektive Relation zum Sprecher identifiziert werden kann, indiziert es dann, dass das Referenzobjekt über den situativen oder diskursiven Kontext aufgedeckt werden kann.

Im endophorischen Verweisraum fungiert insbesondere der textdeiktische Verweis als Brückenkontext für die semantische Verschiebung von einer subjektiven zu einer objektiven Konstitution der Sprechersphäre, zumal auch hier referentielle Kontiguität gegeben ist, so Marchello-Nizia (2006a, 122–124; 2006b, 114–117). So wird *CIST N* vor Mitte des 12. Jahrhunderts vornehmlich zum Verweis auf Redebeiträge eingesetzt, wenn das syntaktische oder logische Subjekt des Satzes, in den *CIST N* integriert ist, mit dem Sprecher des referierten Redebeitrags übereinstimmt, wie in (44a) der Fall, und der Redebeitrag auf diese Weise in die Sphäre des Sprechers bzw. des handelnden Subjekts integriert wird, aus dessen Perspektive die Handlung dargestellt wird (cf. Marchello-Nizia 2006a, 122–123; 2006b, 115–116). *CIL N* tritt dagegen dann ein, wenn keine Übereinstimmung zwischen dem Sprecher und dem Subjekt des darauf Bezug nehmenden Satzes eintritt, wie in (44b), und somit eine Exklusion der Figurenrede aus der Sphäre des handelnden Subjekts erfolgt (cf. Marchello-Nizia 2006a, 122–123; 2006b, 115–116). In der *Chanson de Roland* gilt dies, so Marchello-Nizia (2006a, 123), für beinahe alle Okkurrenzen von *CIST N* und *CIL N*, die auf Redebeiträge Bezug nehmen. Auch in diesem Kontext wird im Laufe der Zeit jedoch der Verteilungsmechanismus nach dem Modell der subjektiv konstituierten Sprechersphäre durch eine objektive Konstitution derselben ersetzt, sodass im 13. Jahrhundert *CIST N* unabhängig von der Übereinstimmung zwischen Subjekt und Sprecher des Redebeitrags eingesetzt werden kann, wie für *ceste parole* in (44c) gilt (cf. Marchello-Nizia 2006a, 123–124; 2006b, 116–117; auch Guillot-Barbance/Marchello-Nizia 2015, 105–106).

(44) a. « Quant tu es mort, dulur est que jo vif. »
A *icest mot* se pasmet li marchis
'« Dès lors que tu es mort, c'est un malheur que je vive. » Sur *ces paroles*/En prononçant *ces paroles* le marquis tombe évanoui.'
(*Chanson de Roland*, V. 2030–2031, zit. in: Marchello-Nizia 2006a, 123)
b. « Sempres murrai, mais cher me sui vendut. »
A *icel mot* l'at Rollant entendut.
'« Je vais mourir bientôt, mais je me suis chèrement vendu ! » À *ces mots* Roland l'a entendu.'
(*Chanson de Roland*, V. 2053–2054, zit. in: Marchello-Nizia 2006a, 123)
c. « Sire, fet mes sires Gauvains, je n'en poi mes. Se je en deusse orendroit morir si le feïsse je por la volenté mon seignor accomplir. » Et quant li rois ot *ceste parole* si se repent de ce que mes sires Gauvains a fet.
'«Herr», sagt mein Herr Gauvain, «ich kann nicht mehr. Wenn ich jetzt in diesem Moment sterben müsste, dann würde ich es tun, um den Willen meines Herren zu erfüllen.» Und als der König *diese Worte* hört, da bereut er, was mein Herrn Gauvain getan hat.'
(*Queste del saint Graal*, f. 161b)

Eine diachrone Entwicklung der semantischen Opposition von *CIST* und *CIL* anzunehmen, die sich innerhalb der altfranzösischen Sprachstufe vollzieht, bietet Marchello-Nizia (2006a; 2006b) die Möglichkeit, sowohl Okkurrenzen, die dem Modell der subjektiv konstituierten Sprechersphäre entsprechen, als auch Okkurrenzen, die der objektiv konstituierten Sprechersphäre widersprechen, als Gegenargumente zu disqualizieren. Gebrauchsweisen, die in der ersten Phase als Gegenbeispiele angeführt werden könnten, wie (43), werden als Vorläufer der neuen Ordnung der Formen nach einem objektiven Distanzwert betrachtet (cf. Marchello-Nizia 2006a, 120). Gebrauchsweisen, die in der zweiten Phase als Gegenbeispiele angeführt werden können, werden wiederum als Beispiele betrachtet, die die alte Ordnung nach dem subjektiven Wert bewahren (cf. Marchello-Nizia 2006a, 121). Die Hypothese der diachronen Verschiebung der Funktionalität, die sich innerhalb der altfranzösischen Sprachperiode ereignet, steht zudem vor dem Problem, dass die frühen Texte aus der Zeit vor 1150, die Marchello-Nizia (2006a; 2006b) als Beispiele für eine vollständig nach dem Prinzip der Sprechersphäre organisierte Verteilung von *CIST* und *CIL* anführt, insgesamt einen sehr geringen Textumfang aufweisen und daher zwangsläufig auch sehr wenige demonstrative Formen enthalten. Ferner wirft das Modell der Sprechersphäre insgesamt die Gefahr einer zirkulären Argumentationsweise auf. Demnach können für alle Okkurrenzen von *CIST* Gründe gesucht werden, die die Eingliederung des entsprechenden Referenzobjekts in die Sprechersphäre bewirken, für alle Okkurrenzen von *CIL* dagegen Motivationen für die Ausgliederung. Gegen eine diachrone Verschiebung der Funktionalität von *CIST* und *CIL* in der altfranzösischen Sprachperiode spricht zudem, dass die attestierten Werte der raumzeitlichen und affektiven Nähe oder Ferne bereits in der Verteilung der lateinischen Ursprungsparadigmen *iste* und *ille* wirksam sind (cf. Kap. 3.2.1.1). Aus diachroner Perpektive ercheint die von Marchello-Nizia (2006a; 2006b) vermutete funktionale Verschiebung folglich als nicht plausibel. Diachron ist es nämlich sehr unwahrscheinlich, dass sich die raumzeitlichen Werte der lateinischen Demonstrativa im Wandel zum Französischen abbauen, um sich dann ausgehend von den Werten der Sprechersphäre erneut wieder aufzubauen. Eher liegt der Verdacht nahe, dass der Wert der Sprechersphäre aus dem raumzeitlichen abgeleitet wurde. Diese Entwicklung ist vermutlich schon so alt, dass sie auch in der Geschichte der lateinischen Demonstrativa nicht mehr nachvollzogen werden kann.

Angesichts der Tatsache, dass sich Demonstrativa in ihrer synchronen Verwendung im Allgemeinen als polyfunktional erweisen, wie in Kap. 3.2.1.1 für die lateinischen Vorläufer von *CIST* und *CIL* und in Kap. 2.2.2.2 für proximale und distale Demonstrativa aus universaltypologischer Perspektive gesehen, erscheint die Annahme einer diachronen Verschiebung des semantischen Werts als unnö-

Tab. 3.12: Lesarten von *CIST* und *CIL*.

CIST	*CIL*
proximal	distal
Nähe	**Ferne**
(a) raumzeitlich nah	(a) raumzeitlich fern
(b) perzeptiv zugänglich	(b) perzeptiv unzugänglich
(c) affektiv nah	(c) affektiv fern
(d) Possession	(d) Nicht-Possession
Hohe Zeigeintensität	**Neutrale Zeigeintensität**
(a) situative Prominenz	(a) situativer Hintergrund
(b) diskursive Prominenz	(b) diskursiver Hintergrund

tig, wenn es darum geht, funktional divergente Beispiele zu kategorisieren. Vielmehr sieht es so aus, als ob auch die semantische Funktionalität der altfranzösischen Formen *CIST* und *CIL* keineswegs auf einen einzigen semantischen Grundwert zurückgeführt werden könnte und *CIST* und *CIL* vielmehr ein Bündel semantischer Merkmale kodieren, aus dem je nach den kontextuellen Gegebenheiten der Äußerung je andere und auch mehrere Aspekte aktualisiert werden können. Die funktionalen Tableaus, die mithilfe der in diesem Abschnitt besprochenen Untersuchungen[66] für *CIST* und *CIL* erstellt werden können, entsprechen weitgehend den funktionalen Tableaus, die in Tab. 2.4 für proximale und distale Demonstrativa aus sprachvergleichender Perspektive und in Tab. 3.2 für die distanzmarkierten Demonstrativa im Lateinischen vorgeschlagen wurden (cf. Kap. 2.2.2.2 & Kap. 3.2.1.1). Die altfranzösischen Demonstrativa stehen folglich nicht nur in funktionaler Kontinuität zu ihren lateinischen Vorgängern, sondern weisen auch aus sprachvergleichender Perspektive typische Verteilungsmuster proximaler und distaler Demonstrativa auf.

Wie für proximale Demonstrativa typisch dient *CIST* der Markierung raumzeitlicher oder affektiver Nähe, perzeptiver Zugänglichkeit, eines Possessionsverhältnisses sowie situativer oder diskursiver Prominenz, wie Tab. 3.12 illustriert. *CIL* kommt komplementär dazu zur Vermittlung der Werte raumzeitliche oder affektive Ferne, perzeptive Unzugänglichkeit, Nicht-Possession oder der Verortung eines Objekts im situativen oder narrativen Hintergrund zum Einsatz (cf. Tab. 3.12). Der Gebrauch von *CIST* respektive *CIL* kann demnach von ver-

---

[66] Dazu gehören Foulet (1982), Giesecke (1880), Guillot-Barbance (2017), Guillot-Barbance/Marchello-Nizia (2015), Kleiber (1987b), Marchello-Nizia (2005; 2006a; 2006b), Massé-Arkan (2013a; 2013b), Mathews (1907), Moignet (1979), Price (1968), Togeby (1974) und Wunderli (1993).

schiedenen und teilweise auch von mehreren Werten gleichzeitig motiviert werden und anderen möglichen Werten widersprechen. So markiert *CIST* in (38a) raumzeitliche Nähe, die Werte der diskursiven Prominenz, Possessionsmarkierung oder affektive Nähe werden hingegen nicht vermittelt. In (38b) zeigt *CIST* wiederum ein bestehendes Possessionsverhältnis und affektive Nähe an, markiert jedoch keine raumzeitliche Nähe, da das Referenzobjekt in (38a) nicht im situativen Kontext verfügbar ist. *CIL* impliziert in (39) und (42) sowohl Nicht-Possession als auch affektive Ferne, indiziert jedoch keine raumzeitliche Ferne, da das Referenzobjekt im situativen Verweisraum verfügbar ist. Infolge der funktionalen Werte, die *CIST* und *CIL* kodieren, klassifiziere ich *CIST* als proximales oder origo-inklusives Demonstrativum, *CIL* als distales oder origo-exklusives Demonstrativum (cf. Tab. 3.12). Wie in Kap. 2.2.2.2 dargelegt, sind die Markierungen proximal und distal hier keineswegs als Reduktion der semantischen Funktionalität der Formen auf ihr Verteilungsmuster in den raumzeitlichen Bezugnahmen zu verstehen, sondern dienen vielmehr der Klassifikation des Bündels der semantischen Merkmale, die im Altfranzösischen mit der proximalen respektive distalen Markierung assoziiert sind.

Vor dem Hintergrund der semantischen Komplexität von *CIST* und *CIL* erscheint die Festlegung eines einzigen semantischen Werts, der allen Gebrauchsweisen zugrunde liegt und von dem ausgehend inkohärente Okkurrenzen konzeptuell abgeleitet werden, als perspektivische Einschränkung. Dafür spricht auch, dass weder konkrete noch abstrakte Formulierungen die Integration und funktionale Motivation aller Okkurrenzen leisten können. Während konkrete Formulierungen des Grundwerts, wie bei der Distanzhypothese gesehen, eine zu enge und eingeschränkte Betrachtungsweise der Funktionalität von *CIST* und *CIL* zur Folge haben, stehen abstraktere Formulierungen vor dem Problem der analytischen Vagheit und Unschärfe, wie die Modelle von Kleiber (1987b) und Marchello-Nizia (2004; 2005; 2006a; 2006b).

Wenn nun weder eine enge, präzise noch eine vage, interpretationsoffene Formulierung die semantische Integration aller Okkurrenzen von *CIST* und *CIL* leisten kann, stellt sich die Frage, ob die Funktionalität von *CIST* und *CIL* überhaupt auf einen einzigen Grundwert zurückgeführt werden kann und muss. Eher sieht es so aus, als ob eine Perspektivierung, die von einer funktionalen Polysemie der Formen ausgeht, wie in Tab. 3.12 illustriert, einen umfassenderen Blick auf die Verteilungsmechanismen von *CIST* und *CIL* eröffnen würde, zumal dieser von theoretischen Voreingenommenheiten weitgehend unverstellt und vom Zwang befreit wäre, die Realisierung eines bestimmten Grundwerts in allen Okkurrenzen zu verteidigen. Aus diesem Grund möchte ich im Folgenden für keine der vorgeschlagenen Hypothesen zur Ordnung der funktionalen Opposition zwischen *CIST* und *CIL* Partei ergreifen, sondern davon ausgehen, dass der

Einsatz von *CIST* und *CIL* von einem multifaktoriellen Verteilungsmechanismus bestimmt wird, wie auch in Kap. 2.2.2.2 im Sprachvergleich und Kap. 3.2.1.2 für das Lateinische gesehen. In einem Modell, das für eine polyfunktionale Wertigkeit von *CIST* und *CIL* plädiert, könnten darüber hinaus die raumzeitlichen Markierungen von *CIST* und *CIL* entsprechend dem Distanzmodell in die semantische Struktur der Formen integriert werden und müssten nicht in den Bereich der konventionellen Implikationen verbannt werden, wie im Modell der referentiellen Kontiguität von Kleiber (1987b) und dem Modell der subjektiven Sprechersphäre von Marchello-Nizia (2003; 2005; 2006a; 2006b). Freilich kann auch gegen ein multifaktorielles Verteilungsmodell der Vorwurf der Interpretationsoffenheit erhoben werden, da praktisch jede Okkurrenz von *CIST* oder *CIL* einem der Werte in Tab. 3.12 zugeordnet werden kann. Im Kontrast zur Gefahr perspektivischer Verengung, die das Formulieren eines einzigen Grundwerts birgt, bieten die funktionalen Tableaus in Tab. 3.12 jedoch die Möglichkeit, ein vollständigeres und realistischeres Bild auf die Vielfalt der Verwendungskontexte und Interpretationsmöglichkeiten von *CIST* und *CIL* zu entwerfen.

Für die semantische Polyfunktionalität von *CIST* und *CIL* spricht schließlich auch, dass die Verteilung je nach dem referentiellen Kontext, in dem das Referenzobjekt verankert ist, zum Teil erhebliche Unterschiede aufweist, wie die Analysen von Guillot-Barbance (2017), Kleiber (1990b) und Massé-Arkan (2011) zeigen. Im folgenden Abschnitt werde ich die Ergebnisse darlegen, die sich aus den genannten Untersuchungen zur Verteilung und Funktionalität von *CIST* und *CIL* in den verschiedenen Referenzkontexten ableiten lassen.

3.3.1.3 Referenzkontexte

Entsprechend den Untersuchungen von Guillot-Barbance (2017), Kleiber (1990b) und Massé-Arkan (2011) zeigt die Verteilung von *CIST* und *CIL* sowohl im Bereich der situativen Bezugnahmen als auch im Bereich der Verweise im endophorischen Raum große Unterschiede. Im weiteren Verlauf dieses Abschnitts bespreche ich zunächst die Verteilungsunterschiede von *CIST* und *CIL* in situativen Bezugnahmen, fahre dann mit dem endophorischen Verweisraum fort und beleuchte abschließend demonstrative Erstnennungen.

Die Verteilung von *CIST* und *CIL* in situativen Bezugnahmen wird insbesondere in Guillot-Barbance (2017) untersucht. Das Analysekorpus von Guillot-Barbance (2017, 70–74) umfasst acht Texte unterschiedlicher Textsorten aus dem 12. und 13. Jahrhundert. Guillot-Barbance (2017, 78–79) beschränkt ihre Analyse auf die 40 ersten und die 40 letzten Okkurrenzen von *CIST* und *CIL* pro Untersuchungstext. Sofern weniger als 80 Okkurrenzen eines Paradigmas vorliegen, werden alle Vorkommen dieses Paradigmas untersucht. Die Ergebnisse von Guillot-

3.3 Demonstrativa vom Altfranzösischen zum modernen Französischen — 267

Tab. 3.13: Verteilung von situativem *CIST* und *CIL* (cf. Guillot-Barbance 2017, 107–108).[67]

	Roland	Lapidaire	Becket	Clari	Coinci	Queste	Rose	Beauvaisis	∑
CIST	33	0	23	16	35	37	17	3	164
	41,3%	0%	36%	61,5%	43,8%	46,3%	21,3%	3,8%	31,6%
∑	80	29	64	26	80	80	80	80	519
	100%	100%	100%	100%	100%	100%	100%	100%	100%
CIL	2	0	1	1	0	2	3	0	9
									1,5%
∑	80	31	80	80	80	80	80	80	591
	100%	100%	100%	100%	100%	100%	100%	100%	100%

Barbance (2017, 107–108) zeigen, dass im situativen Verweis beinahe ausschließlich *CIST* zum Einsatz kommt, wie Tab. 3.13 illustriert. So verweist *CIST* in insgesamt 164 Fällen situativ, *CIL* dagegen nur in 9 Fällen. Der situative Gebrauch macht sogar fast ein Drittel (31,6%) der Gesamtverteilung von *CIST* aus und stellt somit einen typischen Verwendungskontext von *CIST* dar, während er im funktionalen Profil von *CIL* mit nur 1,5% der Gesamtfrequenz als Ausnahmegebrauch eingeschätzt werden kann. Was die Frequenzen von situativem *CIST* betrifft, liegen teils erhebliche Unterschiede zwischen den Einzeltexten vor, wie Tab. 3.13 zeigt.

Während in den meisten Texten der Wert von situativem *CIST* über dem Mittelwert von 31,6% liegt, so in *Roland*, *Becket*, *Clari*, *Coinci* und *Queste*, liegen die Frequenzen in *Beauvaisis* bei nur 3,8% und im *Lapidaire* sogar bei 0% (cf. Tab. 3.13). Guillot-Barbance (2017, 108) stellt weiterhin heraus, dass situatives *CIST* vornehmlich, so in 155 von 164 Okkurrenzen, situatives *CIL* ausschließlich adnominal auftritt. Die Absenz von pronominalen Verwendungen im situativen Verweiskontext kann auf die eingeschränkte Referentialisierungskapazität von pronominalen Demonstrativa zurückgeführt werden (cf. Kleiber 1985, 104). Mangels einer nominalen Kennzeichnung zur Indikation des kategorialen Typs des Referenzobjekts können Verweise mit Demonstrativpronomina nur dann eine erfolgreiche referentielle Identifikation leisten, wenn der Objekttyp durch den Kon-

---

[67] Ich übernehme in Tab. 3.13–3.15 die Abkürzungen für die untersuchten Texte von Guillot-Barbance (2017, 70–71), so *Roland* (*Chanson de Roland*), *Lapidaire* (*Lapidaire en prose*), *Becket* (*Vie de saint Thomas Becket*), *Clari* (*Conquête de Constantinople* von Robert de Clari), *Coinci* (*Miracles* von Gautier de Coinci), *Queste* (*Queste del saint Graal*), *Rose* (*Roman de la Rose* von Jean de Meun) und *Beauvaisis* (*Coutumes de Beauvaisis*, Buch I von Philippe de Beaumanoir).

text ausreichend spezifiziert ist. So finden sich nominale Demonstrativpronomina nur im direkt anaphorischen Kontext sowie im situativen Verweis, wenn das Referenzobjekt sichtbar und somit gestisch indizierbar ist (cf. Kleiber 1985, 104–105). In symbolisch-situativen Bezugnahmen, wie im Verweis auf die Sprechzeit (cf. Kap. 2.1.2.4), und nicht anaphorisch gestützten Bezugnahmen ist eine Referentialisierung durch Demonstrativpronomina hingegen ausgeschlossen (cf. Kleiber 1985, 104).

Die raumzeitlichen Werte von *CIST* als Demonstrativum der Nähe und *CIL* als Demonstrativum der Ferne kommen in erster Linie in Verbindung mit raumzeitlichen Begriffen zum Ausdruck, wie *place*, *jor* oder *heure*. Zugleich machen Begriffe zur Denotation raumzeitlicher Einheiten einen großen Anteil der nominalen Kennzeichnungen aus, die sich mit *CIST* und *CIL* im situativen Verweis verbinden. So tritt *CIST* im Korpus von Guillot-Barbance (2017, 118–119) in 68 von 169 Okkurrenzen und somit 41,5% der situativen Bezugnahmen zur Determination raumzeitlicher Begriffe ein, *CIL* in 4 Fällen (cf. Tab. 3.13).

Bei der Bezugnahme auf Orte und Zeiträume, die inhärente Parameter jeder Sprechsituation und Aktivität darstellen, stehen *CIST* und *CIL* in weitgehend komplementärer Distribution zueinander (cf. Guillot-Barbance 2017, 113; Massé-Arkan 2013b, 577; Moignet 1979, 111–112). *CIST* verweist in der Determination raumzeitlicher Nomina vornehmlich auf den Sprechort oder die Sprechzeit, wie bei *ceste vile* in (33a) und *cheste nuit* in (33b) gesehen, während *CIL* in aller Regel zur Bezugnahme auf Orte oder Zeiträume eingesetzt wird, die origo-exklusiv verortet sind, wie bei *cele tor* in (35a) und *cele nuit* in (35b) gesehen. Guillot-Barbance (2017, 81–82, 109) klassifiziert Bezugnahmen nur dann als situativ, wenn sie in der direkten Figurenrede auftreten und das Referenzobjekt im fiktiven Äußerungskontext perzeptiv erfassbar sein dürfte, wie in etwa für *cel nef la* und *ceste nef* in (45) gilt. So verweist *ceste nef* in (45) auf das Schiff, auf dem sich die Interaktionspartner gerade befinden, während *cel nef la* auf ein Schiff verweist, das vom Sprechort aus visuell erfassbar ist (cf. Guillot-Barbance 2017, 117). Okkurrenzen, in denen *CIL* in der Erzählerrede auf Orte oder Zeiträume innerhalb der Erzählung Bezug nimmt, wie *cele nuit* in (35b), klassifiziert Guillot-Barbance (2017, 84, 113) wiederum als raumzeitliche Anaphern. Der niedrige Wert von *CIL* in situativen Verweisen erschließt sich folglich daraus, dass *CIL* häufig auf perzeptiv nicht erfassbare Gegenstände Bezug nimmt. Doch auch beim Verweis auf Orte und Zeiträume innerhalb der Erzählung aus der Perspektive des Erzählers dient *CIL* einer origo-exklusiven Verortung des angesteuerten physischen oder temporalen Raumes.

(45) « Biau seignor, fet la damoisele, en *cele nef la* est l'aventure par quoi Nostre Sires vos a mis ensemble. Si vos covient issir de *ceste nef* et aler i. »

3.3 Demonstrativa vom Altfranzösischen zum modernen Französischen — 269

'« Chers seigneurs, dit la demoiselle, sur *ce bateau* se trouve l'aventure pour laquelle Notre-Seigneur vous a réunis. Il vous faut donc sortir de *ce navire* et monter à bord de l'autre. »'
(*Queste del saint Graal*, f. 208a, zit. in: Guillot-Barbance 2017, 117)

Was die Verteilung auf der endophorischen Referenzebene betrifft, weisen *CIST* und *CIL* komplementäre Präferenzen auf, wie die Untersuchungen von Guillot (2010a; 2013), Guillot-Barbance (2017) und Massé-Arkan (2013b) zeigen und die Analysen von Guiraud (1967) und Raible (1972, 174) vermuten lassen. Dass die Divergenzen in der Verteilung von *CIST* und *CIL* in Dialogen und narrativen Sequenzen nicht mit dem semantischen Wert der Demonstrativa gleichgesetzt werden können, wie am Modell von Guiraud (1967) gesehen, sondern als Effekt der mehrdimensionalen Funktionalität der Formen entstehen, zeigt sich auch anhand der Funktionsanalyse von *CIST* in der Erzählerrede (cf. Kap. 3.3.1.2). So nimmt *CIST* in der Erzählerrede vornehmlich als textdeiktisches Demonstrativum auf im Vortext geschilderte Ereignisse, narrative Sequenzen oder direkte Redeteile Bezug, wie Guiraud (1967, 92) für alle 21 Okkurrenzen von narrativem *CIST* in der *Chanson de Roland* und Massé-Arkan (2013b, 561) für narratives *CIST* im Perceval-Roman von Chrétien de Troyes zeigt. Als Beispiele für den textdeiktischen Gebrauch von *CIST* in der Erzählerrede bieten sich die Beispiele in (46a–b) aus dem Heldenlied *Raoul de Cambrai* an, so *ceste meslée* in (46a), das auf eine im Vortext dargestellte Rauferei verweist, und *cest mot* in (46b) zum Verweis auf den vorhergehenden Redebeitrag der *dame senée*. Der Einsatz von *CIST* in der Narration wird folglich vom referentiellen Kontext motiviert, in dem das Referenzobjekt vorliegt, und seiner textuellen Materialität als propositionaler Antezedent. Dafür spricht auch die Tatsache, dass *CIST* nicht in allen Texten in der direkten Figurenrede die Frequenz von *CIL* mit großem Abstand übertrifft und sich somit nicht als Demonstrativum der direkten Rede im Kontrast zu *CIL* als Demonstrativum der Erzählung profiliert. So liegen die Häufigkeiten von *CIST* und *CIL* in den Dialogsequenzen im *Perceval*, den Angaben von Massé-Arkan (2013b, 561) zufolge, in etwa gleich auf.

(46) a. [Gautiers saut sus qi vost son oncle aidier,
par les chevox ala saisir B[erneçon] ;
li quens Y[bers] se commence a drecier ;
Loeys tint .j. baston de pommier ;
W[edes] de Roie cort a son branc d'acier ;
li sor G. saisi . j. grant levier,
et Gautelès .j. grant coutel d'acier ;
de .ij. pars saillent li baron chevalier.]$_i$

> *Ceste meslée*$_i$ fust ja vendue chier,
> qant la acorent sergant et despencier
> '[Gautier, der seinem Onkel helfen wollte, springt auf. Er wollte Berneçon an den Haaren packen. Graf Ybert richtet sich auf. Louis hält einen Apfelbaumzweig. Wedon de Roie rennt zu seinem Stahlarm. Herr G. ergreift einen großen Schlagstock und Gautelet ein großes Stahlmesser. Von zwei Seiten stürmen die Herren Ritter herbei]$_i$. *Diese Rauferei*$_i$ wurde schon teuer bezahlt, als Diener und Mundschenke herbeieilen.'
> (*Raoul de Cambrai*, V. 4843–4852)

b. [« Sire B[erniers], dist la dame senée,
se je vos aim n'en doi estre blasmée,
car de vos ert si grans la renoumée [...]. »]$_i$
B[erniers] l'oï, si l'en a merciée,
et a *cest mot*$_i$ baisie et acolée
'[«Herr Bernier», sagte die Dame. «Ich sollte nicht bestraft werden, wenn ich Euch liebe. Denn Euer Ruhm wird groß sein [...].»]$_i$ Bernier hörte es, dankte ihr dafür und auf *diese Worte*$_i$ hin küsste und umarmte er sie.'
(*Raoul de Cambrai*, V. 5753–5755, 5763–5764)

Im endophorischen Verweisraum tritt *CIST* in adnominaler Position nicht nur in den Erzählteilen bevorzugt in textdeiktischen Bezugnahmen auf, sondern ist unabhängig von der Erzählebene mehrheitlich auf propositionale Antezedenten ausgerichtet, wie die Analysen von Guillot-Barbance (2017) und Massé-Arkan (2013b) darlegen. Dabei ist zu beachten, dass *CIST* und *CIL* nur in der Funktion als Determinierer und in Begleitung eines Nomens zur kategorialen Kennzeichnung zur Bezugnahme auf propositionale Antezedenten eingesetzt werden (cf. Guillot-Barbance 2017, 183). In dieser Funktion stehen *CIST N* und *CIL N* zudem in Konkurrenz zum neutralen Demonstrativpronomen *ceo/ce*, das, wie in Kap. 3.2.1.1 gesehen, vornehmlich textdeiktisch referiert (cf. Massé-Arkan 2013b, 573–574). Textdeiktisches *CIST N* liegt im Korpus von Guillot-Barbance (2017, 182) in insgesamt 205 Fällen vor, während *CIL N* nur in 26 Fällen textdeiktisch Bezug nimmt, was kaum einem Achtel der Okkurrenzen von *CIST* entspricht, wie Tab. 3.14 zeigt. Der textdeiktische Gebrauch von *CIST* macht im Untersuchungskorpus von Guillot-Barbance (2017) somit 39,5% aller Vorkommen von *CIST* aus, was für eine Spezialisierung von *CIST* für die Bezugnahme auf propositionalanaphorische Antezedenten auf endophorischer Ebene im Kontrast zu *CIL* spricht (cf. Tab. 3.14). Darauf deutet auch der niedrige Anteil an textdeiktischen Okkurrenzen in der Quantifizierung von *CIL* hin, der nur 4,4% in der Gesamtverteilung

Tab. 3.14: Verteilung von textdeiktischem *CIST N* und *CIL N* (cf. Guillot-Barbance 2017, 79, 182–183).

	Roland	Lapidaire	Becket	Clari	Coinci	Queste	Rose	Beauvaisis	∑
CIST N	17 21,5%	4 13,8%	23 35,9%	8 30,8%	26 32,5%	32 40%	31 38,8%	64 80%	205 39,5%
∑	80 100%	29 100%	64 100%	26 100%	80 100%	80 100%	80 100%	80 100%	519 100%
CIL N	0 0%	1 3,2%	11 13,8%	5 6,3%	0 0%	2 2,5%	3 3,8%	4 5%	26 4,4%
∑	80 100%	31 100%	80 100%	80 100%	80 100%	80 100%	80 100%	80 100%	591 100%

ausmacht (cf. Tab. 3.14). Was die Werte der Einzeltexte betrifft, liegen teils erhebliche Unterschiede in den Anteilen textdeiktischer demonstrativer Verweise vor, sowohl in der Verteilung von *CIST* als auch in der von *CIL*, wie Tab. 3.14 zeigt. Während in den meisten Texten der Wert von textdeiktischem *CIST* zwischen 30% und 40% liegt, so in *Becket*, *Clari*, *Coinci*, *Queste* und *Rose*, liegen die Frequenzen in *Roland* und *Lapidaire* deutlich unter dem Mittelwert von 39,5%, in *Beauvaisis* mit 80% der Okkurrenzen hingegen weit darüber (cf. Tab. 3.14) (cf. Guillot-Barbance 2017, 182). Der Anteil von textdeiktischem *CIL* liegt in der Mehrheit der Texte unterhalb von 5%, so in *Lapidaire*, *Queste*, *Rose* und *Beauvaisis*, in *Roland* und *Coinci* sogar bei 0% (cf. Tab. 3.14). Mit Ausnahme von *Becket* und *Clari*, in denen der Gebrauch von textdeiktischem *CIL* den Mittelwert von 4,4% übertrifft (cf. Tab. 3.14). Die Frequenzunterschiede zwischen den Einzeltexten, sowohl was den Anteil von *CIST* als auch den von *CIL* betrifft, lassen vermuten, dass die Häufigkeit textdeiktischer demonstrativer Bezugnahmen mit *CIST* und *CIL* im Zusammenhang mit dem Texttyp steht, wie auch die Korpusanalyse in Kap. 5.1 zeigen wird.

Während die textdeiktische Bezugnahme mit unter 5% nur einen sehr geringen Anteil in der Gesamtverteilung von *CIL* im Analysekorpus von Guillot-Barbance (2017) ausmacht, stellt der anaphorische Verweis einen charakteristischen Gebrauchskontext von *CIL* in adnominaler wie pronominaler Funktion dar, wie aus Tab. 3.15 ersichtlich wird. So tritt *CIL* in beinahe einem Drittel aller Okkurrenzen zur Wiederaufnahme eines nominalen Antezedenten ein (cf. Tab. 3.15), was wiederum dafür spricht, dass *CIL* auf endophorischer Ebene auf die anaphorische Bezugnahme spezialisiert ist. Auch in der Verteilung von *CIST*, in adnominaler wie pronominaler Funktion, nimmt der anaphorische Verweis mit etwa einem Fünftel der Okkurrenzen, einen erheblichen Anteil in der Gesamt-

Tab. 3.15: Verteilung von anaphorischem *CIST (N)* und *CIL (N)* (cf. Guillot-Barbance 2017, 141–142).

		Roland	Lapidaire	Becket	Clari	Coinci	Queste	Rose	Beauvaisis	Σ
CIST	D	0	13	4	0	13	8	10	8	56
	PRO	4	12	10	2	6	3	18	5	60
	Σ	4 / 5%	25 / 86,2%	14 / 21,9%	2 / 7,6%	19 / 23,8%	11 / 13,7%	28 / 35%	13 / 16,3%	116 / 22,4%
	Σ	80 / 100%	29 / 100%	64 / 100%	26 / 100%	80 / 100%	80 / 100%	80 / 100%	80 / 100%	519 / 100%
CIL	D	7	1	23	36	11	13	5	4	100
	PRO	21	5	13	4	6	15	29	0	93
	Σ	28 / 35%	6 / 19,3%	36 / 45%	40 / 50%	17 / 21,2%	28 / 35%	34 / 42,5%	4 / 5%	193 / 32,7%
	Σ	80 / 100%	31 / 100%	80 / 100%	80 / 100%	80 / 100%	80 / 100%	80 / 100%	80 / 100%	591 / 100%

verteilung ein (cf. Tab. 3.15). Der anaphorische Verweis stellt somit einen typischen Gebrauchskontext von *CIST* dar, auch wenn der Gebrauch von *CIST* in propositionalanaphorischer Funktion beinahe doppelt so hoch ist wie in nominalanaphorischer Funktion (cf. Tab. 3.14–3.15). Während im textdeiktischen Verweis die Okkurrenzen von *CIST* die Okkurrenzen von *CIL* in hohem Maß übersteigen, liegt im anaphorischen Referenzkontext eine ausgewogene Verteilung zwischen *CIST* und *CIL* vor. Dies spiegelt sich auch auf Einzeltextebene wider. So überwiegt in den meisten Texten zwar anaphorisches *CIL* (*Roland*, *Becket*, *Clari*, *Queste*), in anderen ist *CIST* wiederum in etwa gleichauf mit *CIL*, wie in *Coinci* und *Rose*, oder gar häufiger zu finden, so in *Lapidaire* und *Beauvaisis* (cf. Tab. 3.15) (cf. Guillot-Barbance 2017, 141–142). Im Vergleich dazu ist anzumerken, dass im textdeiktischen Verweis *CIST* immer häufiger auftritt als *CIL*, wie Tab. 3.15 zeigt. Komplementär zum textdeiktischen Verweis betrachtet, ist *CIL* im anaphorischen Verweisraum mit insgesamt 193 Vorkommen zwar häufiger als *CIST*. Die Frequenz von *CIL* ist jedoch nicht bedeutend höher als die von *CIST*, das selbst 116 anaphorische Okkurrenzen aufweist, was fast zwei Dritteln der Okkurrenzen von *CIL* entspricht (cf. Guillot-Barbance 2017, 141). Dies bestätigt auch die Analyse von Massé-Arkan (2013b) zur funktionalen Verteilung von *CIST N* und *CIL N* im endophorischen Referenzkontext im Prosaroman *La mort Artu*. So verweisen in *La mort Artu* 73,2% der endophorischen Okkurrenzen von *CIST N* textdeiktisch, im Kontrast zu 26,8% der Okkurrenzen mit anaphorischem *CIST*, wie Massé-Arkan (2013b, 584) zeigt.[68] *CIL N* tritt in *La mort Artu* dagegen beinahe ausschließlich, so in 97,3% der endophorischen Okkurrenzen, in nominalanaphorischen Verweiskontexten auf (cf. Massé-Arkan 2013b, 584). Die Spezialisierung von *CIL* auf den anaphorischen Verweiskontext im Kontrast zu *CIST* lässt sich, so Massé-Arkan (2013b, 570–571), auch daran ablesen, dass *CIL* weitaus häufiger von Relativsätzen begleitet wird, die an die Nennung des denotierten Diskursreferenten im Vortext erinnern, wie *que je vo(u)s di*.

Sowohl in der Verteilung von *CIST* als auch in der Verteilung von *CIL* liegen die Zahlen für adnominale und pronominale anaphorische Verwendungen in etwa auf gleicher Höhe (cf. Tab. 3.15). Frequenzunterschiede bestehen dagegen zwischen den Einzeltexten. So sind insbesondere in der Verteilung von *CIST* erhebliche Schwankungen festzustellen, was den Anteil an anaphorischen Bezugnahmen betrifft. Während er in *Roland* und *Clari* unter 10% liegt, macht er in *Lapidaire* den Großteil der Bezugnahmen aus (cf. Tab. 3.15). Im *Lapidaire* ist somit nicht nur der Gebrauch von *CIST* in anaphorischer Funktion ungewöhnlich hoch, sondern auch der Anteil der anaphorischen Verweise im Allgemeinen (cf. Guillot-Barbance 2017, 142). In der Verteilung von *CIL* zeichnen sich ebenfalls einzeltextspezifische Frequenzunterschiede ab, insgesamt sind jedoch nicht so starke Abweichungen vom Mittelwert feststellbar. Mit Ausnahme von *Beauvaisis* mit 5% macht der Anteil von anaphorischem *CIL* in jedem Text mindestens ein Fünftel der Okkurrenzen pro Text aus (cf. Tab. 3.15).

Die Analysen von Guillot-Barbance (2017) und Massé-Arkan (2013b) zeigen, dass im endophorischen Referenzkontext die Form des Antezedenten eine wichtige Rolle für die Verteilung von *CIST* und *CIL* spielt, da *CIST N* bevorzugt propositionale Sequenzen aufruft, *CIL* dagegen Diskursreferenten nominaler Form präferiert (cf. auch Guillot 2010a, 242–244; Raible 1972, 174). Die Divergenzen in den Verteilungspräferenzen von *CIST* und *CIL* auf endophorischer Ebene lassen wiederum auf Unterschiede in der textstrukturierenden Funktionalität der Formen schließen. Wie in Kap. 2.1.2.4 dargestellt, dienen textdeiktische Bezugnahmen der Konstruktion neuer Diskursreferenten auf der Basis propositionaler Inhalte des Vortextes, während anaphorische Bezugnahmen bereits etablierte Diskursreferenten wiederaufrufen, zu denen sie in Koreferenz stehen. Propositionalanaphorische demonstrative Kennzeichnungen fördern die Textkohäsion auf makrostruktureller Ebene, indem sie Ereignisse, Ereignissequenzen oder Textteile synthetisieren und kategorisieren (cf. auch Massé-Arkan 2013b, 561–

---

[68] Massé-Arkan (2013b, 583–584) schließt die Okkurrenzen von *ceste chose* (insgesamt 679) und *cele chose* (insgesamt 41) aus ihrer Quantifizierung aus. Leider kann an dieser Stelle nicht auf die Motivationen dieser Entscheidung eingegangen werden. Cf. dazu Massé-Arkan (2013b, 573–574).

562; Raible 1972, 217–218). Im Unterschied zu propositionalanaphorischen Bezugnahmen operieren nominalanaphorische demonstrative Kennzeichnungen auf der mikrostrukturellen Ebene des Textes, da sie bereits profilierte Diskursreferenten reaktivieren und auf diese Weise die Kohäsion der topikalen Struktur des Textes stärken (cf. Massé-Arkan 2013b, 562, 575). Entsprechend ihren jeweiligen Präferenzen für die propositionalanaphorische oder nominalanaphorische Verankerung erleichtern *CIST N* und *CIL N* schließlich die referentielle Auflösung der Bezugnahmen und somit den Verständnisprozess des Textes (cf. Massé-Arkan 2013b, 562).

Textdeiktische Verweise bieten die Möglichkeit, die im Vortext dargelegten, bekannten Informationen über Diskursreferenten und ihre prädikativen Verknüpfungen auf kleinstem Raum in einer nominalen Einheit zu komprimieren, in neue prädikative Relationen zu integrieren und auf diese Weise einen diskursiven Wechsel vorzubereiten. Aus diesem Grund sind textdeiktische demonstrative Bezugnahmen häufig an der Schnittstelle zwischen zwei narrativen Sequenzen zu finden, um dort einen diskursiven Bruch anzuzeigen (cf. Guillot 2006, 61). So geht *ceste meslée* in (46a) mit einem Bruch auf inhaltlicher Ebene einher. Während die Rauferei im Vortext noch in vollem Gange ist, bereitet die textdeiktische Referenz durch *ceste meslée* einen szenischen Wechsel vor, wie das zugeordnete Prädikat *fust ja vendu chier* und der Folgetext, der die Schlichtung der Schlägerei thematisiert, illustrieren. In (46b) markiert *cest mot* wiederum einen Wechsel von Figuren- zu Erzählerrede und somit einen Bruch auf der Ebene der narrativen Darstellung. In diesem Kontext sind textdeiktische Bezugnahmen besonders häufig zu finden. So kookkurriert textdeiktisches *CIST* mehrheitlich mit Nomina, die metasprachliche Kategorisierungen von Texteinheiten vornehmen, wie *blasme, chanson, conseil, conte, demande, estoire, fable, fiance, mot, novele, ovraingne, parole, plait, promesse, requeste, roman, serement* und weitere (cf. 46b) (cf. Guillot 2010a, 242; Guillot-Barbance 2017, 190–193; Heinz 1982, 225–226; Massé-Arkan 2013b, 578–582). Im *Corpus de la Littérature Médiévale* (CLM) treten *estoire, roman(z), ovraingne, fable* und *chançon(s)* beispielsweise in insgesamt 66 Fällen innerhalb demonstrativer Kennzeichnungen auf, davon in 65 Okkurrenzen determiniert von *CIST*, in nur einem Fall determiniert von *CIL*, wie Massé-Arkan (2013b, 579) zeigt. *Parole*, das insbesondere zur Synthetisierung direkter Rede dient, wird im CLM in 806 Okkurrenzen von *CIST* eingeleitet (*ceste parole*) und nur in 54 Fällen von *CIL* (*cele parole*) (cf. Massé-Arkan 2011, 455; 2013b, 582). *CIL* ist *CIST* bei der Determination von *parole* folglich erkennbar unterlegen. Auch *requeste, response* und *priere* treten in der *Base de Français Médiéval* (BFM) im Fall demonstrativer Determination ausschließlich mit *CIST* auf, so Guillot-Barbance (2017, 193) (cf. auch Guillot 2010a, 242).

Textdeiktisches *CIST N* tritt dabei besonders häufig zur Bezugnahme auf direkt zitierte Redebeiträge ein. Wie bei *cest mot* in (46b) gesehen, wird *ceste parole* häufig in unmittelbarem Anschluss an einen direkten Redebeitrag eingesetzt, um das Ende einer Figurenrede zu markieren, in die Erzählerrede überzuleiten und somit einen Wechsel der Erzählebenen anzuzeigen, wie *ceste parole* in (47a) zeigt (cf. Guillot 2005, 25–26; Massé-Arkan 2011, 452–456, 458–459; 2013b, 582; Raible 1972, 218). Im Prosaroman *La mort Artu* nehmen beispielsweise alle 49 Okkurrenzen von *ceste parole* auf direkte Zitate Bezug, wie Massé-Arkan (2011, 455) darlegt. Der Verdacht liegt folglich nahe, dass CIST N auf endophorischer Ebene zur Differenzierung der unterschiedlichen Erzählstimmen dient, was auch eine Untersuchung der Kontexte, in denen CIL N zum Verweis auf Redeeinheiten auftritt, bestätigt. So treten *cele parole* und *cel mot*, im Unterschied zu den Varianten mit CIST, vornehmlich zur Bezugnahme auf Redebeiträge ein, die indirekt zitiert werden, wie *cele parole* in (47b), und somit nicht mit einem offenen Wechsel der Erzählstimme einhergehen (cf. Massé-Arkan 2011, 456; 2013b, 582–583).

(47) a. « [Sire, dist Dayres, par ma foi,
a tort vous corrouciez vers moi.
[...] »]$_i$
Ceste parole$_i$ le roi grieve
'[«Herr», sagte Dayres, «bei meiner Treue, zu Unrecht zürnt ihr mir.
[...] »]$_i$. *Diese Worte$_i$* schmerzen den König sehr.'
(*Roman de Thèbes*, V. 7663–7664, 7681)
b. Y[bers] l'oï, le sens quida changier ;
ses homes mande [et] si les fait rangier.
Le signor jure qi tout a a baillier,
[se B[erneçon] voit morir ne trebuchier,
Gautier fera laidement aïrier ;
ne le gar[r]a tos l'or de Monpeslier,
ne Loeys qi France a a baillier.
Puis qe venra a estor commencier,
se on l'encontre as fors lances baissier,
seürs puet estre de la teste trenchier.]$_i$
Atant es vos Joifroi et Manecier
cele parole$_i$ en vont au roi nuncier ;
'Ybert hörte es und glaubte, den Verstand zu verlieren. Er befiehlt seinen Männern und lässt sie sich aufstellen. Er schwört beim Herrn, der über alles bestimmt, [wenn er Berneçon sterben oder fallen sieht, wird er Gautier in schweren Kummer versetzen. Weder das Gold von Montpellier noch Louis, der über Frankreich bestimmt, wird ihn davor retten. Sobald es zum Kampf kommt, wird man ihm mit gesenkten Lanzen

begegnen. Er kann sicher sein, dass er seinen Kopf verlieren wird.]$_i$ Hier seht ihr Geoffroy und Manecier. *Jene Worte$_i$* werden sie dem König berichten.'
(*Raoul de Cambrai*, V. 5105–5116)

Die Verteilung von *CIST N* und *CIL N* zur Bezugnahme auf Redebeiträge wird entsprechend der Analyse von Massé-Arkan (2013b) folglich vom jeweiligen Integrationsgrad des Zitats in den Umgebungstext motiviert. Sind die Grenzen der zitierten Rede deutlich konturiert, wie bei direkten Redezitaten mit Redeeinleitung, etwa in (47a), tritt *CIST N* zur Bezugnahme ein (cf. Massé-Arkan 2013b, 583). Ist der Übergang zwischen zitierter Rede und Umgebungskontext dagegen fließend, wie bei der indirekten Rede, bei der kein Wechsel der Erzählstimmen stattfindet, ist eine Bezugnahme durch *CIL N* wahrscheinlich.

Während beim textdeiktischen Verweis mit metasprachlichen Begriffen die Determination durch *CIST* bevorzugt wird, nimmt der Gebrauch von *CIL* beim textdeiktischen Verweis mit Begriffen zu, die Kategorisierungen von Propositionen oder propositionalen Sequenzen auf Ereignisebene leisten, wie die Daten von Massé-Arkan (2013b, 581) zur Verteilung von *aventure* im CLM zeigen. Der Gebrauch von *CIST* übertrifft zwar auch bei der Determination von textdeiktisch verankertem *aventure* den Gebrauch von *CIL*, das quantitative Ungleichgewicht ist jedoch nicht so hoch wie bei den metasprachlichen Begriffen, wie bei *parole* weiter oben gesehen. So liegen im CLM 294 Okkurrenzen von *ceste aventure* vor, während *cele aventure* nur 42 Mal zu finden ist (cf. Massé-Arkan 2013b, 581). Die Gebrauchsfrequenz von *cele aventure* entspricht folglich einem Siebtel der Okkurrenzen von *ceste aventure*, im Kontrast zu *cele parole*, das noch seltener ist. Die Ergebnisse von Heinz (1982) bestätigen die Beobachtung, dass die Gebrauchsfrequenz von *CIL* bei der Determination nicht metasprachlicher Begriffe steigt. So stellt Heinz (1982, 225–226) fest, dass textdeiktisches *CIST* häufiger mit metasprachlichen Begriffen zu finden ist, während textdeiktisches *CIL* insbesondere zur Determination von nominalen Begriffen auftritt, die Ereigniskategorisierungen leisten, wie *assaus, damages, estors, forfait, perils, sejor, travaus,* etc.[69] *CIL* wird folglich häufiger zur Determination von Ereignisnomen einge-

---

[69] Massé-Arkan (2013b, 572–573, 579–581) klassifiziert Wiederaufnahmen von Propositionen oder propositionalen Sequenzen mithilfe von Ereignisnominalisierungen, wie in (48a–b), nur dann als textdeiktisch, wenn sie nicht nur als Zusammenfassung einer Ereignisfolge fungieren, sondern auch eine Kategorisierung auf der Ebene der narrativen Struktur leisten. Entsprechend den Darlegungen von Massé-Arkan (2013b, 579–581) ist *ceste aventure* in (48a) als textdeiktisch zu werten, da *aventure* ein zentrales Konzept der mittelalterlichen französischen Literatur darstellt und *aventure*-Schilderungen in mittelalterlichen Narrativen erwartet werden. *Cele bataille* in (48b) fungiert nach den Analysemethoden von Massé-Arkan (2013b, 572–573,

setzt, wie in *cele bataille* in (48b), als zur Determination metasprachlicher Begriffe, wie in (47b). *CIST* tritt wiederum häufiger in Verbindung mit metasprachlichen Begriffen (46b, 47a) als mit Ereignisnomen (46a, 48a) auf.

(48) a. [Si voit ou mileu dou chemin une chaiere bele et riche ou il avoit une coronne d'or trop bele, et devant la chaiere avoit plusors tables par terre replenies de biaux mengiers,]$_i$ et il resgarde *ceste aventure$_i$*
'[Da sieht er mitten auf einem Weg einen schönen und reich verzierten Thron, auf dem eine wunderschöne Krone lag, und vor dem Thron standen mehrere Tische auf dem Boden voll mit guten Speisen]$_i$ und er betrachtet *dieses Wunder$_i$*.'
(*Queste del saint Graal*, f. 169c)
b. [Bledric, Chatwan e Margadud,
par grant ire e par grant vertud,
engleis e Seisnes asaillirent
e cil forment les recuillirent.]$_i$
[...]
Ocis fud en *cele bataille$_i$*
Bledric li cuens de Cornuaille.
'[Beldric, Chatwan und Margadud griffen die Angeln und Sachsen mit großem Zorn und großer Tapferkeit an und jene empfingen sie heftig.]$_i$
[...] In *jener Schlacht$_i$* wurde Beldric, der Graf von Cornwall, getötet.'
(Wace, *Brut*, V. 13949–13952, 13957–13958)

Die Analysen von Massé-Arkan (2011) und Moignet (1979) deuten an, dass die Präferenz von *CIST* für die Bezugnahme auf metasprachliche Einheiten von der origo-inklusiven Qualität von *CIST* motiviert wird. Da metasprachliche Begriffe, wie *parole* oder *mot*, auf Textteile Bezug nehmen und demzufolge Textstrukturen sichtbar machen, stellen sie Konzeptualisierungen dar, die insbesondere aus der Perspektive des Erzählers vorgenommen werden und auf die Erzählsituation und -struktur selbst verweisen (cf. Massé-Arkan 2011, 438, 448, 451–454; Moignet 1979, 112). Der Erzähler setzt also das proximale *CIST* zur metasprachlichen Kategorisierung von Textteilen ein, da diese zum Erzählprozess selbst gehören und folglich origo-inklusiv verankert sind. *CIST N* zeigt, so Massé-Arkan

---

579–581) wiederum nicht als textdeiktische Bezugnahme, da *bataille*, im Unterschied zu *aventure*, nicht textstrukturierend wirkt. In der vorliegenden Arbeit übernehme ich die eingeschränkte Konzeptualisierung der textdeiktischen Bezugnahme von Massé-Arkan (2013b) nicht, sondern analysiere alle demonstrativen Kennzeichnungen, die auf Propositionen oder propositionale Sequenzen verweisen als textdeiktisch (cf. Kap. 2.1.2.4 & Kap. 4.2.3).

(2011, 459), auf diese Weise eine Übereinstimmung zwischen der Sprecher-Origo und der Konzeptualisierungsperspektive an, woraus sich die Präferenz von textdeiktischem *CIST N* für metasprachliche Begriffe ableiten lässt. Komplementär dazu impliziert ein textdeiktischer Verweis durch *CIL N*, dass sowohl das Referenzobjekt als auch seine Konzeptualisierung der erzählten Welt angehören und darin verortet sind (cf. Moignet 1979, 112; auch Marchello-Nizia 2006a, 122). Dies spricht wiederum für die Präferenz von *CIL N* für Kategorisierungen, die nicht zur Text-, sondern zur Ereignisstrukturierung dienen. So denotiert *cele bataille* in (48b) einen Sachverhalt, der die Figuren innerhalb der erzählten Welt betrifft, während *cest mot* in (46b) und *ceste parole* in (47a) Konzeptualisierungen darstellen, die zur Strukturierung der Erzählung beitragen und demzufolge dem Erzähler als Sprecher zugeordnet sind. Infolge seiner origo-exklusiven Qualität etabliert *CIL N* eine narrative Ebene, die der Erzählerebene untergeordnet ist, und macht auf diese Weise eine Dissoziation zwischen der Erzählerebene und der Ebene der erzählten Geschichte sichtbar (cf. Guiraud 1967, 72; Massé-Arkan 2011, 438–439, 459–460).

Die Analysen von Guillot (2010a; 2013), Guillot-Barbance (2017), Guiraud (1967) und Marchello-Nizia (2006a) lassen ferner vermuten, dass die unterschiedlichen Hierarchisierungen von Erzähler- und Figurenebene, die *CIST* und *CIL* vornehmen, auch den Einsatz bzw. die Auswertung von *CIST N* und *CIL N* im Verweis auf Referenzobjekte bestimmen, die jeweils der nicht angesteuerten Wirklichkeitsebene angehören. So beeinflusst der origo-exklusive Wert von *CIL* auch die Auswertung von *CIL N*, das auf propositionale Antezedenten Bezug nimmt, die aus der Perspektive des Erzählers metasprachlich konzeptualisiert werden, wie *cele parole* im Erzählerkommentar in (49) zum Verweis auf ein direktes Figurenzitat. *CIL N* impliziert in der Bezugnahme auf direkte Redewiedergaben nämlich, wie in *cele parole* in (49), dass der Erzähler nicht mit dem Urheber des Redebeitrags übereinstimmt und demzufolge keine Verantwortung für dessen Inhalt übernimmt (cf. Guiraud 1967, 72; Guillot 2013, 226–227; Marchello-Nizia 2006a, 122). *CIST N* impliziert, direkt komplementär dazu, wiederum eine Heraushebung des Redebeitrags aus der intradiegetischen Welt und die Integration der Rede in die Sphäre des Erzählers, so Guillot (2013, 226–227), Guiraud (1967, 72) und Marchello-Nizia (2006a, 122). Eine Bezugnahme durch *CIST N*, wie in (46b) und (47a), wird somit zum Ausdruck einer Inszenierung und Aktualisierung der zitierten Rede durch den Erzähler, der auf diese Weise auch seine persönliche Einbindung in die Rede und ihren Inhalt zum Ausdruck bringen kann (cf. Guiraud 1967, 72; Marchello-Nizia 2006a, 122). Dies gilt nicht nur für textdeiktisches *CIST N*, das auf metasprachliche Einheiten verweist, sondern auch für Bezugnahmen auf Ereignisse, die in der erzählten Welt stattfinden und die Figuren darin betreffen, wie *ceste meslée* in (46a) und *ceste aventure* in (48a) (cf. Guillot 2013, 225–226; Marchello-Nizia 2006a, 122).

(49) [« Fui de ci, fet il [=li rois], devant moi !
Mout ies ore de bonne foi !
[...].»]$_i$
Cele parole$_i$ a cil oïe
'[«Flieh von hier vor mir her!», sagt er. «Jetzt ist der richtige Zeitpunkt.
[...] »]$_i$ Jene Worte$_i$ hat jener gehört.'
(Roman de Thèbes, V. 7.619–7.620, 7.629)

Entsprechend den Analysen von Guillot (2010a; 2013; 2017), Guiraud (1967, 72) und Marchello-Nizia (2006a) bedeutet CIST N im Verweis auf direkte Redebeiträge eine Einverleibung der Figurenrede durch den Erzähler, während CIL N eine Dissoziation von Figuren- und Erzählerstimme anzeigt. In diesem letzten Punkt stehen die Analysen von Guillot (2010a; 2013; 2017), Guiraud (1967, 72) und Marchello-Nizia (2006a) im Widerspruch zu Massé-Arkan (2013b), die gerade dem hoch frequenten CIST N die Funktion zuschreibt, zur Differenzierung der narrativen Ebenen einzutreten. Dieser Widerspruch kann nicht zugunsten der einen oder anderen Position entschieden werden, da beide in Bezug auf ihre jeweilige Analyseebene Gültigkeit besitzen. Die Kontrarität dieser beiden Positionen offenbart jedoch, dass die angenommene Korrelation zwischen dem origo-inklusiven Grundwert und der Spezialisierung von CIST N für den textdeiktischen Verweiskontext auf mehreren Ebenen offengelegt werden kann und dabei widersprüchliche sowie in ihrer Reichweite stark begrenzte Funktionszuweisungen abgeleitet werden können.

Dies gilt auch für die Hypothese von Guillot (2010a; 2013) und Guillot-Barbance (2017), die nicht nur die Verteilung von CIST und CIL im textdeiktischen Referenzkontext im Besonderen, sondern auch im endophorischen Verweisraum im Allgemeinen auf die semantische Funktionalität der Formen zurückführen. Guillot (2013, 228) zufolge beeinflussen die semantischen Werte von CIST und CIL, insbesondere in determinativer Funktion, die epistemische Auswertung der demonstrativen Kennzeichnung. CIST und CIL unterscheiden sich demnach in der epistemischen Quelle, der sie die kategoriale Kennzeichnung zuschreiben, die zur Denotation des Referenzobjekts eingesetzt wird. Als origo-inklusives Demonstrativum impliziert CIST, so Guillot (2013, 228), dass die Kategorisierung des Referenzobjekts, die durch die determinierte Nominalgruppe geleistet wird, auf den Sprecher selbst zurückgeht (cf. auch Moignet 1979, 112). Durch den Gebrauch von adnominalem CIST übernimmt der Sprecher somit die Verantwortung für die kategoriale Kennzeichnung des Referenzobjekts und weist sie auf diese Weise als subjektive Einschätzung aus, die ob ihrer Subjektivität Neuheitswert und demzufolge einen hohen Informationsgehalt aufweist (cf. Guillot 2010a, 242–244; Guillot-Barbance 2017, 62–63, 189, 195–196). Als origo-exklusives Demonstrativum zeigt *CIL* dagegen an, dass die Kategorisierung des Referenzobjekts nicht auf den Sprecher selbst zurückgeht, sondern bereits bekannte Informationen aufruft, so Guillot (2010a, 242–243; 2013, 228) und Guillot-Barbance (2017, 62, 195–196) (cf. auch Moignet 1979, 112). Auf diese Weise dient *CIL* auch einer Objektivierung der kategorialen Einschätzung des Referenzobjekts, indem es diese als allgemein bekannt und konventionalisiert ausweist (cf. Guillot 2013, 230–231, 233).

Die Implikationen, die *CIST* und *CIL* bezüglich der Bekanntheit und des Informationsgehalts der kategorialen Kennzeichnung haben, steuern schließlich die Verteilung der Formen im endophorischen Verweisraum. Aus diesem Grund tritt *CIST* auf endophorischer Ebene bevorzugt zur Determination textdeiktischer Bezugnahmen auf, wie in Tab. 3.14 gesehen, da diese neue Diskursreferenten konstituieren und diese kategorial einordnen, so Guillot (2010a, 242–243). *CIL* findet sich dagegen zum weitaus größten Teil zur anaphorischen Wiederaufnahme von Diskursreferenten, die bereits etabliert und unter der in der NP genannten kategorialen Kennzeichnung bekannt sind, wie in Tab. 3.15 gesehen (cf. Guillot 2010a, 243). Daraus erschließt sich weiterhin, so Guillot-Barbance (2017, 145–146), dass *CIST* im anaphorischen Verweis anteilig häufiger als *CIL* eingesetzt wird, wenn die determinierte NP kategoriale Merkmale enthält, die im Vortext nicht genannt oder nicht inferierbar sind, wie *cist merveillus champiuns* als Wiederaufnahme des Eigennamens *Jésbi de Nób* in (50a), aus dem sich die Kategorisierung *merveillus* und *champiuns* nicht ableiten lässt. *CIL* tritt wiederum anteilig häufiger auf, wenn die nominale Kennzeichnung nur kategoriale Informationen enthält, die aus dem Antezedenten bekannt oder inferierbar sind, wie *cele pucele* als Reokkurrenz von *Heluïs sa mie* in (50b), aus dem sich die Kategorisierung *pucele* ableiten lässt (cf. Guillot-Barbance 2017, 144–146). Gleiches gilt auch für den Einsatz von *CIL* im textdeiktischen Verweis. So stellt Guillot-Barbance (2017, 194–196) einen hohen Korrelationswert zwischen textdeiktischem *CIL N* und der Präsenz eines Verbs als diskursivem Anker heraus, das semantisch der nominalen Kennzeichnung in *CIL N* entspricht, wie *jur* in (50c) (cf. auch Massé-Arkan 2013b, 573). So enthält *ceu serment* in (50c) keine semantischen Werte, die nicht aus *jur* ableitbar wären.

(50) a. E cume David fud alches alasséd, *Jésbi de Nób*$_i$, ki fud del lignage Araphá é out ceínt un brant núef é flambánt, é li fers de sa lance pesad treis cenz unces, *cist merveillus champiuns*$_i$ volt ferir le rei David.
'Et comme David était un peu fatigué, *Jesbi de Nob*, qui était du lignage de Arapha et avait ceint une épée flambant neuve et avait une lance dont le fer pesait trois cents onces, *ce champion merveilleux* voulut frapper le roi David.'
(*Quatre livres des rois*, p. 100, zit. in: Guillot 2013, 228)

b. A ces paroles vint *Heluïs sa mie$_i$* ;
   Abevile ot en droite anceserie.
   Cele pucele$_i$ fu richement vestie
   et afublée d'un paile de Pavie
   'Auf diese Worte hin kam *Héloïse, seine Freundin*. Abevile hatte sie in ihrer direkten Ahnenreihe. *Jenes Mädchen* war reich bekleidet und hatte einen Seidenstoff aus Pavia an.'
   (*Raoul de Cambrai*, V. 3657–3660)
c. [« Ço vus *jur* sur la ewangile. »]$_i$
   E of li firent *ceu serment$_i$*.
   '[« Je vous jure cela sur l'Evangile. »]$_i$ Et avec lui, ils firent *ce serment$_i$*.'
   (*Vie d'Edouard le Confesseur*, V. 3632–3633, zit. in: Guillot-Barbance 2017, 194)

Auch die Markierungen bezüglich der Herkunft der Kategorisierung lassen sich in der Verteilung von *CIST* und *CIL* ablesen. So tritt *CIST*, das auf eine auf den Sprecher beschränkte Gültigkeit der kategorialen Einordnung hinweist, häufiger als *CIL* zur Determination von evaluativen Kennzeichnungen auf, die auf eine subjektive Bewertung schließen lassen (cf. Guillot 2010a, 244; Guillot-Barbance 2017, 187–189). Die Korrelation zwischen der Determination durch *CIST* und evaluativen nominalen Kennzeichnungen ist über alle Referenzkontexte hinweg zu beobachten, so bei *cist merveillus champiuns* in (50a) auf anaphorischer Ebene, bei *cest torment* und *ceste paine* auf textdeiktischer Ebene in (51a) und *cest bastart* auf situativer Ebene in (51b) (cf. Guillot 2010a, 244–245; Guillot-Barbance 2017, 62, 187–189). Die subjektive Markierung von *CIST* wirkt sich sogar auf seine Verteilung in pronominaler Position aus. So ist pronominales *CIST* häufiger als *CIL* in polemisch argumentativen Textteilen zu finden, in denen der Sprecher seine Position bezüglich bestimmter Objekte oder Ereignisse zum Ausdruck bringt, wie *ceste* in (51c), so Guillot-Barbance (2017, 152–153). Aufgrund der Origo-Entbundenheit impliziert *CIL* in der Determination evaluativer Kennzeichnungen wiederum, dass die evaluativen Einschätzungen des Referenzobjekts nicht auf den Sprecher zurückgehen, sondern eine konventionelle Bewertung darstellen, wie *icil malvés lechierres* etc. als Appositionen zu *Renart* in (51d) (cf. Guillot 2013, 230).

(51) a. Juvenaus meïsmes escrie
       a Posthumus qui se marie :
       « Posthumus, [veuz tu fame prandre]$_i$?
       Ne peuz tu pas trover a vandre
       ou harz ou cordes ou chevestres [...] ?
       Quel forsenerie te maine
       a *cest torment$_i$*, a *ceste paine$_i$* ? »

'Juvénal crie lui aussi à Postumas qui se marie : « Postumus, [tu veux prendre femme]$_i$? Ne peux-tu pas plutôt trouver des cordes, cordeaux ou licous qui soient à vendre [...] ? Quelle fureur te mène à *ce tourment*$_i$ à *cette peine*$_i$? »'
(Jean de Meun, *Roman de la Rose*, V. 8705–8715, zit. in: Guillot 2013, 228–229)

b. « Mes niés est mors, trop ai ci demoré
q'a *cest bastart* nen ai le chief copé. »
'«Mein Neffe ist tot. Ich war schon zu lange hier, ohne dass ich *diesem Bastard* den Kopf abgeschlagen habe.»'
(*Raoul de Cambrai*, V. 4437–4438)

c. *Vielle*$_i$ ne muert, c'en est la some,
se mors a force ne l_i'assome.
Ceste$_i$ ne morra mie encore.
Au roi dou ciel car pleüst ore
qu'ele fust ja porrie en terre [...].
'Une *vieille*$_i$ ne meurt pas, pour tout dire, si la mort ne l_i'assomme pas de force. *Celle-ci*$_i$ ne va pas mourir maintenant. Plût-il au roi du ciel qu'elle fût déjà pourrie en terre [...].'
(*Coinci*, Mir. 19, p. 163, V. 145–149, zit. in: Guillot-Barbance 2017, 153)

d. « Et je sai bien, que que nus die,
que cil qui tot le mont conchie,
Renart, *icil mavés lechierres*,
cil rous puanz, *cil orz trichierres*,
eüst ma fame si baillie [...].
Certes, ce fut mout grant damajes
c'onques Renart, *cil fel*, *cil rous*,
vos bati onques le velous. »
'« Et je sais bien, quoi que l'on dise, que celui qui conchie tout le monde, *ce sale rouquin*, *ce pendard infâme*, s'il avait traité ma femme de la sorte [...] Quel malheur que Renart, *ce bandit*, *ce rouquin*, vous ait ainsi brossé le poil ! »'
(*Renart*, branche I, V. 89–102, zit. in: Guillot 2013, 230)

Entsprechend den Ausführungen in Kap. 2.2.2.2 und Kap. 3.3.1.2 können die Verteilungsdivergenzen zwischen *CIST N* und *CIL N* in endophorischen Bezugnahmen auch auf die unterschiedlichen Zeigeintensitäten der Formen zurückgeführt werden. Anaphorische Bezugnahmen mit nominalen Kategorisierungen, die nicht aus dem Antezedenten abgeleitet werden können, erhöhen die kognitiven Anforderungen, die zur referentiellen Auflösung erforderlich sind, und gefährden somit den Erfolg der Referentialisierung. Aus diesem Grund scheint der Gebrauch von *CIST N* in (50a) vielmehr auf den funktionalen Wert der hohen Zeigeintensität zurückzugehen als auf die Markierung der epistemischen Quelle der kategorialen Zuordnung des Referenzobjekts. Der Wert der hohen Zeigeintensität kann auch als Motivation für den Gebrauch von *CIST N* in textdeiktischen Kontexten angeführt werden, etwa in (51a), da auch hier meist Kategorisierungen zum Einsatz kommen, die phorisch nicht vorbereitet sind. Das Konzept der Sprechersphäre, wie Guillot-Barbance (2017) vorschlägt, bietet sich folglich nicht dazu an, die Verteilungsdivergenzen von *CIST* und *CIL* auf phorischer Ebene zu erklären.

Wie in Kap. 2.1.2.2 anhand von Daten zum modernen Französischen gesehen, signalisieren anaphorische Demonstrativa eine diskursive Neuorientierung, die sich entweder in einem Topikwechsel oder in einem Perspektivenwechsel bezüglich der Darstellungsebene der Topikkonstituente äußert. Topikveränderungspotenzial wird in der wissenschaftlichen Literatur insbesondere *CIL*, in adnominaler wie pronominaler Position, zugeschrieben, so Guillot (2012, 109–110), Heinz (1982, 230–231) und Ménard (1976, 31). *CIL N* tritt typischerweise als erste Reokkurrenz eines Diskursreferenten ein, der im Vortext neu eingeführt wurde, wie *cele pucele* als Verweis auf *Heluïs sa mie* (50b) (cf. Massé-Arkan 2013b, 568–569; Massé-Arkan 2013a, 70; auch Guillot-Barbance 2017, 176–177). Ebenso wird *CIL N* zur Reaktivierung alter Topikkonstituenten eingesetzt, die im Vortext abgelöst wurden, und ermöglicht auf diese Weise die Fortführung abgebrochener Erzählstränge, so durch *cele sepulture* in (52a), das einen früheren Satzgegenstand wiederaufgreift (cf. Massé-Arkan 2013b, 568). Entsprechend der ontologischen Profilierung des Diskursreferenten befestigt *CIL N* entweder ein neues Figurentopik, wie bei *cele pucele* in (50b), oder ein neues szenisches Topik, wie *cele sepulture* in (52a) und *cele tere* in (52b) (cf. Massé-Arkan 2013b, 569). Auf diese Weise etabliert *CIL* einen informationsstrukturellen Kontrast zwischen dem denotierten Diskursreferenten und den anderen Referenzobjekten, die im Satzgefüge aufgerufen werden. Somit hat *CIL* nicht nur auf paradigmatischer Ebene eine Kontrastfunktion (cf. Kap. 2.1.2.2), sondern auch auf syntagmatischer Ebene (cf. Heinz 1982, 230–231). Die Topikalisierungsfunktion von *CIL* wird auch daran sichtbar, dass *CIL* mehrfach zur Determination dislozierter Elemente eingesetzt wird, die im vorhergehenden Satz nicht als Satztopik fungieren, wie Guillot-Barbance (2017, 177–178) unter anderem in Beispiel (52c) zeigt. So ruft *cele autre riche robe nueve* als dislozierte Objektkonstituente, die im Matrixsatz ebenfalls durch *cele* benannt wird, einen Diskursreferenten auf, der im Vortext nicht erwähnt wird, durch die Dislokation jedoch auch ohne unmittelbaren diskursiven Antezedenten zum Satztopik erhoben wird.

(52) a. Mais nous [...] retournerons a nostre matere. Et dist que, au pié de *cele sepulture*, fist li rois March faire .II. ymages [...].

'But we [...] will come back to our subject. And [the story] says that, at feet of *that grave*, King Mark have had two images done.'
(*Tristan en prose* (b), vol. 9, §85, zit. in: Massé-Arkan 2013b, 568)

b. « Sire R., a celer nel vos qier,
ma mere fu fille a .j. chevalier,
toute *Baviere$_i$* avoit a justicier.
[...]
En *cele terre$_i$* ot .j. noble guerier
qi l'espousa a honor de mostier. »
'«Herr R., ich will es euch nicht verschweigen, meine Mutter war die Tochter eines Ritters, ganz *Bayern$_i$* hatte er unter sich. [...] In *jenem Land$_i$* gab es einen edlen Krieger, der sie kirchlich ehrenvoll heiratete.»'
(*Raoul de Cambrai*, V. 1669–1671, 1673–1674)

c. Mes or me dites sanz contrueve,
cele autre riche robe nueve$_i$,
don l'autre jor si vos parastes
quant aus queroles en alastes,
quar bien connois, et reson ai,
c'onques *cele$_i$* ne vos donai,
par amors, ou l'avez vos prise ?
'Mais dites-moi sans rien inventer, *cette belle robe neuve$_i$* dont l'autre jour vous vous êtes parée quand aux caroles vous êtes allée – car je sais bien, et j'ai une bonne raison, que jamais je ne vous *l$_i$*'ai donnée – de grâce, où l'avez-vous prise ?'
(Jean de Meun, *Roman de la Rose*, V. 9283–9289, zit. in: Guillot-Barbance 2017, 177–178)

Im Unterschied zu *CIL N* findet sich pronominales *CIL*, vor allem in Subjektfunktion, vornehmlich zur Bezugnahme auf menschliche Diskursreferenten, wie für alle Okkurrenzen von *cil* und *cele* in (53a–b) und auch (54a–c) gilt. Auch pronominales *CIL* wird somit zum Ausdruck von Topik- und Subjektdiskontinuität eingesetzt, wie in den Beispielen in (53a–b) (cf. auch Guillot-Barbance 2017, 175–177). Wie für adnominales *CIL* in (50b) gesehen, tritt pronominales *CIL* häufig als erste und topikalisierende Reokkurrenz eines im Vortext neu eingeführten Diskursreferenten auf, der in der Erstnennung nicht als Satztopik fungiert, wie *cil* in (53a) als Wiederaufnahme von *Margariz de Sibilie* (cf. Guillot-Barbance 2017, 167–168). *CIL* korreliert jedoch nicht in jedem Fall mit einem vollständigen Subjektwechsel, wie bei *cil* und *celle* in (53b) der Fall. So stehen *cil* und *celle* in partieller Subjektkontinuität zu den vorhergehenden Sätzen, da sowohl *cil* als auch *celle* in *il* indirekt verankert ist und jeweils einen Teil des von *il* denotierten Kollektivs aufruft. Auch wenn die Okkurrenzen von *cil* und *celle* in (53b) nicht mit einem vollständigen Subjektwechsel einhergehen, erzeugen sie dennoch Diskontinuität auf der Ebene der Topikstruktur, da *cil* und *celle* jeweils verschiedene Aspekte von *il* ausleuchten und somit von *il* dissoziierte Topiks konstituieren.

(53) a. Curant i vint *Margariz de Sibilie$_i$* ;
  cil$_i$ tient la tere entrequ'as Cazmarine.
  Pur sa beltet dames li sunt amies ;
  '*Margaris de Seville$_i$* vint en courant ; *celui-là$_i$* tient la terre jusqu'aux Cazmarines. Pour sa beauté, les dames lui sont amies.'
  (*Chanson de Roland*, V. 955–957, zit. in: Guillot-Barbance 2017, 167)
 b. Tant li fu la chose celee
  qu'il avint une matinee,
  la u *il$_i$* jurent en .i. lit
  qu'*il$_i$* orent eü maint delit ;
  boche a boche antre braz gisoient,
  come cil qui mout s'antremoient.
  Cil$_{i.a}$ dormi et *celle$_{i.b}$* veilla
  'Die Sache wurde ihm solange verheimlicht, bis *sie$_i$* eines Morgens zusammen in einem Bett lagen, in dem *sie$_i$* sehr viel Freude gehabt haben. *Sie$_i$* lagen sich Mund an Mund in den Armen, wie jene, die sich sehr geliebt haben. *Jener$_{i.a}$* schlief, *jene$_{i.b}$* wachte.'
  (Chrétien de Troyes, *Erec et Enide*, V. 2467–2475; auch zit. in: Guillot 2012, 107)

Infolge seines Topik- und Subjektveränderungspotenzials wird *CIL* insbesondere in reziproken sozialen Interaktionssituationen eingesetzt, um einen Rollenwechsel der teilnehmenden Figuren einzuleiten (cf. Guillot 2012, 102–103; Guillot-Barbance 2017, 168–169; auch Buridant 2000, 133). *CIL* verweist somit in aller Häufigkeit auf die Figur, die in der vorhergehenden Sachverhaltsschilderung keine agentivische Rolle eingenommen hat und nicht Satzgegenstand war, jedoch auf den vorhergehenden Sachverhalt reagiert und dazu eine agentivische Rolle übernimmt (cf. auch Guillot-Barbance 2017, 170–172). In Dialogsequenzen ist *CIL* daher häufig in Sätzen zu finden, die die Replik des Interaktionspartners ankündigen, und markiert in allen Fällen, in denen es in der Einleitung eines Redebeitrags auftritt, einen Sprecherwechsel (cf. Guillot 2012, 103–104; Guillot-Barbance 2017, 170; Heinz 1982, 230; Moignet 1979, 153). So tritt *cele* in (54a) zur Denotation der Figur ein, die zuvor die Hörerrolle innehatte und nun die des Sprechers übernimmt. In Befehlssituationen ist *CIL* häufig im Anschluss an die Formulierung der Anordnung zu finden, um auf die Figur bzw. die Figuren zu verweisen, an die der Befehl gerichtet ist, wie für *cil* in (54b) gilt (cf. Guillot 2012, 103–105; Guillot-Barbance (2017, 170).

CIL kommt schließlich in allen Situationstypen vor, in denen reziproke Handlungsstränge geschildert werden. CIL tritt dann zur Denotation der Figur ein, die auf eine vorhergehende Handlung reagiert (cf. Guillot 2012, 106–107, Guillot-Barbance 2017, 171–172). Auf diese Weise markiert CIL sowohl den Wechsel der Darstellungsperspektive als auch den Eintritt einer neuen Handlung, die vom referierten Diskursreferenten ausgeführt wird, wie in (54c). In (54c) wird zunächst die non-verbale Interaktion zwischen einem Mädchen (*une meschine*) und einem Seneschall (*li seneschals*) verhandelt. *Cele* wird zum Verweis auf das Mädchen eingesetzt, als diese als syntaktisches Subjekt und Agens (*cele le tint*) auf eine zuvor geschilderte Handlung des Seneschalls reagiert (*a l'us buta*). In der Darstellung der Reaktion des Seneschalls (*icil le fiert par tel aïr*) wird dieser wiederum von *icil* kodiert. In (54c) wird auch deutlich, dass CIL referentielle Bezüge über eine große Distanz erhalten kann, so reaktiviert *cil* in (54c) ebenfalls den Diskursreferenten von *li seneschals*, obwohl *cil* hier sechs Verse von der letzten Nennung entfernt liegt (cf. Guillot 2012, 100–102).

(54) a. « *Dame$_i$*, fait il, u est m'amie ? »
   Cele respont : « El n'i est mie. [...] »
   '«Dame», fragt er, «wo ist meine Freundin?» *Jene* antwortet: «Sie ist nicht da.»'
   (*Floire et Blancheflor*, V. 677–678)
 b. Dame A[a]lais n'ot pas le cuer frarin :
   son fil coucha an .j. chier drap porprin ;
   puis en apelle .*ij. baron[s] de franc lin$_i$* :
   « Droit a Bianvais m'en irois le matin,
   a dant Guion l'esvesque mon cousin. »
   Et *cil$_i$* s'en tornent, n'i fisent lonc traïn.
   'Die Dame Alais war nicht hartherzig. Ihren Sohn legte sie in ein teures purpurnes Tuch. Dann ruft sie *zwei Männer von edler Herkunft$_i$* herbei. «Geht morgen früh direkt nach Bianvais, zu Herrn Guion dem Bischof, meinem Cousin.» Und *jene$_i$* drehen sich um, sie zögerten nicht lange.'
   (*Raoul de Cambrai*, V. 52–57)
 c. L'us firent tenir e guarder ;
   une meschine$_i$ i dut ester.
   Li seneschals$_{ii}$ ariere vint.
   A l'us buta, *cele$_i$* le tint.
   Icil$_{ii}$ le fiert par tel aïr,

par force li estut ovrir.
Le rei e sa femme a trovez
el lit gisant entracolez.
Li reis guarda, sil$_{ti}$ vit venir.
Pur sa vileinie covrir
dedenz la cuve salt joinz piez,
e il fu nuz e despuilliez;
unques guarde ne s'en dona.
Iluec murut e eschalda.
Sur lui est li mals revertiz,
e *cil*$_{ti}$ en est sals e guariz.
Li seneschals a bien veü
coment del rei est avenu.
'Ils font surveiller la porte et monter la garde par *une jeune fille*$_i$ qui ne doit pas la quitter. *Le sénéchal*$_{ti}$ revient, frappe à la porte, mais *la jeune fille*$_i$ la tient fermée. *Il*$_{ti}$ frappe si fort qu'elle est obligée de l'ouvrir. *Il*$_{ti}$ trouve le roi et sa femme sur le lit, enlacés. Le roi *le*$_{ti}$ voit venir ; complètement nu, dans un moment d'affolement, pour cacher sa honte il saute à pieds joints dans la cuve, et meurt sur le champ, ébouillanté. Le piège s'est retourné contre lui et *le sénéchal*$_{ti}$ s'en tire sain et sauf. Il a bien vu ce qui est arrivé au roi.'
(Marie de France, *Lais, Equitan*, V. 285–301, zit. in: Guillot 2012, 101)

Wie in Tab. 3.15 entsprechend den Daten von Guillot-Barbance (2017) gesehen, tritt nicht nur *CIL* in hohem Anteil relativ zur Gesamtfrequenz in anaphorischen Verweiskontexten auf, sondern auch *CIST* in adnominaler wie pronominaler Funktion. So entsprechen die Okkurrenzen von anaphorischem *CIST* fast zwei Dritteln der Okkurrenzen von anaphorischem *CIL* (cf. Tab. 3.15). Was das informationsstrukturelle Verhalten betrifft, weisen anaphorisches *CIST* und *CIL* jedoch große funktionale Unterschiede auf. Während pronominales *CIL* meist Subjekt- und Topikdiskontinuität anzeigt, tritt pronominales *CIST* im Kontext von Subjekt- und Topikkontinuität auf, was sowohl für pronominales als auch für adnominales *CIST* gilt, wie (55a–b) zeigen (cf. Glikman et al. 2014, 55–56; Guillot-Barbance 2017, 165–166, 173–174). Während *cil* in (55a) einen Subjektwechsel indiziert, ruft *icist hum* den von *cil* konstituierten Diskursreferenten wieder auf und steht somit in Subjekt- und Topikkontinuität zum vorhergehenden Satz (cf. Glikman et al. 2014, 55). Der von *icist hum* in (55a) denotierte Diskursreferent stellt nicht nur auf lokaler Ebene den Referenten mit der höchsten Topikalität dar, sondern auch auf globaler, da *icist hum* auf den Gläubigen verweist, der im Mittelpunkt des *miracle* steht (cf. Glikman et al. 2014, 55–56). Gleiches gilt für *iceste* in (55b). So stellt der Diskursreferent von *iceste* in (55b), der Gesteinstyp *Selenitis*, das übergeordnete Thema des Abschnitts dar und wird im Vortext sechs Mal genannt, in vier Nennungen sogar in der Funktion des Subjekts. Anaphorisches *CIST*, insbesondere in pronominaler Position, wird schließlich vornehmlich zur Bezugnahme auf den Diskursreferenten eingesetzt, der die höchste Topikalität aufweist, wie auch (55c) zeigt (cf. Glikman et al. 2014, 56; Guillot-Barbance 2017, 154–155, 174). So ruft *CIST* in (55c) zwar nicht das lokale Topik auf, das *le roi Artu* und *Alixandre* im unmittelbaren Vortext darstellen, nimmt jedoch auf *li vallez* als globales Topik des Erzählabschnitts Bezug (cf. Guillot-Barbance 2017, 161).

(55) a. Si s'en parti la Deu amie,
e laissa *lui$_i$* le vestement
k'aporté *li$_i$* ot en present.
E *cil$_i$* mut forment l'encheri,
e mut nettement le vesti
el servise Deu e el sun.
Icist hum$_i$ devint seint e bon
'Alors l'amie de Dieu partit et *lui$_i$* laissa le vêtement qu'elle *lui$_i$* avait apporté comme cadeau. Et *lui$_i$* en prit grand soin et il s'en revêtit très délicatement, pour se consacrer au service de Dieu et à celui de la Vierge. *Cet homme$_i$* commença à mener une vie bonne et sainte.'
(Adgar, *Collection de miracles*, I, V. 64–70, zit. in: Glikman et al. 2014, 57)

b. *Selenitis$_i$.– Selenites$_i$* est aultretele cume jaspe verte. Hom *li*'apelet seinte piere, pur ceo que *ele$_i$* creist od la lune et decreist ; et *ele$_i$* dunet amur, et *ele$_i$* valt a corpus. *Iceste$_i$* naist en Perse. *Ceraunius* [...].
'*Selenitis$_i$* – Le *sélénite$_i$* est semblable au jaspe vert [...]. *Cette dernière$_i$* nait en Perse. Ceraunius [...].'
(*Lapidaire en prose*, p. 104, zit. in: Guillot-Barbance 2017, 165)

c. Certes bien sai que mort l'eüst
li vallez$_i$, se riens en seüst,
qu'*il$_i$* est preuz et hardiz sanz faille.
En cest païs n'a qui le vaille,
tant a le queur plein de noblece,
et seurmonteroit de largece
le roi Artu$_{ii.a}$, voire Alixandre$_{ii.b}$,
s'*il$_i$* eüst autant a despandre
d'or et d'argent conme *cil$_{ii}$* orent ;
onques tant *cil$_{ii}$* doner ne sorent
que *cist$_i$* c. tanz plus ne donast.

'Je sais bien certes que *le jeune homme$_i$* l'eût tué, s'il en avait jamais rien su, car *il$_i$* est preux et hardi sans aucun doute. Dans ce pays il n'y en a point qui le vaillent, tant il a le cœur plein de noblesse : il surmonterait même en largesse *le roi Artur$_{ii.a}$*, voire *Alexandre$_{ii.b}$*, s'*il$_i$* avait autant d'or et d'argent à dépenser qu'*ils$_{ii}$* en eurent ; *ceux-là$_{ii}$* eurent beau donner autrefois, *il$_i$* donnerait plus qu'eux cent fois.'
(Jean de Meun, *Roman de la Rose*, V. 12631–12641, zit. in: Guillot-Barbance 2017, 161–162)

Globale Topiks werden zwar nicht ausschließlich durch *CIST* wiederaufgerufen, mit einem Verweis durch *CIST* bringt der Sprecher jedoch die diskursive Prominenz des Referenzobjekts zum Ausdruck (cf. Glikman et al. 2014, 57; Guillot-Barbance 2017, 154–155, 174; Mathews 1907, 16–20). Dies wird besonders deutlich, wenn *CIST* und *CIL* kontrastiv eingesetzt werden, wie (55c) illustriert. Wie in (55c) verweist *CIST* dann häufig auf den wichtigeren Diskursreferenten, wie *li vallez* in (55c) als globales Topik, *CIL* wiederum auf den Diskursreferenten, der in der Erzählung weniger im Vordergrund steht und als Vergleichswert dient, wie *le roi Artu* und *Alixandre* in (55a), die durch *CIL* wiederaufgerufen werden (cf. Guillot-Barbance 2017, 160–161). Auch in diesem Verteilungsmuster spiegeln sich die unterschiedlichen Zeigeintensitäten von *CIST* und *CIL* wider (cf. Kap. 3.3.1.2). Als Demonstrativum hoher Zeigeintensität schreibt *CIST* seinem Referenzobjekt einen höheren pragmatischen Stellenwert zu und eignet sich daher besser zur Markierung eines höheren Topikalitätsstatus.

Guillot-Barbance (2017) sieht in der Verteilung von anaphorischem *CIST* und *CIL* dagegen, ebenso wie bei den situativen und textdeiktischen Verweisen gesehen, die Theorie der Sprechersphäre bestätigt. Demzufolge stellt der Sprecher durch den Gebrauch von *CIL* heraus, dass das Referenzobjekt außerhalb der Sprechersphäre verortet ist. Aus diesem Grund setzt er *CIL* ein, so Guillot-Barbance (2017, 152, 155–159), wenn es ausschließlich darum geht, Koreferenzbeziehungen auf narrativer Ebene herzustellen und Topikdiskontinuität zu markieren, jedoch nicht darum, Sprecherimplikationen anzuzeigen. Durch *CIST* vermittelt der Sprecher dagegen die Integration des Referenzobjekts in die Sprechersphäre. Aus diesem Grund setzt der Sprecher *CIST* zum anaphorischen Verweis ein, wenn er auf einen wichtigen Diskursreferenten des Textes Bezug nimmt, der als Protagonist oder globales Topik eine herausragende Rolle für den Sprecher als Textproduzenten einnimmt, wie Guillot-Barbance (2017, 152, 154) vermutet. Die Wirksamkeit der Grundwerte von *CIST* und *CIL* bei ihrer Verteilung auf anaphorischer Ebene entsprechend der Theorie der Sprechersphäre sieht Guillot-Barbance (2017, 148–152) auch in den Korrelationswerten zwischen anaphorischem *CIST* und *CIL* sowie direkten Redebeiträgen und Verweisen auf den Sprecher oder den Adressaten bestätigt. Da *CIST* in hoher Zahl in direkten Redebeiträgen und im Zusammenhang von Nennungen des Sprechers oder des Adressaten, wie durch Personalpronomina der ersten und zweiten Person, Personenmarkierungen am Verb oder Possessiva vorkommt, liegt die Vermutung nahe, dass *CIST* auch im anaphorischen Verweis eine persönliche Verknüpfung des Sprechers mit dem Referenzobjekt zum Ausdruck bringt (cf. Guillot-Barbance 2017, 152). Bei *CIL* liegen die Korrelationswerte mit direkten Sprecher- oder Hörerverweisen dagegen deutlich niedriger als bei *CIST* (cf. Guillot-Barbance 2017, 151–152). Aus diesem Grund kann vermutet werden, dass *CIL* auch auf anaphorischer Ebene keine Sprecherimplikation anzeigt und demzufolge der Grundwert entsprechend der Theorie der Sprechersphäre wirksam ist.

Die Korrelation von *CIST* mit Markierungen der ersten und zweiten Person kann jedoch auch als Effekt der grundsätzlich höheren Frequenz von *CIST* in direkten Redebeiträgen betrachtet werden. Wenn *CIST* in direkter Figurenrede insgesamt häufiger zu finden ist als *CIL*, ergeben sich die höheren Werte von anaphorischem *CIST* als von anaphorischem *CIL* in direkten Redebeiträgen als logische Konsequenz der Verteilung der Formen im Bereich der Sprechebenen. Es erscheint folglich weitaus plausibler, die Korrelation zwischen anaphorischem *CIST* und Diskursreferenten mit einem höheren Topikalitätsstatus als Folge der hohen Zeigeintensität der Form zu betrachten, wie bereits oben vermutet, denn als Ausdruck einer Integration des Referenzobjekts in die Sprechersphäre, wie Guillot-Barbance (2017) im Gegensatz dazu postuliert.

In Kap. 2.1.2.2 wurde der Einsatz demonstrativer Kennzeichnungen zur Bezugnahme auf Diskursreferenten hoher Topikalität, wie *CIST* in (55a–b) leistet, als referentielle Überspezifikation klassifiziert. Da anaphorisches *CIST* vornehmlich zur Wiederaufnahme von Diskursreferenten hoher Topikalität zum Einsatz kommt, tritt es bevorzugt in Kontexten referentieller Überspezifikation auf, im Unterschied zu anaphorischem *CIL*, das nicht mit Diskursreferenten hoher Topikalität korreliert. Wie in Kap. 2.1.2.2 weiterhin gesehen, wird referentielle Überspezifikation insbesondere dann eingesetzt, wenn die Anbindung zum Vortext als gefährdet erscheint, etwa durch einen Bruch in der diskursiven Struktur. Auch für die Beispiele in (55a–c) kann ein diskursiver Bruch zwischen der Okkurrenz von *CIST* und dem Vortext festgestellt werden. So geht *icist hum* in (55a) mit dem Eintritt einer neuen Erzählsequenz einher (cf. Glikman et al. 2014, 57–58). Während im Vortext berichtet wird, was der Protagonist des Miracle mit der Kleidung (*le vestement*) macht, die die Mutter Gottes ihm überlassen hat, leitet der Satz *icist hum devint saint e bon* einen neuen thematischen Abschnitt ein, in dem berichtet wird, was im Anschluss daran passiert. Auch in (55b) steht *iceste* im Kontext eines diskursiven Bruchs. Im Unterschied zu (55a) besteht dieser in (55b) jedoch nicht zum Vortext, sondern zum Folgetext, in dem ein neues globales

3.3 Demonstrativa vom Altfranzösischen zum modernen Französischen — 291

Topik konstituiert wird. Glikman et al. (2014, 57) und Guillot-Barbance (2017, 165) zufolge ist anaphorisches *CIST* sogar sehr häufig in Sätzen zu finden, die am Ende einer inhaltlichen Einheit stehen. Ebenso wie (55a) markiert *CIST* in (55b) folglich das Ende einer thematischen Sequenz und kündigt auf diese Weise ein neue an. Im Unterschied zu (55a-b) ist der Gebrauch von *cist* in (55c) nicht als referentielle Überspezifikation zu werten, da *cist* nicht das lokale Topik des Vortextes wiederaufruft, sondern auf das globale Topik verweist und somit einen Topikwechsel zur Folge hat. Dies zeigt sich auch daran, dass *cist* in (55c) nicht mit einem Bruch in der diskursiven Struktur korreliert, weder auf der Ebene der Erzählmodalität noch auf der Ebene der thematischen Einheiten. Der Gebrauch von anaphorischem *cist* (55c) dient folglich vielmehr der Kontrastierung der Hauptfigur der thematischen Einheit *li vallez* mit den lokalen Nebenfiguren *le roi Artu* und *Alixandre*. In (55a-b) kommt *CIST* dagegen nicht zur Kontrastierung zweier Diskursreferenten zum Einsatz, da es in beiden Fällen in Topikkontinuität zum Vortext steht.

Wie in Kap. 2.1.2.2 für das moderne Französisch gesehen, treten somit auch die altfranzösischen Demonstrativa im anaphorischen Verweis vornehmlich im Kontext einer diskursiven Neuorientierung auf. Entsprechend den Divergenzen in den Verteilungspräferenzen auf anaphorischer Ebene kann vermutet werden, dass sich anaphorisches *CIST* und *CIL* in ihren funktionalen Spezialisierungen unterscheiden. So markiert anaphorisches *CIL* eine diskursive Neuorientierung auf der Ebene der Topikstruktur, indem es anzeigt, dass das lokale Topik des Vortextes nicht fortgeführt wird, sondern ein anderer Diskursreferent als Satztopik fungiert, wie in (55a) und (55c) gesehen. Anaphorisches *CIST* impliziert im Unterschied dazu Topikkontinuität auf globaler und meist auch lokaler Ebene, wie in (55a-b) gesehen. Im Fall von Topikkontinuität wirkt *CIST* folglich als referentiell überspezifizierend, indiziert jedoch eine diskursive Neuorientierung auf narrativer Ebene. Im Fall von lokaler Topikdiskontinuität wirkt *CIST* dagegen kontrastierend. Da die Kontexte referentieller Überspezifikation als markierte Kontexte anaphorischer Bezugnahmen betrachtet werden können, erscheint der höhere Gebrauch von *CIST* nicht nur aufgrund seines funktionalen Profils als erwartbar, sondern auch aufgrund der Tatsache, dass *CIST* in anaphorischen Verweisen insgesamt deutlich seltener ist als *CIL* und sich daher in diesem Kontext als markiert erweist. Wie in Kap. 2.1.2.4 dargelegt, erzeugt referentielle Überspezifikation eine affektive Lesart der Bezugnahme. Da anaphorisches *CIST* häufiger als *CIL* in Topikkontinuitätskontexten zum Einsatz kommt und somit als referentiell überspezifizierend wirkt, wird es auf anaphorischer Ebene folglich häufiger mit einer affektiven Lesart angereichert als *CIL*.

Während im anaphorischen und im textdeiktischen Gebrauchskontext gleichermaßen *CIST* und *CIL* zu finden sind, liegen in demonstrativen Erstnennungen nur das distale *CIL* und die distanzneutralen Determinierer *ce* und *ces/cez* vor (cf. Foulet 1982, 174, 176; Guiraud 1967, 62; Jensen 1990, 193; Ménard 1976, 32; Togeby 1974, 92; Wilmet 1979, 5–6). Kleiber (1990b, 25, 29–30) führt entsprechend der Theorie der referentiellen Kontiguität den ausschließlichen Gebrauch des distalen *CIL* und der distanzneutralen Determinierer in anamnestischen Nennungen auf die Unmarkiertheit der Formen in Bezug auf die Verfügbarkeit des Referenzobjekts im situativen oder diskursiven Kontext zurück (cf. auch Guillot-Barbance 2017, 207–209; McCool 1981, 59–60; Togeby 1974, 92–93; Wilmet 1979, 5–6). Während *CIL* impliziert, dass das Referenzobjekt nicht im situativen oder diskursiven Kontext verfügbar ist, würde *CIST* den Adressaten dazu auffordern, genau in diesen Kontexten nach dem Referenzobjekt zu suchen (cf. Kleiber 1990, 24–25, 29–30). Aus diesem Grund ist *CIST*, so Kleiber (1990b, 29), automatisch aus dem anamnestischen Verweiskontext ausgeschlossen. Guillot-Barbance (2013, 235; 2017, 218–219) führt die Vormachtstellung von *CIL* im anamnestischen Referenzkontext entsprechend dem Modell der subjektiven Sprechersphäre ihrerseits darauf zurück, das *CIL* impliziert, dass das Referenzobjekt unter der gegebenen Kategorisierung bereits bekannt ist.

Anamnestische Nennungen treten im Altfranzösischen in erster Linie im Plural und zum Verweis auf Objekte auf, die charakteristische Elemente bestimmter Situationstypen darstellen und deren Nennung zur Evokation der entsprechenden literarischen Topoi notwendig ist (cf. Foulet 1982, 174–175; Kleiber 1990b, 16, 26–27; Marchello-Nizia 1985, 29; Moignet 1979, 113). Demonstrative Erstnennungen topischer Semantik finden sich in den altfranzösischen Texten in aller Häufigkeit in Schilderungen kämpferischer Auseinandersetzungen, wie in *cil elme*, *cil escuz* und *cez bronies sasfrees* in (56a) der Fall, des jahreszeitlichen Hintergrunds, insbesondere des Frühlings oder des Sommers, wie *cil pré*, *cel oisel* und *ces douces eves* in (56b), oder zur Beschreibung von Festen oder anderen Vergnügungen und Zusammenkünften, wie *cil chevalier* in (56c) (cf. Buridant 2000, 133–134; Foulet 1982, 175; Kleiber 1990b, 16; Guillot 2010b, 220; Marchello-Nizia 1985, 29; Moignet 1979, 113). Da demonstrative Erstnennungen topische Elemente denotieren, deren Nennung bei der Schilderung bestimmter Situationen erwartet wird, werden sie meist als höreralte Erstnennungen respektive anamnestische Bezugnahmen betrachtet, wie bei Guillot (2010b, 221) und Kleiber (1990b, 26–27). Um die Prototypizität der Bezugnahme und die allgemeine Bekanntheit der Referenzobjekte herauszustellen, klassifiziert Kleiber (1990b, 11) demonstrative Erstnennungen, die auf topische Situationsaspekte verweisen, auch als *démonstratifs de notoriété* (cf. Kap. 2.1.2.4; auch Guillot 2013, 234; Ménard 1976, 32; Moignet 1976, 113). Da demonstrative Erstnennungen zur Ersteinführung von Referenten dienen, schreibt Ménard (1976, 32) ihnen zudem eine präsentative Funktion zu.

(56) a. Marsilie vient par mi une valee
od sa grant ost que il out asemblee.
.XX. escheles ad li reis anumbrees.
Luisent *cil elme* as perres d'or gemmees,
e *cil escuz* e *cez bronies sasfrees* :
'Marsilie kommt durch ein Tal mit einem großen Heer, das er um sich versammelt hat. 20 Abteilungen hat der König gezählt. Es glänzen *jene Helme*, die mit Gold beschlagen sind, und *jene Schilde* und *jene geschmückten Kettenhemden*.'
(*Chanson de Roland*, V. 1449–1453, zit. in: Kleiber 1990b, 11; meine Übersetzung)
b. Ce fu en mai el novel tens d'esté ;
florissent bois et verdissent *cil pré*,
ces douces eves retraient en canel,
cil oisel chantent doucement et soëf.
'Es war im Mai, in der Frühlingszeit. Die Wälder erblühen und *jene Wiesen* ergrünen. *Diese/jenen süßen Bäche* nehmen ihren Lauf auf, *jene Vögel* singen lieblich und sanft.'
(*Prise d'Orange*, V. 39–42, zit. in: Kleiber 1990b, 11; auch zit. in: Guillot 2010b, 217; Moignet 1979, 113; Wilmet 1979, 1; meine Übersetzung)
c. Une grant piece estut puis demorer
desc'a cele eure qe vos m'orrez conter,
le jor de Pasqe qe on doit celebrer,
et l'andemain doit on joie mener,
qe R[aous] ist fors del mostier, li ber,
de s[aint] [Den]ys, ou il ala ourer.
Emmi la place qi tant fist a loer,
cil chevalier commence[n]t a jouer
a l'escremie, por lor cors deporter.
'Il ne se passa rien pendant très longtemps, jusqu'à cette heure dont vous m'entendrez parler : le jour de Pâques, que l'on doit fêter, et le lendemain, ce jour de joie, quand Raoul le brave sortit de l'église de Saint-Denis où il était allé prier. Sur la place tant louée, *les chevaliers* commençaient à faire de l'escrime pour s'amuser.'
(*Raoul de Cambrai*, V. 363–371, zit. in: Guillot 2010b, 220)

Wie bei anamnestischen Demonstrativa im Allgemeinen der Fall, gelten demonstrative Erstnennungen auch im Altfranzösischen als Referentialisierungstyp, der mit modalen Werten zum Ausdruck einer emotionalen Einbindung des Sprechers angereichert ist (cf. Kap. 2.1.2.4). Wie ebenfalls in Kap. 2.1.2.4 dargelegt wurde, können die modalen Effekte auf die referentielle Unterspezifikation von Demonstrativa in indirekten und absoluten Erstnennungen zurückgeführt werden. So schreibt Foulet (1982, 175) demonstrativen Erstnennungen in altfranzösischen Texten eine emphatische Funktion zu (cf. auch Moignet 1979, 113). Foulet (1982, 175) spricht zudem von einem komischen bis hinzu ironischem Effekt, denn «[l]e démonstratif ainsi employé s'accompagne aisément d'un sourire» und «[l]e poète s'amuse». Dieser Effekt wird umso deutlicher, wenn demonstrative Erstnennungen infolge ihrer Bekanntheits- und Identifizierbarkeitspräsupposition bestimmte Objekte als charakteristische Aspekte einer Situation markieren, die keine prototypischen Elemente darstellen, so Foulet (1982, 175), «à mettre en relief, pour la plus grande joie du lecteur, un détail parfaitement inattendu». Die Analyse von Foulet (1982) bestätigt sich auch in der Beobachtung, dass demonstrative Erstnennungen vor allem in Unterhaltungsliteratur zu finden sind, in großer Zahl insbesondere in Heldenliedern, wie der *Chanson de Roland* und der *Prise d'Orange*, während sie in historiographischen Texten, etwa in der *Conqueste de Constantinople* sowohl in der Fassung von Robert de Clari als auch in der von Geoffroi de Villehardouin, und in religiösen Texten, wie den *Miracles* von Gautier de Coinci, nicht vorliegen, so Guillot (2010b, 229) (cf. auch Guillot-Barbance 2017, 211). Da demonstrative Erstnennungen typisch für die Textgestaltung der Chanson de geste sind, wie die Beispiele aus der *Chanson de Roland* in (56a) und der *Prise d'Orange* in (56b) zeigen, gelten sie in der linguistischen Forschungsliteratur wie in der altfranzösischen Grammatikschreibung auch als *démonstratifs épiques* (cf. Guillot 2010b, 229–230; 2013, 234; Marchello-Nizia 1985, 28; Togeby 1974, 92).

Demonstrative Erstnennungen erscheinen folglich als distinktives Merkmal der altfranzösischen Unterhaltungsliteratur, insbesondere der Heldenlieder. Da Heldenlieder einen stark formelhaften Aufbau mit wiederkehrenden Strukturen und Syntagmen aufweisen, können demonstrative Erstnennungen infolge ihrer Häufigkeit in den Chansons de geste als Teil des epischen Formelinventars betrachtet werden (cf. Guillot 2010b, 228, 230; Guillot-Barbance 2017, 216–217; Zumthor 1983, 116). Die hohe Frequenz demonstrativer Erstnennungen in der Chanson de geste mag weiterhin ihrer spezifischen Rezeptionssituation geschuldet sein. Im Mittelalter werden Heldenlieder von Jongleuren vor Publikum auf öffentlichen Plätzen oder am Hof frei vorgetragen (cf. Frank 1999, 65–66). Die Vermittlung des Textes erfolgt demnach über die Stimme des Jongleurs, der vom Publikum wiederum als Textproduzent wahrgenommen wird, da der rezitierte Text als schriftliche Autorität während der Inszenierung keine Rolle spielt, im Unterschied etwa zum Bereich der kirchlich-religiösen Textpräsentation und Rezeption (cf. Frank 1999, 65–66, 70–72; Zumthor 1983, 210). Als Performer und vermeintlicher Produzent steht der Jongleur folglich in direktem Kontakt zum rezipierenden Publikum (cf. Vitz 1999, 269, 273). Da er am Ende der Vorstellung und während derselben von diesem bezahlt wird, ist er zudem existentiell darauf angewiesen, die Aufmerksamkeit des Publikums konstant zu halten (cf. Frank 1999, 67; Vitz 1999, 263–274). Der Jongleur versucht daher, seine Zuhörer durch eine lebendige Inszenierung und die Evokation gemeinsamen Wissens emotional in die Inszenierung miteinzubinden und auf diese Weise eine solidarische Einstellung zu fördern (cf. Lapesa 1961, 38–39; Vitz 1999, 276, 278–279). Diesen beiden Zielen wird der Einsatz von Demonstrativa funktional gerecht. Da demonstrative Erstnennungen eine Möglichkeit darstellen, eine gemeinsame Wissensbasis zu konstruieren, wie in Kap. 2.1.2.4 gesehen, stellt ihr Einsatz in den Chansons de geste einen Ausdruck der Bemühungen des Jongleurs dar, eine kollektive und kooperative Beziehung zum Publikum aufzubauen (cf. Guillot 2013, 235; Guillot-Barbance 2017, 217–219; Lapesa 1961, 38–39). Als versetzte Bezugnahmen dienen demonstrative Erstnennungen in den mittelalterlichen Darbietungen der Heldenlieder zum anderen dazu, die erzählte Situation in der Rezeptionsgegenwart imaginär lebendig werden zu lassen, dem Publikum so ein Gefühl der Zeugenschaft zu vermitteln und schließlich die Darbietung lebhaft zu gestalten (cf. Giesecke 1880, 30–31; Lapesa 1961, 39; weiter oben in diesem Kapitel, Kap. 2.1.2.4). In der allgemeinen Frequenz der demonstrativen Erstnennungen in den Chansons de geste spiegelt sich folglich die ursprüngliche Rezeptionssituation, die durch die direkte Interaktion zwischen Jongleur und Publikum und dessen Teilhabe an der Inszenierung gekennzeichnet ist, auf struktureller Ebene wider.

Demonstrative Erstnennungen, die auf topische Elemente Bezug nehmen, wie in (56a–c), treten nie unvermittelt auf, sondern werden immer von einem einleitenden diskursiven Segment vorbereitet, das einen Topos evoziert, der im Folgetext ausgearbeitet wird (cf. Guillot 2010b, 219–221; Guillot-Barbance 2017, 211–214; Kleiber 1990b, 26). Daher treten sie häufig in Serien auf, die jeweils auf typische Aspekte der Situation Bezug nehmen, wie in (56a–b) mit je drei demonstrativen Erstnennungen in Folge der Fall, so *cil elme, cil escuz* und *cez bronies sasfrees* in (56a) und *cil pré, ces douces eves* und *cil oisel* in (56b) (cf. Guillot 2010b, 221; Guillot-Barbance 2017, 208). Entsprechend der Stärke der indirekten Verknüpfung zum diskursiven Anker sind die demonstrativen Kennzeichnungen als indirekt anaphorische oder absolute Erstnennungen einzuordnen. *Cil elme, cil escuz* und *cez bronies sasfrees* in (56a) stellen indirekte Anaphern zu *sa grant ost* dar, da sie auf typische Utensilien eines mittelalterlichen Ritters verweisen, die in einem mittelalterlichen Heer zahlreich vorhanden sind. *Cil pré, ces douces eves* und *cil oisel* in (56b) sind wiederum nicht eindeutig als assoziative Anaphern zu identifizieren. Sie sind zwar konzeptuell mit der vorhergehenden Verortung im Jahresverlauf durch *Ce fu en mai el novel tens d'esté* in (56b) verknüpft, da sie Naturbegebenheiten denotieren, stehen jedoch nicht in direkter metonymischer Relation zu den textuellen Ankern *mai* und *novel tens d'esté*, da sie in unterschiedlichen Bezugsrahmen verortet sind. Während *mai* als temporale Einheit und *novel tens d'esté* als meteorologische Einheit im Jahresverlauf nämlich perzeptiv nicht unmittelbar erfassbare Entitäten bezeichnen, verweisen *cil pré*, *ces douces eves* und *cil oisel* in (56b) auf potentiell perzeptiv erfassbare Größen. Dennoch ergibt sich eine metonymische Relation zwischen diskursivem Anker und assoziativer Bezugnahme, da *cil pré*, *ces douces eves* und *cil oisel* als perzeptiv zugängliche Entitäten, die im Jahresverlauf unterschiedliche Aspekte annehmen, *mai* und *novel tens d'esté* als perzeptiv nicht zugängliche Entitäten sichtbar machen und somit in einer existentiellen Verknüpfung zu ihnen stehen (cf. Kap. 2.1.1.1). Ebenso wie *cil elme*, *cil escuz* und *cez bronies sasfrees* in (56a) automatisch den Diskursreferenten von *sa grant ost* aufrufen, sind *cil pré*, *ces douces eves* und *cil oisel* mit einer Vorstellung von *mai* und *novel tens d'esté* verknüpft (cf. auch Guillot 2010b, 222). Im Unterschied zu *cil elme*, *cil escuz* und *cez bronies sasfrees* in (56a), verweisen *cil pré*, *ces douces eves* und *cil oisel* in (56b) jedoch nicht automatisch, sondern nur im Zusammenhang mit den prädikativen Relationen, die in *verdissent* für *cil pré*, *retraient en canel* für *ces douces eves* und *chantent* für *cil oisel* kodiert sind, auf die textuellen Anker *mai* und *novel tens d'esté* zurück. In (56c) liegt dagegen keine metonymische Relation und somit keine indirekte anaphorische Verknüpfung vor. So stellen 'Ritter' (*cil chevalier*) zwar einen charakteristischen Teil der Osterfeierlichkeiten (*le jor de Pasqe qe on doit celebrer, / et l'andemain doit on joie mener*) dar, da sie als Teilnehmer fungieren und diese beim Osterfest erwartet werden. Sie stehen jedoch nicht in direkter metonymischer Relation zum Fest. Aus diesem Grund sind sowohl *cil pré*, *ces douces eves* und *cil oisel* in (56b) als auch *cil chevalier* in (56c) als absolute Erstnennungen zu klassifizieren.

Das Referenzobjekt demonstrativer Erstnennungen mit topischer Referenz wird häufig als generisch klassifiziert, so etwa bei Guillot (2010b, 223, 225), Guillot-Barbance (2017, 210) und Kleiber (1990b, 17–18, 27–28). In Kap. 2.1.2.3 wurde bereits gezeigt, dass generische Referenzobjekte eine Objektkategorie in ihrer Gesamtheit repräsentieren. Die prädikativen Relationen, in die sie eingebunden sind, stellen wiederum generalisierte Aussagen dar, die über die gesamte Objektkategorie getroffen werden. In Kap. 2.1.2.3 wurde auch illustriert, dass demonstrative Kennzeichnungen nur im Plural und nur in Verbindung mit nicht-episodischen Prädikaten generische Referenzobjekte profilieren können. Da demonstrative Erstnennungen mit topischer Referenz im Altfranzösischen vornehmlich im Plural auftreten, so Guillot-Barbance (2017, 210), Kleiber (1990, 18–19, 28–29) und Wilmet (1979, 3–4), wie auch für *cil elme*, *cil escuz* und *cez bronies sasfrees* in (56a), *cil pré*, *ces douces eves* und *cil oisel* in (56b) sowie *cil chevalier* in (56c) gilt, erweist sich die erste Auflage für eine generische Profilierung als erfüllt. Da die demonstrativen Kennzeichnungen in (56a–c) jedoch in prädikative Relationen episodischer Ausrichtung und somit in raumzeitlich verortete Sachverhalte eingebunden sind, kann die zweite Bedingung für eine generische Referenzzuweisung nicht als erfüllt betrachtet werden. *Cil elme, cil escuz* und *cez bronies sasfrees* in (56a) werden nämlich als Teil des spezifischen Objekts *sa grant ost que il [=Marsilie] out asemblee* präsentiert, das seine Spezifizität wiederum auf die indirekten Anaphern *cil elme, cil escuz* und *cez bronies sasfrees* überträgt. Gleiches gilt für *cil pré, ces douces eves* und *cil oisel* in (56b), die in die Beschreibung des szenischen Hintergrunds eines spezifischen Sachverhalts integriert sind, worauf das episodische *ce fu* schließen lässt, und erhalten durch den Kontakt zum spezifischen Vordergrundereignis, das im weiteren Verlauf geschildert wird, eine spezifische Qualität (cf. auch Kleiber 1990b, 26). Ebenso erhält *cil chevalier* in (56c) durch die Einbindung in die Hintergrundbeschreibung eines spezifischen Sachverhalts, so *R[aous] ist fors del mostier*, durch die Verortung an einem spezifischen Ort, so *emmi la place qui tant fist a loer*, und die telische Prädikatszuweisung *commencent a joer* eine spezifische Ausrichtung.

Der generische Eindruck der demonstrativen Kennzeichnungen topischer Semantik kann zum einen darauf zurückgeführt werden, dass die etablierten Referenten wenig individuiert werden, da sie in pluralischen Einheiten auftreten und im Folgetext in der Regel nicht wiederaufgerufen werden. Zum anderen entsteht er infolge der generischen Gültigkeit der prädikativen Relationen, in die die demonstrativen Kennzeichnungen eingebunden sind. Die Prädikate in (56a–c) denotieren nämlich generische Eigenschaften, die wiederum von spezifischen Objekten aktualisiert werden. So bezeichnet *luisent* in (56a) eine Eigenschaft, die als generisches Merkmal von *elme, escuz, bronies sasfrees* als Objektkategorien betrachtet werden kann, jedoch in Bezug zu *cil elme, cil escuz* und *cez bronies sasfrees* als aktuellen, da spezifischen Objekten gesetzt wird. Wie für alle Vertreter der genannten Objektkategorien im Allgemeinen besitzt *luisent* in (56a) somit auch für *cil elme, cil escuz* und *cez bronies sasfrees* im Besonderen Gültigkeit. Auch in (56b) denotieren die zugeordneten Prädikate, so *verdissent* für *cil pré, retraient en canel* für *ces douces eves* und *chantent* für *cil oisel*, generische Eigenschaften, die von spezifischen Objekten aktualisiert werden. So grünen die Wiesen, fließen die Bäche und singen die Vögel in der geschilderten Szene, da es sich im Frühling immer in dieser Form ereignet. Die Topizität der demonstrativen Kennzeichnungen in (56a–c) ist demzufolge nicht auf die generische Profilierung der Referenzobjekte zurückzuführen, sondern auf die Erwartbarkeit ihres Auftretens und ihrer prädikativen Einbindung in die entsprechenden Situationen.

Demonstrative Erstnennungen beschränken sich jedoch nicht auf die Bezugnahme auf topische Situationsaspekte, sondern finden sich auch im Verweis auf topisch nicht ableitbare, spezifische Referenzobjekte, wie *icelui Dieu* in (57a) und *cele contrée bele* in (57b), oder generische Referenzobjekte, wie *cil guilleeur* und *cil soutil bareteeur* in (57c) (cf. Guillot 2013, 234; Guillot-Barbance 2017, 232–235; Wilmet 1979, 4). Guillot (2013, 234) zufolge bedürfen absolute demonstrative Erstnennungen im Singular und zur Bezugnahme auf spezifische Entitäten der Modifikation durch einen Relativsatz, wie bei *icelui Dieu qui ne ment* in (57a) der Fall (cf. auch Guillot-Barbance 2017, 232–235). Diese strukturelle Korrelation erscheint den Bedingungen der Referentialisierung demonstrativer Erstnennungen geschuldet. Wie in Kap. 2.1.2.4 gesehen, erfordern demonstrative Erstnennungen, insbesondere in anamnestischen Bezugnahmen, die Erweiterung durch Modifikatoren, um den Erfolg der referentiellen Auflösung zu gewährleisten. Wilmet (1979, 4) zeigt wiederum, dass demonstrative Erstnennungen im Singular und mit spezifischer Bezugnahme insbesondere in appositiver Funktion auftreten, wie *cele contrée bele* in (57b). Als Appositionen weisen demonstrative Kennzeichnungen auf diskursiver Ebene eine direkte anaphorische Relation zur NP auf, die sie modifizieren, wie *Braibant* in (57b), was gegen eine Klassifikation von *cele contrée bele* in (57b) als demonstrative Erstnennung spricht (cf. Bühler [1934]/1965, 309; Kleiber 1990b, 15). Auf referentiell-funktionaler Ebene dienen Appositionen jedoch nicht zur Reaktivierung eines bereits bekannten Diskursreferenten in einem neuen prädikativen Zusammenhang, sondern als DP-förmige Modifikatoren der DP, der sie beigeordnet sind, und somit als Erweiterungselemente. *Cele contrée bele* ist folglich nicht in erster Linie in Rückbezug auf den Eigennamen *Braibant* zu verstehen, sondern hat vielmehr die Aufgabe, das Bezugsobjekt *Braibant* im allgemeinen Wissenskontext zu verorten, indem es darauf hinweist, dass *Braibant* als *contrée bele* bekannt ist, wie auch für anamnestisches *ille* in Kap. 3.2.1.1 gesehen. Somit fungiert *cele contrée bele* auch als alternative Referentialisierung von *Braibant* und kann aus diesem Grund als demonstrative Erstnennung eingeordnet werden.

(57) a. « Par *icelui Dieu* qui ne ment,
se vos ja mes parlez a li,
vos en avrez le vis pali,
voire, certes, plus noir que meure. »
'« Par *ce Dieu* qui point ne déçoit, si jamais vous parlez, vous aurez le visage terni, oui, certes, plus noir que mûre. »'
(Jean de Meun, *Roman de la Rose*, V. 8508–8511, zit. in: Guillot-Barbance 2017, 232–233)
  b. « Sire R., dist la franche pucele,
vos me jurastes dedens une chapele.

Puis me reqist Harduïns de Nivele
qi tint Braibant, *cele contrée bele* ;
mais nel presise por l'onnor de Tudele. »
'«Herr R.», sagte das aufrichtige junge Mädchen, «Ihr habt euch mir in einer Kapelle versprochen. Dann hat mir Hardouin von Nivelles, dem Brabant, *jenes schöne Land*, gehört, einen Antrag gemacht. Aber ich würde ihn nicht mal für die Ehre von Tudela nehmen.»'
(*Raoul de Cambrai*, V. 3683–3687)

c. Pappelardie est une trueve
et une gille toute neuve
que trovee ont *cil guilleeur*
et *cil soutil bareteeur*
por demener tres soutilment
leur guille et leur concïement.
'L'hypocrisie est une trouvaille et une tromperie toute neuve qu'ont trouvée *ces trompeurs* et *ces fourbes subtils* pour exercer très subtilement leur tromperie et leur imposture.'
(Gautier de Coinci, *Mir. 11*, V. 1493–1498, zit. in: Guillot-Barbance 2017, 236)

Als weiteren Verwendungskontext führt Guillot-Barbance (2017, Kap. 7) den pronominalen Gebrauch mit externen Modifizierern auf, so mit Relativsätzen und Präpositionalkomplementen, die von *de* eingeleitet werden. In diesem Gebrauchskontext ist im Korpus von Guillot-Barbance (2017, 241) vornehmlich CIL zu finden, während CIST weitgehend ausgeschlossen bleibt (cf. auch Buridant 2000, 136–137; Foulet 1982, 171–172; Guiraud 1967, 61; Jensen 1990, 192; Mathews 1907, 80–95; Togeby 1974, 92). So liegt *CIL qui* in 267 und *CIL de* in 61 Okkurrenzen vor, während *CIST qui* insgesamt nur zwei Mal auftritt (cf. Guillot-Barbance 2017, 241–242). Der Gebrauch von pronominalem CIL mit externen Modifizierern macht 55,2 % der Gesamtfrequenz von *CIL (N)* aus und stellt somit den häufigsten Gebrauchskontext von *CIL (N)* dar (cf. Guillot-Barbance 2017, 241). Im funktionalen Profil von CIST ist er dagegen eine Ausnahme. Die Konstruktionen *CIL qui*-*CIL de* sind im Korpus von Guillot-Barbance (2017, 252) in keinem Fall situativ verankert. Vielmehr stellen *CIL de* und *CIL qui* vornehmlich Erstnennungen dar, können aber auch anaphorisch oder assoziativ anaphorisch mit dem Vortext verknüpft sein, wie sich aus den Ergebnissen von Guillot-Barbance (2017) ableiten lässt. So nimmt die Folge *celui donc je vos paroil* in (58a) beispielsweise die Kennzeichnung *le roi Pellés* wieder auf (cf. Guillot-Barbance 2017, 247). In (58b) verweist *cele qui estoit la plus dame* wiederum assoziativ anaphorisch auf *.iii. nonains*, da es eine Figur des denotierten Kollektivs wiederaufruft (cf. Guillot-

Barbance 2017, 262–263). Die Folge *celui ki la ported* in (58c) stellt eine Erstnennung dar. In den Folgen *CIL qui-CIL de* dient *CIL*, wie in (58a–c) gesehen, zur Konstitution eines meist menschlichen Referenzobjekts, während der Relativsatz oder das *de*-Komplement eine kontrastive Kennzeichnung vornehmen (cf. auch Foulet 1982, 172). Während *CIST qui* und *CIL de* in allen Fällen ein spezifisches Referenzobjekt profilieren, verweist *CIL qui* in der Mehrheit der Fälle auf nicht-spezifische oder generische Verweisobjekte, wie für *celui ki la ported* in (58c) gilt (cf. Guillot-Barbance 2017, 257, 266; auch Jensen 1990, 194–197; McCool 1981, 30–32).

(58) a. « Lancelot je vos di de par *le roi Pellés$_i$* que vos avec moi venez iusqu'en cele forest. » Et il li demande a qui ele est. « Je sui, fait ele, a *celui donc je vos paroil$_i$*. »
'« Lancelot, je vous demande, au nom du *Roi Pellés$_i$*, de venir avec moi là-bas, jusqu'à cette forêt. » Et lui, il lui demande à qui elle appartient. « Je suis, dit-elle, à *celui que j'ai nommé$_i$*. »'
(*Queste del saint Graal*, fol. 160a, zit. in: Guillot-Barbance 2017, 267)

b. Et endementres qu'il parloient einsi .' si entrerent laienz.*iii. nonains* qui amenoient devant eles Galaad si bel enfant et si bien taillié de touz membres que a peines trovast l'en son pareil ou monde. Et *cele qui estoit la plus dame* le menoit par la main, et ploroit mout tendrement.
'Et pendant qu'ils parlaient ainsi, entrèrent trois religieuses qui menaient devant elles Galaad, un jeune homme si beau et si bien bâti qu'on aurait difficilement trouvé son pareil au monde. Et *la plus nobles d'entre elles* le menait par la main, et pleurait avec émotion.'
(*Queste del saint Graal*, fol. 160b, zit. in: Guillot-Barbance 2017, 263)

c. Ele nus vient de Inde. Iceste portet amur entre hume et femme et fait honur a *celui ki la ported* [...].
'Il [le béryl] nous vient d'Inde. Cette pierre apporte l'amour entre l'homme et la femme et fait honneur à *celui qui la porte*.'
(*Lapidaire en prose*, p. 99, zit. in: Guillot-Barbance 2017, 268)

In der Tradition von Brunot/Bruneau (1949, 259–261), Dees (1971), Kleiber (1985, 108), Mathews (1907, 80–95) und anderen unterscheidet Guillot-Barbance (2017) pronominales *CIST* und *CIL* in der Erweiterung durch externe Modifizierer, die als *pronoms déterminatifs* klassifiziert werden, kategorial von den übrigen Gebrauchsweisen.[70] Angesichts der Tatsache, dass *CIL qui-CIL de* und *CIST qui*

---

70 Dees (1971, 16) und Guiraud (1967, 61–62) zufolge hat *CIL* in der Erweiterung durch einen Relativsatz oder durch ein *de*-Komplement keine demonstrative Funktion, unter anderem da

Tab. 3.16: Gesamtverteilung von *CIST (N)* und *CIL (N)* nach referentiellen Kontexten (cf. Guillot-Barbance 2017, 335).

	situativ	anaphorisch	textdeiktisch	anamnestisch	∑
CIST	164	124	205	26	519
	31,6%	23,9%	39,5%	5%	100%
CIL	9	226	26	330	519
	1,5%	38,2%	4,4%	55,9%	100%
∑	173	350	231	356	1110

ebenso wie andere pronominale Okkurrenzen von *CIST* oder *CIL* auf verschiedene Referenzkontexte ausgerichtet sein können, wie in (58a–c) gesehen, erhebt sich dennoch die Frage, warum diese Konstruktionen, die sich in erster Linie durch ihre syntaktische Struktur distinktiv bestimmen lassen, isoliert betrachtet und den pragmatisch bestimmten Verwendungen nebengeordnet werden. Vielmehr könnten sie entsprechend ihrer kontextuellen Verankerung, den unterschiedlichen pragmatisch bestimmten Gruppen zugeordnet werden. Im Korpus von Guillot-Barbance (2017, 334) tritt *CIL*, das durch Präpositionalphrasen oder Relativsätze modifiziert wird, ausschließlich im anaphorischen oder anamnestischen Verweis auf. Unter Einbeziehung der Okkurrenzen von *CIL* in den Konstruktionen *CIL de* und *CIL qui* ergibt sich eine Gesamtverteilung, in der der anamnestische Verweis mit 55,9% der Okkurrenzen als Haupteinsatzgebiet von *CIL* auftritt, wie Tab. 3.16 zeigt. Als zweite Hauptfunktion zeichnet sich in der Gesamtverteilung von *CIL* der anaphorische Verweis ab mit 38,2%. *CIL* ist somit in beinahe 95% der Fälle anamnestisch oder anaphorisch verankert (cf. Tab. 3.16). Im situativen und im textdeiktischen Bezug ist *CIL* hingegen kaum zu finden. So machen situative Verweise nur 1,5% in der Gesamtverteilung aus, textdeiktische nur 4,4% (cf. Tab. 3.16).

In der Gesamtverteilung von *CIST* erweisen sich wiederum der textdeiktische Verweis mit 39,5% und der situative Verweis mit 31,6% als häufigste Gebrauchskontexte, wie Tab. 3.16 zeigt. Mit 23,9% und somit beinahe einem Viertel der Gesamtokkurrenzen von *CIST* entspricht jedoch auch der anaphorische Einsatz einem typischen Gebrauchskontext (cf. Tab. 3.16). *CIST* ist somit in allen

---

CIL in diesem Kontext kaum mit *CIST* konkurriert. Kleiber (1985, 107) zufolge kann die Konkurrenzsituation von *CIST* und *CIL* in einem Gebrauchskontext jedoch nicht als Bedingung für die demonstrative Funktion der Formen erhoben werden. Ich schließe mich folglich Kleiber (1985, 107) und auch Wunderli (1980, 11) an, die Demonstrativpronomina mit externen Modifizierern kategorisch nicht von Demonstrativa in anderen Gebrauchskontexten unterscheiden.

referentiellen Kontexten mit starken Gebrauchsfrequenzen vertreten, mit dem anamnestischen Kontext als einziger Ausnahme, in dem es nur in 5% seiner Okkurrenzen auftritt (cf. Tab 3.16.). Entsprechend den Daten von Guillot-Barbance (2017) weist *CIST* folglich eine ausgewogenere referentielle Verteilung auf als *CIL*, das beinahe ausschließlich anamnestisch und anaphorisch verankert ist, wie Tab. 3.16 zeigt.

Die Unterschiede in den Verteilungspräferenzen von *CIST* und *CIL* im situativen, anaphorischen, textdeiktischen und anamnestischen Referenzkontext, die in den Studien von Guillot (2013), Guillot-Barbance (2017) und Massé-Arkan (2011) zum Ausdruck kommen, zeigen, dass der Kontext, auf den die Bezugnahme ausgerichtet ist, eine große Rolle bei der funktionalen Auswertung der Demonstrativa spielt. Die unterschiedlichen Distributionen, die in Tab. 3.16 zum Ausdruck kommen, legen offen, dass die referentielle Verankerung des Verweisobjekts eine wichtige Rolle als Verteilungsfaktor von *CIST* und *CIL* spielt. Entsprechend den Präferenzen der Formenparadigmen kann demnach vermutet werden, dass *CIST* dem Adressaten die Verfügbarkeit oder Konstruierbarkeit im situativen Kontext oder im sprachlichen Verweisraum als nominale oder propositionale Einheit indiziert, während *CIL* anzeigt, dass die Bezugnahme entweder durch eine nominale Einheit im Vortext gestützt ist (anaphorisch) oder aus dem Wissensbestand rekonstruiert werden muss (anamnestisch). Somit suggeriert *CIST*, dass das Referenzobjekt im situativen oder sprachlichen Kontext verfügbar oder konstruierbar ist. Da *CIL* häufiger in anamnestischen Bezugnahmen eintritt, jedoch auch in einem hohen Anteil zum Verweis auf sprachlich verfügbare Referenzobjekte eingesetzt wird, kann für *CIL* keine funktionale Generalisierung abgeleitet werden. Die Ergebnisse von Guillot-Barbance (2017) bestätigen somit, ohne dies zu wollen, das Verteilungsmodell der referentiellen Kontiguität von Kleiber (1987b), da sie die Schlussfolgerung zulassen, dass *CIST* referentielle Kontiguität anzeigt, während *CIL* diesbezüglich nicht festgelegt ist (cf. Kap. 3.3.1.2).

Die Ergebnisse in Bezug auf die referentiellen Verteilungsunterschiede, die in diesem Kapitel dargelegt wurden, zeigen, dass jeweils eine der Formen in einem bestimmten Referenzkontext häufiger auftritt als die andere, wie beispielsweise im situativen Verweis *CIST*, im anaphorischen Verweis *CIL*. Darüber hinaus fungiert innerhalb der einzelnen Verweisdomänen in einigen Fällen der Nominaltyp als Verteilungsfaktor. Während textdeiktisches *CIST* anteilig häufiger mit metasprachlichen Begriffen zu finden ist, tritt *CIL* im textdeiktischen Verweis bevorzugt zur Determination von Ereignisbegriffen auf. Aus diesem Grund drängt sich der Verdacht auf, dass nicht nur der referentielle Kontext, sondern auch der ontologische Typ des Referenzobjekts als Verteilungsfaktor eine Rolle spielt, wie bereits in Kap. 2.1.3 vermutet. Die empirische Untersuchung der vorliegenden Arbeit wird daher auch der Frage nachgehen, welchen Einfluss die ontologische Profilierung auf die Verteilung von *CIST* und *CIL* ausübt und welche Korrelationen in den Verteilungsprofilen von *CIST* und *CIL* in Bezug auf die Faktoren des ontologischen Profils und der referentiellen Verankerung des Referenzobjekts ermittelt werden können (cf. Kap. 4 & Kap. 5). Da das distributionale Verhalten von *CE* in der Forschungsgeschichte bisher nicht untersucht wurde, werden die Analysen in Kap. 5 auch die Verteilung von *CE* im Kontrast zu *CIST* und *CIL* berücksichtigen.

3.3.1.4 Zusammenfassung

In diesem Kapitel stand die formale und funktionale Ordnung der altfranzösischen Demonstrativa im Mittelpunkt. Abschnitt 3.3.1.1 hat gezeigt, dass im Altfranzösischen in adnominaler Funktion drei Demonstrativparadigmen konkurrieren, die distanzmarkierten Formen *CIST* und *CIL* sowie das distanzneutrale *CE*. Während die Paradigmen *CIST* und *CIL* jeweils acht nach Kasus, Numerus und Genus markierte Einzelformen aufweisen, liegen im *CE* Paradigma nur drei, ausschließlich nach Numerus deklinierte Formen vor. Mit Ausnahme von *cis*, das sehr selten ist, gelten die *CE*-Formen gemeinhin als Obliquusformen, treten jedoch auch in Rectuskontexten auf. Im Singular sind die *CE*-Formen zudem auf den maskulinen Bereich beschränkt, das plurale *ces* ist dagegen genusneutral. Da das funktionale Spektrum von *CE* aufgrund der funktionalen Lücke im Singular weitaus reduzierter ist als von *CIST* und *CIL*, ist zu vermuten, dass *CE* den distanzmarkierten Paradigmen *CIST* und *CIL* frequentativ deutlich unterlegen ist.

Die Formen aller drei Demonstrativparadigmen können durch das Präfix *i-* verstärkt werden. Die präfigierten Varianten sind immer akzenttragend und treten daher bevorzugt an erster Position im Vers auf. Die *CE*-Formen gelten dagegen aufgrund ihrer Akzentlosigkeit als von der versinitialen Position ausgeschlossen. Die durch *i-* verstärkten Formen bevorzugen zudem die adnominale Funktion, während die auf *-i* endenden Formen, so *cestui/cesti* und *celui/celi*, den pronominalen Einsatz präferieren. *Cest* und *cel* treten dagegen vornehmlich adnominal auf. Entsprechend den Ausführungen in Abschnitt 3.3.1.1 können bereits im Altfranzösischen Präferenzen der einzelnen Formen für die adnominale oder pronominale Position festgestellt werden. Diese entsprechen jedoch nicht den diachronen Spezialisierungsrichtungen, sondern gehen auf laut- und akzentstrukturelle Eigenschaften zurück.

Die Darlegungen in Abschnitt 3.3.1.2 haben gezeigt, dass die semantische Komplexität von *CIST* und *CIL* nicht in einem Grundwert zusammengefasst werden kann, von dem alle Gebrauchsweisen abgeleitet werden können. Wie in Kap. 2.2.2.2 für proximale und distale Demonstrativa im Allgemeinen und in

Kap. 3.2.1.2 für das Lateinische gesehen, zeichnen sich die referentiellen Leistungsprofile von *CIST* und *CIL* vielmehr durch ihre Polyfunktionalität aus. Dafür spricht auch die Verteilung der beiden Formenreihen auf der Ebene der Referenzkontexte, wie in Abschnitt 3.3.1.3 vorgestellt. Hier zeigen *CIST* und *CIL* große distributionale Unterschiede. Wie in Kap. 2.1.3 bereits vermutet, liegt der Verdacht nahe, dass auch das ontologische Profil des Referenzobjekts eine wichtige Rolle bei der Distribution der Paradigmen spielt. Die Relevanz des ontologischen Faktors bei der Verteilung von *CIST* und *CIL* werde ich im Rahmen einer Korpusanalyse in Kap. 4 und 5 überprüfen. Die empirische Untersuchung in Kap. 5 schließt auch die Lücke in der Erforschung der Funktionalität von *CE*, das in den bisherigen Studien unberücksichtigt geblieben ist (cf. Kap. 3.3.1.2).

Um mithilfe der funktionalen Profile von *CIST*, *CIL* und *CE* den konzeptuellen Zusammenhang zwischen den Referentialisierungsleistungen der Demonstrativa im mittelalterlichen und im modernen Französischen aufdecken zu können, bedarf es schließlich auch der Betrachtung der historischen Entwicklungen, die sich zwischen den beiden Sprachstufen ereignen. Dem diachronen Aspekt der französischen Demonstrativa widmet sich Kap. 3.3.2 im Anschluss.

3.3.2 Reallokation der Demonstrativa in der Geschichte des Französischen

Zur Bestimmung der Rolle der funktionalen Profile der altfranzösischen Demonstrativa in den diachronen Verschiebungen bedarf es einer ausführlichen Darstellung der Reallokationsprozesse, die sich in der Entwicklung vom mittelalterlichen zum modernen Französischen im Demonstrativsystem ereignen. Abschnitt 3.3.2.1 *Reallokation der altfranzösischen Paradigmen* skizziert daher zunächst die Entwicklungslinien der altfranzösischen Demonstrativa in der Geschichte des Französischen und stellt die Filiationsketten zwischen mittelalterlichen und modernen Formen heraus. Abschnitt 3.3.2.2 *Sprachwandeltheoretische Perspektivierung* entwirft im Anschluss daran eine theoretische Perspektive auf die in Abschnitt 3.3.2.1 dargestellten historischen Verschiebungen.

3.3.2.1 Reallokation der altfranzösischen Paradigmen

In Kap. 3.2.2.1 wurde bereits gezeigt, dass die Formen des *CIST*-Paradigmas in der Geschichte des Französischen ihre proximale Markierung verlieren und für den adnominalen Gebrauch spezialisiert werden, die Formen des *CIL*-Paradigmas komplementär dazu ihren distalen Wert abbauen und auf den pronominalen Einsatz festgelegt werden. In Kap. 3.3.1.1 wurde dann die Idee der Provenienz der neutralen Serie *CE* aus dem *CIST*-Paradigma relativiert, indem aufgebracht wurde, dass *ce* und *ces* lautlich sowohl aus der *CIST*- als auch der *CIL*-Serie hervorgehen können. Das Auftreten der distanzneutralen Determiniererserie *CE* wird gemeinhin als erster und entscheidender Schritt der Reallokationsprozesse bewertet, die im weiteren Verlauf zum Verlust der lokaldeiktischen Markierungen und schließlich zur syntaktischen Ausdifferenzierung der Formenparadigmen bis zum 17. Jahrhundert führen, so etwa bei Dees (1971, 153), Guillot (2015, 568), Guillot-Barbance/Marchello-Nizia (2015, 96, 98–100), Harris (1978, 73), Marchello-Nizia (1995, 174; 2005, 65; 2006c, 236–242) und Price (1969, 504–505). In der Tat erweitert *CE* das altfranzösische Demonstrativsystem, das bislang durch syntaktische Polyfunktionalität und deiktische Spezifiziertheit der Formen gekennzeichnet war, um ein neues Ordnungsmuster lokaldeiktischer Neutralität und syntaktischer Spezifiziertheit. Seine Entstehung liefert jedoch noch keine Erklärung für die syntaktische Ausdifferenzierung der übrigen Formen aus den Serien *CIST* und *CIL* im weiteren Verlauf der Geschichte (cf. auch Heinemann 2010, 98). Unklar bleibt folglich, warum die Formen *cest* und *ceste*, die in ihrer paradigmatischen Zuordnung zum *CIST*-Paradigma eindeutig sind, als Determinierer reanalysiert werden, die Formen *celui*, *ceus*, *cele* und *celes* aus dem *CIL*-Paradigma dagegen als Pronomen. Bevor wir uns der Frage nach den strukturellen Motivationen für die Entwicklungsrichtungen der einzelnen Formen zuwenden, gebe ich in diesem Kapitel zunächst einen Einblick in den historischen Verlauf der Reallokationsprozesse der altfranzösischen Demonstrativparadigmen.

Einige Autoren betrachten die Frequenzverhältnisse der Formenparadigmen im adnominalen und pronominalen Kontext als Vorboten der syntaktischen Ausdifferenzierung von *CIST* und *CIL*, so etwa Jensen (1990, 191–192), Ménard (1976, 30), Moignet (1979, 153), Pohoryles (1966, 35), Pope (1973, 326) und Yvon (1952, 461; 1951). Demnach zeichnen sich die Grammatikalisierungsrichtungen bereits an den jeweiligen Frequenzen der Formenserien im adnominalen und pronominalen Kontext im Altfranzösischen ab. In der Tat treten die Formen der *CIST*-Serie bereits im Altfranzösischen in den meisten Texten häufiger in adnominaler Position auf, während die Formen der *CIL*-Serie häufiger in pronominaler Position zu finden sind, wie die Quantifizierungen von Yvon (1951; 1952) zur Verteilung von *CIST* und *CIL* in 20 literarischen, historiographischen und religiösen Texten aus dem Alt- und Mittelfranzösischen in Tab. 3.17 zeigen. Die *CIST*-Formen zeigen bereits in der ersten Phase des Altfranzösischen eine Präferenz für die Determiniererfunktion, was daran sichbar wird, dass sie, mit Ausnahme von zwei pronominalen Okkurrenzen in der *Vie de saint Alexis*, beinahe ausschließlich in adnominaler Position auftreten (cf. Tab. 3.17). Aus der Verteilung der *CIL*-Formen lässt sich in den Texten der ersten Phase dagegen keine Präferenz für die pronominale Funktion ableiten. So tritt *CIL* ebenso wie *CIST* in den ältesten Texten weitaus häufiger in adnominaler Position auf (cf.

Tab. 3.17: Syntaktische Verteilung von *CIST* und *CIL* (nach Yvon 1951; 1952).

Altfranzösisch Erste Phase (800–1100/1150)	CIST		CIL			
	D	PRO	D	PRO		
Serments de Strasbourg (Yvon 1951, 146; 1952, 433)	3	0	0	0		
Séquence de sainte Eulalie (Yvon 1951, 146; 1952, 433)	0	0	2	0		
Homélie sur Jonas (Yvon 1951, 146; 1952, 433)	4	0	14	3		
Vie de saint Léger (Yvon 1951, 148; 1952, 434)	2	0	25	4		
Vie de saint Alexis (Yvon 1951, 149; 1952, 435)	21	2	24	16		

Altfranzösisch Zweite Phase (1100/1150–1300)	CIST		CIL		ce	ces
	D	PRO	D	PRO	D	D
12. Jahrhundert						
Pèlerinage de Charlemagne (Yvon 1951, 150; 1952, 436)	13	0	25	14		
Chanson de Roland (Yvon 1951, 153; 1952, 437)	136	9	53	124		
Gormont et Isembart (Yvon 1951, 156; 1952, 438)	11	5	4	11		
Charroi de Nîmes (Yvon 1951, 156; 1952, 439)	27	6	41	32		

3.3 Demonstrativa vom Altfranzösischen zum modernen Französischen

	CIST	CIL		ce		ces
	D	PRO	D	PRO	D	D
Piramus et Tisbé (Yvon 1951, 158; 1952, 441)	15	1	11		11	15
Béroul, Tristan (Yvon 1951, 159, 162; 1952, 441)	79	7	62		83	2
Roman d'Éneas (Yvon 1951, 163; 1952, 443)	105	30	117	269	2	15
Vie de saint Thomas Becket (Yvon 1951, 165; 1952, 447)	60	26	170		189	0
13. Jahrhundert						
Robert de Clari, Conquête de Constantinople (Yvon 1951, 167–168; 1952, 449)	40	27	109	132	1	65
Queste del saint Graal (Yvon 1951, 169; 1952, 451)	558	29	282	646	0	(51)
Courtois d'Arras (Yvon 1951, 172; 1952, 455)	18	0	4	5	0	4
Aucassin et Nicolette (Yvon 1951, 173; 1952, 455)	16	0	13	25		12
Philippe de Novare, Mémoires (Yvon 1951, 174; 1952, 456)	30	5	91	173		9
Jeu de la feuillée (Yvon 1951, 175; 1952, 458)	18	7	12	16		14
Mittelfranzösisch (1400–1500)	**CIST**	**CIL**		**ce**		**ces**
	D	PRO	D	PRO	D	D
14. Jahrhundert						
Jean de Joinville, Histoire de saint Louis (Yvon 1951, 177; 1952, 459)	256	3	87	177		120

Tab. 3.17). Insgesamt liegen die Häufigkeiten von *CIST* und *CIL* in der ersten Phase jedoch sehr niedrig, da die Texte der ersten Phase nur von geringem Umfang sind (cf. Einleitung zu Kap. 3.3).

Auch in der zweiten Phase des Altfranzösischen sowie im Mittelfranzösischen, das im Korpus von Yvon (1951; 1952) mit nur einem Text repräsentiert ist, tritt *CIST* in allen Texten meist weitaus häufiger in adnominaler Position auf als in pronominaler (cf. Tab. 3.17). Die höchsten Anteile erreicht adnominales *CIST* im Vergleich zu pronominalem *CIST* in der *Chanson de Roland*, in der *Queste del saint Graal* und in der *Histoire de Joinville* (cf. Tab. 3.17). In diesen Texten übertreffen die Häufigkeiten von adnominalem *CIST* auch die Häufigkeiten von adnominalem *CIL* mit großem Abstand, während in allen anderen Texten aus der ersten und zweiten Phase des Altfranzösischen die Frequenzen von adnominalem *CIL* überwiegen (cf. Tab. 3.17). Die höchsten Anteile erreicht adnominales *CIL* in der *Vie de saint Thomas Becket*, in der *Conquête de Constantinople* und in den *Mémoires* (cf. Tab. 3.17). In den Quantifizierungen von Yvon (1951; 1952) in Tab. 3.17 zeichnet sich folglich eine klare Tendenz zur Spezialisierung der *CIST*-Serie für den adnominalen Gebrauch ab. Eine Verdrängung des *CIL*-Paradigmas aus dem adnominalen Gebrauch macht sich jedoch noch nicht bemerkbar. Hingegen liegt adnominales *CIL* anteilig meist vor adnominalem *CIST*. Aus diesem Grund liefern die Daten in Tab. 3.17 auch keine Hinweise auf eine Präferenz von *CIL* für den pronominalen Gebrauch. Mit Ausnahme der Texte aus der ersten Phase des Altfranzösischen übertreffen die Frequenzen von pronominalem *CIL* die Frequenzen von adnominalem *CIST* zwar in den meisten Texten, die Anteile von pronominalem *CIL* weisen allerdings in keinem Text mehr als die zweieinhalbfache Menge von adnominalem *CIL* auf (cf. Tab. 3.17). Das Monopol von *CIL* im pronominalen Bereich scheint folglich eher der Spezialisierung von *CIST* für die Determiniererfunktion geschuldet als einer Spezialisierung der *CIL*-Serie für die pronominale Position.

Da Yvon (1951; 1952) in vielen Texten die Okkurrenzen des distanzneutralen *CE* den Gruppen *CIST* und *CIL* zuordnet, können die Zahlen in Tab. 3.17 nur als Annäherungswerte betrachtet werden, was die Analyse der syntaktischen Präferenz von *CIST* und *CIL* für die adnominale oder die pronominale Position betrifft.[71] Gegen eine syntaktische Verteilungsanalyse nach der Häufigkeit der

---

[71] Vor dem Hintergrund einer dreigliedrigen Struktur des altfranzösischen Demonstrativsystems, das neben den distanzmarkierten Paradigmen *CIST* und *CIL* die distanzneutrale Determiniererserie *CE* umfasst, erscheinen die Zählungen von Yvon (1951; 1952) in Tab. 3.17 problematisch (cf. auch Dees 1971, 14–19, 24 für eine umfassende Kritik an den Zählungen von Yvon 1951; 1952). So ordnet Yvon (u. a. 1951, 150–151, 165; 1952, 449–450) die Okkurrenzen von *c(h)es* mal dem *CIST*-Paradigma, mal der *CIL*-Serie zu, je nach dem, ob entsprechend seiner Einschätzung ein proximaler oder ein distaler Referenzkontext vorliegt. Erst ab der Zählung der Okkur-

gesamten Formengruppen spricht weiterhin, dass nicht die vollständigen Demonstrativparadigmen einer syntaktischen Spezialisierung unterliegen, sondern nur einzelne Formen dieser Paradigmen, während andere im Zuge der Reallokation des Systems abgebaut werden (cf. auch Price 1969, 490). Aus diesem Grund eignet sich eine Analyse der Frequenzen der Einzelformen besser, um die syntaktischen Präferenzen der relevanten Formen im adnominalen und pronominalen Kontext aufzudecken. Für eine Verteilungsanalyse der Einzelformen bieten sich schließlich die Quantifizierungen von Pohoryles (1966, 113–114) und Marchello-Nizia (1995, 150–151) an.

Pohoryles (1966, 6–7, 275) untersucht die Vielfalt und die Frequenzen der demonstrativen Einzelformen in den Heldenliedern *Garin le Loheren* und *Gerbert de Metz*, die zwischem dem späten 12. und dem frühen 13. Jahrhundert entstehen und sowohl pikardische als auch lothringische Züge aufweisen. In beiden Chansons de geste sind genau diejenigen Formen aus CIST am stärksten vertreten, die im adnominalen Paradigma des modernen Französischen erhalten geblieben sind. Als mit Abstand häufigste Formen aus dem *CIST*-Paradigma erscheinen *ceste* und *cest* (cf. Tab. 3.18). Was die jeweiligen Präferenzen von *ceste* und *cest* für den adnominalen und den pronominalen Gebrauchskontext betrifft, zeichnet sich entsprechend den Daten in Tab. 3.18 bereits im 12. Jahrhundert die Grammatikalisierungsrichtung von *ceste* und *cest* ab. So liegt *ceste* mit Ausnahme von vier pronominalen Okkurrenzen vornehmlich als Determinierer vor, *cest* tritt wiederum ausschließlich in adnominaler Position auf (cf.

---

renzen im *Roman d'Éneas* zählt Yvon (1951) die Okkurrenzen von *ces* meistens als eigenständige Gruppe auf, mit Ausnahme der *Vie de saint Thomas Becket* (cf. Tab. 3.17). Sofern Yvon (1951) die Okkurrenzen von *ces* einzeln gruppiert hat, wurden die Zahlen in Tab. 3.17 übernommen. Für die *Conquête de Constantinople* hat Yvon (1951) nur die Vorkommen von *ces* in der Erzählerrede, die in diesem Text den weitaus größten Teil einnimmt, getrennt gelistet (cf. Tab. 3.17). Für die *Queste del saint Graal* nennt Yvon (1951, 169) zwar die Anzahl der Okkurrenzen von *ces*, ordnet diese jedoch ausnahmslos funktional dem *CIST*-Paradigma zu (cf. Tab. 3.17). Aus diesem Grund ist der Wert für *ces* in der *Queste del saint Graal* in Tab. 3.17 eingeklammert. Die Singularform *ce* tritt im Untersuchungskorpus von Yvon (1951, 162) zum ersten Mal mit zwei Okkurrenzen im Tristanroman von Béroul auf (cf. Tab. 3.17). Im Unterschied zu *ces* führt Yvon (1951, 162) *ce* zunächst als eigenständige Gruppe auf. Ab der Analyse von *Aucassin et Nicolette* gruppiert Yvon (1951, 173) die Okkurrenzen von *ce* und *ces* dann als eigenständiges Paradigma. Die Form *cez*, die, wie in Kap. 3.3.1.1 gesehen, auch als graphische Variante des distanzneutralen Determinierers *ces* betrachtet werden kann und daher in ihrer paradigmatischen Zuordnung zum *CIST*-Paradimga im adnominalen Gebrauch nicht mehr eindeutig ist, rechnet Yvon (1951, 150–151, 172) mit der Tradition dem *CIST*-Paradigma zu, ebenso wie die Form *c(h)is*. Aufgrund der inkonsistenten Behandlung der uneindeutigen distanzneutralen Formen *ce*, *ces* und *cis* in Tab. 3.17 verzichte ich auf eine Analyse der Anteile dieser Formen in Relation zu *CIST* und *CIL*.

Tab. 3.18: Syntaktische Verteilung von *CIST*, *CIL* und *CE* (cf. Pohoryles 1966, 113–114).[72]

CIST	PRO			D		
	Garin le Loheren	Gerbert de Metz	∑	Garin le Loheren	Gerbert de Metz	∑
ceste	2	2	4	30	62	92
cest				33	49	82
icest				2	17	19
iceste				3	8	11
cist	3	2	5		2	2
cestui	1	3	4		1	1
icestui					1	1
icist	1		1			
∑	7	7	14	68	140	208
CIL	PRO			D		
	Garin le Loheren	Gerbert de Metz	∑	Garin le Loheren	Gerbert de Metz	∑
cil	250	204	454	42	44	86
cel(l)e	3	6	9	49	72	121
cex, ceus, çax	49	38	87			
cel	13	15	28	15	39	54
celui	32	27	59	1	5	6
icil	16	8	24	4	5	9

---

72 Pohoryles (1966, 113–114) unterscheidet in seiner Quantifizierung nicht nur nach formalen, sondern auch nach graphischen und syntaktisch-funktionalen Kriterien. So trennt er beispielsweise die Frequenzen von *cil* in Singular- und in Pluralfunktion oder die Frequenzen von *cez* zur Determination maskuliner oder femininer Nomina. In Tab. 3.18 wurde diese Gliederung nicht übernommen, sondern ausschließlich nach formalen Kriterien unterschieden. So wurden beispielsweise alle Okkurrenzen der Form *cil* unabhängig von der singularischen oder pluralischen Ausrichtung zusammengefasst. Auch graphische Varianten, wie etwa *cex* und *çax*, wurden jeweils in einem Eintrag zusammengefasst. Pohoryles (1966, 113–114) ordnet die distanzneutralen Formen *ce*, *ces* und *cis* sowie ihre graphischen und formalen Varianten dem *CIST*-Paradigma zu. In Tab. 3.18 wurden die distanzneutralen Formen jedoch als eigene Gruppe aufgeführt (cf. auch Dees 1971, 19–21 zur Kritik an der Eingliederung der distanzneutralen Formen ins *CIST*-Paradigma).

Tab. 3.18 (fortgesetzt)

icel(l)e	1	1	2	11	19	30
icel				5	10	15
icelui	1		1		5	5
icex	4		4			
cilz	1		1			
celi	1		1			
∑	371	299	670	127	199	326

CE	PRO			D		
	Garin le Loheren	Gerbert de Metz	∑	Garin le Loheren	Gerbert de Metz	∑
ces	3	6	9	137	83	220
ce				57	56	113
cis	14	7	21	19	26	45
cez	1		1	3	5	8
ice				3	2	5
icis				1	2	3
ices					1	1
∑	18	13	31	220	175	395

Tab. 3.18). Auch die verstärkten Formen von *ceste* und *cest* fungieren ausschließlich als Determinierer (cf. Tab. 3.18). *Icest* stellt mit 19 Okkurrenzen die drittstärkste Form des *CIST*-Paradigmas dar, *iceste* mit 11 Okkurrenzen die viertstärkste. Während *ceste* und *cest* beinahe ausschließlich adnominal eingesetzt werden, sind *cist* und *cestui*, die mit jeweils weniger als zehn Okkurrenzen schwach vertreten sind, vornehmlich im pronominalen Gebrauch zu finden (cf. Tab. 3.18). In den Quantifizierungen von Pohoryles (1966) in Tab. 3.18 zeichnet sich folglich eine frühzeitige Spezialisierung der Formen *ceste* und *cest* für die adnominale Funktion ab, die im modernen System in dieser Funktion erhalten sind. Die Formen *cist* und *cestui*, die im neufranzösischen System nicht mehr vertreten sind, scheinen entsprechend den Daten in Tab. 3.18 keiner syntaktischen Einschränkung zu unterliegen und sind insgesamt weitaus schwächer vertreten.

Während sich in der Verteilung der Einzelformen des *CIST*-Paradigmas bereits im Altfranzösischen eine funktionale Einschränkung der bewahrten Formen auf die Determiniererfunktion bemerkbar macht, lässt die Verteilung der Einzelformen des *CIL*-Paradigmas keine Rückschlüsse über die Reallokationsrichtung im weiteren historischen Verlauf zu (cf. auch Marchello-Nizia 1995, 127). So figuriert *cil* in Tab. 3.18 mit insgesamt 540 Okkurrenzen als mit großem Abstand stärkste Form des *CIL*-Paradigmas. *Cil* tritt fünfmal öfter pronominal als adnominal auf, was für eine Präferenz für den pronominalen Kontext spricht. Am zweitstärksten ist das feminine *cel(l)e* (cf. Tab. 3.18). Im Unterschied zu *cist* weist *cel(l)e* eine deutliche Präferenz für die Determiniererfunktion auf. Die Gebrauchsfrequenz von *cel(l)e* im adnominalen Kontext deutet folglich auf eine syntaktische Spezialisierung auf die Determiniererfunktion hin und wirft somit in keinster Weise die Grammatikalisierungsrichtung von *cel(l)e* zum Demonstrativpronomen voraus (cf. auch Dees 1971, 23). In Kap. 3.2.1.1 wurde bereits erwähnt, dass *cel* häufiger adnominal, *celui* häufiger pronominal zum Einsatz kommt. Die funktionale Komplementarität von *cel* und *celui* bestätigen auch die Daten von Pohoryles (1966) (cf. Tab. 3.18). Im Unterschied zur Verteilung der Einzelformen im *CIST*-Paradigma kündigen sich die Reallokationsprozesse der Demonstrativparadigmen in der funktionalen Verteilung der Einzelformen des *CIL*-Paradigmas im Altfranzösischen nur teilweise an. Zum einen bleibt *cil* als stärkste Form im Altfranzösischen im Neufranzösischen nicht erhalten, zum anderen tritt *cel(l)e*, das im modernen *celle* erhalten ist, vornehmlich als Determinierer auf. Die Form *celes*, auf die das moderne *celles* zurückgeht, taucht in Tab. 3.18 wiederum gar nicht auf. *Cex/ceux/çax*, das im modernen *ceux* erhalten ist, tritt als drittstärkste Form auf, und das ausschließlich in pronominaler Funktion, was der Reallokationsrichtung entspricht (cf. Tab. 3.18). *Celui* als Etymon des modernen *celui* findet sich als fünftstärkste Form, ebenfalls beinahe ausschließlich in pronominaler Funktion (cf. Tab. 3.18).

Was die Verteilung von *CE* betrifft, figuriert *ces* als häufigste Form in Determiniererfunktion, *ce* als zweithäufigste (cf. Tab. 3.18). Während *ce* ausschließlich als Determinierer vorliegt, ist der Gebrauch von *cis*, *ces* und *cez* entsprechend der Zählung von Pohoryles (1966) auch auf den pronominalen Bereich ausgedehnt (cf. Tab. 3.18). Der pronominale Gebrauch von *ces* und *cez* kann auf die graphische Konfusion mit *cez* aus *CIST* zurückgeführt werden, wie in Kap. 3.3.1.1 gesehen. In der Quantifizierung von Pohoryles (1966) fällt außerdem auf, dass die distanzneutralen Formen insgesamt am häufigsten als Determinierer eingesetzt werden (cf. Tab. 3.18). An zweiter Stelle figurieren die Formen des *CIL*-Paradigmas, während *CIST* erst an dritter Stelle auftaucht. Was den pronominalen Kontext betrifft, stellt *CIL* das mit sehr großem Abstand häufigste Demonstrativparadigma in pronominaler Funktion dar, was wiederum für die Markiertheit von *CIST* in dieser Position spricht, wie auch in der Besprechung von Tab. 3.17 gesehen.

Die Verteilungstendenzen der Einzelformen von *CIST* und *CIL*, die anhand der Quantifizierungen zu den Heldenliedern *Garin le Loheren* und *Gerbert de*

Tab. 3.19: Syntaktische Verteilung nach Einzelformen der Paradigmen CIST, CIL und CE (cf. Marchello-Nizia 1995, 150–151).[73]

CIST	PRO	D	CIL	PRO	D	CE	PRO	D
ceste	76	1248	cil	2065	253	ces-cez	110	444
cest	3	722	cele	463	712	ce	0	198
cist	77	161	celui	371	246	ciz-cis	1	26
cestui	63	76	cel	27	277	ice	0	4
icest	0	21	cels-ceus	300	1	icez	0	4
iceste	1	14	celi	69	1	ices	0	2
cesti	13	0	celes	43	1	icez	0	1
icist	4	5	icil	27	17			
cestes	1	4	icele	2	29			
icestui	0	5	icel	4	19			
			icels-iceus	10	2			
			icelui	0	7			
∑	238	2256	∑	3381	1565	∑	111	679

Metz in Tab. 3.18 festgestellt werden können, bestätigen sich auch in den Zählungen von Marchello-Nizia (1995, 150–151), wie Tab. 3.19 zeigt. Marchello-Nizia (1995) erhebt die Formen der Paradigmen CIST, CIL und CE aus 16 literarischen Texten unterschiedlicher narrativer Genres aus dem 12. und 13. Jahrhundert.[74] Wie schon in Tab. 3.18 gesehen, stellen ceste und cest auch in Tab. 3.19 die

---

73 Ebenso wie Pohoryles (1966, 113–114) unterscheidet Marchello-Nizia (1995, 150–151) nicht nur nach formalen, sondern auch nach syntaktisch-funktionalen Kriterien. So führt sie beispielsweise die Frequenzen von cil in Singular- und in Pluralfunktion oder von cez zur Determination maskuliner oder femininer Nomina getrennt auf. In Tab. 3.19 wurde diese Gliederung nicht übernommen. Es wurde ausschließlich nach formalen Kriterien unterschieden. So wurden beispielsweise alle Okkurrenzen der Form cil unabhängig von der singularischen oder pluralischen Ausrichtung zusammengefasst.
74 Es handelt sich um die *Chanson de Roland*, die *Voyage de saint Brendan*, den *Charroi de Nîmes*, den *Roman de Tristan* von Béroul, den *Tristan en prose*, die Romane *Erec*, *Cligès*, *Lancelot*, *Yvain* und *Perceval* von Chrétien de Troyes, *Ami et Amile*, den *Roman de la rose* in der Fassung von Jean Renart und in der Fassung von Guillaume de Lorris, die *Queste del saint Graal*, *La mort le roi Artu* und die *Récits d'un ménestrel de Reims* (cf. Marchello-Nizia 1995, 147–148). Zum Zwecke einer einfacheren Darstellung werden in Tab. 3.19 nicht die Werte für die Einzeltexte angegeben, sondern die Gesamtsummen der Formen für alle Texte aufgeführt.

häufigsten Formen des *CIST*-Paradigmas dar und treten beinahe ausschließlich in Determiniererfunktion auf. Die Zahlen von Marchello-Nizia (1995) bestätigen folglich die frühzeitigen Spezialisierungstendenzen von *ceste* und *cest* für die Determiniererfunktion. Die Formen *cist*, *cestui*, *cesti* und *cestes*, die im modernen System nicht erhalten bleiben, sind in ihren syntaktischen Präferenzen hingegen entweder weniger festgelegt, so *cist* und *cestui*, oder bevorzugen die pronominale Position, so *cesti* und *cestes* (cf. Tab. 3.19). Auch in der Verteilung der *CIL*-Formen entsprechen die Hierarchisierungen in etwa den Daten von Pohoryles (1966). So figurieren *cil* und *cele* als häufigste Formen des *CIL*-Paradigmas. *Cil* tritt vornehmlich pronominal auf, *cele* bevorzugt dagegen den adnominalen Kontext, allerdings nicht in so hohen Anteilen wie in Tab. 3.18 gesehen (cf. Tab. 3.19). Auch *celui*, *cels-ceus* und *celes*, die als Demonstrativpronomina im modernen Französischen erhalten sind, treten bevorzugt pronominal auf (cf. Tab. 3.19). Die Formen *cist* und *cestui* treten in niedrigeren Frequenzen in adnominaler Position auf als die jeweiligen formalen Pendants des *CIL*-Paradigmas *cil* und *celui*, auch wenn diese den adnominalen Gebrauch nicht präferieren.

Im Unterschied zu Tab. 3.18 stellt im Korpus von Marchello-Nizia (1995) *CIST* die häufigste Formenserie im adnominalen Gebrauch dar, *CIL* figuriert an zweiter Stelle, *CE* an letzter Position. Wie in Tab. 3.17 und Tab. 3.18 gesehen, weisen die Paradigmen *CIST* und *CE* eine ausgeprägte Spezialisierung für den adnominalen Gebrauch auf, mit einem neunfachen Anteil an adnominalem *CIST* im Vergleich zu pronominalem und einem sechsfachen Anteil an adnominalem *CE* im Vergleich zu pronominalem (cf. Tab. 3.19). *CIL* weist eine ausgeglichenere Relation zwischen adnominalen und pronominalen Okkurrenzen mit einem Verhältnis von 2,1:1 auf (cf. Tab. 3.19). Im pronominalen Funktionsbereich stellt das *CIL*-Paradigma in Tab. 3.19, wie in Tab. 3.18 gesehen, die mit großem Abstand häufigste Formenserie dar. Die Diskrepanzen zwischen Tab. 3.18 und Tab. 3.19, was die Häufigkeit der Formenparadigmen im adnominalen Kontext betrifft, lassen vermuten, dass die Verteilung der Demonstrativdeterminierer in stärkerem Maße von textsortenspezifischen und pragmatischen Faktoren gesteuert wird als im pronominalen Bereich. So kann die Häufigkeit von adnominalem *CE* in den Heldenliedern *Garin le Loheren* und *Gerbert de Metz* im Vergleich zu Tab. 3.19 als innovativer Charakter der sprachlichen Gestaltung gerade dieser beiden Texte gewertet werden. Sie lässt zudem vermuten, dass der hohe Anteil an distanzneutralen Formen typisch für die altfranzösischen Chansons de geste ist, die generell sprachlich innovativer sind als andere Texttypen.

Die Quantifizierungen der Einzelformen von *CIST* und *CIL* in Tab. 3.18 und Tab. 3.19 zeigen, dass einige Formen in deutlich höheren Anteilen in einem bestimmten syntaktischen Kontext zum Einsatz kommen als im anderen und somit bereits im Altfranzösischen eine syntaktische Spezialisierung aufweisen, wie *ceste*, *cest* und *cel* für den adnominalen Kontext sowie *cesti*, *cil*, *cels-ceus*, *celi* und *celes* für den pronominalen Kontext. Andere Formen zeigen wiederum ein ausgeglicheneres Verhältnis zwischen adnominalen und pronominalen Verwendungen, wie für *cist*, *cestui*, *cele* und *celui* gilt (cf. Tab. 3.19). Entsprechend den Daten in Tab. 3.19 sind *cestui* und *celui* folglich nicht in dem Maße auf den pronominalen Gebrauch festgelegt wie *cesti* und *celi*, was im Widerspruch zu den vielfach postulierten Vermutungen in der Forschung zum Altfranzösischen steht (cf. Kap. 3.3.1.1). Auch die Formen auf *i-* sind nicht in allen Varianten bevorzugt adnominal im Einsatz. Die durch *i-* verstärkten Formen, die genauso häufig oder häufiger pronominal zum Einsatz kommen, wie *icist*, *icil* und *icels/iceus*, sind mit Ausnahme von *icist* auch in der einfachen Variante im pronominalen Gebrauch frequenter, so *cil* und *cels/ceus* (cf. Tab. 3.19). In einigen Funktionsstellen treten die distanzneutralen *CE*-Formen in Konkurrenz zu den distanzmarkierten Formen. Während im Obliquus Singular des Maskulinums *ce* nur vor konsonantisch anlautenden Substantiven in Konkurrenz zu *cest* und *cel* tritt, führt die Entstehung von *ces* bereits im Altfranzösischen zur beinahe vollständigen Neutralisierung des Distanzkontrasts im Obliquus Plural des Maskulinums und im Plural des Femininums. So tritt bereits im Altfranzösischen beinahe ausschließlich *ces-cez* zur Determination maskuliner Substantive im Obliquus Plural und femininer Substantive im Plural ein. Die distanzmarkierten Pluralformen *cestes*, *cels-ceus* und *celes* sind daher beinahe ausschließlich im pronominalen Bereich zu finden (cf. Tab. 3.19).[75] Bereits im Altfranzösischen etabliert sich folglich in bestimmten Funktionsstellen eine formale Unterscheidung zwischen vornehmlich adnominalen und vornehmlich pronominalen Formen, wie Tab. 3.20 illustriert.

Mit dem Abbau der Kasusflexion, der das Demonstrativsystem seit dem ausgehenden 13. Jahrhundert erfasst, werden die Rectusformen *cist* und *cil*, in singularischer wie pluralischer Lesart, zunehmend verdrängt und schließlich vollständig vermieden (cf. Dees 1971, 119, 129, 135–136). Je nach Form und Kontext vollzieht sich der Abbau in unterschiedlichen Geschwindigkeiten und zu verschiedenen Zeitpunkten. Der Gebrauch von *cist* geht bereits in der zweiten Hälfte des 13. Jahrhunderts drastisch zurück (cf. Marchello-Nizia 1995, 157–159). Bis zur Mitte des 14. Jahrhunderts verschwindet *cist* dann vollständig aus dem adnominalen wie pronominalen Bereich (cf. Brunot/Bruneau 1949, 253; Dees 1971, 46; Giesecke 1880, 9–11; Marchello-Nizia, 1995, 157–159; 1979, 124–126; Wunderli 1980, 146). *Cil*, dessen Häufigkeit im Altfranzösischen bereits weitaus höher liegt

---

75 Trotz der Konfusion von proximalem *cez* und distanzneutralem *ces* ist *cez-ces* im Altfranzösischen noch nicht vollständig aus dem pronominalen Bereich verdrängt, wie die Zahlen in Tab. 3.18 und Tab. 3.19 zeigen.

Tab. 3.20: Adnominale und pronominale Demonstrativa im Altfranzösischen.[76]

		D		PRO	
		CIST	*CIL*	*CIST*	*CIL*
mask.	rec. sg.	cist	cil	cist	cil
		cis (vor K)			
	obl. 1 sg.	cest	cel	(cest)	(cel)
		ce (vor K)			
	obl. 2 sg.	cestui	celui	cestui	celui
	rec. pl.	cist	cil	cist	cil
	obl. pl.		(cels-ceus)	cez-ces	cels-ceus
		cez, ces			
fem.	rec. sg.	ceste	cele	ceste	cele
	obl. sg.	(cesti)	(celi)	cesti	celi
	rec./obl. pl.	(cestes)	(celes)	cestes	celes
		ces			

als die von *cist* (cf. Tab. 3.19), weist im Mittelfranzösischen und im 16. Jahrhundert noch einen regen Gebrauch auf. Dies gilt insbesondere für das singularische *cil* (cf. Marchello-Nizia 1979, 125–126; Wunderli 1980, 26–27). Im adnominalen Kontext tritt *cil* im 14. Jahrhundert nur noch vereinzelt auf und verschwindet im frühen 15. Jahrhundert vollständig (cf. Marchello-Nizia 1995, 159–162; 1979, 120–122; Wunderli 1980, 12–13). Im pronominalen Kontext ist es allerdings noch im 16. Jahrhundert lebendig und kommt in Lyrik wie Prosa häufig zum Einsatz, etwa bei DuBellay, Clément Marot, Lemaire de Belges, Ronsard und Montaigne (cf. Brunot/Bruneau 1949, 254; Giesecke 1880, 9–11; Gougenheim 1973, 76; Lardon/Thomine 2009, 129–130; Marchello-Nizia 1979, 124–126; Meyer-Lübke 1934, 200; Togeby 1974, 93; Wunderli 1980, 13–15). *Cil* vollzieht im Mittelfranzösischen folglich eine Spezialisierung für die pronominale Funktion, in der es bereits im Altfranzösischen in weitaus größeren Anteilen zu finden ist (cf. Tab. 3.18–3.19). Im Unterschied zum Altfranzösischen ist *cil* im Mittelfranzösischen nicht mehr auf die Subjektfunktion beschränkt (cf. Wunderli 1980, 13–14). Im 16. und 17. Jahr-

---

[76] Die Klammerung der Formen bedeutet, dass diese in der gegebenen Funktionsstelle zwar zu finden sind, aber eine niedrige Frequenz aufweisen, wie etwa *cest* und *cel* in pronominaler Funktion.

hundert tritt *cil* insbesondere in literarischen Texten auf und hat sowohl eine archaisierende als auch eine diatopische Konnotation (cf. Wunderli 1980, 13, 16). Aus diesem Grund missbilligt Malherbe den Gebrauch von *cil* im späten 16. und frühen 17. Jahrhundert (cf. Brunot/Bruneau 1949, 254). Auch im 18. Jahrhundert kritisiert Balzac den Gebrauch von *cil* als überholt und archaisch, was darauf schließen lässt, dass *cil* noch im 18. Jahrhundert in der Literatur zu finden ist (cf. Brunot/Bruneau 1949, 254).

Mit dem Abbau der Rectusformen im adnominalen Kontext nehmen die Gebrauchsfrequenzen der distanzneutralen Obliquusformen *ce* und *ces* stark zu und übertreffen die der distanzmarkierten Formen sogar (cf. Dees 1971, 138; Guillot-Barbance 2017, 290; Marchello-Nizia 1979, 120; Wunderli 1980, 160, 163). Nach dem Abbau der Kasusflexion konkurrieren distanzmarkierte und distanzneutrale Formen nur mehr im Singular des Maskulinums und des Femininums, wie Tab. 3.20 illustriert. Wie im Altfranzösischen und auch im modernen Französischen kommt *ce* ausschließlich vor konsonantisch anlautenden Nomina zum Einsatz (cf. Dees 1971, 137; Marchello-Nizia 1979, 120; Wunderli 1980, 17). *Cest* und *cel* sind komplementär dazu vornehmlich vor vokalisch anlautenden Nomina zu finden, treten aber auch zur Determination konsonantisch anlautender Nomina ein (cf. Marchello-Nizia 1979, 120; Wunderli 1980, 17, 147; Yvon 1951, 179). *Cest* und *cel* liegen im Mittelfranzösischen nur mehr im adnominalen Kontext vor, den beide Formen bereits im Altfranzösischen stark präferieren (cf. Tab. 3.18–3.19; cf. Wunderli 1980, 17, 147–148). Während *cest* im Mittelfranzösischen einen regen Gebrauch aufweist, bleibt der Einsatz von *cel* sehr selten und archaisch konnotiert (cf. Wunderli 1980, 17–19, 146). Aus diesem Grund wird adnominales *cel* im Mittelfranzösischen schließlich abgebaut, sodass vor vokalisch anlautenden maskulinen Nomina nur mehr *cest* zum Einsatz kommt (cf. Brunot/Bruneau 1949, 253; Dees 1971, 41–42, 138; Marchello-Nizia 1979, 121; Wunderli 1980, 17–19).

Die Formen *cestui* und *celui* sind im Mittelfranzösischen zahlreich im adnominalen wie pronominalen Kontext vertreten und weisen im Unterschied zu *cil* keine registerspezifischen Konnotationen auf (cf. Dees 1971, 145; Wunderli 1980, 18–20, 150–151). Mit dem Verlust der Kasusflexion und der schrittweisen Verdrängung der Rectusformen durch die Obliquusformen nimmt der Gebrauch von *cestui* und *celui* im Mittelfranzösischen im Vergleich zum Altfranzösischen sogar zu (cf. Giesecke 1880, 9–11). Auch im 16. Jahrhundert sind *cestui* und *celui* noch als Determinierer und Pronomen frequent (cf. Gougenheim 1973, 76–77; Lardon/Thomine 2009, 127, 130–131; Marchello-Nizia 1979, 121; Wunderli 1980, 18–20, 150). Der Gebrauch von pronominalem *cestui* übertrifft in einigen Texten sogar pronominales *celui* (cf. die Daten von Dees 1971, 140). Während adnominales *cestui* im 16. Jahrhundert als archaisch gilt und schließlich abgebaut wird, ist pronominales *cestui*, das im modernen französischen Standard nicht mehr fortbesteht, noch im 17. Jahrhundert zu finden, verschwindet dann aber weitgehend aus der Schriftlichkeit (cf. Brunot/Bruneau 1949, 252; Giesecke 1888, 12; Marchello-Nizia 1995, 166; Meyer-Lübke 1934, 200). Das Verschwinden von *cestui* kann auf normierende Einflüsse zurückgeführt werden. So weisen einflussreiche Sprachkritiker des späten 16. sowie des 17. Jahrhunderts, darunter Malherbe und Vaugelas, sowie die Académie Française *cettuy* als ungebräuchlich und altmodisch aus (cf. Brunot/Bruneau 1949, 252; Dees 1971, 142–142; Marchello-Nizia 1995, 166). Adnominales *celui* ist dagegen noch im 16. Jahrhundert als Determinierer gebräuchlich (cf. Brunot/Bruneau 1949, 254; Marchello-Nizia 1995, 166). Wie im Altfranzösischen tritt das plurale *ceus* nicht mehr adnominal auf, ist dafür jedoch in pronominaler Funktion häufig (cf. Wunderli 1980, 28). Da *ces-cez* im Mittelfranzösischen nicht mehr in pronominaler Funktion gebraucht werden und *cil* beinahe ausschließlich mit singularischer Funktion eingesetzt wird, stellt *cels* als Vorläufer des modernen *ceux* bereits im Mittelfranzösischen das typische Pronomen des Maskulinums Plural dar (cf. Wunderli 1980, 167).

Ceste und *cele* sind sowohl im adnominalen als auch im pronominalen Gebrauch zahlreich vertreten (cf. Wunderli 1980, 21, 158). In pronominaler Position wird *ceste* sogar bevorzugt, obwohl sich *cele* langfristig durchsetzt (cf. Dees 1971, 141). *Cele* tritt dagegen häufiger im adnominalen als im pronominalen Kontext auf und übertrifft im 14. Jahrhundert in einigen Texten überdies die Gebrauchsfrequenz von adnominalem *ceste*, das sich später wiederum als Determinierer durchsetzt (cf. Marchello-Nizia 1979, 122–123; Wunderli 1980, 23). Während adnominales *cele* im 14. Jahrhundert noch eine hohe Gebrauchsfrequenz aufweist, geht es im 15. Jahrhundert stark zurück, tritt jedoch noch im 16. Jahrhundert sporadisch als Determinierer auf, insbesondere in der für das 16. Jahrhundert typischen Wendung *à cele fin que* (cf. Dees 1971, 35–36, 138–139; Lardon/Thomine 2009, 130–131). Im *Heptaméron* von Marguerite de Navarre liegen etwa 595 Okkurrenzen von adnominalem *ceste* vor, jedoch nur eine Okkurrenz von adnominalem *cele*, wie Dees (1971, 151) feststellt. Das Gleiche gilt für die *Institution de la religion chrestienne* von Calvin, in der *ceste* in 313 Fällen adnominal eingesetzt wird, *cele* wiederum nur in drei Fällen (cf. Dees 1971, 151). Im 17. Jahrhundert gilt der Gebrauch von adnominalem *cele* dann sowohl als archaisch wie auch als *populaire*, so Brunot/Bruneau (1949, 254). Die Formen *cesti* und *celi* sind bereits im Altfranzösischen eher selten und verschwinden im Mittelfranzösischen gänzlich aus dem Demonstrativsystem (cf. Brunot/Bruneau 1949, 252; Marchello-Nizia 1995, 156; Wunderli 1980, 25–26, 158–159). *Cestes* tritt in den mittelfranzösischen Texten, wie auch im Altfranzösischen (cf. Tab. 3.19), nur sehr sporadisch auf, dann beinahe ausschließlich im pronominalen Kontext (cf. Marchello-Nizia 1979, 123, 127; Wunderli 1980, 159–160). *Celes* ist im adnomi-

Tab. 3.21: Adnominale und pronominale Demonstrativa im Mittelfranzösischen nach Wunderli (1980, 168).

		D		PRO	
		CIST	*CIL*	*CIST*	*CIL*
mask.	sg.	*cest* (vor V) *cestui*	(*cel* vor V) *celui*	*cestui*	*celui* *cil*
		ce (vor K)			
	pl.	*ces*		*ceus*	
fem.	sg.	*ceste*	*cele*	*ceste*	*celle*
	pl.	*ces*		(*cestes*)	*celles*

nalen Kontext nur vereinzelt vertreten, im pronominalen Kontext jedoch sehr gebräuchlich (cf. Marchello-Nizia 1995, 127; Wunderli 1980, 31–33). *Celes*, das Vorläufer vom modernen *celles* ist, ist folglich bereits im Mittelfranzösischen für den pronominalen Gebrauch spezialisiert und in der Funktionsstelle des Femininum Plural in pronominaler Funktion als einzige Form etabliert.

Das Demonstrativsystem des Mittelfranzösischen unterscheidet sich vom Demonstrativsystem des Altfranzösischen sowohl in seiner formalen als auch in seiner funktionalen Struktur. Durch den vollständigen Verlust von *cist*, adnominalem *cis* sowie von *cesti* und *celi* entsteht im Mittelfranzösischen zum einen ein reduziertes Formeninventar. Zum anderen breitet sich das funktionale Strukturprinzip der syntaktischen Spezialisierung aus, das durch die Entstehung von CE im Altfranzösischen erstmals in das Demonstrativsystem eingeführt wurde. Von der syntaktisch-positionellen Ausdifferenzierung sind im Mittelfranzösischen insbesondere die Formen betroffen, die wie in Tab. 3.20 gezeigt, bereits im Altfranzösischen eine bestimmte syntaktische Position stark präferieren. So werden *cest* und *cel*, die im Altfranzösischen bereits bevorzugt im adnominalen Kontext auftreten, im Mittelfranzösischen auf die Determiniererfunktion festgelegt, wie Tab. 3.21 illustriert. Die Formen *cil*, *cels*/*ceus* und *celes*, die den pronominalen Kontext präferieren, werden im Mittelfranzösischen bevorzugt in pronominaler Funktion eingesetzt, wie Tab. 3.21 zeigt. Eine Ausnahme stellt dagegen die Form *ceste* dar, die entsprechend den Daten von Pohoryles (1966) und Marchello-Nizia (1995) im Altfranzösischen den adnominalen Gebrauch stark präferiert, seine Präferenz für die adnominale Position im Mittelfranzösischen jedoch ablegt und gleichermaßen adnominal wie pronominal zum Einsatz kommt (cf. Tab. 3.21).

Mit dem Formenabbau schreitet im Mittelfranzösischen auch die Distanzneutralisierung im Demonstrativsystem voran. Während die Distanzmarkierung im Altfranzösischen die Regel darstellt, wird sie im Mittelfranzösischen zur Ausnahme, wie Tab. 3.21 illustriert. So liegen nur mehr in bestimmten Funktionsstellen distanzmarkierte Formenpaare vor, wie *cest* (D) und *cel* (D), *cestui* (D/PRO) und *cil* (PRO)/*celui* (D/PRO) im Maskulinum Singular sowie *ceste* (D/PRO) und *cele* (D/PRO) im Femininum Singular. Das Auftreten der Lokaladverbien *ci* und *là* als externe Modifizierer wird gemeinhin als Reaktion auf die zunehmende Neutralisierung des Distanzkontrasts betrachtet, so bei Dees (1971, 68), Guillot-Barbance (2017, 314), Togeby (1974, 94–95) und anderen. Die Lokaladverbien *ci* und *là* treten zwar bereits im Altfranzösischen zur lokaldeiktischen Spezifizierung und Verstärkung demonstrativischer Bezugnahmen auf, ihr Gebrauch nimmt Mitte des 14. Jahrhunderts jedoch stark zu (cf. Dees 1971, 68; Giesecke 1880, 12–13). Im 16. Jahrhundert wird der Gebrauch von *ci* und *là* zur Verstärkung pronominaler Demonstrativa, der im modernen Französischen als Default fungiert (cf. Kap. 2.3.2), von Seiten der Sprachgelehrten noch stark kritisiert, so etwa von Meigret, Estienne und Ramus (cf. Dees 1971, 144; Lardon/Thomine 2009, 144). Im späten 18. und frühen 19. Jahrhundert wird die Erweiterung der Demonstrativpronomina durch *ci* oder *là*, wenn kein anderer Modifikator vorliegt, dann obligatorisch (cf. Guillot-Barbance/Marchello-Nizia 2015, 96–97, 99).

Zuerst treten die distanzneutralen Determinierer *CE* und das distanzneutralisierte Pronomen *ceus* in Kombination mit den lokaldeiktischen Adverbien *ci* und *là* auf (cf. Dees 1971, 70–71, 73–74; Guillot-Barbance 2017, 314). Bereits seit dem 13. Jahrhundert werden die Formen *ce* (D), *ces* (D) und *ceus* (PRO) gleichermaßen sowohl durch *ci* als auch durch *là* modifiziert (cf. Dees 1971, 73; Marchello-Nizia 1979, 130; Wunderli 1980, 29–31, 162, 166). Die Konstruktionen *ce N ci-là*, *ces N ci-là* und *ceus ci-là* sind folglich schon gegen Ende der altfranzösischen Epoche gebräuchlich. Die distanzmarkierten *CIST*- und *CIL*-Formen finden sich dagegen erst ab Mitte des 14. Jahrhunderts vermehrt in Verbindung mit lokaldeiktischen Modifizierern, wie die Daten von Dees (1971, 71) in Tab. 3.22 zeigen. Mitte des 14. Jahrhunderts kommt es zum einen zu einer Konventionalisierung der semantisch kompatiblen Verbindungen der proximalen *CIST*-Formen mit dem proximalen Lokaladverb *ci*, so in *cest N ci*, *cestui (N) ci* und *ceste (N) ci*, sowie der distalen *CIL*-Formen mit dem distalen Lokaladverb *là*, wie *cel N là*, *celui là* sowie *cele (N) là* (cf. Dees 1971, 73). Zum anderen treten zu diesem Zeitpunkt zum ersten Mal Okkurrenzen der distanzmarkierten Formen mit dem jeweiligen semantisch inkompatiblen Modifizierer auf, so die *CIST*-Formen mit *là*, wie in *cest N là*, *cestui là* und *ceste (N) là*, und die *CIL*-Formen mit *ci*, wie *cel N ci*, sowie *cele (N) ci*. Die Frequenzen der inkompatiblen Verbindungen steigen dann im 15. Jahrhundert an, was auch zu einer Konventionalisierung führt (cf. Tab. 3.22) (cf. Dees 1971, 73).

Tab. 3.22: Modifikation der Demonstrativa *ci* und *là* nach Dees (1971, 72).[77]

	cest N		cel N		cestui (PRO)		celui (PRO)		ceste (N)		cele (N)	
	ci	la	ci	la	ci	la	ci	la	ci	la	ci	la
12. Jh.	2				1				1			
13. Jh.	2		2		2				5			6
14. Jh.	31	1	1	8	11			3	40			19
15. Jh.	44	4	3	1	36			22	64	25	1	2

Den Analysen von Wunderli (1980) zufolge unterscheiden sich die *CIST*-Formen und die *CIL*-Formen sowohl in der Häufigkeit, in der sie in Verbindung mit lokaldeiktischen Modifizierern auftreten, als auch in ihrer jeweiligen Vereinbarkeit mit den entsprechenden semantisch inkompatiblen Modifizierern. Demnach finden sich die *CIST*-Formen *cest*, *cestui* und *ceste* häufiger mit dem semantisch kompatiblen Modifizierer als die *CIL*-Formen (cf. Wunderli 1980, 20, 148–149, 152–153, 157–158). Dies bestätigen auch die Zahlen von Dees (1971, 72) (cf. Tab. 3.22). So tritt *cest* im 14. und 15. Jahrhundert bei Weitem häufiger in Verbindung mit *ci* auf als sein distales Pendant *cel* in Verbindung mit *là* (cf. Tab. 3.22) (cf. auch Marchello-Nizia 1979, 129). Auch *cestui ci* und *celui la* sowie *ceste (N) ci* und *cele (N) là* stehen in allen untersuchten Jahrhunderten in einem quantitativ äußerst asymmetrischen Verhältnis zueinander zugunsten von *cestui ci* und *ceste (N) ci*, wie die Werte in Tab. 3.22 zeigen. *Ceste (N) ci* ist insgesamt von allen lokaldeiktisch modifizierten Demonstrativa sogar am stärksten vertreten (cf. Tab. 3.22).

Das quantitative Ungleichgewicht zwischen lokaldeiktisch verstärktem *cest*, *cestui* und *ceste* und lokaldeiktisch verstärktem *cel*, *celui* und *cele* lässt darauf schließen, dass der Abbau der proximalen Markierung bei *CIST* bereits im Mittelfranzösischen und folglich früher einsetzt als bei *CIL* (cf. Wunderli 1980, 149, 153–154, 157–158). Dafür spricht zudem, dass das proximale *ci* im Mittelfranzösischen insgesamt weitaus häufiger als lokaldeiktischer Modifizierer eingesetzt wird als das distale *là*, wie die Untersuchungen von Dees (1971, 73–74) und Guillot-Barbance (2017, 318) zeigen. *Ci* ist dabei nicht nur in der Modifikation von *CIST*, sondern auch in der Modifikation von *CE* weitaus häufiger zu finden.

---

[77] Dees (1971, 72) unterscheidet in seinen Darstellungen sowohl nach Einzeltexten als auch nach der Position der Demonstrativa als Determinierer oder als Pronomen. Diese Differenzierungen wurden in Tab. 3.22 zum Zwecke der Übersichtlichkeit nicht übernommen.

In den *Miracles de Nostre-Dame* aus dem 14. Jahrhundert erhebt Dees (1971, 73–74) beispielsweise 134 Vorkommen von *ce N ci* und 31 von *ces N ci*, aber nur 26 Okkurrenzen von *ce N là* und drei von *ces N là*. Der hohe Anteil von *ci* kann darauf zurückgeführt werden, dass die nominalen Formen *cest*, *cestui* und *ceste* keine proximale Verortung mehr leisten können und daher das adverbiale *ci* verstärkt als Modifikator zum Einsatz kommt. Der niedrige Anteil von *là* lässt dagegen darauf schließen, dass die Formen *cel*, *celui* und *cele* für eine distale Verortung ausreichen und folglich keine Modifikation durch *là* zur distalen Markierung notwendig ist. Für die Distanzneutralität von *cest*, *cestui* und *ceste* spricht weiterhin, dass sie weitaus häufiger mit dem semantisch inkompatiblen *là* auftreten als *cel*, *celui* und *cele* mit *ci*, wie Tab. 3.22 zeigt (cf. auch Dees 1971, 140). Am stärksten sind die Frequenzunterschiede zwischen *cestui là*, das im 15. Jahrhundert in insgesamt 22 Okkurrenzen zu finden ist, und *celui ci*, das nicht nur im Untersuchungskorpus von Dees (1971) in keiner Okkurrenz belegt ist, sondern bisher in keinem Text erhoben werden konnte (cf. Dees 1971, 69–70; Wunderli 1980, 21). Auch *ceste là* mit 25 Okkurrenzen im 15. Jahrhundert erweist sich als weitaus häufiger als *cele ci* mit nur einer Okkurrenz (cf. Tab. 3.22) (cf. Wunderli 1980, 24–25).

Die Kontrastpaare *cest* und *cel*, *cestui* und *celui* sowie *ceste* und *cele* sind somit nicht entsprechend einer Distanzopposition strukturiert, sondern unterscheiden sich in ihrer grundsätzlichen lokaldeiktischen Markiertheit. Während die Formen *cest*, *cestui* und *ceste* lokaldeiktisch unmarkiert sind, weisen *cel*, *celui* und *cele* eine distale Markierung auf (cf. Wunderli 1980, 169). Die Distanzneutralität der *CIST*-Formen lässt sich auch an der referentiellen Funktionalität der Formen im Mittelfranzösischen ablesen. Während die *CIST*- und *CIL*-Formen im Altfranzösischen bei der Bezugnahme auf physische und nicht-physische Räume weitgehend komplementär verteilt werden, wie in Kap. 3.3.1.2 gesehen, treten *cest*, *cestui* und *ceste* im 14. Jahrhundert verstärkt in Verbindung mit raumzeitlichen Begriffen zur Bezugnahme auf Zeiten und Räume ein, die nicht mit dem Sprechort oder der Sprechzeit übereinstimmen (cf. Guillot-Barbance 2017, 296–300). Dies spricht wiederum für den Verlust der Distanzmarkierung der *CIST*-Formen. Ab dem 14. Jahrhundert finden sich zwar auch *CIL*-Formen zur Bezugnahme auf origo-inklusive Orte, jedoch insgesamt in niedrigerer Frequenz (cf. Guillot-Barbance 2017, 310–312).

Buridant (2000, 129) und Marchello-Nizia (1995, 170–171) zufolge fungieren die lokaldeiktischen Verstärker *ci* und *là* im Mittelfranzösischen als Ersatz für das Intensivierungspräfix *i-*, das im Altfranzösischen zur Verstärkung der Demonstrativformen eingesetzt wird. In der Tat nimmt der Gebrauch der mit *i-*präfigierten Formen ab der zweiten Hälfte des 13. Jahrhunderts kontinuierlich ab, wie Mathews (1907, 108–109) und Togeby (1974, 91) darlegen. Der Rückgang der Gebrauchsfrequenz der *i*-Formen spiegelt sich auch im Formeninventar des Mittelfranzösischen wider. So liegt im Mittelfranzösischen nicht für jede Demonstrativform eine durch *i*- präfigierte Variante vor, wie es im Altfranzösischen der Fall war. Vielmehr sind nur mehr vier durch *i*- verstärkte Formen im Gebrauch, das maskuline *icelui* und das feminine *icelle* im Singular, das maskuline *iceux* und das feminine *icelles* im Plural (cf. Wunderli 1980, 178–187). Auffällig ist, dass die bestehenden Formen allesamt aus dem *CIL*-Paradigma stammen (cf. auch Marchello-Nizia 1979, 132), obwohl die Formen der *CIL*-Serie im Altfranzösischen nicht bedeutend häufiger durch *i*- verstärkt werden als die *CIST*-Formen (cf. Tab. 3.19). Alle *i*-Formen des Mittelfranzösischen (*icelui, iceux, icelle, icelles*) sind in ihrer syntaktisch-positionellen Distribution frei, sie können also gleichermaßen adnominal wie pronominal eingesetzt werden (cf. Wunderli 1980, 178–186). Das System der *i*-Formen unterscheidet sich schließlich in seiner formalen Vielfalt und dem syntaktischen Verhalten der einzelnen Formen maßgeblich vom System der nicht verstärkten Demonstrativa, da das Formeninventar auf vier syntaktisch-positionell nicht spezialisierte Formen reduziert ist (cf. Wunderli 1980, 189).

Der Frequenzanstieg der lokaldeiktischen Verstärker *ci* und *là* kann schließlich auch mit dem reduzierten Formeninventar der *i*-Serie in Verbindung gebracht werden, das nur mehr für die Formen *celui, celle, ceux* und *celles* verstärkte Formen zur Verfügung stellt, während *ci* und *là* zur Verstärkung aller Demonstrativformen eingesetzt werden können. Dafür spricht weiterhin, dass die *i*-Formen nicht in Kombination mit den lokaldeiktischen Adverbien *ci* und *là* auftreten, wie Wunderli (1980, 179, 183, 187) für *icelui, icelle, iceux* und *icelles* feststellt. Die Inkompatibilität der *i*-Formen mit den lokaldeiktischen Verstärkern kann auch auf die diskurspragmatischen Werte der *i*-Formen zurückgeführt werden. So weisen die *i*-Formen eine feierliche, distanzsprachliche Konnotation auf und finden sich insbesondere in der Verwaltungs- und Rechtssprache wieder (cf. Dees 1971, 150, 152; Marchello-Nizia 1979, 132–133; Lardon/Thomine 2009, 140–141; Togeby 1974, 91; Wunderli 1980, 180, 183, 185). In dieser Funktion kommen die Formen *icelui, icelle, iceux* und *icelles* noch im 16. und 17. Jahrhundert zum Einsatz (cf. Lardon/Thomine 2009, 140–141; Wunderli 1980, 182, 184). So treten sowohl bei Du Bellay, Marot, Malherbe, Marguerite de Navarre, Rabelais und Calvin im 16. Jahrhundert als auch bei Racine und Voltaire im 17. Jahrhundert noch durch *i*- präfigierte Demonstrativa auf (cf. Brunot/Bruneau 1949, 254; Dees 1971, 146–150; Gougenheim 1973, 76; Lardon/Thomine 2009, 141; Togeby 1974, 91). In der Rechtssprache sind die *i*-Formen sogar noch im 18. Jahrhundert gebräuchlich (cf. Buridant 2000, 130; Togeby 1974, 91). Aufgrund der diskurspragmatischen Markierung als Formen der Rechts- und Verwaltungssprache wird der Einsatz von *icelui, icelle, iceux* und *icelles* trotz des Gebrauchs bei namhaften Autoren vielerorts von Grammatikern kritisiert, so von Meigret und Ramus im 16. Jahrhundert sowie von Vaugelas im 17. Jahrhundert (cf. Brunot/Bruneau 1949, 254; Dees 1971, 140).

Während die *i*-Formen im Altfranzösischen und bis zum 14. Jahrhundert als emphatische Determinierer zur Topikalisierung eingesetzt werden, insbesondere von Objektkonstituenten und am Satzanfang, werden sie im 15. Jahrhundert zunehmend in den pronominalen Funktionsbereich verdrängt (cf. Marchello-Nizia 1995, 170). Der Abbau der *i*-Formen wird entsprechend Marchello-Nizia (1995, 170) von der Ausbreitung der lokaldeiktischen Adverbien *ci* und *là* gefördert, die als funktional äquivalent zu den *i*-Formen betrachtet werden können. Auf syntaktischer Ebene bedeutet die Ersetzung der *i*-Formen durch die lokaldeiktischen Adverbien *ci* und *là* eine Verschiebung des intensivierenden Elements von der initialen Position der Demonstrativform und somit am Anfang des Demonstrativsyntagmas im Falle der *i*-Formen zu einer finalen Stellung am Ende des Demonstrativsyntagmas, wie bei *celui ci-là*, oder gar vollständigen Dissoziation von der zugeordneten Demonstrativform, wie bei demonstrativen Kennzeichnungen, etwa in der Folge *ce N ci-là*. Die Ersetzung der *i*-Formen durch die lokaldeiktischen Verstärker scheint somit auch mit dem Verlust des Wortakzents und der Entstehung eines Systems mit einem finalen Wortgruppenakzent im Mittelfranzösischen in Zusammenhang zu stehen (cf. Marchello-Nizia 1995, 171). Da in den Akzentphrasen, die fortan die prosodische Struktur des Französischen bestimmen, der Hauptakzent auf der letzten betonbaren Silbe der Wortgruppe liegt, verlieren Demonstrativa in adnominaler Position mit dem Verlust des Wortakzents ihre Betonbarkeit. Der Hauptakzent kann nämlich nicht auf das Demonstrativum entfallen, sondern muss auf der letzten betonbaren Silbe des Nominalkomplements realisiert werden. Da die lokaldeiktischen Modifizierer *ci* und *là* die finale Position in Demonstrativsyntagmen einnehmen, liegen sie im Unterschied zum Intensiviererpräfix *i-* direkt unter dem Hauptakzent (cf. Guillot-Barbance/Marchello-Nizia 2015, 99; Marchello-Nizia 1995, 172).[78] Auch die Verdrängung von adnominalem *cestui* und *celui* im Laufe des 16. und 17. Jahrhunderts steht in Zusammenhang mit dem Wandel der prosodischen Struktur des Französischen. Da diese Formen grundsätzlich betont werden, können sie nur mehr in pronominaler Position unter dem Akzent stehen (cf. Kap. 3.3.1.1) (cf. Marchello-Nizia 1995, 171–172).

---

78 Boucher (2003, 60, 64) vermutet, dass die Demonstrativdeterminierer im Zuge der Klitisierung sogar ihren demonstrativen Wert verlieren und die demonstrative Funktion auf die Lokaladverbien *ci* und *là* übertragen wird. Dagegen spricht jedoch, dass die lokaldeiktische Modifikation weder bei den adnominalen noch bei den pronominalen Formen obligatorisch ist und die Formen auch ohne lokaldeiktische Modifikation demonstrativen Wert besitzen.

Tab. 3.23: Adnominale und pronominale Demonstrativa im 16. und 17. Jahrhundert (nach Gougenheim 1973; Lardon/Thomine 2009; Wunderli 1980).

		D		PRO	
		CIST	*CIL*	*CIST*	*CIL*
mask.	sg.	*cest* (vor V)	*celui*	*cestui*	*celui*
		ce (vor K)			*cil*
	pl.	*ces*		*ceus*	
fem.	sg.	*ceste*	(*celle*)	*ceste*	*celle*
	pl.	*ces*		*celles*	

Im Mittelfranzösischen findet schließlich eine weitere Reduktion des Formeninventars statt. Durch den starken Rückgang von *celle* als Determinierer im 15. Jahrhundert werden die *CIL*-Formen beinahe vollständig aus dem adnominalen Funktionsbereich verdrängt. So ist *celle* im 16. und 17. Jahrhundert nur noch sporadisch als Determinierer zu finden. Dees (1971, 49) führt den Abbau der *CIL*-Formen in adnominaler Position auf die syntaktische Spezialisierung der *CIL*-Formen als Demonstrativpronomina zurück, die nach Dees (1971, 49) Mitte des 14. Jahrhunderts einsetzt und bis zum Ende des 15. Jahrhunderts abgeschlossen ist. Da sich *celui* auch im 16. und 17. Jahrhundert noch häufiger in adnominaler Position wiederfindet, scheint der Prozess der Pronominalisierung der übrigen *CIL*-Formen Ende des 15. Jahrhunderts noch nicht zum Abschluss gekommen zu sein. Aus dem adnominalen Funktionsbereich wird bis zum 16. Jahrhundert zudem die Form *cestui* verdrängt, was eine weitere Reduktion des Formeninventars zur Folge hat, wie Tab. 3.23 illustriert. Im pronominalen Funktionsbereich kommt es im Mittelfranzösischen darüber hinaus zum Abbau des archaischen *cil* und des selten zum Einsatz kommenden *cestes*. Während die *CIL*-Formen zunehmend aus dem adnominalen Funktionsbereich verdrängt werden, bleiben die *CIST*-Formen *cestui* und *ceste* im pronominalen Kontext im 16. und 17. Jahrhundert quantitativ stark vertreten und somit als Konkurrenzformen von *celui* und *celle* zunächst bestehen, wie Tab. 3.23 zeigt (cf. Dees 1971, 49).

Auch wenn *cestui* und *ceste* im 17. Jahrhundert noch als Pronomen, *celui* noch als Determinierer eingesetzt werden, entspricht das Inventar der adnominalen und der pronominalen Demonstrativa bereits der modernen Gestalt, da alle vom modernen System abweichenden Formen archaisch konnotiert sind (cf. Guillot-Barbance/Marchello-Nizia 2015, 99; Soutet 1992, 136). Dees (1971, 143, 155) führt den vollständigen Abbau von pronominalem *cestui* und *ceste*

Tab. 3.24: Adnominale und pronominale Demonstrativa im 17. Jahrhundert (nach Wunderli 1980, 168).

		D	PRO
mask.	sg.	cet (vor V), ce (vor K)	celui
	pl.	ces	ceus
fem.	sg.	cette	celle
	pl.	ces	celles

zugunsten von *celui* und *celle* auf dezidierte Standardisierungs- und Normierungsbestrebungen im 17. Jahrhundert und den sprachlichen Vorbildcharakter des Pariser Französischen der *honnêtes gens* zurück. Das Demonstrativsystem des modernen Französischen unterscheidet sich vom System des 17. Jahrhunderts schließlich durch eine weitere Reduktion des Formeninventars. Während *cil* und *cestui* vollständig aus dem Demonstrativsystem verschwinden, erfahren *celui* und *ceste* eine syntaktische Spezialisierung. *Celui* wird wie alle Formen, die aus dem *CIL*-Paradigma fortbestehen, als Demonstrativpronomen reanalysiert, *ceste* wiederum, wie alle Formen, die aus dem *CIST*-Paradigma erhalten sind, als Demonstrativdeterminierer. Infolgedessen liegen im modernen Französischen in adnominaler Funktion, mit Ausnahme von *ce* und *ces*, nur mehr Formen vor, die auf das altfranzösische *CIST*-Paradigma zurückgehen, in pronominaler Funktion nur mehr Formen, die aus dem altfranzösischen *CIL*-Paradigma entstehen, wie Tab. 3.24 zeigt (cf. auch Kap. 1 & Kap. 3.2.2.1).

In der Geschichte des französischen Demonstrativsystems vollzieht sich schließlich ein Wandel von einem semantisch organisierten zweigliedrigen System mit einer proximalen (*CIST*) und einer distalen Formenserie (*CIL*) zu einem syntaktisch organisierten zweigliedrigen System mit einem adnominalen (*ce*, *cet*, *cette*, *ces*) und einem pronominalen Paradigma (*celui*, *celle*, *ceux*, *celles*). Dieser Wandel verläuft auf zwei verschiedenen Ebenen und hat zwei verschiedene Ergebnisse zur Folge. Auf semantisch-pragmatischer Ebene besteht er im Abbau eines funktionalen Kontrastes. Die modernen Formen sind nicht mehr proximal und distal markiert. Diese Werte können heute nur mehr mittels Modifikation durch die Adverbien *ci* und *là* zum Ausdruck gebracht werden, was bis heute fakultativ geblieben ist. Die lokaldeiktischen Verstärker kompensieren den Verlust der proximalen und distalen Markierungen am Demonstrativum folglich nicht vollständig. Auf syntaktischer Ebene besteht der Wandel wiederum in der Etablierung einer funktionalen Opposition zwischen der adnominalen und der pronominalen Funktion.

Auf der einen Seite erfahren die Demonstrativformen in der Geschichte des Französischen also eine Einschränkung der syntaktischen Distributionsmöglichkeiten, da sie auf eine syntaktische Position festgelegt werden, zum anderen eine Erweiterung ihrer semantischen Distributionsmöglichkeiten. Die Selektion einer Form des einen oder anderen Demonstrativparadigmas vollzieht sich im modernen Französischen allein anhand satzstruktureller Kriterien und ist daher nicht verhandelbar. Die Formenauswahl wird ausschließlich danach bestimmt, ob eine nominale Kennzeichnung ergänzt werden soll oder nicht, was wiederum von textstrukturellen Kriterien abhängt. Der semantisch-pragmatisch bestimmte Verteilungsmechanismus der proximalen und distalen Formen, wie er im Altfranzösischen vorliegt, erlaubt dagegen eine Selektion, die durch eine ganze Reihe verschiedener Kriterien motiviert werden kann und somit als distributionell freier erscheint, wie in Kap. 3.3.1.2 gesehen. Der Wandel von einer semantisch-funktionalen Komplementarität von *CIST* und *CIL* zu einer syntaktisch-funktionalen geht folglich auch mit einem Abbau an Freiheit in der Distribution einher und kann daher als Grammatikalisierung betrachtet werden (cf. auch Marchello-Nizia 2006c, 234).

Aus diachroner Perspektive steht das Determiniererparadigma des modernen Französischen, mit Ausnahme der distanzneutralen *CE*-Formen, schließlich in direkter Filiation zum proximalen *CIST*-Paradigma des Altfranzösischen. Die pronominale Formenserie geht komplementär dazu direkt auf das distale *CIL*-Paradigma des Altfranzösischen zurück. Die Reallokationsrichtung der einzelnen Paradigmen kann nur bedingt an der Globalfrequenz oder der Frequenz der Einzelformen abgelesen werden. So tritt *CIST* zwar insgesamt deutlich häufiger adnominal als pronominal auf, *CIL*, das insgesamt eine ausgewogenere Verteilung aufzeigt, erreicht jedoch auch bedeutende Anteile in Determiniererfunktion. Einzelne Formen aus *CIST* und *CIL* weisen darüber hinaus aus der Perspektive der Diachronie konträre Präferenzen auf, so *cel*, das sich auf die adnominale Funktion spezialisiert, oder *cestui*, das sich auf den pronominalen Gebrauch festlegt. Wie in Kap. 3.2.2.2 für das Lateinische gesehen, zeichnen sich die diachronen Entwicklungsmuster nicht zwangsläufig in den Frequenzverhältnissen früherer Sprachstadien ab. Frequenzanstiege oder -abstiege können daher nicht als Grund für Sprachwandel betrachtet werden, sondern stellen vielmehr einen Effekt des Sprachwandels dar. Da die strukturellen Motivationen der historischen Verschiebungen in diesem Abschnitt eine untergeordnete Rolle gespielt haben, beleuchtet Abschnitt 3.3.2.2 im Anschluss die Entwicklung des altfranzösischen Demonstrativsystems aus sprachwandeltheoretischer Perspektive.

3.3.2.2 Sprachwandeltheoretische Perspektivierung

Wie in Kap. 3.3.2.1 gezeigt, betreffen die Reallokationsprozesse, die zur Entstehung des neufranzösischen Demonstrativsystems geführt haben, nicht alle Formen zum gleichen Zeitpunkt, erstrecken sich über mehrere Jahrhunderte und verlaufen zum Teil nicht in einem kontinuierlichen Rhythmus ab. Der Wandel setzt vermutlich mit der Entstehung der *CE*-Formen ein, da diese die Prinzipien Distanzneutralität und syntaktische Spezifiziertheit in das altfranzösische Demonstrativsystem einführen und auf diese Weise als Katalysator der Reorganisation im weiteren Verlauf der historischen Entwicklung fungieren. Der Abbau der semantischen und der Aufbau der syntaktischen Opposition verlaufen nicht parallel, je nach Form geht der Abbau der lokaldeiktischen Markierung der syntaktischen Spezialisierung vorauf oder umgekehrt. So zeigt das Formenpaar *cest-cel* im Mittelfranzösischen eine syntaktische Spezialisierung für die adnominale Funktion, die semantische Opposition bleibt jedoch zunächst bestehen. *Cest* verliert seine proximale Markierung dann im 14. Jahrhundert, während *cel* distal markiert bleibt und schließlich abgebaut wird. Die Formenpaare *ceste-celle* sowie *cestui-celui* verlieren wiederum zuerst ihre lokaldeiktische Markierung und werden dann syntaktisch reorganisiert. Im Unterschied zu den übrigen *CIST*-Formen wird *cestui* als Pronomen reanalysiert, aus dieser Funktion jedoch von *celui* verdrängt und verschwindet daraufhin vollständig aus dem System (cf. Kap. 3.3.2.1).

Die Entwicklungsgeschichte von *cel* und *cestui* zeigt, dass die Spezialisierungsrichtung der *CIST*-Formen nicht von vornherein auf die adnominale Funktion festgelegt ist, die der *CIL*-Formen im Gegenzug nicht auf die pronominale Funktion. Der Verdacht liegt daher nahe, dass die syntaktische Ausdifferenzierung der Einzelformen als Determinierer oder Pronomen nicht von vornherein durch die paradigmatische Zugehörigkeit zum *CIST*- oder *CIL*-Paradigma konzeptuell vorbestimmt ist, wie es aus der Perspektive des modernen Französischen erscheinen mag, und wie auch Kleiber (1985) postuliert (cf. Kap. 3.3.2.1), sondern nur eine mögliche Entwicklungsrichtung darstellt, wie etwa Heinemann (2010, 98, 106, 112) vermutet. Dass die Ordnung des modernen Französischen mit den aus dem *CIST*-Paradigma ererbten Formen in Determiniererfunktion und den Formen aus dem *CIL*-Paradigma in pronominaler Funktion nicht teleologisch vorgezeichnet ist, sondern nur die Realisierung eines Entwicklungsweges aus einer Reihe alternativer Möglichkeiten darstellt, wird umso deutlicher, wenn man die diatopische Variation der Demonstrativsysteme innerhalb des *langue d'oïl*-Raumes berücksichtigt (cf. auch Heinemann 2010, 98; Price 1969, 490).

Während die *CIST*-Formen im Standardfranzösischen aus dem pronominalen Bereich verdrängt werden, die *CIL*-Formen wiederum aus dem adnominalen

Bereich, wird in den diatopischen Varietäten der *langue d'oïl* häufig eine andere Auswahl getroffen, wie die Inventarisierung dialektaler Demonstrativparadigmen nach den Daten von Krayer-Schmitt (1953) in Tab. 3.25 und Tab. 3.26 zeigt (cf. auch Price 1969, 490). Während im Standardfranzösischen adnominales und pronominales *cestui* abgebaut wird, wie in Kap. 3.3.2.1 gesehen, bleibt es etwa im *parler populaire* von Paris in der Form *sti-ci/là* aus *cestui-ci/là* neben *sui-ci* und *sui-là* aus *celui-ci/là* erhalten, wie bereits Brunot/Bruneau (1949, 252) zeigen. Auch in diatopischen Varietäten der Provinzen ist *cestui* in den 1950er Jahren noch präsent, so unter anderem in der Form *stü* in der Champagne und in der Franche-Comté im adnominalen wie pronominalen Gebrauch, in der Pikardie in der Form *šti* ausschließlich im pronominalen Gebrauch (cf. die Daten von Krayer-Schmitt 1953, 49, 69–70, 77–78 in Tab. 3.25 & Tab. 3.26). Ebenso ist in der Normandie, in der Bourgogne und in der Champagne *ceste* in der Form *ste* noch im pronominalen Gebrauch zu finden (cf. Krayer-Schmitt 1953, 55, 67, 70).

In den meisten Gebieten sind in adnominaler Funktion, wie im Standardfranzösischen, nur Formen aus dem *CIST*-Paradigma und distanzneutrale Formen zu finden, die auf beide Paradigmen zurückgeführt werden können, wie bei *ce*, *ces* und *cis* gesehen, so in der Wallonie, in der Normandie, in Lothringen, in der Bourgogne, in der Champagne, in der Pariser Volkssprache und im Dialekt von Le Mans (cf. die Daten von Krayer-Schmitt 1953, 35–36, 53, 59, 66–67, 69–71, 73, 75–76 in Tab. 3.25 & Tab. 3.26). In der Pikardie, im Mâconnais und in der Franche-Comté liegen in adnominaler Funktion neben den *CIST*-Formen und den distanzneutralen Formen auch Formen aus dem *CIL*-Paradigma vor (cf. die Daten von Krayer-Schmitt 1953, 41–42, 68, 72–73, 77–79 in Tab. 3.25 & Tab. 3.26). Im pronominalen Funktionsbereich treten in den meisten Dialekten *CIST*-Formen, *CIL*-Formen und distanzneutrale Formen auf, die beiden Paradigmen zugeordnet werden können, so in der Pikardie, in Lothringen, im Mâconnais, in der Champagne, in der Pariser Volkssprache, im Dialekt von Le Mans und in der Franche-Comté (cf. die Daten von Krayer-Schmitt 1953, 37–38, 49–50, 54–55, 60–63, 67, 70–73, 75–76, 78–79 in Tab. 3.25 & Tab. 3.26). In der Wallonie, in der Normandie, in der Bourgogne, in der Bretagne und im Dialekt von Anjou sind dagegen nur *CIST*-Formen und distanzneutrale Formen in pronominaler Funktion zu finden (cf. die Daten von Krayer-Schmitt 1953, 74 in Tab. 3.25 & Tab. 3.26). Im Mâconnais treten wiederum nur *CIL*-Formen und das distanzneutrale *ces* in pronominaler Funktion auf (cf. Krayer-Schmitt 1953, 68).

Die Daten in Tab. 3.25 und Tab. 3.26 zeigen, dass *CIST*- und *CIL*-Formen nur in wenigen Kontexten in direkter Konkurrenz zueinanderstehen. In den Systemstellen Maskulinum Singular und im Femininum Singular im adnominalen wie im pronominalen Bereich kommt es am häufigsten zu Konkurrenzsituationen, so in adnominaler Funktion in der Pikardie im Maskulinum, in der Franche-Comté

Tab. 3.25: Adnominale und pronominale Demonstrativa in den nordfranzösischen Dialekten (cf. Krayer-Schmitt 1953, 34–79) (Gruppe 1).[79]

D		Wallonie CIST	Wallonie CIL	Pikardie CIST	Pikardie CIL	Normandie CIST	Normandie CIL	Lothringen CIST	Lothringen CIL	Bourgogne CIST	Bourgogne CIL	Mâconnais CIST	Mâconnais CIL
mask.	sg.	st, sit, sist		šet, š't	šel, š'l	süt		s't		st			c'l
		s, si, sis		še			sü		s(e)		s		çu
	pl.	se, sez, cis		šez		se, sez		ses, cis, ças			se(z)	k.A.	k.A.
fem.	sg.	sist, ste, set, sit, s't			šel	ste		cet(e), cit, c'te, c't		stœ			c'le, cela, celœ
	pl.	sis, s(e), si			šez		se, sez		ses, cis, ças		se(z)	c'tes	ces
		ste											

PRO		CIST	CIL	CIST	CIL	CIST	CIL	CIST	CIL	CIST	CIL	CIST	CIL
mask.	sg.	s(i)ti		šti	šele	sti		set, sit, sti(l), çut	sül, sil, cel	stü	ste		celeu
		si, sis						sü, si, se					
	pl.	seti						seste, setes, set, sit	sels, sul, sals, sül	ste			celes, cœles
		se, si, sis		šœ		sœ, šœ		su, sis		sœ			ces

3.3 Demonstrativa vom Altfranzösischen zum modernen Französischen — 331

sg.	siste, ste, set, sti	šet	šele	ste	set	sel	celœ, cœle
	sis, si		šele		k.A.	k.A.	celes, cœles
pl.	ses, sis			sœ, šœ	k.A.	sœ	ces
fem.							

---

79 Da Krayer-Schmitt (1953) kein einheitliches Notationssystem verwendet, ist die Notation in Tab. 3.25 und Tab. 3.26 uneinheitlich und teilweise phonologisch, teilweise orthographisch orientiert. Krayer-Schmitt (1953) ordnet in ihrer Inventarisierung der Demonstrativformen in den nordfranzösischen Dialekten die meisten Formen, die in Tab. 3.25 und Tab. 3.26 als beiden Paradigmen angehörig ausgewiesen sind, dem *CIST*-Paradigma zu. Entsprechend den Darstellungen in Kap. 3.3.1.1 interpretiere ich Formen, die wie s' und se weder ein -t, das eine eindeutige Zuordnung zum *CIST*-Paradigma ermöglichen würde, noch ein -l als eindeutige Markierung des *CIL*-Paradigmas aufweisen, als distanzneutral und potentiell beiden Serien zugehörig. Da Krayer-Schmitt (1953) in einigen Dialekten /œ/ als Variante von /e, ə/ anführt und in Tab. 3.25 und Tab. 3.26 phonologische Notationskonventionen überwiegen, ordne ich zudem Formen, die wie *ceusse* oder *sœ* dementsprechend als lautliche Varianten von <ces/cez> und <ceus> betrachtet werden können, als distanzneutral ein.

Tab. 3.26: Adnominale und pronominale Demonstrativa in den nordfranzösischen Dialekten (cf. Krayer-Schmitt 1953, 34–79) (Gruppe 2).

		Champagne		Paris		Bretagne		Südwesten Anjou		Le Mans		Franche-Comté	
D		CIST	CIL	CIST	CIL	CIST	CIL	CIST	CIL	CIST	CIL	CIST	CIL
mask.	sg.	ste, stü, stœ, sto, st		çte		s(e)t		k.A.	k.A.	ste, st'		stü, stœ, st	stü, slü, sl
	pl.		s'		ç, ce		se	k.A.	k.A.		s'		sle
fem.	sg.	ste, stü, stœ, sto, st	se	ste, st'	ce, cez	ste, set	se(z)	cete		ste, st'	se(z)	ste, st, sto, stœ,	se
	pl.		se		ce, cez		se(z)	k.A.	k.A.		se(z)	ste	ces
PRO		CIST	CIL	CIST	CIL	CIST	CIL	CIST	CIL	CIST	CIL	CIST	CIL
mask.	sg.	sti, stü		sti, ste	çlui, çui, sti			c'ti		sti	cli	stü	slü
	pl.	stœ	ceuss			sœt	sœz		ceuse, cêse, ceusse	stœ, sœt	syœ, sœz	ste	sle

Nebenform: *sœ, sa* (Franche-Comté CIL, PRO mask. pl.)

3.3 Demonstrativa vom Altfranzösischen zum modernen Französischen

fem.	**sg.**	ste	celle	set	cette, c(e)ti, cetelle	ste	ceule	ste, sto	slo
	pl.		celles	k.A.	sœt	ceuse, cèse, ceusse	ces	ste	sle
			k.A.	k.A.	sœz			sœ, sa	

wiederum im Maskulinum und im Femininum, in pronominaler Funktion in der Pikardie, in Lothringen, in Le Mans und in der Franche-Comté im Maskulinum und im Femininum, in der Pariser Volkssprache nur im Maskulinum (cf. Tab. 3.25 & Tab. 3.26). Im Femininum Plural kontrastieren *CIST*- und *CIL*-Formen pronominal in der Franche-Comté, adnominal im Mâconnais, im Maskulinum Plural liegt nur im pronominalen Gebrauch in Lothringen eine Konkurrenzsituation vor (cf. Tab. 3.25 & Tab. 3.26).

In den Dialekten stehen in den einzelnen Systemstellen häufig lautlich und auch etymologisch verschiedene Formen einer Formenserie in Konkurrenz zueinander, so treten im Maskulinum Singular in der Wallonie adnominal *st*, *sit* oder *sist* auf, die allesamt auf *ecceisti zurückgehen, im Maskulinum Singular in der Champagne finden sich adnominal beispielsweise *ste* und *stœ* aus *ecceistu sowie *stü* und *sto* aus *ecceistui (cf. Krayer-Schmitt 1953, 35, 69). Trotz der Formenvielfalt in den Dialekten werden die einzelnen Systemstellen in den meisten Fällen jedoch mit nur einer oder mehreren Formen aus dem *CIST*-Paradigma oder mit einer oder mehreren Formen aus der *CIL*-Serie besetzt. Sie stehen zwar häufig in Kontrast zu einer oder mehreren distanzneutralen Formen, diese können aus synchroner Perspektive jedoch in allen Fällen jeweils als lautliche Reduktion der distanzmarkierten Form analysiert werden, wie *se*, *si* und *sis* im adnominalen Maskulinum Singular in der Wallonie als verkürzte Form von *st*, *sit* oder *sist*, oder *s'* im adnominalen Maskulinum Singular in der Champagne als verkürzte Form von *ste*.

In den meisten Dialekten konkurrieren *CIST*- und *CIL*-Formen schließlich in nur wenigen Funktionsstellen. In der Wallonie, der Normandie, der Bourgogne, der Champagne und in der Bretagne kommt es sogar in keiner Systemstelle zu einer Konkurrenzsituation zwischen Formen der *CIST*-Serie und Formen der *CIL*-Serie (cf. Tab. 3.25 & Tab. 3.26). In der Pikardie und in Lothringen liegen wiederum in drei Systemstellen Konkurrenzsituationen vor, im Dialekt von Le Mans in zwei, im Mâconnais und in der Pariser Volkssprache nur in einer. Eine Ausnahme stellt das Demonstrativsystem der Franche-Comté dar, in dem im adnominalen Bereich im Maskulinum und Femininum Singular, im pronominalen Bereich in allen Systemstellen Konkurrenzsituationen zwischen einer oder mehreren Formen aus dem *CIST*-Paradigma und einer oder mehreren Formen aus dem *CIL*-Paradigma auftreten (cf. die Daten von Krayer-Schmitt 1953, 77–79 in Tab. 3.25 & Tab. 3.26).

Weitaus häufiger als die Konkurrenzsituation zwischen *CIST*- und *CIL*-Formen ist jedoch die Konkurrenz zwischen distanzneutralen und distanzmarkierten Formen. So kontrastieren im Maskulinum Singular in adnominaler Funktion in allen untersuchten Dialekten distanzmarkierte mit distanzneutralen Formen (cf. Tab. 3.25 & Tab. 3.26). Im Femininum Singular in adnominaler Funktion liegt wiederum nur in der Wallonie eine solche Konkurrenzsituation vor (cf. Tab. 3.25 & Tab. 3.26). Im Maskulinum und im Femininum Singular in pronominaler Funktion treten distanzneutrale Formen nur in der Wallonie und in Lothringen auf (cf. Tab. 3.25 & Tab. 3.26). Am häufigsten sind distanzneutrale Formen im Maskulinum Plural in adnominaler wie pronominaler Funktion zu finden. Im adnominalen Maskulinum Plural sind distanzneutrale Formen in allen Dialekten vertreten, mit Ausnahme von Mâconnais und Anjou, zu denen keine Daten vorliegen, im pronominalen Maskulinum Plural in allen untersuchten Dialekten, mit Ausnahme der Champagne (cf. Tab. 3.25 & Tab. 3.26).

Im Unterschied zum Standardfranzösischen sind in den einzelnen Dialektsystemen in Tab. 3.25 & Tab. 3.26 kaum Formen zu finden, die eine syntaktisch-positionelle Spezialisierung für die adnominale oder die pronominale Funktion aufweisen. Vielmehr sind die meisten Formen in ihrer syntaktischen Funktion variabel und häufig sogar genus- und numerusneutral. Die champagnischen Formen *ste, stü, stœ, sto* und *st* sind beispielsweise genusneutral, da sie adnominal sowohl im Maskulinum als auch im Femininum Singular auftreten (cf. Tab. 3.25 & Tab. 3.26). *Stü* ist zudem auch in pronominaler Funktion im Maskulinum Singular vertreten, *ste* in pronominaler Funktion im Femininum Singular, *stœ* ist zudem numerusneutral, da es auch als pronominale Form im Maskulinum Plural auftritt (cf. Tab. 3.25 & Tab. 3.26). Dennoch können formale Unterschiede zwischen adnominalen und pronominalen Formen festgestellt werden. So sind Formen, die für den pronominalen Bereich spezialisiert sind, wie auch im modernen Französischen, meist länger als adnominale Formen, wie etwa im Pikardischen für pronominales *šele* im Maskulinum und Femininum Singular im Kontrast zu adnominalem *še, šel* gilt, im Wallonischen für pronominales *siste* im Femininum Singular im Kontrast zu adnominalem *sist*, im Burgundischen für pronominales *stü* im Maskulinum Singular im Kontrast zu adnominalem *st*. Für den adnominalen Bereich spezialisierte Formen, wie pikardisch *še* und burgundisch *st*, können daher häufig als verkürzte Variante der für die pronominale Funktion spezialisierten Form betrachtet werden. Pronominal markierte Formen enden im Unterschied zu adnominal markierten Formen zudem häufig auf *-i*, wie *sti/c'ti/s(i)ti* in der Wallonie, der Normandie, in Lothringen, in der Champagne, der Bretagne, der Pariser Volkssprache und in den südwestlichen Dialekten, was dafür spricht, dass sie, wie für *celui* im Standardfranzösischen gilt, bevorzugt auf die Formen auf *-(u)i* zurückgehen (cf. Tab. 3.25 & Tab. 3.26). *CIL*-Formen sind zudem häufiger für die pronominale Funktion spezialisiert als *CIST*-Formen, wie *celles* in der Champagne, *çui, çlui* und *celle* in der Pariser Volkssprache und *sül, sil, cel, sels, sul, sals, sül* und *sel*, die im adnominalen Funktionsbereich jeweils kein verkürztes Pendant haben (cf. Tab. 3.25 & Tab. 3.26). Dies deutet wiederum darauf hin, dass trotz aller Heterogenität der Demonstrativsysteme in den nordfranzösischen Dialekten eine konzeptuelle Prädisposition des *CIL*-Paradigmas für die pronominale Funktion besteht.

Dafür spricht auch, dass im Funktionsbereich der Demonstrativpronomina ein Dialekt vorliegt, so der *patois* des Mâconnais, dessen pronominales Formeninventar nur distanzneutrale und *CIL*-Formen aufweist, während im adnominalen Gebrauch kein einziges System zu finden ist, das neben den distanzneutralen Formen nur *CIL*-Formen kennt (cf. Tab. 3.25 & Tab. 3.26). Dass *CIL* vielmehr für die pronominale als für die adnominale Funktion typisch ist, wird außerdem daran deutlich, dass im adnominalen Bereich in vielen Dialekten, wie oben gesehen, nur *CIST*-Formen und distanzneutrale Formen auftreten. Ein adnominales Formeninventar, das neben den distanzneutralen nur *CIL*-Formen aufweist, ist dagegen nicht zu finden, was trotz aller dialektaler Divergenzen für eine allgemeine konzeptuelle Prädisposition des *CIST*-Paradigmas für die Determiniererfunktion spricht. Eine Ausnahme stellen wiederum das Pikardische und der Dialekt des Mâconnais dar, in denen der Anteil der *CIL*-Formen im adnominalen Bereich den Anteil der *CIST*-Formen übertrifft. Im Pikardischen findet sich in adnominaler Funktion nur im Maskulinum Singular *šet, š't* aus dem *CIST*-Paradigma, diese sind der Konkurrenzform aus dem *CIL*-Paradigma frequentativ zudem bei Weitem unterlegen, so Krayer-Schmitt (1953, 41–42). Doch auch im pronominalen Gebrauch liegen dialektale Formeninventare vor, die neben den distanzneutralen Formen nur *CIST*-Formen aufweisen, was wiederum dafür spricht, dass *CIST* im Unterschied zu *CIL* keine Präferenz für einen syntaktischen Kontext aufweist und im adnominalen wie pronominalen Bereich in den meisten Paradigmen zum Einsatz kommt, wenn auch häufiger in adnominaler Funktion. Dafür spricht zudem, dass in den Mischparadigmen der Champagne, von Le Mans und der Franche-Comté die *CIST*-Formen die *CIL*-Formen quantitativ überwiegen.

Aus den Daten in Tab. 3.25 und Tab. 3.26 kann eine weitere Generalisierung abgeleitet werden, die eine konzeptuelle Verknüpfung zwischen den *CIST*-Formen und der adnominalen Funktion sowie den *CIL*-Formen und der pronominalen Funktion vermuten lässt. Wenn eine *CIST*-Form im pronominalen Funktionsbereich in einer Systemstelle vorliegt, findet sie sich auch im adnominalen Funktionsbereich als dem präferierten Gebrauchskontext in dieser Funktion wieder. Ist eine *CIL*-Form im adnominalen Funktionsbereich wiederum in einer Systemstelle vertreten, findet sie sich auch in pronominaler Position in dieser Position wieder. Aus diesem Grund liegt die Vermutung nahe, dass die Symmetrie der syntaktischen Ausdifferenzierung mit den *CIST*-Formen als Determinierern und den *CIL*-Formen als Pronomina, trotz der dialektalen Heterogenität im Formeninventar des Demonstrativsystems, kein Produkt des Zufalls darstellt, sondern vielmehr das Ergebnis einer konzeptuell motivierten Entwicklungsdynamik ist, die im Standardfranzösischen zur Entstehung eines Systems geführt hat, in dem die semantische Komplementarität der *CIST*- und *CIL*-Formen des Altfranzösischen auf die syntaktisch-positionelle Ebene verschoben wird. Obwohl die syntaktische Spezialisierung der *CIST*- und *CIL*-Formen nicht kontinuierlich verläuft, kann nicht geleugnet werden, dass eine mehrere Jahrhunderte andauernde Tendenz zur Reduktion der *CIST*-Formen in pronominaler Funktion und der *CIL*-Formen in adnominaler Funktion besteht, die nicht erst durch den Normierungsdruck im 17. Jahrhundert ausgelöst wird. Eine Beeinflussung oder Beschleunigung der vollständigen Reduktion der adnominalen *CIL*-Formen und der pronominalen *CIST*-Formen durch die Normierungsbestrebungen im 17. Jahrhundert kann jedoch nicht ausgeschlossen werden. Demnach kann auch vermutet werden, dass die Dialektsysteme die Mischparadigmen und Mehrfachbesetzungen bestimmter Systemstellen, die vielerorts vorliegen, bewahren, da sie keinen Standardisierungs- und Normierungsbestrebungen unterliegen.

Für die strukturelle Motiviertheit der Entstehung eines Demonstrativsystems mit funktional komplementären Formenparadigmen im Französischen spricht zudem die Tatsache, dass die morphologische Differenzierung zwischen adnominalen und pronominalen Formen einem strukturellen Entwicklungsprinzip der romanischen Sprachen entspricht, das bereits im Wandel vom Lateinischen zu den romanischen Sprachen wirksam ist und sich im Französischen bisher in den meisten morphologischen Subsystemen durchgesetzt hat (cf. Carlier 2018, 149–153, 159–160; Harris 1980, 152; Lyons 1986, 10–11). Wie in Kap. 3.1 gesehen, etabliert sich bereits vor den ersten romanischen Schriftzeugnissen ein formaler Unterschied im Bereich der Definitkennzeichnung. So liegt bereits in den ersten französischen Schriftzeugnissen ein formaler Unterschied zwischen Definitartikeln (afr. *li, le, la, l', les*) und Personalpronomina der dritten Person (*il, ele, eles*), die als pronominales Pendant zum Definitartikel und somit als Definitpronomina betrachtet werden können (cf. Tab. 3.5 und Tab. 3.6 in Kap. 3.2.2.1). In Objektfunktion liegen in freier Position die Formen *lui, li, els/ eus, eles* vor, in klitischer Stellung die Formen *li, le, la, l'*, die den Formen des Definitartikels entsprechen. Die formale Gleichheit zwischen Definitartikel und klitischen Pronomina in Objektfunktion kann darauf zurückgeführt werden, dass sich beide Formenparadigmen in proklitischer Stellung entwickeln, und zeigt, dass sich in der Geschichte der romanischen Sprachen nicht nur formale Unterschiede zwischen der adnominalen und pronominalen Funktion herausbilden, sondern diese Entwicklung auch mit der Entstehung einer Differenzierung klitischer und freier Formen korreliert.

Das Paradigma der Definitartikel fungiert somit als Modell für eine formal spezialisierte Determiniererfunktion, das Paradigma der Personalpronomina der dritten Person in Subjektfunktion wiederum als Modell für eine formal diffe-

Tab. 3.27: Determiniererparadigmen im modernen Französischen.

Determinierer		Definit	Demonstrativ	Possessiv	Indefinit	Partitiv
sg.	mask.	le	ce	mon-ton-son	un	du
	fem.	la	cette	ma-ta-sa	une	de la
pl.		les	ces	mes-tes-ses	des	des

renzierte Pronominalfunktion (cf. Posner 1997, 342, 381). Die formale Analogie zu den Definitartikeln *le* und *les* spielt nämlich eine entscheidende Rolle bei der Etablierung und schließlich der Generalisierung der Formen *ce* und *ces* als Demonstrativdeterminierer (cf. Dees 1971, 95, 125–126; Guillot-Barbance/Marchello-Nizia 2015, 96–97; Marchello-Nizia 1995, 172). Auch was die Reduktionsprozesse des Formeninventars betrifft, die von der zweiten Hälfte des Altfranzösischen bis zum 17. Jahrhundert stattfinden, kann eine Beeinflussung durch die formale Struktur des Paradigmas der Definitartikel angenommen werden. Ebenso wie das Paradigma der Definitartikel (*le*, *la*, *les*) besteht das Paradigma der Demonstrativdeterminierer im Französischen aus drei Formen, die zudem formale und funktionale Ähnlichkeit zu den Definitartikeln aufweisen, wie Tab. 3.27 zeigt. Der Analogiedruck des Systems der Definitartikel, die am häufigsten in Determiniererfunktion auftreten, führt schließlich zum Abbau der Formen *cestui*, *celui* und *celle* in adnominaler Funktion, da diese kein formales und funktionales Pendant im Formeninventar der Definitartikel vorzuweisen haben (cf. Marchello-Nizia 1995, 168).

Nach diesem Modell entstehen in der Geschichte des Französischen vier weitere Formenparadigmen, die für den adnominalen Gebrauch spezialisiert sind, nämlich die Possessivartikel der ersten, zweiten und dritten Person Singular sowie die Indefinit- und Partitivartikel, wie in Tab. 3.27 dargestellt (cf. Guillot-Barbance/Marchello-Nizia 2015, 99; Marchello-Nizia 1995, 167, 173; 2006c, 247). Dass sich die Formen der einzelnen Funktionsbereiche in Analogie zum Paradigma der Definitartikel in adnominaler Position etablieren, lässt auch die Chronologie der Entstehung der einzelnen Systeme vermuten. Während das System der Definitartikel bereits mit dem Abbau der Kasusflexion im Laufe des 13. Jahrhunderts das moderne Formeninventar mit dem maskulinen *le* und dem femininen *la* im Singular sowie dem genusneutralen *les* im Plural aufweist, etablieren sich die anderen Systeme erst bis zum 17. Jahrhundert. So tritt *des* erst ab dem 15. Jahrhundert als Indefinitartikel im Plural auf und komplettiert somit das System der Indefinitartikel, so Marchello-Nizia (2006c, 249). Darüber hinaus setzt sich der Partitivartikel ebenfalls im 15. Jahrhundert zunehmend zur Kennzeichnung von Massennomina durch (cf. Carlier 2013, 57). Da die Determination bei Massennomina und indefiniten Nominalphrasen normalerweise ausbleibt, führt die Etablierung eines Indefinitartikels im Plural und eines Partitivartikels im 15. Jahrhundert schließlich auch zu einer allgemeinen Generalisierung des Determiniererausdrucks zur Kennzeichnung von Nomina oder kann, aus umgekehrter Perspektive, als Ausdruck einer solchen betrachtet werden.[80]

Die Reduktionen im Inventar der Demonstrativpronomina, die in etwa bis zum 17. Jahrhundert stattfinden, können ebenfalls in Zusammenhang mit dem Formeninventar des Paradigmas der Personalpronomina der dritten Person gebracht werden. So überstehen genau die Formen die Reduktionsprozesse, die im Paradigma der betonten Personalpronomina der dritten Person ein formales und funktionales Pendant besitzen, wie *celui* (*lui*), *ceux* (*eux*), *celle* (*elle*) und *celles* (*elles*) (cf. Dees 1971, 114; Harris 1980, 150–151; Togeby 1974, 95). Die Formen, die im Paradigma der nicht-klitischen Personalpronomina der dritten Person kein formales Pendant mehr haben, werden dagegen zwischem dem 14. und dem 17. Jahrhundert reduziert, so wie *ceste*, *cesti*, *celi* und *cestui* (cf. Marchello-Nizia 1995, 167). Die pronominalen Demonstrativformen, die sich durchgesetzt haben, können aus synchroner Perspektive morphologisch sogar als Komposition aus dem Demonstrativartikel *ce* und dem betonten Definitpronomen betrachtet werden, so *ce+lui*, *c+eux*, *c+elle* und *c+elles* (cf. Kap. 2.3.2; auch Carlier/Combettes 2015, 51; Guillot-Barbance/Marchello-Nizia 2015, 99; Marchello-Nizia 1995, 167; 2006c, 247). Die Segmentierung der Demonstrativpronomina als durch *c(e)*-präfigierte, betonte Personalpronomina der dritten Person ist auf den gemeinsamen etymologischen Ursprung der beiden Formenserien zurückzuführen. So bilden sich sowohl die Personalpronomina der dritten Person als auch die Demonstrativa der *CIL*-Serie aus lat. *ille* heraus (cf. Kap. 3.1 & Kap. 3.2.2.1).

Die syntaktische Ausdifferenzierung der *CIST*- und *CIL*-Formen entsteht in Folge eines interparadigmatischen Analogiedrucks durch die Definitdeterminierer und -pronomina nicht nur auf der Ebene des Formeninventars, sondern auch auf der Ebene der funktionalen Verteilung der Formen (cf. auch Gsell 1989, 134; Heinemann 2010, 99). Die formale Differenzierung adnominaler und pronominaler Formen entspricht einem allgemeinen morphologischen Entwicklungstrend, der im Laufe des Mittelfranzösischen mehrere syntaktisch polyfunktionale Formenparadigmen erfasst. Nach dem Modell des formalen Kontrasts zwischen den Definitartikeln und den betonten Personalpronomina der dritten Person etabliert sich schließlich auch im Demonstrativ- und dem Possessivsystem eine Unterscheidung zwischen adnominalen und klitischen sowie pronominalen und freien

---

[80] An dieser Stelle können Hypothesen zur Generalisierung des Artikelausdrucks leider nicht diskutiert werden. Cf. dazu Mathieu (2009) und Boucher (2003; 2005).

Tab. 3.28: Pronominalparadigmen im modernen Französischen.

Pronomen		Definit	Demonstrativ	Possessiv
sg.	mask.	*lui*	*celui*	*mien-tien-sien*
	fem.	*eux*	*ceux*	*mienne-tienne-sienne*
pl.	mask.	*elle*	*celle*	*miens-tiens-siens*
	fem.	*elles*	*celles*	*miennes-tiennes-siennes*

Formen, wie Tab. 3.28 illustriert (cf. Brunot/Bruneau 1949, 256; Gsell 1989, 133; Guillot-Barbance/Marchello-Nizia 2015, 106; Marchello-Nizia 1995, 172–173; 2006c, 249). Wie für die Demonstrativa gesehen (cf. Kap. 3.3.2.1), wird die Unterscheidung zwischen adnominalen und pronominalen Formen im Possessivsystem erst im Laufe des 17. Jahrhunderts abgeschlossen, syntaktisch-positionelle Präferenzen zeichnen sich jedoch schon im Altfranzösischen ab (cf. Posner 1988, 394–395; 1997, 339; auch Pignatelli 2015). Bereits im Altfranzösischen liegt ein formaler Unterschied zwischen freien und klitischen Possessiva vor, die im Zuge unterschiedlicher Lautentwicklungen in betonter und unbetonter Position im Wandel vom Lateinischen zu den romanischen Sprachen entstehen, wie in Kap. 3.1 für die Entstehung des Kontrasts zwischen Definitartikeln und betonten Definitpronomina gesehen. Schon im Altfranzösischen können die klitischen Formen nur adnominal eingesetzt werden, die betonten Formen treten wiederum adnominal wie pronominal auf (cf. Lyons 1986, 19). Der Wandel besteht bei den Possessiva folglich im Ausschluss der betonten Formen aus der adnominalen Funktion.

Auch die Quantifizierer *chaque/chacun* und *quelque, quelques/quelqu'un, quelques-uns* erleben in der Geschichte des Französischen eine funktionale Differenzierung (cf. Carlier/Combettes 2015, 50–51). Im Unterschied zu den Demonstrativ- und Possessivformen entsteht der formale Kontrast zwischen *chaque/chacun* und *quelque, quelques/quelqu'un, quelques-uns* jedoch nicht auf der Basis unterschiedlicher Formenparadigmen, sondern durch Ableitungsprozesse. So werden im 15. Jahrhundert aus dem adnominalen *quelque, quelques* die pronominalen *quelqu'un, quelques-uns* neu gebildet, wohl nach dem Modell von *chacun* (cf. Combettes 2007, 127, 131). Aus dem pronominalen *chacun* geht wiederum ebenfalls im 15. Jahrhundert *chaque* als Determiniererform hervor, wohl nach dem Modell von *quelque* (cf. Combettes 2007, 127, 131). Mit Diessel (2013b) kann die Entwicklungstendenz zur formalen Unterscheidung adnominaler und pronominaler Formen im Französischen wiederum in Zusammenhang mit der zunehmenden Durchsetzung syntaktisch konfigurationaler Strukturen im Wandel vom Lateinischen, das als syntaktisch nicht-konfigurational gilt, zum Fran-

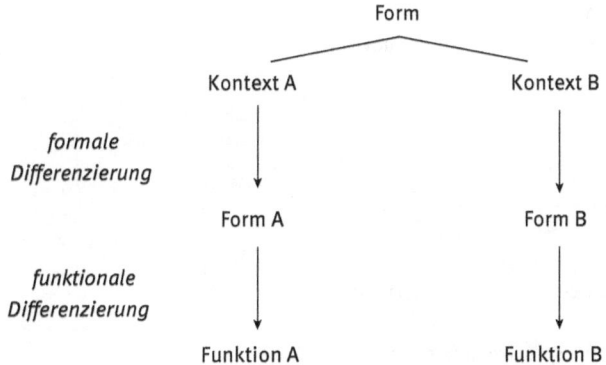

Abb. 3.4: Funktionalisierung als Sprachwandelmechanismus nach Smith (2011, 269, 306–307).

zösischen gesetzt werden, das syntaktisch konfigurational ist (cf. Ledgeway 2012, Kap. 3–4; Lyons 1999, 305–310; Vincent 1997, 163–165).

Die Entwicklungsgeschichte der syntaktischen Ausdifferenzierung des Demonstrativsystems unterscheidet sich trotz der strukturellen und formalen Analogien grundlegend von der Entwicklungsgeschichte der syntaktisch-positionellen Spezialisierung der Definitausdrücke und der Possessiva. Während bei den Definitausdrücken und Possessiva der formale Kontrast durch Lautentwicklungsunterschiede in betonter und freier Stellung etymologisch und funktional weitgehend gleicher Formen entsteht, gründet der formale Kontrast im Demonstrativsystem auf einer Opposition, die etymologisch bedingt ist und bereits in der formalen und funktionalen Distinktivität des lat. *iste*-Paradigmas als Etymon der *CIST*-Formen und des lat. *ille*-Paradigmas als Etymon der *CIL*-Serie gegeben ist, wie in Kap. 3.2.2.1 dargestellt (cf. auch Combettes 2007, 133). Da die adnominalen und pronominalen Definitausdrücke sowie die adnominalen und pronominalen Possessiva jeweils die gleichen etymologischen Basisformen haben, kann der Prozess, der zur syntaktischen Ausdifferenzierung der Formenparadigmen geführt hat, mit Smith (2011) als Funktionalisierung eingeschätzt werden. Der Begriff der Funktionalisierung bezeichnet, so Smith (2011, 269, 306–307), einen diachronen Wandelmechanismus, der zur Entstehung funktionaler Oppositionspaare führt. Funktionalisierung liegt folglich dann vor, wenn eine formale Opposition, die durch Unterschiede in der Lautverschiebung einer Form in betonter und unbetonter Position entsteht, wie in der Geschichte der Definitausdrücke und Possessiva im Französischen, mit einem Kontrast auf funktionaler Ebene angereichert wird, wie Abb. 3.4 illustriert (cf. Smith 2011, 269, 306–307).

Da *CIST* und *CIL* bereits etymologisch auf einem funktionalen Kontrast aufbauen, kann der Wandelmechanimus, der zur syntaktischen Ausdifferenzierung

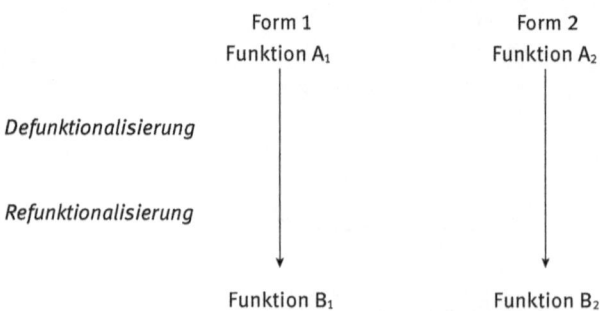

Abb. 3.5: Refunktionalisierung als Sprachwandelmechanismus.

der Formenparadigmen geführt hat, mit Smith (2011, 268–269) als Refunktionalisierung klassifiziert werden. Während Funktionalisierung den Aufbau eines grammatisch-funktionalen Unterschieds zwischen ursprünglich rein formalen Kontrastpaaren bedeutet, meint Refunktionalisierung die funktionale Neuauswertung einer bereits bestehenden formalen und funktionalen Opposition, wie in Abb. 3.5 dargestellt ist. Der Prozess der Refunktionalisierung eines formalen und funktionalen Kontrastpaares verläuft in einem graduellen und kontinuierlichen Rhythmus ab (cf. Smith 2011, 315). Refunktionalisierung ist erst dann möglich, wenn der ursprüngliche funktionale Kontrast, der die Verteilung der einzelnen Formen des Oppositionpaares bestimmt hat, so weit abgebaut wurde, dass die Formen zwar als funktional äquivalent betrachtet werden können, jedoch einen Kontrastwert auf abstrakter Ebene bewahren (cf. Smith 2011, 314–315). Der funktionale Kontrast zwischen den oppositiven Formen bleibt somit weiterhin als abstraktes Wissen erhalten, obwohl die Verteilung nicht mehr davon bestimmt wird (cf. Smith 2011, 275, 277, 314–315). Die Formen stehen also in einer oppositiven Relation, ohne dass der Wert, der diese Opposition bestimmt, semantisch eindeutig formuliert werden könnte. Refunktionalisierung gründet demnach auf einer Defunktionalisierung, die noch nicht zum Abschluss gekommen ist, wie Abb. 3.5 darstellt. Die Unvollendetheit des Abbaus der Opposition und der Erhalt des Kontrastwerts auf abstrakter Ebene ermöglicht sogar erst das Auftreten einer Refunktionalisierung (cf. Abb. 3.5). Zum einen ist dies darauf zurückzuführen, dass die funktionale Äquivalenz der Ausdrücke zum Schwund einer Form des Oppositionspaares führen würde. Zum anderen kann der formale Kontrast erst nach dem Abbau des ursprünglichen Kontrastwerts neu vergeben werden (cf. Smith 2011, 314).

Die Refunktionalisierung eines Oppositionspaares baut also auf einer unvollständigen Reduktion des funktionalen Kontrastwerts auf, der in einer abstrakten Form erhalten bleibt. Im Zuge des Abbaus der semantischen Kontrastmerkmale erhalten sich die Markierungen der relationalen Rollen, die die Formen in der ursprünglichen Dichotomie eingenommen haben, als letzter oppositiver Restwert, wie Smith (2011, 275) postuliert (cf. Zitat unten). Die Formen in einem semantisch dichotomen Formenpaar unterscheiden sich demnach entsprechend ihres jeweiligen Core-Werts, der in etwa mit dem Markiertheitswert gleichzusetzen ist (cf. Smith 2011, 277). Funktional sind sie somit asymmetrisch organisiert. Während eine Form als Core-Ausdruck oder markierter Ausdruck fungiert und somit eine zentrale Rolle in der Dichotomie einnimmt, tritt die andere Form komplementär dazu als Non-Core-Ausdruck und in dieser Funktion als nicht-zentraler oder unmarkierter Ausdruck der Opposition in Erscheinung (cf. Zitat unten).

> «[T]he opposition between the two [...] forms has not been completely obliterated, but has rather been reduced to that between a ‹core› term on the one hand, and a ‹non-core› term on the other» (Smith 2011, 275).

Der Core-Wert der Formen spielt eine entscheidende Rolle im Refunktionalisierungsprozess, da er die Richtung der funktionalen Verschiebung vorgibt. So übernimmt der Core-Ausdruck in der neuen funktionalen Dichotomie Core-Funktion, der Non-Core-Ausdruck wird dagegen für eine Non-Core-Funktion spezialisiert (cf. Zitat unten; auch Smith 2004, 117; 2006, 193–194; 2011, 277). Kommt es dagegen zur vollständigen Defunktionalisierung und demzufolge zum Formenabbau, bleibt die Core-Form in beiden Funktionen erhalten (cf. Smith 2006, 194; 2011, 278). Abgebaut wird dann die Non-Core-Form. Diesen Mechanismus bezeichnet Smith (2011) als *core-to-core-mapping*, wie im Zitat unten deutlich wird. Die zentrale Rolle der Core-Form in einer formalen Dichotomie spiegelt sich folglich auch im historischen Schicksal der Formen wider. Core-Formen unterliegen keinen funktionalen Einschränkungen und sind nicht von formalem Abbau betroffen, während die Non-Core-Form ausschließlich in Non-Core-Funktionen fortgeführt werden kann.

> «[R]efunctionalization [...] [is] not random, but involve[s] a principle of 'core-to-core' mapping, whereby some element, however abstract, of the original opposition survives in the new one» (Smith 2011, 275).

Die Refunktionalisierung eines Formenpaares besteht folglich nicht in einer willkürlichen Zuweisung neuer Funktionen an die bestehenden Formen, hingegen wird die Verschiebungsrichtung vom abstrakten Wert der Form vorgegeben und bleibt auf diese Weise auch in der neuen Funktionalität erhalten, wie Abb. 3.6 illustriert.

Der Core-Wert der Formen kann an der Frequenz sowie der Distribution der Formen auf syntaktischer und semantisch-pragmatischer Ebene bemessen wer-

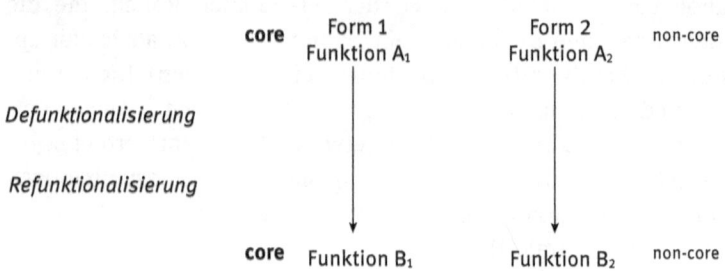

Abb. 3.6: Refunktionalisierung als *core-to-core-mapping* nach Smith (2011, 269, 315).

den (cf. Smith 2011, 277–278). Core-Formen sind nach Smith (2011, 277) sowohl quantitativ prominenter als auch qualitativ unmarkiert, da sie syntaktisch und semantisch-pragmatisch vielseitiger einsetzbar sind. Die Core-Form fungiert aus diesem Grund auch als Default, da sie in Kontexten auftritt, in denen ihr Einsatz nicht semantisch motiviert ist (cf. Smith 2011, 278). Die Core-Qualität spiegelt sich zudem auf formaler Ebene wider. Core-Formen weisen nämlich, so Smith (2011, 277–278), eine einfachere Laut- und Formenstruktur als Non-Core-Formen auf.

Die Wirksamkeit des *core-to-core-mapping* bei der Refunktionalisierung semantisch dichotomer Formenpaare führt Smith (2004; 2006; 2011) an der Entwicklung der lateinischen Pronomina der ersten Person Singular im Obliquus *me* (ACC) und *mihi* (DAT) in den romanischen Sprachen und an der Entwicklung der Rectus- und Obliquusformen der maskulinen Nomina in der Geschichte des Französischen und Okzitanischen vor. Entsprechend den Analysen von Smith (2004, 122–123; 2006, 184–190; 2011, 270–271) werden in der Obliquusfunktion der ersten Person Singular in allen romanischen Sprachen Formen fortgeführt, die auf das akkusativische *me* zurückgehen, wie beispielsweise klitisches *me* und freies *moi* im Französischen, das freie *me* und das klitische *mi* im Italienischen, das klitische *me* im Pikardischen ebenso wie das klitische *me* im Spanischen und Portugiesischen. Im Pikardischen, Spanischen und Portugiesischen liegen in freier Position außerdem Formen vor, die auf das dativische *mihi* zurückgehen, wie pik. *mi*, pt. *mim* und sp. *mí* (cf. Smith 2004, 123; 2006, 186–187).[81] Während das akkusativische *me* in allen romanischen Sprachen erhalten bleibt, wird das dativische *mihi* nicht in allen Fällen fortgeführt.

---

[81] Im Unterschied zu den übrigen romanischen Sprachen bleiben im Rumänischen in freier Position sowohl lat. *me* in der ursprünglichen Funktionalität als akkusativisches Pronomen als auch lat. *mihi* als dativisches Pronomen erhalten (Smith 2006, 184–185).

3.3 Demonstrativa vom Altfranzösischen zum modernen Französischen — 345

Im Unterschied zur Dativform *mihi* erlebt die Akkusativform *me* im Französischen und im Italienischen im Laufe der historischen Entwicklung eine formale Differenzierung, die mit einer funktionalen Differenzierung angereichert wird, wie in Abb. 3.4 dargestellt, und kann aus diesem Grund in unterschiedlicher formaler Gestalt sowohl als klitisches als auch als freies Pronomen bestehen bleiben. In betonter Position wird lat. *me* im Zuge einer Diphthongierung zu fr. *moi*, in unbetonter Position bleibt wiederum lat. *me* als fr. *me* bestehen. Fr. *moi* wird im Laufe der historischen Entwicklung dann als freies Pronomen reanalysiert, das nur mehr als Präpositionalkomplement (z. B. *à moi*), disloziert (z. B. *moi, je*) oder im Imperativ in enklitischer Position am Verb (z. B. *dis-moi*) und somit unter dem Hauptton auftreten kann. Fr. *me* wird ferner als klitisches Pronomen reanalysiert, das nur proklitisch am Verb stehen kann. Im Italienischen wird lat. *me* in unbetonter Position zu *mi* geschlossen und als klitisches Pronomen reanalysiert, in betonter Stellung bleibt dagegen lat. *me* erhalten und wird als freies Pronomen reanalysiert (cf. Smith 2006, 188–189; 2011, 271–274). Während das akkusativische *me* im Zuge der Funktionalisierung im Französischen und im Italienischen sowohl als klitisches als auch als freies Pronomen fortgeführt wird, kann das dativische *mihi* nur als freies Pronomen in Ergänzung zum akkusativischen *me* fortgeführt werden, wie im Pikardischen, Portugiesischen und Spanischen.

Smith (2006, 194–196; 2011, 278–279) führt die Asymmetrie in der diachronen Entwicklung zwischen lat. *me* und *mihi* auf die Core-Werte der Formen zurück. Entsprechend den Analysen von Smith (2006, 194–196; 2011, 278–279) fungiert lat. *me* als Core-Form, während lat. *mihi* die Non-Core-Form darstellt. Das akkusativische *me* ist nicht nur frequentativ weitaus stärker vertreten als das dativische *mihi*, sondern fungiert auch als Default-Form, wie Smith (2011, 278–279) darlegt. Aus diesem Grund kann lat. *me* als einzige Form bestehen bleiben, sowohl in klitischer als auch in freier Funktion, wohingegen lat. *mihi* nur als Ergänzung zu lat. *me* in der Funktion als freies Pronomen fortgeführt werden kann (cf. Smith 2011, 275, 278). Die funktionale Dichotomie von lat. *me* als Akkusativpronomen und lat. *mihi* als Dativpronomen wird im Pikardischen, Portugiesischen und Spanischen in der funktionalen Dichotomie zwischen den auf lat. *me* zurückgehenden Formen pik. *me*, pt. *me* und sp. *me* als klitische Pronomina und den aus lat. *mihi* entstehenden Formen pik. *mi*, pt. *mim* und sp. *mí* als freie Pronomina fortgesetzt. Ebenso wie in der ursprünglichen Dichotomie kann auch in der neuen zwischen einer Core-Funktion und einer Non-Core-Funktion unterschieden werden. Smith (2006, 196–197; 2011, 280–281) postuliert, dass klitische Pronomina in der neuen Dichotomie die Core-Funktion erfüllen, während die freien Pronomina Non-Core-Wert besitzen. Für die Core-Qualität von klitischen Pronomina spricht, dass klitische Pronomina direkt von einem Verbkopf regiert werden, während freie Pronomina in der Regel als Komplement einer Präposition basisgeneriert werden. Verben sind frequentativ wiederum stärker vertreten als Präpositionen und stellen im Unterschied zu Präpositionen eine universale Wortkategorie dar (cf. Smith 2006, 196–197; 2011, 280–281). Als Core-Form kann das akkusativische *me* schließlich sowohl die Core-Funktion als klitisches Pronomen als auch die Non-Core-Funktion als freies Pronomen übernehmen, wohingegen das dativische *mihi* als Non-Core-Form nur auf die Non-Core-Funktion als freies Pronomen spezialisiert werden kann.

Als weiteres Beispiel für Refunktionalisierungsprozesse und die Wirksamkeit der Core-Markierungen in funktionalen Dichotomien kann die Entwicklung der kasusmarkierten Nomina im Altfranzösischen angeführt werden. Im Altfranzösischen werden maskuline Nomina nach Rectus und Obliquus flektiert. Die Rectusformen (z. B. *chevaliers*) gehen auf die lateinischen Nominativformen zurück und kodieren in der Regel die Subjektkonstituenten. Die Obliquusformen (z. B. *chevalier*) gehen auf die lateinischen Akkusativformen zurück und dienen zur Markierung aller Objektkonstituenten. Ab dem 13. Jahrhundert kommen die Rectusformen im Zuge des Abbaus der Kasusflexion zunehmend außer Gebrauch, die Obliquusformen setzen sich durch. Bei den meisten Nomina bleibt die Obliquusform folglich als einzige Form übrig. Der Abbau der Rectusformen kann mit Smith (2011) auf ihre Non-Core-Qualität zurückgeführt werden, da die Rectusformen niedrigere Frequenzen aufweisen und stärkeren funktionalen Einschränkungen unterliegen als die Obliquusformen (cf. Detges 2009, 114–115). Die Generalisierung der Obliquusformen kann mit Smith (2011) im Gegenzug auf ihre Core-Qualität zurückgeführt werden, auf die ihre höhere Frequenz sowie ihre größere syntaktische und semantische Distributionsfreiheit hindeutet. Bei wenigen Lexemen bleiben sowohl die Rectus- als auch die Obliquusformen als unterschiedliche Lexeme erhalten, wobei die ursprüngliche Obliquusform die Bedeutung des Lexems erhält, während die ursprüngliche Rectusform eine lexikalische Spezialisierung erfährt (cf. Smith 2004, 125–126; 2011, 284–287). So bleibt etwa *chanteur* im modernen Französischen, das auf die altfranzösische Obliquusform *chanteur* zurückgeht, die aus lat. *cantorem* (ACC) entsteht, in der ursprünglichen Bedeutung 'Sänger' erhalten, während *chantre* aus der altfranzösischen Rectusform *chantre* (< lat. *cantor*, NOM) die Bedeutung 'Vorsänger' entwickelt (cf. Smith 2004, 125–126; 2011, 284–287).[82] Die formale und funktionale Dichotomie zwischen Rectus- und Obliquusformen operiert folglich nicht mehr auf morphologischer Ebene zur Kodierung eines Kasuskontrasts, sondern wird auf lexikalischer Ebene refunktionalisiert (cf. Smith 2004, 127–128; 2011, 289). Da die Lexeme, die

---

[82] Cf. Smith (2011, 285–286) für weitere Beispiele.

3.3 Demonstrativa vom Altfranzösischen zum modernen Französischen — 347

auf die altfranzösischen Rectus- bzw. lateinischen Nominativformen zurückgehen, im Allgemeinen zur Denotation von Entitäten mit einer höheren Agentivität eintreten als die Lexeme, die auf die altfranzösischen Obliquus- bzw. lateinischen Akkusativformen zurückgehen, bewahren sie einen Aspekt ihres ursprünglichen Kontrastwerts auf lexikalischer Ebene (cf. Smith 2004, 128; 2011, 289).

Smith (2004; 2006; 2011) legt mit seinem Begriff der Refunktionalisierung und dem Prinzip des *core-to-core-mapping* folglich einen Sprachwandelmechanismus offen, in dem die ursprüngliche Funktionalität der Formen die Richtung ihrer grammatisch-funktionalen oder lexikalischen Verschiebung beeinflusst und auf diese Weise in einer abstrakten Form in der neuen Funktionalität erhalten bleibt (cf. Smith 2011, 317). Auch in der Diachronie des französischen Demonstrativsystems ereignet sich die funktionale Reorganisation eines Formenpaares. So bleibt die formale und funktionale Opposition zwischen *CIST* und *CIL* in der Determinierer-Pronomen-Dichotomie im modernen Französischen erhalten. Darüber hinaus geht die Refunktionalisierung der Formen mit einem Abbau ihrer lokaldeiktischen Markierung einher, was als Defunktionalisierung und somit als Basis der Refunktionalisierung betrachtet werden kann. Auch wenn die lokaldeiktische Neutralisierung nicht immer der syntaktischen Spezialisierung der Formen voraufgeht, verbleiben die Paradigmen über Jahrhunderte hinweg in einer Situation stabiler Koexistenz, was sich an der Doppelbesetzung einiger Systemstellen ablesen lässt, etwa an *ceste* (D/PRO) und *celle* (D/PRO), *cest* (D) und *celui* (D) oder *cestui* (PRO) und *celui* (PRO) (cf. Kap. 3.3.2.1). Der Wert, der diese Opposition bestimmt, beeinflusst den Gebrauch der kontrastierenden Formen in den Phasen des Umbruchs weder auf semantisch-pragmatischer noch auf syntaktisch-positioneller Ebene.

Wie oben dargestellt, verlaufen Refunktionalisierungen semantisch dichotomer Formenpaare immer nach dem Prinzip des *core-to-core-mapping*, demzufolge ein abstrakter Wert der alten in der neuen Funktion erhalten bleibt (cf. Smith 2011, 269, 315). Vor dem Hintergrund der Tatsache, dass auch in der Diachronie der französischen Demonstrativa eine Refunktionalisierung stattfindet, liegt der Verdacht nahe, dass das Prinzip des *core-to-core-mapping* bei der Reorganisation von *CIST* und *CIL* wirksam ist. Entsprechend den Kriterien, die Smith (2011) zur Bestimmung der Core-Qualität vorschlägt, wie Frequenz, formale Einfachheit, qualitative Unmarkiertheit und Default-Status, erweist sich das distale *CIL* als Core-Form, das proximale *CIST* dagegen als Non-Core-Form. Die Core-Qualität von *CIL* manifestiert sich besonders deutlich in der quantitativen Verteilung von *CIL*. Unter Berücksichtigung der adnominalen und pronominalen Verwendungen zeigt *CIL* sowohl in den Zählungen von Pohoryles (1966) (cf. Tab. 3.18) als auch in den Zählungen von Marchello-Nizia (1995) (cf. Tab. 3.19) beträchtlich höhere Frequenzen auf als *CIST* und tritt demzufolge als das mit

Abstand quantitativ stärkste Formenparadigma auf (cf. Kap. 3.3.2.1). Darüber hinaus zeigt sich die Core-Qualität von *CIL* in der formalen Struktur der Einzelformen. So wird die Distanzmarkierung bei den Formen des *CIL*-Paradigmas durch *-l* geleistet, bei *CIST* durch *-st*, das nicht nur mehr Segmente aufweist als die Distalitätsmarkierung *-l*, sondern als Verbindung aus einem stimmlosen Frikativ und einem stimmlosen Plosiv auch phonologisch schwerer ist.

Was das distributionale Verhalten von *CIST* und *CIL* auf syntaktisch-positioneller Ebene betrifft, weist *CIL* eine weitaus ausgeglichenere Verteilung zwischen adnominaler und pronominaler Funktion auf als *CIST*, das präferiert adnominal zum Einsatz kommt (cf. die Ausführungen zu Tab. 3.18 und Tab. 3.19 in Kap. 3.3.2.1). Auch wenn *CIL* häufiger pronominal als adnominal zu finden ist, kommt es im adnominalen Kontext auf hohe Frequenzen, die oftmals über den Werten von adnominalem *CIST* liegen, was wiederum für die distributionelle Variabilität von *CIL* und folglich für die Rolle von *CIL* als Default-Form spricht. Was die Verteilung auf semantischer und pragmatischer Ebene betrifft, liegen bisher keine Ergebnisse vor, die *CIL* als qualitativ unmarkiert und folglich als Core-Form ausweisen würden. Die Ergebnisse der Studien von Guillot-Barbance (2017) und Massé-Arkan (2011), die in Kap. 3.3.1.3 dargelegt wurden, zeigen eher eine funktional komplementäre Verteilung von *CIST* und *CIL* auf pragmatischer Ebene. Die Daten von Guillot-Barbance (2017) sprechen sogar für eine qualitative Unmarkiertheit von *CIST*, das auf der Ebene der Referenzkontexte eine ausgeglichenere Verteilung aufzeigt als *CIL* (cf. die Ausführungen zu Tab. 3.16 in Kap. 3.3.1.3). Da die empirische Untersuchung in Kap. 4 und 5 ein differenzierteres Instrumentarium zur Analyse des distributionalen Verhaltens sowohl von *CIST* und *CIL* als auch von *CE* anwendet, das erstmals auch die Semantik der Nomina und die ontologischen Typen der Referenzobjekte als Verteilungsprinzipien miteinbezieht, verschieben wir die endgültige Beantwortung der Frage nach der qualitativen Unmarkiertheit von *CIL* auf die Analyse und Diskussion der Korpusstudie in Kap. 5 und Kap. 6 im weiteren Verlauf dieser Arbeit.

Da das Prinzip des *core-to-core-mapping* auf der These gründet, dass nicht nur in der alten, sondern auch in der neuen Dichotomie ein Core-Wert vorliegt, bleibt an dieser Stelle noch zu überprüfen, welche Funktion in der neuen Dichotomie als Core-Funktion einzuschätzen ist. Die Core-Qualität einer grammatischen Funktion kann nicht mit den gleichen Kriterien ermittelt werden wie die Core-Qualität einer sprachlichen Form. Smith (2006; 2011) bietet jedoch kein operationalisiertes Verfahren zur Bestimmung der Core-Werte grammatischer Funktionen an. Aus diesem Grund empfiehlt es sich universaltypologische Vergleichswerte heranzuziehen, um die Core-Werte der adnominalen und pronominalen Funktion einzuschätzen. Wie in Kap. 2.2.2.1 dargelegt, sind Demonstrativformen in den meisten Sprachen nicht auf den adnominalen oder pronominalen Gebrauch festgelegt und daher syntaktisch polyfunktional, so etwa im Lateinischen und den romanischen Schwestersprachen. Sprachen, die wie das moderne Französisch Determinierer und Pronomina formal differenzieren, stellen universaltypologisch dagegen eine Ausnahme dar. Hinzu kommt, dass formal differenzierte Determinierersysteme unabhängig von der funktionalen Ausrichtung aus sprachvergleichender Perspektive keine Universalität aufweisen, während Pronomina in allen Sprachen vertreten sind. Der Verdacht liegt folglich nahe, dass die pronominale Funktion in der neuen Dichotomie Core-Status aufweist.

Für die Core-Qualität der Pronominalfunktion sprechen zudem sprachgeschichtliche Aspekte. In der Geschichte der meisten Sprachen, die ein Artikelsystem aufweisen, ist die Genese der Determiniererklasse historisch noch situierbar, so etwa in der Geschichte des Deutschen und Englischen oder der romanischen Sprachen. Im Vergleich zur Pronominalklasse, deren Genese als universale Wortart historisch meist nicht mehr nachvollzogen werden kann, stellt sie eine relativ rezente historische Entwicklung dar. In der Geschichte der romanischen Sprachen gehört die Entwicklung der Definit- und Indefinitartikel etwa zu den wichtigsten strukturellen Merkmalen, die die romanischen Sprachen von der lateinischen Basis unterscheiden. In allen romanischen Sprachen gehen die Definitartikel zudem auf die lateinischen Demonstrativpronomina *ille* oder *ipse* zurück (cf. Kap. 3.2.2.1). Auch in den romanischen Sprachen selbst leiten sich die Artikelformen häufig aus den Pronominalformen ab, etwa fr. *chaque* aus *chacun*. Die Pronominalfunktion erweist sich nicht nur aus sprachvergleichend diachroner Perspektive als Core-Funktion, sondern auch aus strukturell kognitiver Perspektive. Während Determinierer der Komplettierung durch eine Nominalgruppe bedürfen, stellen Pronomina bereits in sich abgeschlossene Einheiten dar (cf. Kap. 2.3.2).[83] Pronomina sind daher strukturell einfacher als Determinierer, was sich auch daran zeigt, dass sie im Spracherwerb früher auftreten (cf. Kap. 2.2.1). Die Core-Qualität der Pronominalfunktion sieht sich folglich auf mehreren Ebenen bestätigt.

Das Refunktionalisierungsmodell von Smith (2004; 2006; 2011) unterstützt die Vermutungen eines Kausalzusammenhangs zwischen der Funktionalität der altfranzösischen Demonstrativa und ihrer diachronen Reorganisation schließlich theoretisch. Um den Einfluss der funktionalen Profile der altfranzösischen

---

[83] Dies gilt für die Pronominalklasse aus universaltypologischer Perspektive. Einzelne Formen können freilich gegenläufige Entwicklungen einschlagen, wie etwa die französischen Demonstrativpronomina *celui*, *celle*, *ceux* und *celles*. Wie in Kap. 2.3.2 gesehen, bedürfen die französischen Demonstrativpronomina heute der Ergänzung eines externen Modifizierers. Diese Entwicklung geht etwa auf die Zeit zwischen dem späten 18. und dem frühen 19. Jahrhundert zurück und ist historisch somit im Anschluss an die Reallokationsprozesse anzusiedeln.

Demonstrativa auf die Reallokationsprozesse zu ermitteln, reichen die Daten aus den Studien von Guillot-Barbance (2017) und Massé-Arkan (2011) noch nicht aus, insbesondere was die Funktionalität von *CE* betrifft (cf. Kap. 3.3.1.3). Aus diesem Grund widmen wir uns im weiteren Verlauf der empirischen Untersuchung der altfranzösischen Demonstrativa.

3.3.2.3 Zusammenfassung

In diesem Kapitel standen die Reallokationsprozesse der altfranzösischen Demonstrativa im Mittelpunkt. Die Analyse des historischen Verlaufs in Abschnitt 3.3.2.1 hat gezeigt, dass sich die Reorganisation und ihre Richtungen nur bedingt in den Frequenzverhältnissen im Altfranzösischen abbilden. Aus der Perspektive der Globalfrequenz zeigt *CIST* eine deutliche Präferenz für D auf, während *CIL* diesbezüglich nicht festgelegt ist. Die Reallokationsprozesse verlaufen in unterschiedlichen Zeitrhythmen. Einige Formen weisen bereits sehr früh eine syntaktische Spezialisierung auf, so *cest* und *cel*, stehen jedoch in ihrer Systemstelle weiterhin in Konkurrenz zu Formen aus dem jeweils anderen Paradigma, so *cest* mit *cel* und *celui*. Auch die lokaldeiktische Neutralisierung betrifft die einzelnen Formen zu unterschiedlichen Zeitpunkten. Der Abbau der lokaldeiktischen Markierung lässt sich an der Häufigkeit der lokaldeiktischen Modifikation, insbesondere durch das entsprechende semantisch inkompatible Lokaladverb ablesen. Bei den meisten Formen setzt er im 15. Jahrhundert ein. Der Verlust der lokaldeiktischen Werte kann durch die Lokalpartikeln *ci* und *là* nicht vollständig ausgeglichen werden, da diese nicht obligatorisch sind und nicht-verstärkte Varianten insgesamt frequenter bleiben als verstärkte. Die Untersuchung von Dialektdaten aus dem nordfranzösischen Raum hat den Verdacht aufgebracht, dass die vollständige Refunktionalisierung von *CIST* und *CIL* in Zusammenhang mit den Normierungsbestrebungen im 16. und 17. Jahrhundert steht. Der Abbau eines semantischen und der Aufbau eines syntaktisch-positionellen Kontrastwerts, wie er sich im französischen Demonstrativsystem ereignet, konnte weiterhin mit dem allgemeinen Entwicklungstrend des Französischen, syntaktische Positionen formal zu differenzieren, in Zusammenhang gebracht werden. Des Weiteren konnte die Hypothese, dass der ursprüngliche Kontrastwert von *CIST* und *CIL* in veränderter Form in den neuen Funktionen erhalten bleibt, mit der Refunktionalisierungstheorie von Smith (2006; 2011) theoretisch plausibilisiert werden.

4 Empirische Untersuchung

Wie in Kap. 3.3.1.2 beobachtet, genügen die bisher verfügbaren Daten zur pragmatischen Verteilung von *CIST* und *CIL* nicht, um differenzierte funktionale Profile der demonstrativen Kennzeichnungstypen im Altfranzösischen zu entwickeln. Zum einen wurde die Verteilung von *CE* im Kontrast zu *CIST* und *CIL* bislang nicht berücksichtigt. Zum anderen wurde die Distribution von *CIST* und *CIL* in den vorherigen Studien ausschließlich nach dem Faktor der referentiellen Verankerung analysiert. Angesichts der Tatsache, dass indexikalische Zeichen nicht nur lokaldeiktische, sondern auch ontologische Informationen kodieren können (cf. Kap. 2.1.1.3 & Kap. 2.1.3) und die Verteilung referentieller Zeichen, insbesondere der Determinierer, von der ontologischen Struktur der Verweisobjekte beeinflusst wird (cf. Kap. 2.1.3), erscheint die ausschließliche Berücksichtigung der Referenzkontexte als zu starke Eingrenzung des funktionalen Spektrums der demonstrativen Formen. Um die Verteilungsfaktoren von *CIST*, *CIL* und *CE* auf mehreren Ebenen erfassen und schließlich den Einfluss der funktionalen Profile auf die diachronen Reallokationsprozesse ermitteln zu können, führe ich eine multidimensionale und qualitative Distributionsanalyse der demonstrativen Kennzeichnungstypen in einem altfranzösischen Korpus aus literarischen und religiösen Texten durch. In diesem Kapitel stelle ich das Design der Korpusstudie vor, mit deren Hilfe die funktionalen Profile von *CIST*, *CIL* und *CE* auf empirischer Basis erfasst werden können. In Abschnitt 4.1 *Korpus* präsentiere ich das Textkorpus, das als Datengrundlage meiner Untersuchung dient. In Abschnitt 4.2 *Annotationskriterien* stelle ich die Kriterien vor, die ich zur funktionalen Kategorisierung der erhobenen demonstrativen Okkurrenzen einsetze.

4.1 Korpus

In diesem Kapitel stelle ich das Korpus vor, das meiner empirischen Untersuchung zugrunde liegt. In Abschnitt 4.1.1 *Texte* gebe ich zunächst Auskunft über dessen Umfang und Konstitution sowie die zeitliche und texttypologische Einordnung der ausgewählten Texte. Im Anschluss lege ich in Abschnitt 4.1.2 *Okkurrenzen* dar, nach welchen Kriterien die Okkurrenzen ausgewählt und bearbeitet wurden.

4.1.1 Texte

Das Untersuchungskorpus umfasst 24 literarische und religiöse Texte aus dem 12. und 13. Jahrhundert, wie in Tab. 4.1 aufgeführt ist. Das Korpus speist sich

4 Empirische Untersuchung

Tab. 4.1: Textauswahl des Untersuchungskorpus in alphabetischer Ordnung.[84]

Sigle	Text	Datierung	Skripta	Diskursdomäne	Typ	Verse	Wörter	Quelle
ADG	Adgar, Collection de miracles	1175–1200	anglo-normannisch	religiös	Miracles	8.789	48.881	BFM
AIO	Aiol	1150–1250	pikardisch	literarisch	Chanson de geste	10.982	91.533	TFA
ANG	Chrétien, Le roman de Guillaume d'Angleterre	1090–1119	pikardisch	literarisch	Roman	3.310	–	CLM
BER	Adenet le Roi, Berte aus grans piés	1269–1285	zentral-französisch	literarisch	Chanson de geste	3.486	–	CLM
BRA	Benedeit, Voyage de Saint-Brandan	1106–1121	anglo-normannisch	religiös	Vita	1.834	–	TFA
BUE	Adenet le Roi, Buevon de Conmarchis	1269–1285	zentral-französisch	literarisch	Chanson de geste	3.947	–	CLM
CLI	Chrétien de Troyes, Cligés	1176	champagnisch	literarisch	Roman	6.664	40.563	BFM
ENE	Eneas	ca. 1155	normannisch	literarisch	Roman	5.998/ 10.155	34.958	BFM
ERA	Gautier d'Arras, Eracle	ca. 1176–1184	pikardisch	literarisch	Roman	6.568	40.860	BFM
ERE	Chrétien de Troyes, Erec et Enide	ca. 1170	champagnisch	literarisch	Roman	6.879	40.710	BFM
GAL	Renaut, Galeran de Bretagne	ca. 1200–1225	pikardisch	literarisch	Roman	7.800	48.279	BFM

GOL	Gautier d'Arras, Ille et Galéron	1176–1184	pikardisch	literarisch	Roman	6.769 (77V. Mb)	41.781	BFM
GUI	Chanson de Guillaume	1150	anglo-normannisch	literarisch	Chanson de geste	3.328	–	TFA
LAN	Chrétien de Troyes, Chevalier de la Charrette ou Lancelot	1177–1181	champagnisch	literarisch	Roman	7.114	43.706	BFM
MAR	Marie de France, Lais	1160–1170	anglo-normannisch	literarisch	Lais	4.315	33.472	TFA
MIR	Jean le Marchant, Miracles de Notre-Dame de Chartres	1252–1262	orléanais	religiös	Miracles	6.427	37.327	BFM
NIM	Le charroi de Nîmes	12.Jh. (Mitte)	Zentral-französisch	literarisch	Chanson de geste	1.486	–	CLM
ORA	Prise d'Orange	ca. 1199	anglo-normannisch	literarisch	Chanson de geste	1.888	–	TFA
PAL	Huon le Roi de Cambrai, Du vair palefroi	1090–1119		literarisch	Fabliau	1.342	–	CLM

84 Die Informationen zur Textdatierung, zur dialektalen Zuordnung, zur Diskursdomäne und zum Texttyp entnehme ich für die Texte aus der BFM den Metadaten der entsprechenden Einzeltexte (cf. Tab. 4.2). Für die Texte aus den Korpora TFA und CLM übernehme ich die Textdatierungen aus den Metadaten der Einzeltexte. Für die Angaben zur dialektalen Zuordnung, zur Diskursdomäne und zum Texttyp habe ich sowohl die zugrundeliegenden Printversionen der elektronischen Ausgaben als auch die Datenbank *Archives de Littérature du Moyen Âge* (= ARLIMA) konsultiert. Für die Texte ADG, MAR und GOL konnten weder über die Textausgabe noch über ARLIMA die Manuskriptkennzeichnungen ausfindig gemacht werden. Für MAR liegen auch keine Daten zur zeitlichen Einordnung des Manuskripts vor.

Tab. 4.1 (fortgesetzt)

Sigle	Text	Datierung	Skripta	Diskursdomäne	Typ	Verse	Wörter	Quelle
PER	Chrétien de Troyes, Conte du Graal (Perceval)	ca. 1181–1185	champagnisch	literarisch	Roman	8.961	53.753	BFM
ROL	Chanson de Roland	ca. 1100	normannisch	literarisch	Chanson de geste	4.002	29.312	BFM
THO	Guernes de Pont-Sainte-Maxence, Vie de saint Thomas Becket	1172–1174	westlich	religiös	Vita	6.180	53.947	BFM
VER	La Chastelaine de Vergi	vor 1288	normannisch	literarisch	Roman	958	6.121	BFM
YVA	Chrétien de Troyes, Chevalier au Lion ou Yvain	ca. 1177–1181	champagnisch	literarisch	Roman	6.810	41.741	BFM

somit überwiegend aus Texten, die aus der zweiten Phase der altfranzösischen Sprachstufe stammen (cf. Einleitung zu Kap. 3.3.1). Das größere Gewicht der zweiten Phase der altfranzösischen Schriftlichkeit geht darauf zurück, dass aus diesem Zeitraum mehr Texte in der Volkssprache vorliegen, diese einen größeren Umfang aufweisen und folglich eine höhere Zahl an demonstrativen Ausdrücken zu erwarten ist (cf. Einleitung zu Kap. 3.3.1 und Kap. 3.3.2.1). Für vier der untersuchten Texte wird eine Entstehung etwa in der ersten Hälfte des 12. Jahrhunderts vermutet, so für *ANG*, *BRA*, *PAL* und *ROL* (cf. Tab. 4.1).[85] Sie sind demzufolge der ersten Phase der altfranzösischen Schriftproduktion zuzurechnen. Die übrigen 20 Texte entstehen in der zweiten Phase. 14 Texte werden auf die zweite Hälfte des 12. Jahrhunderts datiert, so *ADG*, *CLI*, *ENE*, *ERA*, *ERE*, *GOL*, *GUI*, *LAN*, *MAR*, *NIM*, *ORA*, *PER*, *THO* und *YVA*, was dem größten Teil des untersuchten Korpus entspricht. Aus der ersten Hälfte des 13. Jahrhunderts liegen wiederum zwei Texte vor, so *AIO* und *GAL* (cf. Tab. 4.1). Die zweite Hälfte des 13. Jahrhunderts ist schließlich mit vier Texten vertreten, so durch *BER*, *BUE*, *MIR* und *VER* (cf. Tab. 4.1).

Was die Datierung der Texte betrifft, ist das 12. Jahrhundert im Untersuchungskorpus mit 18 Texten insgesamt stärker vertreten als das 13. Jahrhundert, dem nur sechs der ausgewählten Texte zugeordnet werden. Betrachtet man die Datierung der Manuskripte, die den Editionen zugrunde liegen, sofern diese ermittelt werden konnte, ergibt sich wiederum ein anderes Bild, wie Tab. 4.2 zeigt. So basiert nur der Text *ROL* auf einem Manuskript aus dem 12. Jahrhundert. Der größte Teil der Texte geht hingegen auf Manuskripte aus dem 13. Jahrhundert zurück, so insgesamt 20 Texte. Die Textausgabe von *MIR* beruht auf einem Manuskript aus dem 14. Jahrhundert, *GAL* auf einem Manuskript aus dem 15. Jahrhundert.

Die ausgewählten Texte habe ich mittels der elektronischen Korpora *Base de Français Médiéval* (BFM) (Version 2014, verfügbar vom 1.8.2014 bis zum 31.3.2017), *Textes de Français Ancien* (TFA) und dem *Corpus de la Littérature Médiévale* (CLM) in digitaler Form konsultiert (cf. Kap. 4.1.2 zur elektronischen Bearbeitung der Texte des Korpus). 14 der ausgewählten Texte stammen aus der BFM, fünf Texte aus den TFA und weitere fünf Texte aus dem CLM (cf. Tab. 4.2). Die Textversionen der elektronischen Korpora BFM, TFA und CLM basieren auf modernen kritischen Editionen (cf. Heiden/Lavrentiev 2004, 102). Die Auswahl von Textsätzen, die auf kritischen und nicht auf diplomatischen Editionen

---

[85] Zum Verweis auf die Einzeltexte setze ich im weiteren Verlauf die kennzeichnenden Siglen ein, die den Texten in Tab. 4.1 zugewiesen werden. Für die meisten Texte in Tab. 4.1 ist kein Entstehungsjahr, sondern ein Entstehungszeitraum angegeben. In diesen Fällen werte ich bei der zeitlichen Einordnung der Texte das spätere Ende des Entstehungszeitraumes aus.

Tab. 4.2: Datierung und Kennzeichnung der Manuskripte der Untersuchungstexte.[86]

Sigle	Kennzeichnung der Manuskripte	Datierung	Quelle
ADG	–	13. Jh. (Anfang)	BFM
AIO	Paris (BNF) ms. 25516 (f. 96ra–173ra)	1275–1300	TFA
ANG	Paris (BNF) ms. fr. 375 (f. 240vb–247va)	–1288	CLM
BER	Paris (BNF) Arsenal, ms. 3142 (A)	13. Jh. (Ende)	CLM
BRA	London, British Library, Cotton, Vespasianus B X, f. 1r–11r (A)	1275–1300	TFA
BUE	Paris (BNF) Arsenal, ms. 3142 (f. 179–202)	13. Jh. (Ende)	CLM
CLI	Paris (BNF), ms. 794 (P)	ca. 1235	BFM
ENE	Florenz (Biblioteca Medicea Laurenziana), ms. XLII 44	Ende 12. Jh./Anfang 13. Jh.	BFM
ERA	Paris (BNF), ms. 1444 (f. 127) (A); Korrekturen aus Paris (BNF) ms. 24430 (13.–14.Jh.)	Ende 13.Jh.	BFM
ERE	Paris (BNF), ms. fr. 794 (P)	ca. 1235	BFM
GAL	Paris (BNF), ms. 24042	15. Jh.	BFM
GOL	–	1289	BFM
GUI	London (British Library), ms. 38663	13. Jh. (2. od. 3. Viertel)	TFA
LAN	Paris (BNF), ms. fr. 794 (P)	ca. 1235	BFM
MAR	–	k. A.	TFA
MIR	Chartres (Bibliothèque municipale), ms. 1027	14. Jh.	BFM
NIM	Paris (BNF), ms. 774 (f. 33rb–41vb) (A1) V. 717–877 aus Paris (BNF), ms.1449, f. 38rb–47vb (A2)	13. Jh.	CLM

ORA	Paris (BNF), ms. 774 (fol. 41vb) (A1), Schluss aus ms. 368 (A3)	13. Jh.	TFA
PAL	Paris (BNF), ms. fr. 837, f. 348va–355rb	13. Jh. (Ende)	CLM
PER	Paris (BNF), ms. fr. 794	ca. 1235	BFM
ROL	Oxford (Bodleian Library), Digby, ms. 23	ca. 1100–1150	BFM
THO	Wolfenbüttel Herzog August Bibliothek, 34. 6. Aug. 4o (B), Lücken: London, British Library, Harley, 270 (H)	13. Jh. (Anfang)	BFM
VER	Paris (BNF), ms. 837 (f. 6rb-11ra) (C)	13. Jh. (Ende)	BFM
YVA	Paris (BNF), ms. fr. 794 (P)	ca. 1235	BFM

86 Die Informationen zur Datierung der Manuskripte entnehme ich für die Texte der BFM den Metadaten der Einzeltexte, für die Texte aus den TFA und dem CLM sowohl den Angaben in den Printversionen der zugrundeliegenden elektronischen Ausgaben als auch der Datenbank Archives de Littérature du Moyen Âge (= ARLIMA).

basieren, die eine genaue (ortho)graphische Wiedergabe der Manuskripte bieten, sieht sich durch das spezifische Forschungsinteresse der vorliegenden Untersuchung und ihre Ausrichtung auf eine semantische und pragmatische Fragestellung gerechtfertigt (cf. auch Heiden/Lavrentiev 2004, 116).

Was die dialektale Provenienz der Texte betrifft, repräsentiert das Untersuchungskorpus die wichtigsten altfranzösischen Literatursprachen in einem ausgewogenen Verhältnis. So umfasst das Korpus sechs Texte in (anglo-)normannischer Skripta, *ADG*, *BRA*, *MAR*, *ORA*, *ROL* und *VER*, 5 Texte in pikardischer Skripta, *AIO*, *ANG*, *ERA*, *GAL* und *GOL*, und fünf Texte in champagnischer Skripta, die Romane von Chrétien de Troyes *CLI*, *ERE*, *LAN*, *PER* und *YVA* (cf. Tab. 4.1). Hinzu kommen drei Texte in zentralfranzösischer Skripta, *BER*, *BUE* und *NIM*, ein Text in südlicher Skripta (*orléanais*) und ein Text, der westliche Züge aufweist (*ouest*) (cf. Tab. 4.1). Zudem liegt ein Text vor, der in seiner regionalen Zuordnung uneindeutig ist, *PAL*, und daher diatopisch nicht bestimmt werden kann (cf. Tab. 4.1).

Auf der Ebene der Textfunktionen ist das Untersuchungskorpus auf die literarische und religiöse Diskursdomäne festgelegt. Die Beschränkung auf literarische und religiöse Texte mit narrativem Charakter, wie Viten und Wundererzählungen, ist dadurch motiviert, dass in diesen Texttypen die höchste Bandbreite an Verwendungskontexten zu erwarten ist, da sie zum Teil sehr hohe Anteile an direkten Redebeiträgen aufweisen, so insbesondere die Chansons de geste. Aus diesem Grund werden auch Verweise möglich, die auf einen situativen Kontext innerhalb der fiktiven Welt ausgerichtet sind. Die literarische Schriftlichkeit bietet Wunderli (1980, 7) zufolge einen weiteren Vorteil gegenüber Texten anderer Funktionsbereiche, da die Literatursprache als «diasystème par excellence» die Integration von Strukturen aller diasystematischen Markierungen erlaubt und sich somit von vornherein durch ein größeres formales und funktionales Variationspotenzial im Vergleich zu nicht-literarischer Schriftlichkeit auszeichnet.

Das Korpus umfasst die wichtigsten Texttypen der literarischen und narrativen religiösen Schriftlichkeit im Altfranzösischen. Der literarische Bereich ist mit insgesamt 20 Texten vertreten, sieben Chansons de geste, *AIO*, *BER*, *BUE*, *GUI*, *NIM*, *ORA* und *ROL*, elf Versromanen, *ANG*, *CLI*, *ENE*, *ERA*, *ERE*, *GAL*, *GOL*, *LAN*, *PER*, *VER* und *YVA*, einem Fabliau, *PAL*, und einer Sammlung von Lais, *MAR*. Aus dem religiösen Bereich liegen insgesamt vier Texte vor, zwei Viten, *BRA* und *THO*, und zwei Sammlungen von Wundererzählungen, *ADG* und *MIR*. Der literarische Bereich ist somit weitaus stärker vertreten als der religiöse, was mit dem höheren Angebot an literarischer Schriftlichkeit in der Volkssprache im Vergleich zu religiöser Schriftlichkeit begründet ist, die im 12. und 13. Jahrhundert noch weitgehend lateinisch bleibt. Innerhalb der Texte aus dem literarischen Bereich machen im Untersuchungskorpus die Versromane wiederum den größten Teil aus. Alle Texte des Untersuchungskorpus liegen in Versform vor.

Die unterschiedlichen Texttypen unterscheiden sich zum einen auf der Ebene der Textproduktion und -rezeption, zum anderen auf inhaltlicher und struktureller Ebene. Für die Chansons de geste nimmt Rychner (1999, 9–22) eine Textproduktion an, die zum Teil der Schrift entbunden ist. Nach Rychner (1999, 35) entstehen die mittelalterlichen Heldenlieder in der Mündlichkeit und werden auch mündlich von Jongleur zu Jongleur weitergegeben, die den Text memorisieren und aus dem Gedächtnis frei vortragen. Infolge der Schriftentbundenheit der Produktion, der Konservation und der Rezitation ist die Textgestalt der Chansons de geste grundsätzlich instabil und variiert entsprechend der jeweiligen Darbietungssituation und dem Jongleur, der als Schausteller und Künstler improvisatorisch und schöpferisch in die Textgestalt eingreift (cf. Rychner 1999, 33). Die schriftlichen Fixierungen der Chansons de geste, die ab dem 11. Jahrhundert auftreten, dienen dem Jongleur in erster Linie als Memorisierungshilfe und geben somit nur eine mögliche Ausgestaltungsvariante wieder (cf. Köhler 1978, 273; Rychner 1999, 35). Bei der Übertragung der Chansons de geste in das schriftliche Medium kommt es, so Rychner (1999, 35), automatisch zu redaktionellen Überarbeitungen oder Anpassungen, die je nach Text mehr oder weniger stark ausgeprägt sein können. So vermutet Rychner (1999, 36–37, 154), dass die *Chanson de Roland* infolge ihrer herausragenden literarischen Qualität und der Länge von 4.002 Versen starken schriftlichen Überarbeitungen unterzogen wurde, während literarisch weniger ausgefeilte und kürzere Chansons, wie *Charroi de Nimes*, wohl kaum schriftliche Umformungen erfahren haben. In der Tradition von Zumthor (1983) vermutet Selig (2006, 1936) wiederum eine Entstehung der altfranzösischen Chansons de geste im schriftlichen Medium. Die Textproduktion der altfranzösischen Versromane gilt dagegen von vornherein als schriftgebunden (cf. Selig 2006, 1936). Vitz (1999, 126–127) hält jedoch auch für die Versromane eine schriftentbundene, orale Produktion für wahrscheinlich. Die Frage nach der Schriftgebundenheit oder -entbundenheit der Entstehung der altfranzösischen Texte, insbesondere der Chansons de geste und der Versromane, kann nicht eindeutig beantwortet und an dieser Stelle leider nicht weiter ausgeführt werden.

Ebenso wie hinsichtlich der Produktionsbedingungen, was die Frage nach der Oralität oder Skripturalität der Entstehung betrifft, unterschiedliche Meinungen vertreten werden, liegen hinsichtlich der Rezeptionsbedingungen konträre Positionen vor. Wie sich die Produktion der Chansons de geste vermutlich in der Oralität ereignet, findet auch die Rezeption der altfranzösischen Heldenlieder in schriftentbundenen Performanzsituationen statt, so Frank (1999, 65–66). So werden die Chansons de geste typischerweise vor Publikum frei vorgetragen, szenisch und dramaturgisch ausgestaltet und musikalisch begleitet (cf. Frank 1999, 65–66; Rychner 1999, 9–10; Selig 2006, 1936; Zumthor 1954, 142–

143; 1983, 115). Während das Performanzszenario die typische Realisierungsart der Heldenlieder darstellt, sind Versromane, so Frank (1999, 73), zum Vorlesen bestimmt und wurden daher «von den historischen Akteuren als Paradefall für die Realisierungsart ‹Vorlesen› konzeptualisiert» (cf. auch Selig 2006, 1936). Nach Frank (1999, 74) und Selig (2006, 1936) wird das Vorlesen im 13. Jahrhundert mit der Herausbildung des städtischen Bürgertums als ‹Lesepublikum› auch für die Chansons de geste zur typischen Realisierungsart.

Vitz (1999, 229) vermutet, dass nicht nur die Chansons de geste, sondern auch die altfranzösischen Versromane mit dem Ziel der szenischen Aufführung konzeptualisiert und produziert werden. Die Ausrichtung der Versromane auf die Realisierung in einer Performanzsituation zeigt sich, so Vitz (1999, 251–256), an der Häufigkeit, mit der in den Romanen von Chrétien de Troyes Strukturen eingesetzt werden, die das Memorisieren des Textes erleichtern, wie die systematische Wiederholung gleicher und ähnlicher Lautstrukturen und formaler Einheiten (cf. auch Koch/Oesterreicher 1985, 30). Nach Vitz (1999, 226–227) und Marnette (2005, 205) werden Romane im 12. wie 13. Jahrhundert immer noch häufiger szenisch dargeboten, gesungen oder rezitiert als vorgelesen oder gar still gelesen. Auch Lais und Fabliaux als kleinere Erzählgattungen sowie Viten und Miracles sind auf die szenische Darbietung oder Rezitation ausgerichtet (cf. Guillot-Barbance/Pincemin/Lavrentiev 2017, 54; Koch 1993, 52–54; Vitz 1999, 38, 177; Zumthor 1954, 142–143).

Die Rezeption der literarischen und religiösen Narrativik ist im französischen Mittelalter schließlich nicht auf die stille, private Lektüre ausgerichtet, sondern findet im öffentlichen Raum statt, vermittelt durch die szenische Performanz oder das Vorlesen des Textes. Die Rezeptionssituation der mittelalterlichen Texte zeichnet sich folglich durch einen direkten Kontakt zwischen dem Jongleur oder Vorleser als Textvermittler und dem Publikum als Rezipientem aus (cf. Frank 1999, 76). Die Zuschaueranreden in der Erzählerrede, die in den mittelalterlichen Texten häufig auftreten, wie in Kap. 3.3.1.2 gesehen, sind somit für die tatsächliche Aktualisierung in den spezifischen mündlichen Darbietungssituationen bestimmt (cf. Vitz 1999, 267–268).

Ob ein Text für die Vorführung oder Rezitation und somit für eine Rezeption über die Mündlichkeit konzeptualisiert ist, zeigt sich nach Selig (2006, 1935) und Vitz (1999, Kap. 1) bereits daran, dass er in Reimform gehalten ist (cf. auch Koch 1993, 51). Vitz (1999, Kap. 1) weist insbesondere den Achtsilbler, in dem die höfischen Romane von Chrétien de Troyes und die Romane von Gautier d'Arras verfasst sind, als Versmaß der literarischen Texte aus, die für eine mündliche Darbietung bestimmt sind. Da alle Texte des Untersuchungskorpus in Versform verfasst sind, kann davon ausgegangen werden, dass alle in Tab. 4.1 aufgeführten Texte mündlich präsentiert wurden.

Die Oralität oder Dialogizität eines Textes kann am Anteil der direkten Redebeiträge am Gesamttext bemessen werden. Der höchste Anteil an direkten Redebeiträgen findet sich in den Chansons de geste. Entsprechend den Analysen von Marnette (1998, 124; 2005, 198) nehmen direkte Redezitate in den altfranzösischen Heldenliedern in einigen Texten mehr als 90% des Gesamttextes ein. Die Chansons de geste bestehen folglich zum weitaus größten Teil aus direkter Figurenrede, während der Erzählerkommentar nur in geringfügigem Anteil auftritt. Erzählerinterventionen finden sich in den Chansons de geste nicht zur psychologischen Profilierung der Figuren oder Kommentierung und Reflexion der Ereignisse, sondern in erster Linie zur situativen Kontextualisierung und zur Ankündigung eines Sprecher- oder Settingwechsels. Trotz des hohen Anteils an direkt zitierter Figurenrede finden in den Chansons de geste keine lebendigen dialogischen Interaktionen mit häufigen Sprecherwechseln zwischen den Figuren statt (Marnette 1998, 126–127). Vielmehr zeichnen sie sich strukturell dadurch aus, dass teils sehr lange Redeblöcke, auch ohne Erzählerintervention, aneinandergereiht werden (Marnette 1998, 125–127). Indirekte Redebeiträge sind in den Chansons de geste wiederum eher selten und ausschließlich innerhalb der direkten Figurenrede zu finden (cf. Marnette 1998, 124).

Auch in Versromanen und Lais treten bevorzugt direkte Redebeiträge auf, es finden sich jedoch weitaus mehr indirekte Redewiedergaben als in den Chansons de geste (Marnette 1998, 127; 2005, 207–208), insbesondere innerhalb der Erzählerrede und zur Darstellung von Gedanken einer Figur. Im Unterschied zu den Heldenliedern werden die direkten Redebeiträge in den Versromanen häufig nicht explizit einer Figur als deren Urheber zugeordnet, sondern sind in ihrer Zuweisung uneindeutig (cf. Marnette 2005, 212). Dazu kommt, dass sich die Unterscheidung zwischen innerer und äußerer Rede in den Romanen häufig als schwierig gestaltet, so Marnette (2005, 208–209), da unklar bleibt, ob selbstadressierte Äußerungen sich gedanklich oder lautsprachlich ereignen. Diese Unklarheit ist entsprechend Marnette (2005, 208–209) der Konzeptualisierung der Versromane für die mündliche Darbietung geschuldet, in der die Redebeiträge ohnehin eine lautliche Gestalt erhalten. Die Versromane und Lais weisen in ihrer dialogischen Struktur zudem eine größere Natürlichkeit und Lebendigkeit auf als die Chansons de geste, da regelmäßige Sprecherwechsel stattfinden, sodass in einigen Fällen sogar zwei direkte Redebeiträge in einem Vers auftreten können (cf. Marnette 1998, 129).

In den Viten macht die Erzählerrede im Unterschied zur Chanson de geste und dem Versroman wiederum einen größeren Anteil aus als Redewiedergaben, wie Marnette (1998, 122) feststellt. Marnette (1998, 122) führt die Präferenz für die Darstellung der Ereignisse innerhalb der Erzählerrede auf den inhaltlichen und gesellschaftlichen Anspruch der Viten zurück, das Leben und Wirken eines

Heiligen darzustellen und auf diese Weise die Imitation seines frommen Handelns seitens der Zuhörerschaft zu provozieren (cf. Marnette 1998, 122; 2005, 207; auch Koch 1993, 54). Der niedrige Anteil der direkten Redebeiträge erschließt sich folglich daraus, dass die Erzählung der Taten des Heiligen wichtiger ist als die direkte Wiedergabe seiner Worte, so Marnette (1998, 122). In den Viten kommen indirekte Redeteile dementsprechend auch häufiger zum Einsatz (Marnette 1998, 124). Daten zu den Anteilen direkter und indirekter Redebeiträge in den Miracles liegen leider nicht vor. Da die Funktion der Miracles als religiöse Texte ebenso wie die der Viten in der religiösen Erziehung und der Förderung der Frömmigkeit des Volkes besteht, kann eine ähnliche Verteilung der Redeformen wie in den Viten angenommen werden (cf. Koch 1993, 54).

Die Höhe der Anteile der direkten Redebeiträge ist für die vorliegende Analyse zur semantisch-pragmatischen Funktionalität der Demonstrativa von Bedeutung, da innerhalb der Figurenrede eine größere Bandbreite an referentiellen Kontexten aufgerufen werden kann. Hohe Anteile an direkter Rede können jedoch nicht als Indikator für den nähesprachlichen Charakter der Texte gewertet werden. Alle Texte des Untersuchungskorpus sind zwar für die Rezitation oder Inszenierung in der Mündlichkeit bestimmt, stellen jedoch keine Niederschriften mündlich produzierter Texte dar, sondern entstehen im schriftlichen Medium. Die Texte können somit nicht als Dokumente der gesprochenen, nähesprachlichen Varietäten der altfranzösischen Epoche betrachtet werden. Vielmehr sind sie als Form einer distanzsprachlichen, elaborierten Mündlichkeit einzuschätzen, so Koch/Oesterreicher (1985, 30) (cf. auch Koch 1993, 53; Marchello-Nizia 2012, 2017). Dies gilt sowohl für die Erzählerrede als auch für die Textteile, die direkte Figurenrede fingieren.

Auch wenn die Texte, die für eine orale Performanz vorgesehen sind, nicht als verlässliche Beispiele sprechsprachlicher Varietäten des Altfranzösischen betrachtet werden können, imitieren sie mündliche Strukturen in höherem Maß als Texte, die auf eine stille Rezeption ausgelegt sind, wie die Untersuchungen von Guillot-Barbance et al. (2017) zeigen. Guillot-Barbance et al. (2017) weisen in einer empirischen Studie nach, dass sich die altfranzösischen Gattungen im Grad der Sprechsprachlichkeit ihrer morphosyntaktischen Ausgestaltung unterscheiden und auch innerhalb der Texte Unterschiede in der sprachlichen Strukturierung zwischen direkten Redebeiträgen und Erzählerrede auftreten. Entsprechend der Häufigkeit der Merkmale der Mündlichkeit kann dann eine Verortung in einem Kontinuum zwischen einem sprechsprachlichen und einem nicht sprechsprachlichen Pol vorgenommen werden (cf. Guillot-Barbance et al. 2017, 55–56). Guillot-Barbance et al. (2017, 64) grenzen innerhalb dieses Kontinuums vier Felder ab, in die sich die altfranzösischen Gattungen gruppieren lassen: (i) das Feld direkt am Pol der absoluten Oralität [++ Oralität], (ii) das zentrale Feld in größe-

Tab. 4.3: Oralitätsgrade der altfranzösischen Textgattungen (cf. Guillot-Barbance et al. 2017, 61–66).

	Pol [++Oralität]	Zentrales Feld [+Oralität]	Zentrales Feld [–Oralität]	Pol [––Oralität]
literarisch	Figurenrede im Roman, Lais & Fabliaux	Figurenrede in Chanson de geste Erzählerrede in Lais & Fabliaux	Erzählerrede in Chanson de geste & Roman	
religiös		Figurenrede in Hagiographie & Miracle	Erzählerrede in Hagiographie & Miracle	

rer Nähe zum Pol der Oralität [+Oralität], (iii) das zentrale Feld in größerer Nähe zum Pol der Nicht-Oralität [–Oralität] und (iv) das Feld direkt am Pol der Nicht-Oralität [––Oralität]. Tab. 4.3 zeigt, welche Oralitätsgrade Guillot-Barbance et al. (2017) den unterschiedlichen Gattungen zuweisen, die in der vorliegenden Studie berücksichtigt werden.

Sowohl in den literarischen als auch in den religiösen Texten liegen in direkten Redeanteilen mehr sprechsprachliche Merkmale vor als in der Erzählerrede, wie Tab. 4.3 zeigt. Die Figurenrede der Romane sowie der Lais und Fabliaux als narrativen Kurzformen ist direkt am Pol der Oralität ([++Oralität]) verortet und weist folglich den höchsten Mündlichkeitsgrad auf (cf. Tab. 4.3). In der Figurenrede der Chansons de geste, der Viten und der Miracles liegen wiederum weniger sprechsprachliche Merkmale vor als in den Romanen und Erzählungen. Sie besetzt daher nur das zentrale Feld mit größerer Nähe zum Pol der Oralität ([+Oralität]) (cf. Tab. 4.3). In diesem Feld ([+Oralität]) ist auch die Erzählerrede der narrativen Kurzformen verortet (cf. Tab. 4.3). Die Figurenrede der Chansons de geste, der Viten und Miracles zeigt somit den gleichen Grad an Sprechsprachlichkeit auf wie die Erzählerrede der Lais und Fabliaux (cf. Tab. 4.3). Die Erzählerrede der Chansons de geste, Viten und Miracles ist wiederum im zentralen Feld mit größerer Nähe zum Pol der Nicht-Oralität verortet ([–Oralität]) (cf. Tab. 4.3). Diesem Bereich ([–Oralität]) gehört auch die Erzählerrede der Romane an (cf. Tab. 4.3). Bei den Romanen liegt folglich der größte Unterschied zwischen Figuren- und Erzählerrede vor, was die strukturelle Ausgestaltung betrifft. Während die Figurenrede den höchsten Grad an sprechsprachlichen Merkmalen aufweist ([++Oralität]), ist die Erzählerrede in größerer Nähe zum Pol der Nicht-Oralität verortet ([–Oralität]) (cf. Tab. 4.3). Im Feld direkt am Pol der Nicht-Oralität finden sich wiederum keine Textgattungen, die in dieser Studie berücksichtigt werden (cf. Tab. 4.3). Aus diesem Grund bleibt die Spalte [--Oralität] in Tab. 4.3 leer.

Die Gemeinsamkeiten zwischen der Chanson de geste und der Hagiographie, die in Tab. 4.3 bezüglich des Oralitätsgrades ihrer morphosyntaktischen Ausgestaltung sichtbar werden, gehen einher mit den Gemeinsamkeiten der beiden Textgattungen in Bezug auf das Rezeptionsziel. Die hohen Anteile an direkten Redebeiträgen in den Chansons de geste und deren Ausgedehntheit führen dazu, dass die erzählten Ereignisse durch die Figuren geschildert und somit für den Zuschauer erfahrbar gemacht werden (cf. Marnette 2005, 198). Durch die Schilderung der Ereignisse in der Figurenrede präsentiert sich der Erzähler und somit der Jongleur als dessen spezifische Aktualisierung als direkter Augenzeuge der erzählten Geschichte und macht auf diese Weise auch das Publikum zum Beobachter und zu einem ihm ebenbürtigen Partner (cf. Marnette 2005, 189, 197). So entsteht eine symmetrische Relation zwischen Erzähler/Jongleur und Adressaten, die dem Rezeptionsziel der Chansons de geste unterstützend entgegenkommt (cf. Marnette 2005, 189, 197). Die Solidarität zwischen Erzähler/Jongleur und Publikum, die die spezifische Erzählform der Chanson de geste suggeriert, fördert die Empfänglichkeit des Publikums für den ideologischen Gehalt der Heldenerzählungen. In den Chansons de geste wird das Wirken historischer Exponenten der gemeinsamen Nation und ihr Tod im Kampf für diese Nation und somit für die Christenheit in Erinnerung gerufen und gefeiert (cf. Zumthor 1954, 141–142; 1983, 105). Das Zelebrieren der heroischen Taten der glorreichen Vorfahren verfolgt das Ziel, den Rückhalt in der Bevölkerung für die Autoritäten und deren politische Projekte zu gewinnen und zu stärken.

Bei der Darbietung der Heiligenviten entsteht die symmetrische Relation zwischen Erzähler/Jongleur und Publikum im Unterschied zur Chanson de geste nicht durch die Erzählform in der direkten Rede, zumal die direkten Redeanteile in den Viten deutlich geringer ausfallen, sondern durch das Herausstellen der gemeinsamen Zugehörigkeit von Erzähler/Jongleur und Publikum zur christlichen Glaubensgemeinschaft (cf. Marnette 1998, 206–207; auch Marchello-Nizia 2006a, 122). Ebenso wie bei den Chansons de geste wird in der Hagiographie eine christliche Ideenlehre propagiert und beworben (cf. Marnette 1998, 206). Während der ideologische Gehalt in den Chansons de geste in der Zelebration von Vorbildern für männliches Heldentum und in der Rekrutierung von Freiwilligen für die Kreuzzüge besteht, werden in den Viten Vorbilder an Heiligkeit und Frömmigkeit gezeigt (cf. Zumthor 1954, 141–142). Die Solidarität zwischen Erzähler/Jongleur und den Rezipienten dient folglich auch bei den Viten dazu, die Empfänglichkeit des Volkes für die erzieherischen Inhalte zu stärken und auf diese Weise seine Frömmigkeit und Gottesfürchtigkeit zu fördern.

Das Untersuchungskorpus setzt sich folglich aus Texten zusammen, die drei der vier Bereiche des Oralitätskontinuums von Guillot-Barbance et al. (2017) repräsentieren: (i) die Figurenrede der Romane, Lais und Fabliaux den Pol der Oralität [++Oralität], (ii) die Erzählerrede der Lais und Fabliaux sowie die Figurenrede der Chansons de geste, Viten und Miracles den zentralen Bereich mit größerer Nähe zum Pol der Oralität [+Oralität] und (iii) die Erzählerrede der Chansons de geste, Romane, Viten und Miracles den zentralen Bereich mit größerer Nähe zum Pol der Nicht-Oralität [–Oralität]. Der Oralitätsgrad der Textgattungen und ihrer Redeteile ist für meine Untersuchung von besonderem Interesse, da sie eine variationslinguistische Differenzierung der funktionalen Profile von *CIST*, *CIL* und *CE* ermöglicht. In Kap. 3.3.1.2 und Kap. 3.3.2.1 wurden bereits Korrelationen zwischen der quantitativen Verteilung von *CIST* und *CIL* und ihrer diskurspragmatischen Einbettung aufgezeigt. So tritt *CIST* häufiger in direkten Redebeiträgen auf, während *CIL* in der Erzählerrede in größerer Zahl zu finden ist. Der Verdacht liegt folglich nahe, dass sich die Unterschiede in den nähesprachlichen Markierungen der einzelnen Gattungen und Textteile, wie in Tab. 4.3 dargestellt, auch auf der Ebene der quantitativen und qualitativen Verteilung von *CIST*, *CIL* und *CE* widerspiegeln. Für meine Untersuchungen stellt sich folglich die Frage, ob *CIST*, *CIL* und *CE* in der Figurenrede andere funktionale Präferenzen aufweisen als in den übrigen Erzählteilen und ob das Distributionsprofil der Demonstrativa mit den Oralitätsgraden der Gattungen und Textteile korreliert. Bei der Analyse der demonstrativen Okkurrenzen muss folglich auch berücksichtigt werden, ob sie in die Figuren- oder die Erzählerrede integriert sind.

4.1.2 Okkurrenzen

Wie in Kap. 1 geschildert, konzentriert sich die Korpusanalyse auf die adnominalen Okkurrenzen der altfranzösischen Demonstrativa. Dafür sprechen sowohl formale als auch funktionale Gründe. Im adnominalen Bereich können gleich drei Formenparadigmen zum Einsatz kommen, das proximale *CIST*, das distale *CIL* und das neutrale *CE*, wohingegen im pronominalen Bereich nur die distanzmarkierten Serien *CIST* und *CIL* vertreten sind (cf. Kap. 1, Kap. 3.3.1.1 & Kap. 3.3.2). Die Determiniererposition zeichnet sich nicht nur durch eine größere Formenvielfalt aus, sondern auch durch eine härtere Konkurrenzsituation der demonstrativen Formenparadigmen. Wie die Zählungen von Marchello-Nizia (1995), Pohoryles (1966) und Yvon (1951; 1952) in Kap. 3.3.2.1 zeigen, kann sich *CIST* nur im adnominalen Bereich quantitativ gegen *CIL* behaupten. In adnominaler Position weisen *CIST* und *CIL* nämlich ähnliche Frequenzen auf, während in pronominaler Funktion *CIL* deutlich überwiegt und *CIST* eine funktional markierte Ausnahme darstellt (cf. Kap. 3.3.1.3). Die frequentative Gleichwertigkeit von *CIST* und *CIL* in der Determiniererposition lässt darauf schließen, dass die semantische Opposition zwischen den distanzmarkierten Formenparadigmen in erster Linie im adnominalen Bereich wirksam ist.

Die Rivalität zwischen *CIST* und *CIL* macht das funktionale Profil in der adnominalen Position schließlich auch aus diachroner Perspektive zu einem bedeutenderen Untersuchungsfeld. Wie in Kap. 1 und Kap. 3.3.2 dargestellt, ist das moderne Determiniererparadigma synkretistisch, da es sowohl aus *CIST* als auch aus *CIL* entsteht. Des Weiteren etabliert sich das neutrale Paradigma *CE* ausschließlich in adnominaler Position und treibt auf diese Weise die syntaktische Ausdifferenzierung der demonstrativen Formenparadigmen voran. Im adnominalen Bereich fällt folglich die Entscheidung, ob *CIST* im Demonstrativsystem des Französischen, über die neutralen Formen *ce* und *ces* hinaus, neben *CIL* erhalten bleibt. Nicht zuletzt erscheint die Untersuchung der Demonstrativa in Determiniererfunktion aus allgemein zeichentheoretischer Perspektive profitabler. Wie in Kap. 2.1.1.3 gesehen, verbindet sich bei der demonstrativen Kennzeichnung ein indexikalisches Zeichen, das Demonstrativum, mit einem symbolischen Zeichen, dem Nominalkomplement. Aus der Verknüpfung mit einem objektkategorisierenden Element ergibt sich ein insgesamt größeres funktionales Spektrum für adnominale Demonstrativa. So können demonstrative Kennzeichnungen im Unterschied zu pronominalen Demonstrativa auch Objekte aufrufen, die weder situativ noch diskursiv verfügbar sind oder gar generische Referenzobjekte profilieren (cf. Kap. 2.1.2.2, Kap. 2.1.2.3 & Kap. 3.3.1.3).

Um die Funktionalität von *CIST N*, *CIL N* und *CE N* erfassen zu können, habe ich alle demonstrativen Kennzeichnungen des Untersuchungskorpus einer qualitativen Analyse unterzogen. Die Okkurrenzen wurden mithilfe geeigneter Suchverfahren in den elektronischen Korpora ermittelt und zum Zweck einer einheitlichen Annotation in eine MySQL-Datenbank überführt. Um alle demonstrativen Kennzeichnungen in den Texten erheben zu können, habe ich alle graphischen Varianten überprüft, die *CIST*, *CIL* und *CE* aufweisen (cf. Tab. 4.4). Das Inventar an möglichen Realisierungsformen habe ich den Einträgen des *Dictionnaire du Moyen Français* (DMF 2015) zu *CIST*,[87] *CIL*[88] und *CE*[89] entnom-

---

[87] Eintrag «cist» im DMF 2015 [online]. ATILF. <www.atilf.fr/dmf/definition/cist> [letzter Zugriff: 30.4.2018].
[88] Eintrag «cil» im DMF 2015 [online]. ATILF. <www.atilf.fr/dmf/definition/cil> [letzter Zugriff: 30.4.2018].
[89] Eintrag «ce» im DMF 2015 [online]. ATILF. <www.atilf.fr/dmf/definition/ce> [letzter Zugriff: 30.4.2018].

Tab. 4.4: Graphische Varianten von *CIST*, *CIL* und *CE*.

		CIST	CIL	CE
mask.	rec. sg.	(i)c(h)ist sist	(i)c(h)il sil	(i)c(h)i(s)
	obl. 1 sg.	(i)c(h)est sest	(i)c(h)el sel	(i)c(h)e
	obl. 2 sg.	(i)c(h)estui sestui	(i)c(h)el(l)ui (i)c(h)eluy	
	rec. pl.	(i)c(h)ist sist	(i)c(h)il, sil	
	obl. pl.	(i)c(h)ez sez	(i)c(h)eus (i)c(h)eux (i)c(h)els (i)c(h)iaus sils	(i)c(h)es
fem.	rec. sg.	(i)c(h)este (i)c(h)est' (vor V) (i)c(h)ette seste	(i)chel(l)e (i)c(h)el' (vor V) c(h)ille sele	
	obl. sg.	(i)c(h)esti sesti	(i)c(h)el(l)l seli	
	pl.	(i)c(h)estes sestes	(i)c(h)el(l)es seles	

men und je Form um die mit *i-* präfigierten und die pikardischen Varianten auf *ch-* ergänzt (cf. Tab. 4.4). Zudem habe ich bei *CIST* und *CIL* auch die seltenen Schreibungen mit <s> berücksichtigt, wie *sist* oder *sil* (cf. Tab. 4.4) (cf. Guillot-Barbance 2017, 78). Im *CE*-Paradigma wurden die Formen auf <s> nicht berücksichtigt, da *sis* (für *cis*) und *ses* (für *ces*) sowohl Demonstrativ- als auch Possessivdeterminierer repräsentieren, in den gleichen syntaktischen und pragmatischen Kontexten auftreten und als definite Ausdrücke funktional der gleichen Klasse angehören.

Im Untersuchungskorpus wurden alle demonstrativen Formen berücksichtigt, die in direkter Nachbarschaft, an linker Stelle, zu einer Nominalgruppe stehen und als Determinierer fungieren, wie *ceste terre* in (1a) und *icel mot* in (1b). Zu ambivalenten Lesarten der Okkurrenzen kam es, wenn das Demonstrativum, trotz der Kontiguität zu einer nominalen Kennzeichnung, pronominale Funktion erfüllt und mit dem benachbarten Nomen in Genus und Numerus kongruiert, wie *cil* in (2a), das mit *sire* (mask., rec., sg.) übereinstimmt, oder das Neutrumpronomen *ce* in (2b), das als Determinierer von *seremant* (mask., obl., sg.) in Frage käme. Um die adnominale Funktion der Formen auszuschließen, habe ich den Satzzusammenhang mit einbezogen, der bei allen Vorkommen eine Disambiguierung ermöglichte. Demonstrativpronomina, die dagegen einem in Genus und Numerus inkongruenten Nomen voraufgehen, konnten ohne Auswertung des Kontextes als Pronomen erkannt werden, wie *cil* in (3a), das nicht mit dem benachbarten Nomen *joie* (fem., rec./obl., sg.) kongruiert. Auch demonstrative Formen, die nicht neben nominalen Elementen platziert sind, konnten automatisch als Pronomen identifiziert werden, wie *cele* in (3b), das vor dem Verb *sot* steht.

(1) **Eindeutige Kontexte (adnominale Funktion)**
    a. « Je sui de *ceste terre* rois »
       'Ich bin König von *diesem Land*'
       (*LAN*, V. 3340)
    b. A *icel mot* l'at Rollant entendut
       'Bei *jenem Wort* hat Roland ihn verstanden.'
       (*ROL*, V. 2054)

(2) **Ambivalente Kontexte (pronominale Funktion, adnominale Lesart möglich)**
    a. « Donc seroit *cil sire* de Rome »
       'Dann wäre *jener Herr* über Rom.'
       (*GAL*, V. 1922)
    b. « De *ce seremant* e fiance
       vialt avoir mes sire li rois. »
       'Mein Herr möchte *dies* durch einen *Schwur* und ein Versprechen besiegelt wissen.'
       (*PER*, V. 5966–5967)

(3) **Eindeutige Kontexte (pronominale Funktion)**
    a. Si avient que *cil joie* en pert
       'So kommt es, dass *jener Freude* daran verliert.'
       (*VER*, V. 9)
    b. Qant *cele* sot que il est vis
       'Als *jene* erfuhr, dass er am Leben war'
       (*CLI*, V. 2203)

Die qualitative Annotation der erhobenen demonstrativen Kennzeichnungen erfolgte manuell nach den Kriterien, die ich im Anschluss in Kap. 4.2 darlegen werde. Zur Bestimmung der qualitativen Merkmale mussten in allen Fällen der Satzverbund, nicht selten größere Kontextteile berücksichtigt werden.

4.2 Annotationskriterien

In diesem Kapitel stelle ich den Annotationskatalog und die Kriterien vor, die ich bei der Vergabe der qualitativen Merkmale eingesetzt habe. Die erhobenen demonstrativen Kennzeichnungen wurden nach syntaktischen, semantischen und pragmatischen Kriterien annotiert. In Abschnitt 4.2.1 lege ich die Richtlinien der syntaktischen Analyse dar, in Abschnitt 4.2.2 die Parameter der semantischen Analyse und in Abschnitt 4.2.3 die Kriterien der pragmatischen Analyse.

4.2.1 Syntaktische Ebene

Auf syntaktischer Ebene habe ich zunächst die syntaktische Funktion der demonstrativen Kennzeichnungen bestimmt. Bei der Unterscheidung der syntaktischen Funktionstypen habe ich sowohl funktionale als auch positionale Kriterien berücksichtigt. So unterscheide ich auf übergeordneter Ebene zwischen Konstituenten, die zum Kernsatz gehören, und Konstituenten, die außerhalb des Kernsatzes liegen (cf. Tab. 4.5). Innerhalb der Gruppe der kernsatz-internen Einheiten unterscheide ich weiterhin zwischen Subjekten, Prädikativen, direkten Objekten, indirekten Objekten, Präpositionalobjekten sowie Adverbialen (cf. Tab. 4.5). Innerhalb der Gruppe der kernsatz-externen Einheiten unterscheide ich zwischen Appositionen, die Konstituenten innerhalb des Kernsatzes zugeordnet sind, Dislokationen, die Konstituenten des Kernsatzes repräsentieren, demonstrativen Kennzeichnungen, die in prädikatlose Äußerungen integriert sind, sowie Vokativen, die den Status unabhängiger Äußerungen haben (cf. Tab. 4.5).

Des Weiteren habe ich die syntaktische Struktur der Okkurrenzen untersucht. So habe ich erfasst, ob die demonstrativen Kennzeichnungen Prädeterminatoren und Modifizierer enthalten. Die Anzahl und die Art der Modifizierer ist für die Verteilungsanalyse der altfranzösischen Demonstrativa im Besonderen relevant, da die Präsenz von Modifizierern auf die Verfügbarkeit von Konkurrenzreferenten schließen lässt, wie in Kap. 2.1.2.2 gesehen, und Distributionsunterschiede von *CIST*, *CIL* und *CE* in diesen Kontexten sehr wahrscheinlich sind. Im weiteren Verlauf dieses Kapitels werde ich die Prädeterminations- und Modifikationstypen vorstellen, die ich bei der Annotation der Okkurrenzen berücksichtigt habe.

Tab. 4.5: Annotationskatalog syntaktischer Funktionen.

Gruppierungen	Tags	Beispiel
	Subjekt	*Cist chevaliers qui par ci passe vient a la Joie de la Cort.* 'Dieser Ritter, der hier vorbeigeht, kommt zur Joie de la Cort.' (ERE, V. 5462–5463)
	Prädikativ	« Sire, je sui *chi Galerons* » «Herr, ich bin *dieser/jener Galerons*.» (GOL, V. 1837)
	Direktes Objekt	Quant *ces nouveles* oënt nostre gens de Nerbonne 'Als unsere Leute aus Narbonne *diese/jene Neuigkeiten* hören' (BUE, V. 203)
	Indirektes Objekt	« Et cest mantel et cest sorcot et ceste cote, chiere dame, donez *a ceste franche fame* » '«Und diesen Mantel und dieses Überkleid und diese Tunika, liebe Dame, gebt *dieser jungen Frau*»' (YVA, V. 4366–4368)
Konstituenten im Kernsatz	Präpositionalobjekte und Adverbiale	« A *ce chevalier* m'an alez qui porte cel escu vermoil » «Geht mir zu *diesem/jenem Ritter*, der jenen roten Schild trägt.» (LAN, V. 5642–5643) « Poi a mangiet avaine *en cest avril*. » «Er hat wenig Hafer gefressen *in diesem April*.» (AIO, V. 2812) « A meschief l'ai norri *cest yver* de mon grain. » «Zu meinem Unglück habe ich es *diesen Winter* mit meinem Korn gefüttert.» (BER, V. 1766)

	Apposition	«Vez Gloriete, icele tor mabrine,» '«Ihr seht Gloriete, jenen Turm aus Marmor.»' (ORA, V. 1160)
	Dislokation	«Amie, cest chevalier ci qui vient armez ancontre nos, dites moi, conuissiez le vos ?» '«Freundin, diesen Ritter hier, der uns bewaffnet entgegenkommt, sagt mir, kennt ihr ihn?»' (PER, V. 8120–8122)
Konstituenten außerhalb des Kernsatzes	Prädikatlose Äußerung	«Quel part ? fet il. – Fors de cest bois, jusqu'a .i. chastel ci selonc.» '«In welche Richtung?», fragt er. «Aus diesem Wald heraus, bis zu einem Schloss hier entlang.»' (YVA, V. 3070–3071)
	Vokativ	«Artur, fet ele, entent a mei, e cist barun que jeo ci vei !» '«Arthur», sagt sie. «Hört mir zu, und diese Herren, die ich hier sehe!»' (MAR, «Lanval», V. 631–632)

Aufgrund der definiten Qualität der Demonstrativa (cf. Kap. 2.1.3) kommen für eine quantifizierende Prädetermination nur die Allquantifizierer *tout* oder *très-tout* in Frage (cf. Tab. 4.6). Auch im Korpus der vorliegenden Untersuchung konnten keine anderen Prädeterminatoren in den demonstrativen Kennzeichnungen erhoben werden. Im Bereich der Modifizierer unterscheide ich zwischen internen und externen Modifizierern. Wie in Kap. 2.3.2 dargestellt, haben interne Modifizierer Einfluss auf die kategoriale Profilierung des Referenzobjekts. Externe Modifizierer wirken sich dagegen auf die referentielle Auflösung der demonstrativen Kennzeichnung aus. Wie in Kap. 2.3.2 außerdem dargelegt, treten Adjektive typischerweise zur internen Modifikation auf, Lokaladverbien, Präpositionalphrasen und Relativsätze zur externen Modifikation. Diese Zuweisungen sind flexionsmorphologisch begründet. Da Adjektive in Numerus und Genus mit dem Nomen kongruieren, sind sie formal weitaus stärker mit dem Nomen verküpft als Lokaladverbien, Präpositionalphrasen und Relativsätze. Wie in Kap. 2.3.2 ebenfalls dargelegt, gibt es zwar Korrelationen zwischen den einzelnen Modifizierertypen und der internen oder externen Funktion, formal sind sie jedoch nicht auf eine interne oder externe Funktion festgelegt. Dies betrifft insbesondere Adjektive und Präpositionalphrasen. So fungieren qualitative und relationale Adjektive, wie *mabrine*, *vermeil* und *cumunal*, in der Regel als interne Modifizierer, diskursreferentielle Adjektive wiederum als externe Modifizierer, wie *premiere* und *meïsmes* (cf. Tab. 4.6). Ebenso können präpositionale Modifizierer ein kategoriales Merkmal spezifizieren, wie *d'acier esmoluz* und *d'Espainge*, oder referentielle Spezifizierungen leisten, wie *de vo doit*, das eine veränderbare possessive Relation anzeigt, und *desoz ce charme*, das eine lokale Relation angibt (cf. Tab. 4.6). Präpositionalphrasen, die inhärente und nicht veränderbare Eigenschaftsdimensionen des Referenzobjekts bestimmen, wie *d'acier esmoluz* als Denotation der materiellen Beschaffenheit und *d'Espainge* zur Bestimmung der Herkunft, klassifiziere ich daher als attributive Präpositionalphrasen und demzufolge als interne Modifizierer (cf. Tab. 4.6). Präpositionalphrasen, die nicht-inhärente und der Veränderung unterworfene Merkmale des Referenzobjekts beschreiben, wie *de vo doit* als Bezugnahme auf das Possessionsverhältnis oder *desoz ce charme* als Bezugnahme auf die aktuelle Verortung des Referenzobjekts, ordne ich wiederum als possessive oder lokale Präpositionalphrasen ein und demzufolge als externe Modifizierer (cf. Tab. 4.6).

Als interne Modifizierer fungieren zudem attributive Substantive wie *baron* (cf. Tab. 4.6). In der Gruppe der externen Modifizierer unterscheide ich darüber hinaus Numerale, wie *trois*, Possessiva, wie *mien*, asyndetische DPs, die zum Ausdruck von Possessionsverhältnissen eingesetzt werden, wie *Tiebaut* in *cele terre Tiebaut*, die Lokaladverbien *-ci* und *-là*, wie in *cest chevalier ci*, sowie Relativsätze, wie *que jeo ci vei* (cf. Tab. 4.6). Ebenso wie Präpositionalphrasen

Tab. 4.6: Annotationskatalog Modifizierer.

Gruppierungen	Tags	Beispiel
Prädeterminatoren	Allquantifizierer	*trestute* icele gent 'alle jene Leute' (ADG, Mir. 36, V. 275)
Interne Modifizierer	Qualitative und relationale Adjektive	icele tor *mabrine* 'jener Turm *aus Marmor*' (ORA, V. 1160) cel escu *vermoil* 'jenen *roten* Schild' (LAN, V. 5643) cele *feste* cumunal 'jenes *Gemeindefest*' (ADG, Mir. 1, V. 40)
	Attributive Substantive	cil baron *chevalier* 'jene Herren *Ritter*' (NIM, V. 398)
	Attributive Präpositionalphrasen	cil branz *d'acier esmoluz* 'jener Arm *aus geschlagenem Stahl*' (ERE, V. 768) ces .vii. cevaus *d'Espainge* 'diese sieben *spanischen* Pferde' (AIO, V. 6496)
Modifizierer	Numerale	ces *trois* javeloz 'diese/jene *drei* Wurfspieße' (PER, V. 200–201)

Tab. 4.6 (fortgesetzt)

Gruppierungen	Tags	Beispiel
	Referentielle Adjektive	a cele *premiere* asanblee 'bei jener *ersten* Zusammenkunft' (*LAN*, V. 5613) an celui *meïsmes* jor 'an jenem *selben* Tag' (*YVA*, V. 4738)
	Lokaladverbien	cest chevalier *ci* 'diesen Ritter *hier*' (*PER*, V. 8120)
	Possessiva	cest *mien* seignur 'diesen *meinen* Herren' (*ROL*, V. 2718)
Externe Modifizierer	Possessive und lokale Präpositionalphrasen	cel anel *de vo doit* 'jenen Ring *von eurem Finger*' (*BER*, V. 207) cil chevaliers *desoz ce charme* 'jener Ritter *unter dieser/jener Weißbuche*' (*PER*, V. 5025)
	Asyndetische DPs	De cele terre *Tiebaut* 'aus jenem Land, *das Tiebaut gehört*' (*ORA*, V. 694)
	Relativsätze	cist barun *que jeo ci vei* 'diese Herren, *die ich hier sehe*' (*MAR*, «Lanval», V. 632)

mit possessivem und lokalisierendem Wert beschreiben Numerale, Possessiva, Lokaladverbien und Relativsätze keine inhärenten kategorialen Merkmale des Referenzobjekts, sondern unterstützen die referentielle Auflösung der demonstrativen Kennzeichnung.

Innerhalb der Gruppe der internen Modifizierer unterscheide ich schließlich qualitative und relationale Adjektive, attributive Substantive und attributive Präpositionalphrasen (cf. Tab. 4.6). In der Gruppe der externen Modifizierer differenziere ich Numerale, diskursreferentielle Adjektive, Lokaladverbien, Possessiva, possessive und lokale Präpositionalphrasen, asyndetische DPs und Relativsätze (cf. Tab. 4.6).

Neben der Art des Modifizierers habe ich auch die Anzahl der Modifizierer erfasst, die in den demonstrativen Kennzeichnungen vorliegen. Die demonstrativen Kennzeichnungen des Untersuchungskorpus weisen maximal drei Modifizierer auf. Bei der Erhebung bestimme ich auch ihre lineare Position als erster, zweiter oder dritter Modifizierer. In der demonstrativen Kennzeichnung *cest chevalier ci qui vient armez ancontre nos* (cf. Tab. 4.6) klassifiziere ich das Lokaladverb *ci* folglich als ersten Modifizierer, den Relativsatz *qui vient armez ancontre nos* als zweiten Modifizierer.

4.2.2 Semantische Ebene

Wie in Kap. 3.3.1.2 dargelegt, liegt der Verdacht nahe, dass auch der Objekttyp, den das Nominalkomplement profiliert, als Verteilungsfaktor von *CIST*, *CIL* und *CE* fungieren könnte. Die Vermutung eines wechselseitigen Zusammenhangs zwischen Determinierer- und Nominalsemantik ist nicht neu, sondern wurde bereits von Fraurud (1996) und Löbner (1985; 2011) theoretisch modelliert und von Brenner et al. (2014, 28–29), Fraurud (1996) und Löbner (2011) empirisch nachgewiesen (cf. Kap. 2.1.3).

Löbner (2011) entwickelt eine Typologie mit vier Nominaltypen (sortale, individuale, relationale und funktionale Nomina), die sich in den Werten inhärente Eindeutigkeit und Relationalität unterscheiden (cf. Kap. 2.1.3). Die CTD-Theorie von Löbner (2011) zeigt, dass die einzelnen Determinationsarten (Definit-, Indefinit-, Demonstrativ- und Possessivartikel sowie Nulldetermination und weitere Quantifizierer) unterschiedliche Präferenzen in Bezug auf die nominale Semantik ihres Komplements aufweisen und dass die Präferenzen für die Determination bestimmter Nominaltypen von der semantischen Struktur der Determinierer und der Nomina bestimmt werden (cf. Kap. 2.1.3). In der Verteilung der adnominalen Demonstrativa stellt sich eine Präferenz für nicht inhärent eindeutige Nominaltypen dar, da Demonstrativa keine Unikalitätspräsupposition leisten, sondern implizieren, dass im Äußerungskontext Konkurrenzreferenten verfügbar sind (cf. Kap. 2.1.3). Demonstrativa treten somit vornehmlich zur Determination sortaler (fr. *gamin, femme, couleur*) und relationaler Nomina (fr. *cheveux*) auf (cf. Kap. 2.1.3).

Mithilfe der Nominaltypologie von Löbner (2011) können zwar auf übergeordneter Ebene Verteilungsunterschiede zwischen Demonstrativartikeln und den übrigen definiten und indefiniten Determinationsarten festgestellt werden, wie in Kap. 2.1.3 gesehen. Sie eignet sich jedoch nicht zur Differenzierung der Verteilungsunterschiede semantisch differenzierter Demonstrativa in Sprachen mit mehrgliedrigen Demonstrativsystemen. Diese Schlussfolgerung lässt zum einen die Analyse von Löbner (2011) selbst zu, der in seiner empirischen Untersuchung zum Englischen die Okkurrenzen von proximalem *this* und distalem *that* nicht differenziert betrachtet. Zum anderen sieht sie sich in der empirischen Untersuchung zum Altportugiesischen von Bürk (2017) bestätigt, die keine Verteilungsunterschiede zwischen den distanzmarkierten Demonstrativserien entsprechend der Nominaltypologie von Löbner (2011) feststellen konnte.

Das Vier-Felder-Schema von Löbner (2011) erweist sich folglich als ungeeignet, wenn es darum geht, den Einfluss der ontologischen Profilierung der Referenzobjekte auf die Verteilung von CIST, CIL und CE im Altfranzösischen zu untersuchen. Um die ontologischen Verteilungsprofile der Formen dennoch ermitteln zu können, habe ich eine differenzierte Typologie entwickelt, die eine Kategorisierung der Okkurrenzen entsprechend den ontologischen Formen und Strukturen der Referenzobjekte ermöglicht. Die Ordnung der ontologischen Typen wird von der Existenzform des Bezugsobjekts selbst bestimmt und erfolgt daher unabhängig von den Kriterien Unikalität und Relationalität.

Bei der Festlegung der Objektkategorien habe ich sowohl deduktive als auch induktive Verfahren angewendet. Zum einen habe ich ontologische Typen und Merkmale aus der Nominalklassentypologie zum modernen Französischen von Flaux/Van de Velde (2000) übernommen. Zum anderen habe ich die Kategorien auf der Basis der Gruppierungen, die sich bei der Datenerhebung abgezeichnet haben, angepasst und weiter ausdifferenziert. So ist eine Typologie entstanden, die auf übergeordneter Ebene sechs ontologische Klassen unterscheidet, die ich im Folgenden als Ontotypen bezeichnen werde: (i) Objekte, (ii) Kollektiva, (iii) Stoffe, (iv) Räume, (v) Orte und (vi) Situationen (cf. Tab. 4.7). Innerhalb der übergeordneten Gruppen habe ich weitere Untergliederungen vorgenommen, wie Tab. 4.7 illustriert.

Im Unterschied zu Löbner (2011) und Flaux/Van de Velde (2000) erhebe ich nicht den ontologischen Typ, der in der kognitiven Konzeptualisierung des Nomens angelegt ist, zum primären Klassifikationskriterium, sondern das ontologische Profil des Referenzobjekts, das durch die nominale Kennzeichnung kategorial bestimmt wird. In den meisten Fällen weicht der ontologische Typ des

Tab. 4.7: Annotationskatalog Ontotypen.

Gruppierungen und Tags			Beispiele
Objekte	sichtbar	belebt	*cist chevaliers qui par ci passe* (4a), *icele beste* (4b)
		nicht belebt	*cest mantel, cest sorcot, ceste cote* (5a), *ce charme* (5b), *icel rain* (5c), *cele teste* (5d)
	nicht sichtbar	belebt	*ceste alme* (6)
		nicht belebt	*cest non* (7a), *cele orison* (7b)
Kollektiva	sichtbar	belebt	*icele cumpaignie* (8a), *cez oisals* (8b)
		nicht belebt	*cil elme, cil escuz, cil osbercs safrez, cil espiez, cil gunfanum fermez* (9)
	nicht sichtbar	belebt	*cist vent* (10)
		nicht belebt	*ces coses* (11)
Stoffe	sichtbar		*icel celestien piment* (12a), *ce sanc que an mes dras regart* (12b)
	nicht sichtbar		*cesti ci matere* (13a), *cele duce flairur* (13b), *chis grans sens* (13c), *ceste biauté* (13d), *yceste rage* (13e)
Räume	sichtbar		*ceste forest gaste* (14a), *ceste mer* (14b), *cest palés* (14c), *cest raine* (14d), *icel san* (14e)
	nicht sichtbar		*chele vespree* (15a), *cest avril* (15b), *celui jor* (15c)
Orte	sichtbar		*cele fenestre* (16a), *cel rochier* (16b), *cel arbre foillié* (16c), *cele part* (16d), *cele part* (16e)
	nicht sichtbar		*ce point* (17a), *cele feiz* (17b), *cele eure* (17c), *cel jor* (17d)
Situationen	physisch		*cel baiseïs, cel acoleïs* (18a), *ceste merveille* (18b), *icel eissil* (18c)
	sprachlich		*cest congié, cest otroi* (19a), *ceste reprouche* (19b)

Referenzobjekts nicht vom ontologischen Typ ab, der in der Nominalsemantik profiliert wird. So tritt *chevaliers*, wie in (4a) gesehen, beispielsweise in keinem Fall zur Denotation eines nicht belebten Objekts oder anderer Ontotypen ein (cf. Tab. 4.7). Gleiches gilt für *forest* in (14a), das ausschließlich zur Denotation sichtbarer Räume eingesetzt wird (cf. Tab. 4.7). Bei Nomina, die semantisch nicht auf ein ontologisches Profil festgelegt sind, erweist sich die Priorisierung der ontologischen Struktur des Referenzobjekts jedoch als unumgänglich. So können die Nomina *present, don, tresor* oder *chose* sowohl auf belebte und nicht belebte sichtbare Objekte Bezug nehmen, wie ein Pferd oder einen Ring, als auch auf sprachliche Situationen, beispielsweise ein Liebesversprechen. Der Ontotyp der demonstrativen Kennzeichnungen mit ontologisch nicht profilierten Nomina muss somit zwangsläufig in Abhängigkeit vom Referenzobjekt bestimmt werden. Das gilt auch für polyseme Nomina, deren Bedeutungsalternativen verschiedene Ontotypen profilieren, wie bei *jour*. So kann *jour* sowohl zur Kennzeichnung eines Zeitraums eingesetzt werden, wie ich für *jor* in (15c) zeigen werde, als auch als Zeitpunkt profiliert werden, wie bei *jor* in (17d) der Fall ist (cf. Tab. 4.7). Im weiteren Verlauf dieses Kapitels werde ich die kennzeichnenden Merkmale der einzelnen Ontotypen vorstellen und die Kriterien darlegen, die ich zur ontologischen Kategorisierung der Okkurrenzen eingesetzt habe.

Objekte
Die Gruppe der (i) Objekte umfasst alle Entitäten, die sich durch eine klare Konturierung von ihrer Umgebung abheben und daher als Einzelgestalten erfasst werden können, wie *chevaliers* in (4a), *beste* in (4b), *mantel, sorcot* und *cote* in (5a) sowie *charme* in (5b) (cf. Flaux/Van de Velde 2000, 41). Die existentielle Unabhängigkeit spielt indes keine Rolle bei der Konzeptualisierung einer Entität als Einzelgestalt und somit als Objekt. So können auch Entitäten, die in existentieller Abhängigkeit zu einer anderen Entität stehen, eine weitgehend klar konturierte Gestalt profilieren, wie *teste* in (5c) und *rain* in (5d) (cf. auch Langacker 1987, 59). Aus diesem Grund können auch Meronyme der Gruppe der (i) Objekte zugeordnet werden, wenn sie gestalthafte Entitäten profilieren.

(4) **Objekte, sichtbar, belebt**
    a. « *Cist chevaliers qui par ci passe*
        vient a la Joie de la Cort. »
        '*Dieser Ritter, der hier vorbeigeht, kommt zur Joie de la Cort.*'
        (*ERE*, V. 5462–5463)
    b. *Une beste savage$_i$ dont vos avés oi*
        que tout partout redoutent li grant et li petit,
        et por icele beste$_i$ que li sains hon coisi
        l'apela [il] Aioul : ce trovons en escrit.

'Ein wildes Tier, von dem ihr gehört habt, das Groß und Klein überall fürchten, und aufgrund *dieses Tieres*, das der heilige Mann gesehen hat, nannte er ihn Aiol. So finden wir es geschrieben.'
(AIO, V. 65–68)

(5) **Objekte, sichtbar, nicht belebt**
    a. « Et *cest mantel* et *cest sorcot*
        et *ceste cote*, chiere dame,
        donez a *ceste franche fame* »
        '«Und *diesen Mantel* und *dieses Überkleid* und *diese Tunika*, liebe Dame, gebt *dieser jungen Frau*.»'
        (*YVA*, V. 4366–4368)
    b. « Cil chevaliers desoz *ce charme*,
        que atant il que il ne s'arme ? »
        '«jener Ritter unter *dieser Weißbuche*, worauf wartet er, dass er sich nicht bewaffnet?»'
        (*PER*, V. 5025–5026)
    c. « Ja vus avrai *cele teste* colpee ! »
        '«Ich werde Euch *jenen Kopf* gleich abgeschlagen haben!»'
        (*GUI*, V. 2624)
    d. « Quant de l'arbre est li rains rompuz,
        sanpres i est autres creüz.
        Sanz *icel rain* n'est pas legier
        çaisus d'enfer a repairier »
        '«Wenn der Ast vom Baum gebrochen ist, ist immer ein anderer nachgewachsen. Ohne *jenen Ast* ist es nicht leicht, von hier unten aus der Hölle nach Hause zurückzukehren.»'
        (*ENE*, V. 2325–2328)

Die Konzeptualisierung der (i) Objekte als Einzelgestalten ist nicht auf die Ebene der visuellen Erfassbarkeit beschränkt, wie für die gekennzeichneten Okkurrenzen in (4–5) gilt, sondern ist grundsätzlich unabhängig vom Faktor der potentiellen Sichtbarkeit. Denn auch Entitäten, die wie *alme* in (6) oder *non* in (7a) nicht visuell wahrgenommen werden können, verfügen über eine gestalthafte Existenz. So wird die Seele einer Person, obwohl sie nicht sichtbar ist, als Gestalt konzeptualisiert, wie *alme* in (6). Auch ein Name weist als sprachliche Einheit klar konturierte Grenzen auf, wie der Individualbegriff *Chevalier au lion*, der auf *non* in (7a) Bezug nimmt. Zur Gruppe der nicht sichtbaren Objekte zählen insbesondere musikalische und sprachliche Einheiten, die eine klar konturierte Gestalt aufweisen, wie neben *non* in (7a) auch für *orison* in (7b) gilt (cf. Flaux/Van de Velde 2000, 54–55). Denn auch größere sprachliche Einheiten, wie ein Gebet, weisen eine gestalthafte Existenz auf, da sie einer inhaltlichen und sprachlichen Struktur folgen, die in jeder Aktualisierung eingehalten wird und die Identifikation der Einheit als spezifische Repräsentation eines bestimmten Textes oder einer Textgattung ermöglicht. Dass *orison* in (7b) eine feste und wiedererkennbare Gestalt als feststehendes Gebet aufweist, zeigt sich unter anderem daran, dass der Einsiedler das Gebet so oft wiederholt, bis Perceval es memorisiert hat, wie im Textausschnitt in (7b) deutlich wird.

(6) **Objekte, nicht sichtbar, belebt**
« Pur quei avez *ceste alme* prise ? »
'«Warum habt ihr *diese Seele* genommen?»'
(*ADG*, Mir. 2, V. 52)

(7) **Objekte, nicht sichtbar, nicht belebt**
a. « Ja del *Chevalier au lyon$_i$*
n'orroiz parler se de moi non ;
par *cest non$_i$* vuel que l'en m'apiaut. »
'«Wenn Ihr vom *Löwenritter$_i$* hört, dann hört Ihr von mir. Ich möchte, dass man mich bei *diesem Namen$_i$* nennt.»'
(*YVA*, V. 4605–4607)

b. Et li hermites li [= Perceval] consoille
une orison dedanz s'oroille
et li ferma tant qu'il la sot ;
et an *cele orison* si ot
asez des nons Nostre Seignor
'Und der Einsiedler flüsterte ihm ein Gebet ins Ohr und prägte es ihm ein, bis er es konnte; und in *jenem Gebet* wurde der Herr mit vielen Namen genannt.'
(*PER*, V. 6259–6263)

Zusätzlich zur Differenzierung nach sichtbaren und nicht sichtbaren Objekten unterscheide ich innerhalb der Gruppe der (i) Objekte zwischen belebten und nicht belebten Entitäten. Da belebte Entitäten volitional handeln können und daher eine höhere Agentivität aufweisen, könnte das Kriterium der Belebtheit des Referenzobjekts eine Rolle bei der Verteilung von *CIST*, *CIL* und *CE* spielen. Teilbenennungen belebter Entitäten, wie *teste* in (5c), erben die Belebtheitsmarkierung nicht von ihrem Possessor-Objekt, da sie in Isolation von der Possessor-Entität nicht als belebt konzeptualisiert werden. Eine Ausnahme stellt wiederum *alme* in (6) dar. Im Unterschied zu *teste* bezieht sich *alme* nämlich nicht nur auf einen konstitutiven Teil eines Menschen, sondern stellt auch die Repräsentation des gesamten Menschen auf einer spirituellen Ebene dar. Als Beispiele für sichtbare belebte Objekte fungieren *chevaliers* in (4a) und *beste* in (4b), als Beispiele für sichtbare nicht belebte Objekte dienen *mantel*, *sorcot* und *cote* in (5a), *charme* in (5b), *teste* in (5c) und *rain* in (5d). Ein nicht sichtbares und belebtes Objekt stellt *alme* in (6) dar, ein nicht sichtbares und nicht belebtes Objekt wird von *non* in (7a) und *orison* in (7b) profiliert.

Kollektiva
Verweist eine demonstrative Kennzeichnung auf mehr als eine gestalthafte Entität, klassifiziere ich sie als (ii) Kollektivum. Die Gruppe der (ii) Kollektiva umfasst folglich alle demonstrativen Kennzeichnungen, die auf ein Kollektiv aus Entitäten ausgerichtet sind, die eine gestalthafte Existenz aufweisen (cf. Dik 1989, 122–124). In der Gruppe der (ii) Kollektiva nehme ich daher die gleichen Untergliederungen vor wie in Gruppe (i) (cf. Tab. 4.7). Als Beispiele für sichtbare belebte Kollektiva fungieren *cumpaignie* in (8a) und *oisals* in (8b). Sichtbare nicht belebte Kollektiva profilieren *elme, escuz, osbercs safrez, espiez* und *gunfanum fermez* in (9). *Cist vent* in (10) verweist wiederum auf ein nicht sichtbares belebtes Kollektiv. Die Klassifikation von *vent* als gestalthafte Entität ist darauf zurückzuführen, dass der Wind als natürliche Kraft wahrgenommen wird, die eine räumliche Ausrichtung aufweist. Der Wind kann daher durch die Kennzeichnung seiner Herkunft aus einer bestimmten Himmelsrichtung klassifiziert und somit von Winden aus anderen Richtungen differenziert werden. Im Zuge dieser räumlichen Gerichtetheit und der Differenzierbarkeit der Herkunftsrichtungen wird der Wind nicht nur als gestalthafte, sondern auch als belebte Entität verstanden. Auf ein nicht sichtbares und nicht belebtes Kollektiv nimmt *ces coses* in (11) Bezug. *Ces coses* ruft in (11) die intensiven Größen *de grant largece, de cortoisie* und *de prouece* als Typen von bestimmten Charaktereigenschaften auf und profiliert sie auf diese Weise als gestalthafte Entitäten, auch wenn *de grant largece, de cortoisie* und *de prouece* selbst nicht als Einzelobjekte konzeptualisiert sind. Während in Gruppe (i) nur Substantive vertreten sind, die im Singular dekliniert sind, finden sich in Gruppe (ii) sowohl inhärent kollektive Nomina im Singular, wie *cumpaignie* in (8a), als auch im Plural flektierte Appellativa, wie *elme, escuz, osbercs safrez, espiez* und *gunfanum fermez* in (9).

(8) **Kollektivum, sichtbar, belebt**
   a. E uns d'*icele cumpaignie*
      apparut as piez del dolent
      'Und einer aus *jener Gefolgschaft* erschien zu Füßen des Leidenden'
      (*ADG*, Mir. 32, V. 40–41)
   b. E as refreiz ensemble od eals
      respunt li cors de *cez oisals*.
      'Und auf den Refrain stimmen *diese Vögel* im Chor mit ihnen ein.'
      (*BRA*, V. 577–578)

(9) **Kollektivum, sichtbar, nicht belebt**
Luisent *cil elme*, ki ad or sunt gemmez,
e *cil escuz* e *cil osbercs safrez*,
e *cil espiez, cil gunfanum fermez*.
'Es glänzen *jene Helme*, die mit Gold beschlagen sind, und *jene Schilde* und *jene geschmückten Halsberge, jene Speere* und *jene aufgerichteten Standarten.*'
(*ROL*, V. 1031–1033)

(10) **Kollektivum, nicht sichtbar, belebt**
En ceste mer ont grant pooir
cist vent, bien le poons veoir
'Auf diesem Meer haben *diese Winde* große Macht. Wir können es gut sehen.'
(*ANG*, V. 2317–2318)

(11) **Kollektivum, nicht sichtbar, nicht belebt**
Et si l'estruit de *grant largece$_{i.a}$*,
de *cortoisie$_{i.b}$* et de *prouece$_{i.c}$* ;
et s'en amor a un mesfait,
ces coses$_i$ font vers Diu bon plait
'Und so lehrt sie ihn *große Freigiebigkeit$_{i.a}$*, *Höflichkeit$_{i.b}$* und *Tapferkeit$_{i.c}$*. Und auch wenn es in der Liebe Sünde gibt, gefallen Gott *diese/jene Dinge$_i$* sehr.'
(*ERA*, V. 3713–3716)

Stoffe

Die dritte Gruppe umfasst alle Entitäten, die als Stoffe oder Substanzen konzeptualisiert werden. Im Unterschied zu (i) Objekten weisen (iii) Stoffe oder Substanzen keine inhärenten Begrenzungen auf, sondern stellen «Füllmaterialien» dar, die in ihrer konkreten Instantiierung auf eine Konturierung von Außen angewiesen sind, wie für *icel celestien piment* in (12a) und *ce sanc* in (12b) gilt (cf. Tab. 4.7) (cf. Dik 1989, 119; Flaux/Van de Velde 2000, 63). So bezieht sich *icel celestien piment* in (12a) auf die Muttermilch der Heiligen Maria, die in der Menge von drei Tropfen vorliegt (*treis gutes de duce liquor*) und durch den Silberbehälter (*un vaissel d'argent*), in dem sie aufbewahrt werden sollen, konturiert wird. *Ce sanc* in (12b) bezieht sich auf das Blut, das sich auf einem Bettlaken abzeichnet und vor diesem Hintergrund Kontur gewinnt, wenn auch in einer diffuseren Form als in einem Behälter. In den spezifischen Vorkommen liegen Stoffe somit immer in bestimmten Mengen, Abmessungen und Konturen vor, die von Okkurrenz zu Okkurrenz variieren können. Stoffe werden daher nicht in Abhängigkeit von ihrer Form kategorial klassifiziert, sondern in Bezug auf ihre Substanz.

(12) **Stoffe, sichtbar, nicht belebt**
  a. Puis après ceo que ele si dist,
      sa mamele de sun sain prist ;
      treis gutes de duce liquor
      e de preciuse flairur$_i$
      estreinst ele de ses mameles
      e jeta les sur li, mult beles.
      ala s'en puis, ne li fist mais.
      E cil remist tut sein en pais,
      guari ert de l'enfermeté.
      Puis si a as soens comandé
      receivre en un vaissel d'argent
      Icel celestien piment$_i$.
      'Dann nachdem sie so gesprochen hatte, nahm sie die Mamelle ihres Busens. *Drei Tropfen von süßem Likör und kostbarem Duft$_i$* drückte sie aus ihren Brustwarzen – die waren sehr schön –und warf sie auf ihn. Dann ging sie, mehr gab sie ihm nicht. Und jener wurde in Frieden ganz gesund. Er war von der Krankheit geheilt. Dann hat er den Seinen befohlen, *jenen himmlischen Balsam$_i$* in einem Behälter aus Silber aufzubewahren.'
      (*ADG*, Mir. 30, V. 71–82)
  b. Et dist : « Se Damedex me gart,
      ce sanc que an mes dras regart
      onques ne l'i aporta Ques,
      einz m'a enuit senié li nes,
      de mon nes fu au mien espoir. »
      'Und sie sagte: «Wenn Gott mir beisteht, *dieses/jenes Blut*, das ich auf meinen Bettlaken sehe, hat niemals Keu hierher gebracht. Eher hat mir heute Nacht die Nase geblutet, es kam aus meiner Nase, so vermute ich.»'
      (*LAN*, 4779–4783)

Ebenso wie Objekte und Kollektiva liegen Stoffe nicht nur in einer visuell erfassbaren Materialität vor, wie für *icel celestien piment* in (12a) und *ce sanc* in (12b) gilt, sondern können auch eine nicht sichtbare Form aufweisen, wie *cesti ci matere* in (13a) und *cele duce flairur* in (13b). So verweist *cesti ci matere* in (13a) auf den ‹thematischen Stoff› der vorhergehenden Erzähleinheit und kann daher als nicht sichtbare Substanz klassifiziert werden. *Cele duce flairur* in (13b) nimmt wiederum auf einen Geruchsstoff Bezug und somit ebenso auf eine nicht sichtbare Substanz. Auch psychologische Fähigkeiten, wie *chis grans sens* in (13c), physische Merkmale, wie *ceste biauté* in (13d), und Emotionen, wie *yceste rage* in (13e), stellen nicht sichtbare Stoffe dar, über die ein Individuum in unterschiedlichen Maßen verfügen kann. Da physische und psychische Eigenschaften sowie emotionale Zustände intensive Größen darstellen, werden sie im Allgemeinen als intensive Abstrakta klassifiziert, wie bei Flaux/Van de Velde (2000, 76–96). Für die Konzeptualisierung psychischer Fähigkeiten, physischer Merkmale und Emotionen als Stoffe spricht die Tatsache, dass diese häufig als Substanzen verstanden werden, die ein Mensch in einer bestimmten Menge vorzuweisen hat. So werden Begriffe wie *sens* oder *beauté* im modernen Französischen in der Regel durch den Partitivartikel determiniert, wie in *avoir du bon sens* oder *avoir de la beauté* (cf. auch Flaux/Van de Velde 2000, 75). Emotionen werden wiederum häufig durch konzeptuelle Metaphern wiedergegeben, die auf ein Verständnis der Emotionen als Substanzen hindeutet, die sich im menschlichen Körper wie in einem Behälter befinden, wie in den neufranzösischen Wendungen *avoir la rage au ventre* und *avoir la rage au dent* (cf. Kövecses 2000, 65, 141; auch Folkersma 2010, 192–193). Auch im altfranzösischen Beispiel in (13e) wird die Wut, die von *yceste rage* denotiert wird, im Herzen (*ou cuer*) des Adressaten als Behälter oder Träger der Emotion verortet.

(13) **Stoffe, nicht sichtbar, nicht belebt**
    a. En *cesti ci matere* ne vueil plus demorer
       'In *diesem Themengebiet hier* will ich nicht länger verweilen.'
       (*BER*, V. 80)
    b. Prist a demander par duçur,
       que fust *cele duce flairur*
       ke eissi d'icele maisun.
       'Er begann höflich zu fragen, was *jener süße Duft* sei, der aus jenem Haus strömte.'
       (*ADG*, Mir. 15, V. 281–283)
    c. « Biaus fiex, molt m'enmervel u tu chou prens,
       dont te vient cis memoires et *chis grans sens*. »
       '«Lieber Sohn, ich wundere mich sehr, woher du das nimmst, woher dir diese/jene Erinnerung und *dieser/jener große Verstand* kommt.»'
       (*AIO*, V. 348–349)
    d. Je croy qu'il soit, n'y soit celé,
       blanc et poli et potelé.
       de *ceste biauté* sont sans doubte.

'Ich glaube, das soll nicht verschwiegen werden, dass es weiß und leuchtend und rund ist. Von *dieser Schönheit* sind sie ohne Zweifel.'
(*GAL*, V. 1311–1313)

e. « Voulez adez *yceste rage*
qui vous tient ou cuer maintenir ? »
'«Wollt ihr also *diese Wut*, die ihr im Herzen habt, aufrechterhalten?»'
(*GAL*, V. 6342–6343)

Wie für die sichtbaren Stoffe in (12a–b) beobachtet, sind nicht sichtbare Stoffe in ihrer spezifischen Aktualisierung in einer bestimmten Abmessung vorhanden und an eine konturgebende Form von Außen angewiesen. Durch die textdeiktische Verknüpfung zum Vortext als Verweis auf den ‹thematischen Stoff› der vorhergehenden Erzähleinheit erfährt *cesti ci matere* in (13a) eine inhaltliche Konturierung. *Cele duce flairur* in (13b) verweist wiederum auf den Geruch, der von einem bestimmten Raum ausströmt, und erhält dadurch eine lokale Konturierung. *Chis grans sens* in (13c), *ceste biauté* in (13d) und *yceste rage* in (13e) sind existenziell hingegen an menschliche Individuen als Trägerentitäten, wie für (13c–d) gilt, oder als Experiencer der jeweiligen Substanz gebunden, wie für (13e) gilt.

Sowohl sichtbare als auch nicht sichtbare Stoffe liegen in ihren spezifischen Instantiierungen somit immer in einer bestimmten Abmessung und in einer exogen festgelegten Begrenzung vor. Die situationsspezifischen Konturierungen tragen nicht zur kategorialen Identifikation der Entitäten bei, die als Stoffe profiliert werden. Im Unterschied zu (i) Objekten und (ii) Kollektiva werden Stoffe in allen Fällen als unbelebt wahrgenommen.

Räume
Während Stoffe in ihrer spezifischen Instantiierung als Füllmaterialien von anderen Entitäten umschlossen werden, fungieren (iv) Räume in ihrer ontologischen Struktur selbst als Behälter, in denen Entitäten aller Art verortet sind und sich bewegen können. Auf diese Weise bilden Räume den Hintergrund für die Aktivitäten einzelner Entitäten und ihre Interaktionen untereinander. Wie für (i) Objekte, (ii) Kollektiva und (iii) Stoffe gesehen, können sich Räume sowohl auf der Ebene der visuellen Erfassbarkeit abbilden als auch visuell nicht erfahrbare Strukturen aufweisen. Sichtbare Räume sind zwangsläufig als topographische Räume konstituiert. Sie beziehen sich entweder auf Landschaftsräume, wie *ceste forest* in (14a) und *ceste mer* in (14b), oder auf architektonisch konstruierte Räume, wie *cest manoir* in (14a) und *cest palés* in (14c). Einen Sonderfall in der Gruppe der sichtbaren Räume stellen Räume dar, die sich nicht durch natürliche Grenzen abheben, wie *cest raine* in (14d) und *icel sen* in (14e). So nimmt

cest raine in (14d) auf ein Königreich Bezug und somit auf einen Raum, der durch administrative und politische Kriterien profiliert wird. In (14e) verweist *icel sen* wiederum auf einen Richtungsraum, der durch die Gerichtetheit auf ein topographisch lokalisiertes Ziel bestimmt ist und daher diffuse Grenzen hat.

(14) **Räume, sichtbar**
   a. Vostre peres *cest manoir* ot
      ici an *ceste forest gaste*
      'Euer Vater hatte *diese Bleibe*, hier in *diesem öden Wald*.'
      (PER, V. 448–449)
   b. En *ceste mer* ont grant pooir
      cist vent, bien le poons veoir
      'Auf *diesem Meer* haben diese Winde große Macht. Wir können es gut sehen.'
      (ANG, V. 2317–2318)
   c. « Ne t'esmaier, oncles, dist Guïelin,
      en *cest palés* n'estes pas sanz amis. »
      '«Werde nicht mutlos, Onkel, sagte Guielin. In *diesem Palast* seid ihr nicht ohne Freunde.»'
      (ORA, V. 1613–1614)
   d. « Ne sai prince dedenz *cest raine*,
      ne de ci jusqu'en Loheraine,
      qui tant soit preudom et senez »
      '«Ich kenne keinen Prinzen in *diesem Königreich*, und auch nicht von hier bis nach Lothringen, der so tapfer und klug ist.»'
      (PAL, V. 325–327)
   e. « Vaslez, fet il, an *icel san*
      a .i. chastel sor mer asis. »
      '«Junger Mann, sagte er, in *jene Richtung* gibt es ein Schloss, das über dem Meer gelegen ist.»'
      (PER, V. 840–841)

In der Gruppe der nicht sichtbaren Räume liegen wiederum ausschließlich temporal strukturierte Räume vor, wie *chele vespree* in (15a), *cest avril* in (15b) und *celui jor* in (15c). Wie topographische Räume weisen temporal strukturierte Räume unterschiedliche zeitliche Ausdehnungen auf, so nimmt *chele vespree* in (15a) auf einen zeitlich weniger ausgedehnten Raum Bezug als *celui jor* in (15c), *celui jor* in (15c) ist in seiner zeitlichen Extension wiederum kleiner als *cest avril* in (15b). Auch die Konturierung der Zeiträume als nicht sichtbare Räume kann entsprechend variieren. So verfügt der Referenzraum von *cest avril* in (15b) als

Monatsbezeichnung über eine eindeutige Konturierung, während die Referenzräume von *chele vespree* in (15a) und *celui jor* in (15c) diffusere Grenzen aufzeigen.

(15) **Räume, nicht sichtbar**
   a. Tant ont *chele vespree* esré et chevalciet,
   que al Roimorentin sont la nuit repai(i)rié.
   'An *jenem Abend* waren sie so lange unterwegs und zu Pferd, dass sie in der Nacht in Roimorentin angekommen sind.'
   (*AIO*, V. 7057–7058)
   b. « Poi a mangiet avaine en *cest avril*. »
   '«Er hat wenig Hafer gefressen in diesem April.»'
   (*AIO*, V. 2812)
   c. Ensi ont *celui jor* passé,
   et el demain sont amassé
   li boen chevalier, li leal
   'So haben sie *jenen Tag* verbracht und am nächsten Tag sind die guten, treuen Ritter wieder zusammengekommen.'
   (*CLI*, V. 1413–1415)

Orte
Wohingegen (iv) Räume als Behälter für andere Entitäten fungieren und den Hintergrund für die Interaktionen zwischen (i) Objekten, (ii) Kollektiva und (iii) Stoffen bilden, profilieren (v) Orte Positionen, die (i) Objekte, (ii) Kollektiva und (iii) Stoffe einnehmen können. Im Unterschied zu (iv) Räumen werden (v) Orte folglich als topographische, architektonische oder temporale Begebenheiten konzeptualisiert, die nicht in ihrer räumlichen oder zeitlichen Ausdehnung angesteuert werden, sondern punktuelle Standortbestimmungen definieren. Wie in der Gruppe der (iv) Räume gesehen, können (v) Orte sowohl visuell erfassbare als auch durch die visuelle Erfahrung nicht zugängliche Positionen bestimmen. Als sichtbare Orte fungieren Entitäten, die in der architektonischen Struktur eines Gebäudes, wie *cele fenestre* in (16a), oder in der Topographie einer Landschaft als Bezugspunkte hervortreten, wie *cel rochier* in (16b) und *cel arbre* in (16c). So verweist *cele fenestre* in (16a) auf ein Fenster als einen Ausschnitt in der Außenmauer des Wohngebäudes einer mittelalterlichen Burg und somit auf eine bestimmte Position, die der Adressat (Lanzelot) von außen aufsuchen soll. Obwohl Fensternischen in mittelalterlichen Burgen im Innenraum häufig zu größeren Sitzecken ausgestaltet sind, profiliert der Begriff ‹Fenster› in allen Okkurrenzen einen Raumausschnitt, der sowohl aus der Innen- als auch der

Außenperspektive als Ort konzeptualisiert wird. Das Fenster ist im Inneren der Burg zwar ein Standort, der mehr als eine Entität aufnehmen kann, aber dennoch nicht als Raum wahrgenommen werden kann. Denn auch wenn sich mehrere sichtbare Entitäten in einem größeren Fensterausschnitt oder einer Fenstersitzecke befinden, können sie einander dort im Prinzip nicht verborgen bleiben, ganz im Unterschied zu Räumen, die eine gestreute Verteilung implizieren, wie beispielsweise *cest palés* in (14c). Ebenso nehmen *cel rochier* in (16b) und *cel arbre* in (16c) auf topographische Landmarken Bezug, die von den Figuren als Ziel einer Bewegungsaktivität angesteuert werden.

Wie für (iv) Räume gesehen, zeichnen sich (v) Orte nicht nur als herausragende landschaftliche oder architektonische Begebenheiten ab, sondern können auch als Positionen bestimmter Entitäten konzeptualisiert werden, wie für *cele part* in (16d) und (16e) gilt. So verweist *cele part* in (16d) auf einen Ort in der Ferne, von dem aus *chiens abaier e cos chanter* zu hören sind, der sich jedoch noch nicht als Landmarke abzeichnet. In (16e) nimmt *cele part* auf die Position des visuell wahrnehmbaren Kollektivs *les dras* Bezug, das in Relation zum Ort von *le fraisne* lokalisiert wird.

(16) **Orte, sichtbar**
    a. Et la reïne une fenestre
       li mostre a l'uel, non mie au doi,
       et dit : « Venez parler a moi
       a *cele fenestre* anquenuit,
       qant par ceanz dormiront tuit,
       et si vanroiz par cel vergier.
       Ceanz antrer ne herbergier
       ne porroiz mie vostre cors »
       'Und die Königin zeigt ihm mit dem Auge ein Fenster, nicht mit dem Finger, und sagt: «Kommt heute Nacht an *jenes Fenster*, um mit mir zu sprechen, wenn alle hier drin schlafen werden, dann kommt über jene Wiese. Ihr werdet hier weder hereinkommen noch übernachten können.»'
       (*LAN*, V. 4506–4513)
    b. « Dela outre cel pont, encoste *cel rochier*,
       vorrai mener m'amie pour son cors soulacier. »
       '«Auf die andere Seite jener Brücke, neben *jenen Felsen*, will ich meine Freundin führen, damit sie sich ausruhen kann.»'
       (*BUE*, V. 2375–2376)
    c. « Mais prendés cele dame, sel dessendés a piet,
       si le laisiés dormir soz *cel arbre foillié* »

'«Aber nehmt jene Dame mit und führt sie zu Fuß herunter. Dann lasst sie unter *jenem reich beblätterten Baum* schlafen.'
(*AIO*, V. 6623–6624)

d. *Bien loinz* sur destre aveit oï
chiens abaier e cos chanter :
iluec$_i$ purra vile trover.
Cele part vet a grant espleit,
u la noise des chiens oeit.
'Weit entfernt zur Rechten hatte er Hunde bellen und Hähne krähen gehört. Dort wird er eine Stadt finden. In *jene Richtung* reitet er schnell, aus der er das Hundegebell hörte.'
(*MAR*, «Le Fraisne», V. 144–148)

e. *Sur le fraisne les dras* choisi ;
quida qu'alkuns les eüst pris
en larrecin e iluec mis ;
d'altre chose nen ot reguard.
Plus tost qu' il pot vint *cele part*
'Bei der Esche entdeckte er die Laken. Er dachte, dass irgendjemand sie gestohlen und dorthin gelegt hätte. Etwas anderes vermutete er nicht. So schnell er konnte, kam er zu *jenem Ort*.'
(*MAR*, «Le Fraisne», V. 184–188)

Während sichtbare Orte Landmarken im visuell erfahrbaren Raum denotieren, nehmen nicht sichtbare Orte ausschließlich Positionierungen auf temporaler Ebene vor, wie *ce point* in (17a) und *cele feiz* in (17b). *Point* kann entsprechend seiner Semantik sowohl zum Verweis auf topographische als auch auf temporale Orte eingesetzt werden. Im Untersuchungskorpus findet sich *point* in demonstrativen Kennzeichnungen ausschließlich zur Profilierung temporaler Orte, wie für *ce point* in (17a) gilt. Ebenso kann das Nomen *feiz* entweder zum Verweis auf die Iterativität eines Ereignisses eingesetzt werden, so in Verbindung mit Numeralen oder Quantifizierern, wie *quatre feiz* (*GUI*, V. 2192) und *tantes feiz* (*ADG*, Mir. 4, V. 17), oder zur Verortung eines Ereignisses im zeitlichen Verlauf, wie in der demonstrativen Kennzeichnung *cele feiz* in (17b).

(17) **Orte, nicht sichtbar**
a. Car tout droit a *ce point* qu'il lor fu ajorné
leva une bruïne tout contreval le pre
'Denn genau in *diesem/jenem Moment*, als es Tag wurde, zog ein Nebel auf, die Wiese talabwärts.'
(*BUE*, V. 3810–3811)

b. Al *terme qu'ele delivra$_i$*,
    a *cele feiz$_i$* ot dous enfanz.
    Sis sire en est liez e joianz.
    'Als sie dann niederkam, bei *jenem Mal* bekam sie zwei Kinder. Ihr
    Mann freut sich darüber und ist glücklich.'
    (*MAR*, 'Le Fraisne', V. 10–12)
c. Et lors venist sanz demorer
    en sa chambre, et si seüst bien
    qu'a *cele eure* n'i avroit rien
    fors la dame tant seulement.
    'Und dann käme er ohne Zögern in ihr Zimmer, und er wüsste wohl,
    dass dort zu *jener Stunde* niemand war außer der Dame allein.'
    (*VER*, V. 36–39)
d. « Orendroit comman jou mes filleus maintenant,
    qu'il vos servent trés bien *trés cel jor* en avant. »
    'Fortan befehle ich meinen Söhnen nun, dass sie Euch sehr gut dienen
    mögen *von jenem Tag an* für immer.'
    (*AIO*, V. 10229–10230)

Einige Lexeme zur Denotation temporaler Entitäten sind nicht auf eine extensive oder punktuelle zeitliche Ausrichtung festgelegt. Je nach Kontext können sie somit entweder Zeitpunkte oder Zeiträume profilieren. Im Untersuchungskorpus wird diese Polysemie insbesondere bei *(h)(e)ure* und *jo(u)r/jur* sichtbar. So kann *(h)(e)ure* sowohl einen Zeitraum profilieren, wenn es in der Bedeutung von *(h)(e)ure* als Zeiteinheit eingesetzt wird, als auch einen Zeitpunkt, wenn es zum Verweis auf einen konkreten Moment fungiert. Die demonstrativen Kennzeichnungen, in denen *(h)(e)ure* im Untersuchungskorpus zu finden ist, treten in allen Fällen zur Profilierung eines Zeitpunktes ein, wie für *cele eure* in (17c) gilt. Im Unterschied zu *(h)(e)ure* ist das Lexem *jo(u)r/jur* nicht polysem, sondern tritt ausschließlich zur Denotation des Zeitraums ein, der sich zwischen Sonnenaufgang und -untergang oder zwischen zwei Sonnenaufgängen erstreckt, wie für *celui jor* in (15c) gilt. Die Einbindung von *jo(u)r/jur* in präpositionale Relationen, mit allativischer oder delativischer Bedeutung, wie *trés ... en avant* in (17d), kann jedoch dazu führen, dass die Zeiteinheit, die *jo(u)r/jur* denotiert, nicht aus der Perspektive ihres internen Ablaufs betrachtet wird, sondern als Position auf einer übergeordneten Zeitachse profiliert wird, wie für *cel jor* in (17d) gilt. In diesen Kontexten ordne ich *jo(u)r/jur* daher dem Ontotyp 'nicht sichtbarer Ort' zu.

Situationen

Die Gruppe der (vi) Situationen umfasst alle Entitäten, die statische oder dynamische Relationen zwischen (i) Objekten, (ii) Kollektiva, (iii) Stoffen, (iv) Räumen und (v) Orten darstellen, wie *cel baiseïs* und *cel acoleïs* in (18a), *ceste merveille* in (18b) und *icel eissil* in (18c). Situationen sind sowohl räumlich ausgedehnt, da sie sich auf Relationen zwischen verschiedenen Entitäten beziehen, als auch zeitlich, da sie Ereignisbeziehungen denotieren, die eine zeitlich begrenzte Gültigkeit aufweisen. Situationen stellen somit extensive Größen dar. In der Typologie von Flaux/Van de Velde (2000, 97–116) entspricht der Gruppe der (vi) Situationen daher die Gruppe der extensiven Abstrakta.[90]

(18) **Situationen, physisch**
   a. Illes est amés et haïs,
      car nus hom n'est, mon essïent,
      de tous amés onnïement.
      Tuit si ami grant joie en ont
      et a grant joie encontre vont.
      Et qant ce vint a l'encontrer,
      k'Illes dut en la tere entrer,
      plorent de pitié et de joie,
      si s'arestent enmi la voie.
      Qui lors veïst *cel baiseïs*,
      la joie et *cel acoleïs*,
      ne peüst laissier a nul fuer
      qu'il n'eüst pitié en son cuer
      'Ille wird geliebt und gehasst, denn meines Wissens wird kein Mensch von allen Menschen gleich geliebt. Alle seine Freunde freuen sich sehr und laufen ihm mit großer Freude entgegen. Und als sie sich trafen, als Illes das Land betrat, weinten sie vor Mitgefühl und Freude und blieben mitten auf dem Weg stehen. Wer damals *jenes Küssen*, die Freude und *jenes Umarmen* gesehen hätte, hätte auf keine Weise vermieden, Mitgefühl in seinem Herzen zu spüren.'
      (*GOL*, V. 4974–4986)
   b. Des que il [= Bisclavret] a le rei choisi,
      vers lui curut querre merci.
      Il l'aveit pris par sun estrié,

---

[90] Die Konstitution des Ontotyps (vi) Situationen unterscheidet sich in zwei Aspekten von der Konstitution des Nominaltyps der extensiven Abstrakta von Flaux/Van de Velde (2000, 97–116). Da das Ziel von Flaux/Van de Velde (2000) darin besteht, Nominalklassen zu etablieren, verhandeln sie in der Gruppe der extensiven Abstrakta nur Aktivitätsnomina (z. B. *natation*, *jardinage*, etc.) und Ereignisnomina (z. B. *élaboration*, *traduction*, etc.), die aus deverbaler Derivation entstehen.

>   la jambe li baise e le pié.
>   Li reis le vit, grant poür a ;
>   ses cumpaignuns tuz apela.
>   « Seignur, fet il, avant venez
>   e *ceste merveille* esguardez,
>   cum ceste beste s'umilie ! »
>   'Sobald er [=Bisclavret] den König erblickte, rannte er zu ihm, um um Gnade zu flehen. Er hatte ihn an seinem Steigbügel gepackt, das Bein küsst er ihm und den Fuß. Der König sah es, er hat große Angst. Er rief seine ganzen Begleiter herbei. «Herren», sagte er, «tretet vor und schaut euch *dieses Wunder* an, wie sich dieses wilde Tier erniedrigt!»'
>   (*MAR*, 'Bisclavret', V. 145–153)
>   c. L'an secunt que li ber *icel eissil* suffri,
>   e qu'il out pres dous anz esté a Punteigni,
>   li reis, qui mult le het, ne l'ad mis en obli
>   'Im zweiten Jahr, in dem der Mann *jenes Exil* erlitt, und er fast zwei Jahre in Punteigni gewesen war, hat ihn der König, der ihn sehr hasste, nicht vergessen.'
>   (*THO*, V. 3686–3688)

Die demonstrativen Kennzeichnungen *cel baiseïs* und *cel acoleïs* in (18a) können als Situationen klassifiziert werden, da sie auf zeitlich ausgedehnte Aktivitäten verweisen, die zwischen dem Objekt *Illes* und dem kollektiven Objekt *tuit si ami* stattfinden, und somit dynamische Entitätenrelationen denotieren. Auch *ceste merveille* in (18b) bezieht sich auf eine dynamische Ereignisrelation zwischen den belebten Objekten *le rei* und *il [=Bisclavret]*, die in ihrer zeitlichen Ausdehnung begrenzt ist und eine innere Entwicklung aufweist. Während *baiseïs* und *acoleïs* in (18a) die denotierte Situation kategorial bestimmen, lässt die nominale Kennzeichnung *merveille* in (18b) keine Rückschlüsse über den Situationstyp des Denotats zu. So liefert *merveille* in (18b) keine inhaltlichen Hinweise auf die Art des Ereignisses, das es zu identifizieren gilt, hingegen bringt es eine epistemische Einschätzung der denotierten Situation zum Ausdruck, die durch den Begriff *merveille* als außergewöhnlich und nicht erwartbar klassifiziert wird. *Icel eissil* in (18c) repräsentiert wiederum eine statische Relation zwischen dem belebten Objekt *li ber* und dem Raum *Punteigni*, in dem sich das Subjekt *li ber* im Exil befindet. Im Unterschied zu den Denotaten von *cel baiseïs* und *cel acoleïs* in (18a) und *ceste merveille* in (18b) repräsentiert *icel eissil* in (18c) eine stabile Konstellation zwischen den Figuren *li ber* und *Punteigni*.

Als Situationen können nicht nur Zustände oder Ereignisse klassifiziert werden, die in der physischen Welt vorliegen oder stattfinden, wie *cel baiseïs* und *cel acoleïs* in (18a), *ceste merveille* in (18b) und *icel eissil* in (18c), sondern auch Situationen, deren Existenz an sprachliches Handeln gebunden ist und die nur auf der Ebene der sprachlichen Materialität existieren können, wie *cest congié* und *cest otroi* in (19a) sowie *ceste reprouche* in (19b). Im Unterschied zu *baiseïs* (18a), *acoleïs* (18a), *merveille* (18b) und *eissil* (18c) repräsentieren die Begriffe *congié* (19a), *otroi* (19a) und *reprouche* (19b) Situationen, die nur durch sprachliche Äußerungen etabliert werden können. So beziehen sich *congié* und *otroi* in (19a) auf eine Erlaubnis, die der Sprecher seinem Gegenüber gewähren soll. Während *cest congié* und *cest otroi* in (19a) auf ein sprachliches Ereignis Bezug nehmen, das noch nicht vollzogen wurde, verweist *ceste reprouche* in (19b) auf eine Beleidigung, die im Vortext formuliert wurde.

(19) **Situationen, sprachlich**
    a. « Biax niés, fet il, pas ne m'agree
        ce que partir volez de moi.
        Ja *cest congié* ne *cest otroi*
        n'avroiz de moi, qu'il ne me griet »
        '«Lieber Neffe», sagte er, «es gefällt mir nicht, dass ihr mich verlassen wollt. Weder *diesen Abschied* noch *die Erlaubnis dazu* würdet ihr von mir erlangen, ohne dass es mich schmerzen würde.»'
        (*CLI*, V. 4186–4189)
    b. « Il ont parole sans plus faire,
        Ce dit, n'en eulx n'a fors vantise. »
        De *ceste reprouche* s'atise
        En grant maltalent Galerens,
        '«Sie reden nur und tun nichts, so sagt man, in ihnen ist nichts außer Eitelkeit.» Über *diesen Vorwurf* ärgert sich Galeren sehr.'
        (*GAL*, V. 5080–5083)

Da sich sprachliche Situationen in Form von sprachlichen Einheiten ereignen, überschneidet sich ihr ontologisches Profil konzeptuell mit dem der nicht sichtbaren Objekte, die ebenso eine sprachliche Materialität aufweisen, wie bei *non* in (7a) und *orison* in (7b) gesehen (cf. Tab. 4.7). Als Unterscheidungskriterium zwischen einer sprachlichen Situation und einem nicht sichtbaren nicht belebten Objekt kann sowohl der Grad der Prozesshaftigkeit als auch der Grad der Gestalthaftigkeit der sprachlichen Entität herangezogen werden. Sprachliche Entitäten, die primär in ihrer zeitlich begrenzten Ereignishaftigkeit betrachtet werden, wie *ceste reprouche* in (19b), klassifiziere ich als sprachliche Situationen. Bei *ceste reprouche* in (19b) steht die Tatsache im Vordergrund, dass sich eine Situation ereignet hat, die als 'Beleidigung' klassifiziert werden kann, und nicht der konkrete Inhalt dieser Beleidigung. Das zeigt sich auch daran, dass *ceste reprouche* in (19b) thematisch als Stimulus fungiert, der den Ärger der Figur *Galerans* auslöst (*s'atise en grant maltalent Galerens*). Sprachliche Entitäten, die auf formaler und inhaltlicher Ebene zeitliche Stabilität aufweisen, wie *cele orison* in (7b), ordne ich dagegen als nicht sichtbare nicht belebte Objekte ein. Im Unterschied zu *ceste reprouche* in (19b) wird das Referenzobjekt von *cele orison* in (7b) in erster Linie als Text betrachtet, der unabhängig von seiner konkreten Aktualisierung als sprachliche und inhaltliche Einheit besteht und daher als Gestalt konzeptualisiert wird. Das wird auch daran sichtbar, dass das Gebet, das *cele orison* in (7b) denotiert, nicht direkt zitiert, sondern in seiner Funktion und Gestalt als Text besprochen wird. Sprachliche Situationen werden schließlich in erster Linie als singuläre Ereignisse konzeptualisiert, während sprachliche Objekte als zeitlich stabile Texte profiliert werden. Bei sprachlichen Entitäten, die eine gestalthafte Existenz aufweisen, kommt es somit auch häufiger zu Rezitationen und Wiederaufnahmen als bei sprachlichen Situationen.

Alle demonstrativen Kennzeichnungen, die ich im Untersuchungskorpus erhoben habe, konnten einem der Ontotypen (i) Objekte, (ii) Kollektiva, (iii) Stoffe, (iv) Räume, (v) Orte und (vi) Situationen zugeordnet werden (cf. Tab. 4.7). Innerhalb der einzelnen Gruppen habe ich weitere Spezifizierungen vorgenommen. Für die Ontotypen (i) Objekte, (ii) Kollektiva, (iii) Stoffe, (iv) Räume und (v) Orte habe ich das Kriterium der Sichtbarkeit als Unterkategorisierung angewendet, da die potentielle visuelle Erfassbarkeit einer Entität, insbesondere bei situativen Verweisen, die Distribution der einzelnen Demonstrativparadigmen steuern könnte. Innerhalb der Gruppen (i) Objekte und (ii) Kollektiva habe ich zudem das Kriterium der Belebtheit zur genaueren Kategorisierung der Entitäten angewendet. Der Belebtheitswert einer Entität ist auf vielen sprachsystematischen Ebenen als Ordnungsfaktor wirksam, etwa bei der thematischen Rollenzuweisung, den Referentialisierungsmöglichkeiten durch Personalpronomina der ersten und zweiten Person sowie der Nominalkategorisierung (cf. Dahl/Fraurud 1996; Fraurud 1996; Silverstein 1976). Aus diesem Grund liegt der Verdacht nahe, dass auch die Verteilung der Demonstrativparadigmen durch den Belebtheitswert des Referenzobjekts beeinflusst werden könnte.

Das ontologische Profil der Referenzobjekte wurde bislang weder in den Untersuchungen zur Verteilung der Demonstrativa im Altfranzösischen noch zur Verteilung demonstrativer Formen in anderen Sprachen zum Analysekriterium erhoben. Die Distributionsanalyse der demonstrativen Okkurrenzen nach dem Faktor des ontologischen Typs könnte folglich nicht nur neue Einblicke in das funktionale Panorama von *CIST*, *CIL* und *CE* liefern, sondern auch neue Ansatzpunkte für die Untersuchung der Verteilungsmechanismen distanzmarkierter Demonstrativparadigmen aus linguistisch-vergleichender Perspektive bieten.

4.2.3 Pragmatische Ebene

Wie in Kap. 3.3.1.3 gesehen, spielt die referentielle Verankerung des Referenzobjekts eine wichtige Rolle bei der Verteilung der altfranzösischen Demonstrativa. Der Verdacht liegt folglich nahe, dass die einzelnen Formenserien unterschiedliche Hinweise in Bezug auf die Verweisdomäne kodieren, die zur Auflösung der Referenzbeziehung aktiviert werden muss. Um die referentielle Funktionalität von *CIST*, *CIL* und *CE* zu ermitteln, gruppiere ich die Okkurrenzen auf pragmatischer Ebene nach der Verweisdomäne, in der das Referenzobjekt verfügbar ist. Bei der Typisierung und Bestimmung der referentiellen Verweisdomänen habe ich mich zum einen an den referentiellen Typologien von Bühler ([1934]/1965), Koch/Oesterreicher (2011) und Levinson ([1983]/2009; 2004) orientiert, wie in Kap. 2.1.2.3 dargestellt, zum anderen an dem Tagset, das im Rahmen des Forschungsprojekts *Pragmatic Resources in Old Indo-European Languages* zur referentiellen Annotation historischer Daten entwickelt wurde, wie in Haug/Eckhoff/Welo (2014) dargelegt. Im weiteren Verlauf dieses Kapitels werde ich die Referenztypen vorstellen, die ich zur referentiellen Kategorisierung der Okkurrenzen eingesetzt habe, und die Kriterien darlegen, die zu den entsprechenden Bestimmungen geführt haben.

In Kap. 2.1.2.3 habe ich bereits gezeigt, dass zur referentiellen Auflösung demonstrativer Kennzeichnungen die Aktivierung der referentiellen Verweisdomäne erforderlich ist, in der das Referenzobjekt verankert ist, und in die Systeme von Bühler ([1934]/1965), Koch/Oesterreicher (2011) und Levinson ([1983]/2009; 2004) zur Aufgliederung der Referenzkontexte eingeführt. Koch/Oesterreicher (2011, 11) unterscheiden vier Kontexttypen, auf die sprachliche Äußerungen Bezug nehmen können: (i) der situative Kontext, (ii) der sprachliche Kontext, (iii) der epistemische Kontext und (iv) der Kontext der parasprachlichen Signale (cf. Kap. 2.1.2.3). Da parasprachliche Signale zwangsläufig an konkrete Redesituationen gebunden sind, ordne ich die Bezugnahme auf nicht-sprachliche Elemente der Äußerung (i) dem situativen Kontext zu. Auf diese Weise entsteht eine Typologie, die auf übergeordneter Ebene drei referentielle Kontexte unterscheidet, innerhalb derer weitere Differenzierungen vorgenommen werden können, wie Tab. 4.8 illustriert (cf. auch Dik 1989, 114).

Innerhalb der situativen und sprachlichen Verweisdomäne unterteile ich die Okkurrenzen weiterhin entsprechend dem referentiellen Verankerungsgrad in direkte und indirekte oder inferentielle Bezugnahmen (cf. Tab. 4.8). Situativ und sprachlich gestützte Referentialisierungen können als direkte Verweise ein Objekt aufrufen, das im aktivierten Kontext verfügbar ist, oder als indirekte Verweise ein Objekt ansteuern, das durch eine andere Entität indexikalisch repräsentiert wird (cf. Kap. 2.1.1.2 und Kap. 2.1.2.3) (cf. Tab. 4.8). Innerhalb der sprachlichen Verweisdomäne gruppiere ich die Okkurrenzen darüber hinaus nach der Form des Antezedenten. So können sprachliche Bezugnahmen als No-

Tab. 4.8: Annotationskatalog Referenztypen.[91]

Situativer Kontext		Sprachlicher Kontext				Epistemischer Kontext	
direkt	indirekt	nominal		propositional		allgemein	individuell
		direkt	indirekt	direkt	indirekt		

minalanapher auf einen nominalen Antezedenten und somit auf einen bereits etablierten Diskursreferenten verweisen oder als Propositionalanapher auf eine oder mehrere zusammenhängende Propositionen referieren (cf. Tab. 4.8) (cf. Kap. 2.1.2.3). Die Unterscheidung nach nominalen und propositionalen sprachlichen Verweisen ist oberhalb der Unterscheidung nach direkten und indirekten Bezugnahmen angesiedelt (cf. Tab. 4.8). Demonstrative Kennzeichnungen, die Objekte aus der epistemischen Verweisdomäne aufrufen, kategorisiere ich wiederum entsprechend dem Wissensbestand, den sie aufrufen. So kann das Referenzobjekt einer epistemischen Bezugnahme im individuellen oder im allgemeinen Wissensbestand der Interaktionspartner verfügbar sein (cf. Tab. 4.8) (cf. Koch/Oesterreicher 2011, 11).

Bei der Bestimmung der Verweisdomänen betrachte ich, in welchem Kontext das Referenzobjekt aus der Perspektive des Adressaten verfügbar ist (cf. auch Haug/Eckhoff/Welo 2014, 23). Der Bewertungsstandpunkt variiert folglich entsprechend den Erzählebenen. So nehme ich bei demonstrativen Bezugnahmen in der Erzählerrede die Position der Rezipienten ein, die den Text vermittelt durch szenische Darstellung, Vorlesen oder private Lektüre als fiktives Produkt erleben. Bei demonstrativen Bezugnahmen in der Figurenrede nehme ich wiederum die Perspektive der fiktiven Figur ein, an die die Äußerung innerhalb der Erzählwelt gerichtet ist. Da die Texte des Untersuchungskorpus als literarische Texte und somit als fiktive Produkte entstehen, wie in Kap. 4.1.1 gesehen, sind für den mittelalterlichen Rezipienten nur der sprachliche Kontext und der allgemeine Wissenskontext der Äußerung direkt zugänglich, für den modernen Leser

---

91 Haug/Eckhoff/Welo (2014, 24) führen als vierte Verweisdomäne den sogenannten *scenario context* auf, dem sie indirekte Anaphern zuordnen. Wie in Kap. 2.1.1.2 und Kap. 2.1.2.3 gesehen, repräsentieren indirekte Bezugnahmen jedoch keine eigene Verweisdomäne, sondern unterscheiden sich nur in ihrer kontextuellen Verankerungsstärke von direkten Bezugnahmen. Die Direktheit oder Indirektheit eines Verweises stellt demzufolge eine Größe dar, die unabhängig von der jeweiligen Verweisdomäne bestimmt werden kann. Aus diesem Grund ordne ich indirekte oder inferentielle Bezugnahmen nicht einer eigenen Verweisdomäne zu, sondern setze den Wert der (In)direktheit der Bezugnahme zur inneren Differenzierung sprachlicher und situativer Bezugnahmen ein.

wiederum bevorzugt der sprachliche Kontext. Die Verfügbarkeit eines Referenzobjekts in der situativen und in der epistemischen Verweisdomäne kann folglich nur entsprechend den Darlegungen im Text und den Inferenzen bestimmt werden, die diese zulassen.

Situativer Kontext
Bei Bezugnahmen innerhalb der Figurenrede kann die situative Verfügbarkeit eines Referenzobjekts schließlich nur mithilfe der im textuellen Umfeld geschilderten szenischen Beschreibungen und Ereignisse inferentiell ermittelt werden. Hinweise auf die materielle Präsenz des Referenzobjekts im außersprachlichen Umfeld der Äußerung und demzufolge seine perzeptive Zugänglichkeit für den Interaktionspartner finden sich beispielsweise in Modifizierern oder in den prädikativen Relationen, in die das Referenzobjekt integriert ist, wie in den Beispielen (20a–b) deutlich wird. So erweist sich die demonstrative Kennzeichnung *cist chevaliers qui par ci passe* in (1), die auf die Figur Erec referiert, als situative Bezugnahme, da in der Erzählerrede im Vortext deutlich wird, dass der Sprecher das Referenzobjekt der demonstrativen Bezugnahme *cist chevaliers qui par ci passe* im Moment der Äußerung perzeptiv erfährt, so in *les genz [...] voient Erec*. Auch der Relativsatz *qui par ci passe*, der *cist chevaliers* als Modifizierer zugeordnet ist, lässt eine situative Erfassbarkeit des Referenzobjekts vermuten, insbesondere vermittels *ci*.

(20) **Situativ, direkt**
    a. Et *les genz*, qui sont amassees
       par la rue a granz tropeiax,
       voient Erec, qui tant est biax.
       [...]
       « Ha ! Dex ! dit l'une a l'autre, lasse !
       Cist chevaliers qui par ci passe
       vient a la Joie de la Cort. »
       'Und die Leute, die auf der Straße in großen Gruppen versammelt sind, sehen Erec, der so schön ist. [...] «Gott», sagt die eine zur anderen, «Schau nur! *Dieser Ritter, der hier vorbeigeht*, kommt zur Joie de la Cort.»'
       (*ERE*, V. 5448–5450, 5461–5463)
    b. En *ce lay du Vair Palefroi*
       orrez le sens Huon Leroi
       'In *dieser Geschichte vom blaugrauen Zelter* werdet ihr den Verstand von Huon le Roi hören.'
       (*PAL*, V. 29–30)

Situative Bezugnahmen finden sich nicht nur auf der Ebene der Figureninteraktion, sondern auch auf der Ebene der Interaktion zwischen Erzähler und Rezipienten. Der situative Kontext des Erzählens wird bei metatextuellen Verweisen auf den Textzusammenhang aktiviert, wie für *ce lay du Vair Palefroi* in (20b) gilt. So verweist *ce lay du Vair Palefroi* in (20b) auf die Narration, die der moderne oder mittelalterliche Leser oder Zuhörer im Moment der referentiellen Auflösung in Form eines mündlichen Vortrags, eines geschriebenen Textes in einem Buch oder einer digitalen Textdatei rezipiert. Unabhängig von der Rezeptionsform erfasst der Adressat den Text in seinem kommunikativen Kontext als zusammenhängende Einheit und somit als situativ verfügbares Objekt (cf. auch Himmelmann 1996, 221; cf. Guillot-Barbance 2017, 94–95 für eine konträre Analyse). Auf diese Weise entsteht in jeder Rezeptionssituation aufs Neue eine fiktive Rezeptionsgegenwart.

Die situative Verweisdomäne kann nicht nur durch den direkten Verweis auf eine situativ verfügbare Entität aktiviert werden, wie in (20a–b) gesehen, sondern auch durch indirekte oder metonymische Bezugnahmen auf materiell präsente Entitäten zur Referentialisierung ausgeschöpft werden. Wie in Kap. 2.1.1.2 und Kap. 2.1.2.3 beobachtet, liegen indirekte situative Bezugnahmen (*deferred ostension*) vor, wenn das Zeigeobjekt nicht mit dem Referenzobjekt übereinstimmt, jedoch eine metonymische Repräsentation desselben darstellt, wie in (21a–b) der Fall. In Beispiel (21a) wird aus dem Vortext ersichtlich, dass sich das Referenzobjekt von *cele porte*, das auf das Eingangstor des Palastes verweist, für den Adressaten der Äußerung (*Arragon*) perzeptiv nicht erfassbar ist. So hält sich *Arragon* an einem Ort auf, der als *lez un piler* beschrieben wird und sich auf einer anderen Etage befindet als das Referenzobjekt, was die Tatsache vermuten lässt, dass der Sprecher (*le portier*) diesen Ort über eine Treppe erreicht (*monte les marberins degrez*). *Cele porte* leistet somit keine direkte situative Bezugnahme. Da ein Tor jedoch einen konstitutiven Bestandteil eines Palastes darstellt, gehören das Referenzobjekt und der Standort der Sprecher-Hörer-Interaktion demselben übergeordneten Raum an. Der Palast kann folglich als symbolisches Zeigeobjekt analysiert werden, das als Index für das Referenzobjekt von *cele porte* fungiert und somit eine referentielle Auflösung durch das situative Umfeld ermöglicht. Der Referent von *cele porte* in (21a) ist folglich zwar nicht direkt situativ verfügbar, wird jedoch vom räumlichen Umfeld der Sprecher-Hörer-Interaktion indirekt repräsentiert und mit der Berufsgruppe des Sprechers (*le portier*) unmittelbar assoziiert. Als indirekt-situativ können auch Bezugnahmen analysiert werden, die auf nicht sichtbare temporale Entitäten verweisen, die nicht mit den Parametern der Sprechsituation übereinstimmen, jedoch in derselben übergeordneten zeitlichen Einheit verortet sind, wie *ceste Pentecouste* in (21b). So verweist *ceste Pentecouste* in (21b) auf das Pfingstfest des laufenden Kirchenjahres, das, von der Sprechzeit aus betrachtet, in der Zukunft gefeiert werden wird, und das einen konstitutiven

Teil des Kirchenjahres darstellt (cf. Kap. 3.3.1.2). Die referentielle Auflösung von *ceste Pentecouste* erfolgt schließlich mit Rückgriff auf die Sprechzeit und somit auf die situative Verweisdomäne und kann daher als indirekt-situative Bezugnahme klassifiziert werden.

(21) **Situativ, indirekt**
  a. Trusqu'a *la porte* ne se sont aresté.
     Gilebert a *le portier* apelé,
     en son langaige l'a cortois aparlé :
     « Oevre, portier, lai nos leanz entrer ;
     drugement somes d'Aufrique et d'outre mer,
     si somes home le roi Tiebaut l'Escler. »
     [...]
     Et cil s'en torne sanz plus de l'arester ;
     del *palés* monte les marberins degrez ;
     Arragon trueve seant lez un piler,
     environ lui Sarrazins et Esclers.
     Cortoisement l'en a araisoné :
     « Sire, dist il, envers moi entendez.
     A *cele porte* a trois Turs hennorez,
     dïent qu'ils vienent d'Aufrique et d'outre mer. »
     'Erst an der Tür haben sie angehalten. Gilbert hat den Torwächter gerufen. In seiner Sprache hat er ihn höflich angesprochen: «Öffne, Torwächter, lass uns dort hinein. Wir kommen direkt aus Afrika. Wir kommen von König Thiebaut dem Weißen.» [...] Und jener dreht sich ohne zu zögern um. Er steigt die marmornen Stufen des Palastes empor. Er findet Arragon neben einer Säule sitzend, um ihn herum Sarazenen und Weiße. Höflich hat er ihn angesprochen: «Herr», sagte er, «hört mir zu. An *jenem Tor* sind drei ehrenhafte Türken. Sie sagen, sie kommen aus Afrika und von der anderen Seite des Meeres.»'
     (*ORA*, V. 414–419, 430–437)
  b. « Car remanés o nous en cest esté ;
     a *ceste Pentecouste* nos ju[s] ferés :
     vo chevaus ert torchiés et abevrés,
     si nous en juerons par la chité. »
     '«Bleibt doch bei uns in diesem Sommer. Zu *diesem Pfingstfest* werdet ihr an unseren Spielen teilnehmen. Euer Pferd wird gebürstet und getränkt werden. Dann werden wir mit ihm in der Stadt spielen.»'
     (*AIO*, V. 995–998)

Sprachlicher Kontext

Ist das Referenzobjektet im situativen Kontext der Äußerung weder direkt noch indirekt erfahrbar, im diskursiven Kontext der Äußerung jedoch verfügbar, wird die sprachliche Verweisdomäne zur referentiellen Auflösung aktiviert. Innerhalb der Gruppe der phorischen Bezugnahmen muss weiterhin berücksichtigt werden, wie in Kap. 2.1.2.3 gesehen, ob der Antezedent im Vortext in nominaler Form vorliegt oder propositional verhandelt wird. Den ersten Fall klassifiziere ich als Nominalanapher, den zweiten als Propositionalanapher. Der Begriff der Propositionalanapher entspricht konzeptuell den Bezugnahmen, die bisher entsprechend Ehlich (1982; 2007), Himmelmann (1996) und Levinson ([1983]/2009; 2004) als textdeiktisch oder diskursdeiktisch bezeichnet wurden (cf. Kap. 2.1.2.3). Sowohl Nominalanaphern als auch Propositionalanaphern können entsprechend ihrer Verankerungsstärke als direkt oder indirekt klassifiziert werden (cf. Kap. 2.1.2.3).

Direkte Nominalanaphern liegen vor, wenn ein im Vortext etablierter Diskursreferent reaktiviert wird, wie *icele beste* in (22a), das auf *une beste savage* Bezug nimmt. Eine Nominalanapher ist nicht nur dann als direkt zu klassifizieren, wenn die anaphorische Bezugnahme die nominale Kennzeichnung des Antezedenten exakt wiederholt, wie in (22a) der Fall, sondern auch dann, wenn Synonyme, Hyperonyme oder Passepartout-Begriffe zur Reaktivierung des Diskursreferenten eingesetzt werden, wie in (22b–c) (cf. auch Schwarz-Friesel 2007, 4). Direkte Nominalanaphern, die nicht die gleiche nominale Kennzeichnung aufweisen wie der Antezedent, nehmen kategoriale Spezifizierungen oder Rekategorisierungen vor und erbringen auf diese Weise einen Informationszuwachs oder ein Upgrade in der Repräsentation des Diskursreferenten. So werden die Diskursreferenten *de la glant* und *de la faïne* in (22b) in der demonstrativen Wiederaufnahme durch das Hyperonym *fruit que porte boscages* zusätzlich kategorial bestimmt und durch die gemeinsame Zugehörigkeit zur übergeordneten Kategorie *fruit que porte boscages* gleichzeitig reaktiviert. In (22c) wird der Diskursreferent *treis gutes de duce liquor e de preciuse flairur* durch *celestien piment* in der demonstrativen Wiederaufnahme rekategorisiert und erfährt somit eine neue Repräsentation.

(22) **Sprachlicher Kontext, nominal, direkt**
    a. « Par de jouste l'enfant .i. grant aiant coisi,
          une beste savage$_i$ dont vos avés oi
          que tout partout redoutent li grant et li petit,
          et por *icele beste$_i$* que li sains hon coisi
          l'apela [il] Aioul : ce trovons en escrit. »
          'Neben dem Kind sah er eine Schlange, *ein großes, wildes Tier$_i$*, von dem ihr gehört habt, dass es die Großen und die Kleinen überall fürch-

ten. Und wegen *jenes wilden Tieres$_i$*, das der heilige Mann erblickte, nannte er ihn Aiol, so steht es geschrieben.'
(*AIO*, V. 64–68)

b. Et vivent, comme sauvechine,
de la glant$_{i.a}$ et *de la faïne$_{i.b}$*,
de *cel fruit$_i$* que porte boscages
'Und sie leben wie Wilde von *Eicheln$_{i.a}$* und *Bucheckern$_{i.b}$*, von *jenen Früchten$_i$*, die der Wald trägt.'
(*ANG*, V. 429–431)

c. Puis aprés ceo que ele si dist,
sa mamele de sun sain prist ;
treis gutes de duce liquor
e de preciuse flairur$_i$
estreinst ele de ses mameles
e jeta les sur li, mult beles.
Ala s'en puis, ne li fist mais.
E cil remist tut sein en pais,
guari ert de l'enfermeté.
Puis si a as soens comandé
receivre en un vaissel d'argent
icel celestien piment$_i$
'Dann nachdem sie so gesprochen hatte, nahm sie die Mamelle ihres Busens. *Drei Tropfen von süßem Likör und kostbarem Duft$_i$* drückte sie aus ihren Brustwarzen – die waren sehr schön – und warf sie auf ihn. Dann ging sie, mehr gab sie ihm nicht. Und jener wurde in Frieden ganz gesund. Er war von der Krankheit geheilt. Dann hat er den Seinen befohlen, *jenen himmlischen Balsam$_i$* in einem Behälter aus Silber aufzubewahren.'
(*ADG*, Mir. 30, V. 71–82)

Während direkte Nominalanaphern in einer Koreferenzrelation mit einer nominalen Einheit aus dem Vortext stehen, stellen indirekte Nominalanaphern keine Wiederaufnahmen bereits etablierter Diskursreferenten dar. Das Referenzobjekt einer indirekten Nominalanapher entspricht somit zwar keinem aus dem Vortext bekannten Diskursreferenten, steht jedoch in einem metonymischem Zusammenhang zu einer bereits etablierten Figur (cf. Kap. 2.1.2.3; auch Haug/Eckhoff/Welo 2014, 28–29). Indirekte Nominalanaphern werden folglich in Relation zu einer nominalen Einheit aus dem diskursiven Kontext referentiell aufgelöst und identifiziert, wie für *ces membres* in (23a), *cil elme as perres d'or gemmees*, *cil escuz* und *cez bronies sasfrees* in (23b) sowie *cest non* in (23c) gilt. *Ces membres* in (23a) ist diskursiv verankert, da es die Aufmerksamkeit auf bestimmte Körperteile des Diskursreferenten *Galerons* lenkt und auf diese Weise in partieller Koreferenz zu dieser Figur steht. Die demonstrativen Kennzeichnungen *cil elme as perres d'or gemmees*, *cil escuz* und *cez bronies sasfrees* in (23b) denotieren Ausrüstungsgegenstände von Rittern, ihre Identifikation verläuft somit über den diskursiven Anker *sa grant ost* (cf. Kap. 3.3.1.2). *Cest non* in (23c) ist partiell koreferentiell zur DP *del Chevalier au lyon*, da es nicht den Diskursreferenten aufruft, der von der genannten DP denotiert wird, sondern den Bezeichnungswert der Kennzeichnung *Chevalier au lyon* als Beiname der denotierten Figur.

(23) **Sprachlicher Kontext, nominal, indirekt**
   a. *Galerons* n'est mie engrignor
      de li veoir, si com je croi,
      que Ganors, qui est fille au roi ;
      regarde a val, se*l* vit venir ;
      a paine se pot soustenir.
      Voit qu'*il* est biax et ensigniés,
      et voit *ces membres alignés*,
      sa bele bouce et son bel vis.
      'Galeron ist gar nicht verärgert darüber, sie zu sehen, wie ich glaube, wie Ganor, die Tochter des Königs ist. Sie blickt nach unten und sieht ihn kommen. Sie konnte sich kaum aufrecht halten. Sie sieht, dass er schön und wohlerzogen ist, *seine geraden Gliedmaßen*, seinen schönen Mund und sein schönes Gesicht.'
      (*GOL*, V. 3312–3319)
   b. Marsilie vient par mi une valee
      od *sa grant ost* que il out asemblee.
      .XX. escheles ad li reis anumbrees.
      Luisent *cil elme as perres d'or gemmees*,
      e *cil escuz* e *cez bronies sasfrees*
      'Marsilie kommt durch ein Tal mit einem großen Heer, das er um sich versammelt hat. 20 Abteilungen hat der König gezählt. Es glänzen *jene Helme, die mit Gold beschlagen sind*, und *jene Schilde* und *jene geschmückten Kettenhemden*.'
      (*ROL*, V. 1449–1453)
   c. « Ja *del Chevalier au lyon*
      n'orroiz parler se de moi non ;
      par *cest non* vuel que l'en m'apiaut. »
      '«Wenn Ihr vom *Löwenritter* hört, dann hört Ihr von mir. Ich möchte, dass man mich bei *diesem Namen* nennt.»'
      (*YVA*, V. 4605–4607)

Nimmt eine demonstrative Kennzeichnung auf eine oder mehrere Propositionen aus dem Vortext Bezug, klassifiziere ich sie als direkte Propositionalanapher, wie *ceste reprouche* in (24a), das auf den vorhergehenden Redebeitrag verweist, oder *cist changes* in (24b), das die im Vortext geschilderte Tauschaktion zusammenfasst. Wie in Kap. 2.1.2.3 gesehen, dienen Propositionalanaphern dazu, einen oder mehrere Sachverhalte zu synthetisieren und auf diese Weise kategorial zu bestimmen. So legt die demonstrative Kennzeichnung *ceste reprouche* in (24a) den Sprechakt offen, der in dem Redebeitrag realisiert wurde, auf den sie Bezug nimmt. *Cel cop* in (24b) komprimiert wiederum mehrere Propositionen in einer nominalen Einheit und stellt somit einen ontologischen Zusammenhang zwischen den einzeln geschilderten Sachverhalten heraus.

(24) **Sprachlicher Kontext, propositional, direkt**
    a. [« Il ont parole sans plus faire,
        ce dit, n'en eulx n'a fors vantise. »]$_i$
        de *ceste reprouche$_i$* s'atise
        en grant maltalent Galerens
        '[«Sie reden nur und tun nichts, so sagt man, in ihnen ist nichts außer Eitelkeit.»]$_i$ Über *diesen Vorwurf$_i$* ärgert sich Galeren sehr.'
        (*GAL*, V. 5080–5083)
    b. [Mes Clygés par amors conduit
        vers li ses ialz covertemant
        et ramainne si sagemant
        que a l'aler ne au venir
        ne l'an puet an por fol tenir,
        mes deboneiremant l'esgarde,
        et de ce ne se prenent garde
        que la pucele a droit li change.
        Par boene amor, non par losange,
        ses ialz li baille et prant les suens.]$_i$
        Mout li sanble *cist changes$_i$* buens
        '[Aber Cligès lenkt aus Liebe seine Augen heimlich zu ihr und ist dabei so vorsichtig, dass man ihn weder beim Schicken noch beim Empfangen für verrückt halten kann. Vielmehr schaut er sie höflich an. Und sie bemerken auch nicht, dass das junge Mädchen ihm sofort etwas zurückgibt. Aus echter Liebe, nicht aus Schmeichelei, gibt sie ihm ihre Augen und nimmt die seinen.]$_i$ *Dieser Tausch$_i$* erscheint ihm als sehr gut.'
        (*CLI*, V. 2760–2770)

Während direkte Propositionalanaphern zur Kategorisierung von Sachverhalten oder Sachverhaltszusammenhängen dienen, erfüllen indirekte Propositionalanaphern keine komprimierende Funktion. Indirekte Propositionalanaphern nehmen vielmehr auf Entitäten Bezug, die in metonymischer Relation zu einer oder mehreren Propositionen aus dem Vortext stehen und auf diese Weise aus dem diskursiven Kontext inferiert werden können, wie für *ceste bonté* in (25a) und *cele rage* in (25b) gilt. Indirekte Propositionalbezüge etablieren insbesondere demonstrative Kennzeichnungen, deren Nominalkomplement nicht sichtbare Qualitäten denotiert, wie psychische Fähigkeiten oder Emotionen (cf. auch Beispiele (13d-e) in Kap. 4.2.2). Auch wenn die referentielle Auflösung von *ceste bonté* in (25a) und *cele rage* in (25b) über eine thematische Sequenz des Vortextes verläuft, können sie nicht als Synthetisierungen der propositionalen Zyklen betrachtet werden, die ihnen voraufgehen. Vielmehr denotieren *ceste bonté* in (25a) und *cele rage* in (25b) Eigenschaften oder Emotionen, die sich in den dargestellten Sachverhalten manifestieren. So verweist *ceste bonté* in (25a) auf eine Eigenschaft der Amme (*Mestre*), die von der Jungfrau (*Dameisele*) im Vortext um Unterstützung in der Angelegenheit einer unfreiwilligen Verheiratung und der damit einhergehenden Beischlafverpflichtung gebeten wird. Als diskursiver Anker von *ceste bonté* (25a) kann die unmittelbar vorhergehende propositionale Sequenz betrachtet werden, in der der Hilfsplan der Amme geschildert wird und in der die Eigenschaft der *bonté* zum Ausdruck kommt (cf. Markierung in (25a)). Für den indirekten Bezug von *ceste bonté* (25a) zum Vortext spricht zudem, dass es in eine binominale Konstruktion eingebunden ist, deren zweiter Teil *cest servise* als direkte Propositionalanapher und somit als Zusammenfassung für die Schilderung des Hilfsplans der Amme fungiert.[92] Wie in (25a) gesehen, nimmt *cele rage* in (25b) indirekt auf die propositionale Sequenz des Vortextes Bezug, die Yvains Leben als Wilder im Wald zum Thema hat. So verweist *cele rage* (25b) ausgehend von der Sachverhaltsschilderung auf die psychologische oder emotionale Disposition, die darin zum Ausdruck kommt.

(25) **Sprachlicher Kontext, propositional, indirekt**
    a. [Lors li dit sa mestre et otroie
       que tant fera conjuremanz
       et poisons et anchantemanz

---

92 Da die einzelnen Einheiten in binominalen Konstruktionen, wie bei *ceste bonté et cest servise* in (25a) (cf. Tab. 46), als alternative Kennzeichnungen für dasselbe Referenzobjekt fungieren, analysiere ich das zweite Element nicht als anaphorischen Verweis auf das erste Element, sondern bewerte es unabhängig vom ersten Element und in Relation zur vorhergehenden Nennung.

que ja de cest empereor
   mar avra garde ne peor,
   et si girront ansanble andui,
   mes ja tant n'iert ansanble o lui
   qu'ausi ne puisse estre aseür
   con s'antre aus .ii. avoit un mur ;
   [...]]
   La pucele ainme et loe et prise
   ceste bonté et *cest servise*.
   '[Dann spricht ihre Amme mit ihr und verspricht ihr, dass sie so viele Beschwörungen, Zaubertränke und Zaubereien machen wird, dass sie vor diesem Herrscher weder Schutz suchen noch Angst haben muss. Und so werden sie beide zusammen liegen, aber sie wird mit ihm nicht so zusammen sein, dass sie auch nicht sicherer sein könnte, wenn eine Mauer zwischen ihnen wäre. [...]] Das junge Mädchen liebt und schätzt und ehrt *diese Güte* und *diesen Dienst*.'
   (*CLI*, V. 3156–3164, 3175–3176)
b. Et il va tant que il fu loing
   des tantes et des paveillons.
   [Lors se li monte uns torbeillons
   el chief, si grant que il forsane ;
   si se dessire et se depane
   et fuit par chans et par arees,
   [...]]
   Puis ne passa .viii. jorz antiers,
   tant com il fu an *cele rage*,
   que aucune beste salvage
   ne li aportast a son huis.
   '[Und er geht so lange bis er weit entfernt von den Zelten und Pavillons ist. Dann steigt ihm eine Unruhe in den Kopf. So stark, dass er verrückt wird. Dann reißt er seine Kleider ab und zerfetzt sie und flüchtet über Felder und Wiesen. [...]] Danach vergehen nicht ganz acht Tage, solange er in *jener Wut* war, ohne dass er ihm nicht ein wildes Tier an seine Haustür brachte.'
   (*YVA*, V. 2802–2807, 2862–2865)

Als indirekte Propositionalanaphern können weiterhin demonstrative Kennzeichnungen klassifiziert werden, die auf räumliche oder zeitliche Parameter eines Sachverhalts aus dem Vortext Bezug nehmen, wie *cele part* in (26a) und *cele termine* in (26b).[93] Die metonymische Relation zwischen dem propositionalen Anker und der raumzeitlichen Bezugnahme besteht darin, dass jeder episodische Sachverhalt zwangsläufig in der Zeit und im Raum verortet ist. Die diskursive Verankerung von *cele part* in (26a) in der vorhergehenden Proposition *Bien loinz sur destre aveit oï chiens abaier e cos chanter* entsteht daraus, dass *cele part* den Ort profiliert, an dem das Hundebellen und das Hähnekrähen stattfinden. Ebenso nimmt *cele termine* in (26b) auf den Zeitraum Bezug, in dem sich der Sachverhalt *Par la terre d'Anjou longuement conversa* ereignet. Es ist somit auch diskursiv verankert.

(26) **Sprachlicher Kontext, propositional, indirekt**
    a. [Bien loinz sur destre aveit oï
       chiens abaier e cos chanter :]
       iluec purra vile trover.
       Cele part vet a grant espleit,
       u la noise des chiens oeit.
       '[Weit entfernt zur Rechten hatte er Hunde bellen und Hähne krähen gehört.] Dort wird er eine Stadt finden. In *jene Richtung* reitet er schnell, aus der er das Hundegebell hörte.'
       (*MAR*, 'Le Fraisne', V. 144–148)
    b. [Un jour li rois Pepins son oirre apareilla
       pour aler vers Angieus ou n'ot esté pieça.
       Par la terre d'Anjou longuement conversa.]
       Tout droit en *cel termine que li rois estoit la*,
       vint dux Namles a lui – la endroit le trouva
       '[Eines Tages bereitete König Pippin seine Reise vor, um nach Angers zu gehen, wo er lange Zeit nicht gewesen war. Er hielt sich lange Zeit im Land von Anjou auf.] Genau zu *jenem Zeitpunkt, als der König dort war*, kam Graf Namles zu ihm, genau dort traf er ihn.'
       (*BER*, V. 2556–2560)

Epistemischer Kontext
Ist das Referenzobjekt einer demonstrativen Kennzeichnung weder direkt noch indirekt in der situativen oder in der sprachlichen Verweisdomäne verfügbar, erfolgt die referentielle Auflösung automatisch über den epistemischen Kontext. Innerhalb der epistemischen Verweisdomäne können, entsprechend Koch/Oesterreicher (2011), die individuelle und die allgemeine Wissensebene unterschieden werden (cf. Kap. 2.1.2.3). Der individuelle Wissenskontext umfasst Objekte, die

---

[93] Guillot-Barbance (2017, 84) und Massé-Arkan (2013b, 577–578, 584) klassifizieren diskursiv verankerte Verweise auf räumliche oder zeitliche Verortungen von Sachverhalten dagegen als ‹raumzeitliche Anaphern›.

Sprecher und Hörer aus der gemeinsamen Interaktionsgeschichte bekannt sind. Der allgemeine Wissenskontext schließt Objekte ein, die als universal oder in einem bestimmten sozio-kulturellen Kontext als bekannt vorausgesetzt werden.

Die Zugehörigkeit eines Referenzobjekts zum allgemeinen Wissensbestand kann durch den Rückgriff auf den kulturhistorischen Kontext bestimmt werden. Dazu gehören insbesondere Verweise auf christliche oder historische Figuren, wie *ceste nostre duce meschine* in (27a) als Bezugnahme auf die Heilige Maria und *cil Loeys de Franche* in (27b). Die Verfügbarkeit des Referenzobjekts einer demonstrativen Erstnennung im individuellen Wissenskontext des Adressaten kann jedoch nur bedingt festgestellt werden, da dieser in den Texten nicht abgebildet wird. So liegen nur in wenigen Beispielen demonstrativer Erstnennungen konkrete Hinweise vor, die auf die Bekanntheit des Referenzobjekts seitens des Adressaten und somit die Zugehörigkeit zum individuellen Wissenskontext schließen lassen, wie bei *cis enfes* in (28). So führt die Sprecherin *Ysabiaus* ihre Tochter in (28) in einen anderen Raum, um mit ihr ungestört über die Figur *cis enfes* sprechen zu können, die sich zuvor im selben Raum mit ihnen befand. Das Referenzobjekt, das *cis enfes* in (28) denotiert, ist folglich zwar nicht mehr situativ verfügbar, liegt aber im Wissensbestand von Sprecher und Adressaten vor und wird somit aus der epistemischen Verweisdomäne aufgerufen.

(27) **Epistemischer Kontext, historische und religiöse Figuren**
    a. Ke mut covient ceste servir,
        ceste nostre duce meschine ;
        dame est del mund, del ciel reïne.
        'Denn es gehört sich wohl, dieser zu dienen, *dieser unseren liebenswerten Jungfrau*. Sie ist die Herrin der Welt und die Königin des Himmels.'
        (*ADG*, Mir. 17, V. 2–4)
    b. Il a dit a ses homes : « Molt m'est mal avenu :
        Cil Loeys de Franche m'a mort et confondu »
        'Er hat seinen Männern gesagt: «Großes Übel ist über uns gekommen. *Jener Ludwig aus Frankreich* hat mich getötet und besiegt.»'
        (*AIO*, V. 8343–8344)

(28) **Epistemischer Kontext, Referent bekannt**
    Ysabiaus prist sa fille par le main destre,
    en sa cambre l'en maine, si l'en apele :
    « Fille, *cis enfes* samble de fiere geste »
    'Isabeau nahm ihre Tochter an der rechten Hand. Sie führt sie in ihr Zimmer, dann spricht sie sie an: «Tochter, *dieses/jenes Kind* scheint aus einem edlen Geschlecht zu sein.»'
    (*AIO*, V. 2122–2124)

In den meisten Fällen ist jedoch unklar, ob die Erstnennung als höreralt und somit dem individuellen Wissensbestand zwischen Sprecher und Adressaten zugehörig oder als hörerneu einzustufen ist, wie bei *cel bois* in (29a). So ist das Referenzobjekt von *cel bois* in (29a) weder im situativen noch im sprachlichen Kontext verfügbar. Der einzige Hinweis, aus dem man schließen könnte, dass die Adressatin in (29a) den Verweis referentiell auflösen kann, ist, dass sie keine Nachfragen bezüglich der Identität des Referenzobjekts stellt, wie im Folgetext deutlich wird. In anderen Kontexten ist wiederum sehr wahrscheinlich, dass der Adressat das Referenzobjekt nicht identifizieren kann. Dies betrifft insbesondere *démonstratifs épiques*, wie *ces puceles, cil damoisel, ces damoiseles* und *cil jugleor* in (29b), die zwar auf referentiell spezifische, jedoch nicht epistemisch spezifische Diskursreferenten verweisen (cf. Kap. 2.1.2.2 & Kap. 3.3.1.2).

(29) **Epistemischer Kontext, Referent (nicht) bekannt**
 a. « Dame, fet il, delez *cel bois*,
  lez le chemin par unt jeo vois,
  une viez chapele i estait,
  ki meinte feiz grant bien me fait. »
  '«Dame», sagt er, «neben *jenem Wald*, neben dem Weg, den ich gehe, gibt es eine alte Kapelle, die mir schon oft von gutem Nutzen war.»'
  (*MAR*, «Bisclavret», V. 89–92)
 b. Grant joie i ot mout cele nuit :
  par Rome cantent *ces puceles*,
  cil damoisel, ces damoiseles ;
  cil jougleor trompent et rotent,
  vïelent, cantent et si notent.
  'In jener Nacht herrschte große Freude in Rom: es singen *diese/jene Mädchen, jene jungen Männer* und *diese/jene jungen Frauen. Jene Spielleute* trompeten und erzählen, flöten, singen und machen auf sich aufmerksam.'
  (*GOL*, V. 3981–3985)

In Kap. 2.1.2.2 und Kap. 2.1.2.3 wurde gezeigt, dass Demonstrativa in allen situativ oder sprachlich nicht gestützten Gebrauchsokkurrenzen die Verfügbarkeit des Referenzobjekts im epistemischen Kontext suggerieren, unabhängig davon, ob das Referenzobjekt dem Adressaten tatsächlich bekannt ist und die referentielle Auflösung demzufolge erfolgreich verläuft oder nicht, und unabhängig davon, ob der Sprecher von der (Nicht-)bekanntheit des Referenzobjekts auf Seiten des Adressaten weiß oder nicht. Aus diesem Grund ordne ich alle demonstrativen Erstnennungen der epistemischen Verweisdomäne zu. Diese Klassifikation gründet nicht nur auf der allgemeinen Funktion von Demonstrativa als Verfügbarkeitsmarkern, sondern auch auf der Annahme, dass Bezugnahmen, die weder situativ noch sprachlich gestützt sind, automatisch durch den Rückgriff auf das individuell-episodische Wissen, das Individual- oder Tokenkonzepte enthält, oder das kategoriale Wissen, das Kategorial- oder Typekonzepte enthält, aufgelöst werden und somit im epistemischen Verweisraum verankert sind.[94] Ist das angesteuerte Referenzobjekt dem Adressaten bekannt, kann es als Individualkonzept aus dem individuell-episodischen Wissen aufgerufen werden. Ist das Referenzobjekt hingegen nicht im individuell-episodischen Wissensbestand des Adressaten gespeichert, muss er eine schematische Repräsentation des Referenzobjekts konstruieren, auf Basis der kategorialen Informationen, die in der nominalen Kennzeichnungen gegeben sind, und im Rückgriff auf Tokenkonzepte, die im kategorialen Wissen verfügbar sind (cf. Kap. 2.1.1.2, Kap. 2.1.2.3 & Kap. 2.1.2.4).

Da das individuell-episodische Wissen nur Individualkonzepte enthält, profilieren Bezugnahmen, die durch die Aktivierung dieser Wissensdomäne aufgelöst werden, zwangsläufig spezifische Diskursreferenten. Das kategoriale Wissen enthält wiederum Typekonzepte, die das Wissen um Objektkategorien und Eigenschaften repräsentieren. Bezugnahmen, die durch den Rückgriff auf das kategoriale Wissen aufgelöst werden, können hingegen sowohl nicht-spezifische und generische Diskursreferenten aufrufen als auch spezifische, sofern das Referenzobjekt dem Adressaten nicht bekannt ist und keine Identifikationsstützen in der situativen oder sprachlichen Verweisdomäne gegeben sind, wie im vorherigen Absatz gesehen. Historische oder religiöse Figuren, die zum allgemeinen Wissensbestand eines Kulturkreises gehören, werden zwangsläufig in Individualkonzepten abgebildet und gehören infolge ihres allgemeinen Bekanntheitsgrads dem individuell-episodischen Wissensbereich an, wie in (27a–b) gesehen. Aus diesem Grund können sie nur als spezifische Diskursreferenten profiliert werden. Die Gliederung der Wissensdomänen nach einem individuell-episodischen und einem kategorialen Wissensbereich stimmt in ihrer Strukturierung nicht mit der Unterscheidung nach einem allgemeinen Wissensbestand und einem individuellen Wissensbestand von Koch/Oesterreicher (2011) überein. So umfasst der Wissensbestand der Tokenkonzepte (individuell-episodisches Wissen) sowohl individuelles Wissen um bestimmte Objekte aus der Interaktionsgeschichte der Gesprächspartner als auch allgemeines Wissen um historische und religiöse Gallionsfiguren nach Koch/Oesterreicher (2011).

---

94 Cf. Reblin (2012, 156–158) und Schwarz/Chur (2004, 24–25) zur Unterscheidung von individuell-episodischem und kategorialem Wissen sowie Individual-/Tokenkonzepten und Kategorial-/Typekonzepten.

Tab. 4.9: Annotationskatalog Referenztypen.

Situativer Kontext		Sprachlicher Kontext				Epistemischer Kontext	
		nominal		propositional		historische & religiöse Figuren	andere Erstnennungen
direkt	indirekt	direkt	indirekt	direkt	indirekt		

Da die Zugehörigkeit eines Referenzobjekts zum individuellen Wissen des Adressaten im Äußerungskontext nur in Ausnahmefällen elizitiert werden kann und die referentielle Auflösung auch bei unbekannten Referenzobjekten über den epistemischen Kontext verläuft, eignet sich das Label «individueller Wissenskontext» nur bedingt zur Klassifikation demonstrativer Erstnennungen, die keine historischen oder religiösen Figuren denotieren. Auch die Unterscheidung nach der Zugehörigkeit zum individuell-episodischen oder zum kategorialen Wissen bietet sich nicht zur Untergliederung der demonstrativen Erstnennungen an, da sie mit der Unterscheidung nach dem epistemischen Status der Referenzobjekte korrelieren (spezifisch, nicht-spezifisch, generisch), der einen anderen Aspekt der Repräsentation des Referenzobjekts beschreibt und in weiten Teilen unabhängig von der referentiellen Verweisdomäne ist, wie in Kap. 2.1.2.3 beobachtet. Aus diesem Grund unterscheide ich in der epistemischen Verweisdomäne zwischen Bezugnahmen, die auf historische oder religiöse Figuren referieren, deren Kenntnis als Individualkonzepte beim Adressaten vorausgesetzt werden kann, und Erstnennungen, die auf Referenzobjekte Bezug nehmen, die nicht dem allgemeinen Wissensbestand zugerechnet werden können. Diese Unterscheidung ist auch vor dem Hintergrund dessen notwendig, dass Bezugnahmen auf religiöse oder historische Figuren auch im Fall einer Nennung im Vortext, wie *ceste nostre duce meschine*, das im vorhergehenden Vers bereits durch *ceste* denotiert wird, vielmehr durch den Rückgriff auf den epistemischen als den sprachlichen Kontext referentiell aufgelöst werden. Bezugnahmen auf historische und religiöse Figuren stellen daher im Unterschied zur zweiten Gruppe nicht in jedem Fall Erstnennungen dar. Die Übersicht in Tab. 4.8 muss dementsprechend in Tab. 4.9 angepasst werden.

Ich ordne folglich alle Bezugnahmen auf religiöse oder historische Figuren sowie alle demonstrativen Erstnennungen der epistemischen Verweisdomäne zu. Dies gilt auch für Nennungen, die im Folgetext wieder aufgegriffen werden und daher in einigen Studien als kataphorisch klassifiziert werden, so bei Levinson ([1983]/2009; 2004) (cf. Kap. 2.1.2.3) und Veldre-Gerner (2007, Kap. 6). Wie in Kap. 2.1.2.3 gezeigt, beschränkt sich die referentielle Funktion von demonstrativen Erstnennungen, die später wiederaufgegriffen und daher als Kataphern klassifiziert werden könnten, nicht auf die Antizipation eines Diskursreferenten, der erst im Folgetext eingeführt werden soll, sondern besteht in der Einführung eines Diskursreferenten, der im weiteren Textverlauf wiederaufgenommen werden kann, wie bei *ces noveles* in (30). In (30) wird die Unbekanntheit von *ces noveles* zudem im Folgetext expliziert, indem der Sprecher betont, dass es sich um Neuigkeiten handelt, die erst berichtet werden, wenn eine bestimmte Person anwesend sein wird (*eles ne seront ja contees tant que cele sera venue*).

(30) **Epistemischer Kontext, unbekannter Referent**
« Mes tant anquerre vos voldroie,
ençois que je desarmez soie,
que la reïne et ses puceles
venissent oïr *ces noveles*
que je vos ai ci aportees,
qu'eles ne seront ja contees
tant que cele sera venue
qui an la joe fu ferue
por un seul ris que ele ot fet »
'Noch bevor ich meine Waffen ablegt habe, möchte ich Euch jedoch bitten, dass die Königin und ihre Jungfrauen kämen, um *diese/jene Neuigkeiten* zu hören, die ich hierher mitgebracht habe. Denn ich werde sie erst erzählen, wenn jene gekommen sein wird, die auf der Wange verletzt wurde, wegen eines einzigen Lachers, den sie getan hat.'
(*PER*, V. 4009–4017)

Epistemischer Status
Neben dem referentiellen Kontext erhebe ich auf pragmatischer Ebene auch den epistemischen Status des Referenzobjekts. So bestimme ich, ob die demonstrative Kennzeichnung einen spezifischen, einen nicht-spezifischen oder einen generischen Diskursreferenten profiliert. Entsprechend den Darlegungen in Kap. 2.1.2.3, klassifiziere ich eine demonstrative Kennzeichnung als spezifisch, wenn der denotierte Diskursreferent in eine assertive prädikative Relation eingebunden ist und eine epistemische Verbindung zu einem spezifischen Diskursreferenten aufweist. Alle demonstrativen Kennzeichnungen, die in den Beispielen (20–30) besprochen wurden, können auf diese Weise als spezifische Bezugnahmen klassifiziert werden. Die demonstrative Kennzeichnung *cel bois* in (29a) steht beispielsweise im Skopus der assertiven Prädikate *vois* im Relativsatz und *i estait* im Hauptsatz und ist dadurch mit den spezifischen Diskursreferenten *le chemin*, *je* und *une viez chapele* epistemisch verknüpft.

Wie in Kap. 2.1.2.3 dargelegt, klassifiziere ich alle demonstrativen Kennzeichnungen als spezifisch, die referentielle Spezifizität aufweisen. Aus diesem Grund analysiere ich auch demonstrative Erstnennungen als spezifisch, die auf topische Situationsaspekte verweisen und demzufolge wenig individuiert sind, wie *ces puceles*, *cil damoisel*, *ces damoiseles* und *cil jugleor* in (29b). Wie in Kap. 3.3.1.2 gezeigt, können demonstrative Erstnennungen mit topischer Referenz als spezifisch klassifiziert werden, wenn sie Hintergrundelemente einer konkreten Situation denotieren und durch diese Verbindung eine spezifische Profilierung erhalten. So verweisen *ces puceles*, *cil damoisel*, *ces damoiseles* und *cil jugleor* in (29b) auf Elemente, die in einem episodischen Ereignis verankert sind, nämlich dem Fest, dass in einer bestimmten Nacht in Rom stattfindet, wie *grant joie i out molt cele nuit* zeigt. Im Unterschied zu demonstrativen Erstnennungen, die nicht auf topische Elemente verweisen, wie *ceste nostre duce meschine* in (27a), *cil Loeys de Franche* in (27b), *cis enfes* in (28), *cel bois* in (29a) und *ces noveles* in (30), stellen demonstrative Erstnennungen, die auf topische Elemente Bezug nehmen, einmalige Vorkommen dar.

Alle demonstrativen Kennzeichnungen, die keine unabhängige Existenz aufweisen und in nicht-assertive prädikative Relationen eingebunden sind, klassifiziere ich wiederum als nicht-spezifisch, wie *cel cheval* in (31). *Cel cheval* (31) steht auf der Ebene des Hauptsatzes im Skopus des negierten Prädikats *ne trovad* und auf der Ebene des Nebensatzes im Skopus des konjunktivischen *puisse munter*. Die prädikativen Relationen in (31) verneinen so die Existenz des Referenten von *cel cheval* als Individualobjekt und haben eine nicht-spezifische Profilierung zur Folge. Hinzu kommt, dass es sich bei *cel cheval* um eine Erstnennung handelt, die auch im weiteren Textverlauf nicht wiederaufgenommen wird. Eine spezifische Lesart von *cel cheval* in (31) wäre nämlich möglich, wenn es einen spezifischen Diskursreferenten aus dem Vortext aufgreifen würde.

(31) **Nicht-spezifische Referenten**
Ne trovad home a qui il sache parler,
ne *cel cheval* u il puisse munter.
'Er fand keinen Menschen, mit dem er hätte reden können, und auch *kein Pferd*, auf das er hätte steigen können.'
(*GUI*, V. 706–707)

Während nicht-spezifische Diskursreferenten als einzelne unscharfe Vertreter eines Objekttyps profiliert werden, repräsentieren generische Diskursreferenten die Gesamtheit einer Objektkategorie. Wird eine demonstrative Kennzeichnung zur Denotation einer Objektklasse eingesetzt, klassifiziere ich sie daher als generisch, was für *ces foletes* und *cil chevalier* in (32) gilt. Die demonstrativen Kennzeichnungen *ces foletes don cil chevalier se deportent* und *cil chevalier [...]*

qui desor leur chevax les portent in (32) stellen Objektkategorien dar, die jeweils als Klasse angesteuert werden. Im Unterschied zu spezifischen und nicht-spezifischen Bezugnahmen können generische Diskursreferenten nur in nicht-episodischen Assertionen profiliert werden (cf. Kap. 2.1.2.3). Die Aussage in (32) repräsentiert eine zeitlich nicht verankerte Proposition der Sprecherin über sich selbst als Satzgegenstand und ihre Nicht-Zugehörigkeit zur Klasse der *foletes don cil chevalier se deportent*. In der kategorialen Kennzeichnung *foletes don cil chevalier se deportent* ist wiederum *cil chevalier* als weitere generische Bezugnahme integriert, die im Folgetext ebenfalls durch einen Relativsatz modifiziert wird, nämlich *qui desor lor chevax les portent*.

(32) **Generische Referenten**
 « Je ne sui pas de *ces foletes*
 don *cil chevalier* se deportent,
 qui desor lor chevax les portent
 quant il vont an chevalerie. »
 '«Ich bin keine von *diesen/jenen Verrückten*, mit denen *jene Ritter* sich vergnügen, die sie auf ihren Pferden mitnehmen, wenn sie ins Abenteuer ziehen.'
 (*PER*, V. 6464–6467)

Auf der pragmatischen Ebene gruppiere ich die Okkurrenzen schließlich nach zwei funktionalen Aspekten: zum einen erfasse ich die referentielle Verweisdomäne, in der die Referentialisierung verankert ist, zum anderen den epistemischen Status des Referenzobjekts selbst. Aufgrund der strukturellen und epistemischen Unterschiede zwischen den Verweisdomänen sind nicht alle Referenztypen mit allen epistemischen Status kombinierbar, mit Ausnahme der spezifischen Bezugnahmen, wie Tab. 4.10 illustriert.

Da spezifische Bezugnahmen auf Entitäten verweisen, die eine Individualexistenz aufweisen und daher Tokenkonzepte repräsentieren, können sie in allen Verweisdomänen verankert sein (cf. Tab. 4.10). Nicht-spezifische Diskursreferenten treten dagegen nur in der sprachlichen und epistemischen Verweisdomäne auf. Nicht-spezifische Profilierungen sind aus der situativen Verweisdomäne ausgeschlossen, da sie keine Individualkonzepte repräsentieren und daher nicht im kommunikativen Kontext präsent sein können. Generische Bezugnahmen sind im situativen Kontext wiederum in der indirekten Verankerung möglich, wie in Kap. 2.1.1.2 und Kap. 2.1.2.3 gesehen (cf. Tab. 4.10). In der epistemischen Verweisdomäne können nicht-spezifische und generische Profilierungen nur in Erstnennungen entstehen, die nicht auf historische oder religiöse Figuren Bezug nehmen.

Tab. 4.10: Referentielle Verweisdomänen und epistemischer Status.

Referentielle Verweisdomäne		Situativer Kontext		Sprachlicher Kontext				Epistemischer Kontext	
				nominal		propositional		historische & religiöse Figuren	andere Erstnennungen
		direkt	indirekt	direkt	indirekt	direkt	indirekt		
Epistemischer Status	spezifisch	✓	✓	✓	✓	✓	✓	✓	✓
	nicht-spezifisch			✓	✓	✓	✓		✓
	generisch	✓	✓	✓	✓	✓			✓

Die Typologie, die zur Ordnung der Daten in der vorliegenden Untersuchung zum Einsatz kommt, geht in zwei Punkten über die Typologie hinaus, die Guillot-Barbance (2017) zur Analyse der referentiellen Funktionalität von *CIST* und *CIL* anwendet. Im Unterschied zu Guillot-Barbance (2017) nehme ich im Bereich der situativen, nominalanaphorischen und propositionalanaphorischen Verweisdomänen eine zusätzliche Differenzierung zwischen direkten und indirekten Bezugnahmen vor, im Bereich der epistemischen Verweisdomäne wiederum zwischen Bezugnahmen auf historische und religiöse Figuren sowie demonstrative Erstnennungen, wie in Tab. 4.8 und Tab. 4.9 gesehen. Des Weiteren betrachte ich den epistemischen Status der Referenzobjekte als separates Kriterium, das unabhängig von der entsprechenden Verweisdomäne besteht. Guillot-Barbance (2017) erhebt den epistemischen Status dagegen nur bei demonstrativen Erstnennungen zum Unterscheidungsmerkmal. Durch die Berücksichtigung der Veränkerungsstärke der Bezugnahme und des epistemischen Status der Referenzobjekte entsteht eine Typologie, die eine differenziertere Erfassung der Verteilung von *CIST*, *CIL* und *CE* auf pragmatischer Ebene erlaubt.

5 Ergebnisse

Im Anschluss an die Präsentation des Forschungsdesigns in Kap. 4 lege ich in diesem Kapitel die Ergebnisse der empirischen Untersuchung dar. In Abschnitt 5.1 *Quantitative Verteilung* gebe ich zunächst einen Überblick über die Frequenzen von *CIST N*, *CIL N* und *CE N* sowie ihrer Einzelformen in den Texten. In Abschnitt 5.2 *Syntaktische Ebene* zeige ich dann die Distributionspräferenzen von *CIST N*, *CIL N* und *CE N* im Bereich der syntaktischen Funktionen und der Modifikationstypen auf. Abschnitt 5.3 *Semantische Ebene* ist den Verteilungstendenzen von *CIST N*, *CIL N* und *CE N* bei der Gruppierung der Okkurrenzen nach ontologischen Typen gewidmet. Abschnitt 5.4 *Pragmatische Ebene* untersucht die Frequenzen von *CIST N*, *CIL N* und *CE N* in den einzelnen Verweisdomänen sowie die epistemischen Status der Referenzobjekte.

5.1 Quantitative Verteilung

In meinem Untersuchungskorpus, das in Kap. 4.1 präsentiert wurde, konnten insgesamt 4.089 Kennzeichnungen mit der Struktur *DEM N* erhoben werden, wie Tab. 5.1 zeigt. Davon liegen in 1.521 Fällen Formen der proximalen *CIST*-Serie vor, was einem Gesamtanteil von 37,2% entspricht (cf. Tab. 5.1). Die distalen *CIL*-Formen kommen in 1.741 Okkurrenzen und somit in einem Gesamtanteil von 42,58% zum Einsatz (cf. Tab. 5.1). Die Formen der distanzneutralen *CE*-Serie finden sich in insgesamt 827 Okkurrenzen, was einem Anteil von 20,22% entspricht (cf. Tab. 5.1). In meinem Untersuchungskorpus stellt die *CIL*-Serie folglich das häufigste Formenparadigma in adnominaler Funktion dar. Mit weniger als 6 Prozentpunkten Unterschied zum erstplatzierten *CIL*-Paradigma figuriert das *CIST*-Paradigma als zweithäufigste Formenserie in Determiniererfunktion. Der Anteil der Formen der *CE*-Serie erweist sich mit etwa 17 Prozentpunkten Unterschied zum Wert von *CIST N* und mit etwa 22 Prozentpunkten Unterschied zum Wert von *CIL N* als deutlich niedriger (cf. Tab. 5.1). Die Paradigmen *CIST*

Tab. 5.1: Verteilung von *CIST N*, *CIL N* und *CE N*.

Kennzeichnungstyp	*CIST N* proximal	*CE N* neutral	*CIL N* distal
	1521	827	1741
	37,20%	20,22%	42,58%
Σ		4089	
		100%	

Tab. 5.2: Verteilung der Einzelformen von *CIST N*.[95]

	Einfache Formen						Verstärkte Formen				
CIST N proximal	cist	cest, chest, set, cet	cestui, cestuy	ceste, cest', cette, cheste	cesti	cestes	icist	icest	icestui	iceste, yceste, icest'	Σ
	156	573	8	696	2	1	7	42	1	35	
Σ	10,3%	37,7%	0,5%	45,8%	0,1%	0,1%	0,5%	2,8%	0,1%	2,3%	1521
			1436					85			100%
			94,4%					5,6%			

und *CIL* stehen im Untersuchungskorpus in Determiniererfunktion quantitativ folglich in einem annähernd ausgewogenen Verhältnis, während *CE* deutlich seltener zum Einsatz kommt (cf. Tab. 5.1). Der niedrige Wert der *CE*-Formen kann zum einen auf ihre Distanzneutralität zurückgeführt werden, zum anderen auf die paradigmatische Defektivität des *CE*-Paradigmas. So können die *CE*-Formen im Singular nur zur Determination maskuliner und konsonantisch anlautender Nomina eingesetzt werden (cf. Kap. 3.3.1.1).

Der Vergleich mit den Quantifizierungen, die in Tab. 3.18 und Tab. 3.19 in Kap. 3.3.2.1 dargelegt wurden, zeigt, dass die Konstitution des Korpus eine große Rolle bei der frequentativen Verteilung der Paradigmen in adnominaler Position spielt. So überwiegen in Tab. 3.18 die *CE*-Formen in Determiniererfunktion, in Tab. 3.19 hingegen die *CIST*-Formen (cf. Kap. 3.3.2.1). In der vorliegenden Untersuchung findet sich in adnominaler Position dagegen das *CIL*-Paradigma am häufigsten, wie in Tab. 5.1 dargestellt.

Was die Frequenzen auf der Ebene der Einzelformen betrifft, stellt im *CIST*-Paradigma die feminine Singularform *ceste* mit 45,8% und somit beinahe der Hälfte aller Okkurrenzen die am häufigsten gebrauchte Form dar, wie Tab. 5.2 illustriert (cf. auch Tab. 3.18 und Tab. 3.19 in Kap. 3.3.2.1).[96] Am zweithäufigsten liegt die maskuline Singular-Obliquus-Form *cest* mit 37,7% vor (cf. Tab. 5.2). An dritter Stelle, jedoch mit 27,4 Prozentpunkten Abstand zu *cest*, findet sich die maskuline Singular/Plural-Rectus-Form *cist* mit 10,3% (cf. Tab. 5.2). Alle anderen Formen sind weitaus seltener und weisen nur eine Gebrauchsfrequenz zwi-

---

[95] Für die meisten Formen liegen mehrere graphische oder lautliche Varianten vor. Verweise ich in den folgenden Darlegungen auf eine Einzelform, wähle ich jeweils die erstgenannte graphische Variante. Dies gilt auch für die Besprechungen von Tab. 5.3–5.5.
[96] Cf. zur Verteilung der Formen von *CIST N* nach Einzeltexten Tab. 9.1 im Appendix in Kap. 9.

schen 0,1% und 2,8% auf (cf. Tab. 5.2). Auch innerhalb der Gruppe der verstärkten Formen stellen die feminine Singularform *iceste* und die maskuline Singular-Obliquus-Form *icest* die häufigsten Einzelformen dar (cf. Tab. 5.2). Mit 42 Okkurrenzen übertrifft der Wert von *icest* hier allerdings den Wert von *iceste* mit 35 Okkurrenzen (cf. Tab. 5.2). Die einfachen Formen sind mit 94,4% insgesamt weitaus stärker vertreten als die verstärkten Formen, deren Frequenz unter 6% liegt. Wie in Kap. 3.3.2.1 gesehen, entsprechen die mit Abstand häufigsten Formen *ceste* und *cest* genau denjenigen Formen der proximalen Serie, die noch im modernen Französischen als Demonstrativdeterminierer bestehen, so afr. *ceste* als Etymon von fr. *cette* und afr. *cest* als Etymon von fr. *cet*. Alle übrigen Formen werden abgebaut (cf. Kap. 3.3.2.1).

Was die Verteilung nach Einzelformen im distalen Paradigma betrifft, erweisen sich auch hier die feminine Singularform *cele* mit 38,3% und die maskuline Singular-Obliquus-Form *cel* mit 32,5% als häufigste Einzelformen, wie Tab. 5.3 zeigt (cf. auch Tab. 3.18 und Tab. 3.19 in Kap. 3.3.2.1).[97] Auch im *CIL*-Paradigma stellt die maskuline Singular/Plural-Rectus-Form *cil* mit 14,8% die drittstärkste Form dar (cf. Tab. 5.3). Wie in Tab. 5.2 für die *CIST*-Formen gesehen, besteht eine große quantitative Differenz zwischen den Frequenzen der drittstärksten Form *cil* und den erst- und zweitplatzierten Formen *cele* und *cel*. So ist der Wert von *cel* als zweitstärkste Form (32,5%) mehr als doppelt so hoch wie der Wert der drittstärksten Form *cil* (14,8%) (cf. Tab. 5.3). Der Wert der stärksten Form *cele* (38,3%) ist sogar 2,5-mal so hoch wie der Wert von *cil* (14,8%) (cf. Tab. 5.3). Der Abstand zwischen *cele* (38,8%) und der zweitstärksten Form *cel* (32,5%) ist mit weniger als sechs Prozentpunkten Differenz hingegen relativ gering (cf. Tab. 5.3), wie auch in Tab. 5.2 für den Abstand zwischen *ceste* und *cest* gesehen. Ebenso wie im *cist*-Paradigma in Tab. 5.2 beobachtet, weisen im *CIL*-Paradigma die übrigen Formen sehr niedrige Frequenzen auf. So liegen die Werte der restlichen Formen zwischen 0,1% (*icelui*) und 6,0% (*icel*) und somit mit einer Differenz von mindestens 9,1 Prozentpunkten unterhalb des Werts des drittplatzierten *cil* (cf. Tab. 5.3).

Die Frequenzverhältnisse stimmen in der Verteilung der *CIST*- und *CIL*-Paradigmen nach Einzelformen somit vollständig überein. Die feminine Singularform stellt die häufigste Form dar (*ceste* in Tab. 5.2 und *cele* in Tab. 5.3), die maskuline Singular-Obliquusform figuriert an zweiter Position (*cest* in Tab. 5.2 und *cel* in Tab. 5.3), mit größerem Abstand dazu findet sich die maskuline Singular/Plural-Rectusform wiederum jeweils an dritter Position (*cist* in Tab. 5.2 und *cil* in Tab. 5.3). Sogar auf der Ebene der Rohwerte entsprechen sich die

---

[97] Cf. zur Verteilung der Formen von *CIL N* nach Einzeltexten Tab. 9.2 im Appendix in Kap. 9.

Frequenzen von erstplatziertem *ceste* und *cele* und zweitplatziertem *cest* und *cel* weitgehend. So tritt *ceste* insgesamt 696-mal in adnominaler Position auf (cf. Tab. 5.2). *Cele* kommt auf 675 Okkurrenzen in Determiniererfunktion und liegt somit nur geringfügig unterhalb der Frequenz von *ceste* (cf. Tab. 5.3). *Cest* tritt in 573 Fällen auf und weist somit einen Abstand von 123 zu *ceste* auf (cf. Tab. 5.2). *Cel* erreicht eine Frequenz von 566 und liegt daher nur geringfügig unterhalb von *cest* (cf. Tab. 5.3). Auch der Abstand zwischen *ceste* und *cest* auf der einen Seite und *cele* und *cel* auf der anderen Seite ist somit fast gleich groß. So übertrifft *ceste* die Form *cest* um 123 Okkurrenzen (cf. Tab. 5.2). *Cele* weist wiederum 109 Okkurrenzen mehr auf als *cel* (cf. Tab. 5.3).

Deutlich höhere Werte im *CIL*-Paradigma im Vergleich zum *CIST*-Paradigma erreicht jedoch die maskuline Singular/Plural-Rectus-Form *cil* mit 258 Okkurrenzen im Unterschied zu *cist* mit 156 Okkurrenzen (cf. Tab. 5.2 und Tab. 5.3). Die höhere Frequenz der *CIL*-Formen gegenüber der *CIST*-Formen kann folglich zum einen auf die höheren Einzelwerte von *cil* im Vergleich zu *cist* zurückgeführt werden, zum anderen auf die verschieden hohen Frequenzen der durch *i-* verstärkten Formen. So liegen 212 verstärkte Formen aus dem *CIL*-Paradigma vor (cf. Tab. 5.3) gegenüber 85 verstärkten Formen aus dem *CIST*-Paradigma (cf. Tab. 5.2). Die verstärkten Formen weisen mit 12,2% der Gesamtfrequenz der *CIL*-Serie insgesamt einen höheren Anteil auf als im *CIST*-Paradigma in Tab. 5.2 gesehen (cf. Tab. 5.3). Auch im *CIL*-Paradigma stellen im Bereich der verstärkten Formen die feminine Singularform *icele* mit 78 Okkurrenzen und die maskuline Singular-Obliquusform *icel* mit 104 Okkurrenzen die stärksten Formen dar (cf. Tab. 5.3). Wie in der Verteilung der *CIST*-Formen gesehen, ist die maskuline Singular-Obliquusform *icel* frequentativ stärker als die feminine Singularform *icele* (cf. Tab. 5.3). Im Unterschied zu den häufigsten Formen im *CIST*-Paradigma, *ceste* und *cest*, sind die häufigsten Formen aus dem *CIL*-Paradigma im modernen Französischen nicht mehr in Determiniererfunktion erhalten. Auch in Pronominalfunktion ist nur mehr *cele* erhalten, so im neufranzösischen femininen Demonstrativpronomen *celle*, wie in Kap. 3.3.2.1 gesehen.

In der Gesamtverteilung der distanzneutralen *CE*-Serie, wie in Tab. 5.4 illustriert, ist der maskuline Plural-Obliquus-Determinierer *ces* mit 41,4% der Gesamtfrequenz am stärksten vertreten.[98] In zweiter Position figuriert der maskuline Singular-Obliquusdeterminierer *ce* mit 36,6% der Gesamtfrequenz (cf. Tab. 5.4). An dritter Stelle tritt der genusneutrale Plural-Obliquus-Determinierer *cez* mit 88 Okkurrenzen und somit 10,6% der Gesamtverteilung auf. Der Gebrauch des maskulinen Singular-Rectus-Determierers *cis* liegt mit 10,0% der

---

[98] Cf. zur Verteilung der Formen von *CE N* nach Einzeltexten Tab. 9.3 im Appendix in Kap. 9.

Tab. 5.3: Verteilung der Einzelformen von *CIL N*.

CIL N distal	Einfache Formen							Verstärkte Formen						
	cil, cius, cix	*cel, chel*	*celui*	*cels*	*cele, celle, cel', chele*	*celi*	*celes*	*icil*	*icel*	*icelui*	*icels, iceals*	*icele, icelle*	*iceles*	Σ
	258	566	20	1	675	3	5	23	104	2	2	81	1	1741
	14,8%	32,5%	1,5%	0,1%	38,8%	0,2%	0,3%	1,5%	6,0%	0,1%	0,1%	4,6%	0,1%	100%
Σ	1528							213						
	87,8%							12,2%						

Tab. 5.4: Verteilung der Einzelformen von *CE N*.

CE N neutral	Einfache Formen				Verstärkte Formen			Σ
	ce, che	ces, ches	cez	cis, ci, chis, chi	ice	ices	icez	
	303	342	88	83	1	5	5	
	36,6%	41,4%	10,6%	10,0%	0,1%	0,6%	0,6%	827
Σ	816				11			100%
	98,7%				1,3%			

Gesamtfrequenz etwa gleichauf mit *cez* (cf. Tab. 5.4). Wie in der Gesamtverteilung der Paradigmen *CIST* und *CIL* in Tab. 5.2 und Tab. 5.3 gesehen, machen auch in der Gesamtverteilung der distanzneutralen *CE*-Formen die verstärkten Formen mit 11 Okkurrenzen (1,3%) einen sehr geringen Anteil aus (cf. Tab. 5.4). Im Unterschied zu den *CIST*- und *CIL*-Serien, wie in Tab. 5.2 und Tab. 5.3 gesehen, tritt die distanzneutrale Serie häufiger zur Determination pluralischer Entitäten auf. So ergeben die Pluraldeterminierer *ces* (41,4%) und *cez* (10,6%) zusammen einen Anteil von 52,0% der Gesamtfrequenz der distanzneutralen *CE*-Serie (cf. Tab. 5.4). Wie in Kap. 3.3.1.1 gesehen, kann *cez* als graphische Variante von *ces* analysiert werden, ist jedoch paradigmatisch ambivalent zwischen einer distanzneutralen Einordnung und einer Zugehörigkeit zum *CIST*-Paradigma. Da die proximale Markierung bei *cez* nicht eindeutig ist und *cez* in der gleichen Funktionsstelle auftritt wie *ces*, fasse ich die Okkurrenzen von *ces* und *cez* fortan zusammen. Gleiches gilt für die verstärkten Formen *ices* und *icez*.

Abschließend ordne ich alle adnominalen Demonstrativformen nach absteigender Häufigkeit in einem Frequenzindex an, wie Tab. 5.5 illustriert. Da die verstärkten Formen funktional weitgehend äquivalent zu den einfachen Entsprechungen sind, wie in Kap. 3.3.1.1 und Kap. 3.3.1.2 gesehen, fasse ich die Frequenzen der einfachen und verstärkten Formen in Tab. 5.5 zusammen.[99] Da die Einzelformen aus dem *CIL*-Paradigma häufiger in verstärkter Form auftreten als die Einzelformen aus dem *CIST*-Paradigma, ergeben sich Frequenzverschiebungen zugunsten der *CIL*-Formen, wie der Frequenzindex in Tab. 5.5 zeigt. Nach der Verrechnung der einfachen und verstärkten Formen nimmt *cele* mit einem Anteil von 18,49% Rang 1 ein, auf Rang 2 findet sich *ceste* mit einem Anteil von 17,88% und somit weniger als einem Prozentpunkt Differenz zu *cele*

---

[99] Cf. Tab. 9.4 in Kap. 9 für eine getrennte Darstellung der einfachen und verstärkten Formen im Frequenzindex.

Tab. 5.5: Frequenzindex der Einzelformen von *CIST N*, *CIL N* und *CE N*.

Rang	Form	Frequenz	Anteil
1	cele, celle, cel', chele, icele	756	18,49%
2	ceste, cest', cette, cheste, iceste, yceste, icest'	731	17,88%
3	cel, chel, icel	670	16,38%
4	cest, chest, set, icest	615	15,04%
5	ces, ches, cez, ices, icez	440	10,76%
6	ce, che, ice	304	7,43%
7	cil, cius, cix, icil	281	6,87%
8	cist, icist	163	3,99%
9	cis, ci, chis, chi	83	2,03%
10	celui, icelui	22	0,54%
11	cestui, cestuy, icestui	9	0,22%
12	celes, iceles	6	0,15%
13	cels, icels, iceals	3	0,07%
	celi	3	0,07%
14	cesti	2	0,05%
15	cestes	1	0,02%
	∑	4089	100%

(cf. Tab. 5.5). Auf Rang 3 und Rang 4 finden sich *cel* und *cest* (cf. Tab. 5.5). *Cel* macht einen Gesamtanteil von 16,38% der Okkurrenzen aus und liegt damit knapp unter dem zweitplaziertem *ceste* (cf. Tab. 5.5). *Cest* kommt auf einen Anteil von 10,76% (cf. Tab. 5.5). Die distanzneutrale Pluralform *ces* ist auf Rang 5, die distanzneutrale Singularform *ce* auf Rang 6 (cf. Tab. 5.5).

Mit Ausnahme des funktionalen Paares *cist* und *cil* weist das Untersuchungskorpus in den meisten Systemstellen eine ausgewogene Verteilung zwischen proximalen und distalen Formen auf, so im Femininum Singular mit *ceste* und *cele* und im Maskulinum Singular mit *cest* und *cel*. Auch die weniger frequenten Formenpaare entsprechen sich quantitativ in etwa, die *CIL*-Formen sind jedoch immer häufiger, wie die maskulinen Obliquus-2-Formen *celui* (Rang 10 mit 22 Okkurrenzen) und *cestui* (Rang 11 mit neun Okkurrenzen) sowie die femininen Obliquus-2-Formen *celi* (Rang 14, drei Okkurrenzen) und *cesti* (Rang 15, zwei Okkurrenzen) (cf. Tab. 5.5). Im Bereich der niedrig frequenten Formen ist das Verhältnis zwischen den feminen Pluralformen *celes* (Rang 12, sieben Okkurrenzen) und *cestes* (Rang 15, eine Okkurrenz), das sich auf dem letzten Platz im Frequenzindex befindet, im Ungleichgewicht (cf. Tab. 5.5). Die maskuline Plural-Obliquus-Form *cels* aus dem *CIL*-Paradigma hat mit der Eingliederung der funktional äquivalenten *cez*-Form in das distanzneutrale *CE*-Paradigma kein Pendant im *CIST*-Paradigma mehr vorzuweisen. *Cels* fällt in adnominaler Funktion mit nur drei Okkurrenzen in der Gesamtverteilung jedoch kaum ins Gewicht (cf. Tab. 5.5). Aufgrund der quantitativen Entsprechungen in einigen Systemstellen (*ceste* und *cele*, *cest* und *cel*) stellt mein Untersuchungskorpus eine gute Basis für eine kontrastive qualitative Analyse der proximalen und distalen Formen dar. Was die distanzneutralen *CE*-Formen betrifft, kann kein funktionales Gleichgewicht erreicht werden, da *CE* aufgrund des geringeren Formeninventars insgesamt seltener ist als *CIST* und *CIL*. Im Bereich des Singular konkurriert das distanzneutrale *ce* mit den distanzmarkierten Formen *cest* und *cel*, die quantitativ weitaus stärker vertreten sind (cf. Tab. 5.5). Im Bereich der Determination pluralischer Nomina stellt das distanzneutrale *ces* dagegen die häufigste Form dar. So erreicht das genusneutrale *ces* mit 10,76% deutlich höhere Werte als die maskuline Plural-Obliquus-Form *cels* (0,07%), die femininen Plural-Formen *celes* (0,15%) und *cestes* (0,02%) sowie die Rectus-Formen *cil* (6,87%) und *cist* (3,99%), die noch dazu nicht nur zur Determination pluralischer Nomina eintreten (cf. Tab. 5.5).

Die Präferenz für das *CIL*-Paradigma in Determiniererfunktion zeigt sich auch auf der Ebene der Einzeltexte.[100] So stellt *CIL* in insgesamt 15 Texten unterschiedlicher diskurstraditioneller und dialektaler Provenienz das häufigste Formenparadigma in adnominaler Position dar, so in der pikardischen Chanson de geste *BUE* (49,71% *CIL N*) ebenso wie in den anglo-normannischen Miracles *ADG* (66,08% *CIL N*) (cf. Tab. 9.1 in Kap. 9). Den höchsten Wert erreicht *CIL N* in der Hagiographie *THO* aus dem westlichen Raum mit 71,98% (cf. Tab. 9.1 in Kap. 9). Der niedrigste Wert von *CIL N* liegt mit nur 17,93% im pikardischen Roman *GAL* vor (cf. Tab. 9.1 in Kap. 9).

CIST erweist sich in acht Texten als präferiertes Formenparadigma in adnominaler Position (cf. Tab. 9.1 in Kap. 9).[101] Mit Ausnahme der Chanson de geste *ROL* stellen alle Texte, die *CIST* in adnominaler Position präferieren, Romane dar (cf. Tab. 9.1 in Kap. 9). Dazu gehören alle fünf höfischen Romane von Chrétien de Troyes (*CLI, ERE, LAN, PER, YVA*), die den champagnischen Raum ver-

---

[100] Cf. zur Verteilung von *CIST N*, *CIL N* und *CE N* nach Einzeltexten Tab. 9.5 im Appendix in Kap. 9.
[101] In den Texten *ANG, CLI, ERA, ERE, LAN, PER, ROL* und *YVA* stellt *CIST N* den häufigsten demonstrativen Kennzeichnungstyp dar.

5.1 Quantitative Verteilung — 423

treten (cf. Tab. 9.1 in Kap. 9). Der Verdacht liegt folglich nahe, dass die Frequenz von *CIST N*, *CIL N* und *CE N* zum einen textsortenspezifischen, zum anderen diatopischen Einflüssen unterliegt, wie in Kap. 3.3.1.1 beobachtet. Die höchste Frequenz erreicht *CIST* im champagnischen Roman *CLI* mit 63,38% (cf. Tab. 9.1 in Kap. 9). Der niedrigste Wert von *CIST* liegt in der zentralfranzösischen Chanson de geste *BUE* mit 14,4% vor (cf. Tab. 9.1 in Kap. 9).

Das neutrale *CE*-Paradigma tritt in nur einem Text, dem pikardischen Roman *GAL*, mit 44,14% als präferierte Formenserie in Determiniererfunktion auf (cf. Tab. 9.1 in Kap. 9). Angesichts der Tatsache, dass das Manuskript, das der Edition von *GAL* zugrunde liegt, aus dem 15. Jahrhundert stammt (cf. Tab. 4.2 in Kap. 4.1.1), könnte die auffallend hohe Frequenz von *CE N* in *GAL* auch auf die Überlieferungssituation des Textes zurückgeführt werden. So steigen die Werte von *CE N* im Mittelfranzösischen im Kontrast zu *CIST N* und *CIL N*, deren Formeninventare zunehmend reduziert werden (cf. Kap. 3.3.2.1). Den niedrigsten Wert erreicht *CE N* wiederum im normannischen Roman *VER* mit 0 Okkurrenzen (cf. Tab. 9.1 in Kap. 9). In sieben Texten stellt *CE* jedoch das zweithäufigste Formenparadigma dar, so in *AIO*, *ANG*, *BER*, *BUE*, *GOL*, *ROL* und *YVA* (cf. Tab. 9.1 in Kap. 9). Als zweithäufigstes Formenparadigma findet sich *CE* sowohl an der Seite von *CIL* als häufigster Serie, so in *AIO*, *BER*, *BUE* und *GOL*, als auch an der Seite von *CIST* als häufigstem Paradigma, so in *ANG*, *ROL* und *YVA* (cf. Tab. 9.1 in Kap. 9). Auffällig ist, dass im ersten Fall Texte aus dem pikardischen (*AIO*, *GOL*) und zentralfranzösischen Raum (*BER*, *BUE*) vorliegen, im zweiten Fall hingegen der pikardische (*ANG*), der normannische (*ROL*) und der champagnische Raum (*YVA*) vertreten sind (cf. Tab. 9.1 in Kap. 9). Auch die Verteilung von *CE N* lässt auf eine Korrelation der Frequenzen der demonstrativen Kennzeichnungstypen mit dem Parameter der Skriptae schließen.

Der Verdacht der diatopischen Streuung der Verteilung von *CIST N*, *CIL N* und *CE N* erhärtet sich, wenn die Anteile von *CIST N*, *CE N* und *CIL N* entsprechend dem diatopischen Parameter geordnet werden, wie in Tab. 5.6 dargestellt.[102] Tab. 5.6 zeigt sowohl die Anteile von *CIST N*, *CIL N* und *CE N* in den einzelnen Skriptae (jeweils in der ersten Zeile der Einheit) als auch den Anteil, den die Okkurrenzen bestimmter Skriptae am Gesamtwert der untersuchten Kennzeichnungen stellen (jeweils in der zweiten Zeile der Einheit). Die erhobenen Daten kommen zum größten Teil aus Texten pikardischer Skriptae, die mit 25,0% ein glattes Viertel der Okkurrenzen ausmachen (cf. Tab. 5.6). Annähernd genauso stark vertreten wie der pikardische Raum ist der champagnische Raum

---

[102] Cf. Tab. 9.6–9.7 in Kap. 9. für eine erweiterte Darstellung der Werte von Tab. 5.6. Neben den Mittelwerten von *CIST N*, *CIL N* und *CE N* in den Dialektgruppen zeigt Tab. 9.6–9.7 auch die Frequenzen in den Einzeltexten.

Tab. 5.6: Verteilung von *CIST N*, *CIL N* und *CE N* nach Skriptae.

Skriptae	*CIST N* proximal	*CE N* neutral	*CIL N* distal	∑
Anglo-Normannisch	312	56	512	**880**
ADG, BRA, GUI, MAR, ORA	35,5%	6,4%	58,2%	100%
Anteil ∑	20,5%	6,8%	29,4%	**21,5%**
Normannisch	149	71	145	**365**
ENE, ROL, VER	40,8%	19,5%	39,7%	100%
Anteil ∑	9,8%	8,6%	8,3%	**8,9%**
Westlich	47	18	167	**232**
THO	20,3%	7,8%	72,0%	100%
Anteil ∑	3,1%	2,2%	9,6%	**5,7%**
Orléanais	77	49	106	**232**
MIR	33,2%	21,1%	45,7%	100%
Anteil ∑	5,1%	5,9%	6,1%	**5,7%**
Zentralfranzösisch	91	123	181	**395**
BER, BUE, NIM	23,0%	31,1%	45,8%	100%
Anteil ∑	6,0%	14,9%	10,4%	**9,7%**
Champagnisch	495	194	232	**921**
CLI, ERE, LAN, PER, YVA	53,7%	21,1%	25,2%	100%
Anteil ∑	32,5%	23,5%	13,3%	**22,5%**
Pikardisch	335	310	378	**1023**
AIO, ANG, ERA, GAL, GOL	32,7%	30,3%	37,0%	100%
Anteil ∑	22,0%	37,5%	21,7%	**25,0%**
Keine Zuordnung	15	6	20	**41**
PAL	36,6%	14,6%	48,8%	100%
Anteil ∑	1,0%	0,7%	1,1%	**1,0%**
∑	**1521**	**827**	**1741**	**4089**
	100%	100%	100%	100%

mit 22,5% sowie der anglo-normannische mit 21,5% (cf. Tab. 5.6). Im Untersuchungskorpus ist somit kein regionales Schreibsystem überrepräsentiert. Vielmehr weisen die großen altfranzösischen Literatursprachen Anglo-Normannisch, Champagnisch und Pikardisch (cf. Kap. 4.1.1) ein relativ ausgewogenes Verhältnis in der Gesamtverteilung der Okkurrenzen auf. Die übrigen 31% der erhobenen Daten entfallen zum größeren Teil auf das Zentralfranzösische (9,7%) und das Normannische (8,9%), die jeweils fast ein Zehntel der Okkurrenzen stellen (cf. Tab. 5.6). Die Dialektgruppen Orléanais und Westlich, die nur durch einen Text vertreten sind, kommen jeweils auf knapp 6% der Gesamtverteilung (cf. Tab. 5.6).

Das Fabliau *PAL*, das einer diatopischen Zuordnung entbehrt, macht nur 1% der Okkurrenzen aus (Tab. 5.6).

Was die quantitative Verteilung der Demonstrativparadigmen in adnominaler Position betrifft, zeigen die Skriptae teils erhebliche Unterschiede, wie Tab. 5.6 zeigt. In allen Dialekten mit Ausnahme des normannischen und pikardischen tritt *CIL N* als häufigster demonstrativer Kennzeichnungstyp auf. Die Gruppen unterscheiden sich jedoch hinsichtlich der Deutlichkeit, mit der sich *CIL N* als häufigste Konstruktion manifestiert. In den anglo-normannischen und westlichen Texten liegt das stärkste Ungleichgewicht in der Verteilung der demonstrativen Kennzeichnungstypen vor. Im westlichen Raum, der nur von der Hagiographie *THO* vertreten wird, kommt *CIL N* auf knapp 72% (cf. Tab. 5.6). *CIST N* liegt dagegen nur bei 20,3% und erreicht somit nicht einmal ein Drittel des Wertes von *CIL N* (cf. Tab. 5.6). Auch die anglo-normannischen Texte zeigen mit 58,2% eine starke Präferenz für *CIL* in adnominaler Position (cf. Tab. 5.6). *CIST N* kommt im Anglo-Normannischen nur auf einen Wert von 35,5% und steht daher mit mehr als 20 Prozentpunkten Differenz in einem großen quantitativen Abstand zu *CIL N* (cf. Tab. 5.6). Die hohen Frequenzen von *CIL N* in anglo-normannischen und westlichen Skriptae korrelieren mit niedrigen Werten für *CE N*. So ist *CE N* sowohl im anglo-normannischen Raum mit 6,4% als auch im westlichen Raum mit 7,7% am seltensten zu finden (cf. Tab. 5.6). Der niedrige Anteil der *CE*-Formen als innovative Formen ist darauf zurückzuführen, dass das Anglo-Normannische als Inselvarietät zum einen von kontinentalfranzösischen Neuentwicklungen weitgehend isoliert ist, zum anderen als Minderheitensprache und Sprache der herrschenden Elite in England in seinen Strukturen grundsätzlich eher konservativ ist.

Im Zentralfranzösischen, im Pikardischen und im Orléanais, das ebenfalls nur durch einen Text vertreten wird, zeichnet sich die Überlegenheit von *CIL N* mit weitaus geringerer Deutlichkeit ab (cf. Tab. 5.6). Im Zentralfranzösischen und im Orléanais überwiegt *CIL N* mit etwa 45% deutlich und macht so fast die Hälfte der Okkurrenzen aus (cf. Tab. 5.6). Im Orléanais kommt *CIST N* auf ein Drittel der Okkurrenzen (cf. Tab. 5.6). Im Zentralfranzösischen figuriert wiederum *CE N* an zweiter Position, das mit 31,1% ein knappes Drittel der demonstrativen Kennzeichnungen ausmacht (cf. Tab. 5.6). *CIST N* tritt in den zentralfranzösischen Texten dagegen mit 23% insgesamt am seltensten auf (cf. Tab. 5.6). In den normannischen Texten liegen die Frequenzen von *CIST N* mit (40,8%) und *CIL N* mit (39,7%) dagegen in etwa gleichauf (cf. Tab. 5.6). Gleichzeitig kommt *CE N* mit knapp 20% häufiger zum Einsatz als in den anglo-normannischen Texten (cf. Tab. 5.6). Die pikardischen Skriptae weisen als einzige eine relativ ausgewogene Verteilung zwischen *CIST N*, *CIL N* und *CE N* auf (cf. Tab. 5.6). *CIL N* ist mit 37% Gesamtanteil zwar das häufigste Formenparadigma, übertrifft *CIST N* mit 32,7% und *CE N* mit 30,3% jedoch nicht maßgeblich (cf. Tab. 5.6).

Während *CIL N* in den anglo-normannischen und westlichen Skriptae die höchsten Anteile aufweist, erreicht das innovative Paradigma *CE N* im pikardischen und zentralfranzösischen Raum mit einem Anteil von fast einem Drittel der Okkurrenzen mit Abstand die höchsten Werte (cf. Tab. 5.6). Die hohen Frequenzen von *CIL N* konzentrieren sich somit auf die westliche Peripherie des Sprachraums der *langue d'oïl*, wohingegen *CE N* insbesondere im Zentrum verstärkt auftritt. Auch der Frequenzpik von *CIST N* ist lokal gebündelt. So wird *CIST* nur in den champagnischen Skriptae in adnominaler Position bevorzugt (cf. Tab. 5.6). Mit einem Anteil von 53,7% tritt *CIST N* in den champagnischen Texten mehr als doppelt so häufig auf wie *CIL N* (25,2%) und *CE N* (21,1%) (cf. Tab. 5.6). In keinem anderen Skriptaraum kommt *CIST N* auf ähnlich hohe Werte (cf. Tab. 5.6).

Die Vergleichbarkeit der einzelnen Skriptae, die zumindest bei den großen altfranzösischen Literatursprachen durch die ausgewogenen quantitativen Anteile gegeben ist, wird durch die Unterschiede in der textfunktionalen Gliederung eingeschränkt.[103] Während für das Anglo-Normannische sowohl religiöse (die Miracles-Sammlung *ADG*, die Hagiographie *BRA*) als auch literarische Texte (die Lais-Sammlung *MAR*, die Chansons de geste *GUI* und *ORA*) vorliegen, stehen aus dem pikardischen und champagnischen Raum ausschließlich literarische Texte zur Verfügung (cf. Tab. 4.1 in Kap. 4.1.1). Das Pikardische wird durch die Chanson de geste *AIO* und die Romane *ANG*, *ERA*, *GAL* und *GOL* vertreten, das Champagnische wird wiederum nur durch Romane repräsentiert (*CLI*, *ERE*, *LAN*, *PER*, *YVA*), die zudem demselben Autor, Chrétien de Troyes, zugeschrieben werden.

Angesichts der Tatsache, dass die Skriptae auf der Ebene der Texttypen nicht gleich aufgestellt sind, drängt sich der Verdacht auf, dass neben dem diatopischen auch der diskursfunktionale Parameter eine Rolle bei der quantitativen Verteilung der demonstrativen Kennzeichnungstypen spielt, wie bereits in Kap. 3.3.1.3 und Kap. 3.3.2.1 vermutet. In der Tat lässt auch die Gruppierung der Frequenzen nach Texttypen, wie Tab. 5.7[104] darstellt, Korrelationen zwischen den Quantitäten von *CIST N*, *CIL N* und *CE N* und der Textfunktion vermuten. Tab. 5.7 zeigt sowohl die Anteile von *CIST N*, *CIL N* und *CE N* in den einzelnen Texttypen (jeweils in der ersten Zeile der Einheit) als auch den Anteil, den die

---

103 Die diskursfunktionale Unausgewogenheit des Untersuchungskorpus ist der Datenlage des Altfranzösischen geschuldet. So sind nicht für alle Literatursprachen Texte aller untersuchten Texttypen verfügbar (cf. auch Kap. 4.1.1).
104 Cf. Tab. 9.8–9.9 in Kap. 9. für eine erweiterte Darstellung der Werte von Tab. 5.7. Neben den Mittelwerten von *CIST N*, *CIL N* und *CE N* in den Texttypen zeigt Tab. 9.8–9.9 auch die Frequenzen in den Einzeltexten.

Tab. 5.7: Verteilung von *CIST N*, *CIL N* und *CE N* nach Texttypen.

Texttyp	CIST N proximal	CE N neutral	CIL N distal	∑
Roman	790	381	537	**1708**
ANG, CLI, ENE, ERA, ERE, GAL, GOL, LAN, PER, VER, YVA	46,3%	22,3%	31,4%	100%
Anteil ∑	51,9%	46,1%	30,8%	**41,8%**
Kleine Erzählformen	74	9	96	**179**
MAR, PAL	41,3%	5,0%	53,6%	100%
Anteil ∑	4,9%	1,1%	5,5%	**4,4%**
Chanson de geste	365	355	508	**1228**
AIO, BER, BUE, GUI, NIM, ORA, ROL	29,7%	28,9%	41,4%	100%
Anteil ∑	24,0%	42,9%	29,2%	**30,0%**
Hagiographie	68	26	194	**288**
BRA, THO	23,6%	9,0%	67,4%	100%
Anteil ∑	4,5%	3,1%	11,1%	**7,0%**
Miracles	224	56	406	**686**
ADG, MIR	32,7%	8,2%	59,2%	100%
Anteil ∑	14,7%	6,8%	23,3%	**16,8%**
∑	1521	827	1741	**4089**
	100%	100%	100%	100%

Okkurrenzen am Gesamtwert der untersuchten Kennzeichnungen stellen (jeweils in der zweiten Zeile der Einheit). Mit knapp 42% stellen Romane innerhalb des Untersuchungskorpus den stärksten Texttyp dar (cf. Tab. 5.7). Der zweithöchste Anteil der erhobenen Daten stammt mit 30% aus den Chansons de geste (cf. Tab. 5.7). Dem literarischen Bereich gehören weiterhin die kleineren Erzählformen an, die mit nur 4,4% einen sehr geringen Anteil in der Gesamtverteilung ausmachen (cf. Tab. 5.7). Der religiöse Bereich ist insgesamt schwächer vertreten als der literarische. So entfallen nur knapp 17% der Okkurrenzen auf die Miracles, die Viten sind sogar nur mit 7% vertreten (cf. Tab. 5.7).

Die Texttypen zeigen teils erhebliche Unterschiede in der quantitativen Verteilung von *CIST N*, *CIL N* und *CE N*, wie Tab. 5.7 zeigt. Ebenso wie bei den Skriptae gesehen, tritt *CIL N* in allen Texttypen mit Ausnahme der Romane als häufigster demonstrativer Kennzeichnungstyp auf, hebt sich aber in unterschiedlichem Maße als präferierte Konstruktion von den Konkurrenzformen ab. Am deutlichsten führt *CIL N* in den religiösen Texten, in denen es weit mehr als die Hälfte der demonstrativen Kennzeichnungen stellt (cf. Tab. 5.7). In den Viten kommt *CIL N* auf einen Wert von 67,4%, in den Miracles auf 59,2% (cf.

Tab. 5.7). Der Anteil von *CIST N* macht in den Viten im Vergleich dazu etwas weniger als ein Viertel der Okkurrenzen aus (23,6%), in den Miracles ist er mit 32,7% etwas höher (cf. Tab. 5.7). In beiden religiösen Texttypen liegt der Wert von *CE N* dagegen unter 10% (cf. Tab. 5.7). In den kleineren Erzählformen, Lais und Fabliaux, tritt *CIL N* (53,6%) ebenso in etwas mehr als der Hälfte der Okkurrenzen auf, aber auch der Anteil von *CIST N* (41,3%) kommt auf über 40% (cf. Tab. 5.7). *CE N* ist in den kleineren Erzählformen mit 5,0% sogar noch seltener (cf. Tab. 5.7). Die niedrigen Werte von *CE N* in den religiösen Texten und den kleineren Erzählformen korrelieren wiederum mit dem dialektalen Parameter. So können sie darauf zurückgeführt werden, dass in diesen Gruppen ausschließlich anglo-normannische Texte vertreten sind oder quantitativ stärker ins Gewicht fallen (cf. Tab. 9.1 in Kap. 9) und *CE N* im Anglo-Normannischen kaum präsent ist, wie in Tab. 5.6 gesehen.

Die größte Ausgewogenheit der Kennzeichnungstypen liegt in den Chansons de geste vor. Auch hier überwiegt zwar *CIL N* (41,4%), stellt aber nicht die Hälfte der Okkurrenzen dar (cf. Tab. 5.7). *CIST N* (29,7%) und *CE N* (28,9%) sind in den Chansons de geste mit jeweils knapp 30% dagegen frequentativ annähernd gleichwertig und somit als demonstrative Kennzeichnungstypen sehr präsent (cf. Tab. 5.7). Im Unterschied dazu ist in den Romanen *CIST* (46,3%) mit beinahe der Hälfte der Okkurrenzen und somit etwa 15 Prozentpunkten Differenz zu *CIL* (31,4%) die beliebteste Formenserie in adnominaler Position (cf. Tab. 5.7). *CE N* tritt in den Romanen ebenso mit über einem Fünftel der Okkurrenzen (22,3%) als gebräuchlicher demonstrativer Kennzeichnungstyp auf (cf. Tab. 5.7).

Den höchsten Wert erreicht *CIST N* folglich in den Romanen, was dazu führt, dass mehr als die Hälfte der erhobenen *CIST*-Formen aus diesem Texttyp stammen (cf. Tab. 5.7). Auch in den kleineren Erzählformen kommt *CIST N* auf über 40% der Okkurrenzen (cf. Tab. 5.7). Aufgrund des niedrigen Anteils dieses Texttyps an der Gesamtverteilung fallen die hohen Werte für *CIST N* in dieser Gruppe jedoch weniger stark ins Gewicht. Als diskursiver Ort von *CIST N* zeichnen sich in Tab. 5.7 folglich die Romane ab, die im Untersuchungskorpus verschiedene Dialekträume repräsentieren. Deutlich weniger präferiert ist der Gebrauch von *CIST N* dagegen in den Viten und den Miracles. Die religiösen Texte zeigen wiederum die stärkste Präferenz für *CIL N* auf. Das innovative *CE*-Paradigma erreicht in der Chanson de geste (28,9%) und im Roman (22,3%) seine höchsten Werte (cf. Tab. 5.7). In den kleineren Erzählformen und den religiösen Texten fallen die Werte für *CE N* dagegen deutlich niedriger aus (cf. Tab. 5.7). Aus diesem Grund stammen knapp 90% aller *CE*-Okkurrenzen des Untersuchungskorpus aus den Texttypen Roman (46,1%) und Chanson de geste (42,9%) (cf. Tab. 5.7).

Angesichts der Tatsache, dass vermutlich alle Texttypen des Untersuchungskorpus für die mündliche Darbietung bestimmt waren, wie in Kap. 4.1.1 gesehen, deuten die quantitativen Unterschiede, die sich im Texttypenvergleich aufzeigen, darauf hin, dass weniger die intendierte Performanzsituation als vielmehr die Textfunktion die Verteilung der demonstrativen Kennzeichnungstypen bedingt. So lassen die Frequenzunterschiede zwischen *CIST N*, *CIL N* und *CE N* vermuten, dass sich die einzelnen Kennzeichnungstypen in ihrer welt- und strukturbildenden Funktion unterscheiden und somit je verschiedene Textfunktionen unterstützen können. Insbesondere die hohen Frequenzen scheinen mit der spezifischen Funktion dieser Texttypen zusammenzuhängen, die Gemeinsamkeit der christlichen Werte und des religiösen Wissens, das in den Texten verhandelt wird, herauszustellen und auf diese Weise die Empfänglichkeit für die erzieherischen Inhalte der Texte zu fördern (cf. Kap. 4.1.1). Gegen die Korrelation zwischen der Funktion der religiösen Texte und der Funktionalität von *CIL N* spricht wiederum die Tatsache, dass auch die Chanson de geste eine erzieherische ideologiestützende Funktion erfüllt, *CIL N* jedoch nicht im selben Maße präferiert wie Viten und Miracles. Wie in Kap. 4.1.1 gesehen, unterscheiden sich die Texttypen jedoch im Hinblick auf die Strategie, mit der sie die Solidarität der Rezipienten zu gewinnen suchen. Im Gegensatz zu den religiösen Texten werden die erzählten Ereignisse in den Chansons de geste kaum durch den Erzähler vermittelt, sondern vor allem durch die Figuren selbst geschildert. Die Chanson de geste setzt somit vielmehr darauf, die Solidarität des Erzählers und Rezipienten durch die gemeinsame Rolle als Beobachter zu erlangen als durch das Appellieren an bekanntes Wissen, wie in den religiösen Texten. Aus diesem Grund kann der hohe Wert von *CIL N* in den Viten und Miracles doch als Indiz dafür gewertet werden, dass die referentielle Funktionalität von *CIL N* das Kommunikationsziel dieser Texttypen unterstützt.

Die Frequenzunterschiede der demonstrativen Kennzeichnungstypen können nicht zuletzt auch mit den Sprechebenen in Zusammenhang gebracht werden. Wie in Kap. 4.1.1 gesehen, dominiert in den Heldenliedern die direkte Figurenrede, während in den Viten der Erzählerkommentar den höheren Anteil hat. Auch in den Versromanen nimmt die Figurenrede den größeren Teil ein, allerdings ist diese im Unterschied zur Chanson de geste weitaus häufiger als indirekte Redewiedergabe in den Erzählerkommentar integriert. Angesichts der Tatsache, dass den Sprechebenen der einzelnen Texttypen verschiedene Nähesprachlichkeitsgrade zugeordnet werden können, wie in Tab. 4.3 in Kap. 4.1.1 gezeigt, und die Erzählebenen die Verteilung von *CIST N* und *CIL N* beeinflussen, wie in Kap. 3.3.1.2 gesehen, liegt der Verdacht nahe, dass sich die Frequenzen der demonstrativen Kennzeichnungstypen nicht nur entsprechend dem

Tab. 5.8: Verteilung von *CIST N*, *CIL N* und *CE N* nach Sprechebenen.

Sprechebene	*CIST N* proximal	*CE N* neutral	*CIL N* distal	∑
Figurenrede	1119	457	568	2144
	73,6%	55,3%	32,6%	52,4%
Erzählerrede	402	370	1173	1945
	26,4%	44,7%	67,4%	47,6%
∑	1521	827	1741	4089
	100%	100%	100%	100%
Figurenrede	1119	457	568	2144
	52,2%	21,3%	26,5%	100%
Erzählerrede	402	370	1173	1945
	20,7%	19,0%	60,3%	100%
∑	1521	827	1741	4089

Texttyp, sondern auch entsprechend dem diskursiven Ort unterscheiden. Aus diesem Grund habe ich die Anteile von *CIST N*, *CIL N* und *CE N* in Tab 5.8. nach der Sprechebene geordnet, in der sie verortet sind. Der Sprechebene Figurenrede werden alle Okkurrenzen zugeordnet, die innerhalb direkter Redebeiträge auftreten. Dazu zählen auch demonstrative Kennzeichnungen, die in indirekten oder direkten Redezitaten auftauchen, die selbst wiederum in direkte Figurenzitate eingebettet sind. Zur Erzählerrede werden alle Okkurrenzen von *CIST N*, *CIL N* und *CE N* gerechnet, die im Erzählerkommentar zum Einsatz kommen. Da indirekte Redebeiträge strukturell in die Erzählerrede integriert sind, ordne ich auch demonstrative Kennzeichnungen, die in indirekt zitierter Figurenreden innerhalb des Erzählerkommentars auftreten, dieser Sprechebene zu.

Die Daten in Tab. 5.8 weisen *CIST N* (73,6%) mit fast drei Vierteln aller Okkurrenzen eindeutig als demonstrativen Kennzeichnungstyp der Figurenrede aus, *CIL N* (67,4%) mit knapp zwei Dritteln komplementär dazu als demonstrativen Kennzeichnungstyp der Erzählerrede. Die Tendenzen von *CIST N* und *CIL N*, die sich in Tab. 5.8 abzeichnen, stimmen folglich mit den Ergebnissen von Guiraud (1967) für die Verteilung von *CIST* und *CIL* in der *Chanson de Roland* überein (cf. Kap. 3.3.1.2). Im Unterschied zu den Daten von Guiraud (1967), der einen deutlicheren Vorrang von *CIL* konstatierte, unterscheiden sich *CIST N* und *CIL N* in meinem Untersuchungskorpus kaum in der Stärke ihrer Neigung für eine bestimmte Sprechebene. So ist *CIST N* in etwas mehr als sieben von zehn Fällen in der Figurenrede zu finden, während *CIL N* in etwas weniger als sieben von zehn Fällen in der Erzählerrede auftritt (cf. Tab. 5.8). Im Gegensatz zu *CIST N* und *CIL N* zeigt *CE N* keine Präferenz für eine bestimmte Sprechebene auf, sondern kommt in beinahe gleichen Teilen in der Figurenrede (55,3%) und in der Erzählerrede (44,7%) zum Einsatz, wenn auch der Anteil in der Figurenrede dominiert. So findet sich *CE N* in beinahe 6 von 10 Fällen in der Figurenrede, dagegen in 4 von 10 Fällen in der Erzählerrede (cf. Tab. 5.8). Die weitgehende Präferenzlosigkeit von *CE N* kann zum einen als Resultat seiner etymologischen Doppelfiliation aus *CIST N* und *CIL N* betrachtet werden, zum anderen als Indiz für seine semantisch-pragmatische Neutralität gewertet werden.

Auch wenn *CIST N* und *CIL N* aus der Perspektive der Gesamtanzahl der einzelnen Kennzeichnungstypen eindeutige Tendenzen im Bereich der Sprechebenen aufzeigen, ergeben sich weniger starke Präferenzen, wenn man die Anteile aus der Perspektive der Gesamtokkurrenzen in der Figuren- und Erzählerrede betrachtet. Wie die Daten in Tab. 5.8 zeigen, ist *CIST N* den Konkurrenzkonstruktionen in der Figurenrede zwar quantitativ überlegen, kommt aber insgesamt mit 52,2% nur auf etwas mehr als die Hälfte der Okkurrenzen (cf. Tab. 5.8). *CIL N* ist in der Figurenrede mit einem Anteil von rund einem Viertel (26,5%) keineswegs selten, ebensowenig wie *CE N*, das mit 21,2% einen Anteil von in etwa einem Fünftel ausmacht. Die Erzählerrede dominiert *CIL N* dagegen mit rund 60% und somit einem größeren Anteil als *CIST N* die Figurenrede. Doch auch *CIST N* (20,7%) und *CIL N* (19,0%) stellen mit einem Wert von jeweils einem Fünftel der Okkurrenzen keine seltenen Konstruktionstypen dar.

Vor dem Hintergrund der Tatsache, dass die unterschiedlichen Texttypen direkte Figurenrede und Erzählerrede in unterschiedlichem Maße präferieren, drängt sich der Verdacht auf, dass sich die Frequenzen der demonstrativen Kennzeichnungstypen in den einzelnen Sprechebenen auch nach dem Texttyp unterscheiden. Aus diesem Grund habe ich die Werte von *CIST N*, *CIL N* und *CE N* in Tab. 5.9 sowohl nach der Sprechebene als auch nach dem Texttyp geordnet.[105] In den Texttypen mit hohen Anteilen an direkter Figurenrede, wie der Chanson de geste und dem Roman, treten demonstrative Kennzeichnungen in weit mehr als der Hälfte der Okkurrenzen in der Figurenrede auf (cf. Tab. 5.9). Im Roman kommt der Anteil der Okkurrenzen in der Figurenrede auf glatte 60%, in der Chanson de geste sind es sogar rund zwei Drittel (67,6%) (cf. Tab. 5.9). Was die Verteilung von *CIST N*, *CIL N* und *CE N* im Roman betrifft, stimmen die Ergebnisse in Tab. 5.9 beinahe mit der Gesamtverteilung in Tab. 5.8 überein. *CIST N* zeigt im Roman mit rund 77% eine noch deutlichere Präferenz für die Figurenrede (cf. Tab. 5.9). In der Chanson de geste und in den kleineren Erzählformen tritt *CIST N* mit rund 90% der Fälle noch häufiger, sogar beinahe

---

[105] Cf. Tab. 9.10–9.11 in Kap. 9 für die Verteilung von *CIST N*, *CIL N* und *CE N* nach Texttyp, Sprechebene und Einzeltext.

Tab. 5.9: Verteilung von *CIST N*, *CIL N* und *CE N* nach Texttyp und Sprechebene.

Texttyp	*CIST N* proximal	*CE N* neutral	*CIL N* distal	∑
Roman	790	381	537	1708
ANG, CLI, ENE, ERA, ERE, GAL, GOL, LAN, PER, VER, YVA	100%	100%	100%	100%
Anteil Figurenrede	610	202	212	1024
	77,2%	53,0%	39,5%	60,0%
Anteil Erzählerrede	180	179	325	684
	22,8%	47%	60,5%	40,0%
Kleine Erzählformen	74	9	96	179
MAR, PAL	100%	100%	100%	100%
Anteil Figurenrede	67	4	17	88
	90,5%	44,4%	17,7%	49,2%
Anteil Erzählerrede	7	5	79	91
	9,5%	55,6%	82,3%	50,8%
Chanson de geste	365	355	508	1228
AIO, BER, BUE, GUI, NIM, ORA, ROL	100%	100%	100%	100%
Anteil Figurenrede	324	238	268	830
	88,8%	67,0%	52,8%	67,6%
Anteil Erzählerrede	41	117	240	398
	11,2%	33,0%	47,2%	32,4%
Viten	68	26	194	288
BRA, THO	100%	100%	100%	100%
Anteil Figurenrede	41	7	30	78
	60,3%	26,9%	15,5%	27,1%
Anteil Erzählerrede	27	19	164	210
	39,7%	73,1%	84,5%	72,9%
Miracles	224	56	406	686
ADG, MIR	100%	100%	100%	100%
Anteil Figurenrede	77	6	41	124
	34,4%	10,7%	10,1%	18,1%
Anteil Erzählerrede	147	50	365	562
	65,6%	89,3%	89,9%	81,9%
∑	1521	827	1741	4089

ausschließlich, in der Figurenrede auf (cf. Tab. 5.9). *CIL N* tritt im Roman (60,5%) und in den kleineren Erzählformen (82,3%) dagegen überwiegend in der Erzählerrede auf, wobei es im Roman auch mit knapp 40% in der Figurenrede vertreten ist (cf. Tab. 5.9). Die Verteilung von *CE N* ist im Roman und in den kleinen Erzählformen wiederum weitgehend ausgeglichen und entspricht somit den Tendenzen der Gesamtverteilung, wie in Tab. 5.8 gesehen. In der Chanson de geste tritt *CIL N* dagegen in etwas mehr als der Hälfte der Okkurrenzen (52,8%) in der Figurenrede auf (cf. Tab. 5.9). *CE N* erreicht in der Figurenrede sogar 67% (cf. Tab. 5.9). Dass in der Chanson de geste alle demonstrativen Kennzeichnungstypen zum größeren Teil in die Figurenrede integriert sind, kann darauf zurückgeführt werden, dass der Anteil der Figurenrede in diesem Texttyp dominiert, was sich auch an dem hohen Wert der demonstrativen Kennzeichnungstypen in der Figurenrede in den Heldenliedern insgesamt ablesen lässt (cf. Tab. 5.9). Ebenso erklären sich die deutlich höheren Anteile von *CIST N* und *CE N* im Erzählerkommentar der religiösen Texte dadurch, dass in diesen Texttypen insbesondere der Erzähler zu Wort kommt (cf. Tab. 5.9). Die Präferenz der religiösen Texte für den Erzählerkommentar zeigt sich bereits an dem deutlich höheren Anteil von demonstrativen Kennzeichnungen in der Erzählerrede (cf. Tab. 5.9). So entfallen in der Hagiographie fast drei Viertel aller Okkurrenzen auf den Erzählerkommentar, in den Miracles gar mehr als 80% (cf. Tab. 5.9). Während *CIST N* in der Hagiographie entsprechend seiner Tendenz noch mit 60% in weit mehr als der Hälfte der Okkurrenzen in die Figurenrede integriert ist, kommt es in den Miracles in beinahe zwei Dritteln aller Fälle in der Erzählerrede zum Einsatz (65,6%) (cf. Tab. 5.9). Auch *CE N* tritt in den religiösen Texten in deutlich höheren Anteilen und der großen Mehrheit der Okkurrenzen in der Erzählerrede auf, so kommt es in der Hagiographie auf 73,1%, in den Miracles sogar auf rund 90% (cf. Tab. 5.9). *CIL N*, das die Erzählerrede ohnehin präferiert, erreicht in den religiösen Texten ebenso seine höchsten Werte, 84,5% in der Hagiographie, knapp 90% in den Miracles (cf. Tab. 5.9).

Die Tendenzen von *CIST N* für die Figurenrede und *CIL N* für die Erzählerrede manifestieren sich am deutlichsten in den Texttypen, die die jeweilige Sprechebene ohnehin präferieren. So erreicht *CIST N* im Roman, der Chanson de geste und den kleinen Erzählformen seine höchsten Werte in der Figurenrede (cf. Tab. 5.9). *CIL N* weist dagegen in der Hagiographie, den Miracles und auch den kleinen Erzählformen die höchsten Anteile in der Erzählerrede auf (cf. Tab. 5.9). Auch in den Texttypen, die die konträre Sprechebene in größeren Anteilen repräsentieren, zeichnen sich die Trends von *CIST N* und *CIL N* teilweise ab. So dominiert *CIST N* in der Hagiographie in der Figurenrede, in den Miracles kommt es jedoch in mehr als der Hälfte der Okkurrenzen in der Erzählerrede zum Einsatz (cf. Tab. 5.9). Ebenso dominiert *CIL N* in den Romanen in der Erzählerrede, findet sich in der Chanson de geste aber mehrheitlich in der Figurenrede (cf. Tab. 5.9). Die kleineren Erzählformen weisen demonstrative Kennzeichnungen in etwa gleichen Teilen in der Figuren- und der Erzählerrede auf (cf. Tab. 5.9). Aus diesem Grund zeigen *CIST N* und *CIL N* in diesem Texttyp die

Tab. 5.10: Verteilung von *CIST N*, *CIL N* und *CE N* nach Zeiträumen.

Zeitraum	*CIST N* proximal	*CE N* neutral	*CIL N* distal	∑
12¹	153	91	117	361
ANG, BRA, PAL, ROL	42,4%	25,2%	32,4%	100%
Anteil ∑	10,1%	11,0%	6,7%	8,8%
12²	1049	373	1174	2601
ADG, CLI, ENE, ERA, ERE, GOL, GUI, LAN, MAR, NIM, ORA, PER, YVA, THO	40,3%	14,3%	45,1%	100%
Anteil ∑	69,0%	45,1%	67,4%	63,6%
13¹	164	201	193	558
AIO, GAL	29,4%	36,0%	34,6%	100%
Anteil ∑	10,8%	24,3%	11,1%	13,6%
13²	155	162	257	574
BER, BUE, MIR, VER	27,0%	28,2%	44,8%	100%
Anteil ∑	10,2%	19,6%	14,8%	14,0%
∑	1521	827	1741	4089
	100%	100%	100%	100%

üblichen Präferenzen auf (cf. Tab. 5.9). Texttyp und Sprechebene spielen also eine wichtige Rolle insbesondere bei der Verteilung von *CIST N* und *CIL N*.

Angesichts der Tatsache, dass sich das *CE*-Paradigma erst gegen Mitte des 12. Jahrhunderts konstituiert und erst im weiteren Verlauf dieses Jahrhunderts etabliert, liegt es nahe, dass sich auch bei der Gruppierung der Frequenzen nach dem zeitlichen Parameter Verteilungsunterschiede ergeben, wie Tab. 5.10 illustriert.[106] Entsprechend den Darlegungen in Kap. 3.3.2.1 ist folglich ein kontinuierlicher Anstieg der Gebrauchsfrequenz des distanzneutralen *CE N* zu erwarten, der zum Teil an den Zahlen in Tab. 5.10 abgelesen werden kann. So ist der Wert von *CE N* in der ersten (13¹) und zweiten Hälfte (13²) des 13. Jahrhunderts zwar höher als in der ersten (12¹) und zweiten Hälfte (12²) des 12. Jahrhunderts, innerhalb der Jahrhunderte zeichnet sich jedoch kein Frequenzanstieg an (cf. Tab. 5.10). So weist *CE N* in 12¹ mit 25,2% einen höheren Anteil auf als in 12² mit nur 14,3% (cf. Tab. 5.10). Im Vergleich zum 12. Jahrhundert steigen die Werte von *CE N* im 13. Jahrhundert mit 36% in 13¹ (cf. Tab. 5.10). In 13² wäre jedoch wieder ein Rückgang auf 28,2% zu verzeichnen (cf. Tab. 5.10). Auch der Gebrauch von *CIST N* und *CIL N* schwankt stark entsprechend der zeitlichen Ein-

---

[106] Cf. Tab. 9.12 in Kap. 9 für die Verteilung von *CIST N*, *CIL N* und *CE N* nach Zeitraum und Einzeltext.

ordnung der Texte. In 12^1 überwiegt *CIST N* mit 42,4%, in 12^2 *CIL N* mit 45,1%, in 13^1 dagegen *CE N* mit 36%, in 13^2 wiederum *CIL N* mit 44,8% (cf. Tab. 5.10). Die Verteilung nach Zeiträumen weist zudem ein sehr starkes quantitatives Ungleichgewicht zu Gunsten des 12. Jahrhunderts auf, das mit insgesamt 16 Texten vertreten ist. Besonders stark repräsentiert ist die zweite Hälfte des 12. Jahrhunderts (12^2), aus der 2601 und somit knapp zwei Drittel aller untersuchen demonstrativen Okkurrenzen stammen (cf. Tab. 5.10). Für die Einschätzung diachroner Prozesse kommt die Überlieferungssituation der Texte erschwerend hinzu. So stammen die Manuskripte der untersuchten Texte zum größten Teil aus dem 13. Jahrhundert und sind in allen Fällen jünger als die entsprechenden Texte, wie in Tab. 4.2 in Kap. 4.1.1 gesehen. Aus diesem Grund werde ich den zeitlichen Parameter bei den folgenden Analysen nicht weiter berücksichtigen.

Zusammenfassung

Die quantitative Distributionsanalyse der demonstrativen Kennzeichnungstypen zeigt, dass insbesondere die Parameter Skripta, Texttyp und Sprechebene als Verteilungsfaktoren wirksam sind. Auf dialektaler Ebene zeichnen sich in der Distribution von *CIST N*, *CIL N* und *CE N* lokale Frequenzgipfel ab. Während *CIL N* in der westlichen Peripherie des Sprachraums der *langue d'oïl* dominiert, erreicht *CIST N* im Champagnischen seine höchsten Werte (cf. Tab. 5.6). Die höchsten Frequenzen von *CE N* sind im Zentralfranzösischen und Pikardischen zu finden (cf. Tab. 5.6). Die Häufung von *CE* im Zentralfranzösischen geht sowohl mit Dees (1971) einher, der *CE* als lokale Innovation der zentralfranzösischen Dialekte einschätzt, als auch mit Ganzlin (1888, 28–29), der die höchsten Gebrauchsfrequenzen für *CE* in pikardischen Texten attestiert (cf. Kap. 3.3.1.1). Für die diatopische Gebundenheit spricht auch der geringe Anteil von *CE* mit weit unter zehn Prozentpunkten im Anglo-Normannischen, das als Inselvarietät von den kontinentalen Entwicklungen isoliert ist. Im Altfranzösischen erweist sich *CE* folglich noch als diatopisch markiertes Demonstrativum.

Auch auf der Ebene des Texttyps zeigen die Demonstrativa unterschiedliche Verteilungsmuster. *CIL N* ist in den religiösen Texten, in der Chanson de geste und in den kleinen Erzählformen häufigster demonstrativer Kennzeichnungstyp (cf. Tab. 5.7). *CIST N* ist nur in den Romanen als bevorzugter Kennzeichnungstyp zu finden. *CE N* weist dagegen in keinem Texttyp den Status als häufigstes Demonstrativum auf. Die höchsten Frequenzen erreicht *CE N* im Roman und in der Chanson de geste, die eine innovativere sprachliche Struktur aufweisen als religiöse Texte. Der Status von *CIL N* als häufigstem demonstrativen Kennzeichnungstyp spiegelt sich mit Ausnahme der Romane demnach auch in den Frequenzverhältnissen der einzelnen Texttypen wider.

Im Zusammenhang mit dem Parameter des Texttyps steht des Weiteren der Faktor der Sprechebenen. Aus der Perspektive der Globalfrequenzen erweist sich *CIST N* eindeutig als Demonstrativum der Figurenrede, *CIL N* als Demonstrativum der Erzählerrede (cf. Tab. 5.8). *CE N* ist dagegen in annähernd gleichen Teilen sowohl in der Figurenrede als auch im Erzählerkommentar zu finden. Die Anteile der Demonstrativa nach Sprechebenen unterliegen jedoch leichten Schwankungen, die vom Texttyp abhängig sind. In der Chanson de geste, die einen höheren Anteil an Figurenrede als an Erzählerkommentar aufweist, kommt demnach auch *CIL N* auf einen Wert über 50 Prozent in direkter Rede (cf. Tab. 5.9). *CIST N* liegt dagegen in den Miracles, die deutlich weniger Figurenrede aufweisen, in höheren Anteilen in der Erzählerrede vor.

5.2 Syntaktische Ebene

In diesem Kapitel zeige ich die Distributionspräferenzen von *CIST N*, *CIL N* und *CE N* im Bereich der syntaktischen Funktionen und der Modifikationstypen auf. In Tab. 5.11 lege ich die Verteilung der demonstrativen Kennzeichnungstypen entsprechend den syntaktischen Funktionen dar, die in Kap. 4.2.1 definiert wurden.[107] Wie in Kap. 4.2.1 erläutert, unterscheide ich zwischen Konstituenten innerhalb und außerhalb des Kernsatzes. Die Daten in Tab. 5.11 lassen erkennen, dass sowohl die Formen der distanzmarkierten Demonstrativparadigmen *CIST* und *CIL* als auch die distanzneutrale *CE*-Serie zum weitaus größten Teil zur Determination kernsatz-interner Einheiten auftreten, *CIST N* in 96,9% der Okkurrenzen, *CIL N* in 96,4% und *CE N* in 97,1%. Zudem sind alle demonstrativen Kennzeichnungstypen bevorzugt, so in etwa der Hälfte der Vorkommen, als Präpositionalobjekte oder Adverbiale zu finden. *CIST N* erreicht in dieser syntaktischen Funktion knapp 50%, *CIL N* über 55%, bei *CE N* liegt der Wert bei 48,4% (cf. Tab. 5.11).

Am zweithäufigsten treten *CIST N* und *CE N* als direkte Objekte auf, was in der Verteilung von *CIST N* in etwa ein Viertel ausmacht, in der Verteilung von *CE N* sogar fast 30% (cf. Tab. 5.11). In der Distribution von *CIL N* ergibt die Funktion des direkten Objekts nur 17,1%. Die zweithäufigste syntaktische Funktion stellt im *CIL*-Paradigma das Subjekt mit fast einem Viertel der Okkurrenzen dar (cf. Tab. 5.11). Auch *CIST N* und *CE N* erreichen in Subjektfunktion in etwa ein Fünftel der Vorkommen. Das Subjekt stellt daher bei *CIST N* und *CE N* den dritthäufigsten syntaktischen Typ dar. Die Gewichtungsunterschiede der einzel-

---

[107] Cf. Tab. 9.13 im Appendix in Kap. 9 zur Verteilung von *CIST N*, *CIL N* und *CE N* nach syntaktischen Funktionen und Einzelformen.

Tab. 5.11: Verteilung von *CIST N*, *CIL N* und *CE N* nach syntaktischen Funktionen.

Syntaktische Funktion		*CIST N* proximal		*CE N* neutral		*CIL N* distal	
Konstituenten im Kernsatz	Subjekt	322 21,2%		153 18,5%		397 22,8%	
	Prädikativ			1 0,1%		1 0,1%	
	Direktes Objekt	385 25,3%	1474 96,9%	244 29,5%	803 97,1%	298 17,1%	1678 96,4%
	Indirektes Objekt	13 0,9%		4 0,5%		16 1%	
	Präpositional-objekt, Adverbial	754 49,6%		401 48,5%		966 55,5%	
Konstituenten außerhalb des Kernsatzes	Apposition	5 0,3%		5 0,6%		20 1,1%	
	Dislokation	38 2,5%	47 3,1%	19 2,3%	24 2,9%	43 2,5%	63 3,6%
	Prädikatlose Äußerung	3 0,2%					
	Vokativ	1 0,1%					
Σ		1521 100%		827 100%		1741 100%	

nen Kennzeichnungstypen, was die Anteile des direkten Objekts und des Subjekts betrifft, liefern Hinweise auf funktionale Unterschiede zwischen *CIST N* und *CE N* auf der einen Seite und *CIL N* auf der anderen Seite. So können die höheren Werte der demonstrativen Kennzeichnungen als direktes Objekt gegenüber dem Subjekt mit Du Bois (2003) auf universale Verteilungspräferenzen zurückgeführt werden. Du Bois (2003, 34–39) zeigt in der Theorie der präferierten Argumentstruktur auf, dass Subjekte vornehmlich durch Pronomina kodiert werden, direkte Objekte wiederum in größeren Anteilen durch nominale Kennzeichnungen (cf. Du Bois 2003, 34). Diese Verteilungspräferenzen führt Du Bois (2003, 39) auf Korrelationen zwischen den einzelnen Argumenttypen und dem Bekanntheitsgrad ihrer Referenzobjekte zurück. So rufen Subjekte häufiger bekannte Diskursreferenten auf, während Objekte eher zur Einführung neuer Diskursreferenten dienen. Ashby/Bentivoglio (2003, 65–71) und Detges (2009, 109–

112) weisen nach, dass die Verteilungskorrelationen von pronominalem und nominalem Ausdruck und den Funktionen Subjekt und direktes Objekt auch im Altfranzösischen wirksam sind. Die hohen Werte von *CIST N* und *CE N* in der Funktion des direkten Objekts stimmen so mit den Vorhersagen der Theorie der präferierten Argumentstruktur überein, während *CIL N* eine abweichend Präferenzierung zeigt. Im Unterschied zu den Thesen von Du Bois (1985) erreicht *CIL N* als Subjekt höhere Werte als in der Funktion des direkten Objekts. Die höheren Werte von *CIL N* beim Subjekt können darauf zurückgeführt werden, dass *CIL N* auf der Ebene der Referenztypen bevorzugt als direkte Nominalanapher (cf. Kap. 5.3) und somit zur Wiederaufnahme bekannter Diskursreferenten eingesetzt wird. Dafür spricht auch die Tatsache, dass knapp 30% der *CIL*-Subjekte (117 von 398) direkte Nominalanaphern sind, wohingegen dieser Referenztyp bei *CIST N* nur in 19% der Subjekte (61 von 322) auftritt, bei *CE N* sogar in weniger als einem Prozent (8 von 153).

In den übrigen syntaktischen Funktionen (Prädikativ, Apposition, demonstrative Kennzeichnung in prädikatlosen Äußerungen, Vokativ) liegen die Anteile in der Verteilung von *CIST N*, *CIL N* und *CE N* jeweils bei unter einem Prozent. Eine Ausnahme stellt die Dislokation dar, die in der Verteilung aller Kennzeichnungstypen mit 2,3 bis 2,5% vertreten ist (cf. Tab. 5.11). Bei den dislozierten Konstituenten zeigt Tab. 5.11 eine sehr ausgewogene Verteilung der demonstrativen Kennzeichnungstypen, sodass keine funktionalen Konvergenzen zwischen der Funktionalität von *CIST N*, *CIL N* oder *CE N* und dieser syntaktischen Funktion abgeleitet werden können. Unterschiede zeigen sich dagegen beim Vokativ und prädikatlosen Äußerungen, in denen ausnahmslos *CIST N* auftritt, sowie bei den Appositionen, die *CIL N* bevorzugen (cf. Tab. 5.11). Auch wenn *CIL N* als Apposition mit 1,1% der Gesamtverteilung kaum ins Gewicht fällt, wird die große Mehrheit der demonstrativ determinierten Appositionen durch *CIL* eingeleitet. So stehen 20 Okkurrenzen von appositivem *CIL N* je fünf Okkurrenzen von *CIST N* und *CE N* gegenüber. Die Verteilung zugunsten von *CIL N* in dieser syntaktischen Funktion lässt eine Konvergenz zwischen dem referentiellen Wert von *CIL N* und der Apposition vermuten. Appositive Kennzeichnungen fungieren als alternative Referentialisierungen und können aus diesem Grund als demonstrative Erstnennungen eingeordnet werden (cf. Kap. 3.3.1.2). Der hohe Wert von *CIL N* in appositiven Erstnennungen kann folglich darauf zurückgeführt werden, dass in Referentialisierungen, die im epistemischen Wissenskontext verankert sind, vornehmlich *CIL N* zum Einsatz kommt, wie ich in Kap. 5.4 darlegen werde (cf. auch Kap. 3.3.1.2). Da im Vokativ und in demonstrativen Kennzeichnungen, die in prädikatlose Äußerungen integriert sind, jeweils weniger als fünf Okkurrenzen vorliegen, ist eine funktionale Korrelationierung dieser syntaktischen Funktionen mit *CIST N* nicht möglich.

Die erste Präferenz aller Kennzeichnungstypen für das Präpositionalobjekt oder Adverbial zeigt, dass *CIST N*, *CIL N* und *CE N* in erster Linie zum Verweis auf Ziele physischer Bewegung, wie *ce chevalier* in (1a), sowie lokale oder temporale Hintergrundinformationen eingesetzt werden, wie *cest avril* in (1b) und *chele vespree* in (1c). Demonstrative Kennzeichnungen dienen folglich vornehmlich dazu, Diskursreferenten zu aktivieren, deren thematische Rolle einen niedrigen Agentivitätsstatus voraussieht und daher mehr Referentialisierungsleistung benötigt, um in das Aufmerksamkeitsfeld des Adressaten gerückt werden zu können.

(1) **Präpositionalobjekte und Adverbiale**
    a. « A *ce chevalier* m'an alez
          qui porte cel escu vermoil »
          '«Geht mir zu *diesem/jenem Ritter*, der jenen roten Schild trägt.»'
          (*LAN*, V. 5642–5643)
    b. « Poi a mangiet avaine en *cest avril*. »
          '«Er hat wenig Hafer gefressen in diesem April.»'
          (*AIO*, V. 2812)
    c. Tant ont *chele vespree* esré et chevalciet,
          que al Roimorentin sont la nuit repai(i)rié.
          'An *jenem Abend* waren sie so lange unterwegs und zu Pferd, dass sie in der Nacht in Roimorentin angekommen sind.'
          (*AIO*, V. 7057–7058)

Dass demonstrative Kennzeichnungen in der syntaktischen Funktion Präpositionalobjekt und Adverbial vorrangig zur Aktivierung von Hintergrundinformationen eingesetzt werden, belegt auch die Ontotypenverteilung, wie die Daten in Tab. 5.12 darstellen.[108] So weisen Präpositionalobjekte und Adverbiale überwiegend Ontotypen auf, die keine agentivische Qualität besitzen, wie Räume, Orte und Situationen, die in der Verteilung von *CIST N* und *CIL N* zusammen rund drei Viertel der Okkurrenzen stellen und auch in der Verteilung von *CE N* auf 63% kommen (cf. Tab. 5.12). Bei den direkten Objekten dominieren dagegen die Anteile der Ontotypen, die grundsätzlich Patienspotenzial aufweisen, wie Objekte und Kollektiva, die in der Verteilung von *CIL N* die Hälfte, in der Verteilung von *CE N* drei Viertel der Okkurrenzen ausmachen (cf. Tab. 5.12). Bei *CIST N* erreichen Objekte und Kollektiva im direkten Objekt dagegen nur 32%. In Subjektposition dominieren ebenso wie im direkten Objekt bei *CE N* und *CIL N*

---

108 Cf. Tab. 9.14–9.16 für die Verteilung der Präpositionalobjekte/Adverbiale, direkten Objekte und Subjekte nach den Untertypen der einzelnen Ontotypen.

Tab. 5.12: Verteilung der Präpositionalobjekte/Adverbiale, direkten Objekte und Subjekte nach Ontotyp.

Ontotyp		Objekte	Kollektiva	Stoffe	Räume	Orte	Situationen	Σ
Präpositionalobjekte & Adverbiale	CIST N	105	9	45	328	68	199	754
		14%	1%	6%	44%	9%	26%	100%
	CE N	29	107	11	154	24	76	401
		7%	27%	3%	38%	6%	19%	100%
	CIL N	176	39	45	359	215	132	966
		18%	4%	5%	37%	22%	14%	100%
Direkte Objekte	CIST N	109	17	42	54	3	160	385
		28%	4%	11%	14%	1%	42%	100%
	CE N	43	138	7	18	5	33	244
		18%	57%	3%	7%	2%	14%	100%
	CIL N	124	23	34	30	11	76	298
		42%	8%	11%	10%	4%	26%	100%
Subjekte	CIST N	125	42	32	25	5	93	322
		39%	13%	10%	8%	2%	29%	100%
	CE N	51	61	8	9	1	23	153
		33%	40%	5%	6%	1%	15%	100%
	CIL N	183	128	15	21	2	48	397
		46%	32%	4%	5%	1%	12%	100%

Objekte und Kollektiva, die in der Funktion des Subjekts als Agens oder Experiencer fungieren können, vornehmlich in der belebten Profilierung, die insgesamt deutlich häufiger ist (cf. Kap. 5.3). In der Verteilung von *CE N* kommen Objekte und Kollektiva in der Subjektfunktion auf fast drei Viertel der Okkurrenzen, in der Verteilung von *CIL N* sogar auf 80% (cf. Tab. 5.12). Auch in der Verteilung von *CIST N* erreichen Objekte und Kollektiva bei den Subjekten über 50% (cf. Tab. 5.12).

Bei *CIST N* liegt in der Verteilung der direkten Objekte der höchste Wert bei Situationen (42%) vor (cf. Tab. 5.12). Situationen weisen zwar keine patientivische Qualität auf, können aber als Stimulus, wie *cel baiseïs* und *cel acoleïs* in (2a), oder Thema fungieren, wie *cest congié* und *cest otroi* in (2b), und sind daher in der Funktion des direkten Objekts nicht ungewöhnlich. Dass in der Verteilung von *CIST N* in allen syntaktischen Funktionen der Ontotyp Situation mindestens ein Viertel der Okkurrenzen ausmacht, kann darüber hinaus auf die allgemeine Präferenz von *CIST N* für diesen Ontotyp zurückgeführt werden und

Tab. 5.13: Modifizierer in *CIST N*, *CIL N* und *CE N*.

Anzahl Modifizierer	*CIST N* proximal	*CE N* neutral	*CIL N* distal
1	214	216	501
2	18	28	64
3		4	3
∑	232 15,3%	248 30,0%	568 32,6%
	1521 100%	827 100%	1741 100%

zeigt wiederum, dass der Ontotyp als Verteilungsfaktor der demonstrativen Kennzeichnungstypen wirksamer ist als die syntaktische Funktion (cf. Kap. 5.3). Dafür spricht auch die Verteilung von *CE N*, dessen allgemeine Präferenz für Kollektiva sich ebenfalls in Tab. 5.12 abzeichnet, da dieser Ontotyp sogar in den Präpositionalobjekten und Adverbialen auf ein Viertel der Okkurrenzen kommt.

(2) **Situationen als direkte Objekte**
    a. Qui lors veïst *cel baiseïs*,
       la joie et *cel acoleïs*,
       ne peüst laissier a nul fuer
       qu'il n'eüst pitié en son cuer
       'Wer damals *jenes Küssen*, die Freude und *jenes Umarmen* gesehen hätte, hätte auf keine Weise vermieden, Mitgefühl in seinem Herzen zu spüren.'
       (*GOL*, V. 4983–4986)
    b. « Ja *cest congié* ne *cest otroi*
       n'avroiz de moi, qu'il ne me griet »
       '«Weder *diesen Abschied* noch *die Erlaubnis dazu* würdet ihr von mir kriegen, ohne dass es mich schmerzen würde.»'
       (*CLI*, V. 4188–4189)

Was die Anzahl der Modifizierer betrifft, ergeben sich im Bereich der syntaktischen Strukturen der demonstrativen Kennzeichnungen im Untersuchungskorpus deutliche Verteilungsunterschiede, wie Tab. 5.13 zeigt.[109] *CIL N* und *CE N*

---

[109] Cf. Tab. 9.17 für die Verteilung von *CIST N*, *CIL N* und *CE N* nach Modifizierern und Einzelformen.

treten nämlich doppelt so häufig in Begleitung von Modifizierern auf wie *CIST N*. So liegen in 32,6% und somit fast einem Drittel der Okkurrenzen von *CIL N* Modifizierer vor, in 30% der Okkurrenzen von *CE N* (cf. Tab. 5.13). *CIST N* wird dagegen nur in 15% der Okkurrenzen und somit nur fast einem Sechstel der Fälle modifiziert (cf. Tab. 5.13). In den meisten Fällen liegt sowohl bei *CIST N* als auch bei *CIL N* und *CE N* nur ein Modifizierer vor (cf. Tab. 5.13). *CIL N* und *CE N* erreichen auch bei der doppelten und dreifachen Modifikation höhere Werte als *CIST N* (cf. Tab. 5.13). So übertrifft die Frequenz von doppelt modifiziertem *CIL N* mit 64 Okkurrenzen die Frequenz von doppelt modifiziertem *CIST N* mit 18 Okkurrenzen um mehr als das Dreifache (cf. Tab. 5.13). Auch der Wert von doppelt modifiziertem *CE N* ist mit 28 Okkurrenzen höher als der Wert von doppelt modifiziertem *CIST N*, obwohl *CE N* bei weitem weniger frequent ist als *CIST N* (cf. Tab. 5.13). Dass Modifikation bei *CIL N* und *CE N* insgesamt weitaus häufiger auftritt als bei *CIST N*, zeigt auch die Tatsache, dass *CIST N* in keiner Okkurrenz dreifach modifiziert wird. Für *CIL N* liegt hingegen in drei Okkurrenzen dreifache Modifikation vor, für *CE N* in vier (cf. Tab. 5.13).

Die hohen Modifikationszahlen bei *CIL N* und *CE N* im Kontrast zu *CIST N* lassen vermuten, dass *CIL N* und *CE N* häufiger in Kontexten auftreten, in denen die referentielle Auflösung problematisch ist und daher eine individualisierende kategoriale Spezifikation durch Modifizierer notwendig wird. In Kap. 2.1.2.2 wurde bereits dargelegt, dass Demonstrativa eine Situation referentieller Ambiguität implizieren und sogar schneller verarbeitet werden, wenn im Äußerungskontext mindestens ein Konkurrenzobjekt verfügbar ist. Infolge des kontrastiven Werts von Demonstrativa wird der Erfolg der Identifikation des Referenzobjekts demonstrativer Kennzeichnungen weniger durch die Präsenz alternativer Vertreter einer Objektkategorie gefährdet, sondern vielmehr durch die Zugänglichkeit des Referenzobjekts selbst. Die referentielle Auflösung gestaltet sich daher vermutlich insbesondere dann als problematisch, wenn die demonstrative Kennzeichnung einen Diskursreferenten aus der epistemischen Verweisdomäne aufruft, der im Fall absoluter Erstnennungen weder im situativen noch im phorischen Äußerungskontext direkt verfügbar ist (cf. Kap. 4.2.3). Diese Hypothese steht im Einklang mit den Vorhersagen der Akzessibilitätstheorie von Ariel (1990) (cf. Kap. 2.1.2.2). Modifizierer erhöhen den kategorialen Gehalt einer demonstrativen Kennzeichnung und somit die gesamte Informativität des Referenzausdrucks. Entsprechend dem Prinzip der Informativität implizieren inhaltlich schwerere Referenzausdrücke einen niedrigeren Verfügbarkeitsstatus als inhaltlich weniger spezifizierte Ausdrücke. Der Verdacht liegt folglich nahe, dass demonstrative Kennzeichnungen, die um Modifizierer erweitert sind, häufiger zum Verweis auf Referenzobjekte mit einem niedrigeren Verfügbarkeitsstatus eingesetzt werden als solche, die keine Modifizierer aufweisen. Diese Vermutung bestätigt sich auch empirisch, wie die Daten in Tab. 5.14 zeigen. Tab. 5.14 nennt die Anteile

Tab. 5.14: Anteile der modifizierten Okkurrenzen von *CIST N*, *CIL N* und *CE N* nach Referenztyp.

Verweisdomäne			CIST N	CE N	CIL N
situativ		direkt	19%	33%	40%
		indirekt	17%	40%	33%
sprachlich	nominal	direkt	10%	18%	19%
		indirekt	17%	34%	38%
	propositional	direkt	7%	12%	16%
		indirekt	10%	23%	13%
epistemisch		historische & religiöse Figuren	100%	100%	91%
		andere Erstnennungen	24%	36%	46%
∑			15,3%	30,0%	32,6%

der modifizierten Okkurrenzen von *CIST N*, *CIL N* und *CE N* in den jeweiligen Verweisdomänen, die zur referentiellen Auflösung aktiviert werden müssen (cf. Tab. 5.28 in Kap. 5.4 für die Verteilung der demonstrativen Kennzeichnungstypen nach Referenztypen).

Die Zahlen in Tab. 5.14 zeigen, dass Modifizierer zum größten Teil in demonstrativen Kennzeichnungen auftreten, die in der epistemischen Verweisdomäne verankert sind und daher den niedrigsten Verfügbarkeitsstatus aufweisen (cf. auch Kap. 2.1.2.4). Bei der Bezugnahme auf historische oder religiöse Figuren liegen bei *CIST N* und *CE N* sogar in allen Okkurrenzen Modifizierer vor, bei *CIL N* in 90% und somit beinahe in allen Fällen (cf. Tab. 5.14). In den hohen Modifikationsanteilen beim Verweis auf historische und religiöse Entitäten bildet sich das Bemühen der Autoren ab, die Identifikation der Referenzobjekte sicherzustellen, deren Bekanntheit beim zeitgenössischen Publikum vorausgesetzt werden kann, wie *cel paraïs u Adam fud primes asis* in (3a) als Bezugnahme auf die christliche Paradiesvorstellung oder *cel saint seignor qui tout a a baillier* als Verweis auf den christlichen Gott in (3b). Die Eindeutigkeit der kategorialen Kennzeichnung der historischen und religiösen Figuren und Objekte ist in erster Linie im Hinblick auf die Rezeption des Textes von Bedeutung. So fördert das Erkennen bekannter Figuren, insbesondere in den Chansons de geste und den Heiligenviten, das Interesse der Rezipienten und letztendlich auch die Akzeptanz des Textes und des Autors bzw. Jongleurs, der als Erzähler auftritt. In Kap. 4.1.1 wurden Chansons de geste und Heiligenviten als Texttypen vorgestellt, die durch das Aufrufen bekannter Inhalte versuchen, die Solidarität der Rezipienten einzuholen und auf diese Weise seine Empfänglichkeit für den ideologischen Gehalt der Texte zu erhöhen. Es ist daher nicht erstaunlich, dass 16% (19/117) der Bezugnahmen auf historische und religiöse Figuren aus religiösen Texten stammen, wie (3a), und sogar 50% (59/117) aus den Chansons de geste, wie (3b).[110] Darüber hinaus stellen die Personen, die als bekannt vorausgesetzt werden können, in der Regel herausragende Vertreter der politischen und religiösen Welt dar, die allgemeine Verehrung erfahren, wie *cel saint seignor qui tout a a baillier* in (3b). Auf diese Weise spiegelt sich in dem Mehr an sprachlicher Form und kategorialer Information, die zur Bezugnahme auf die Figur eingesetzt wird, das Mehr an gesellschaftlicher Bedeutung wider.

(3) **Modifizierer im Verweis auf historische und religiöse Figuren**
    a. Ke mut covient ceste servir,
       ceste nostre duce meschine ;
       dame est del mund, del ciel reïne.
       'Denn es gehört sich wohl, dieser zu dienen, *dieser unseren liebenswerten Jungfrau*. Sie ist die Herrin der Welt und Königin des Himmels.'
       (*ADG*, Mir. 17, V. 2–4)
    b. Mais de une rien li prist talent
       dunt Deu prïer prent plus suvent
       que lui mustrast *cel paraïs*
       u Adam fud primes asis,
       'Aber auf einmal ergriff ihn der Wunsch, Gott öfter darum zu bitten, dass er ihm *jenes Paradies, in dem Adam zuerst gewohnt hat*, zeigen möge.'
       (*BRA*, V. 47–50)
    c. Car par *cel saint seignor qui tout a a baillier*,
       ja verroies tes menbres et ta teste trenchier
       'Denn bei *jenem heiligen Gott, der über alles befiehlt*, du würdest bald sehen, wie deine Gliedmaßen und dein Kopf abgeschlagen werden.'
       (*BER*, V. 605–606)

In absoluten Erstnennungen liegen die Modifikationsanteile zwar immer noch höher als in den übrigen Referenztypen, aber doch deutlich niedriger als in den Bezugnahmen auf historische und religiöse Figuren. So sind bei *CIL N* hier nur in knapp der Hälfte der Okkurrenzen Modifizierer zu finden, bei *CE N* in mehr als einem Drittel, bei *CIST N* dagegen in etwas weniger als einem Viertel (cf.

---

[110] Die Klassifikation epistemisch verankerter Bezugnahmen als *démonstratifs épiques*, wie als erster Togeby (1974, 92) vorschlägt (cf. Kap. 3.3.1.3), ist also durchaus berechtigt.

Tab. 5.14). Entgegen den Erwartungen werden Referenten, deren Bekanntheit nicht durch den religiösen oder historischen Kontext vorausgesetzt werden kann, und die als absolute Erstnennungen eingeführt werden, in niedrigeren Anteilen modifiziert als historische und religiöse Figuren. Dieses Ungleichgewicht zeigt, dass die mittelalterlichen Autoren mehr sprachlichen Aufwand für die Kennzeichnung von Entitäten betreiben, die im Wissensbestand der Rezipienten verfügbar sind, als für die Kennzeichnung voraussichtlich unbekannter Entitäten, wie in *ces autres bons cretiens dou païs* in (4a) und *cel cheval u il puisse munter* in (4b). Ist das angesteuerte Referenzobjekt dem Adressaten vermutlich nicht bekannt, ist bei *CIST N* und *CE N* die Präsenz von Modifizierern deutlich seltener als die Absenz. Bei *CIL N* ist das Verhältnis dagegen beinahe ausgeglichen. Dieser Umstand lässt vermuten, dass in der Bezugnahme auf ohnehin unbekannte Entitäten einfache kategoriale Allusionen ausreichend sind (cf. Kap. 2.1.2.3, Kap. 3.3.1.2 & Kap. 4.2.3), wohingegen historische und religiöse Figuren mit einer höheren kategorialen Spezifiziertheit gekennzeichnet werden. Die Hypothese des höheren Spezifikationsgrades bei Referenzobjekten niedriger Verfügbarkeit, wie oben formuliert, löst sich also insbesondere beim Verweis auf historische und religiöse Figuren ein, deren Bekanntheit vorausgesetzt werden kann.

(4) **Modifizierer in absoluten Erstnennungen**
   a. Le prestre de la ville estoit
      sages hom ; si amonestoit
      moult souvent ses parroissiens
      qu'a *ces autres bons cretiens*
      dou païs essample preïssent
      'Der Priester der Stadt war ein weiser Mann. So riet er seinen Gemeindemitgliedern sehr oft, dass sie sich an *diesen/jenen anderen guten Christen des Landes* ein Beispiel nehmen sollten.'
      (*MIR*, Mir. 16, V. 5–9)
   b. Ne trovad home a qui il sache parler,
      ne *cel cheval u il puisse munter.*
      'Er fand keinen Menschen, mit dem er hätte reden können, und auch *jenes Pferd* nicht, auf das er hätte steigen können.'
      (*GUI*, V. 706–707)

Bezugnahmen, die in der sprachlichen Verweisdomäne ankern, werden in allen Kennzeichnungstypen deutlich seltener modifiziert. In diesem Bereich liegen die Anteile in allen Unterkategorien teilweise weit unter den Durchschnittswerten (cf. Tab. 5.14). Eine Ausnahme stellen indirekte Nominalanaphern dar, in deren Verteilung die Werte von *CIST N*, *CIL N* und *CE N* leicht über den entsprechenden Durchschnittsfrequenzen liegen (cf. Tab. 5.14). Die höheren Modifikationsanteile in indirekten Nominalanaphern mögen darin begründet liegen, dass dieser Referenztyp zur Einführung von Entitäten eingesetzt wird, die zwar phorisch geankert sind, aber dennoch neue Diskursreferenten profilieren, wie *cil elme as perres d'or gemmees* und *cez bronies sasfrees* in (5), die einzelne Aspekte der Soldaten aufrufen, die das im Vortext genannte Heer (*sa grant ost*) konstituieren. Die Tatsache, dass in indirekten Propositionalanaphern keine erhöhten Modifikationsanteile auftreten, kann wiederum darauf zurückgeführt werden, dass der sprachliche Anker in indirekten Propositionalanaphern einfacher identifiziert werden kann als in indirekten Nominalanaphern. Wie in Kap. 4.2.3 gesehen, verweisen Propositionalanaphern auf den unmittelbaren Vortext, während Nominalanaphern eine nominale Konstituente aufrufen, die in unbestimmter Distanz zur Wiederaufnahme im Vortext verortet ist.

(5) **Modifizierer in indirekten Nominalanaphern**
Marsilie vient par mi une valee
od *sa grant ost* que il out asemblee.
.XX. escheles ad li reis anumbrees.
Luisent *cil elme as perres d'or gemmees*,
e *cil escuz* e *cez bronies sasfrees*
'Marsilie kommt durch ein Tal mit einem großen Heer, das er um sich versammelt hat. 20 Abteilungen hat der König gezählt. Es glänzen *jene Helme*, die mit Gold beschlagen sind, und *jene Schilde* und *jene geschmückten Kettenhemden*.'
(ROL, V. 1449–1453)

Auch in der situativen Verweisdomäne liegen die Modifikationsanteile über den Durchschnittswerten der Gesamtanteile (cf. Tab. 5.14). Als direkte situative Bezugnahme tritt *CIST N* in etwa einem Fünftel der Okkurrenzen modifiziert auf, *CE N* in einem Drittel und *CIL N* sogar in 40% der Vorkommen (cf. Tab. 5.14). Ein hoher Anteil an Modifizierern deutet auf die Präsenz von Konkurrenzreferenten im Äußerungskontext hin, die die gleiche kategoriale Zugehörigkeit aufweisen (cf. auch Kap. 2.1.2.2). Auch wenn Demonstrativa einen Gebrauchskontext referentieller Ambiguität präsupponieren (cf. Kap. 2.1.2.2), können Konkurrenzreferenten die referentielle Auflösung behindern, insbesondere im situativen Kontext. Da Demonstrativa infolge ihres kontrastiven Werts keine Unikalitätspräsupposition leisten, kongruieren sie semantisch mit inhärent nicht eindeutigen Nominaltypen und treten daher vornehmlich zur Determination sortaler und relationaler Nomina ein, wie Löbner (2011) in der CTD-Theorie feststellt (cf.

Kap. 2.1.3). Sortale und relationale Nomina, wie *cheval, femme* oder *camarade*, denotieren prototypischerweise Entitäten des Ontotyps Objekte, die Einzelgestalten profilieren. Objekte erscheinen als Figuren und grenzen sich als solche deutlicher voneinander und auch von ihrer Umgebung ab als andere Ontotypen, wie Räume, Stoffe oder Situationen. Objekte sind in ihrer räumlichen Ausdehnung in der Regel kleiner als Räume oder Situationen und können daher in der Äußerungssituation in größerer Zahl auftreten. Bei Objekten, wie *chevalier* oder *mantel*, ist die Kopräsenz von Konkurrenzreferenten daher weitaus wahrscheinlicher als bei Räumen, wie *forest, palés* oder *jor*, und beim Ontotyp Situationen, wie *eissil* oder *congié* (cf. Kap. 4.2.2).

Für die Kopräsenz von Konkurrenzreferenten gibt es bei den meisten Okkurrenzen keine expliziten Indizien. In den meisten Fällen kann die Anwesenheit von Vertretern der gleichen kategorialen Kennzeichnung jedoch aus der Äußerungssituation abgeleitet werden, wie bei *cel biel varlet que je la voi* in (6a) und *cel palie blanc* in (6b). Die Äußerung in (6a) entsteht im Kontext eines höfischen Festes, an dem neben 'jenem schönen jungen Mann' (*cel biel varlet*), auf den sich die Sprecherin in (6a) bezieht, vermutlich mehrere Vertreter der Kategorie *varlet* 'junger Mann' und sogar der Kategorie *biel varlet* 'schöner junger Mann' teilnehmen. Auch in (6b) dient der Modifizierer der präziseren Kennzeichnung des Referenten. In (6b) weist der Sprecher, Karl der Große, seinem Interaktionspartner, Turpin von Reims, einen Sitzplatz auf 'jenem weißen Teppich' (*cel palie blanc*) zu. Die Szene trägt sich in einem mittelalterlichen Königszelt zu. Daher ist zu vermuten, dass mehr als ein Bodenteppich zur Verfügung steht, aus denen Karl einen bestimmten auswählt. Da Demonstrativa vorrangig nicht unikale Objektkategorien aufrufen, ist vielmehr die Präsenz von Konkurrenzreferenten in der Äußerungssituation denn die Absenz zu erwarten.

(6) **Modifizierer in situativen Bezugnahmen zur Individualisierung des Referenten**
    a. « Quels maus seroit se jou amoie
       cel biel varlet que je la voi ? »
       'Wie könnte es böse sein, wenn ich *jenen schönen jungen Mann* lieben würde, den ich dort sehe?'
       (*ERA*, V. 3566–3567)
    b. Li emperees respunt par maltalant :
       « Alez sedeir desur *cel palie blanc* ! »
       'Der Kaiser antwortet verärgert: «Geht und setzt euch auf *jenen weißen Teppich*!»'
       (*ROL*, V. 271–272)

Tab. 5.15: Anteile der Modifizierer in Bezugnahmen auf situativ verfügbare Objekte.

Verweisdomäne	Ontotyp	CIST N	CE N	CIL N
situativ	Objekt	234	96	126
		100%	100%	100%
Anteil Modifizierer		69	31	60
		29%	32%	48%

Wie in der Gesamtverteilung weist *CIL N* auch in situativen Bezugnahmen die höchsten Modifikationsanteile auf (cf. Tab. 5.14). Noch höher sind die Werte von *CIL N* im Verweis auf Objekte, die im situativen Kontext verfügbar sind, wie in (6a–b). So wird *CIL N* in beinahe der Hälfte der Bezugnahmen auf situative Objekte modifiziert, wie Tab. 5.15 zeigt. *CIST N* und *CE N* weisen dagegen nur Werte um 30% auf. Da Demonstrativa auch ohne die Präsenz von individualisierenden Modifizierern Entitäten kontrastiv herausstellen können, bedeutet der hohe Gehalt an Modifizierern bei *CIL N*, dass *CIL N* einen niedrigeren Kontrastwert und somit eine niedrigere Zeigeintensität trägt als *CE N* und insbesondere *CIST N*, das die niedrigsten Modifikationsanteile aufweist. Es liegt folglich der Verdacht nahe, dass auch die Verteilung von *CIST N* und *CIL N* im Altfranzösischen von der Zugänglichkeit des Referenzobjekts beeinflusst wird, wie Jarbou (2010), Piwek et al. (2008) und Strauss (2002) für das Englische, Niederländische und jordanische Arabisch zeigen (cf. Kap. 2.2.2.2). Die niedrigen Modifikationsanteile bei *CIST N* sprechen dafür, dass *CIST N* eine stärkere Identifikationsaufforderung impliziert und daher in geringerem Maße auf Modifizierer zur Identifikationsunterstützung angewiesen ist. Die deutlich höheren Modifikationsanteile bei *CIL N* weisen dagegen darauf hin, dass *CIL N* im Unterschied zu *CIST N* eine niedrigere oder neutrale Zeigeintensität impliziert, da es häufiger um Modifizierer erweitert wird. *CE N* ist in der Gesamtverteilung frequentativ in etwa gleichauf mit *CIL N*, folglich kann auch für *CE N* eine neutrale Zeigeintensität angenommen werden (cf. Tab. 5.13).

Auch in der Verteilung der modifizierten demonstrativen Kennzeichnungen nach einzelnen Modifizierertypen, wie in Tab. 4.12. in Kap. 4.2.1. eingeführt, zeigen sich Präferenzunterschiede zwischen *CIST N*, *CIL N* und *CE N*, wie Tab. 5.16 illustriert.[111] Im Unterschied zu Tab. 5.13 beziehen sich die Zahlen in Tab. 5.16

---

[111] Cf. Tab. 9.18 in Kap. 9 zur Verteilung der Modifizierertypen nach Einzelformen. In Tab. 5.16 und Tab. 9.15 kommen folgende Abkürzungen zum Einsatz: adj1 = qualitative und relationale Adjektive, subs = attributive Substantive, pp1 = attributive Präpositionalphrasen, adj2 = referentielle Adjektive, dp = asyndetische DPs, pp2 = possessive und lokale Präpositionalphrasen, adv = Lokaladverbien, pos = Possessiva, quant = Allquantifizierer, num = Numerale.

Tab. 5.16: Modifizierertypen in *CIST N*, *CIL N* und *CE N*.

	Interne Modifizierer			Externe Modifizierer							
	adj1	subs	pp1	adj2	dp	pp2	adv	rel	pos	quant	num
	73		11	13		3	16	99	24	12	1
	29,0%		4,4%	5,2%		1,2%	6,3%	39,3%	9,5%	4,8%	0,4%
CIST N	84					165					
	33,3%					65,5%					
				252							
				100%							
	103	15		12	1	4	6	83	3	15	34
	37,5%	5,5%		4,4%	0,4%	1,5%	2,2%	30,2%	1,1%	5,5%	12,4%
CE N	118					158					
	42,9%					57,5%					
				275							
				100%							
	227	4	28	43	5	8	3	289	6	14	11
	35,6%	0,6%	4,4%	6,7%	0,8%	1,3%	0,5%	45,3%	0,9%	2,2%	1,7%
CIL N	259					379					
	40,6%					59,4%					
				638							
				100%							

nicht auf die Anzahl der modifizierten demonstrativen Kennzeichnungen, sondern auf die Anzahl der Modifizierer selbst, die in *CIST N*, *CIL N* und *CE N* zu finden sind. Da in einigen Demonstrativokkurrenzen zwei oder drei Modifizierer vorliegen, wie in Tab. 5.13 gesehen, sind die Gesamtzahlen in Tab. 5.16 höher als die Gesamtzahlen in Tab. 5.13.

Wie die Ergebnisse in Tab. 5.16 zeigen, treten alle demonstrativen Kennzeichnungen und Demonstrativserien bevorzugt mit externen Modifizierern auf, die Frequenzverhältnisse unterscheiden sich jedoch. So entsprechen externe Modifizierer in der Verteilung von *CIST N* einem Anteil von mehr als zwei Dritteln der Modifizierer insgesamt (65,5%) (cf. Tab. 5.16). In der Verteilung von *CIL N* und *CE N* machen die externen Modifizierer wiederum unter 60% der Gesamtzahl aus (cf. Tab. 5.16). Innerhalb der Gruppe der internen Modifizierer überwiegen qualitative oder relationale Adjektive (adj1) mit fast 30% der Gesamtfrequenz in der Verteilung von *CIST N* und über einem Drittel bei *CIL N* (35,6%) und *CE N* (37,5%) (cf. Tab. 5.16). Innerhalb der Gruppe der externen Modifizierer tritt am häufigsten der Relativsatz auf. In der Verteilung von *CIL N* weist er einen Anteil von 45,3% und somit fast der Hälfte der Okkurrenzen auf (cf. Tab. 5.16). Bei *CIST N* ist die Frequenz der Relativätze mit 39,3% etwas niedriger als bei *CIL N*, bei *CE N* mit 30,2% noch niedriger (cf. Tab. 5.16). *CIL N* weist somit sehr deutliche Präferenzen für die Modifikation durch Adjektive und Relativsätze auf. Bei den übrigen Modifizierertypen liegen die Anteile nur zwischen 0,5% (adv) und 4,4% (pp1), mit Ausnahme der diskursreferentiellen Adjektive (adj2), die auf 6,7% kommen (cf. Tab. 5.16). In der Verteilung von *CIST N* zeigen dagegen auch possessive Adjektive (pos) (9,5%) und Lokaladverbien (adv) (6,3%) als dritt- und vierthäufigste Modifizierertypen höhere Frequenzen auf (cf. Tab. 5.16). In der Verteilung von *CE N* erweisen sich wiederum die numeralen Adjektive (num) mit 12,4% als dritthäufigster Modifizierertyp (cf. Tab. 5.16). Da numerale Adjektive zur Bestimmung der genauen Anzahl pluralischer Entitäten dienen, können die hohen Werte dieses Modifikatortyps bei *CE N* auf seine Präferenz für den Ontotyp Kollektiva zurückgeführt werden (cf. Kap. 5.3).

Obwohl *CIST N* deutlich seltener modifiziert wird, kommen possessive Adjektive und lokaldeiktische Adverbien numerisch häufiger zum Einsatz als bei *CIL N* und *CE N*. Da possessive Adjektive und lokaldeiktische Adverbien ebenso wie Demonstrativa indexikalische Zeichen sind und je nach deiktischem Typ verschiedene Relationen zur Sprecher-Origo modellieren, bietet sich an dieser Stelle eine detailliertere qualitative Analyse der Okkurrenzen an, die durch possessive Adjektive oder lokaldeiktische Adverbien modifiziert werden. Die Ergebnisse zeigen, dass *CIST N* nicht nur zu einem größeren Anteil von possessiven Adjektiven (pos) modifiziert wird als *CIL N* und *CE N*, sondern auch in Bezug auf die personale Markierung des possessiven Modifizierers keine Einschränkungen aufweist. So tritt *CIST N* als proximaler Ausdruck zwar bevorzugt mit possessiven Adjektiven der ersten Person auf (20 Okkurrenzen), wie *cest mien anel* in (7a), ist jedoch auch mit Possessiva der zweiten Person (drei Okkurrenzen) und der dritten Person (eine Okkurrenz) zu finden, wie *cest vostre poulain* in (7b) und *ceste siue compaignie* in (7c). *CIL N* kommt dagegen nur mit Possessiva der zweiten Person (vier Okkurrenzen), wie bei *icil tuens niés* in (8a), und der dritten Person zum Einsatz (zwei Okkurrenzen), wie *cel son barun* in (8b). *CE N* wird nur in drei Fällen von einem possessiven Adjektiv modifiziert. In allen drei Fällen kommen verschiedene Personen zum Einsatz, so die erste Person bei *ce mien enfant* in (9a), die zweite Person bei *ces vos fieus* in (9b) und die dritte Person bei *cez lor espees* in (9c). Sowohl bei *CIST N* als auch bei *CE N* sind somit Possessiva aller Personen vertreten.

(7) **Possessive Adjektive in *CIST N***
    a. « Mes or metroiz an vostre doi
        cest mien anel, que je vos prest »
        '«Aber nun steckt *diesen meinen Ring*, den ich euch leihe, an euren Finger.'
        (*YVA*, V. 2600–2601)
    b. « Preudom, fait il, ça entendés :
        Cest vostre poulain me vendés. »
        '«Tapferer Mann», sagt er. «Hört zu! Verkauft mir dieses euer Fohlen.»'
        (*ERA*, V. 1419–1420)
    c. Li vielle vient molt tost amont
        et dist : « Cil Dius qui maint amont,
        il saut ma dame et beneïe,
        et *ceste siue compaignie* ! »
        'Die alte Frau kommt sehr bald hinauf gerannt und sagte: «Jener Gott, der dort oben wohnt, er möge meiner Dame beistehen und helfen und *dieser ihrer Begleitschaft*!»'
        (*ERA*, V. 4245–4248)

(8) **Possessive Adjektive in *CIL N***
    a. « *Icil tuens niés* Rome fera
        et son non li anposera »
        '«*Jener dein Neffe* wird Rom gründen und ihr seinen Namen geben.»'
        (*ENE*, V. 9353–9354)
    b. Une nuit, par avisiun,
        vint la dame a *cel son barun*
        'Eines Nachts, im Traum, kam die Herrin zu *jenem ihren Mann*.'
        (*ADG*, Mir. 19, V. 7–8)

(9) **Possessive Adjektive in *CE N***
    a. « Je te commant et si te proi,
        comme mon homme et mon sergent,
        que tu preignes *ce mien enfant*
        et loing l'emportez toust de cy »
        '«Ich befehle dir und bitte dich, als mein Mann und mein Diener, dass du *dieses/jenes mein Kind* nimmst und es schnell weit fort von hier bringst.»'
        (*GAL*, V. 368–371)
    b. « Sire, che dist Aiols, se le voliés faire,
        ces vos fieus en menroie avoec moi en ma terre »

'«Herr», das sagt Aiol, «wenn ihr das wollt, nehme ich *diese/jene eure Söhne* mit in mein Land.»'
(*AIO*, V. 6493–6494)

c. Li amiralz, il nel crent ne ne dutet.
Cez lor espees tutes nues i mustrent
'Sie haben keine Angst vor dem Emir und fürchten ihn nicht. *Diese/jene nackten Schwerter* zeigen sie ihm.'
(*ROL*, V. 3580–3581)

Obwohl die Anzahl der possessiven Modifizierer sehr gering ist, treten bei *CIST N* und *CE N* Possessiva aller Personen auf, während *CIL N* auf Possessiva der zweiten und dritten Person beschränkt ist. Die Korpusdaten lassen folglich vermuten, dass *CIL N* als distales Demonstrativum semantisch unvereinbar ist mit Modifizierern, die eine possessive Relation des Referenzobjekts zum Sprecher als Zentrum der Origo herausstellen, wie bereits Marchello-Nizia (2004, 77–79; 2006b, 111–112) ermittelt (cf. Kap. 3.3.1.2). Als distales Demonstrativum konstituiert *CIL N* einen Raum, der außerhalb der Sprecher-Origo angesiedelt ist, und dient dazu, Entitäten origo-exklusiv zu verorten. Der origo-exklusive Raum kann nun bereits beim Interaktionspartner beginnen, sofern dieser in Verbindung mit einer Entität steht, die durch *CIL N* denotiert wird, wie *cil tuens niés* in (8a) zeigt. Der Ausschluss einer Entität aus dem origo-inklusiven Raum, die als dem Sprecher zugehörig ausgewiesen wird, ist dagegen nicht möglich, wie die Inexistenz von *CIL N* mit Possessiva der ersten Person zeigt. Infolgedessen erweist sich *CIL* als referenzsemantisch stärker eingeschränktes Demonstrativum gleichermaßen im Vergleich zum neutralen *CE* wie zum proximalen *CIST*, was noch erstaunlicher ist.

Die Kompatibilität von *CIST N* als origo-inklusiver Referentialisierung mit Possessiva der zweiten und dritten Person kann komplementär dazu als Hinweis für eine unbegrenzte Ausweitungsmöglichkeit des origo-inklusiven Raums im Gegensatz zum origo-exklusiven Raum gewertet werden. So können durch *CIST N* auch Referenzobjekte dem origo-inklusiven Raum zugewiesen werden, die in einem Possessionsverhältnis zum Interaktionspartner stehen, wie *cest vostre poulain* in (7b), oder zu einer dritten Person, wie *ceste siue compaignie* in (7c), und mit ihnen auch die Possessoren selbst, so der Interaktionspartner in (7b) und *cil Dius qui maint amont* in (7c). Auf der anderen Seite lässt die Präsenz von Possessiva der zweiten und dritten Person in *CIST N* vermuten, dass der lokaldeiktische Abbau von *CIST*, der in der Forschung auf das 14. und 15. Jahrhundert datiert wird (cf. Kap. 3.3.2.1), beim proximalen Demonstrativum in bestimmten Gebieten bereits im Altfranzösischen einsetzt. So stammen die drei Belege für *CIST N* mit Possessiva der zweiten und dritten Person aus pikardi-

Tab. 5.17: Lokaldeiktische Modifizierer in der Verteilung von *CIST N*, *CIL N* und *CE N*.

Lokaladverbien		*CIST N*	*CE N*	*CIL N*
origo-inklusiv	*ci*	12	4	
	çeanz/çaiens	1	1	
	de (de)ça	2		
	ça defors			1
origo-exklusiv	*la (dessous/outre/sus/(de)fors)*		1	2
andere			1	
Σ		16	6	3

schen Texten des 12. Jahrhunderts, der Chanson de geste *AIO* und dem historischen Roman *ERA*. Da die Manuskripte, die den Editionen von *AIO* und *ERA* zugrunde liegen, auf das 13. Jahrhundert datiert werden, kann auch eine nachträgliche Anpassung ausgeschlossen werden (cf. Tab. 4.2 in Kap. 4.1.1). Der Verdacht liegt folglich nahe, dass der lokaldeiktische Abbau von *CIST* in pikardischen Texten bereits deutlich früher einsetzt.

Überprüfen wir nun also, ob *CIST N* auch im Hinblick auf die lokaldeiktischen Modifizierer unbeschränkt eingesetzt werden kann. In Tab. 5.17 stelle ich daher die Verteilung von *CIST N*, *CIL N* und *CE N* entsprechend der lokaldeiktischen Adverbien dar, die im Untersuchungskorpus als Modifizierer auftreten.

Die Daten in Tab. 5.17 zeigen, dass *CIST N* als proximales Demonstrativum mit Ausnahme einer Okkurrenz ausschließlich mit Lokaladverbien auftritt, die eine origo-inklusive Referenz leisten, wie *ci* (zwölf Okkurrenzen) in *cesti ci querele* in (10a) und *ceste chose ci* in (10b) oder *de ça* in *ceste voie de ça* in (10b). *CE N* kommt, ebenso wie *CIST N*, vornehmlich mit origo-inklusiven Lokaladverbien vor, wie *ci* (vier Okkurrenzen) in *ces dons cy* in (11a) und *che bos çaiens* in (11b), wird jedoch auch um das origo-exklusive *la* erweitert, wie in *ces cevals la desous* in (11c). Da *CIST N* und *CE N* auch auf der Ebene der lokaldeiktischen Modifizierer die Präferenz für origo-inklusive Modifizierer teilen, bestätigen sich die funktionalen Gemeinsamkeiten zwischen dem proximalen und dem neutralen Kennzeichnungstyp auch in diesem Analysebereich. Im Unterschied zu *CE N* tritt *CIST N* im Untersuchungskorpus jedoch nicht mit origo-exklusiven Lokaladverbien auf, sondern ist nur mit semantisch vereinbaren origo-inklusiven Lokaladverbien zu finden. Im Gegensatz zur Verteilung von *CIST N* auf der Ebene der possessiven Modifikation spricht die Verteilung auf der Ebene der lokaldeiktischen Adverbien allerdings gegen den frühzeitigen Abbau des lokaldeiktischen Werts von *CIST N*. Dass *CIST N* in meinem Untersuchungskorpus nicht mit origo-exklusiven Adverbien auftritt, entspricht auch den Daten von Dees

(1971), wie in Tab. 3.22 in Kap. 3.3.2.1 gesehen, der *là* in Verbindung mit *CIST* erst für das 14. Jahrhundert attestiert.

(10) **Lokaldeiktische Modifizierer in *CIST N***
    a. « Bien vous povez vanter, vassal, ce dist la bele,
        k'a ce coup n'avez pas mestraite la merele ;
        bien avez besoignié de *cesti ci querele* »
        '«Ihr könnt euch wohl preisen, junger Mann», das sagte die Schöne, «dass ihr bei diesem Schlag keine Reue gezeigt habt. Ihr könnt *diesen Kampf hier* gut brauchen.»'
        (*BUE*, V. 2665–2667)
    b. « Symon, ce dist li rois, savez que vous ferés ?
        [Quant vendrai lez le Mans, arrier retornerés,]$_i$
        de *ceste chose$_i$ ci* a nului ne parlés »
        '[«Simon», das sagte der König, «wisst ihr, was ihr tun werdet? Wenn ich bei Le Mans sein werde, werdet ihr umkehren.]$_i$ Sprecht mit niemanden über *diese Sache$_i$ hier*.»'
        (*BER*, V. 2932–2934)
    c. Li demande : « Est ele ausi droite
        come *ceste voie de ça* ? »
        'Er fragt ihn: «Ist er genauso direkt wie *dieser Weg hier*?»'
        (*LAN*, V. 2152–2153)

(11) **Lokaldeiktische Modifizierer in *CE N***
    a. « Est ce pour *mantel$_{i.a}$* ou pour *plice$_{i.b}$*
        Que je vueille du voustre avoir ?
        Dieux mercy, j'ay assez d'avoir.
        Ne soiez ja si esbahiz.
        Voiez, il cuide estre trahiz,
        Quant je parol de *ces dons$_i$ cy* »
        '«Ist es wegen *eines Mantels$_{i.a}$* oder *eines Pelzes$_{i.b}$*, den ich wohl aus eurem Besitz haben wollte? Gott sei Dank habe ich selbst genug Besitz. Seid nicht gleich so beunruhigt. Seht, er glaubt, betrogen zu werden, wenn ich von *diesen/jenen Gaben$_i$ hier* spreche.»'
        (*GAL*, V. 7018–7023)
    b. « Quel gent peuent che estre, pere de Belleant,
        qui mainent en *che bos çaiens* si soutiement ? »
        '«Welche Leute können das sein, Vater von Bethleant, die in *diesem/jenem Wald hier* so versteckt leben?»'
        (*AIO*, V. 5783–5784)

c. « Vos m'avés *ces cevals la desous* ostelé :
prendés ent le millor, car jel voil de boin gré »
'«Ihr habt *diese/jene Pferde dort unten* für mich untergebracht. Nehmt das Beste von ihnen, denn das ist mein Wunsch.»'
(*AIO*, V. 7148–7149)

Das distale *CIL N* wird mit drei Okkurrenzen deutlich seltener durch ein lokaldeiktisches Adverb modifiziert als *CE N* und insbesondere *CIST N* (cf. Tab. 5.17). Im Unterschied zu *CIST N* ist *CIL N* jedoch sowohl mit dem semantisch kompatiblen origo-exklusiven *la* zu finden, wie in *cele part la* in (12a) und *cele porte la defors* in (12b), als auch mit dem origo-inklusiven *ça*, wie in *cil dui lit ça defors* in (12c). Obwohl *CIL N* nicht mit einem direkten Verweis auf den Sprecher kombinierbar ist, wie die Inkompatibilität von *CIL N* mit Possessiva der ersten Person gezeigt hat, ist eine Kombination mit deiktischen Adverbien, die auf den origo-inklusiven Raum Bezug nehmen, nicht ausgeschlossen, wie (12c) zeigt. Die Vereinbarkeit von *CIL N* mit einem proximalen Adverb in (12c) mag der Tatsache geschuldet sein, das *ça* in (12c) im Unterschied zu *de ça* in (10c) nicht zur direkten Referenz auf den Sprechort eingesetzt wird, sondern durch *defors* erweitert wird, das wiederum vom Sprechort ausgehend in einen angrenzenden Raum hinausverweist. So steht *cil dui lit ça defors* in (12c) im Kontrast zum proximalen *cest lit que est deça*, das auf ein Bett im Raum verweist, in dem sich die Interaktionspartner befinden. *Cil dui lit ça defors* in (12c) verweist dagegen auf zwei Betten, die sich im Nachbarzimmer befinden. Die Verteilung von *CIL N* stimmt in meinem Untersuchungskorpus folglich nicht mit den Daten von Dees (1971) in Tab. 3.22 überein, da es bereits im 12. Jahrhundert in Verbindung mit einem semantisch inkompatiblen proximalen Lokaladverb auftritt.

(12) **Lokaldeiktische Modifizierer in *CIL N***
   a. Sor une grant coute vermoille
       troverent la dame seant.
       Mout grant peor, ce vos creant,
       ot messire Yvains a l'entree
       de la chanbre, ou il ont trovee
       la dame, qui ne li dist mot ;
       et por ce grant peor en ot,
       si fu de peor esbaïz,
       qu'il cuida bien estre traïz,
       et s'estut loing *cele part la*,
       tant que la pucele parla

'Auf einer großen roten Decke fanden sie die Dame sitzend. Yvain hatte beim Hineingehen in das Zimmer, in dem sie die Dame gefunden haben, die nicht mit ihm sprach, sehr große Angst, das versichere ich euch. Und aus diesem Grund hatte er große Angst davor, er war vor Angst ganz stumm, denn er glaubte, dass er getäuscht werden würde. Und daher blieb er von *jenem Ort dort* weit entfernt, bis das junge Mädchen anfing zu sprechen.'
(*YVA*, V. 1948–1958)

b. « A *cele porte la defors*
demain porroiz veoir le cors
d'un grant jaiant que il tua »
'«An *jenem Tor dort draußen* werdet ihr morgen den Körper eines großen Riesen sehen können, den er getötet hat.»'
(*YVA*, V. 4905–4907)

c. .II. liz mout biax et lons et lez
lor mostre et dit : « A oés voz cors
sont fet *cil dui lit ça defors* ;
mes an cest lit qui est deça
ne gist qui desservi ne l'a :
ne fu pas fez cist a voz cors. »
'Zwei sehr schöne lange und breite Betten zeigt er ihnen und sagt: «Für Eure Körper sind *jene zwei Betten hier draußen* gemacht. Aber in diesem Bett, das hier steht, schläft nur, wer es verdient hat. Dieses wurde nicht für eure Körper gemacht.»'
(*LAN*, V. 470–475)

Durch lokaldeiktische Adverbien modifizierte Okkurrenzen von *CIST N* weisen entweder eine situative Bezugnahme auf, wie *cesti ci querele* in (10a) und *ceste voie de ça* in (10c), oder eine propositionalanaphorische, wie *ceste chose ci* in (10b). Lokaldeiktisch modifiziertes *CE N* fungiert sowohl als Nominalanapher, wie *ces dons cy* in (11a), oder situative Bezugnahme, wie *che bos çaiens* in (11b), als auch als Erstnennung, wie *ces cevals la desous* in (11c). *CIL N* kommt in der lokaldeiktischen Modifikation durch *la* insbesondere bei demonstrativen Erstnennungen zum Einsatz, wie für *cele porte la defors* in (12b) gilt, das ein Referenzobjekt denotiert, das im situativen Kontext nicht visuell erfassbar ist und daher aus dem Wissenskontext aufgerufen wird. *CIL N la* kann jedoch auch indirekt propositionalanaphorisch verankert sein, wie bei *cele part la* in (12a) als Verweis auf den Ort, an dem sich die Figur *la dame* befindet, oder situativ referieren, wie *cil dui lit ça defors* in (12c). Auf der Ebene der Verweisdomäne sind lokaldeiktisch modifizierte demonstrative Kennzeichnungen im Altfranzösischen folglich frei einsetzbar. Das gilt auch für die Ontotypen. So zeigen lokaldeiktisch modifiziertes *CIST N*, *CIL N* und *CE N* keine Restriktionen auf, was die ontologische Struktur des Referenzobjekts betrifft, da beinahe alle Ontotypen vertreten sind, so Kollektiva in (11a) (*dons*), (11c) (*cevals*) und (11c) (*lit*), Räume in (10c) (*voie*) und (11b) (*bos*), Orte in (12a) (*part*) und (12b) (*porte*) sowie Situationen in (10a) (*querele*) und (10c) (*chose*).

Zusammenfassung
Zum Abschluss der Untersuchung der Distributionspräferenzen von *CIST N*, *CIL N* und *CE N* auf syntaktischer Ebene stellt sich die Frage, welche Rückschlüsse aus den vorgestellten Daten für die funktionalen Profile von *CIST N*, *CIL N* und *CE N* und ihre Kontrastwerte gezogen werden können. Die Analyse auf der Ebene der syntaktischen Funktionen hat sowohl Konvergenzen als auch Unterschiede in der Verteilung von *CIST N*, *CIL N* und *CE N* aufgedeckt. So stimmen *CIST N*, *CIL N* und *CE N* bei den Präferenzen für bestimmte syntaktische Funktionen in großen Teilen überein, unterscheiden sich jedoch in der Gewichtung der Anteile. Während das Präpositionalobjekt/Adjunkt in allen Paradigmen die beliebteste syntaktische Funktion darstellt, nimmt das direkte Objekt bei *CIST N* und *CE N* die zweite Position ein, bei *CIL N* dagegen die dritte. In der Verteilung von *CIL N* besetzt wiederum die Subjektfunktion den zweiten Platz, die bei *CIST N* und *CIL N* erst auf Rang 3 zu finden ist. Dieser Umstand widerspricht nach Du Bois (2003) universalen Verteilungspräferenzen nominaler Kennzeichnungen, die zum größeren Teil in der Funktion des direkten Objekts zur Etablierung neuer Diskursreferenten zum Einsatz kommen, wie *CIST N* und *CE N*. Dass *CIL N* häufiger als Subjekt eingesetzt wird als die anderen Formen, ist aus universaler Perspektive demnach herausragend und steht wahrscheinlich im Zusammenhang mit den Verteilungsprinzipien dieses Kennzeichnungstyps auf pragmatischer Ebene. So fungiert *CIL N* im Unterschied zu *CIST N* und *CE N* bevorzugt als Nominalanapher und tritt folglich in einem großen Teil der Okkurrenzen zur Wiederaufnahme bekannter Diskursreferenten ein. Die syntaktische Distribution von *CIL N* kann nicht nur in seiner Präferenz für Subjekte auf seine pragmatische Funktion zurückgeführt werden, sondern auch in dem Umstand, dass in Appositionen beinahe ausschließlich *CIL N* zu finden ist. Hier besteht der Zusammenhang darin, dass Appositionen als alternative Referentialisierungen zu verstehen sind und insbesondere *CIL N* als demonstrativer Kennzeichnungstyp situativ und phorisch nicht gestützter Erstnennungen fungiert (cf. Kap. 5.4). Angesichts der Tatsache, dass die Verteilung der demonstrativen Kennzeichnungstypen auf der Ebene der syntaktischen Funktionen in hohem Maße konvergent ist und Gewichtungsunterschiede der Anteile

häufig auf Präferenzunterschiede auf der Ebene der Referenztypen zurückgeführt werden können, liegt der Verdacht nahe, dass die funktionalen Profile von *CIST N*, *CIL N* und *CE N* weniger auf der Ebene der syntaktischen Funktionen kontrastieren, sondern vielmehr auf der pragmatischen und der semantischen Ebene Unterschiede aufweisen.

Was die Verteilung nach syntaktischen Funktionen betrifft, weist *CE N* in der Hierarchisierung der Frequenzwerte der häufigsten syntaktischen Funktionen schließlich Gemeinsamkeiten mit *CIST N* auf, da beide das direkte Objekt als zweithäufigste Funktion bevorzugen und niedrigere Differenzwerte zwischen der ersten und zweiten Position erreichen als *CIL N*. Was die Verteilung nach der Anzahl der Modifizierer betrifft (cf. Tab. 5.13), stimmen die Werte von *CE N* hingegen mit den Werten von *CIL N* überein. Während die Anzahl der modifizierten Okkurrenzen in der Verteilung von *CIST N* nur einem Anteil von einem Sechstel entspricht, kommt sie in der Verteilung von *CIL N* und *CE N* auf ein glattes Drittel der Okkurrenzen (cf. Tab. 5.13). Die höheren Modifikationsanteile können als Indikator für eine niedrigere Zeigeintensität von *CIL N* und *CE N* im Kontrast zu *CIST N* gewertet werden. Auf der Ebene der Zeigeintensität stimmt *CE N* folglich funktional mit *CIL N* überein.

Was die Modifikationstypen betrifft, bevorzugen sowohl *CIST N* als auch *CIL N* und *CE N* Relativsätze (rel) und qualitative oder relationale Adjektive (adj1) (cf. Tab. 5.16). In der Verteilung von *CIST N* kommen zudem Possessiva (pos) auf höhere Werte. Hinsichtlich der Kombinierbarkeit im Bereich der Possessiva zeigen *CIST N* und *CE N* qualitativ identische Verteilungen und weisen Okkurrenzen mit Possessiva aller grammatischen Personen auf, während *CIL N* auf Possessiva der zweiten und dritten Person beschränkt ist. In der Verteilung von *CIST N* kommen außerdem deiktische Adverbien (adv) auf höhere Anteile als bei *CIL N* und *CE N* (cf. Tab. 5.16). In der Kombination von *CIST N* mit Possessiva der zweiten und insbesondere der dritten Person werden erste Anzeichen für den Verlust der lokaldeiktischen Markierung sichtbar. Diese Tendenzen zeichnen sich auch in der Verteilung der lokaldeiktischen Adverbien ab. Hier tritt *CIST N* zwar ausschließlich mit semantisch kompatiblen Adverbien auf, jedoch ist *CIL N* mit semantisch inkompatiblen Adverbien zu finden.

5.3 Semantische Ebene

In diesem Kapitel untersuche ich die Verteilungspräferenzen von *CIST N*, *CIL N* und *CE N* auf semantischer Ebene. Ich gehe insbesondere der Frage nach, welche Rolle der Objekttyp, den das Nominalkomplement profiliert, als Verteilungsfaktor von *CIST N*, *CIL N* und *CE N* spielt. Dazu überprüfe ich die Verteilung

Tab. 5.18: Verteilung von *CIST N*, *CIL N* und *CE N* nach Ontotypen (Frequenzhierarchie).

Rang	*CIST N* proximal	*CE N* neutral	*CIL N* distal
1	Situationen 462 30,4%	Kollektiva 321 38,8%	Objekte 524 30,1%
2	Räume 421 27,7%	Räume 185 22,4%	Räume 430 24,7%
3	Objekte 376 24,7%	Objekte 135 16,3%	Situationen 262 15,0%
4	Stoffe 120 7,9%	Situationen 132 16,0%	Orte 228 13,1%
5	Kollektiva 72 4,7%	Stoffe 28 3,4%	Kollektiva 201 11,5%
6	Orte 70 4,6%	Orte 26 3,2%	Stoffe 96 5,5%
∑	1521 100%	827 100%	1741 100%

der Demonstrativparadigmen nach dem ontologischen Typ des Referenzobjekts entsprechend dem Annotationskatalog, den ich in Kap. 4.2.2 entwickelt habe. In Tab. 5.18 zeige ich die quantitative Verteilung der Einzelformen von *CIST N*, *CIL N* und *CE N* nach den Ontotypen Objekte, Kollektiva, Stoffe, Räume, Orte und Situationen. Um die Präferenzen der einzelnen Kennzeichnungstypen besser sichtbar zu machen, ordne ich die Frequenzen in Tab. 5.18 in hierarchisch absteigender Reihenfolge an.

Die Werte in Tab. 5.18 zeigen, dass *CIST N* am häufigsten, so in knapp einem Drittel der Okkurrenzen, zur Denotation von Situationen (30,4%) eingesetzt wird (cf. Tab. 5.18). An zweiter Stelle des Präferenzindexes von *CIST N* figurieren Räume mit 27,7% der Okkurrenzen und somit weniger als drei Prozentpunkten Differenz zum erstplatzierten Ontotyp (cf. Tab. 5.18). Am dritthäufigsten sind in der Verteilung von *CIST N* Objekte mit einem Anteil von etwa einem Viertel (24,7%). Auch der dritthäufigste Ontotyp Objekte (24,7%) weist sowohl zum zweitplatzierten Ontotyp Räume als auch zum erstplatzierten Ontotyp Situationen nur eine geringe Differenz auf (cf. Tab. 5.18). An vierter Stelle im Präferenzindex von *CIST N* figurieren Stoffe (7,9%), an dritter Stelle Kollektiva (4,7%) und auf dem letzten Platz Orte (4,6%) (cf. Tab. 5.18). Während die ersten drei Positionen (Situationen, Räume und Objekte) jeweils mindestens ein Viertel der Gesamtverteilung ausmachen, liegt die vierte Position unter zehn Prozent, Rang 5 und 6 sogar unter fünf Prozent (cf. Tab. 5.18). In der Verteilung von *CIST N* zeichnen sich somit sehr klare Präferenzen für Situationen, Räume und Objekte ab, die in etwa die gleichen Anteile aufweisen und zusammen weit über drei Viertel der Okkurrenzen stellen. Kollektiva, Stoffe und Situationen sind dagegen in sehr geringen Anteilen vertreten und stellen somit in der Verteilung von *CIST N* dispräferierte Ontotypen dar.

In der Verteilung von *CIL N* erweisen sich hingegen Objekte mit 30,1% als häufigster Ontotyp (cf. Tab. 5.18). Am zweithäufigsten tritt *CIL N* zur Denotation von Räumen ein, so in einem Viertel der Okkurrenzen (cf. Tab. 5.18). An dritter Stelle figuriert im Präferenzindex von *CIL N* der Ontotyp Situationen mit 15% der Okkurrenzen (cf. Tab. 5.18). Auch in der Verteilung von *CIL N* besteht zwischen dem erstplatzierten Ontotyp Objekte und dem zweitplatzierten Ontotyp Räume eine geringe Differenz. So liegt die Frequenz von *CIL N* zur Denotation von Räumen (24,7%) mit knapp fünf Prozentpunkten Differenz nur wenig unterhalb der Frequenz von *CIL N* zur Denotation von Objekten (30,1%) als häufigstem Ontotyp (cf. Tab. 5.18). An dritter Position figurieren Situationen (15%), an vierter Position Orte (13,1%) und an fünfter Position Kollektiva (11,5%) (cf. Tab. 5.18). Während Situationen, Orte und Kollektiva mit jeweils über einem Zehntel der Gesamtverteilung ähnlich hohe Anteile aufweisen, liegt zwischen Räumen (25,2%) an zweiter Position und Situationen an dritter Position (15,0%) mit 10,2 Prozentpunkten ein großer Abstand vor. In der Verteilung von *CIL N* kommen nur Stoffe auf Rang 6 auf einen Anteil unter zehn Prozent (5,5%) (cf. Tab. 5.18). Im Unterschied zu *CIST N* zeigt *CIL N* nur für die Ontotypen Objekte und Räume klare Präferenzen, die zusammen über die Hälfte der Okkurrenzen ausmachen. Die Ontotypen Situationen, Orte und Kollektiva figurieren zwar nicht ganz oben auf dem Präferenzindex, erreichen jedoch mit jeweils über einem Zehntel der Anteile immer noch beachtliche Werte (cf. Tab. 5.18). Als dispräferiert erscheint in der Verteilung von *CIL N* dagegen nur der Ontotyp Stoffe. Im Gegensatz zu *CIST N*, das ausschließlich Präferenzen oder Dispräferenzen aufzeigt, zeichnet sich im Präferenzindex von *CIL N* ein Mittelfeld ab. *CIL N* weist somit eine weitaus ausgewogenere Verteilung auf als *CIST N*.

Im Präferenzindex von *CE N* weist der Ontotyp Kollektiva mit 38,8% die höchste Frequenz auf (cf. Tab. 5.18). Am zweithäufigsten tritt *CE N*, so in fast einem Viertel der Vorkommen, zur Denotation von Räumen ein (cf. Tab. 5.18). An dritter Position figurieren Objekte, an vierter Position Situationen, die jeweils in etwa ein Sechstel der Okkurrenzen ausmachen (cf. Tab. 5.18). Die Ontotypen auf Rang 5 (Stoffe, 3,4%) und Rang 6 (Orte, 2,9%) liegen dagegen jeweils unter fünf Prozentpunkten (cf. Tab. 5.18). Im Gegensatz zu *CIST N* und *CIL N* zeigt sich in der Verteilung von *CE N* der höchste Frequenzunterschied zwischen Position 1 und 2. So besteht zwischen dem erstplatzierten Ontotyp Kollektiva und dem zweitplatzierten Ontotyp Räume eine Differenz von über 16 Prozentpunkten (cf. Tab. 5.18). *CE N* zeigt folglich nur für den Ontotyp Kollektiva eine klare Präferenz auf. Räume, Objekte und Situationen, die in einem deutlich niedrigeren Abstandsverhältnis zueinander stehen, konstituieren dagegen das Mittelfeld und machen zusammen mehr als die Hälfte der Okkurrenzen aus. Als dispräferiert erscheinen Stoffe und Orte. Ebenso wie bei *CIL N* gesehen, weist *CE N* folglich ein ausgeglicheneres Verteilungsverhältnis der einzelnen Ontotypen auf als *CIST N*.

CIST N und *CIL N* weisen auf der Ebene der Ontotypen sowohl Konvergenzen als auch Divergenzen auf. Sowohl in der Verteilung von *CIST N* als auch in der Verteilung von *CIL N* treten Objekte und Räume als präferierte Ontotypen auf, unterscheiden sich jedoch in den Frequenzanteilen. Räume erscheinen in beiden Kennzeichnungstypen an zweiter Position und erreichen in etwa gleich hohe Werte (cf. Tab. 5.18). Was die Denotation von Objekten betrifft, weisen *CIST N* und *CIL N* wiederum eine größere Differenz auf. So figurieren Objekte in der Verteilung von *CIL N* an erster Position, in der Verteilung von *CIST N* sind sie dagegen erst an dritter Position zu finden. Bei *CIST N* nimmt im Unterschied dazu der Ontotyp Situationen den ersten Rang des Präferenzindexes ein, der bei *CIL N* nicht einmal als präferierter Ontotyp erscheint (cf. Tab. 5.18). *CE N* grenzt sich infolge seiner ausschließlichen Präferenz für den Ontotyp Kollektiva funktional von *CIST N* und *CIL N* ab, in deren Verteilung Kollektiva deutlich niedrigere Werte erreichen (cf. Tab. 5.18).

Die Präferenzen der demonstrativen Kennzeichnungstypen in Bezug auf die ontologische Struktur ihrer Nominalkomplemente zeichnen sich noch deutlicher ab, wenn die Verteilungen von *CIST N*, *CIL N* und *CE N* innerhalb der einzelnen Ontotypen berücksichtigt werden. Um einen höheren Differenzierungsgrad zu erreichen, lege ich in Tab. 5.19 dar, welche Frequenzen *CIST N*, *CIL N* und *CE N* innerhalb der einzelnen Ontotypen aufweisen.[112]

Die Daten in Tab. 5.19 zeigen, dass *CIST N* innerhalb der präferierten Ontotypen jeweils klare Präferenzen für eine spezifische Profilierung aufweist. Beim Ontotyp Situationen tritt *CIST N* vornehmlich, so in fast einem Viertel der Okkurrenzen, zur Denotation physischer Situationen (22,7%) ein. Sprachliche

---

[112] Cf. Tab. 9.19–9.20 in Kap. 9 zur Verteilung von *CIST N*, *CIL N* und *CE N* nach Ontotypen und Einzelformen.

Tab. 5.19: Verteilung von *CIST N*, *CIL N* und *CE N* nach Ontotypen.

Ontotyp			*CIST N*	*CE N*	*CIL N*	Σ
Objekte	sichtbar	belebt	201 13,2%	100 12,1%	363 21,9%	664 16,2%
		nicht belebt	99 6,5%	29 3,5%	128 7,3%	256 6,3%
	nicht sichtbar	belebt	3 0,2%		4 0,2%	7 0,2%
		nicht belebt	73 4,8%	6 0,7%	29 1,7%	108 2,6%
Σ			376 24,7%	135 16,3%	524 30,1%	1035 25,3%
Kollektiva	sichtbar	belebt	55 3,6%	167 20,2%	170 9,8%	392 9,6%
		nicht belebt	14 0,9%	127 15,4%	28 1,6%	169 4,1%
	nicht sichtbar	belebt	2 0,1%	2 0,2%	2 0,1%	6 0,1%
		nicht belebt	1 0,1%	25 3,0%	1 0,1%	27 0,7%
Σ			72 4,7%	321 38,8%	201 11,5%	594 14,5%
Stoffe	sichtbar	nicht belebt	6 0,4%	6 0,7%	16 0,9%	28 0,7%
	nicht sichtbar	nicht belebt	114 7,5%	22 2,7%	80 4,6%	216 5,3%
Σ			120 7,9%	28 3,4%	96 5,5%	244 6,0%
Räume	sichtbar		369 24,3%	131 15,8%	236 13,5%	736 18,0%
	nicht sichtbar		52 3,4%	54 6,7%	194 11,1%	300 7,3%
Σ			421 27,7%	185 22,4%	439 24,7%	1045 25,6%
Orte	sichtbar		30 1,9%	18 2,2%	132 7,6%	180 4,4%
	nicht sichtbar		40 2,6%	8 0,9%	96 5,5%	144 3,5%
Σ			70 4,6%	26 3,1%	228 13,1%	324 7,9%

Tab. 5.19 (fortgesetzt)

Ontotyp		CIST N	CE N	CIL N	∑
Situationen	physisch	346 22,7%	83 10,4%	215 12,3%	644 15,7%
	sprachlich	116 7,6%	49 5,9%	47 2,7%	212 5,2%
∑		462 30,4%	132 16,0%	262 15,0%	856 20,9%
∑		1521 100%	827 100%	1741 100%	4089 100%

Situationen machen dagegen nur 7,6% der Gesamtverteilung aus (cf. Tab. 5.19). Obwohl die Okkurrenzen bei sprachlichen Situationen unter zehn Prozent liegen, kommt der Wert von *CIST N* auch in dieser Spielart über den Durchschnittswert. Beim Ontotyp Räume wird *CIST N* in erster Linie zur Denotation sichtbarer Räume (24,3%) eingesetzt, die einen Gesamtanteil von etwa einem Viertel ausmachen und somit den häufigsten Ontotyp in Tab. 5.19 darstellen. Nicht sichtbare Räume liegen dagegen unter 5% und sogar unter dem Durchschnittswert für diesen Ontotyp (cf. Tab. 5.19). Bei der Denotation von Objekten bevorzugt *CIST N* sichtbare und belebte Objekte (13,4%), bleibt jedoch unter dem Durchschnittswert für diesen Ontotyp (cf. Tab. 5.19). Sichtbare nicht belebte Objekte erreichen dagegen nur 6,5%, nicht sichtbare belebte Objekte und nicht sichtbare nicht belebte Objekte bleiben unter fünf Prozent (cf. Tab. 5.19). Im Bereich der Objekte kommt *CIST N* nur bei der nicht sichtbaren nicht belebten Variante über den Durchschnittswert. Darüber hinaus liegt der Anteil von *CIST N* bei nicht sichtbaren Stoffen über dem Mittelwert.

CIL N weist zum einen klare Präferenzen für einen bestimmten Profilierungstyp auf, zum anderen eine gleichwertigere Verteilung. Innerhalb der Gruppe der Objekte bevorzugt *CIL N*, ebenso wie *CIST N*, sichtbare belebte Objekte (21,9%), die mehr als ein Fünftel in der Gesamtverteilung von *CIL N* ausmachen und somit deutlich über dem Durchschnitt liegen (cf. Tab. 5.19). Die Frequenz für sichtbare nicht belebte Objekte erreicht dagegen nur 7,3%, kommt aber leicht über den Mittelwert für diesen Ontotyp (cf. Tab. 5.19). Die Werte für nicht sichtbare belebte und nicht sichtbare nicht belebte Objekte liegen unter zwei Prozentpunkten und sogar unter dem Durchschnittswert (cf. Tab. 5.19). In der Gruppe der Räume tritt *CIL N*, im Gegensatz zu *CIST N*, in fast gleichen Anteilen zur Denotation sichtbarer (13,5%) und nicht sichtbarer Räume (11,1%) ein, mit einem leichten Überhang bei sichtbaren Räumen (cf. Tab. 5.19). *CIL N* kommt allerdings nur bei der nicht sichtbaren Variante über den Mittelwert. Im Ontotyp

Orte, der zwar nicht in der Präferenzierung von *CIL N* erscheint und in allen Fällen unter zehn Prozent liegt, erreicht *CIL N* dagegen als einziger Kennzeichnungstyp in beiden Varianten Werte, die über dem Durchschnitt liegen.

Auch bei *CE N* zeichnet sich eine ausgewogenere Verteilung ab. So bevorzugt *CE N* in der Gruppe der Kollektiva zwar sichtbare und belebte Kollektiva, die mit 20,2% auf ein Fünftel in der Gesamtverteilung kommen, *CE N* tritt jedoch auch zu einem großen Anteil zur Denotation von nicht belebten sichtbaren Kollektiva ein, die 15,5% und somit ein knappes Sechstel in der Gesamtverteilung ausmachen (cf. Tab. 5.19). Zur Denotation von nicht sichtbaren Kollektiva tritt *CE N* wiederum in sehr geringen Anteilen auf, so bei nicht sichtbaren belebten Kollektiva in 0,2% der Okkurrenzen, bei nicht sichtbaren nicht belebten Kollektiva in 3,0% (cf. Tab. 5.19). Dennoch erreicht *CE N* in allen Spielarten des Bereichs Kollektiva Werte über dem Durchschnitt. Mit Ausnahme der sprachlichen Situationen liegt *CE N* in allen anderen Ontotypen und den entsprechenden Varianten unter dem Mittelwert.

Die Verteilung nach ontologischen Untergruppen in Tab. 5.19 lässt schließlich eine detailliertere Beschreibung der funktionalen Profile von *CIST N*, *CIL N* und *CE N* zu. Entsprechend Tab. 5.19 erreicht *CIST N* bei sichtbaren Räumen und physischen Situationen die höchsten Werte, die jeweils über ein Fünftel der Verteilung ausmachen. *CIL N* weist dagegen nur bei sichtbaren belebten Objekten Werte über 20% auf, *CE N* nur bei sichtbaren belebten Kollektiva. *CIST N*, *CIL N* und *CE N* liegen in den bevorzugten Ontotypen jeweils weit über dem Mittelwert. Die Daten in Tab. 5.19 relativieren zudem die Konvergenzen, die sich in den Daten in Tab. 5.18 bei *CIST N* und *CIL N* abgezeichnet haben. *CIST N* und *CIL N* teilen zwar die Präferenz für Räume, unterscheiden sich aber in ihren Wertigkeiten innerhalb dieses Ontotyps. *CIST N* weist eine starke Präferenz für die Denotation sichtbarer Räume auf, zur Denotation nicht sichtbarer Räume tritt es dagegen kaum ein. *CIST N* zeigt folglich auch innerhalb des Ontotyps Räume, wie auf übergeordneter Ebene, eine klare Verteilung nach präferierten und dispräferierten Ontotypen, während bei *CIL N* beide Spielarten, sichtbare und nicht sichtbare Räume, in etwa gleichen Teilen vertreten sind.

Da die Einzelwerte aufgrund der stärkeren Streuung der Analysekategorien in Tab. 5.19 insgesamt abnehmen, führe ich je Kennzeichnungstyp alle ontologischen Unterkategorien, deren Werte über dem Mittelwert der Gesamtverteilung liegen, in einem Präferenzindex zusammen, wie Tab. 5.20 zeigt. Die Daten in Tab. 5.20 sind nach der Höhe der Frequenzen in absteigender Reihenfolge geordnet.

Die Werte von *CIST N* kommen in sechs Ontotypen aus vier übergeordneten Kategorien (Räume, Situationen Stoffe und Objekte) über den Mittelwert der Gesamtverteilung (cf. Tab. 5.20). In der Verteilung von *CIL N* liegen insgesamt

Tab. 5.20: Präferenzindices von *CIST N*, *CIL N* und *CE N* nach Ontotypen.

Rang	CIST N		CE N		CIL N	
1	Räume sichtbar	24,3%	Kollektiva sichtbar belebt	20,2%	Objekte sichtbar belebt	21,9%
2	Situationen physisch	22,7%	Kollektiva sichtbar nicht belebt	15,5%	Räume nicht sichtbar	11,1%
3	Situationen sprachlich	7,6%	Kollektiva nicht sichtbar nicht belebt	3,0%	Kollektiva sichtbar belebt	9,8%
4	Stoffe nicht sichtbar	7,5%	Kollektiva nicht sichtbar belebt	0,2%	Orte sichtbar	7,6%
5	Objekte sichtbar nicht belebt	6,5%	Situationen sprachlich	5,9%	Objekte sichtbar nicht belebt	7,3%
6	Objekte nicht sichtbar nicht belebt	4,8%			Orte nicht sichtbar	5,5%
7					Stoffe sichtbar	0,9%
∑		73,4%		44,8%		64,1%

sieben Ontotypen über dem Durchschnittswert, die fünf verschiedenen Kategorien angehören (Objekte, Räume, Kollektiva, Orte und Stoffe) (cf. Tab. 5.20). In der Verteilung von *CE N* weisen insgesamt nur 5 Ontotypen aus zwei Gruppen (Kollektiva und Situationen) Frequenzen über dem Mittelwert auf (cf. Tab. 5.20). Im Präferenzindex von *CIST N* sind nur in der Kategorie der Situationen alle ontologischen Spielarten repräsentiert. Bei *CIL N* sind alle Varianten der Kategorie der Orte zu finden, im Präferenzindex von *CE N* alle Formen der Gruppe der Kollektiva. In der Verteilung von *CIST N* machen die Anteile der präferierten Ontotypen insgesamt etwa drei Viertel der Gesamtfrequenz aus, bei *CIL N* erreichen sie nur knapp zwei Drittel, obwohl *CIL N* in mehr Ontotypen über dem Durchschnittswert liegt. Bei *CE N* bleiben sie sogar unter der Hälfte der Okkurrenzen. Die niedrigeren Werte von *CIL N* und *CE N* im Präferenzindex im Vergleich zu *CIST N* können auf die Ausgewogenheit der Verteilung von *CIL N* und *CE N* zurückgeführt werden. Da *CIL N* und *CE N* auch in den nicht präferierten

Tab. 5.21: Verteilung des Ontotyps Objekte nach Kennzeichnungstyp.

	Objekte sichtbar belebt	Objekte sichtbar nicht belebt	Objekte nicht sichtbar belebt	Objekte nicht sichtbar nicht belebt
CIST N	201 30,3%	99 38,7%	3 42,9%	73 67,6%
CE N	100 15,0%	29 11,3%		6 5,5%
CIL N	363 54,7%	128 50,0%	4 57,1%	29 26,9%
∑	664 100%	256 100%	7 100%	108 100%

Ontotypen höhere Werte erreichen als *CIST N*, entfällt ein kleinerer Teil der Okkurrenzen auf die bevorzugten Kategorien. Im Gegensatz zu *CIL N* und *CE N* erscheint die Verteilung von *CIST N* folglich klarer auf bestimmte ontologische Kategorien beschränkt und somit stärker spezialisiert.

Im Präferenzindex werden die Ontotypen nicht sichtbare belebe Objekte und Kollektiva nicht berücksichtigt, da hier entweder kein Kennzeichnungstyp den Mittelwert übertrifft oder nur in sehr geringem Maße (cf. Tab. 5.19–5.20). Einige Ontotypen sind dagegen im Präferenzindex mehrerer Kennzeichnungstypen vertreten. So teilt *CIST N* mit *CE N* die Präferenz für sprachliche Situationen, mit *CIL N* für sichtbare nicht belebte Objekte (cf. Tab. 5.20). *CIL N* und *CE N* teilen wiederum die Präferenz für sichtbare belebte Kollektiva, der Anteil von *CE N* in diesem Ontotyp ist jedoch mehr als doppelt so hoch wie der Anteil von *CIL N* (cf. Tab. 5.20). Da die Anteile von *CIST N*, *CIL N* und *CE N* an der Gesamtverteilung unterschiedlich hoch ausfallen, liegt der Verdacht nahe, dass sich die funktionalen Profile von *CIST N*, *CIL N* und *CE N* noch schärfer abzeichnen, wenn die Frequenzen vor dem Hintergrund der Gesamtfrequenz der einzelnen Ontotypen verrechnet werden, wie Tab. 5.21–5.23 realisieren.

In der Gesamtverteilung der Objekte in Tab. 5.21 wird sichtbar, dass alle ontologischen Untertypen in dieser Kategorie zum größten Teil durch *CIL N* denotiert werden, mit Ausnahme der nicht sichtbaren und nicht belebten Objekte. So liegt der Wert von *CIL N* bei sichtbaren belebten und sichtbaren nicht belebten Objekten bei der Hälfte der Okkurrenzen oder höher (cf. Tab. 5.21). Die Werte von *CIL N* liegen in diesen Varianten folglich weit vor den Werten von *CIST N*, wenn auch der Vorsprung von *CIL N* bei sichtbaren belebten Objekten mit über 20 Prozentpunkten deutlich höher ist als bei sichtbaren nicht belebten Objekten

Tab. 5.22: Verteilung der Ontotypen Kollektiva und Stoffe nach Kennzeichnungstyp.

	Kollektiva sichtbar belebt	Kollektiva sichtbar nicht belebt	Kollektiva nicht sichtbar belebt	Kollektiva nicht sichtbar nicht belebt	Stoffe sichtbar	Stoffe nicht sichtbar
CIST N	55 14,0%	14 8,3%	2 33,3%	1 3,7%	6 21,4%	114 52,7%
CE N	167 42,6%	127 75,1%	2 33,3%	25 92,6%	6 21,4%	22 10,2%
CIL N	170 43,4%	28 16,6%	2 33,3%	1 3,7%	16 57,1%	80 37,0%
∑	392 100%	169 100%	6 100%	27 100%	28 100%	216 100%

mit einer Differenz von nur 11,3% zwischen *CIST N* und *CIL N*. Die schwächere Mehrheit von *CIL N* in diesem Ontotyp kann darauf zurückgeführt werden, dass sichtbare nicht belebte Objekte auch im Präferenzindex von *CIST N* auftreten (cf. Tab. 5.20–5.21). Bei nicht sichtbaren belebten Objekten erreicht *CIL N* zwar ebenso einen Anteil über 50% (cf. Tab. 5.21). Da die Gesamtfrequenz dieses Ontotyps insgesamt jedoch unter zehn Okkurrenzen liegt, kann der hohe Wert von *CIL N* in diesem Kontext nicht als funktionale Präferenz von *CIL N* gewertet werden (cf. Tab. 5.21). Obwohl *CIL N* aus globaler Perspektive in der Kategorie der Objekte dominiert, werden nicht sichtbare nicht belebte Objekte bevorzugt durch *CIST N* denotiert, das in diesem Ontotyp mehr als zwei Drittel der Okkurrenzen ausmacht (cf. Tab. 5.21). Entsprechend der Tendenz für klare ontologische Präferenzen im Bereich der Ontotypen weist *CIST N* einen deutlich höheren Anteil bei nicht sichtbaren nicht belebten Objekten auf als *CIL N* in den präferierten Ontotypen, das nicht über 57% hinausgeht (cf. Tab. 5.21).

In der Verteilung der Kollektiva nach demonstrativen Kennzeichnungstypen, wie in Tab. 5.22 zu sehen, tritt neben *CE N*, das alle Spielarten der Kollektiva in seinem Präferenzindex vorzuweisen hat, auch *CIL N* als häufiger Denotationstyp auf. So liegen sichtbare und belebte Kollektiva in etwa zu gleichen Teilen in der Determination durch *CIL* (43,4%) und durch *CE* (42,6%) vor (cf. Tab. 5.22). Bei sichtbaren belebten Kollektiva ist eine Denotation durch *CIL N* folglich gleichermaßen wahrscheinlich wie durch *CE N*. Dieser Umstand kann nicht nur darauf zurückgeführt werden, dass sichtbare belebte Kollektiva im Präferenzindex von *CIL N* erscheinen, sondern auch darauf, dass sich sichtbare belebte Kollektiva aus sichtbaren belebten Objekten zusammensetzen, die wiederum die höchsten Werte in der Verteilung von *CIL N* erreichen. Nicht belebte sichtbare Objekte wei-

Tab. 5.23: Verteilung der Ontotypen Räume, Orte und Situationen nach Kennzeichnungstyp.

	Räume sichtbar	Räume nicht sichtbar	Orte sichtbar	Orte nicht sichtbar	Situationen physisch	Situationen sprachlich
CIST N	369 50,1%	52 17,3%	30 16,7%	40 27,8%	346 53,7%	116 54,7%
CE N	131 17,8%	54 18%	18 10%	8 5,6%	83 12,9%	49 23,1%
CIL N	236 32,1%	194 64,7%	132 73,3%	96 66,7%	215 33,4%	47 22,2%
∑	736 100%	300 100%	180 100%	144 100%	644 100%	212 100%

sen dagegen eine sehr starke Präferenz für die Denotation durch *CE N* auf, das drei Viertel der Okkurrenzen (75,1%) ausmacht (cf. Tab. 5.22). Nicht sichtbare nicht belebte Kollektiva zeigen eine noch stärkere Präferenz für die Determination durch *CE* auf, da sie beinahe ausschließlich (92,6%) durch *CE N* denotiert werden (cf. Tab. 5.22). Bei nicht sichtbaren belebten Kollektiva zeichnet sich dagegen eine vollständig ausgeglichene Verteilung zwischen *CIST N*, *CIL N* und *CE N* ab. Da auch bei diesem Ontotyp die Gesamtfrequenz unter zehn Okkurrenzen liegt, können die Werte jedoch nicht in die funktionalen Profile von *CIL N* integriert werden (cf. Tab. 5.22). Obwohl *CE N* aus der Perspektive der Gesamtfrequenz des Kennzeichnungstyp in allen Varianten der Kollektiva durchweg höhere Werte aufweist als *CIST N* und *CIL N*, wie in Tab. 5.19 gesehen, übertrifft es *CIL N* aus der Perspektive der Gesamtwerte der Ontotypen anteilig nur bei sichtbaren nicht belebten Objekten. Im Bereich der Stoffe wird *CE N* in keinem Profilierungstyp bevorzugt (cf. Tab. 5.22). In diesem Ontotyp zeichnet sich dagegen eine komplementäre Verteilung zwischen *CIST N* und *CIL N* ab. So werden sichtbare Stoffe bevorzugt durch *CIL N* (57,1%) denotiert, nicht sichtbare Stoffe vornehmlich durch *CIST N* (52,7%) (cf. Tab. 5.22). Dieses Ergebnis stimmt auch mit den Präferenzindexen von *CIST N* und *CIL N* überein (cf. Tab. 5.20).

Auch der Ontotyp Räume weist eine komplementäre Distribution zwischen *CIST N* und *CIL N* auf, wie Tab. 5.23 zeigt. Während sichtbare Räume vornehmlich, so in der Hälfte der Okkurrenzen, durch *CIST N* denotiert werden, bevorzugen nicht sichtbare Räume die Denotation durch *CIL N*, das sogar auf fast zwei Drittel der Okkurrenzen kommt (cf. Tab. 5.23). Orte weisen wiederum in allen Spielarten eine klare Präferenz für die Denotation durch *CIL N* auf (cf. Tab. 5.23). Bei nicht sichtbaren macht *CIL N* zwei Drittel der Okkurrenzen aus, bei sichtbaren sogar knapp drei Viertel (cf. Tab. 5.23). Im Gegensatz dazu bevorzugen Situ-

Tab. 5.24: Funktionale Profile von *CIST N*, *CIL N* und *CE N* nach Ontotypen.

CIST N proximal			CIL N distal			CE N neutral		
Ontotyp	Anteil CIST N	Anteil Ontotyp	Ontotyp	Anteil CIL N	Anteil Ontotyp	Ontotyp	Anteil CE N	Anteil Ontotyp
Räume sichtbar	50,1%	18,0%	Objekte sichtbar belebt	54,7%	16,2%	Kollektiva sichtbar belebt	42,6%	9,6%
Situationen physisch	53,7%	15,7%	Kollektiva sichtbar belebt	43,4%	9,6%	Kollektiva sichtbar nicht belebt	75,1%	4,1%
Stoffe nicht sichtbar	52,7%	5,3%	Räume nicht sichtbar	65,3%	7,3%	Kollektiva nicht sichtbar nicht belebt	92,6%	0,7%
Situationen sprachlich	54,7%	5,2%	Objekte sichtbar nicht belebt	50,0%	6,3%			
Objekte nicht sichtbar nicht belebt	67,6%	2,6%	Orte sichtbar	73,3%	4,4%			
			Orte nicht sichtbar	65,4%	3,5%			
			Stoffe sichtbar	57,1%	0,7%			

ationen in der physischen wie sprachlichen Profilierung die Denotation durch *CIST N* (cf. Tab. 5.23). So kommt *CIST N* in allen Spielarten der Kategorie Situationen auf mehr als die Hälfte der Okkurrenzen und liegt somit weit vor den Werten von *CIL N* und *CE N* (cf. Tab. 5.23). Auch die Daten in Tab. 5.23 entsprechen den Präferenzindexen in Tab. 5.20.

Mithilfe der Analyse der Anteile der demonstrativen Kennzeichnungstypen aus der Perspektive der Gesamtfrequenz der Ontotypen können nun in Tab. 5.24 Leistungsprofile erstellt werden, die die funktionalen Unterschiede zwischen

CIST N, *CIL N* und *CE N* schärfer herausstellen als mit der Verteilungsanalyse aus der Perspektive der Gesamtfrequenzen der demonstrativen Kennzeichnungstypen möglich ist, wie in Tab. 5.18–5.20 gesehen. Bei der Hierarchisierung der funktionalen Präferenzen von *CIST N*, *CIL N* und *CE N* in Tab. 5.24 berücksichtige ich die Anteile, die die entsprechenden Ontotypen insgesamt im Untersuchungskorpus einnehmen. Auf diese Weise entstehen funktionale Profile, in denen die einzelnen Ontotypen einmalig vergeben werden. Die einzige Ausnahme stellen sichtbare belebte Objekte dar, die sowohl in *CIL N* als auch in *CE N* als ontologische Präferenz vertreten sind (cf. Tab. 5.24).

Wie Tab. 5.24 illustriert, erweist sich bei sichtbaren Räumen, physischen und sprachlichen Situationen, nicht sichtbaren Stoffen und nicht sichtbaren nicht belebten Objekten die Denotation durch *CIST N* als mit Abstand am häufigsten (cf. Tab. 5.24). Bei sichtbaren belebten Objekten, sichtbaren nicht belebten Objekten, sichtbaren Stoffen, nicht sichtbaren Räumen und sichtbaren sowie nicht sichtbaren Orten erscheint die Denotation durch *CIL N* als die typischste (cf. Tab. 5.24). Bei sichtbaren belebten Kollektiva ist wiederum sowohl die Denotation durch *CIL N* als auch durch *CE N* gleichermaßen wahrscheinlich (cf. Tab. 5.24). *CE N* ist zudem mit großem Abstand die häufigste Denotationsform von sichtbaren nicht belebten Kollektiva sowie nicht sichtbaren nicht belebten Kollektiva (cf. Tab. 5.24).

In der Verteilung von *CIL N* sind schließlich Ontotypen aus fünf Gruppen vertreten, so Objekte, Kollektiva, Stoffe, Orte und Räume (cf. Tab. 5.24). In der Verteilung von *CIST N* liegen dagegen Ontotypen aus nur vier ontologischen Kategorien vor, nämlich Objekte, Stoffe, Räume und Situationen (cf. Tab. 5.24). In der Verteilung von *CE N* ist wiederum nur eine ontologische Gruppe vertreten, die Kollektiva (cf. Tab. 5.24). Die Präferenz von *CE N* für Kollektiva kann auch darauf zurückgeführt werden, dass das pluralische *ces* im vorliegenden Untersuchungskorpus die häufigste Einzelform aus dem *CE*-Paradigma darstellt, während aus den Paradigmen *CIST* und *CIL* in erster Linie Singularformen zum Einsatz kommen, wie in Kap. 5.1 gesehen.

Die Präferenzen von *CIST N*, *CIL N* und *CE N* spiegeln sich auch darin wider, dass einige Lexeme im Untersuchungskorpus meist mit einem bestimmten demonstrativen Kennzeichnungstyp zum Einsatz kommen, wie ich im Folgenden zeigen werde. Diese Präferenzen erscheinen somit als Kollokationen. In Tab. 5.25–5.26 führe ich nun die Verbindungen auf, die mindestens in zehn Okkurrenzen vorliegen und in mehr als der Hälfte der Vorkommen mit *CIST N*, *CIL N* oder *CE N* eingesetzt werden.

Im Bereich der sichtbaren belebten Objekte, die *CIL N* präferieren, treten mit *Dieu* 'Gott' und *seignur* 'Herr' zwei Lexeme auf, die besonders häufig in *CIL N* eingesetzt werden (cf. Tab. 5.25). *Dieu* tritt beinahe ausschließlich im

Tab. 5.25: Kollokationen: Objekte, Kollektiva und Stoffe.

	Objekte sichtbar belebt	Objekte sichtbar nicht belebt	Objekte nicht sichtbar nicht belebt	Kollektiva sichtbar belebt	Kollektiva sichtbar nicht belebt	Kollektiva nicht sichtbar nicht belebt	Stoffe nicht sichtbar
CIST N	Dieu (1) seignur (5)	espee (9)	nouvelle (8)	chevalier (2) gent (12)			amour (11) honor (12) joie (2) mal (17)
CE N		escu (2)		chevalier(s) (3) gens (7)	armes (17) escuz (10)	nouvelles (14)	mal (3)
CIL N	Dieu (39) seignur (30)	escu (9) espee (1)	nouvelle (3)	chevalier(s) (14) gent (60)	escuz (3)		amour (1) joie (10) mal (3)

Kennzeichnungstyp *CIL N* (39 Okkurrenzen) auf, in *CIST N* ist es nur in einer Okkurrenz zu finden, in *CE N* überhaupt nicht (cf. Tab. 5.25). Gleiches gilt für *seignur*, das in 30 Fällen in *CIL N* zu finden ist gegenüber fünf Okkurrenzen in *CIST N* (cf. Tab 5.25). Auch in der entsprechenden ontologischen Variante in der Gruppe der Kollektiva können Kollokationen mit ähnlich hohen Frequenzen ermittelt werden, so mit *gent* 'Leute' und *chevalier* 'Ritter', die jeweils *CIL N* präferieren (cf. Tab. 5.25). Obwohl sichtbare belebte Kollektiva in etwa gleich häufig durch *CIL N* und *CE N* denotiert werden, sind die Frequenzen von *gent* und *chevalier* mit *CIL N* weitaus höher als mit *CE N*, dessen Werte sogar unterhalb von *CIST N* liegen.

In der Variante der sichtbaren nicht belebten Objekte kann mit *escu* 'Schild' nur ein Lexem ermittelt werden, das vornehmlich mit *CIL N* auftritt (cf. Tab. 5.25). Zudem sind die Werte von *escu* in *CIL N* deutlich niedriger als die Werte der Kollokationen bei den belebten sichtbaren Objekten und Kollektiva. Gleiches gilt für sichtbare nicht belebte Kollektiva, die im Unterschied zu den Objekten der gleichen Spielart vornehmlich durch *CE N* denotiert werden. Auch in dieser Gruppe findet sich *escuz* 'Schilde', hier in Kombination mit *CE N* (cf. Tab. 5.25). Außerdem tritt *armes* in 17 Okkurrenzen in *CE N* auf (cf. Tab. 5.25). In der Gruppe der nicht sichtbaren nicht belebten Objekte, die bevorzugt durch *CIST N* denotiert werden, kann mit *nouvelle* 'Neuigkeit' nur ein Lexem ermittelt werden, das in großer Zahl mit dem bevorzugten Kennzeichnungstyp eingesetzt wird (cf. Tab. 5.25). *Nouvelles* 'Neuigkeiten' ergibt auch in der entsprechenden ontologischen Spielart in der Gruppe der Kollektiva eine Kollokation, dieses Mal jedoch mit *CE N*, das in diesem Ontotyp dominiert (cf. Tab. 5.25).

Im Bereich der nicht sichtbaren Stoffe, die *CIST N* präferieren, können drei Lexeme ermittelt werden, *amour* 'Liebe', *honur* 'Ehre' und *mal* 'Übel', die vornehmlich mit *CIST* gebildet werden (cf. Tab. 5.25). Darüber hinaus findet sich in diesem Ontotyp eine erwartungskonträre Verbindung. *Joie* 'Freude' erscheint nämlich vornehmlich in *CIL N* (cf. Tab. 5.25). Die Präferenz von *joie* für die Determination durch *CIL* kann auf euphonische Aspekte zurückgeführt werden. Im Unterschied zum präferierten *cele joie* 'jene Freude' birgt die Folge *ceste joie* 'diese Freude' mit /st/ und /dʒ/ eine Häufung von zwei unterschiedlichen Sibilantenclustern. Auch in der Gruppe der sichtbaren nicht belebten Kollektiva liegt eine gegenläufige Kollokation vor. So erscheint *espee* 'Schwert' vornehmlich in *CIST N* (cf. Tab. 5.25). Da in der Folge *ceste espee* 'dieses Schwert' mit /st/ in *ceste* und /sp/ in *espee* zweimal ein Koda-*s* vor Plosiv auftritt, können an dieser Stelle jedoch keine euphonischen Argumente angeführt werden. Vielmehr kann die Präferenz von *espee* für den proximalen Kennzeichnungstyp darauf zurückgeführt werden, dass *CIST N* bei sichtbaren nicht belebten Objekten in beinahe 40% der Okkurrenzen zum Einsatz kommt und folglich in diesem Ontotyp stark vertreten ist (cf. Tab. 5.22). Die hohen Werte von *CIST N* zur Denotation sichtbarer nicht belebter Objekte im Unterschied zu sichtbaren belebten Objekten können wiederum mit dem funktionalen Profil von *CIST N* begründet werden, das im Gegensatz zu *CIL N* und *CE N* keine belebten Profilierungen vorzuweisen hat (cf. Tab. 5.24).

Im Ontotyp sichtbare Räume, der sowohl seinerseits *CIST N* als demonstrativen Kennzeichnungstyp bevorzugt als auch im Präferenzindex von *CIST N* auf Rang 1 figuriert (cf. Tab. 5.20 & 5.24), liegen die meisten Kollokationen vor, wie Tab. 5.26 zeigt. So überwiegt die Denotation durch *CIST N* bei *païs* 'Land', *terre* 'Land' und *ville* 'Stadt' deutlich gegenüber *CIL N* oder *CE N* (cf. Tab. 5.26). Die Lexeme *monde* 'Welt', *palés* 'Palast', *siecle* 'irdische Welt' und *voie* 'Weg' sind sogar ausschließlich mit *CIST N* zu finden (cf. Tab. 5.26). Im Ontotyp nicht sichtbare Räume können dagegen nur drei Kollokationen, *jor* 'Tag (Zeitraum)', *nuit* 'Nacht' und *tens* 'Zeit', mit dem bevorzugten *CIL N* ermittelt werden (cf. Tab. 5.26). Bei den nicht sichtbaren Orten treten mit *heure* 'Stunde, Moment' und *jor* 'Tag (Zeitpunkt)' sogar nur zwei Lexeme vornehmlich in *CIL N* auf (cf. Tab. 5.26). Bei den sichtbaren Orten finden sich dagegen drei Lexeme, die mit *CIL N* als bevorzugtem demonstrativen Kennzeichnungstyp eine Kollokation bilden, nämlich *lieu* 'Ort', *part* 'Ort, Stelle' und *porte* 'Tür' (cf. Tab. 5.26). Bei den sichtbaren Orten liegt darüber hinaus eine erwartungskonträre Verbindung vor, nämlich bei *place*

Tab. 5.26: Kollokationen: Räume, Orte und Situationen.

	Räume sichtbar	Räume nicht sichtbar	Orte sichtbar	Orte nicht sichtbar	Situationen physisch	Situationen sprachlich
CIST N	monde (14) païs (64) palés (10) siecle (18) terre (53) ville (25) voie (12)	jor (24) nuit (4)	lieu (5) part (4) place (6)	heure (7)	bataille (25) chose (35) afeire (20)	mot (35) parole (16)
CE N	païs (12)	jor (34) tens (5)		jor (2)	miracle (11)	mot (13) parole (12)
CIL N	païs (10) terre (15) ville (8)	nuit (68) jor (69) tens (27)	lieu (11) part (81) place (4) porte (10)	heure (45) jor (9)	bataille (4) chose (8) aventure (19) afeire (7) miracle (9)	mot (17) parole (5)

'Ort', das entgegen der Erwartungen etwas häufiger mit CIST als mit CIL auftritt (cf. Tab. 5.26). Die höhere Frequenz von *place* in der Folge *ceste place* 'dieser Ort' kann wiederum euphonisch begründet werden. So kommt es in *cele place* 'jener Ort' im Unterschied zu *ceste place* zu einer Liquidhäufung.

In der Gruppe der physischen Situationen erscheinen mit *afeire* 'Angelegenheit', *bataille* 'Schlacht' und *chose* 'Sache' drei Lexeme, die erwartungskonform in sehr hohen Anteilen durch CIST N determiniert werden. In diesem Ontotyp liegen jedoch auch einige gegenläufige Kombinationen vor, so *aventure* 'Abenteuer, Geschichte', das ausschließlich mit CIL N zu finden ist, und *miracle* 'Wunder', das insbesondere mit CE N auftritt (cf. Tab. 5.26). Auch in diesen Fällen kann vermutet werden, dass die erwartungskonträre Determination euphonisch motiviert ist. Da *aventure* feminin ist, können nur *ceste* oder *cele* als Determinierer eingesetzt werden. Die Präferenz für *cele* könnte nun auf die Vermeidung der Wiederholung des Okklusivs /t/ in der Folge *ceste aventure* zurückgeführt werden. Die Analysen von Massé-Arkan (2013b) zum Prosaroman *La mort Artu* ergeben dagegen deutlich höhere Frequenzen für *ceste aventure* als für *cele aventure*, wie in Kap. 3.3.1.3 gesehen. Das erwartungskonforme Verhalten von *aventure* in *La mort Artu* spricht dafür, dass der euphonische Aspekt das ontologische Kriterium nicht durchgängig neutralisieren kann. Bei *miracle* können wiederum keine euphonischen Gründe herangezogen werden, um die Präferenz für *CE* zu erklären. In der Gruppe der sprachlichen Situationen kommen *mot* 'Redebeitrag' und *parole* 'Redebeitrag' auf sehr hohe Einzelfrequenzen im bevorzugten Kennzeichnungstyp *CIST N*, sind jedoch auch mit *CE N* und *CIL N* in etwa der Hälfte der Okkurrenzen zu finden, sodass sich die Präferenz für die Denotation durch *CIST N* auch hier nur sehr schwach abzeichnet (cf. Tab. 5.26).

Die Kollokationsanalysen in Tab. 5.25–5.26 haben gezeigt, dass einige Lexeme, die im Untersuchungskorpus gehäuft demonstrativ determiniert werden, in den meisten Fällen einen bestimmten Kennzeichnungstyp bevorzugen. Der präferierte Kennzeichnungstyp stimmt in der Regel mit der Präferenz des Ontotyps des entsprechenden Lexems und seiner Lesart überein. Für erwartungskonträre Verbindungen konnten entweder euphonische oder quantitative Gründe benannt werden. Für *CIST N* und *CIL N* weisen insgesamt mehr Lexeme eine Präferenz auf als für *CE N*, wie die Werte in Tab. 5.25–5.26 zeigen. Die höchsten Frequenzen erreichen die einzelnen Kollokationen für *CIST N* bei sichtbaren Räumen, für *CIL N* bei nicht sichtbaren Räumen und Orten beider Profilierungen (cf. Tab. 5.26). Der höhere Kollokationswert bei Bezugnahmen auf raumzeitliche Verankerungen im Gegensatz zu Objekten oder Kollektiva kann zum einen mit einer höheren lexikalischen Diversität zur Benennung von Einzelgestalten oder Gruppen derselben begründet werden. Auf diese Weise erklärt sich auch der niedrigere Kollokationswert bei *CE N*, das ausschließlich in der Gruppe der Kollektiva dominiert. Zum anderen gibt er Auskunft über die funktionale Struktur von *CIST N* und *CIL N*. So ist bei der Bezugnahme auf raumzeitliche Entitäten weniger Spielraum zwischen einer proximalen und einer distalen Profilierung gegeben als bei der Bezugnahme auf Entitäten anderer Profilierungen, wie die pragmatische Analyse in Kap. 5.4 zeigen wird und auch Guillot-Barbance (2017, 113), Massé-Arkan (2013b, 577) und Moignet (1979, 111–112) postulieren (cf. Kap. 3.3.1.3). Die Daten in Tab. 5.25–5.26 bestätigen darüber hinaus die Analysen der Frequenzen in Tab. 5.18–5.19, die *CE N* als funktional stärker gestreute Form ausweisen als *CIST N*. Für *CIL N* spiegeln die Werte in Tab. 5.25–5.26 wiederum keine funktionale Streuung wider.

Zusammenfassung

Zum Abschluss dieses Kapitels stellt sich die Frage, welche Hinweise die Verteilungen auf semantischer Ebene auf die Distributionsmechanismen von *CIST N*, *CIL N* und *CE N* liefern. Die Distributionsanalysen der demonstrativen Kennzeichnungstypen auf semantischer Ebene bestätigen den Verdacht, dass die ontologische Profilierung des Referenzobjekts eine wichtige Rolle als Verteilungsfaktor von *CIST N*, *CIL N* und *CE N* spielt (cf. Tab. 5.19–5.24; cf. Kap. 4.2.2). Entsprechend den Daten in Tab. 5.20 unterscheiden sich *CIST N*, *CIL N* und *CE N*

5.3 Semantische Ebene — 475

deutlich in ihren jeweiligen Präferenzen für bestimmte Ontotypen. So sind in den Präferenzindices in Tab. 5.20 nur drei von insgesamt 16 Ontotypen doppelt vertreten, nehmen aber meist unterschiedliche Positionen in den jeweiligen Rangordnungen ein. Mithilfe der Verteilungsanalysen in Tab. 5.21–5.23 aus der Perspektive der Gesamtfrequenzen der Ontotypen konnten die funktionalen Profile von *CIST N*, *CIL N* und *CE N* noch präziser ermittelt werden. Mit wenigen Ausnahmen zeigen alle Ontotypen Präferenzen für die Denotation durch einen bestimmten demonstrativen Kennzeichnungstyp auf. In den funktionalen Profilen in Tab. 5.24 weisen daher alle Ontotypen nur eine einzige Zuordnung auf, mit Ausnahme der sichtbaren belebten Kollektiva, die in gleichen Teilen von *CIL N* und *CE N* denotiert werden. Die Werte von *CIST N*, *CIL N* und *CE N* liegen demnach in fast allen Fällen über 50% (cf. Tab. 5.24). *CE N* erreicht bei nicht sichtbaren nicht belebten Kollektiva sogar über 90% (cf. Tab. 5.24).

Am stärksten durch den Ontotyp des Referenzobjekts bestimmt ist die Verteilung von *CIST N*. Der proximale Kennzeichnungstyp überschreitet zwar in sechs ontologischen Profilierungen aus vier übergeordneten Kategorien den Durchschnittswert, die Anteile der präferierten Ontotypen erreichen jedoch knapp drei Viertel der Gesamtfrequenz von *CIST N*. In den nicht-präferierten Ontotypen ist *CIST N* folglich vergleichsweise schwach vertreten. In der Verteilung von *CE N* erscheint die Wirksamkeit des ontologischen Parameters auf den ersten Blick als noch höher. So weist *CE N* in Tab. 5.20 nur Ontotypen aus zwei übergeordneten Gruppen auf, in Tab. 5.24 sogar aus nur einer Gruppe. Allerdings machen die Anteile der präferierten Ontotypen bei *CE N* im Vergleich zu *CIST N* weniger als die Hälfte der Okkurrenzen aus (cf. Tab. 5.20). Die Verteilung von *CE N* ist folglich am wenigsten durch den ontologischen Typ des Referenzobjekts bedingt. Auch bei *CIL N* stellen die Anteile der präferierten Ontotypen nur knapp zwei Drittel der Gesamtfrequenz, obgleich *CIL N* sieben Ontotypen aus fünf Kategorien in seinem Präferenzindex aufweist (cf. Tab. 5.20). Auch die Verteilung von *CIL N* zeigt sich somit als weniger stark vom Ontotyp des Referenzobjekts bestimmt als die von *CIST N*. Die Kennzeichnungstypen *CIL N* und *CE N* sind folglich in ihrer ontologischen Verteilung gestreuter und funktional weniger spezifiziert als *CIST N*.

Hinsichtlich der ontologischen Merkmale der präferierten Ontotypen fällt ein weiterer Aspekt auf, der *CIL N* und *CE N* im Kontrast zu *CIST N* gruppiert. Im Präferenzindex von *CIL N* figurieren sichtbare belebte Objekte an erster Position, im Präferenzindex von *CE N* ist an dieser Stelle die entsprechende Variante der Gruppe der Kollektiva zu finden (cf. Tab. 5.20 & 5.24). Im Präferenzindex von *CIL N* sind darüber hinaus auch sichtbare belebte Kollektiva zu finden, die in etwa gleichen Teilen von *CIL* und *CE* determiniert werden. *CIST N* weist dagegen in keinem Ontotyp belebter Profilierung Werte über dem arithmetischen

Mittel auf und wird dementsprechend auch nicht als Kennzeichnungstyp präferiert (cf. Tab. 5.20 & 5.24). In der Verteilung von *CIL N* und *CE N* entfällt etwa ein Drittel der Okkurrenzen auf belebte Objekte und Kollektiva, während *CIST N* in belebten Ontotypen insgesamt nur auf ein Sechstel der Gesamtfrequenz kommt (cf. Tab. 5.19). Die Gebrauchsanteile von *CIL N* und *CE N* liegen bei Ontotypen belebter Profilierung folglich doppelt so hoch wie die von *CIST N*, das vornehmlich mit Ontotypen unbelebter Ausprägung, insbesondere sichtbaren Räumen und Situationen physischer und sprachlicher Spielart, zum Einsatz kommt.

Im Präferenzindex von *CIST N* sind folglich ausschließlich Ontotypen zu finden, die mangels Belebtheit keine agentivische Qualität besitzen, während in den Präferenzindexen von *CIL N* und *CE N* die potentiell agentivischen sichtbaren belebten Objekte und Kollektiva an erster Position figurieren. Die Verteilung auf der Ebene der Ontotypen kann folglich auch mit den Analysen auf der Ebene der syntaktischen Funktionen in Kap. 5.2 verknüpft werden. Mit sichtbaren belebten Objekten bevorzugt *CIL N* einen Ontotyp, der nicht nur das typische Referenzobjekt, sondern auch das prototypische Subjekt darstellt, insbesondere im Falle menschlicher Belebtheit. *CIL N* tritt auf der Ebene der syntaktischen Funktionen am zweithäufigsten als Subjekt auf (cf. Tab. 5.11). In der Gruppe der *CIL N*-Subjekte gehören ferner knapp 40% der Okkurrenzen dem Ontotyp sichtbare belebte Objekte an. Für *CE N* kann diese Überlegung wiederum nicht angeführt werden, da *CE N* wie *CIST N* am zweithäufigsten als direktes Objekt auftritt (cf. Kap. 5.2).

Mit der Erhebung des ontologischen Typs des Referenzobjekts zum Analysekriterium eröffnet die vorliegende Untersuchung eine gänzlich neue Perspektive auf die Verteilung der altfranzösischen Demonstrativa. Entsprechend den Analysen in diesem Kapitel hat die ontologische Profilierung des Referenzobjekts einen entscheidenen Einfluss auf die Distribution von *CIST N*, *CIL N* und *CE N*. Die Verteilungsprinzipien auf semantischer Ebene ermöglichen somit erstmals eine Bewertung der Funktionalität von *CIST N*, *CIL N* und *CE N* aus der Perspektive der ontologischen Struktur. Die vorliegende Untersuchung geht somit nicht nur über die bisherige Forschung zu den altfranzösischen Demonstrativa, sondern auch zu Demonstrativa im Allgemeinen hinaus.

5.4 Pragmatische Ebene

In diesem Kapitel untersuche ich die Verteilungspräferenzen von *CIST N*, *CIL N* und *CE N* auf pragmatischer Ebene. Wie in Kap. 3.3.1.3 anhand der Daten von Guillot-Barbance (2017) und Massé-Arkan (2011; 2013b) gesehen, beeinflusst die

Tab. 5.27: Verteilung von *CIST N*, *CIL N* und *CE N* nach Verweisdomänen.

	situativ	sprachlich	epistemisch	∑
CIST N	897	578	46	1512
	59,0%	38,0%	3,0%	100%
CE N	331	417	79	827
	40,0%	50,4%	9,6%	100%
CIL N	245	1274	222	1741
	14,1%	73,2%	12,8%	100%
∑	1473	2269	347	4089
	36,0%	55,5%	8,5%	100%

referentielle Verankerung des Referenzobjekts die Verteilung von *CIST N* und *CIL N* in entscheidendem Maße. Aus diesem Grund gehe ich in diesem Kapitel der Frage nach, welche Rolle der referentielle Kontext und der epistemische Status des Referenzobjekts als Verteilungsfaktoren von *CIST N*, *CIL N* und *CE N* spielen. Dazu überprüfe ich zum einen die Distribution der Demonstrativparadigmen nach Referenztypen, zum anderen die Distribution nach dem epistemischen Status des Referenzobjekts entsprechend den Annotationskatalogen, die ich in Kap. 4.2.3 vorgestellt habe. In den bisherigen Studien zum referentiellen Verhalten der altfranzösischen Demonstrativa blieb das neutrale *CE N* gänzlich unbeachtet. Dieses Defizit werden die Analysen in diesem Kapitel ausgleichen. Des Weiteren unterscheidet Guillot-Barbance (2017) in der pragmatischen Distributionsanalyse insgesamt nur vier Referenztypen (cf. Tab. 3.16 in Kap. 3.3.2.3). Wie in Kap. 4.2.3 dargelegt, arbeitet die vorliegende Untersuchung mit einer Typologie aus insgesamt acht Referenztypen. Im Unterschied zu Guillot-Barbance (2017) differenziere ich nämlich im situativen sowie nominal- und propositionalanaphorischen Kontext zwischen direkten und indirekten Bezugnahmen.

Mithilfe der Verteilung der demonstrativen Kennzeichnungstypen nach Referenztypen, wie in Tab. 5.27 dargestellt, können nun die referentiellen Profile von *CIST N*, *CIL N* und *CE N* entwickelt werden. Entsprechend den Daten in Tab. 5.27 tritt *CIST N* in mehr als der Hälfte der Okkurrenzen und somit bevorzugt zur Denotation situativ verankerter Referenzobjekte ein. Bezugnahmen auf Referenzobjekte, die in der sprachlichen Verweisdomäne verankert sind, kommen in der Verteilung von *CIST N* auf 38,0% und stellen den zweithäufigsten Gebrauchskontext dar (cf. Tab. 5.27). Verweise auf Entitäten, die in der epistemischen Verweisdomäne verankert sind, machen dagegen 3% aus.

Im Unterschied zu *CIST N* nimmt *CIL N* bevorzugt auf Referenzobjekte der sprachlichen Verweisdomäne Bezug, die fast drei Viertel der Gesamtverteilung ergeben (cf. Tab. 5.27). Situative Verweise kommen in der Verteilung von *CIL N* nur auf 14,3%. In der epistemischen Verweisdomäne verankerte Bezugnahmen erreichen in der Verteilung von *CIL N* 12,8% und liegen folglich fast gleichauf mit den situativen Bezugnahmen (cf. Tab. 5.27). Ebenso wie *CIL N* bevorzugt *CE N* die sprachliche Verweisdomäne, die insgesamt die Hälfte der Gesamtverteilung ausmacht (cf. Tab. 5.27). Am zweithäufigsten sind in der Verteilung von *CE N* situative Bezugnahmen, die auf 40% der Okkurrenzen kommen (cf. Tab. 5.27). Referenzobjekte aus der epistemischen Verweisdomäne steuert *CE N* in einem knappen Zehntel an und somit in einem höheren Anteil als *CIST N* (cf. Tab. 5.27).

Die Präferenzen der demonstrativen Kennzeichnungstypen für bestimmte Referenztypen stellen sich noch klarer heraus, wenn die Verteilungen von *CIST N*, *CIL N* und *CE N* innerhalb der einzelnen Verweisdomänen berücksichtigt werden, wie Tab. 5.28 darstellt.[113] Entsprechend den Daten in Tab. 5.28 zeichnet sich in der Verteilung von *CIST N* der direkte situative Verweis (58,6%) mit weit mehr als der Hälfte der Okkurrenzen als bevorzugter Referenztyp ab. Der Wert von *CIST N* kommt in diesem Referenztyp daher auch weit über den Mittelwert. Die direkte Propositionalanapher (21%) stellt mit einem Fünftel der Gesamtfrequenz den zweithäufigsten Referenztyp von *CIST N* dar (cf. Tab. 5.28). Auch hier erreicht *CIST N* Frequenzen über dem Durchschnitt. Die direkte Nominalanapher kommt mit 13,4% erst an dritter Stelle, liegt in der Verteilung von *CIST N* anteilig aber nicht über dem Mittelwert (cf. Tab. 5.28). Die Frequenzen aller anderen Referenztypen liegen dagegen unter 2,7% (cf. Tab. 5.28). *CIST N* zeigt auf referentieller Ebene folglich eine starke Spezialisierung für direkte situative Bezugnahmen auf, deren Wert fast dreimal so hoch ist wie der Wert des zweithäufigsten Referenztyps, den direkten Propositionalanaphern. Zwischen direkten Propositionalanaphern und direkten Nominalanaphern als dritthäufigstem Typ liegt dagegen ein geringer Unterschied vor. Wie auf der Ebene der Ontotypen in Kap. 5.3 gesehen, zeichnen sich in der Verteilung von *CIST N* in Tab. 5.28 durch das große quantitative Ungleichgewicht zwischen präferierten und dispräferierten Referenztypen deutliche Verteilungspräferenzen ab. *CIST N* präsentiert sich somit auch auf der referentiellen Ebene als stark spezialisierter Kennzeichnungstyp.

In der Verteilung von *CIL N* treten direkte Nominalanaphern mit über einem Drittel der Okkurrenzen als häufigster Referenztyp auf (cf. Tab. 5.28). Am zweithäufigsten sind indirekte Propositionalanaphern (20,7%) mit einem Fünftel der Okkurrenzen (cf. Tab. 5.28). In beiden Referenztypen liegen die Werte von *CIL N* weit über dem Durchschnittswert. *CIL N* erreicht zwar auch in direkten situati-

---

[113] Cf. Tab. 9.21 in Kap. 9 zur Verteilung von *CIST N*, *CIL N* und *CE N* nach Referenztypen und Einzelformen.

Tab. 5.28: Verteilung von *CIST N*, *CIL N* und *CE N* nach Referenztyp.

Referenztyp			CIST N	CE N	CIL N	∑
situativ	direkt		891	326	239	1456
			58,6%	39,4%	13,7%	35,6%
	indirekt		6	5	6	17
			0,4%	0,6%	0,3%	0,4%
	∑		897	331	245	1473
			59,0%	40,0%	14,1%	36,0%
sprachlich	nominal	direkt	201	186	636	1023
			13,2%	22,5%	36,5%	25,0%
		indirekt	6	74	87	167
			0,4%	8,9%	5,0%	4,1%
		∑	207	260	723	1190
			13,6%	31,4%	41,5%	29,1%
	propositional	direkt	319	113	191	623
			21,0%	13,7%	11,0%	15,2%
		indirekt	52	44	360	456
			3,4%	5,3%	20,7%	11,2%
		∑	371	157	551	1079
			24,4%	19,0%	31,6%	26,4%
	∑		578	417	1274	2269
			38,0%	50,4%	73,2%	55,5%
epistemisch	historische & religiöse Figuren		5	2	110	117
			0,3%	0,2%	6,3%	2,9%
	andere Erstnennungen		41	77	112	230
			2,7%	9,3%	6,4%	5,6%
	∑		46	79	222	347
			3,0%	9,6%	12,8%	8,5%
	∑		1521	827	1741	4089
			100%	100%	100%	100%

ven Bezugnahmen (13,7%) und direkten Propositionalanaphern Werte über zehn Prozent (cf. Tab. 5.28). In beiden Referenztypen bleiben die Anteile jedoch deutlich unter dem Mittelwert. Frequenzen über fünf Prozent erreicht *CIL N* darüber hinaus in der epistemischen Verweisdomäne in beiden Spielarten und bei indirekten Nominalanaphern (cf. Tab. 5.28). In diesen Referenztypen sind die Frequenzen von *CIL N* in allen Fällen auch deutlich höher als die von *CIST N* sowie über dem Durchschnitt angesiedelt. In der Verteilung von *CIL N* zeichnen sich folglich klare Präferenzen für direkte Nominalanaphern und indirekte Propositionalanaphern ab. *CIST N* und *CIL N* unterscheiden sich daher vollständig in ihren referentiellen Präferenzen. Da die Anteile der dispräferierten Referenztypen in Tab. 5.28 mit zwei Ausnahmen in allen Fällen Werte über fünf oder sogar zehn Prozent erreichen, zeigt *CIL N* im Gegensatz zu *CIST N*, ebenso wie bei der Ontotypenverteilung in Kap. 5.3 gesehen, eine ausgewogenere Verteilung zwischen präferierten und dispräferierten Referenztypen auf.

In der Verteilung von *CE N* erweist sich der direkte situative Verweis (39,4%) als häufigster Referenztyp, hier kommt *CE N* sogar über den Mittelwert (cf. Tab. 5.28). Am zweithäufigsten sind direkte Nominalanaphern (22,5%) (cf. Tab. 5.28). Obwohl die Werte von *CE N* in diesem Referenztyp über ein Fünftel der Okkurrenzen ausmachen, liegen sie dennoch unter dem Durchschnittswert. Am dritthäufigsten sind bei *CE N* direkte Propositionalanaphern mit 13,7% (cf. Tab. 5.28). Darüber hinaus erreicht *CE N* in indirekten Nominalanaphern und demonstrativen Erstnennungen, die nicht auf historische oder religiöse Figuren ausgerichtet sind, knapp unter zehn Prozent (cf. Tab. 5.28). Zudem liegt der Anteil in beiden Referenztypen weit über dem Durchschnittswert und sogar höher als der von *CIL N* (cf. Tab. 5.28). In der Verteilung von *CE N* zeichnen sich folglich klare Präferenzen für direkte situative Bezugnahmen und direkte Nominalanaphern ab, wobei der Wert des erstplatzierten Referenztyps fast doppelt so hoch ist. Die erste Präferenz teilt *CE N* mit *CIST N*, die zweite mit *CIL N*. Aus der Perspektive der bevorzugten Referenztypen weist *CE N* folglich sowohl Ähnlichkeiten mit *CIST N* als auch mit *CIL N* auf. So teilt *CE N* mit *CIST N* die Präferenz für direkte situative Bezugnahmen, mit *CIL N* wiederum die für direkte Nominalanaphern. Die Zweigliedrigkeit von *CE N* zeigt sich weiterhin in der Tatsache, dass *CE N* in allen Referenztypen, die *CIL N* in höheren Anteilen vertritt als *CIST N*, höhere Werte erreicht als *CIST N* und umgekehrt (cf. Tab. 5.28). Das ausgeglichene Verteilungsmuster von *CE N* spricht wiederum für eine funktionale Gruppierung mit *CIL N*. *CE N* weist nämlich, ebenso wie *CIL N*, eine quantitativ relativ ausgewogene Verteilung zwischen präferierten und dispräferierten Referenztypen auf.

Entsprechend den Daten in Tab. 5.28 sind direkte Bezugnahmen bei allen Kennzeichnungstypen deutlich frequenter als indirekte Bezugnahmen, mit Ausnahme von *CIL N*, das im Bereich der Propositionalanaphern mehr als doppelt so häufig indirekt verankert ist wie direkt. Indirekte situative Bezugnahmen sind besonders selten und machen insgesamt nur einen Anteil von 0,4% der Gesamtverteilung aus. Darüber hinaus sind die Kennzeichnungstypen hier quantitativ fast vollständig ausgeglichen. Die niedrigsten Anteile in allen indirekt verankerten Bezugnahmen weist *CIST N* auf, dessen Werte in allen Spielarten unterhalb von *CIL N* und *CE N* liegen (cf. Tab. 5.28). In der epistemischen

Verweisdomäne stellen *CIST N* und *CE N* vornehmlich Bezugnahmen dar, die nicht auf historische oder religiöse Figuren ausgerichtet sind (cf. Tab. 5.28). *CE N* erreicht in diesem Referenztyp sogar die höchsten Anteile. *CIL N* weist dagegen eine ausgewogene Verteilung zwischen beiden Spielarten auf (cf. Tab. 5.28).

Die funktionalen Profile von *CIST N*, *CIL N* und *CE N* zeichnen sich noch schärfer ab, wenn die Anteile von *CIST N*, *CIL N* und *CE N* vor dem Hintergrund der Gesamtfrequenz der einzelnen Referenztypen berechnet werden, wie Tab. 5.29 zeigt. Die Ergebnisse in Tab. 5.29 bestätigen die Ergebnisse aus Tab. 5.28 weitgehend. So bevorzugen direkte situative Bezugnahmen die Realisierung durch *CIST N*, die in deutlich mehr als der Hälfte der Fälle (61,2%) zum Einsatz kommt (cf. Tab. 5.29). In indirekten situativen Bezugnahmen erreichen *CIST N* und *CIL N* dagegen die gleichen Werte. Da der Anteil dieses Referenztyps sehr gering und die Verteilung der Kennzeichnungstypen darüber hinaus anteilig gleich ist, integriere ich diese Werte nicht in das funktionale Profil von *CIST N* und *CIL N* (cf. Tab. 5.29). Direkte Nominalanaphern weisen wiederum eine starke Präferenz für die Realisierung durch *CIL N* auf, das in 62,2% der Okkurrenzen als demonstrativer Kennzeichnungstyp zum Einsatz kommt (cf. Tab. 5.29). Auch die indirekten Nominalanaphern werden mehrheitlich durch *CIL N* realisiert, so in etwa der Hälfte der Okkurrenzen (52,1%). Direkte Propositionalanaphern bevorzugen die Realisierung durch *CIST N*, das mit 51,2% die Anteile von *CIL N* (30,7%) und *CE N* (18,1%) deutlich übertrifft (cf. Tab. 5.29). Indirekte Propositionalanaphern weisen wiederum eine starke Präferenz für die Realisierung durch *CIL N* auf, das in 78,9% der Okkurrenzen als demonstrativer Kennzeichnungstyp zum Einsatz kommt (cf. Tab. 5.29). Historische und religiöse Figuren werden beinahe ausschließlich durch *CIL N* denotiert (cf. Tab. 5.29). Auch demonstrative Erstnennungen, die auf aus dem religiösen oder historischen Kontext nicht allgemein bekannte Entitäten verweisen, werden zum größeren Teil von *CIL N* realisiert, wenn auch die Frequenz von *CIL N* in diesem Referenztyp unter 50% liegt.

Auf der Basis der Analyse der Frequenzen von *CIST N*, *CIL N* und *CE N* aus der Perspektive der Gesamtwerte der einzelnen Referenztypen können nun funktionale Profile von *CIST N*, *CIL N* und *CE N* erstellt werden, die Unterschiede zwischen *CIST N*, *CIL N* und *CE N* auf der referentiellen Ebene schärfer herausstellen, als es mit der Verteilungsanalyse aus der Perspektive der Gesamtfrequenzen der demonstrativen Kennzeichnungstypen möglich ist. Bei der Hierarchisierung der funktionalen Präferenzen von *CIST N*, *CIL N* und *CE N* in Tab. 5.30 beziehe ich die Anteile mit ein, die die entsprechenden Referenztypen insgesamt im Untersuchungskorpus einnehmen. Auf diese Weise entstehen funktionale Profile, in denen die einzelnen Referenztypen einmalig vergeben werden.

Tab. 5.29: Verteilung der Referenztypen nach demonstrativem Kennzeichnungstyp.

	situativ direkt	situativ indirekt	sprachlich nominal direkt	sprachlich nominal indirekt	sprachlich propositional direkt	sprachlich propositional indirekt	epistemisch histor. & relig. Figuren	epistemisch andere Figuren
CIST N	891 61,2%	6 35,3%	201 19,6%	6 3,6%	319 51,2%	52 11,4%	5 4,3%	41 17,8%
CE N	326 22,4%	5 29,4%	186 18,2%	74 44,3%	113 18,1%	44 9,6%	2 1,7%	77 33,5%
CIL N	239 16,4%	6 35,3%	636 62,2%	87 52,1%	191 30,7%	360 78,9%	110 94,0%	112 48,7%
Σ	1.456 100%	17 100%	1.023 100%	167 100%	623 100%	456 100%	117 100%	230 100%

Tab. 5.30: Funktionale Profile von *CIST N*, *CIL N* und *CE N* nach Referenztypen.

	CIST N proximal			*CIL N* distal			*CE N* neutral	
Referenztyp	Anteil *CIST N*	Anteil des Referenztyps	Referenztyp	Anteil *CIL N*	Anteil des Referenztyps	Referenztyp	Anteil *CE N*	Anteil des Referenztyps
situativ direkt	61,2%	35,6%	**sprachlich** nominal direkt	62,2%	25,0%			
sprachlich propositional direkt	51,2%	15,2%	**sprachlich** nominal indirekt	52,1%	4,0%			
			sprachlich propositional indirekt	78,9%	11,2%			
			epistemisch histor. & relig. Figuren	94,0%	2,9%			
			epistemisch andere	48,7%	5,6%			

Wie Tab. 5.30 zeigt, wird *CIST N* nur bei direkten situativen Verweisen und direkten Propositionalanaphern als demonstrativer Denotationstyp bevorzugt. Im Vergleich zu *CIST N* ist das funktionale Profil von *CIL N* vielfältiger und somit kaum spezialisiert. So vereint *CIL N* die epistemische Verweisdomäne vollständig und repräsentiert auch im Bereich der Nominalanaphern beide Ausrichtungen (cf. Tab. 5.30). Was die Propositionalanaphern betrifft, zeigen *CIST N* und *CIL N* wiederum eine komplementäre Verteilung. Während *CIST N* bei direkten Propositionalanaphern dominiert, stellt *CIL N* bei den indirekten den häufigsten demonstrativen Denotationstyp dar (cf. Tab. 5.30). *CE N* weist dagegen in keinem Referenztyp höhere Werte auf als *CIST N* oder *CIL N* (cf. Tab. 5.29). *CE N* kann zwar für die Referenztypen indirekte Nominalanaphern und Bezugnahmen in der epistemischen Verweisdomäne der Status eines typischen demonstrativen Denotationstyps zugeschrieben werden. Seine Werte liegen jedoch auch in diesen Kontexten nicht über den Werten von *CIL N*. Auf der Ebene der Referenztypen weist *CE N* somit keine distinktive funktionale Profilierung auf. Sein funktionales Profil bleibt in Tab. 5.30 daher leer. Ebenso wie die Vielfalt an Referenztypen im funktionalen Profil von *CIL N* kann die Absenz dergleichen bei *CE N*, das in keinem Referenztyp als Denotationsform bevorzugt wird, als funktionale Streuung gewertet werden. Da *CE N* nur ein geringes quantitatives Ungleichgewicht zwischen präferierten und dispräferierten Verweiskontexten zeigt, wie in Tab. 5.28 gesehen, ist es in keinem Referenztyp überrepräsentiert. Auch das Verteilungsmuster in Tab. 5.30 spricht schließlich für eine funktionale Gruppierung von *CE N* und *CIL N*, wie bereits die Werte in Tab. 5.29.

In Kap. 2.1.2.4 wurden Demonstrativa in indirekten Nominalanaphern und im Bereich der epistemischen Verweisdomäne als referentiell unterspezifizierend eingeschätzt. Die Präferenzverteilung in Tab. 5.30 weist *CIL N* als bevorzugten Kennzeichnungstyp in allen Kontexten referentieller Unterspezifikation aus. Auch im referentiellen Leistungsprofil von *CE N* nehmen indirekte Nominalanaphern und absolute Erstnennungen eine prominente Rolle ein, da *CE N* in diesen Referenztypen als zweithäufigster Denotationstyp auftritt und aus der Perspektive der Gesamtfrequenzen der Referenztypen hier mit Abstand die höchsten Werte erreicht, wie Tab. 5.29 zeigt. Wie in Kap. 2.1.2.4 ebenfalls dargelegt, bringen unterspezifizierende Demonstrativa automatisch eine affektive Lesart hervor. Entsprechend der Präferenzverteilung in Tab. 5.29 und Tab. 5.30 erweisen sich *CIL* und *CE* folglich auch als präferierte Kennzeichnungstypen in affektiv angereicherten Kontexten. Demonstrativa erhalten jedoch nicht nur in Kontexten referentieller Unterspezifikation einen affektiven Wert, sondern auch in Kontexten referentieller Überspezifikation (cf. Kap. 2.1.2.4). Referentielle Überspezifikation tritt auf, wenn ein Demonstrativum im anaphorischen Verweis auf die Entität mit der höchsten Topikalität Bezug nimmt. Mithilfe der Daten von

Guillot-Barbance (2017) konnte *CIST* in Kap. 3.3.1.3 als häufigstes referentiell überspezifizierendes Demonstrativum ausgewiesen werden. Da der Topikalitätsstatus des Antezedenten bei der Korpusanalyse in diesem Kapitel nicht ermittelt wurde, können entsprechend der Verteilung in Tab. 5.29 nur Vermutungen bezüglich der Anteile an referentiell überspezifizierendem *CIST* formuliert werden. Der Anteil von direkt nominalanaphorischem *CIST* ist insgesamt sehr niedrig (cf. Tab. 5.28). Zudem ist davon auszugehen, dass nicht alle Okkurrenzen in Kontexten referentieller Überspezifikation auftreten. Die Daten in Tab. 5.28 und Tab. 5.29 sprechen folglich nicht dafür, dass die affektive Auswertung in der Verteilung von *CIST* ebenso systematisch ist wie in der Verteilung von *CIL* und *CE*.

Die Verteilung nach Referenztypen in Tab. 5.28 und die funktionalen Profile in Tab. 5.30 zeigen sowohl Konvergenzen als auch Divergenzen mit den Analysen von Guillot-Barbance (2017) zum referentiellen Verhalten von *CIST* und *CIL* (Tab. 3.16) auf (cf. Kap. 3.3.1.3). Am häufigsten erscheint *CIST* im Korpus von Guillot-Barbance (2017) direkt propositionalanaphorisch (39,5%), direkt situativ (31,6%) und direkt nominalanaphorisch (23,9%) (cf. Tab. 3.16). Für *CIST* stimmt die Präferenzanalyse von Guillot-Barbance (2017) folglich zwar hinsichtlich des Inventars der bevorzugten Referenztypen mit dieser Untersuchung überein, jedoch nicht hinsichtlich des Verteilungsmusters. In der vorliegenden Untersuchung ist der direkte situative Verweis (58,6%) mit Abstand fast dreimal so häufig wie die zweitplatzierten direkten Propositionalanaphern (21,0%) und mehr als viermal so häufig wie die drittplatzierten direkten Nominalanaphern (13,2%) (cf. Tab. 5.28). In den Daten von Guillot-Barbance (2017) ist *CIST* dagegen in allen untersuchten referentiellen Kontexten mit ähnlich starken Gebrauchsfrequenzen vertreten, mit Ausnahme des epistemischen Kontexts (cf. Tab. 3.16). *CIST* zeigt im Korpus von Guillot-Barbance (2017) folglich eine weit ausgewogenere referentielle Verteilung auf als in den Daten der vorliegenden Untersuchung.

Auch die Verteilung von *CIL* in Tab. 3.16 widerspricht in weiten Teilen unseren Ergebnissen aus Tab. 5.28. So ist *CIL* im Korpus von Guillot-Barbance (2017) in mehr als der Hälfte der Fälle (55,9%) in der epistemischen Verweisdomäne im Einsatz, am zweithäufigsten als direkte Nominalanapher (38,2%) (cf. Tab. 3.16). Im situativen und propositionalanaphorischen Verweis liegt *CIL* bei Guillot-Barbance (2017) dagegen unter fünf Prozent. Im Gegensatz zu *CIST* erweist sich *CIL* in Tab. 3.16 als referentiell deutlich stärker spezialisiertes Demonstrativum. Die Ergebnisse von Guillot-Barbance (2017) stehen den Ergebnissen der vorliegenden Untersuchung also diametral entgegen. Obwohl *CIST N* in situativen Bezugnahmen dominiert, erreicht *CIL N* in diesem Referenztyp in Tab. 5.28 fast 15 Prozent. Darüber hinaus spielen Bezugnahmen, die in der epistemischen Verweisdomäne verankert sind, in Tab. 5.28 quantitativ eher eine untergeordnete Rolle, auch wenn *CIL N* in diesem Bereich die höchsten Werte aufweist. Die Divergenzen zwischen den Daten von Guillot-Barbance (2017) und der vorliegenden Untersuchung können auf Unterschiede sowohl in der Korpusgestaltung als auch in den Analysekategorien zurückgeführt werden. So untersucht Guillot-Barbance (2017) sowohl adnominale als auch pronominale Okkurrenzen von *CIST* und *CIL*. Des Weiteren wird in Tab. 3.16 keine Differenzierung zwischen direkten und indirekten Bezugnahmen vorgenommen. Es ist folglich unklar, ob Okkurrenzen, die in dieser Studie als indirekt propositionalanaphorisch gelten, bei Guillot-Barbance (2017) in der Gruppe der Propositionalanaphern oder bei den anamnestischen Bezugnahmen verbucht wurden, was einen direkten Vergleich der Daten aus Tab. 3.16 und Tab. 5.28 zusätzlich erschwert. Daten zur Verteilung von *CE N* liegen in Guillot-Barbance (2017) nicht vor.

Während sich *CE N* auf der Ebene der Referenztypen als funktional unbestimmt präsentiert, zeichnen sich in der referentiellen Distribution von *CIST N* und *CIL N* noch klarere Präferenzen ab als in der Ontotypenverteilung (cf. Kap. 5.3). Angesichts der Tatsache, dass Referenz- und Ontotypen unabhängig voneinander bestimmt werden, stellt sich die Frage der funktionalen Zusammenhänge zwischen beiden Analyseebenen. Um die Korrelationen zwischen der pragmatischen Ebene des referentiellen Bezugs und der semantischen Ebene der ontologischen Profilierung ermitteln zu können, zeige ich in Tab. 5.31 und 5.32 die Verteilung von *CIST N*, *CIL N* und *CE N* entsprechend den Ontotypen und den häufigsten Referenztypen (direkter situativer Verweis, direkte Nominalanapher sowie direkte und indirekte Propositionalanapher) auf. In Tab. 5.31 und Tab. 5.32 berechne ich darüber hinaus die prozentualen Anteile von *CIST N*, *CIL N* und *CE N* am Gesamtwert der Ontotypen in den einzelnen Referenztypen. In Tab. 5.31 gebe ich zunächst die Werte aller Ontotypen mit Ausnahme der nicht sichtbaren Objekte und Kollektiva in direkten situativen Verweisen und direkten Nominalanaphern an. In Tab. 5.32 gehe ich dann auf die Werte der Ontotypen nicht sichtbare Stoffe, sichtbare und nicht sichtbare Räume und Orte sowie physische und sprachliche Situationen in direkten und indirekten Propositionalanaphern ein. Da die Ontotypen Objekte, Kollektiva oder sichtbare Stoffe fast nie mit propositionalanaphorischen Verweisen korrelieren, ist die Ontotypenauswahl in Tab. 5.32 reduzierter als in Tab. 5.31.

Die Verteilung in Tab. 5.31 zeigt, dass *CIST N* im situativen Verweis für alle Ontotypen mit Ausnahme der Kollektiva als Denotationstyp bevorzugt wird. Die quantitative Dominanz von *CIST N* erstreckt sich daher nicht nur auf präferierte, sondern auch auf die meisten dispräferierten Ontotypen (cf. Tab. 5.29). Der Verdacht liegt folglich nahe, dass die Präferenz von *CIST N* für direkte situative Bezugnahmen die Präferenzen auf ontologischer Ebene relativiert. In der Verteilung der situativen Verweise in Tab. 5.31 zeichnen sich dennoch Tendenzen ab, die vermuten lassen, dass der Referenztyp die Rolle des Ontotyps als Verteilungsfaktor nicht außer Kraft setzt. Zuerst ist hier das Übergewicht von *CE N* zur Denotation situativer Kollektiva anzuführen. Wie in Tab. 5.28 gesehen, wird *CE N* zwar am häufigsten direkt situativ verwendet, liegt in der Denotation direkter situativer Verweise jedoch weit unter dem Anteil von *CIST N*. Die Dominanz von *CE N* im Bereich der situativ verankerten Kollektiva ist folglich auf sein funktionales Profil auf der Ebene der Ontotypenverteilung zurückzuführen, in dem sichtbare belebte und nicht belebte Kollektiva auf den Positionen 1 und 2 figurieren (cf. Kap. 5.3). Darüber hinaus zeigen sich in Tab. 5.31 Anteilsunterschiede auf, die auf die funktionalen Profile hinsichtlich der Ontotypenverteilung zurückgeführt werden können. Die schwächste Mehrheit weist *CIST N* in situativ verankerten sichtbaren belebten Objekten auf, die nicht im funktionalen Profil von *CIST N* auftreten, dagegen an erster Position in dem von *CIL N* zu finden sind (cf. Tab. 5.24). Die Mehrheit von *CIST N* in Tab. 5.31 zeigt sich am deutlichsten bei den präferierten Ontotypen. Mit Ausnahme der sprachlichen Situationen weist *CIST N* in allen Ontotypen aus Tab. 5.31, die in seinem funktionalen Profil zu finden sind, Werte über 70% (sichtbare Räume, nicht sichtbare Stoffe, physische Situationen) auf. Auch nicht sichtbare Räume und sichtbare und nicht sichtbare Orte werden in über drei Vierteln der Okkurrenzen durch *CIST N* denotiert, obwohl sie die Denotation durch *CIL N* bevorzugen. Wie in Kap. 3.3.1.3 gezeigt, ist die Verteilung von *CIST* und *CIL* beim Verweis auf raumzeitliche Entitäten weitgehend komplementär. Entsprechen diese dem Sprechort oder -zeitraum oder sind sie in der Gesprächssituation grundsätzlich visuell zugänglich, kommt in der Regel *CIST* zum Einsatz. *CIL* wird dagegen meist verwendet, wenn keine Übereinstimmung mit der Sprecher-Origo vorliegt oder situative Verfügbarkeit auf andere Weise gegeben ist.[114] Das starke Übergewicht von *CIST N* auch bei den nicht-präferierten Spielarten der Räume und Orte ist folglich auf die situative Verfügbarkeit der Referenz zurückzuführen. Sichtbare Räume weisen mit Abstand die höchste Frequenz in der situativen Bezugnahme auf. Sie machen etwa ein Drittel aller situativen Bezugnahmen aus. Darüber hinaus sind rund 60% aller sichtbaren Räume des Untersuchungskorpus situativ verankert. In der Verteilung von *CIST N* trifft die situative Verankerung sogar auf fast 100 Prozent aller raumzeitlichen Entitäten zu. So sind 356 von 369 sichtbaren Räumen, 43 von 53 nicht sichtbaren Räumen, 29 von 30 sichtbaren Orten und 31 von 40 nicht sichtbaren Orten in der Verteilung von *CIST N* situativ (cf. Tab. 5.31 & 5.19).

Bei direkten Nominalanaphern dominiert *CIL N* weitgehend, das in diesem Referenztyp die bevorzugte Kennzeichnungsform darstellt, wie die Daten in Tab. 5.31

---

[114] Die Tatsache, dass *CIL N* im situativen Verweis mit raumzeitlichen Entitäten (Räume und Orte) zum Einsatz kommt, beweist, dass die Verteilung von *CIST* und *CIL* auch in diesem Funktionsbereich nicht vollständig komplementär ist (cf. Tab. 5.31).

Tab. 5.31: Ontotypenverteilung in situativen Bezugnahmen und Nominalanaphern.

Ontotyp		situativ direkt			Σ		sprachlich nominal direkt			Σ
		CIST N	CE N	CIL N			CIST N	CE N	CIL N	
Objekte	sichtbar belebt	125 46%	72 27%	72 27%	269 100%		60 32%	8 4%	121 64%	189 100%
	sichtbar nicht belebt	80 53%	21 14%	49 33%	150 100%		2 3%	7 11%	52 85%	61 100%
Kollektiva	sichtbar belebt	39 36%	59 54%	11 10%	109 100%		8 11%	22 31%	42 58%	72 100%
	sichtbar nicht belebt	11 18%	46 74%	5 8%	62 100%			16 84%	3 16%	19 100%
Stoffe	sichtbar	5 63%	2 25%	1 13%	8 100%					
	nicht sichtbar	48 79%	6 10%	7 11%	61 100%		24 47%	3 6%	24 47%	51 100%
Räume	sichtbar	356 75%	68 14%	53 11%	477 100%		5 5%	15 16%	74 79%	94 100%
	nicht sichtbar	43 67%	15 23%	6 9%	64 100%			7 17%	34 83%	41 100%
Orte	sichtbar	29 52%	10 18%	17 30%	56 100%			3 17%	15 83%	18 100%
	nicht sichtbar	31 86%	2 6%	3 8%	36 100%				3 100%	3 100%

Tab. 5.31 (fortgesetzt)

Ontotyp		situativ direkt			Σ		sprachlich nominal direkt			Σ
		CIST N	CE N	CIL N			CIST N	CE N	CIL N	
Situationen	physisch	87 79%	15 14%	8 7%	110 100%		29 33%	12 13%	48 54%	89 100%
	sprachlich	4 57%	3 43%		7 100%		6 55%	1 9%	4 36%	11 100%

5.4 Pragmatische Ebene — **489**

zeigen. Wie für den situativen Verweis gesehen, ist die Wirksamkeit der ontologischen Präferenzen auch in diesem Bereich nicht vollständig unterdrückt. Neben den präferierten Ontotypen (sichtbare belebte und nicht belebte Objekte, sichtbare belebte Kollektiva, nicht sichtbare Räume, sichtbare und nicht sichtbare Orte) ist *CIL N* in zwei Ontotypen quantitativ überlegen, die im funktionalen Profil von *CIST N* verortet sind, nämlich in sichtbaren Räumen und physischen Situationen (cf. Tab. 5.31 & 5.24). In sprachlichen Situationen dominiert dagegen *CIST N*, bei nicht sichtbaren Stoffen ist *CIST N* anteilig mit *CIL N* gleichauf (cf. Tab. 5.31). Auch *CE N* übertrifft *CIL N* quantitativ bei sichtbaren nicht belebten Kollektiva, welche ausschließlich im funktionalen Profil von *CE N* zu finden sind (cf. Tab. 5.31 & 5.24).

Im Gegensatz zum situativen und nominalanaphorischen Bereich weisen bei den Propositionalanaphern die jeweils präferierten Kennzeichnungstypen meist die höchsten Werte in den einzelnen Ontotypen auf, wie Tab. 5.32 zeigt. Direkte Propositionalanaphern treten beinahe ausschließlich im Zusammenhang mit den Ontotypen physische und sprachliche Situationen auf, in deren Denotation *CIST N* dominiert. Das Übergewicht von *CIST N* stimmt hier folglich nicht nur mit seiner Präferenz für diesen Referenztyp überein, sondern auch mit seiner Präferenz für die genannten Ontotypen. Aus diesem Grund überwiegt *CIST N* auch bei den indirekten Propositionalanaphern in physischen und sprachlichen Situationen, obwohl dieser Referenztyp die Denotation durch *CIL N* bevorzugt. Die Ontotypen aus der Gruppe der Situationen erreichen in indirekten Propositionalanaphern allerdings deutlich niedrigere Werte als in direkten. In allen anderen Ontotypen dominiert hier *CIL N*, mit Ausnahme der nicht sichtbaren Stoffe, die in fast gleichen Teilen über referenztypisch bevorzugtes *CIL N* und ontologisch bevorzugtes *CIST N* angesteuert werden (cf. Tab. 5.32).

Wie in Kap. 3.3.1.3 dargelegt, attestieren Massé-Arkan (2013b) und Heinz (1982) *CIL N* im textdeiktischen Verweis einen höheren Anteil in Verbindung mit Ereignisnomina, die in der ontologischen Typologie der vorliegenden Untersuchung der Gruppe der physischen Situationen angehören, als in Verbindung mit metasprachlichen Begriffen, die vornehmlich bei den sprachlichen Situationen gruppiert sind. Für *CIST N* stellen sie wiederum die umgekehrte Präferenzierung fest. Die Ergebnisse der vorliegenden Untersuchung entsprechen den Ergebnissen von Massé-Arkan (2013b) und Heinz (1982) zwar für *CIL N*, das in der Tat häufiger zur Denotation von physischen Situationen zum Einsatz kommt, wie Tab. 5.32 zeigt. Was die Verteilung von *CIST N* betrifft, ergeben die Daten in Tab. 5.32 allerdings ein gegenläufiges Bild. So ist der Anteil von *CIST N* zur Bezugnahme auf physische Situationen im textdeiktischen Verweis in etwa gleich hoch wie zur Bezugnahme auf sprachliche Situationen. In der Gesamtverteilung der Ontotypen liegen sogar deutlich höhere Werte für *CIST N* im Bereich der physischen Situationen vor (cf. Tab. 5.19).

Tab. 5.32: Ontotypenverteilung in Propositionalanaphern.

Ontotyp		sprachlich propositional direkt				sprachlich propositional indirekt			
		CIST N	CE N	CIL N	Σ	CIST N	CE N	CIL N	Σ
Stoffe	nicht sichtbar	1 100%			1 100%	31 43%	7 10%	34 47%	72 100%
	sichtbar					3 13%	4 17%	16 70%	23 100%
Räume	nicht sichtbar			1 100%	1 100%	2 1%	23 14%	139 85%	164 100%
	sichtbar						2 2%	83 98%	85 100%
Orte	nicht sichtbar					11 11%	7 7%	83 82%	101 100%
Situationen	physisch	194 51%	49 13%	138 36%	381 100%	3 50%	1 17%	2 33%	6 100%
	sprachlich	97 51%	47 25%	46 24%	190 100%	2 100%			2 100%

Epistemischer Status

Abschließend gilt es die Distribution der demonstrativen Kennzeichnungstypen nach dem epistemischen Status zu untersuchen. In Tab. 5.33 lege ich daher die Frequenzen von *CIST N*, *CIL N* und *CE N* in spezifischen, nicht-spezifischen und generischen Referenzprofilierungen dar. Entsprechend den Daten in Tab. 5.33 können keine Verteilungsunterschiede in Bezug auf den epistemischen Status des Referenzobjekts festgestellt werden. Dies liegt daran, dass die spezifische Profilierung mit Abstand am häufigsten ist und zwischen 97,8% und 99,1% der Gesamtverteilung der Paradigmen ausmacht. Trotz der geringen Anteile nicht-spezifischer und generischer Referenzobjekte zeigen die Ergebnisse in Tab. 5.33, dass *CIL N* die höchsten Anteile nicht-spezifischer Referenzobjekte aufweist. Nominell übertreffen die Werte von *CIL N* die von *CIST N* und *CE N* sogar in etwa um das Dreifache (cf. Tab. 5.33). So kommen nicht-spezifische Referenzobjekte in der Verteilung von *CIL N* auf 1,7% gegen 0,7% bei *CIST N* und 1,1% bei *CE N* (cf. Tab. 5.33). Generische Referenzobjekte weisen hingegen in der Verteilung von *CE N* mit 0,8% den höchsten Anteil auf (cf. Tab. 5.33). Da die Frequenzen der nicht-spezifischen und generischen Referenzobjekte nur zwischen 0,5% und 1,2% der Gesamtverteilung ausmachen und folglich frequentativ sehr gering sind, wie Tab. 5.33 zeigt, habe ich den epistemischen Status nicht mit der Ebene der Referenztypen verrechnet. Auch wenn demonstrative Kennzeichnungen nicht auf die Profilierung spezifischer Diskursreferenten festgelegt sind (cf. Kap. 2.1.2.3), spielen nicht-spezifische und generische Profilierungen im Korpus der vorliegenden Untersuchung nur eine marginale Rolle.

Zusammenfassung

Auch in diesem Kapitel stellt sich zum Abschluss die Frage, welche Rückschlüsse aus der Verteilung von *CIST N*, *CIL N* und *CE N* auf pragmatischer Ebene für

Tab. 5.33: Verteilung von *CIST N*, *CIL N* und *CE N* nach epistemischem Status.

	spezifisch	nicht-spezifisch	generisch	∑
CIST N	1507	11	3	1521
	99,1%	0,7%	0,2%	100%
CE N	811	9	7	827
	98,1%	1,1%	0,8%	100%
CIL N	1703	29	9	1741
	97,8%	1,7%	0,5%	100%
∑	4021	49	19	4089
	98,3%	1,2%	0,5%	100%

ihre funktionalen Profile gezogen werden können. Die Analysen in diesem Kapitel weisen nach, dass die Verweisdomäne eine wichtige Rolle bei der Distribution der demonstrativen Kennzeichnungstypen spielt. Die Wirksamkeit des Referenztyps als Verteilungsfaktor zeichnet sich insbesondere in der Verteilung von *CIST N* und *CIL N* ab. Wie auf der Ebene der Ontotypen erweist sich *CIST N* auch auf der Ebene der Verweisdomänen als am stärksten spezialisierter und somit auch am stärksten distributiv eingeschränkter Kennzeichnungstyp. *CIL N* zeigt dagegen ein stärker gestreutes funktionales Profil auf, ebenso wie *CE N*. Im Unterschied zu *CIST N* und *CIL N* können für *CE N* keine Verteilungspräferenzen festgestellt werden, was als Indiz für eine funktionale Streuung gewertet werden kann und *CE N* auf diese Weise funktional in die Nähe von *CIL N* rückt. Die Untersuchung der Korrelationen zwischen der pragmatischen Ebene des referentiellen Bezugs und der semantischen Ebene der ontologischen Profilierung hat weiterhin gezeigt, dass der Referenztyp für *CIST N* und *CIL N*, insbesondere im situativen Verweis, ein verlässlicherer Verteilungsindikator ist als der Ontotyp, die Präferenzen bezüglich der ontologischen Profilierung jedoch nicht in allen Fällen neutralisiert sind, wie bei den direkten und indirekten Propositionalanaphern gesehen. Für *CE N* spielt der Referenztyp dagegen keine Rolle bei der Distribution, was als Folge der grundsätzlichen Präferenzlosigkeit oder Neutralität von *CE N* auf der Ebene der referentiellen Verankerung einzuschätzen ist. Die Verteilung von *CE N* wird schließlich mehr von der ontologischen Struktur des Referenzobjekts als von seiner kontextuellen Verortung bestimmt.

6 Diskussion

Nachdem in Kap. 5 die Ergebnisse der empirischen Untersuchung im Zusammenhang ihrer jeweiligen Analyseebene präsentiert wurden, steht in diesem Kapitel ihre Einordnung in größere theoretische Zusammenhänge im Bezug auf die Funktionalität und Diachronie der demonstrativen Zeichen im Mittelpunkt. Abschnitt 6.1 *Funktionen der altfranzösischen Demonstrativa* widmet sich zunächst den altfranzösischen Demonstrativa aus synchroner Perspektive und wertet die Leistungsprofile, die sich auf den einzelnen Analyseebenen in Kap. 5 herausbilden, vor dem Hintergrund der theoretischen Erfassung der demonstrativen Funktion in Kap. 2 aus. Im Anschluss daran arbeitet Abschnitt 6.2 *Diachronie der altfranzösischen Demonstrativa* die Rolle heraus, die den funktionalen Profilen von *CIST N*, *CIL N* und *CE N* im Reallokationsprozess der Demonstrativa in der Diachronie des Französischen zugesprochen werden kann, und geht der Frage nach, welche Zusammenhänge zwischen dem Kontrastverhältnis der Demonstrativa im mittelalterlichen und modernen Französischen bestehen.

6.1 Funktionen der altfranzösischen Demonstrativa

Wie alle demonstrativen Zeichen weisen auch die altfranzösischen Demonstrativa indexikalische Zeichenqualität auf. In der Funktion als indexikalische Zeichen verweisen sie den Interpreten auf ein Element, das im kontextuellen Rahmen der Äußerungssituation verfügbar ist, wie in Kap. 2.1.1 erläutert. Mangels einer raumzeitlichen, kausalen oder materiellen Verknüpfung müssen sprachliche Indices notwendig Merkmale ihres Referenzobjekts kodieren, um die Aufmerksamkeit des Interpreten auf das angesteuerte Referenzobjekt lenken zu können. Aus diesem Grund sind Demonstrativa nicht ausschließlich als Indices zu betrachten, sondern haben auch eine symbolische Dimension. Demonstrativa sind folglich als Symbole mit indexikalischer Ausrichtung einzuschätzen. Symbole stellen sie dar, weil sie eine kontextuell stabile Erfassungsregel kodieren. Indices stellen sie dar, weil sie über sich selbst hinaus verweisen und kontextuelle Vervollständigung anstreben.

Im Unterschied zu konventionellen Symbolen vermitteln sprachliche Indices keine konkreten kategorialen Informationen über ihr Referenzobjekt, sondern bestimmen in erster Linie seine kommunikative Rolle. Demonstrativa weisen ihrem Referenzobjekt eine Position außerhalb der direkten Interaktion zwischen den Gesprächspartnern in der Dritte-Person-Welt zu. Im Unterschied zu den Gesprächsrollen Sprecher und Hörer ist diese Funktion in einer typischen Äußerungssituation nicht eindeutig vergeben. Sowohl die Distributionsanalysen in Kap. 5 als auch allgemein-linguistische Gegebenheiten zeigen, dass

Demonstrativa nicht nur die kommunikative Rolle ihres Referenzobjekts bestimmen, sondern auch Informationen zu seiner kontextuellen Verortung und ontologischen Profilierung kodieren. Es sind sogar in erster Linie die Werte der kontextuellen Verortung und der ontologischen Profilierung, die als Unterscheidungsmerkmale semantisch differenzierter Kontrastpaare fungieren.

Die Wirksamkeit des ontologischen Parameters zeigt sich am deutlichsten in der semantischen Auswertung der Demonstrativadverbien. Wie in Kap. 2.2.2.1 dargelegt, unterscheiden sich diese auf erster Ebene nach der ontologischen Kategorie, die sie ihrem Referenzobjekt zuweisen. Demonstrativadverbien wie *ici* oder *là-bas* profilieren räumliche Entitäten, die in der ontologischen Typologie, die der Korpusstudie dieser Untersuchung zugrunde liegt (cf. Kap. 4.2.3), je nach Ausrichtung entweder physischen Räumen oder Orten entsprechen. Formen wie *maintenant* oder *demain* konstruieren dagegen zeitliche Entitäten, die in den Kategorien nicht-physische Räume und Orte gruppiert sind. Innerhalb der lokalen und temporalen Adverbialklasse fungiert die kontextuelle Verortung als Verteilungskriterium. Während *ici* und *maintenant* eine Verankerung im raumzeitlichen Nahraum implizieren, der je nach Vergleichswert unterschiedliche Ausdehnungen erfahren kann, nehmen *là* oder *plus tard* eine Verankerung außerhalb dieses Felds vor (cf. Kap. 2.2.2.2 & Kap. 3.2.1.1). Der Stellenwert der ontologischen Profilierung des Referenzobjekts bei der indexikalischen Denotation stellt sich auch in der CTD-Theorie von Löbner (2011) heraus, die den Einfluss des ontologischen Parameters bei der Determiniererwahl untersucht. Entsprechend den Erkenntnissen der CTD-Theorie steuert nicht nur das ontologische Profil des Referenzobjekts, das sich in der Nominalsemantik abzeichnet, die Wahl des Determinierers, sondern im Gegenzug nimmt auch der Determinierer Einfluss auf die ontologische Auswertung des Nominalkomplements und auf diese Weise des Referenzobjekts (cf. Kap. 2.1.3). Die Vermutung, dass indexikalische Zeichen eine schemenhafte kategoriale Repräsentation ihres Referenzobjekts evozieren, sieht sich folglich durch die CTD-Theorie bestätigt.

Die Bedeutung der referentiellen Verortung als Verteilungsfaktor demonstrativer Formen zeigt sich darüber hinaus auch auf linguistisch-vergleichender Ebene. So werden die unterschiedlichen referentiellen Kontexttypen in vielen Sprachen von eigenen Formenparadigmen bedient (cf. Diessel 1999, 99; Himmelmann 1996, 207). Im Nunggubuyu gibt es beispielsweise ein eigenes demonstratives Formenparadigma für den diskursdeiktischen Verweiskontext (cf. Himmelmann 1996, 225). Darüber hinaus existieren im Nunggubuyu und einigen anderen australischen Sprachfamilien, wie dem Pama-Nyungan, demonstrative Formenparadigmen, die ausschließlich für anamnestische Erstnennungen eingesetzt werden (cf. Himmelmann 1996, 231; 1997, 62–72). Im Lateinischen liegt mit dem Demonstrativparadigma *IS* eine für den anaphorischen Verweiskontext spezialisierte Formengruppe vor (cf. Himmelmann 1997, 72). Im Japanischen gibt es wiederum spezielle Demonstrativformen, *konna*, *sonna* und *anna*, die sowohl distanzmarkiert sind als auch einen expressiven Gehalt aufweisen und sich auf diese Weise von affektiv neutralen Formen, wie *kore*, *sore* und *are*, unterscheiden (cf. Naruoka 2014).

An dieser Stelle drängt sich nun die Frage auf, welche Hinweise die altfranzösischen Demonstrativa bezüglich der referentiellen Verortung und der ontologischen Profilierung ihres Referenzobjekts kodieren. In Kap. 3.3.1.2 und Kap. 3.3.1.3 wurde bereits deutlich, dass die Verteilungsprinzipien von *CIST* und *CIL* zu komplex sind, um sie in einem einzigen Grundwert zusammenzuführen, wie etwa in den Modellen von Guillot-Barbance (2017), Kleiber (1987b) oder Marchello-Nizia (2003; 2005) versucht. Viel genauer lässt sich die Funktionalität von *CIST* und *CIL* in einem mehrdimensionalen Leistungsprofil erfassen (cf. Tab. 3.12 in Kap. 3.3.1.2). Die Ebene der referentiellen Verortung erschöpft sich für gewöhnlich in der Zuweisung der proximalen Semantik an *CIST* und der distalen Semantik an *CIL* sowie der Erweiterung um die entsprechenden metonymischen Lesarten (affektive Nähe für *CIST* oder affektive Ferne für *CIL*). Nicht nur die Analysen der altfranzösischen Demonstrativa in Kap. 3.3.1.2, sondern auch die der distanzmarkierten lateinischen Etyma in Kap. 3.2.1.1 und die sprachvergleichenden Untersuchungen zur Verteilung proximaler und distaler Formen in Kap. 2.2.2.2 haben gezeigt, dass diese Zuweisungen weder innerhalb der untersuchten Sprache noch quer zu ihnen absolute Gültigkeit beanspruchen können.

Aus diesem Grund können auch die Verteilungsunterschiede zwischen *CIST* und *CIL*, die sich in den Studien von Guillot-Barbance (2017) und Massé-Arkan (2011) abzeichnen, nicht ohne Umwege und insbesondere nicht widerspruchslos auf semantische Grundwerte zurückgeführt werden, wie die Versuche von Guillot-Barbance (2017) zeigen, die referentiellen Präferenzen von *CIST* und *CIL* aus dem Modell der Sprechersphäre herzuleiten (cf. Kap. 3.3.1.3). Die Verteilungspräferenzen von *CIST* und *CIL* sehen sich darüber hinaus auch durch die funktionalen Tableaus, die in Tab. 3.12 im Abgleich mit den universaltypologischen (cf. Tab. 2.3) und den lateinischen Modellen (cf. Tab. 3.2) erstellt wurden, nicht vollständig erklärbar. So können die Präferenzen von *CIST* für den direkten propositionalanaphorischen Verweis und von *CIL* für den direkten nominalanaphorischen Verweis etwa auf die unterschiedlichen Zeigeintensitäten der Formen zurückgeführt werden (cf. Kap. 3.3.1.3 & Kap. 5.4). Da *CIST* eine hohe Zeigeintensität und demnach eine hohe Aufmerksamkeitsanforderung impliziert, eignet es sich besser für direkte Propositionalanaphern als *CIL*, da in diesem Referenztyp die Konstruktion eines neuen Diskursreferenten erforderlich ist. In direkten Nominalanaphern wird dagegen ein bereits etablierter Diskursreferent wieder aufgegriffen, was eine niedrigere kognitive Leistung erfordert und demnach keiner hohen Zeigeintensität bedarf. Die Präferenz von *CIL* für demonstrative Erstnennungen kann dagegen nicht mit dem Wert der neutralen Zeigeintensität verknüpft werden. Da sich demonstrative Erstnennungen auf Referenzobjekte beziehen, die weder situativ noch phorisch gestützt sind, und daher aus dem Wissensbestand aufgerufen werden müssen, bedürfen sie einer hohen Aufmerksamkeitsleistung. Dementsprechend wäre also zu vermuten, dass *CIST* als Demonstrativum hoher Zeigeintensität zur Denotation demonstrativer Erstnennungen präferiert würde.

Es sieht folglich so aus, als ob die Werte hohe und niedrige Zeigeintensität ebenso wie Nähe und Ferne vornehmlich innerhalb einzelner Verweisdomänen als Verteilungsprinzipien fungierten und sich in erster Linie im kontrastiven Gebrauch der Formen manifestierten. Der Verdacht liegt daher nahe, dass die referentiellen Verteilungsunterschiede anderen Prinzipien folgen, als sie in den funktionalen Tableaus von *CIST* und *CIL* bisher beschrieben wurden (cf. Tab. 3.2) und diese mit den Verteilungsmechanismen auf der Ebene der ontologischen Profilierung korrelieren. Zur Untersuchung der ontologischen Werte eignen sich insbesondere Demonstrativa in der Position des Determinierers, da sich die ontologischen Merkmale der Referenzobjekte vornehmlich in der Nominalsemantik spiegeln. Die Konzentration der Distributionsanalyse auf demonstrative Kennzeichnungen geht in der vorliegenden Arbeit auch darauf zurück, dass *CE* nur in adnominaler Position in Konkurrenz zu *CIST* und *CIL* tritt und sich aus diesem Grund nur in adnominaler Funktion kontrastive Leistungsprofile abzeichnen (cf. Kap. 4.1.2).

Wie in Kap. 5 gesehen, zeigen *CIST*, *CIL* und *CE* große distributionale Unterschiede auf, vor allem auf semantischer und pragmatischer Ebene. In meinem Untersuchungskorpus, das 24 literarische und religiöse Texte unterschiedlicher dialektaler Provenienz aus dem 12. und 13. Jahrhundert umfasst, erweist sich *CIL* mit einem Anteil von über zwei Fünfteln der Gesamtfrequenz als häufigstes demonstratives Formenparadigma in adnominaler Funktion, wie in Tab. 5.1 in Kap. 5.1 gesehen. Am zweithäufigsten kommt *CIST* als Determinierer zum Einsatz, das einen Anteil von unter zwei Fünfteln der Okkurrenzen ausmacht (cf. Tab. 5.1 in Kap. 5.1). Am niedrigsten ist die Gebrauchsfrequenz von *CE N*, das auf einen Anteil von einem Fünftel des Gesamten kommt (cf. Tab. 50 in 5.1.). Die klare frequentative Unterlegenheit von *CE N*, das sich langfristig im Maskulinum Singular gegen die distanzmarkierten Konkurrenzformen durchsetzt (cf. Kap. 3.3.2.1), ist auf die funktionalen Lücken im *CE*-Paradigma zurückzuführen. Wie in Kap. 3.3.1.1 dargelegt, verfügt *CE*, das etwa für das Femininum im Singular keine Form aufzuweisen hat, über ein deutlich reduzierteres Formeninventar als *CIST* und *CIL*. Hinzu kommt, dass *CE* in der altfranzösischen Sprachstufe diatopisch markiert ist und grundsätzlich in den größten Anteilen in Texttypen zum Einsatz kommt, die eine innovativere sprachliche Gestaltung aufweisen (cf. Kap. 5.1).

Die Rolle von *CIL N* als frequentestem demonstrativen Kennzeichnungstyp spiegelt sich auch auf funktionaler Ebene wider, sowohl was die Verteilung nach Ontotypen als auch nach Referenztypen betrifft. In beiden Bereichen erweist sich *CIL N* als Kennzeichnungstyp mit dem funktional am weitesten gestreuten funktionalen Profil. So werden sieben Ontotypen aus fünf von sechs ontologischen Kategorien bevorzugt durch *CIL N* denotiert (cf. Kap. 5.3), wie Tab. 6.1 zeigt. *CIST N* wird dagegen nur von fünf Ontotypen aus vier verschiedenen Kategorien als demonstrativer Kennzeichnungstyp präferiert (cf. Tab. 6.1). In der Verteilung von *CE N* konnten gar nur drei Ontotypen ermittelt werden, die vornehmlich durch *CE N* denotiert werden. Hinzu kommt, dass alle Ontotypen, die die Denotation durch *CE N* präferieren, einer einzigen Kategorie angehören und einer davon (sichtbare belebte Kollektiva) keine exklusive Präferenz für *CE N* aufweist, sondern in gleichen Teilen *CIL N* präferiert (cf. Kap. 5.3.).

Auf semantischer Ebene weist *CIL N* folglich die höchste funktionale Streuung auf, während *CIST N* ein stärker eingeschränktes und somit spezialisiertes funktionales Profil erkennen lässt und *CE N* gar als ontologisch hoch spezialisierter Kennzeichnungstyp auftritt. Ein ähnliches Bild entsteht bei der Analyse der funktionalen Präferenzen auf pragmatischer Ebene. So erweist sich *CIL N* in fünf Referenztypen als häufigste demonstrative Realisierungsform (cf. Kap. 5.4 in Tab. 6.1 zusammengefasst). *CIST N* tritt dagegen nur in zwei Referenztypen als präferierter demonstrativer Kennzeichnungstyp auf (cf. Tab. 6.1). *CE N* wird sogar in keinem Referenztyp als Realisierungsform bevorzugt.

CIL N zeigt somit sowohl auf semantischer als auch auf pragmatischer Ebene ein funktional ausgewogeneres und weitaus breiteres Profil auf als *CIST N* und *CE N*. In der Verteilung von *CIST N* zeichnet sich dagegen nicht nur auf semantischer, sondern auch auf pragmatischer Ebene ein funktional hoch spezialisiertes Profil ab. Bei *CE N* liegen nur auf semantischer Ebene funktionale Präferenzen vor, nicht aber auf pragmatischer. Aufgrund der funktionalen Streuung von *CIL N* und der funktionalen Spezialisierung von *CIST N* liegt der Verdacht nahe, dass *CIL N* als Default fungiert, *CIST N* dagegen einen semantisch und pragmatisch markierten Kennzeichnungstyp darstellt. *CE N* erscheint nur auf semantischer Ebene als markiert, auf pragmatischer Ebene erweist es sich infolge seiner Präferenzlosigkeit ebenso wie *CIL N* als unmarkiert.

Für die Markiertheit von *CIST N* im Gegensatz zu *CIL N* und *CE N* spricht auch die Tatsache, dass der ontologische und der referentielle Parameter in der Verteilung von *CIST N* die höchste Wirksamkeit als Verteilungsfaktoren aufweisen, was an den Anteilen der bevorzugten Typen in der Gesamtverteilung abgelesen werden kann (cf. Tab. 6.1). Bei *CIST N* kommt der Gesamtwert der präferierten

6.1 Funktionen der altfranzösischen Demonstrativa — 499

Ontotypen auf etwa zwei Drittel der Okkurrenzen insgesamt, der Gesamtwert der präferierten Referenztypen macht sogar knapp 80% aus (cf. Tab. 6.1). Bei *CIL N* liegen die Werte zwar etwa genauso hoch, im ontologischen Leistungsprofil von *CIL N* sind jedoch mehr Ontotypen und sogar deutlich mehr Referenztypen vertreten, was auf eine stärkere Streuung der Verteilung von *CIL N* und somit ein heterogeneres ontologisches und referentielles Kriterium hindeutet (cf. Tab. 6.1). Am niedrigsten sind die Gesamtfrequenzen der bevorzugten Typen bei *CE N*, sowohl auf ontologischer als auch auf referentieller Ebene, in der sie gleich Null ist (cf. Tab. 6.1). Obwohl *CE N* auf den ersten Blick als am stärksten spezialisierter Kennzeichnungstyp in Erscheinung tritt, erweist sich die Wirksamkeit des ontologischen Parameters in der Verteilung von *CE N* als am schwächsten.

Die Präferenzen von *CIST N* als spezialisiertem Kennzeichnungstyp in Bezug auf die ontologische Struktur und die referentielle Verankerung des Referenzobjekts lassen eine weitere Abstraktion der referentiellen Funktion von *CIST N* zu. Denn nicht nur die Ontotypen, sondern auch die Referenztypen, die *CIST N* bevorzugen, weisen strukturelle Ähnlichkeiten auf. Als gemeinsames Merkmal der Ontotypen Stoffe, Räume und Situationen, die im Präferenzindex von *CIST N* figurieren, ist die Tatsache anzusehen, dass die kategoriale Einordnung der entsprechenden Entitäten kaum in Abhängigkeit von ihrer Konturierung geschieht, sondern vielmehr von ihrer strukturellen Beschaffenheit bestimmt wird. So weisen nicht nur Stoffe variable Konturen auf, sondern auch Räume und Situationen. Um eine Entität als *ceste forest gaste* zu bestimmen, wie in Kap. 4.2.2 als Beispiel für Räume zitiert, bedarf es etwa keiner perzeptiven Erfassung oder Konzeptualisierung des Waldes in seiner vollständigen Ausdehnung und Abgrenzung, zumal diese ohnehin verhandelbar ist. Auch Situationen wie *cest congié* (cf. Kap. 4.2.2.) werden nicht anhand ihrer Grenzen als solche klassifiziert. Nicht sichtbare und nicht belebte Objekte, die außerdem im Präferenzindex von *CIST N* figurieren, teilen zwar nicht das Merkmal der Irrelevanz der Konturen zur kategorialen Bestimmung, weisen aber als nicht sichtbare Entitäten eine Konturiertheit auf, die ausschließlich auf abstrakter Ebene besteht, perzeptiv unzugänglich und daher grundsätzlich verhandelbar ist.

CIST N tritt somit bevorzugt zur Denotation von Entitäten ein, die aufgrund ihrer ontologischen Struktur als ausgedehnte, konturlose oder abstrakte Entitäten keine prototypischen Referenzobjekte darstellen. Die Denotation durch eine demonstrative Kennzeichnung dient dann der Konturgebung und Vergegenständlichung (cf. Kap. 2.1.3). *CIST N* kommt folglich in erster Linie dann zum Einsatz, wenn eine nicht-gestalthafte Entität als Gestalt repräsentiert werden soll und die referentielle Auflösung sich infolge der Konturlosigkeit von vornherein als schwierig gestaltet. Daher ist es nicht verwunderlich, dass im Präferenz-

6 Diskussion

Tab. 6.1: Funktionale Profile von *CIST N*, *CIL N* und *CE N*.

	CIST N proximal		*CE N* neutral			*CIL N* distal	
ONTOTYPEN	**Objekte** nicht sichtbar nicht belebt					**Objekte** sichtbar belebt	**Objekte** sichtbar nicht belebt
		Kollektiva sichtbar belebt	**Kollektiva** sichtbar nicht belebt	**Kollektiva** nicht sichtbar nicht belebt		**Kollektiva** sichtbar belebt	
	Stoffe nicht sichtbar					**Stoffe** sichtbar	
	Räume sichtbar					**Räume** nicht sichtbar	
					Orte sichtbar		**Orte** nicht sichtbar
	Situationen physisch	**Situationen** sprachlich					
Anteil ∑	66,9%		38,7%			64,1%	
REFERENZTYPEN	**situativ** direkt					**sprachlich** nominal direkt	**sprachlich** nominal indirekt
	sprachlich propositional direkt					**sprachlich** propositional indirekt	
					epistemisch histor. & relig. Figuren		**epistemisch** andere
Anteil ∑	79,6%					74,9%	

index von *CIST N* keine belebten Ontotypen vertreten sind, die sich in aller Regel als konturiert und gestalthaft präsentieren und durch ihre Befähigung zur Bewegung im Raum automatisch mehr Aufmerksamkeit erhalten als Entitäten anderer Profilierungen.

Für die Funktion von *CIST N* als Demonstrativum, das in Situationen zum Einsatz kommt, in denen die Konstruktion eines Referenzobjekts erforderlich ist, sprechen auch seine Präferenzen auf referentieller Ebene. So tritt *CIST N* vornehmlich zur Realisierung direkter situativer und direkter propositionalanaphorischer Bezugnahmen auf. Beiden Referenzkontexten gemeinsam ist das Merkmal, dass es nicht um die Reaktivierung eines Diskursreferenten aus dem Vortext oder aus dem Gedächtnis geht, sondern um die Konstruktion eines neuen Referenzobjekts im Diskurs (cf. Kap. 2.1.2; auch Himmelmann 1997, 85). Im situativen Verweis bedeutet dies die Suche im situativen Raum nach dem angesteuerten Referenzobjekt und die Herstellung einer neuen demonstrativen Erfahrungsrelation (cf. Kap. 2.1). Im propositionalanaphorischen Verweis äußert sie sich dagegen in der Ermittlung der angesteuerten Sequenz aus dem Vortext und ihrer Synthetisierung. In propositionalanaphorischen Verweisen wird demnach ein Abstraktionsprozess vom Interaktionspartner gefordert, der kognitiv grundsätzlich anspruchsvoller ist als die Reaktivierung eines bereits etablierten Diskursreferenten.

CIST N ist somit für den Verweis auf Referenzobjekte spezialisiert, die zwar zugänglich sind, aber noch nicht als Referenzobjekte konstruiert wurden. Sowohl auf der Ebene der Objekttypen als auch auf der Ebene der Referenztypen kommt *CIST N* also vornehmlich dann zum Einsatz, wenn die Referentialisierung kognitiv aufwendig und die referentielle Auflösung schwierig ist. Diese Funktion kann auch mit der Rolle von *CIST* als proximalem Demonstrativum verknüpft werden, wie in Kap. 2.2.2.2 dargelegt. So wird proximalen Demonstrativa eine höhere Zeigeintensität zugeschrieben als distalen, die aus einer stärkeren Identifikationsaufforderung resultiert. Eine höhere Aufmerksamkeitszuweisung ist schließlich vor allem dann notwendig, wenn die referentielle Auflösung gefährdet ist. Die höhere Zeigeintensität von *CIST N* manifestiert sich auch auf der syntaktischen Analyseebene. Wie in Kap. 5.2 gesehen, tritt *CIST N* in den niedrigsten Anteilen in Begleitung eines Modifizierers auf, was als Hinweis auf einen höheren kontrastiven Wert und somit eine höhere Zeigeintensität gewertet werden kann.

Aus dem Präferenzindex von *CIL N* lässt sich infolge seiner funktionalen Breite dagegen keine einheitliche referentielle Funktion ableiten. Die Bestimmung einer solchen würde zudem der Rolle von *CIL N* als Default-Form widersprechen, wie anhand des funktional gestreuten Profils von *CIL N* in Tab. 6.1 herausgearbeitet wurde. Dennoch zeichnen sich in der Verteilung von *CIL N* referentielle Präferenzen ab. Denn auch wenn die funktionale Verteilung von *CIST N* und *CIL N* nicht den hohen Komplementaritätsgrad aufweist, den Guillot-Barbance (2017) und Massé-Arkan (2013a; 2013b) postulieren, steht *CIL N* allein durch die Tatsache, dass es bevorzugt in Kontexten zum Einsatz kommt, die *CIST N* nicht bevorzugen, in funktionalem Kontrast zu *CIST N* und wird somit zwangsläufig mit dem Gegenwert assoziiert.

So figurieren im Präferenzindex von *CIL N* zwar Ontotypen fast aller Kategorien, den höchsten Wert erreicht *CIL N* jedoch bei Entitäten des ontologischen Typs «Objekte sichtbar belebt», die prototypische Referenzobjekte darstellen (cf. Tab. 5.24). Im ontologischen Leistungsprofil von *CIL N* sind zudem sichtbare belebte Kollektiva als Variante des bevorzugten Ontotyps «sichtbare belebte Objekte» vertreten (cf. Tab. 5.24 & Tab. 6.1). Mit sichtbaren belebten Objekten und Kollektiva bevorzugt *CIL N* Ontotypen, die nicht nur typische Referenzobjekte, sondern auch prototypische Subjekte darstellen (cf. Kap. 5.2). Somit können die ontologischen Präferenzen auch mit der syntaktischen Präferenz von *CIL N* für Subjekte als zweithäufigster syntaktischer Funktion verknüpft werden (cf. Kap. 5.2).

Auch die Präferenzen auf referentieller Ebene lassen vermuten, dass *CIL N* häufiger dann zum Einsatz kommt, wenn die referentielle Auflösung nicht durch die ontologische oder referentielle Struktur des Referenzobjekts gefährdet ist. So weist *CIL N* auf der Ebene der Referenztypen den höchsten Wert im direkten anaphorischen Kontext auf, der die Reaktivierung eines bekannten Referenzobjekts aus dem sprachlichen Kontext impliziert (cf. Kap. 2.1.2.4). Für die Reaktivierungsfunktion von *CIL N* spricht auch die Tatsache, dass *CIL N* in einem doppelt so hohen Anteil durch Modifizierer erweitert wird wie *CIST N*. Wie in Kap. 5.2 gesehen, kommen Modifizierer nämlich insbesondere dann zum Einsatz, wenn ein Referent aus der epistemischen Verweisdomäne aktiviert werden soll. Wie in Kap. 2.1.2.4 dargelegt, suggerieren situativ und phorisch nicht gestützte Demonstrativa, dass das Referenzobjekt dem Interaktionspartner bekannt ist und folglich aus dem Gedächtnis aufgerufen werden kann, auch wenn das Referenzobjekt hörerneu ist. Entsprechend seiner Präferenz für die Reaktivierung bereits etablierter Diskursreferenten aus der sprachlichen oder epistemischen Verweisdomäne zeigt *CIL N* schließlich die Bekanntheit des Referenzobjekts an.

Die Funktion von *CIL N* als Demonstrativum zur Reaktivierung eines Referenzobjekts manifestiert sich im Unterschied zu *CIST N* zwar nicht in allen Elementen seines funktionalen Profils, sondern stellt einen Wert dar, der nur im Kontrast zur Funktion von *CIST N* als Demonstrativum zur Konstruktion eines Diskursreferenten formuliert werden kann. Dennoch kann diese Analyse auch mit der Verteilung von *CIL N* nach Texttypen verknüpft werden. So erreicht

CIL N in Texten aus dem religiösen Bereich, in denen es um die Vermittlung christlicher Ideenlehre und das Aufrufen bekannter Inhalte geht, die höchsten Werte (cf. Kap. 5.1).

CIST N tritt also als demonstrativer Kennzeichnungstyp auf, der insbesondere in Kontexten zum Einsatz kommt, in denen die Konstruktion eines neuen Referenzobjekts erforderlich ist, die referentielle Auflösung daher schwieriger und folglich gefährdet ist. *CIL N* erweist sich im Kontrast dazu als Kennzeichnungstyp, der vornehmlich in Kontexten eintritt, in denen die Reaktivierung eines Referenzobjekts aus dem Gedächtnis angestrebt wird. *CIST N* impliziert demnach ausschließlich Zugänglichkeit des Referenzobjekts im situativen oder sprachlichen Kontext, während *CIL N* Bekanntheit des Referenzobjekts anzeigt. Vor dem Hintergrund der Multiperspektivität, die dieser Untersuchung sowohl in der theoretischen Darlegung als auch in der empirischen Analyse als Leitprinzip zugrunde gelegt wurde, möchte ich die herausgearbeiteten Werte für *CIST* und *CIL* auf ontologischer und referenzpragmatischer Ebene nicht als Grundfunktionen von *CIST N* und *CIL N* klassifizieren, sondern in das funktionale Tableau von *CIST* und *CIL* integrieren, das in Kap. 3.3.1.2 und Kap. 3.3.1.3 vertreten wurde.

Aus dem Verteilungsprofil von *CE N* können im Unterschied zu *CIST N* und *CIL N* nur bedingt ontologische und referenzpragmatische Werte abstrahiert werden. Auf ontologischer Ebene bevorzugt *CE N* mit seiner Präferenz für Kollektiva ebenso wie *CIL N* Entitäten, die aus konturierten Einzelgestalten aufgebaut sind. Das Belebtheitskriterium ist im Leistungsprofil von *CE N* fast ebenso prominent wie bei *CIL N*, da sichtbare belebte Kollektiva in der Verteilung von *CE N* den höchsten Anteil ausmachen (cf. Tab. 5.20). Aus diesem Grund denotiert *CE N* wie *CIL N* bevorzugt prototypische Referenzobjekte, wenn auch vornehmlich Kollektiva. Die funktionale Nähe zwischen *CE N* und *CIL N* manifestiert sich des Weiteren auf syntaktischer Ebene. Hier zeigt *CE N* die gleichen Anteile an modifizierten Okkurrenzen auf wie *CIL N* (cf. Kap. 5.2). Darüber hinaus bringt die weitgehende Unmarkiertheit auf ontologischer Ebene und die vollständige Unmarkiertheit auf referenzpragmatischer Ebene *CE N* funktional in die Nähe von *CIL N*. Auch wenn sich in der Verteilung von *CIL N* im Unterschied zu *CE N* sowohl auf ontologischer als auch auf referenzpragmatischer Ebene ein deutliches Leistungsprofil abzeichnet, ist dieses funktional weitaus diversifizierter als bei *CIST N*. Aus diesem Grund kann *CIL N* zwar als Gegensatz zu *CIST N*, aber ebenso wie *CE N* als funktional unmarkiert eingeschätzt werden. Infolge der weitgehenden Wirkungslosigkeit des ontologischen und referenzpragmatischen Verteilungsparameters erweist sich *CE N* im Kontrast zu *CIST N* und *CIL N* in der Tat als semantisch unbestimmt und zeigt demnach ein erwartbares Verhalten für eine neutrale Demonstrativform.

Wie in Kap. 5.3 dargelegt, können einige erwartungskonträre Präferenzen auf der Ebene der Ontotypen auf euphonische Motivationen zurückgeführt werden, wie etwa bei der Präferenz von *aventure* für die Denotation durch *CIL N* gesehen. Da die *CE*-Formen aufgrund ihrer Tonlosigkeit satz- und versinitial vermieden werden, wie in Kap. 3.3.1.1 gezeigt, liegt der Verdacht nahe, dass auch metrische Aspekte bei der Verteilung der Paradigmen eine Rolle spielen. Die Distribution der Einzelformen von *CIST* und *CIL* im Maskulinum Singular lässt vermuten, das in adnominaler Position einsilbige Formen bevorzugt werden. So kommen die einzigen zweisilbigen Formen *cestui* und *celui* nämlich vornehmlich pronominal zum Einsatz, während *cist* und *cil* lediglich eine Präferenz für den pronominalen Gebrauch aufweisen und *cest* und *cel* beinahe ausschließlich adnominal zu finden sind. Im Maskulinum Singular sind die adnominal präferierten distanzmarkierten Formen ebenso wie das neutrale *ce* schließlich einsilbig. Gleiches gilt im Maskulinum Plural (cf. Tab. 3.9). Aus diesem Grund erweist sich *CE* im Maskulinum nicht als metrisch begünstigt gegenüber *CIST* und *CIL*. Im Femininum ist nur im Plural eine Konkurrenzsituation gegeben. Hier zeigt das neutrale *ces* aufgrund seiner Einsilbigkeit deutliche silbenstrukturelle Vorteile gegenüber den zweisilbigen distanzmarkierten Alternativen *cestes* und *celes*. Die Präferenz für *ces* im Femininum Plural manifestiert sich auch darin, dass *cestes* und *celes* zusammen unter 10 Okkurrenzen aufweisen, während *ces* auf über 400 kommt (cf. Tab. 5.5). Aus diesem Grund tritt *ces* häufig zur Determination femininer Nomina in Aufzählungen in direkter Nachbarschaft zu *cil* für maskuline Plurale auf, wie in der Reihe *ces puceles*, *cil damoisel*, *ces damoiseles* und *cil jougleor* in (1a) und in der Gegenüberstellung *cil vent ... ces ondes* in (1b).

(1) a. Grant joie i ot mout cele nuit :
par Rome cantent *ces puceles*,
cil damoisel, *ces damoiseles* ;
cil jougleor trompent et rotent,
vïelent, cantent et si notent.
'In jener Nacht herrschte sehr große Freude in Rom: es singen *diese/jene Mädchen, jene jungen Männer, diese/jene jungen Frauen. Jene Spielleute* trompeten und erzählen, geigen, singen und machen auf sich aufmerksam.'
(*GOL*, V. 3981–3985)
b. As barons puet on comparer
les vens et le terre et le mer.
Que par eus est troblez li mondes
si com *cil vent* troblent *ces ondes*.

'Die Winde und die Erde und das Meer kann man mit den Männern vergleichen. Denn durch sie wird die Welt in Unruhe versetzt, so wie *jene Winde diese/jene Wellen* in Unruhe bringen.'
(*ANG*, V. 2331–2332b)

Entsprechend den Darlegungen in diesem Abschnitt erweisen sich der ontologische und der referenzpragmatische Parameter als wirksame Verteilungsfaktoren in der Distribution der distanzmarkierten Demonstrativa *CIST* und *CIL*. *CE* erscheint wiederum als beinahe vollständig neutrale Form, die weder auf ontologischer noch auf referenzpragmatischer Ebene über eine eigene Funktionalität verfügt. Der ontologische Parameter zeigt, dass *CIST* und *CIL* inhaltlich-kategorial nicht unbestimmt sind, sondern schemenhafte Hinweise zur ontologischen Struktur des Referenzobjekts liefern. Die Effekte des ontologischen Parameters bei der Verteilung von *CIST* und *CIL* wurden in den bisherigen Studien zum Altfranzösischen noch nicht aufgedeckt. Mit der Untersuchung des ontologischen Faktors legt die vorliegende Studie demnach eine neue Bedeutungsdimension von *CIST* und *CIL* frei. Der referenzpragmatische Parameter zeigt darüber hinaus, dass *CIST* und *CIL* auch Hinweise auf die Verankerung des Referenzobjekts geben. Die Effekte des referenzpragmatischen Parameters als Distributionsfaktor wurden bereits in vorhergehenden Studien untersucht, etwa in Kleiber (1987b), Marchello-Nizia (2003; 2005; etc.) und Guillot-Barbance (2017), wie in Kap. 3.3.1.2 und Kap. 3.3.1.3 gesehen.

Die Ergebnisse der vorliegenden Untersuchung knüpfen in manchen Aspekten an die vorherigen Analysen an, insbesondere an das Modell von Kleiber (1987b), in anderen Aspekten relativieren sie diese, etwa in der Mehrdimensionalität der Funktionalität von *CIST* und *CIL*. Die Analyse von *CIST* als Demonstrativum mit einer Zugänglichkeitsimplikation auf referenzpragmatischer Ebene stimmt mit dem Modell von Kleiber (1987b) überein, der *CIST* als Demonstrativum der referentiellen Kontiguität ausweist (cf. Kap. 3.3.1.2). Des Weiteren ist der Wert der Zugänglichkeit auf situativer Ebene aus dem Wert der raumzeitlichen Nähe ableitbar, wie etwa von Giesecke (1880), Mathews (1907) oder Price (1968) vertreten. Die Analyse von *CIL* als Demonstrativum mit einer Bekanntheitsimplikation ist dagegen nicht aus dem Modell von Kleiber (1987b) ableitbar, der *CIL* ausschließlich als im Bezug auf den Wert der referentiellen Kontiguität als unmarkiert betrachtet. Sie stimmt jedoch mit der Markierung distaler Demonstrativa in der Gegebenheitshierarchie von Gundel et al. (1993) überein, wie in Kap. 2.1.2.2 dargestellt. Über das Modell der Sprechersphäre von Guillot-Barbance (2017) und Marchello-Nizia (2003; 2005; etc.) gehen die Ergebnisse dieser Untersuchung in erster Linie in der Herausstellung des Faktors der Mehrdimensionalität des Verteilungsmechanismus von *CIST* und *CIL* hinaus. Die Vorstellung der Polyfunktionalität der Formen und die bewusste Trennung der Bedeutungsdimensionen ermöglicht nämlich auch die Integration erwartungskonträrer Gebrauchsweisen in die funktionalen Profile der Formen.

Auch die affektiven Werte, die das Modell der Sprechersphäre *CIST* und *CIL* zuweist, konnten in der vorliegenden Studie relativiert werden. Dass *CIL* nicht vornehmlich eine negative affektive Ausrichtung impliziert, suggeriert nicht nur das Verhalten des lateinischen Etymons *ILLE*, das in demonstrativen Erstnennungen eine Respekt zollende Funktion hat, sondern auch die Verteilung von *CIL N* auf pragmatischer Ebene (cf. Kap. 3.2.1.1). So dominiert *CIL N* zwar in Referenztypen, die leicht eine affektive Auswertung evozieren, wie in der epistemischen Verweisdomäne und bei indirekten Nominalanaphern, ist jedoch keineswegs auf die negative Ausrichtung festgelegt. Dafür spricht insbesondere, dass *CIL N* bei der Bezugnahme auf historische und religiöse Figuren oder Objekte dominiert und diese meist herausragende Vertreter der politischen und religiösen Welt darstellen, die allgemeine Verehrung erfahren, wie in Kap. 5.2 gesehen. Aus diesem Grund liegt der Verdacht nahe, dass sich in *CIL N* auch die respektanzeigende Funktion von lat. *ILLE* fortsetzt. Eine Konventionalisierung der affektiven Werte in der semantischen Dimension von Demonstrativa ist zuletzt auch vor dem Hintergrund ihrer Rolle als grammatische Funktionswörter als unwahrscheinlich zu betrachten. Nachdem in diesem Abschnitt die Funktionalität von *CIST*, *CIL* und *CE* erarbeitet wurde, widmet sich der folgende Abschnitt der Ermittlung der konzeptuellen Zusammenhänge zwischen dem mittelalterlichen und dem modernen Demonstrativsystem.

6.2 Diachronie der altfranzösischen Demonstrativa

In der Geschichte des Französischen ereignet sich eine vollständige Reorganisation des Demonstrativsystems. Die distanzmarkierten Paradigmen *CIST* und *CIL* bauen ihre lokaldeiktische Markierung ab und gleichzeitig eine syntaktische Spezialisierung auf (cf. Kap. 1 & Kap. 3.3). *CIST* verliert seinen proximalen Wert und wird als Determinierer reanalysiert. Parallel dazu gibt *CIL* seinen distalen Wert auf und wird nur mehr als Pronomen verwendet. Im 12. Jahrhundert tritt mit *CE* ein distanzneutrales, jedoch syntaktisch auf den adnominalen Bereich festgelegtes Paradigma in Konkurrenz zu den distanzmarkierten, jedoch syntaktisch polyfunktionalen Serien. Als etymologische Quelle von *CE* kommen sowohl *CIST* als auch *CIL* in Betracht. Da *CE* von Anfang an auf die Determiniererfunktion festgelegt ist, erlebt es im Zuge der Diachronie keine funktionalen Verschiebungen mehr, fällt aber paradigmatisch infolge der Determiniererfunktion mit *CIST* zusammen. Die Entstehung von *CE* wird nicht selten als Katalysator der syntaktischen Ausdifferenzierung von *CIST* und *CIL* betrachtet, weil *CE* das Ordnungsprinzip der syntaktischen Spezialisierung und der lokaldeiktischen Neutralität im mittelalterlichen Demonstrativsystem etabliert, wie in Kap. 3.3.2.1 gesehen. Stellt man jedoch die Frage, welche Faktoren zur Entstehung von *CE* führen, drängt sich die Vermutung auf, dass *CE* weniger als Auslöser denn als erstes Symptom der Wandelprozesse hin zu einem System syntaktisch-formaler Unterscheidung im Demonstrativsystem zu betrachten ist. Dafür spricht auch, dass die formale Differenzierung der Determinierer- und Pronominalfunktion als übergeordnete Entwicklungstendenz bereits seit der Entstehung der romanischen Sprachen wirksam ist und im mittelalterlichen System neben den Demonstrativa auch das Possessivparadigma erfasst (cf. Kap. 3.3.2.1).

Wie in Kap. 3.3.2.1 gesehen, erstreckt sich der Reallokationsprozess des altfranzösischen Demonstrativsystems von einer semantisch zu einer syntaktisch orientierten Gliederung über mehrere Jahrhunderte und erfasst die einzelnen Formen zu unterschiedlichen Zeitpunkten. Die Reallokationsrichtungen bilden sich nur bedingt in den Frequenzen der Paradigmen und ihrer Einzelformen im Altfranzösischen ab. *CIST* zeigt zwar eine starke Präferenz für die Determiniererfunktion, in den meisten Fällen dominiert in adnominaler Position jedoch *CIL*, das syntaktisch ausgeglichen ist (cf. Kap. 5.1 & Kap. 3.3.2.1). Darüber hinaus entsprechen die Präferenzen der Einzelformen vielfach nicht den Reallokationssrichtungen der Paradigmen, etwa bei *cel* oder *cestui*. Der Eindruck der Widersprüchlichkeit und Willkürlichkeit der Verschiebungen, der sich bei der Analyse des mittelfranzösischen Systems und der Beobachtung des erwartungskonträren Verhaltens einiger Formen einstellt, löst sich im 17. Jahrhundert mit der Herausbildung des modernen französischen Standardsystems auf. Der Verdacht liegt folglich nahe, dass die vollkommene syntaktisch basierte Ausdifferenzierung auf die Normierungsbestrebungen des 17. Jahrhunderts zurückgeht. Diese Vermutung wird auch von den dialektalen Gegebenheiten im nordfranzösischen Raum unterstützt. In vielen Dialekten des Raumes der *langue d'oïl* bleibt nämlich bis heute die Unterscheidung nach proximalen und distalen Werten in einigen Systemstellen erhalten (cf. Kap. 3.3.2.1).

Im Rahmen der Theorie von Smith (2011) konnte der komplementäre Reallokationsprozess der altfranzösischen Demonstrativparadigmen in Kap. 3.3.2 auf den Sprachwandelmechanismus des *core-to-core-mapping* abgebildet werden. Diesem Prinzip folgend wird die Refunktionalisierung formaler Kontrastpaare von den relationalen Rollen bestimmt, die die Formen in der ursprünglichen Dichotomie einnehmen. So verschieben sich die zentralen Core-Formen in Richtung der Core-Funktion der neuen Dichotomie, während die Non-Core-Formen in die Non-Core-Funktion abgedrängt werden. Im Unterschied zu den Beispielanalysen, die Smith (2004; 2006; 2011) vorstellt (cf. Kap. 3.3.2.2), stehen bei der

Refunktionalisierung der Demonstrativa in der Geschichte des Französischen nicht nur zwei Einzelformen im Kontrast, sondern zwei vollständige Paradigmen.

Anhand der Kriterien der Frequenz und der formalen Struktur, die Smith (2011) zur Bestimmung der Core-Qualität formuliert, konnte in Kap. 3.3.2.2 für die Core-Qualität des distalen *CIL*-Paradigmas plädiert werden. Die frequentative Überlegenheit von *CIL* gegenüber *CIST* bestätigt sich auch in der quantitativen Verteilung im Untersuchungskorpus der vorliegenden Studie. Wie in Kap. 5.1 gesehen, dominiert *CIL* auch hier in adnominaler Position. Was die qualitative Unmarkiertheit betrifft, die Smith (2011) außerdem als Kriterium zur Ermittlung der Core-Qualität vorschlägt, konnten auf Basis der Daten von Guillot-Barbance (2017) und Massé-Arkan (2013b) in Kap. 3.3.2.2 noch keine endgültigen Bewertungen der Core-Werte von *CIST* und *CIL* vorgenommen werden. Die Einschätzung der Core-Qualitäten von *CIST* und *CIL* kann an dieser Stelle jedoch mithilfe der in Kap. 6.1 formulierten Wertigkeiten von *CIST* und *CIL* nachgeholt werden.

Smith (2011, 277–278) zufolge zeigen Core-Formen auf der Ebene der semantischen und pragmatischen Distribution eine höhere funktionale Vielseitigkeit auf als Non-Core-Formen und fungieren demnach als Default-Formen. Entsprechend den Ausführungen in Kap. 6.1 weist *CIL N* sowohl auf der Ebene der ontologischen Profilierung als auch auf der Ebene der referentiellen Verankerung ein weitaus breiteres Leistungsprofil auf als *CIST N*. *CIL* stellt sich demnach im Vergleich zu *CIST* im adnominalen Bereich als qualitativ unmarkiert heraus und kann daher als Default-Paradigma klassifiziert werden. Da *CIST* im pronominalen Gebrauch *CIL* frequentativ noch deutlicher unterlegen ist als im adnominalen, ja als Konkurrenzparadigma praktisch inexistent ist, kann *CIL* auch auf der Ebene der pronominalen Verteilung Default-Status zugewiesen werden (cf. Kap. 3.3.2.1). Im Einklang mit den funktionalen Profilen, die in Kap. 5 und Kap. 6.1 herausgearbeitet wurden, kann *CIL* folglich auch auf der Ebene der semantischen und pragmatischen Distribution als Core-Form eingeschätzt werden. *CIL* weist somit sowohl auf quantitativer und formaler als auch auf semantischer und pragmatischer Ebene Core-Qualität auf.

Wie in Kap. 3.3.2.2 dargelegt, impliziert das Prinzip des *core-to-core-mapping*, dass die Core-Qualität als abstrakter Wert der alten Form in der neuen Funktion erhalten bleibt. Entsprechend den von Smith (2011) postulierten Kriterien konnte dem distalen *CIL*-Paradigma in der alten Dichotomie Core-Status zugeschrieben werden. Zur Feststellung der Core-Werte grammatischer Funktionen bietet Smith (2011) jedoch kein geeignetes Verfahren an. Aus diesem Grund wurden in Kap. 3.3.2.2 typologische und sprachhistorische Aspekte herangezogen, um die Core-Werte der Determinierer- und Pronominalfunktion einzuschätzen, die die neue Dichotomie bilden. Infolge des universalen Status und der

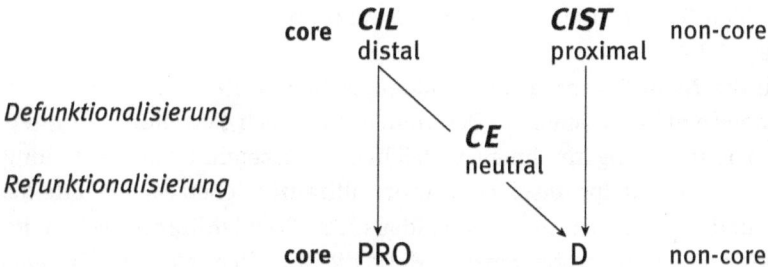

Abb. 6.1: *Core-to-core-mapping* in der Diachronie des Französischen.

historischen Tiefe der Pronominalformen im Kontrast zu den Determinierern kann die Pronominalfunktion in der neuen Dichotomie als Core-Funktion betrachtet werden, wie ebenfalls in Kap. 3.3.2.2 dargelegt. Da *CIL* als Core-Form in der Diachronie des Französischen als Pronomen reanalysiert wird, kann die Reallokation der altfranzösischen Demonstrativparadigmen als Wandelprozess qualifiziert werden, der nach dem Prinzip des *core-to-core-mapping* organisiert ist. Als Non-Core-Form kann sich *CIST* in der neuen Opposition nur in der Non-Core-Funktion durchsetzen, die infolge der Core-Qualität der Pronomina der Determiniererfunktion zugeschrieben werden kann. Demnach können die französischen Werte in die schematische Darstellung in Abb. 3.6 eingesetzt werden, wie Abb. 6.1 illustriert. Da das neutrale *CE*-Paradigma sowohl aus *CIST* als auch aus *CIL* entstanden sein kann, bleibt die Core-Form *CIL* in der neuen Dichotomie nicht nur als Pronomen erhalten, sondern ist durch *CE* auch in der Determiniererfunktion präsent. Im Unterschied zum abstrakten Schema in Abb. 3.6 beinhaltet Abb. 6.1 demnach nicht nur einen Entwicklungspfeil von *CIL* zur Core-Funktion PRO, sondern auch zur Non-Core-Funktion D.

Dem Prozess der Refunktionalisierung geht, wie in Kap. 3.3.2.1 gesehen, eine weitgehende Defunktionalisierung des ursprünglichen Kontrastwerts vorauf. In der Geschichte der altfranzösischen Demonstrativa äußert sich diese im Verlust der lokaldeiktischen Markierungen. Auch der Abbau der Formen *cest* und *cel* zu *ce* sowie *cels* und *cez* zu *ces*, wie in Kap. 1 und Kap. 3.3.1.1 dargestellt, geht mit einer Neutralisierung des lokaldeiktischen Werts und einer Reanalyse als Determinierer einher. Die Formen des *CE*-Paradigmas sind zudem die einzigen Determinierer, die im Zuge der syntaktischen Spezialisierung einen relevanten Teil ihrer Lautsubstanz verlieren. Non-Core-Formen sind im Anschluss an den Abbau des funktionalen Kontrastwerts grundsätzlich gefährdet, sodass an dieser Stelle auch ein vollständiger Verlust möglich ist. Die Prekarität der *CIST*-Formen als Non-Core-Korrelate zu *CIL* manifestiert sich etwa in der paradigmatischen Ordnung einiger Dialekte. So sind die *CIST*-Formen im Determiniererparadigma des Pikardischen und im Dialekt des Mâconnais fast vollständig abgebaut (cf. Kap. 3.3.2.2).

Da sich die Neutralisierung der lokaldeiktischen Werte und die anschließende Reanalyse als Pronomen vs. Determinierer je nach Einzelform in unterschiedlichen Entwicklungsrhythmen vollziehen, repräsentiert die Darstellung in Abb. 6.1 einen Wandelprozess, der von der altfranzösischen Sprachstufe als Startpunkt und der Entstehung des Systems des Standardfranzösischen im 17. Jahrhundert als Endpunkt begrenzt wird. Da die Zweigliedrigkeit des Systems bereits in der altfranzösischen Sprachstufe durch das Aufkommen von *CE* aufgebrochen wird, liegt der Verdacht nahe, dass die Reallokationsprozesse, die zu einer syntaktischen Organisation des Systems führen, bereits viel früher einsetzen. Darauf deutet auch die Struktur des lateinischen Demonstrativsystems sowie die funktionalen Kontinuitäten, die sich zwischen afr. *CIL* und lat. *ILLE* sowie afr. *CIST* und lat. *ISTE* abzeichnen.

Nicht nur lat. *ILLE* und afr. *CIL*, sondern auch lat. *ISTE* und afr. *CIST* stimmen weitgehend in ihren referenzpragmatischen Verteilungsprofilen überein. Ebenso wie afr. *CIL* tritt lat. *ILLE* bevorzugt in nominalanaphorischen Bezugnahmen und den Referenztypen der epistemischen Verweisdomäne auf, wie in Kap. 3.2.1.1 gesehen. Lat. *ISTE* und afr. *CIST* teilen dagegen die Präferenzen für situative und propositionalanaphorische Bezugnahmen, wie ebenfalls in Kap. 3.2.1.1 dargelegt. Darüber hinaus stimmen die altfranzösischen Demonstrativa mit ihren lateinischen Etyma überein, was die Verteilung nach Sprechebenen und syntaktischen Positionen betrifft. Lat. *ISTE* kommt etwa ebenso wie afr. *CIST* vornehmlich in direkter Figurenrede zum Einsatz. Aufgrund der Konkurrenzsituation zu lat. *HIC* zeigt lat. *ISTE* jedoch ein weitaus stärkeres Ungleichgewicht im Bereich der Sprechebenen auf als afr. *CIST*, da es beinahe ausschließlich in direkten Redebeiträgen auftritt (cf. Kap. 3.2.2.2). Im Unterschied zu lat. *ISTE* stellt afr. *CIST* das einzige Demonstrativum im proximalen Bereich dar und ist afr. *CIL* daher frequentativ nicht so stark unterlegen wie lat. *ISTE* den Konkurrenzformen lat. *HIC* und *ILLE*. Auf der Ebene der syntaktisch-positionellen Verteilung ergeben sich ebenso Gemeinsamkeiten zwischen afr. *CIST* und *CIL* und ihren entsprechenden Etyma. So weist lat. *ILLE* wie afr. *CIL* eine syntaktisch ausgewogene Distribution nach adnominalem und pronominalem Gebrauch auf, lat. *ISTE* kommt dagegen wie afr. *CIST* bevorzugt adnominal zum Einsatz (cf. Kap. 3.2).

Die funktionalen Kontinuitäten zwischen lat. *ILLE* und afr. *CIL* auf der einen Seite und lat. *ISTE* und afr. *CIST* auf der anderen Seite spiegeln sich auch auf der Ebene der Markiertheitsverhältnisse wider. Wie in Kap. 3.2.2.2 dargelegt, erweist sich lat. *ILLE* im Kontrast zu lat. *ISTE* als funktional unmarkiert. Dafür sprechen zum einen die weitaus höheren Frequenzen von lat. *ILLE*, zum anderen die pragmatische Unmarkiertheit in Bezug auf den Wert der Korrelativität. Es ist demnach zu vermuten, dass CIL nicht erst in der altfranzösischen Sprachstufe Core-Qualität erhält, sondern diese bereits von *ILLE* übernimmt. Da *ISTE* im Vergleich zu *ILLE* also markiert ist, kann auch die Non-Core-Qualität von afr. CIST als ererbt betrachtet werden. *ISTE* erweist sich nicht nur im Vergleich mit *ILLE*, das den distalen Funktionsbereich vertritt, sondern auch im Kontrast zu *HIC* als markiert, das ebenfalls proximale Funktion erfüllt. Wie in Kap. 3.2.2.2 gezeigt, setzt sich *ISTE* in allen romanischen Sprachen als proximales Demonstrativum durch, während *HIC* abgebaut wird. *ISTE* ist distributionell weitaus stärker eingeschränkt als *HIC* und stimmt durch die korrelative Markierung in seinen pragmatischen Lesarten nicht mit dem typischen Leistungsprofil proximaler Demonstrativa überein, wie in Kap. 3.2.1.1 gezeigt. Das Fortbestehen von *ISTE* und der Abbau von *HIC* in den romanischen Sprachen kann demnach als Substitution einer semantisch und pragmatisch schwächeren Form durch eine semantisch und pragmatisch stärkere Form betrachtet werden (cf. 3.2.2.2). Infolge der Erhaltung der markierten proximalen Form (*ISTE*) zum Nachteil der unmarkierten (*HIC*) stellt der Abbauprozess, der sich im Demonstrativsystem im Wandel vom Lateinischen zu den romanischen Sprachen ereignet, das Modell von Smith (2011) also in Frage.

Die Bewertung der Pronominalfunktion als Core und somit das Prinzip des *core-to-core-mapping* erscheinen auch vor dem Hintergrund der funktionalen Verteilung von nfr. *CE* und *CELUI* als problematisch. Zwischen afr. *CIST* und *CIL* und ihren modernen Entsprechungen können zwar, ebenso wie gerade in Relation zu den lateinischen Etyma gesehen, funktionale Kontinuitäten aufgedeckt werden. Die Markiertheitswerte unterscheiden sich jedoch fundamental von den altfranzösischen und lateinischen Verhältnissen. Nfr. *CELUI* stimmt mit afr. *CIL* nicht nur in den ontologischen Präferenzen für Objekte und Kollektiva überein, sondern auch in den referenzpragmatischen für Bezugnahmen auf diskursiv etablierte Entitäten (cf. Kap. 5.3–5.4; Kap. 6.1). Im situativen Raum kann nfr. *CELUI* nur für Bezugnahmen auf konturierte, als Einzelgestalten profilierte Entitäten eingesetzt werden, etwa der Ontotypen «Objekte» und «Kollektiva» (cf. Kap. 2.1.1.3). In der phorischen Verweisdomäne zeigt *CELUI* vergleichbare Einschränkungen auf. So kann *CELUI* auf phorischer Ebene ausschließlich als direkte Nominalanapher eingesetzt werden. Während die Referenzleistung von *CELUI* in der situativen Verweisdomäne ontologisch auf konturierte Entitäten eingeschränkt ist, liegt in der phorischen Verweisdomäne eine Beschränkung auf direkte Nominalanaphern vor. Da in diesem Referenztyp der Antezedent eine kategoriale Zuordnung liefert, ist *CELUI* ontologisch hier nicht eingeschränkt. In der epistemischen Verweisdomäne ist *CELUI* nur in Bezugnahmen auf menschliche Entitäten einsetzbar (cf. Kap. 2.1.1.3).

Während die Präferenzen für Objekte und Kollektiva sowie direkte Nominalanaphern in der Verteilung von afr. *CIL* in erster Linie als Tendenzen zu betrachten sind, stellen sie in der Funktionalität von nfr. *CELUI* Gebrauchsbedingungen dar. So weist afr. *CIL* zwar Verteilungspräferenzen auf ontologischer und referenzpragmatischer Ebene auf, kommt jedoch in Verbindung mit allen ontologischen Profilierungen und Referenztypen zum Einsatz (cf. Kap. 5.3–5.4). Obwohl davon auszugehen ist, dass bereits afr. *CIL* im pronominalen Gebrauch ähnlichen Gebrauchsbeschränkungen unterliegt wie nfr. *CELUI*, verliert *CIL* mit dem Abbau der syntaktischen Polyfunktionalität deutlich an distributioneller Variabilität. Dieser Verlust ist darauf zurückzuführen, dass innerhalb der Gruppe der Demonstrativpronomina eine formal stärker gebundene ontologische Spezialisierung wirksam ist. So kommen die genusmarkierten *CELUI*-Formen, wie oben dargestellt, nur in Bezugnahmen auf konturierte oder kategorial bestimmte Entitäten zum Einsatz. Die genusneutralen Formen *ça*, *c(e)*, *cela* oder *ceci* profilieren dagegen kategorial nicht-spezifizierte oder ausgedehnte Entitäten, wie nicht belebte Objekte und Kollektiva oder Situationen. Die genusneutralen Formen, insbesondere *ça*, sind zwar ontologisch spezifiziert, in ihrer Verteilung jedoch freier als *CELUI*. So kann *ça* etwa auch zum Verweis auf menschliche Entitäten eingesetzt werden. Aufgrund seiner unbelebten Markierung erzeugt es dann allerdings eine despektierliche Lesart. Die größere Distributionsfreiheit der neutralen Demonstrativpronomina im Vergleich zu den genusmarkierten spiegelt sich auch in den Frequenzverhältnissen wider. Wie der Frequenzindex von Quasthoff et al. (2013) in Tab. 2.3 zeigt, liegen die genusneutralen Pronomina deutlich vor den genusmarkierten Formen (cf. Kap. 2.2).

Im Unterschied zu afr. *CIL* erweitert sich im Zuge der syntaktischen Spezialisierung die Distribution von afr. *CIST*. Ebenso wie für afr. *CE* in Kap. 6.1 gesehen, neutralisiert *CIST* im Laufe der Entwicklung seine ontologischen und referenzpragmatischen Werte, die dem proximalen Formenparadigma in Kap. 6.1 zugeschrieben wurden. Als Demonstrativdeterminierer können die modernen *CE*-Formen mit Nominaltypen jedweder ontologischer Profilierung eingesetzt werden. Die Demonstrativdeterminierer zeigen demnach im modernen Französischen ein weitaus freieres Verteilungsprofil auf als die Demonstrativpronomina, obwohl sie nicht nur aus dem Core-Paradigma afr. *CIL*, sondern vor allem auch aus dem Non-Core-Paradigma afr. *CIST* entstehen. Entsprechend den Verteilungsverhältnissen erweist sich nfr. *CE* so als funktional unmarkiertere Form als nfr. *CELUI*. Darauf deuten auch die Daten im Frequenzindex von Quasthoff et al. (2013) in Tab. 2.3 hin, in dem die Demonstrativdeterminierer quantitativ weit vor nfr. *CELUI* liegen (cf. Kap. 2.2). Die funktionale Markiertheit von nfr. *CELUI* im Kontrast zu nfr. *CE* manifestiert sich auch darin, dass nfr. *CELUI* heute nicht nullwertig ist, wie für die pronominale Funktion charakteristisch ist, sondern einer Erweiterung um externe Modifizierer bedarf (cf. Kap. 2.3.2).

Während die Markiertheitswerte im Wandel vom Lateinischen zu den romanischen Sprachen also bestehen bleiben, kehren sie ihre Ausrichtung im Wandel vom Alt- zum Neufranzösischen um. An der Verschiebung der Markiertheitswerte wird deutlich, dass der Core-Status einer grammatischen Funktion nicht automatisch an die Form gekoppelt ist, die diese Funktion erfüllt. Denn auch wenn der pronominalen Funktion aus universaltypologischer Perspektive im Kontrast zur Determiniererfunktion Core-Status zugewiesen werden kann, wie in Kap. 3.3.2.2 gesehen, erweist sich nfr. *CELUI* im modernen Demonstrativsystem nicht als Core-Form. Diese Diskrepanz wirft die Frage auf, ob die Core-Werte der Pronominal- im Kontrast zur Determiniererfunktion überhaupt bestimmt werden können. Pronomina erweisen sich zwar im Unterschied zu Determinierern als universale und sprachhistorisch nicht situierbare Wortklasse, sind aber auf tiefensyntaktischer Ebene gleich distribuiert, wie in Kap. 2.3.3 gezeigt. Auch wenn Determinierer historisch auf Pronomina zurückgehen, impliziert die Ausdifferenzierung einer spezifischen Determiniererklasse das Entstehen einer vornehmlich auf die pronominale Funktion festgelegten Zeichenklasse, wie etwa in der Herausbildung der Definitartikel und -pronomina im Wandel vom Lateinischen zu den romanischen Sprachen deutlich wird. Determinierer sind demnach nicht nur syntaktisch in der gleichen Funktionsstelle anzusiedeln wie Pronomen, sondern gehen auch historisch auf Pronomina als etymologischer Basis zurück. Demnach ist zu vermuten, dass vor der Entstehung der Determiniererklassen Pronomina Determiniererfunktionen übernommen haben, wenn auch nicht auf derart generalisierte Weise wie in modernen Artikelsprachen. Pronomina und Determinierer stimmen folglich sowohl historisch als auch syntaktisch-funktional überein.

Auch wenn der Core-Wert der Pronominalfunktion aufgrund der funktionalen Gleichheit der Determinierer und Pronomina als nicht eindeutig bestimmbar erscheint, ist der Status von afr. *CIL* als Core-Form evident. Infolge der Core-Qualität von *CIL* kann mit dem Modell von Smith (2011) auch die Genese von *CE* neu bewertet werden. Vor dem Hintergrund der Tatsache, dass *CIL* im Altfranzösischen Core-Status aufweist, liegt der Verdacht nahe, dass die *CE*-Formen weit eher aus dem frequentativ häufigeren *CIL* denn aus *CIST* als Non-Core-Paradigma entstehen. Dafür sprechen zum einen formale, zum anderen funktionale Gründe. Ein formaler Grund für die ausschließliche etymologische Filiation von *CE* aus *CIL* ist die Tatsache, dass der Abbau der distalen Distanzmarkierung *-l* (monosegmentales Morphem und Liquid) aufgrund seiner phonologischen Schwäche vor konsonantischem Anlaut weit wahrscheinlicher ist als der Abbau der proximalen Distanzmarkierung *-st* (bisegmentales Cluster aus stimmlosem Frikativ und Plosiv). Zum anderen deutet die funktionale Konvergenz zwischen den Profilen von *CIL N* und *CE N*, die sich in den Verteilungsmustern in Kap. 5.2– 5.4 abzeichnet, auf eine etymologische Filiation von *CE N* aus *CIL N* hin. Im

Bereich der syntaktischen Funktionen teilt *CE N* zwar mit *CIST N* die Präferenz für das direkte Objekt als zweithäufigster syntaktischer Funktion (cf. Kap. 5.2). Was den Anteil der modifizierten Okkurrenzen betrifft, stimmen die Werte jedoch mit den Werten von *CIL N* überein (cf. Tab. 5.13–5.14.). Was die Verteilungen aus der Perspektive der Gesamtfrequenzen der einzelnen Ontotypen und der Referenztypen betrifft, zeigt das funktionale Profil von *CE N* mehr Gemeinsamkeiten mit *CIL N* als mit *CIST N* auf. So weist *CE N* bei der Denotation sichtbarer belebter Kollektiva die gleichen Anteile auf wie *CIL N*. In den übrigen Spielarten der Kollektiva wird *CE N* zwar jeweils gegenüber *CIL N* bevorzugt, *CIST N* kommt in diesem Funktionsbereich jedoch kaum zum Einsatz (cf. Tab. 5.19). Darüber hinaus figurieren an erster Stelle im Präferenzindex von *CE N* sichtbare belebte Kollektiva, die als Pluralvariante der sichtbaren belebten Objekte betrachtet werden können, die wiederum im Präferenzindex von *CIL N* die erste Position einnehmen (cf. Tab. 5.20). Was die Verteilung nach Referenztypen betrifft, zeigt *CE N* zwar keine Präferenzen, liegt aber gerade in dieser Funktionslosigkeit näher bei *CIL N*, das ein stark funktional gestreutes Profil aufweist, als bei *CIST N*, das weitaus stärker spezialisiert ist. Was die referenzpragmatischen Präferenzen nach der Gesamtverteilung der Kennzeichnungstypen betrifft, teilt *CE N* dagegen sowohl Präferenzen mit *CIL N* als auch mit *CIST N* (cf. Tab. 5.29).

Vor dem Hintergrund des Modells des *core-to-core-mapping* wird schließlich auch deutlich, dass in der Refunktionalisierung einer formalen und funktionalen Dichotomie ein Kausalzusammenhang zwischen der ursprünglichen Funktion einer Form und ihrer Entwicklungsrichtung besteht, wie bereits Kleiber (1985, 101, 105) vermutet. Für die Geschichte des französischen Demonstrativsystems bedeutet dies, dass sowohl die Generalisierung der *CIL*-Formen als Pronomina als auch die der *CIST*-Formen als Determinierer funktional motiviert ist. Dafür sprechen insbesondere die funktionalen Kontinuitäten, die zwischen den afr. *CIST*- und nfr. *CE*-Formen sowie zwischen den afr. *CIL*- und nfr. *CELUI*-Formen sichtbar werden. Die Gemeinsamkeiten manifestieren sich nicht nur auf ontologischer, sondern auch auf referenzpragmatischer Ebene. Wie in Kap. 6.1 herausgestellt wurde, kann aus den Verteilungsprofilen von *CIST N* eine Präferenz für Kontexte abgeleitet werden, die die Konstruktion eines Referenzobjekts erfordern und deren referentielle Auflösung daher gefährdet ist. Diese Funktion kann strukturell auf die Determiniererfunktion abgebildet werden, da Determinierer der Erweiterung durch ein Nominalkomplement bedürfen, das kategoriale Informationen des Referenzobjekts bereitstellt und daher als referentielle Unterstützung fungiert. Demonstrative Kennzeichnungen werden demnach nur dann erforderlich, wenn der Erfolg der referentiellen Auflösung andernfalls gefährdet wäre. Diese Anforderung kann als strukturelle Parallele zur Funktion von *CIST N* betrachtet werden. Im Unterschied zu *CIST N* tritt *CIL N* überwiegend zur Reaktivierung von Diskursreferenten ein und impliziert demnach Bekanntheit und kategoriale Spezifiziertheit des Referenzobjekts. Diese Präferenz kann zum Teil auf die Pronominalfunktion abgebildet werden. Wie in der Gegebenheitshierarchie von Gundel et al. (1993) in Abb. 2.3 gesehen, bedarf der Einsatz von Demonstrativpronomina im phorischen Kontext der Aktivierung des Diskursreferenten im unmittelbaren Vortext.

Trotz der funktionalen Kontinuitäten, die im Verlauf dieses Abschnitts festgestellt werden konnten, besteht zwischen Demonstrativdeterminierern und -pronomina im modernen Französischen eine größere strukturelle Diskrepanz als zwischen der proximalen und distalen Serie im Altfranzösischen. Wie in Kap. 5 und Kap. 6.1 gesehen, weisen afr. *CIST* und *CIL* zwar unterschiedliche Verteilungsprofile auf ontologischer und referenzpragmatischer Ebene auf, kommen jedoch auch in Verbindung mit dispräferierten Onto- und Referenztypen zum Einsatz. Darüber hinaus konnten keine Kontexte ermittelt werden, die eine Form vollständig ausschließen würden. Im Zuge der syntaktischen Spezialisierung verringert sich die distributionelle Freiheit von afr. *CIST* und *CIL*, sowohl auf syntaktischer als auch auf semantischer Ebene. Im Vergleich zu afr. *CIST* und *CIL* haben nfr. *CE* und *CELUI* so nicht nur ihre syntaktische Polyfunktionalität, sondern auch ihre paradigmatische Austauschbarkeit verloren. Diese zeigt sich insbesondere durch die strengen Verteilungseinschränkungen von nfr. *CELUI*, wie weiter oben in diesem Abschnitt gezeigt, als deutlich begrenzt. Im Unterschied zu nfr. *CE* kann *CELUI* nämlich nicht für alle ontologischen und referenzpragmatischen Profilierungen eingesetzt werden. Im Kontrast zum semantischen ist das syntaktische Distributionskriterium zwar kognitiv einfacher zu kontrollieren, wie die Daten zum Spracherwerb in Kap. 2.2.1 zeigen. Es grenzt die Variabilität der Formen jedoch maßgeblich ein. Der Übergang von einer lokaldeiktischen Semantik der Demonstrativa zu einer syntaktisch-positionellen bedeutet folglich auch eine Abstraktion der Funktionalität der Formen und damit einhergehend eine stärkere Formalisierung der Verteilung. Infolge des Verlusts an semantischer Konkretheit und distributioneller Freiheit kann der Wandel vom Kontrastwert proximal-distal zum Kontrastwert Determinierer-Pronomen in der Geschichte der französischen Demonstrativa als Grammatikalisierung, genauer als parallele oder komplementäre Grammatikalisierung eingeschätzt werden.

7 Schluss

Das Französische sticht in vielen Hinsichten aus der romanischen Sprachfamilie heraus. Eines der auffälligsten Unterscheidungsmerkmale im Bereich der Nominal- und Pronominalmorphologie ist die Struktur des Demonstrativsystems. Im Französischen werden die Formenserien entsprechend ihrer syntaktischen Position als Determinierer (*CE*) oder Pronomen (*CELUI*) differenziert eingesetzt. In den romanischen Schwestersprachen bestimmen dagegen Distanzmarkierungen mit ihren vielen abgeleiteten Lesarten den Gebrauch der Paradigmen (cf. Kap. 2.2.2.2). Auch die Distribution der Demonstrativserien *CIST* und *CIL* im Altfranzösischen funktioniert nach dem semantischen Prinzip (cf. Kap. 3.3.1).

Im Demonstrativsystem des Französischen wird das distanzbasierte Ordnungsmuster, das aus dem Lateinischen ererbt wurde und bis heute in den übrigen romanischen Sprachen gültig ist, schrittweise bis zum 17. Jahrhundert abgebaut (cf. Kap. 3.3.2 & Kap. 6.2). Mit der Herausbildung eigener demonstrativer Determinierer- und Pronominalparadigmen folgt das Französische zwar einem panromanischen Entwicklungsprinzip, das seit der Entstehung der romanischen Sprachen in den Pronominalsystemen wirksam ist. Es setzt diesen Trend jedoch in einem Bereich durch, in dem sich in den übrigen romanischen Sprachen weder diachron noch synchron syntaktische Ausdifferenzierungsmechanismen abzeichnen. Auch wenn sich im Demonstrativsystem sprechsprachlicher Varietäten der romanischen Sprachen aktuell paradigmatische Abbauprozesse ankündigen, etwa im brasilianischen Portugiesischen, in dem insbesondere das proximale *este* zunehmend vom medialen *esse* verdrängt wird (cf. Kap. 3.2.2.1), finden sich keine Hinweise auf eine Entwicklung in Richtung einer formalen Unterscheidung der adnominalen und pronominalen Funktion. Hinzu kommt, dass die Neutralisierung der lokaldeiktischen Markierung sowie die formale Differenzierung adnominaler und pronominaler Formen in der Geschichte des Französischen den Wandel von einem typologisch häufigen zu einem der typologisch seltensten Demonstrativsysteme bedeutet (cf. Kap. 2.2.2). Es stellt sich also die Frage, warum die Tendenz der syntaktischen Ausdifferenzierung im Französischen so virulent ist, dass sie sich auch auf das Demonstrativsystem ausweitet.

Die Frage nach den Ursachen des Sprachwandels kann nur im Rahmen einer eingehenden Untersuchung der Detailprozesse beantwortet werden, in denen sich dieser Wandel vollzieht, sowie ihrer semantischen und pragmatischen Bedingungen. Nach Croft (2000, 31) verläuft Sprachwandel generell in zwei Schritten. Zunächst führt sprachliche Innovation zur Entstehung einer neuen Form auf der Basis einer bereits bestehenden oder zum Gebrauch einer Form in einem vom grammatischen System nicht vorhergesehenen Kontext (cf. Croft 2000, Kap. 5–6). Finden die innovierten Formen und Funktionen in einem zweiten Schritt Verbreitung in der Sprachgemeinschaft, geschieht Sprachwandel. Die Ausbreitung sprachlicher Innovation ist demnach im sozialen Raum verortet und Folge sozialer Prozesse und Wertungen (cf. Croft 2000, 31, 38, 87). Die Entstehung neuer Formen und Funktionen ist dagegen in der Struktur der Zeichen selbst begründet und entsteht durch formal oder funktional basierte Sprachwandelmechanismen, etwa phonologische Prozesse, Metonymien, Metaphern oder Grammatikalisierung (cf. Croft 2000, 63 , 105, 166).

In der vorliegenden Arbeit stand die innovative Seite der Entwicklung, die sich im französischen Demonstrativsystem ereignet, im Mittelpunkt. Innovationen finden in der Diachronie der französischen Demonstrativa auf mehreren Ebenen statt. Die Entstehung des neutralen Paradigmas *CE* im 12. Jahrhundert bedeutet zunächst eine formale Innovation in adnominaler Position. Da *CE* nicht über die distanzmarkierenden Morpheme *-st* und *-l* verfügt, wird es als distanzneutral ausgewertet und begründet somit ein neues Formenparadigma. Die Entstehung von *CE* zieht demnach auch eine funktionale Innovation mit sich, die im Verlust der lokaldeiktischen Markierung auf der einen Seite und im Aufbau einer syntaktischen Spezialisierung auf der anderen Seite besteht. Die Genese von *CE* erweist sich in vielfacher Hinsicht als strukturell motiviert. So kann der formale Abbau etwa auf die pränominale Position zurückgeführt werden, die syntaktische Spezialisierung dagegen als Folge des Analogiedrucks bereits syntaktisch ausdifferenzierter Systeme betrachtet werden.

Ziel dieser Arbeit war es, aufbauend auf einer umfassenden Funktionsanalyse den Einfluss der referentiellen Leistungsprofile der altfranzösischen Demonstrativa auf die Richtung ihrer syntaktischen Ausdifferenzierung zu ermitteln und auf diese Weise die funktionalen Kontinuitäten zwischen den Kontrastprinzipien der mittelalterlichen und modernen Formen aufzudecken. Auf Basis der indexikalischen Zeichentheorie konnte die Funktionalität der demonstrativen Kennzeichnungstypen *CIST N*, *CIL N* und *CE N* auf syntaktischer, semantischer und pragmatischer Ebene genauer erfasst werden. Gegenüber vorliegender Forschung wurden insbesondere die Multiperspektivität der semantischen Wertigkeit von *CIST* und *CIL* sowie die Voraussetzungen in der ontologischen Struktur der Referenzobjekte als Distributionsprinzipien der Formenserien ermittelt. Die referentiellen Leistungsprofile von *CIST N*, *CIL N* und *CE N* konnten des Weiteren mit den diachronen Reallokationsprozessen und ihren Ausrichtungen in Zusammenhang gebracht werden. So zeichneten sich zwischen den mittelalterlichen und modernen Formen vielfach funktionale Kontinuitäten ab. Aus der Funktionalität der demonstrativen Kennzeichnungen ergab sich so eine Perspektive auf ihre Diachronie.

Die funktionalen Profile konnten des Weiteren Evidenzen für die Annahme liefern, dass das distanzneutrale Paradigma *CE* nicht zwangsläufig sowohl auf

CIST als auch auf *CIL* zurückgeht. Als plausibler erscheint die Annahme einer etymologischen Basis in distalem *CIL*. Die empirische Untersuchung schließt somit auch die Lücke in der Erforschung der Funktionalität von *CE*. Die Korpusanalyse konnte zudem nachweisen, dass sich *CE* in seinen Verteilungsmechanismen tatsächlich als neutral erweist, mit Ausnahme der Ebene der ontologischen Verteilung. Mit der Ermittlung des ontologischen Parameters als Verteilungsprinzip demonstrativer Formen erweitert die vorliegende Arbeit darüber hinaus nicht nur die Kenntnis der altfranzösischen Demonstrativa, sondern auch das Wissen um mögliche Strukturmechanismen semantisch differenzierter Demonstrativa aus sprachvergleichender Perspektive.

Die Frage nach der Rolle der ontologischen Profilierung des Referenzobjekts bietet auch Anknüpfungspunkte für weiterführende Forschung. Um die Detailprozesse der funktionalen Entwicklung der Formen genauer nachvollziehen zu können, wäre eine Untersuchung der ontologischen und referenzpragmatischen Verteilung der Paradigmen vom Mittelfranzösischen bis zum 17. Jahrhundert notwendig. Darüber hinaus könnte eine Verteilungsanalyse der Demonstrativa im Lateinischen und den übrigen romanischen Sprachen entsprechend dem Modell der vorliegenden Untersuchung wichtige Einblicke in funktionale Kontinuitäten und Diskontinuitäten liefern, sowohl im Wandel vom Lateinischen zu den romanischen Sprachen als auch im panromanischen Vergleich. Eine Untersuchung der lateinischen und weiterer romanischer Demonstrativa würde nicht zuletzt die Möglichkeit bieten, die Bedeutung des ontologischen und des referenzpragmatischen Parameters als Distributionsmechanismen semantisch differenzierter Demonstrativa aus sprachvergleichender Perspektive auszuloten.

8 Bibliographie

Dieses Kapitel verzeichnet alle Texte, die bei der Entwicklung und Redaktion dieser Arbeit konsultiert wurden. Die Bibliographie ist in vier Teilbereiche untergliedert. Abschnitt 8.1 *Korpus* notiert alle Texte des Untersuchungskorpus. Kapitel 8.2 *Datenbanken und Wörterbücher* verzeichnet alle Datenbanken und Wörterbücher, die bei der Erstellung dieser Arbeit genutzt wurden. Abschnitt 8.3 *Beispiele* führt alle nicht-wissenschaftlichen oder in dieser Untersuchung nicht wissenschaftlich genutzten Texterzeugnisse auf, aus denen Beispiele zur Illustration der Ausführungen in Kap. 1–3 entnommen wurden. Abschnitt 8.4 *Forschungsliteratur* nennt schließlich alle Titel, die als wissenschaftliche Quellen in die vorliegende Untersuchung eingeflossen sind.

8.1 Korpus

ADG = Adgar (dit Guillaume) [ca. 1165–1200], *Collection de miracles*, ed. Kunstmann, Pierre, Ottawa, Université d'Ottawa, 1982. Elektronisch verfügbar in: Base de Français Médiéval (Version 2014) [online].
<http://txm.ish-lyon.cnrs.fr/bfm/pdf/adgar.pdf> [letzter Zugriff: 21.4.2015].

AIO = Anonymus [ca. 1210], *Aiol*, ed. Normand, Jacques/Raynaud, Gaston, Paris, Société des Anciens Textes Français, 1877. Elektronisch verfügbar in: Textes de Français Ancien [online]. The ARTLF Project, University of Chicago.
<http://artflsrv02.uchicago.edu/cgi-bin/philologic/getobject.pl?c.37:1.tla.505> [letzter Zugriff: 1.7.2015].

ANG = Chrétien [1090–1119], *Guillaume d'Angleterre*, ed. Wilmotte, Maurice, Paris, Champion, 1927. Elektronisch verfügbar in: Corpus de la Littérature Médiévale [online], Classiques Garnier.
<https://www.classiques-garnier.com/numerique-bases/index.php?module=App&action=FrameMain> [letzter Zugriff: 15.8.2015].

BER = Adenet le Roi [1269–1285], *Berte aus grans piés*, ed. Henry, Albert, Bruxelles/Paris, Presses Universitaires de Bruxelles/Presses Universitaires de France, 1963. Elektronisch verfügbar in: Corpus de la Littérature Médiévale [online], Classiques Garnier.
<https://www.classiques-garnier.com/numerique-bases/index.php?module=App&action=FrameMain> [letzter Zugriff: 7.8.2015].

BRA = Benedeit [1106–1121], *Voyage de Saint-Brandan*, ed. Short, Ian/Merrilees, Brian, Paris, Union générale d'éditions 1984. Elektronisch verfügbar in: Textes de Français Ancien [online]. The ARTLF Project, University of Chicago.
<http://artflsrv02.uchicago.edu/cgi-bin/philologic/getobject.pl?c.0:1:0:-1:0.tla.1399> [letzter Zugriff: 3.7.2015].

BUE = Adenet le Roi [1269–1285], *Buevon de Conmarchis*, in: *Les œuvres d'Adenet le Roi*, vol. 2, ed. Henry, Albert, Brugge, De Tempel, 1953. Elektronisch verfügbar in: Corpus de la Littérature Médiévale [online], Paris: Classiques Garnier.
<https://www.classiques-garnier.com/numerique-bases/index.php?module=App&action=FrameMain> [letzter Zugriff: 15.8.2015].

CLI = Chrétien de Troyes [1176], *Cligés*, ed. Kunstmann, Pierre, Ottawa/Nancy, Université d'Ottawa/Laboratoire de Français Ancien, ATILF, 2009. Elektronisch verfügbar in: Base

de Français Médiéval (Version 2014) [online].
<http://txm.bfm-corpus.org/pdf/CligesKu.pdf> [letzter Zugriff: 21.4.2015].

ENE = Anonym [ca. 1155], *Eneas*, ed. Salverda de Grave, Jean-Jacques, Paris, Champion, 1925. Elektronisch verfügbar in: Base de Français Médiéval (Version 2014) [online].
<http://txm.ish-lyon.cnrs.fr/bfm/pdf/eneas1.pdf> und <http://txm.ish-lyon.cnrs.fr/bfm/pdf/eneas2.pdf> [letzter Zugriff: 2.5.2015].

ERA = Gautier d'Arras [1176–1184], *Eracle*, ed. de Lage, Guy Raynaud, Paris, Champion, 1976. Elektronisch verfügbar in: Base de Français Médiéval (Version 2014) [online].
<http://txm.ish-lyon.cnrs.fr/bfm/pdf/eracle.pdf> [letzter Zugriff: 2.5.2015].

ERE = Chrétien de Troyes [ca. 1170], *Erec et Enide*, ed. Kunstmann, Pierre, Ottawa/Nancy, Université d'Ottawa/Laboratoire de Français Ancien – ATILF, 2009. Elektronisch verfügbar in: Base de Français Médiéval (Version 2014) [online].
<http://txm.ish-lyon.cnrs.fr/bfm/pdf/ErecKu.pdf> [letzter Zugriff: 2.5.2015].

GAL = Renaut (?) [ca. 1200–1225], *Galeran de Bretagne*, ed. Foulet, Lucien, Paris, Champion, 1925. Elektronisch verfügbar in: Base de Français Médiéval (Version 2014) [online].
<http://txm.ish-lyon.cnrs.fr/bfm/pdf/galeran.pdf> [letzter Zugriff: 2.5.2015].

GOL = Gautier d'Arras [1176–1184], *Ille et Galéron*, ed. Lefèvre, Yves, Paris, Champion, 1988. Elektronisch verfügbar in: Base de Français Médiéval (Version 2014) [online].
<http://txm.ish-lyon.cnrs.fr/bfm/pdf/galeron.pdf> [letzter Zugriff: 2.5.2015].

GUI = Anonymus [12. Jahrhundert (Mitte)], *Chanson de Guillaume*, ed. McMillan, Duncan, Paris, Picard, 1949–1950. Elektronisch verfügbar in: Base de Français Médiéval (Version 2014) [online].
<http://txm.ish-lyon.cnrs.fr/bfm/pdf/guill1.pdf> [letzter Zugriff: 2.5.2015].

LAN = Chrétien de Troyes [1177–1181], *Chevalier de la Charrette ou Lancelot*, ed. Kunstmann, Pierre, Ottawa/Nancy, Université d'Ottawa/Laboratoire de Français Ancien, ATILF, 2009. Elektronisch verfügbar in: Base de Français Médiéval (Version 2014) [online].
<http://txm.ish-lyon.cnrs.fr/bfm/pdf/CharretteKu.pdf> [letzter Zugriff: 2.5.2015].

MAR = Marie de France [1160–1170], *Lais*, ed. Warnke, Karl, Halle, Niemeyer, 1925. Elektronisch verfügbar in: Textes de Français Ancien [online].
<http://artflsrv02.uchicago.edu/cgi-bin/philologic/getobject.pl?c.9:1.tla> [letzter Zugriff: 7.7.2015].

MIR = Jean le Marchant [1252–1262], *Miracles de Notre-Dame de Chartres*, ed. Kunstmann, Pierre, Ottawa, Université d'Ottawa, 1973. Elektronisch verfügbar in: Base de Français Médiéval (Version 2014) [online].
<http://txm.ish-lyon.cnrs.fr/bfm/pdf/MirNDChartr.pdf> [letzter Zugriff: 2.7.2015].

NIM = Anonymus [12. Jahrhundert (Mitte)], *Le charroi de Nîmes*, ed. Perrier, J.-L., Paris, Champion, 1931. Elektronisch verfügbar in: Corpus de la Littérature Médiévale [online], Classiques Garnier.
<https://www.classiques-garnier.com/numerique-bases/index.php?module=App&action=FrameMain> [letzter Zugriff: 21.7.2015].

ORA = Anonymus [ca. 1199], *Prise d'Orange*, ed. Régnier, Claude, Paris, Klincksieck, 1986. Elektronisch verfügbar in: Textes de Français Ancien [online].
<http://artflsrv02.uchicago.edu/cgi-bin/philologic/getobject.pl?c.29:1.tla.4612> [letzter Zugriff: 6.7.2015].

PAL = Huon le Roy, [1872]: *Du vair palefroi*, in: *Recueil général et complet des fabliaux des XIIIe et XIVe siècles imprimés ou inédits*, vol. 1, ed. de Montaiglon, M. Anatol, Paris, Librairie des Bibliophiles, 1872. Elektronisch verfügbar in: Corpus de la Littérature Médiévale [online], Classiques Garnier.

<https://www.classiques-garnier.com/numerique-bases/index.php?module=App& action=FrameMain> [letzter Zugriff: 27.7.2015].
PER = Chrétien de Troyes [ca. 1181–1185], *Conte du Graal (Perceval)*, ed. Kunstmann, Pierre, Ottawa/Nancy, Université d'Ottawa/Laboratoire de Français Ancien, 2009. Elektronisch verfügbar in: Base de Français Médiéval (Version 2014) [online].
<http://txm.ish-lyon.cnrs.fr/bfm/pdf/PercevalKu.pdf> [letzter Zugriff: 2.7.2015].
ROL = Anonymus [ca. 1100], *Chanson de Roland*, ed. Moignet, Gérard, Paris, Bordas, 1972. Elektronisch verfügbar in: Base de Français Médiéval (Version 2014) [online],
<http://txm.ish-lyon.cnrs.fr/bfm/pdf/roland.pdf> [letzter Zugriff: 21.4.2015].
THO = Guernes de Pont-Sainte-Maxence [1172–1174], *Vie de saint Thomas Becket*, ed. Walberg, Emmanuel, Paris, Champion, 1936. Elektronisch verfügbar in: Base de Français Médiéval (Version 2014) [online].
<http://txm.ish-lyon.cnrs.fr/bfm/pdf/becket.pdf> [letzter Zugriff: 21.4.2015].
VER = Anonymus [ca. 1250–1288], *Châtelaine de Vergy*, ed. Raynaud, Guy/Foulet, Lucien, Paris, Champion, 1921. Elektronisch verfügbar in: Base de Français Médiéval (Version 2014) [online].
<http://txm.ish-lyon.cnrs.fr/bfm/pdf/vergy.pdf> [letzter Zugriff: 8.7.2015].
YVA = Chrétien de Troyes [ca. 1177–1181], *Chevalier au lion ou Yvain*, ed. Kunstmann, Pierre, Ottawa/Nancy, Université d'Ottawa/Laboratoire de Français Ancien, 2009. Elektronisch verfügbar in: Base de Français Médiéval (Version 2014) [online].
<http://txm.ish-lyon.cnrs.fr/bfm/pdf/YvainKu.pdf> [letzter Zugriff: 8.7.2015].

8.2 Datenbanken und Wörterbücher

ARLIMA = *Les Archives de Littérature du Moyen Âge* [online].
<https://www.arlima.net> [letzter Zugriff: 27.8.2015].
DMF 2015 = Martin, Robert/Bazin, Sylvie (dir.), *Dictionnaire du Moyen Français*, Version 2015 (DMF2015), Nancy, ATILF/CNRS & Université de Lorraine, 2015 <http://atilf.fr/dmf/> [letzter Zugriff: 12.9.2018].
Greimas, Algirdas Julien, *Grand dictionnaire de l'ancien français. La langue du Moyen Âge de 1080 à 1350*, Paris, Larousse, 2007.
Foerster, Wendelin/Breuer, Hermann, *Wörterbuch von Kristian von Troyes' sämtlichen Werken*, Halle/S., Niemeyer, ²1933.
Tobler, Adolf/Lommatzsch, Erhard/Christmann, Hans Helmut, *Altfranzösisches Wörterbuch*, 12 vol., Wiesbaden, Steiner, 1925–2018.

8.3 Beispiele

Kapitel 1

Anonymus [ca. 1150–1160], *Floire et Blancheflor*, ed. Leclanche, Jean-Luc, Paris, Champion, 1980. Elektronisch verfügbar in: Base de Français Médiéval (Version 2016) [online].
<http://txm.bfm-corpus.org/pdf/floire_jl.pdf> [letzter Zugriff: 17.3.2018].
D'Orbigny, Robert [ca. 1150–1160], *Le conte de Floire et Blanchefleur*, ed. Jean-Luc Leclanche, Paris, Champion, 2003.

Kapitel 2

Balari, Sergio, *Algunas observaciones sobre el lenguaje desde la perspectiva de las ciencias biológicas*, Revista Española de Lingüística 35 (2006), 594–602.
Bedijs, Kristina, *Die inszenierte Jugendsprache. Von «Ciao, amigo!» bis «Wesh, tranquille!». Entwicklungen der französischen Jugendsprache in Spielfilmen (1958–2005)*, München, Meidenbauer, 2012.
Blogeintrag «Il y a cette fille...» = Anonymus, *Il y a cette fille...* , Atfve Blog. Lifestyle Chroniques & Tutti Quanti, 27.03.2017.
<https://atvfe.com/il-y-a-cette-fille-dans-le-bus> [letzter Zugriff: 18.8.2017].
Costa, Aurora, *Perles de verre et cauris brisés. Nika l'Africaine*, Paris, L'Harmattan, 2008.
Cornuau, Jérôme, *Chic!*, Frankreich, 2015.
Delthil, Jean-Marie, *Les papillons de mer*, Paris, Publibook, 2012.
Duras, Marguerite, *Un barrage contre le Pacifique*, Paris, Gallimard, 1958.
Flaubert, Gustave [¹1869], *L'éducation sentimentale*, ed. Thibaudet, Albert, Paris, Gallimard, 1965.
Flaubert, Gustave [¹1856], *Madame Bovary. Mœurs de province*, ed. Laget, Thierry, Paris, Gallimard, 2001.
Fontaine, Anne, *Gemma Bovery*, Frankreich/Vereinigtes Königreich, 2014.
Hayoun, Maurice-Ruben, *L'exégèse philosophique dans le judaïsme médiéval*, Tübingen, Mohr, 1992.
Izzo, Jean-Claude [¹1995], *Total Khéops*, in: Izzo, Jean-Claude, *La triologie Fabio Montale. Total Khéops. Chourmo. Soléa*, Paris, Gallimard, 2006, 42–304.
Izzo, Jean-Claude [¹1998], *Soléa*, in: Izzo, Jean-Claude, *La triologie Fabio Montale. Total Khéops. Chourmo. Soléa*, Paris, Gallimard, 2006, 580–806.
Marty, François, *La perfection de l'homme selon Saint Thomas d'Aquin. Ses fondements ontologiques et leur verification dans l'ordre actuel*, Rom, Presses de l'Université Grégorienne, 1962.
Mauriac, Jean, *Mort du Général de Gaulle*, Paris, Grasset, 1972.
Melchior, Guy, *Hélène*, s.l., Lulu.com [Onlineverlag], 2011. Verfügbar in: Google Books.
<https://books.google.de/books?id=RPIAAwAAQBAJ&lpg=PP1&dq=h%C3%A9l%C3%A8ne%20guy%20melchior&hl=de&pg=PP1#v=onepage&q&f=false> [letzter Zugriff: 25.8.2017].
Naouri, Aldo, *Trois grandes questions autour de la famille*, Paris, Odile Jacob, 2017.
Online-Artikel Écriture inclusive = Anonymus, *Écriture inclusive: 8 voix de la littérature prennent position*, L'Obs, 12.11.2017.
<https://bibliobs.nouvelobs.com/idees/20171110.OBS7198/ecriture-inclusive-8voix-de-la-litterature-prennent-position.html> [letzter Zugriff: 1.12.2017].
Paris = Bannier, Gilles, *Paris*, 6 Folgen, Frankreich, 2015.
Radiobeitrag Marie Shelley = Quenhen, Martin, *Une vie, une œuvre: Marie Shelley (1797–1851)*, Radio France Culture, 16.8.2015.
<https://www.franceculture.fr/emissions/une-vie-une-oeuvre/mary-shelley-1797-1851> [letzter Zugriff: 23.8.2017].
Rosset, Laurent, *La théorie des dominos*, Paris, Vérone, 2016.
Rostand, Edmond [¹1897], *Cyrano de Bergerac*, Alleur, Marabout, 1996.
Songtext «Comme ça tu sais» = Seyté, *Comme ça tu sais*, Genius Lyrics, 05.05.2008.
<https://genius.com/Seyte-comme-ca-tu-sais-lyrics> [letzter Zugriff: 18.8.2017].
Tournier, Michel, *Les météores*, Paris, Gallimard, 1980.

Werbetext Auvergne Tourisme = Anonymus, *L'Auvergne est LA destination pour les familles*, Auvergne Tourisme, s. a.
<http://www.auvergne-tourisme.info/articles/l-auvergne-est-la-destination-pour-les-familles-621-1.html> [letzter Zugriff: 25.8.2017].
Werbetext Casamundo France = Anonymus, *Vacances familles Auvergne. Une destination particulière et accueillante!*, CASAMUNDO France, s. a.
<http://www.casamundo.fr/location-vacances/france/auvergne/t-vacances-famille-auvergne?xd=yxgm8x_d> [letzter Zugriff: 25.8.2017].

Kapitel 3

Adam de la Halle [1276–1277], *Jeu de la feuillé*, ed. Langlois, E., Paris, Champion, 1923. Elektronisch verfügbar in: Base de Français Médiéval (Version 2014) [online].
<http://txm.ish-lyon.cnrs.fr/bfm/pdf/adhalefeuill.pdf> [letzter Zugriff: 11.3.2018].
Anonymus [ca. 1150], *Roman de Thèbes*, ed. de Lage, Guy Raynaud, Paris, Champion, 1966. Elektronisch verfügbar in: Base de Français Médiéval (Version 2016) [online].
<http://txm.ish-lyon.cnrs.fr/bfm/pdf/thebes1.pdf> und <http://txm.ish-lyon.cnrs.fr/bfm/pdf/thebes2.pdf> [letzter Zugriff: 22.3.2018].
Anonymus [ca. 1150–1160], *Floire et Blancheflor*, ed. Leclanche, Jean-Luc, Paris, Champion, 1980. Elektronisch verfügbar in: Base de Français Médiéval (Version 2016) [online].
<http://txm.ish-lyon.cnrs.fr/bfm/pdf/floire_jl.pdf> [letzter Zugriff: 17.3.2018].
Anonymus [ca. 1175–1250], *Aucassin et Nicolette*, ed. Roques, Mario, Paris, Champion, 1929. Elektronisch verfügbar in: Base de Français Médiéval (Version 2016) [online].
<http://txm.ish-lyon.cnrs.fr/bfm/pdf/aucassin.pdf> [letzter Zugriff: 17.3.2018].
Anonymus [um 1200], *Raoul de Cambrai*, edd. Meyer, P./Longnon, A., Paris, Librairie Firmin Didot et Cie, 1882. Elektronisch verfügbar in: Corpus de la Littérature Médiévale [online], Classiques Garnier.
<https://www.classiquesgarnier.com/numeriquebases/index.php?module=App&action=FrameMain> [letzter Zugriff: 17.3.2018].
Chrétien de Troyes [ca. 1170], *Erec et Enide*, ed. Pierre Kunstmann, Ottawa/Nancy, Université d'Ottawa/Laboratoire de Français Ancien – ATILF, 2009. Elektronisch verfügbar in: Base de Français Médiéval (Version 2014) [online].
<http://txm.ish-lyon.cnrs.fr/bfm/pdf/ErecKu.pdf> [letzter Zugriff: 2.5.2015].
Cicero [44 a. Chr.], *Cato Maior de senectute*, ed. Powell, J.G.F., Cambridge, Cambridge University Press, 1988.
Guillaume de Lorris [ca. 1225–1230], *Roman de la Rose*, ed. Lecoy, Félix, Paris, Champion, 1965. Elektronisch verfügbar in: Base de Français Médiéval (Version 2016) [online].
<http://txm.ish-lyon.cnrs.fr/bfm/pdf/rosel.pdf> [letzter Zugriff: 17.3.2018].
Robert de Clari [1205–], *La conquête de Constantinople*, ed. Dufournet, Jean, Paris, Champion, 2004.
Wace [–1155], *Brut*, ed. Arnold, Ivan D.O., Oxford, Anglo-Norman Text Society, 1938–1940. Elektronisch verfügbar in: Base de Français Médiéval (Version 2016) [online].
<http://txm.ish-lyon.cnrs.fr/bfm/pdf/brut2.pdf> [letzter Zugriff: 23.3.2018].

8.4 Forschungsliteratur

Abel, Fritz, *L'adjectif démonstratif dans la langue de la Bible latine. Étude sur la formation des systèmes déictiques et de l'article défini des langues romanes*, Tübingen, Niemeyer, 1971.

Abbott, Barbara, *The indefiniteness of definiteness*, in: Gamerschlag, Thomas/Gerland, Doris/Osswald, Rainer/Petersen, Wiebke (edd.), *Frames and concept types. Applications in language and philosophy*, Dordrecht, Springer, 2014.

Abbott, Barbara, *Reference*, in: Huang, Yan (ed.), *The Oxford Handbook of Pragmatics*, Oxford/New York, Oxford University Press, 2017, 240–258.

Abney, Stephen P., *The English noun phrase in its sentential aspect*, Ph.D. dissertation, Cambridge (MA), Massachusetts Institute of Technology, 1987.

Aboh, Enoch O., *Topic and focus within D*, Linguistics in the Netherlands 21 (2004), 1–12.

Abraham, Werner, *Discourse binding. DP and pronouns in German, Dutch, and English*, in: Stark, Elisabeth/Leiss, Elisabeth/Abraham, Werner (edd.), *Nominal determination. Typology, context constraints, and historical emergence*, Amsterdam/Philadelphia, Benjamins, 2007, 21–48 (=2007a).

Abraham, Werner, *The discourse-functional crystallization of the historically original demonstrative*, in: Stark, Elisabeth/Leiss, Elisabeth/Abraham, Werner (edd.), *Nominal determination. Typology, context constraints, and historical emergence*, Amsterdam/Philadelphia, Benjamins, 2007, 241–256 (=2007b).

Achard, Michel, *Impersonals and other agent defocusing constructions in French*, Amsterdam/Philadelphia, Benjamins, 2015.

Acton, Eric K./Potts, Christopher, *That straight talk. Sarah Palin and the sociolinguistics of demonstratives*, Journal of Sociolinguistics 18:1 (2014), 3–31.

Adams, James N., *Social variation and the Latin language*, Cambridge, Cambridge University Press, 2013.

Alexiadou, Artemis/Haegeman, Liliane/Stavrou, Melita, *Noun phrase in the generative perspective*, Berlin/New York, Mouton de Gruyter, 2007.

Alexiadou, Artemis, *Multiple determiners and the structure of DPs*, Amsterdam/Philadelphia, Benjamins, 2014.

Apothéloz, Denis/Chanet, Catherine, *Défini et démonstratif dans les nominalisations*, in: De Mulder/Tasmowski-DeRyck, Liliane/Vetters, Carl (edd.), *Relations anaphoriques et (in)cohérence*, Amsterdam, Rodopi, 1997, 159–186.

Apothéloz, Denis/Reichler-Béguelin, Marie-José, *Interpretations and functions of demonstrative NPs in indirect anaphora*, Journal of Pragmatics 31 (1999), 363–397.

Arnold, Jennifer E., *Reference production. Production-internal and addressee-oriented processes*, Language and Cognitive Processes 23 (2008), 495–527.

Ariel, Mira, *Accessing noun-phrase antecedents*, London/New York, Routledge, 1990.

Ariel, Mira, *Accessibility theory. An overview*, in: Sanders, Ted/Schliperoord, Joost/Spooren, Wilbert (edd.), *Text representation*, Amsterdam/Philadelphia, Benjamins, 2001, 29–87.

Ariel, Mira, *Accessibility marking. Discourse functions, discourse profiles and processing cues*, Discourse Processes 37:2 (2004), 91–116.

Arnold, Jennifer E., *Reference production. Production-internal and addressee-oriented processes*, Language and Cognitive Processes 23 (2008), 495–527.

Arts, Anja/Maes, Alfons/Noordmann, Leo/Jansen, Carel, *Overspecification in written instruction*, Linguistics 49 (2011), 555–574.

Ashy, William J./Bentivoglio, Paola, *Preferred Argument Structure across time and space. A comparative diachronic analysis of French and Spanish*, in: Du Bois, John W./Kumpf, Lorraine E./Ashby, William J. (edd.), *Preferred Argument Structure. Grammar as architecture for function*, Amsterdam/Philadelphia, Benjamins, 2003, 61–80.

Auer, Peter, *Referential problems in conversation*, Journal of Pragmatics 8 (1984), 627–648.

Averintseva-Klisch, Maria/Consten, Manfred, *The role of discourse topic and proximity for demonstratives in German and Russian*, Languages in contrast 7 (2007), 221–240.
Azofra Sierra, María Elena, *Morfosintaxis histórica del español. De la teoría a la práctica*, Madrid, Universidad Nacional de Educación a Distancia Madrid, 2010.
Bach, Kent, *Thought and reference*, Oxford, Oxford University Press, 1994.
Bach, Kent, *On referring and not referring*, in: Gundel, Jeanette K./Hedberg, Nancy (edd.), *Reference. Interdisciplinary perspectives*, Oxford, Oxford University Press, 2008, 13–58.
Barbéris, Marie-Jeanne, *De l'espace au temps, un pas que «là-bas» ne franchit pas*, in: Vuillaume, Marcel (ed.), *Ici et maintenant*, Amsterdam, Rodopi, 2008, 199–219.
Bassano, Dominique, *L'acquisition du déterminant nominal en français. Une construction progressive et interactive de la grammaire*, CogniTextes [online] 5 (2010), s.p., DOI: <10.4000/cognitextes.315>, URL: <http://cognitextes.revues.org/315> [letzter Zugriff: 26.9.2019].
Bassano, Dominique, *The acquisition of nominal determiners*, in: Serratrice, Ludovica/Allen, Shanley E.M. (edd.), *The acquisition of reference*, Amsterdam/Philadelphia, Benjamins, 2015, 25–49.
Bassano, Dominique/Maillochon, Isabelle/Mottet, Sylvain, *Noun grammaticization in French. Prosodic and lexical factors on determiner use in children's speech*, in: Kern, Sophie/Gayraud, Frédérique/Marisco, Egidio (edd.), *Emergence of linguistic abilities*, Cambridge, Cambridge Scholar Publishing, 2008, 172–192.
Bauer, Brigitte L. M., *The emergence and development of SVO patterning in Latin and French*, Oxford, Oxford University Press, 1995.
Béguelin, Marie-José, *L'usage des SN démonstratifs dans les «Fables» de La Fontaine*, Langue française 120 (1998), 95–109.
Bénard, Jean, *Démonstratifs insolents. De quelques emplois du démonstratif dans le texte célinien*, Langue française 120 (1998), 110–124.
Bernstein, Judy B., *Demonstratives and reinforcers in Romance and Germanic languages*, Lingua 102:2–3 (1997), 87–113.
Bernstein, Judy B., *The DP hypothesis. Identifying clausal properties in the nominal domain*, in: Baltin, Mark/Collins, Chris (edd.), *The Handbook of Contemporary Syntactic Theory*, Malden (MA) et al., Blackwell, 2001, 536–561 (=2001a).
Bernstein, Judy B., *Focusing the «right» way in Romance determiner phrases*, Probus 13 (2001), 1–29 (=2001b).
Bernstein, Judy B., *Reformulating the determiner phrase analysis*, Language and Linguistic Compass 2 (2008), 1246–1270.
Bertocchi, Alessandra, *«Ipse» as an intensifier*, Journal of Latin Linguistics 5 (2000), 15–30.
Beyssade, Claire, *French*, in: Jungbluth, Konstanze/da Milano, Federica (edd.), *Manual of Deixis in Romance Languages*, Berlin/Boston, de Gruyter Mouton, 2015, 167–188.
Borg, Emma, *Pointing at Jack, talking about Jill. Understanding deferred uses of demonstratives and pronouns*, Mind and Language 17 (2002), 489–512.
Boucher, Paul, *Determiner phrases in Old and Modern French*, in: Coene, Martine/D'hulst, Yves (edd.), *From NP to DP*, vol. 1: *The syntax and semantics of noun phrases*, Amsterdam/Philadelphia, Benjamins, 2003, 47–69.
Boucher, Paul, *Definite reference in Old and Modern French. The rise and fall of DP*, in: Batllori, Montserrat/Hernanz, Maria-Lluïsa/Picallo, Carme/Roca, Francesc (edd.), *Grammaticalization and parametric variation*, Oxford, Oxford University Press, 2005, 95–108.

Bordal Hertzenberg, Mari Johanne, *Third person reference in Late Latin. Demonstratives, definite articles and personal pronouns in the Itinerarium Egeriae*, Berlin/Boston, de Gruyter, 2015.

Borreguero Zuloaga, Margarita/Octavio de Toledo y Huerta, Álvaro, *Presencia y función de los encapsuladores en las crónicas periodísticas del s. XVII*, Philologia Hispalensis 21 (2007), 119–153.

Božičković, Vojislav, *Demonstrative sense. An Essay on the semantics of perceptual demonstratives*, Aldershot et al., Avebury, 1995.

Braun, David, *Indexicals*, in: Zalta, Edward N. (ed.), *The Stanford Encyclopedia of Philosophy* [online], Stanford University, Center for the Study of Language and Information, 2017. <https://plato.stanford.edu/archives/sum2017/entries/indexicals/> [letzter Zugriff: 15.3.2017].

Brenner, Dorothea/Indefrey, Peter/Horn, Christian/Kimm, Nicolas, *Evidence for four basic noun types from a corpus-linguistic and a psycholinguistic perspective*, in: Gerland, Doris/Horn, Christian/Latrouite, Anja/Ortmann, Albert (edd.), *Meaning and grammar of nouns and verbs*, Düsseldorf, dup, 2014, 21–48.

Brugè, Laura, *Demonstrative movement in Spanish. A comparative approach*, Working Papers in Linguistics 6 (1996), 1–61.

Brugmann, Karl, *Die Demonstrativpronomina der indogermanischen Sprachen. Eine bedeutungsgeschichtliche Untersuchung*, Leipzig, Teubner, 1904.

Brunot, Ferdinand/Bruneau, Charles, *Précis de grammaire historique de la langue française*, Paris, Masson, ³1949.

Bühler, Karl, *Sprachtheorie. Die Darstellungsfunktion der Sprache*, Jena, Fischer, 1934 (Nachdruck Stuttgart, Fischer, 1965).

Bürk, Sarah, *Indexicalidade e definitude. Sobre os determinantes definidos em português medieval*, in: De Rosa, Gian Luigi/de Abreu Chulata, Katia/Degli Atti, Francesca/Morleo, Francesco (edd.), *De volta ao futuro. Atas do V SIMELP – Simpósio Mundial de Estudos de Língua Portuguesa*, Lecce, Università del Salento, 2017, 49–70.

Bürk, Sarah, *Zentrum und Peripherie in Funktionalität und Diachronie der altfranzösischen Demonstrativa*, in: Bobineau, Julien/Goldmann, Julius/Goldschmitt, Stefanie/Hesselbach, Robert/Lambrecht, Gabriella-Maria (edd.), *Zentrum und Peripherie. Beiträge zum 32. Forum Junge Romanistik in Würzburg (16.–19. März 2016)*, München, Akademische Verlagsgemeinschaft München, 2019, 37–55.

Buridant, Claude, *Grammaire nouvelle de l'ancien français*, Paris, Sedes, 2000.

Buvet, Pierre-André, *La dimension léxicale de la détermination en français*, Paris, Champion, 2013.

Carlier, Anne, *Grammaticalization in progress in Old French. Indefinite articles*, in: Arteaga, Deborah (ed.), *Research on Old French. The state of the art*, Dordrecht, Springer, 2013, 45–60.

Carlier, Anne, *Le système des démonstratifs en cours de restructuration en latin tardif. Une séparation des rôles référentiel et pragmatique de la deixis*, Langages 208 (2017), 29–51.

Carlier, Anne, *The emergence of the grammatical paradigm of nominal determiners in French and in Romance. Comparative and diachronic perspectives*, Canadian Journal of Linguistics 63 (2018), 141–166.

Carlier, Anne/Combettes, Bernard, *Typologie et catégorisation morphosyntaxique. Du latin au français moderne*, Langue française 187:3 (2015), 15–58.

Carlier, Anne/De Mulder, Walter, *The emergence of the definite article. «Ille» in competition with «ipse» in Late Latin*, in: Davidse, Kristin/Vandelanotte, Lieven/Cuykens, Hubert

(edd.), *Subjectification, intersubjectification and grammaticalization*, Berlin/New York, de Gruyter, 2010, 241–275.
Carlson, Gregory, *Genericity*, in: von Heusinger, Klaus/Maienborn, Claudia/Portner, Paul (edd.), *Semantics. An International Handbook of Natural Language Meaning*, Berlin/Boston, de Gruyter Mouton, 2011, 1153–1185.
Charolles, Michel, *L'anaphore associative. Problèmes de délimitation*, Verbum 13:3 (1990), 119–148.
Chierchia, Gennaro, *Reference to kinds across language*, Natural Language Semantics 6 (1998), 339–405.
Clark, Eve V., *Acquisition of Romance, with special reference to French*, in: Slobin, Dan I. (ed.), *The crosslinguistic study of language acquisition*, vol. 1, Hillsdale (New Jersey)/London, Lawrence Erlbaum Associates, 1985, 687–782.
Clark, Eve V., *First language acquisition*, Cambridge, Cambridge University Press, ^{3}2016.
Clark, Eve V./Sengul, C.J., *Strategies in the acquisition of deixis*, Journal of Child Language 5 (1978), 457–475.
Combettes, Bernard, *Grammaticalisation et parties du discours. La différenciation des pronoms et des déterminants en français*, in: Guillot, Céline/Heiden, Serge/Prévost, Sophie (edd.), *À la quête du sens. Études littéraires, historiques et linguistiques en hommage à Christiane Marchello-Nizia*, Lyon, ENS Éditions, 2007, 123–135.
Coniglio, Marco/Murphy, Andrew/Schlachter, Eva/Veenstra, Tonjes (edd.), *Atypical demonstratives. Syntax, semantics and pragmatics*, Berlin/Boston, de Gruyter, 2018.
Consten, Manfred, *Anaphorisch oder deiktisch? Zu einem integrativen Modell domänengebundener Referenz*, Berlin/Boston, de Gruyter, 2004.
Coppock, Elizabeth/Beaver, David, *Definiteness and determinacy*, Linguistics and Philosophy 38:5 (2013), 377–435.
Corazza, Eros, *Complex demonstratives qua singular terms*, Erkenntnis 59 (2003), 263–283.
Corazza, Eros, *Reflecting the mind. Indexicality and quasi-indexicality*, Oxford et al., Clarendon, 2004.
Corblin, François, *Indéfini, défini et démonstratif. Constructions linguistiques de la référence*, Genève/Paris, Droz, 1987.
Cornish, Francis, *«Modal» «that» as determiner and pronoun. The primacy of the cognitive-interactive dimension*, English Language and Linguistics 5 (2001), 297–315.
Cornish, Francis, *On the dual nature of the Functional Discourse Grammar model. Context, the language system/language use distinction, and indexical reference in discourse*, Language Sciences 38 (2013), 83–98.
Cornish, Francis, *SN démonstratifs et anadeixis. Sens «spatial» ou valeurs tributaires d'une stratégie pragmatique potentielle?*, Journal of French Language Studies 27 (2017), 215–239.
Cornish, Francis/Salazar Orvig, Anne, *A critical look at the notion «pro-form». Evidence from indexical markers, spoken discourse and (French) child language*, Language Sciences 54 (2016), 58–76.
Coy Charlotte/Umbreit, Birgit, *Diskurstraditionelle Faktoren der Verwendung und Verbreitung von Existenzkonstruktionen am Beispiel von frz. «il y a + strong NP»*, in: Winter-Froemel, Esme/López Serena, Araceli/Octavio de Toledo y Huerta, Álvaro/Frank-Job, Barbara (edd.), *Diskurstraditionelles und Einzelsprachliches im Sprachwandel/Tradicionalidad discursiva e idiomaticidad en los procesos de cambio lingüístico*, Tübingen, Narr Francke Attempto, 2015, 261–284.

Croft, William, *Explaining language change. An evolutionary approach*, Harlow et al., Longman, 2000.

Croft, William/Cruse, D. Alan, *Cognitive linguistics*, Cambridge, Cambridge University Press, 2004.

Dahl, Östen/Fraurud, Kari, *Animacy in grammar and discourse*, in: Fretheim, Thorstein/Gundel, Jeanette K. (edd.), *Reference and referent accessibility*, Amsterdam/Philadelphia, Benjamins, 1996, 47–64.

De Cat, Cécile, *The cognitive underpinnings of referential abilities*, in: Serratrice, Ludovica/Allen, Shanley E.M. (edd.), *The acquisition of reference*, Amsterdam/Philadelphia, Benjamins, 2015, 263–283.

Dees, Anthonij, *Étude sur l'évolution des démonstratifs en ancien et en moyen français*, Groningen, Wolters-Nordhoff, 1971.

Delatte, Louis/Evrard, Étienne/Govaerts, Suzanne/Denooz, Joseph, *Dictionnaire fréquentiel et index inverse de la langue latine*, Liège, LASLA, 1981.

Demol, Annemie, *Accessibility Theory applied to French. The case of «il» and «celui-ci»*, Folia Linguistica 41 (2007), 1–35.

De Mulder, Walter, *Du sens des démonstratifs à la construction d'univers*, Langue Française 120 (1998), 21–32.

De Mulder, Walter/Carlier, Anne, *Du démonstratif à l'article défini. Le cas de «ce» en français moderne*, Langue française 152 (2006), 96–113.

De Mulder, Walter/Carlier, Anne, *The grammaticalization of definite articles*, in: Narrog, Heiko (ed.), *The Oxford Handbook of Grammaticalization*, Oxford, Oxford University Press, 2011, 522–535.

De Mulder, Walter/Guillot, Céline/Mortelmans, Jesse, *«Ce N-ci» et «ce N-là» en moyen français*, in: Tovena, Lucia M. (ed.), *Déterminants en diachronie et synchronie*, Paris, Projet ELICO, 2010, 86–103, <http://elico.linguist.univ-paris-diderot.fr/livre-elico.html> [letzter Zugriff: 1.4.2017].

De Mulder, Walter/Lamiroy, Béatrice, *Degrees of grammaticalization across languages*, in: Narrog, Heiko (ed.), *The Oxford Handbook of Grammaticalization*, Oxford, Oxford University Press, 2011, 302–317.

De Mulder, Walter/Lamiroy, Béatrice, *Gradualness of grammaticalization in Romance. The position of French, Spanish and Italian*, in: Davidse, Kristin/Breban, Tine/Brems, Lieselotte/Mortelmans, Tanja (edd.), *Grammaticalization and language change. New reflections*, Amsterdam/Philadelphia, Benjamins, 2012, 199–226.

De Mulder, Walter/Mortelmans, Jesse, *La restructuration des paradigmes des déterminants au XVIe siècle. L'histoire se répète?*, in: Combettes, Bernard/Guillot, Céline/Oppermann-Marsaux, Evelyne/Prévost, Sophie/Rodríguez Solominos, Amalia (edd.), *Le changement en français. Études de linguistique diachronique*, Bern et al., Peter Lang, 2010, 293–310.

Detges, Ulrich, *How useful is case morphology? The loss of the Old French two-case-system within a theory of Preferred Argument Structure*, in: Barðdal, Jóhanna/Chelliah, Shobhana L. (edd.), *The role of semantic, pragmatic and discourse factors in the development of case*, Amsterdam/Philadelphia, Benjamins, 2009, 93–120.

Diessel, Holger, *Demonstratives. Form, function, and grammaticalization*, Amsterdam/Philadelphia, Benjamins, 1999.

Diessel, Holger, *Demonstratives, joint attention, and the emergence of grammar*, Cognitive Linguistics 17 (2006), 463–489.

Diessel, Holger, *Bühler's two-field theory of pointing and naming and the deictic origins of grammatical morphemes*, in: Davidse, Kristin/Breban, Tine/Brems, Lieselotte/Mortelmans, Tanja (edd.), *Grammaticalization and language change*, Amsterdam/Philadelphia, Benjamins, 2012, 37–50.

Diessel, Holger, *Where does language come from? Some reflections on the role of deictic gesture and demonstratives in the evolution of language*, Language and Cognition 5 (2013), 239–249 (=2013a).

Diessel, Holger, *Pronominal and adnominal demonstratives*, in: Dryer, Matthew S./Haspelmath, Martin (edd.), *The World Atlas of Language Structures Online*, Leipzig, Max Planck Institute for Evolutionary Anthropology, 2013, <http://wals.info/chapter/42> [letzter Zugriff: 17.9.2017] (=2013b).

Diessel, Holger, *Distance contrasts in demonstratives*, in: Dryer, Matthew S./Haspelmath, Martin (edd.), *The World Atlas of Language Structures Online*, Leipzig, Max Planck Institute for Evolutionary Anthropology, 2013, <http://wals.info/chapter/41> [letzter Zugriff: 17.9.2017] (=2013c).

Diewald, Gabriele, *Deixis und Textsorten im Deutschen*, Tübingen, Niemeyer, 1991.

Dik, Simon C., *The theory of functional grammar*, vol. 1: *The structure of the clause*, Dordrecht, Foris, 1989.

Dixon, Robert M. W., *Demonstratives. A cross-linguistic typology*, Studies in Language 27 (2003), 61–112.

Donnellan, Keith S., *Reference and definite descriptions*, The Philosophical Review 75 (1966), 281–304.

Du Bois, John W., *Beyond definiteness. The trace of identity in discourse*, in: Chafe, Wallace L. (ed.), *The pear stories. Cognitive, cultural, and linguistic aspects of narrative production*, vol. 3, Norwood, Ablex, 1980, 203–274.

Du Bois, John W., *Argument structure. Grammar in use*, in: Du Bois, John W./Kumpf, Lorraine E./Ashby, William J. (edd.), *Preferred argument structure. Grammar as architecture for function*, Amsterdam/Philadelphia, Benjamins, 2003, 11–60.

Dufter, Andreas, *Semantics*, in: Jungbluth, Konstanze/da Milano, Federica (edd.), *Manual of Deixis in Romance Languages*, Berlin/Boston, de Gruyter, 2015, 359–380.

Dupraz, Emmanuel, *Sabellian demonstratives. Forms and functions*, Leiden/Boston, Brill, 2012 (=2012a).

Dupraz, Emmanuel, *«Ille» comme démonstratif anamnestique en latin classique*, in: Denizot, Camille/Dupraz, Emmanuel (edd.), *Anaphore et anaphoriques. Variété des langues, variété des emplois*, Mont-Saint-Aignon, Publications des Universités de Rouen et du Havre, 2012, 73–96 (=2012b).

Ehlich, Konrad, *Anaphora and deixis. Same, similar, or different*, in: Jarvella, Robert J./Klein, Wolfgang (edd.), *Speech, place and action. Studies in deixis and related topics*, New York, Wiley, 1982, 315–338.

Ehlich, Konrad, *Sprache und sprachliches Handeln*, vol. 2: *Prozeduren des sprachlichen Handelns*, Berlin/New York, de Gruyter, 2007.

Ehrich, Veronika, *Hier und jetzt. Studien zur lokalen und temporalen Deixis im Deutschen*, Tübingen, Niemeyer, 1992.

Enç, Mürvet, *The semantics of specificity*, Linguistic Inquiry 22 (1991), 1–25.

Enfield, Nicholas J., *Demonstratives in space and interaction. Data from Lao speakers and implications for semantic analysis*, Language 79 (2003), 82–117.

Erkü, Feride/Gundel, Jeanette K., *The pragmatics of indirect anaphors*, in: Verschueren, Jef/Bertuccelli-Papi, Marcella (edd.), *The pragmatic perspective. Selected papers from the

1985 International Pragmatics Conference, Amsterdam/Philadelphia, Benjamins, 1987, 533–545.
Ernst, Peter, *Pragmalinguistik. Grundlagen, Anwendung, Probleme*, Berlin/New York, de Gruyter, 2002.
Epstein, Richard, *Roles, frames and definiteness*, in: van Hoek, Karen/Kibrik, Andrej A./Noordman, Leo (edd.), *Discourse studies in cognitive linguistics. Selected papers from the 5th International Cognitive Linguistics Conference, Amsterdam, July 1997*, Amsterdam/Philadelphia, Benjamins, 1999, 53–74.
Espinosa Ochoa, Mary R., *The early acquisition of determiners in Yucatec Mayan and Spanish*, in: Hilton, Naomi/Arscott, Rachel/Barden, Katherine/Krishna, Arti/Shah, Sheena/Zellers, Meg (edd.), *CamLing 2007. Proceedings of the Fifth University of Cambridge Postgraduate Conference in Language Research*, Cambridge, Cambridge Institute of Language Research, 2007, 56–63.
Etelämäki, Marja, *The Finnish demonstrative pronouns in light of interaction*, Journal of Pragmatics 41 (2009), 25–46.
Farkas, Donka F., *Specificity distinctions*, Journal of Semantics 19 (2002), 213–243.
Fillmore, Charles J., *Towards a descriptive framework for spatial deixis*, in: Jarvella, Robert J./Klein, Wolfgang (edd.), *Speech, place and action. Studies in deixis and related topics*, New York, Wiley, 1982, 31–59.
Flaux, Nelly/Van de Velde, Danièle, *Les noms en français. Esquisse de classement*, Gap/Paris, Ophrys, 2000.
Folkersma, Petra, *Emotionen im Spannungsfeld zwischen Körper und Kultur*, Bern et al., Peter Lang, 2010.
Fossard, Marion, *Aspects psycholinguistiques du traitement des démonstratifs. Résultats «croisés» en français et en anglais*, Langue Française 152 (2006), 82–95.
Fossard, Marion, *Référence et démonstratifs... entre accessibilité et (dis)continuité?*, in: Fossard, Marion/Béguelin, Marie-José (edd.), *Nouvelles perspectives sur l'anaphore. Points de vue linguistique, psycholinguistique et acquisitionnel*, Bern et al., Peter Lang, 2014, 231–260.
Fossard, Marion/Rigalleau, François, *Referential accessibility and anaphor resolution. The case of the French hybrid demonstrative pronoun «celui-ci/celle-ci»*, in: Branco, António/McEnery, Tony/Mitkov, Ruslan (edd.), *Anaphora processing. Linguistics, cognitive and computational modelling*, Amsterdam/Philadelphia, Benjamins, 2005, 283–300.
Foulet, Lucien, *Petite syntaxe de l'ancien français*, Paris, Champion, ³1982.
Frajzyngier, Zygmunt, *On sources of demonstratives and anaphors*, in: Fox, Barbara (ed.), *Studies in Anaphora*, Amsterdam/Philadelphia, Benjamins, 1996, 169–203.
Frajzyngier, Zygmunt/Shay, Erin, *A Grammar of Hdi*, Berlin/New York, Mouton de Gruyter, 2002.
Frank, Barbara, *Untersuchungen zum schriftkulturellen Ausbau des Französischen (9.–13. Jahrhundert)*, Habilitationsschrift, Freiburg, Albert-Ludwigs-Universtität Freiburg, 1999,
<http://www.barbara-job.de/publik/Habil-Final.pdf> [letzter Zugriff: 27.1.2018].
Fraurud, Kari, *Cognitive ontology and NP form*, in: Fretheim, Thorstein/Gundel, Jeanette K. (edd.), *Reference and referent accessibility*, Amsterdam/Philadelphia, Benjamins, 1996, 65–87.
Frege, Gottlob, *Über Sinn und Bedeutung*, Zeitschrift für Philosophie und philosophische Kritik NF 100 (1892), 25–50.

Frege, Gottlob, *Der Gedanke. Eine logische Untersuchung*, Beiträge zur Philosophie des deutschen Idealismus 2 (1918–1919), 58–77.
Fruyt, Michèle, *L'emploi de «is», «hic», «iste», «ille», «ipse» en latin archaïque et classique*, Revue des études latines 87 (2009), 44–75.
Fruyt, Michèle, *Deictics and endophors in the diachrony of Latin*, Revue de linguistique latine du centre Alfred Ernout. De lingua latina [online] 5 (2010), 1–30, http://www.paris-sorbonne.fr/IMG/pdf/FRUYT_Revuelingulatine_Actes_Espacetemps25-6-10.pdf [letzter Zugriff: 2.12.2017].
Ganzlin, Karl, *Die Pronomina demonstrativa im Altfranzösischen*, Greifswald, Abel, 1888.
García Fajardo, Josefina, *Los demostrativos. Funciones y valores referenciales*, in: Company Company, Concepción (ed.), *Sintaxis histórica de la lengua española*. vol. 2: *La frase nominal*, México D.F., Universidad Nacional Autónoma de México y Fondo de Cultura Económica, 2006, 465–607.
Gary-Prieur, Marie-Noëlle, *La dimension cataphorique du démonstratif. Étude de constructions à relative*, Langue Française 120 (1998), 44–50.
Gary-Prieur, Marie-Noëlle, *GN démonstratifs à référence générique. Une généralité discursive*, Journal of French Language Studies 11 (2001), 221–239.
Gary-Prieur, Marie-Noëlle, *La référence démonstrative comme élément d'un style*, in: Gouvard, Jean-Michel (ed.), *De la langue au style*, Lyon, Presses Universitaires de Lyon, 2005, 255–277.
Gary-Prieur, Marie-Noëlle, *Les déterminants du français*, Gap/Paris, Ophrys, 2011.
Gary-Prieur, Marie-Noëlle/Noailly, Michèle, *Démonstratifs insolites*, Poétique 105 (1996), 111–121.
Giesecke, A., *Die Demonstrativa im Altfranzösischen. Mit Einschluss des 16. Jahrhunderts*, Sondershausen, Buchdruckerei des «Deutschen», 1880.
Gipper, Sonja, *Pre-semantic pragmatics encoded. A non-spatial account of Yurakaré demonstratives*, Journal of Pragmatics 120 (2017), 122–143.
Giusti, Giuliana, *The categorial status of determiners*, in: Haegeman, Liliane (ed.), *The new comparative syntax*, London et al., Longman, 1997, 95–123.
Giusti, Giuliana, *Nominal syntax at the interfaces. A comparative study of languages with articles*, Newcastle upon Tyne, Cambridge Scholars Publishing, 2015.
Givón, Talmy, *Topic continuity in discourse. An introduction*, in: Givón, Talmy (ed.), *Topic continuity in discourse. A quantitative cross-language study*, Amsterdam/Philadelphia, Benjamins, 1983, 1–41.
Glikman, Julie/Guillot-Barbance, Céline/Obry, Vanessa, *Les chaînes de référence dans un corpus de textes narratifs médiévaux. Traits généraux et facteurs de variation*, Langages 195 (2014), 43–60.
Gougenheim, Georges, *Grammaire de la langue française du seizième siècle*, Paris, Picard, 1973.
Gossen, Charles Théodore, *Grammaire de l'ancien picard*, Paris, Klincksieck, 1976.
Greenberg, Jospeh H., *How does a language acquire gender markers*, in: Greenberg, Joseph H./Ferguson, Charles A./Moravcsik, Edith A. (edd.), *Universals of human language*, vol. 3: *Word structure*, Stanford, Stanford University Press, 1978, 47–82.
Gsell, Otto, *Universalien und Sprachtypus in der Geschichte der französischen Demonstrativa*, in: Raible, Wolfgang (ed.), *Romanistik, Sprachtypologie und Universalienforschung*, Tübingen, Niemeyer, 1989, 131–149.
Guillot, Céline, *«Ceste parole» et «ceste aventure» dans la «Queste del saint graal». Marques de structuration discursive et transitions narratives*, L'information grammaticale 105 (2005), 23–27.

Guillot, Céline, *Démonstratif et déixis discursive. Analyse comparée d'un corpus écrit de français médiéval et d'un corpus oral de français contemporain*, Langue française 152 (2006), 56–69.

Guillot, Céline, *Les démonstratifs de l'ancien français. Un système encore personnel?*, in: Neveu, Franck, et al. (edd.), *Congrès Mondial de Linguistique Française – CMLF 2010*, Paris, Institut de Linguistique Française, 2010, 237–248 (=2010a).

Guillot, Céline, *Le démonstratif de notoriété de l'ancien français. Approche textuelle*, in: Combettes, Bernard (edd.), *Le changement en français. Etudes de linguistique diachronique*, Bern et al., Peter Lang, 2010, 217–233 (=2010b).

Guillot, Céline, *Le pronom démonstratif «cil» de l'ancien français. Continuité ou discontinuité topicale?*, in: Denizot, Camille/Dupraz, Emmanuel (edd.), *Anaphore et anaphoriques. Variété des langues, variété des emplois*, Mont-Saint-Aignon, Publications des Universités de Rouen et du Havre, 2012, 97–115.

Guillot, Céline, *Systèmes des démonstratifs médiévaux et exemples de stratégies communicatives*, Journal of French Language Studies 23 (2013), 221–242.

Guillot, Céline, *From Old French and Middle French to Contemporary French*, in: Jungbluth, Konstanze/da Milano, Federica (edd.), *Manual of Deixis in Romance Languages*, Berlin/Boston, de Gruyter, 2015, 546–568.

Guillot-Barbance, Céline, *Le démonstratif en français. Étude de sémantique grammaticale diachronique (9ème–15ème siècles)*, Leuven/Paris, Peeters, 2017.

Guillot, Céline/Carlier, Anne, *Évolution des démonstratifs du latin au français. Le passage d'un système ternaire à un système binaire*, in: Carlier, Anne/Goyens, Michèle/Lamiroy, Béatrice (edd.), *Le français en diachronie. Nouveaux objets et méthodes*, Bern et al., Peter Lang, 2015, 337–371.

Guillot-Barbance, Céline/Marchello-Nizia, Christiane, *Spécialisation morpho-syntaxique et changement sémantique. Le cas du démonstratif français*, Langue française 187 (2015), 79–109.

Guillot-Barbance, Céline/Pincemin, Bénédicte/Lavrentiev, Alexei, *Représentation de l'oral en français médiéval et genres textuels*, Langages 208 (2017), 53–68.

Guiraud, Pierre, *L'assiette du nom dans la «Chanson de Roland»*, Romania 88 (1967), 59–83.

Gundel, Jeanette K./Hedberg, Nancy/Zacharski, Ron, *Cognitive status and the form of referring expressions in discourse*, Language 69 (1993), 274–307.

Gunkel, Lutz/Murelli, Adriano/Schlotthauser, Susan/Wiese, Bernd/Zifonun, Gisela, *Grammatik des Deutschen im europäischen Vergleich. Das Nominal*, Berlin/Boston, de Gruyter, 2017.

Gutiérrez-Rexach, Javier, *Minimalism*, in: Jungbluth, Konstanze/da Milano, Federica (edd.), *Manual of Deixis in Romance Languages*, Berlin/Boston, de Gruyter, 2015, 441–466.

Harris, Martin, *The evolution of French syntax. A comparative approach*, London, Longman, 2015.

Harris, Martin, *The marking of definiteness in Romance*, in: Fisiak, Jacek (ed.), *Historical Morphology*, Den Haag et al., Mouton, 1980, 141–156.

Haug, Dag/Eckhoff, Hanne/Welo, Eirik, *The theoretical foundations of givenness annotation*, in: Bech, Kristin/Eide, Kristine (edd.), *Information structure and syntactic change in Germanic and Romance languages*, Amsterdam/Philadelphia, Benjamins, 2014, 17–52.

Hawkins, John A., *Definiteness and indefiniteness. A study in reference and grammaticality prediction*, London, Croom Helm, 1978.

Hawkins, John A., *A note on referent identifiability and co-presence*, Journal of Pragmatics 8 (1984), 649–659.

Hawkins, John A., *On (in)definite articles. Implicatures and (un)grammaticality prediction*, Journal of Linguistics 27 (1991), 405–442.
Hayashi, Makoto/Yoon, Kyung-eun, *A cross-linguistic exploration of demonstratives in interaction. With particular reference to the context of word-formulation trouble*, Studies in Language 30 (2006), 485–540.
Heiden, Serge/Lavrentiev, Alexei, *Ressources électroniques pour l'étude des textes médiévaux. Approches et outils*, Revue française de linguistique appliquée 9:1 (2004), 99–118.
Heim, Irene R., *The semantics of definite and indefinite noun phrases*. Dissertation, edd. Schoubye, Anders J./Glick, Ephraim, Amherst, University of Massachusetts, ²2011 [1982].
Heine, Bernd/Kuteva, Tania, *World Lexicon of Grammaticalization*, Cambridge, Cambridge University Press, 2002.
Heine, Bernd/Kuteva, Tania, *The genesis of grammar. A reconstruction*, Oxford, Oxford University Press, 2007.
Heinemann, Edward A., *L'art métrique de la chanson de geste. Essai sur la musicalité du récit*, Genève, Droz, 1993.
Heinemann, Sabine, *Demonstrativa im Alt- und Mittelfranzösischen. Allomorphie und semantisch-funktionale Differenzierung*, in: Maaß, Christiane/Schrott, Angela (edd.), *Wenn Deiktika nicht zeigen. Zeigende und nicht-zeigende Funktionen deiktischer Formen in den romanischen Sprachen*, Münster/Hamburg, LIT, 2010, 97–116.
Heinemann, Sabine, *Altitalienisch. Eine Einführung*, Tübingen, Narr Francke Attempto, 2017.
Heinz, Sieglinde, *Determination und Re-präsentation im Altfranzösischen*, München, Fink, 1982.
Heusinger, Klaus von, *Salienz und Referenz. Der Epsilonoperator in der Semantik der Nominalphrase und anaphorischer Pronomen*, Berlin, Akademie Verlag, 1997.
Heusinger, Klaus von, *Specificity and definiteness in sentence and discourse structure*, Journal of Semantics 19 (2002), 245–274.
Heusinger, Klaus von, *Accessibility and definite noun phrases*, in: Schwarz-Friesel, Monika/Consten, Manfred/Knees, Mareile (edd.), *Anaphors in text. Cognitive, formal and applied approaches to anaphoric reference*, Amsterdam/Philadelphia, Benjamins, 2007, 123–144.
Heusinger, Klaus von, *Referentialität, Spezifizität und Diskursprominenz im Sprachvergleich*, in: Gunkel, Lutz von/Zifonun, Gisela (edd.), *Deutsch im Sprachvergleich – Grammatische Kontraste und Konvergenzen*, Berlin/Boston, de Gruyter, 2012, 417–455.
Heusinger, Klaus von, *The salience theory of definiteness*, in: Capone, Alessandro/Lo Piparo, Franco/Carapezza, Marco (edd.), *Perspectives on linguistic pragmatics*, Berlin, Springer, 2013, 349–374.
Himmelmann, Nikolaus P., *Demonstratives in narrative discourse. A taxonomy of universal uses*, in: Fox, Barbara (ed.), *Studies in anaphora*, Amsterdam/Philadelphia, Benjamins, 1996, 205–254.
Himmelmann, Nikolaus P., *Deiktikon, Artikel, Nominalphrase. Zur Emergenz syntaktischer Struktur*, Tübingen, Niemeyer, 1997.
Horn, Christian/Kimm, Nicolas, *Nominal concept types in German fictional texts*, in: Gamerschlag, Thomas/Gerland, Doris/Osswald, Rainer/Petersen, Wiebke (edd.), *Frames and concept types. Applications in language and philosophy*, Dordrecht, Springer, 2014, 343–362.
Hunter, Julie, *Presuppositional indexicals*, Journal of Semantics 30 (2013), 381–421.

Iliescu, Maria, *Phénomènes de convergence et de divergence dans la Romania*, in: Ernst, Gerhard/Gleßgen, Martin-Dietrich/Schmitt, Christian/Schweickard, Wolfgang (edd.), *Romanische Sprachgeschichte*, vol. 3, Berlin/New York, de Gruyter, 2008, 3266–3281.

Imoto, Hidetake, *Les pronoms démonstratifs «celui-ci» et «celui-là»*, Études de langue et littérature françaises 70 (1997), 202–214.

Ishiyama, Osamu, *The diachronic relationship between demonstratives and first/second person pronouns*, Journal of Historical Pragmatics 13 (2012), 50–71.

Jacquesson, François, *Typology*, in: Jungbluth, Konstanze/da Milano, Federica (edd.), *Manual of Deixis in Romance Languages*, Berlin/Boston, de Gruyter, 2015, 511–534.

Jarbou, Samir Omar, *Accessibility vs. physical proximity. An analysis of exophoric demonstrative practice in Spoken Jordanian Arabic*, Journal of Pragmatics 42 (2010), 3078–3097.

Jensen, Frede, *Old French and comparative Gallo-Romance syntax*, Tübingen, Niemeyer, 1990.

Joffre, Marie-Dominique, *«Iste», un moyen de capter l'attention de l'auditoire*, in: Ledentu, Marie (ed.), *Parole, «media», pouvoir dans l'occident romain. Hommages offerts au professeur Guy Achard*, Lyon, Université Jean Moulin Lyon 3, 2007, 11–22 (=2007a).

Joffre, Marie-Dominique, *«Ipse», anaphore et déixis*, in: Purnelle, Gérald/Denooz, Joseph (edd.), *Ordre et cohérence en latin. Communications présentées au 13ᵉ colloque international de linguistique latine (Bruxelles/Liège, 4–9 avril 2005)*, Liège, Bibliothèque de la Faculté de Philosophie et Lettres de l'Université de Liège, 2007, 97–110 (=2007b).

Joffre, Marie-Dominique, *Signification et emplois de «hic». Réflexions sur l'endophore et l'exophore dans un corpus littéraire*, in: Denizot, Camille/Dupraz, Emmanuel (edd.), *Anaphore et anaphoriques. Variété des langues, variété des emplois*, Mont-Saint-Aignan, Publications des Universités de Rouen et du Havre, 2012, 57–72.

Joffre, Marie-Dominique, *Réflexions sur le statut syntaxique et la signification de «is» et des trois déictiques «épithètes» d'un substantif*, in: Haverling, Gerd V.M. (ed.), *Latin linguistics in the early 21st century. Acts of the 16th International Colloquium on Latin Linguistics, Uppsala, June 6th–11th, 2011*, Uppsala, Uppsala Universitet, 2015, 409–422.

Jungbluth, Konstanze, *Deictics in the conversational dyad. Findings in Spanish and some cross-linguistic outlines*, in: Lenz, Friedrich (ed.), *Deictic conceptualisation of space, time and person*, Amsterdam/Philadelphia, Benjamins, 2003, 13–40.

Jungbluth, Konstanze, *Pragmatik der Demonstrativpronomina in den iberoromanischen Sprachen*, Tübingen, Niemeyer, 2005.

Jungbluth, Konstanze/da Milano Federica (edd.), *Manual of Deixis in Romance Languages*, Berlin/Boston, de Gruyter, 2015.

Kaiser, Elsi/Cherqaoui, Boutaina, *Effects of coherence on anaphor resolution, and vice versa. Evidence from French personal pronouns and anaphoric demonstratives*, in: Holler, Anke/Suckow, Katja (edd.), *Empirical perspectives on anaphora resolution*, Berlin/Boston, De Gruyter, 2016, 51–78.

Kaplan, David, *Demonstratives*, in: Almog, Joseph/Perry, John/Wettstein, Howard (edd.), *Themes from Kaplan*, New York/Oxford, Oxford University Press, 1989, 481–563 (=1989a).

Kaplan, David, *Afterthoughts*, in: Almog, Joseph/Perry, John/Wettstein, Howard (edd.), *Themes from Kaplan*, New York/Oxford, Oxford University Press, 1989, 565–614 (=1989b).

Karttunen, Laury, *Discourse referents*, in: *COLING' 69 Proceedings of the 1969 Conference on Computational Linguistics, Sång-Säby, Sweden*, Stroudsburg (PA), Association for Computational Linguistics, 1969, 1–38.

Kemmerer, David, *«Near» and «far» in language and perception*, Cognition 73 (1999), 35–63.
Kern, Beate, *Metonymie und Diskurskontinuität im Französischen*, Berlin/Boston, de Gruyter, 2010.
Kirsner, Robert S., *Deixis in discourse. An exploratory quantitative study of the Modern Dutch demonstrative adjectives*, in: Givón, Talmy (ed.), *Syntax and Semantics, vol. 12: Discourse and syntax*, New York, Academic Press, 1979, 355–375.
Kirsner, Robert S., *From meaning to message in two theories. Cognitive and saussurean views of the Dutch demonstratives*, in: Geiger, Richard A./Rudzka-Ostyn, Brygida (edd.), *Conceptualizations and mental processing in language*, Berlin/New York, Mouton de Gruyter, 1993, 81–114.
Kirsner, Robert S., *Qualitative-quantitative analyses of Dutch and Afrikaans grammar and lexicon*, Amsterdam/Philadelphia, Benjamins, 2014.
Kleiber, Georges, *Sur la spécialisation grammaticale des démonstratifs du français ancien*, Verbum 8 (1985), 99–113.
Kleiber, Georges, *L'énigme du Vintimille ou les déterminants «à quai»*, Langue Française 75 (1987), 107–122 (=1987a).
Kleiber, Georges, *L'opposition «cist-cil» en ancien français ou comment analyser les démonstratifs*, Revue de linguistique romane 51 (1987), 5–35 (=1987b).
Kleiber, Georges, *Sur l'anaphore associative. Article défini et adjectif démonstratif*, Rivista di Linguistica 2 (1990), 155–175 (=1990a).
Kleiber Georges, *Sur le démonstratif de notoriété en ancien français*, Revue québécoise de linguistique 19 (1990), 11–32 (=1990b).
Kleiber, Georges, *«Celui-ci/là» ou comment montrer du nouveau avec du déjà connu*, Revue québécoise de linguistique 211 (1991), 123–169 (=1991a).
Kleiber, Georges, *Du nom propre non modifié au nom propre modifié. Le cas de la détermination des noms propres par l'adjectif démonstratif*, Langue française 92 (1991), 82–103 (1991b).
Kleiber, Georges, *Anaphores et pronoms*, Louvain-la-Neuve, Duculot, 1994.
Kleiber, Georges, *Associative anaphora and part-whole relationship. The condition of alienation and the principle of ontological congruence*, Journal of Pragmatics 31 (1999), 339–362 (1999a).
Kleiber, Georges, *Anaphore associative et relation partie-tout. Condition d'aliénation et principe de congruence ontologique*, Langue française 122 (1999), 70–100 (=1999b).
Kleiber, Georges, *Adjectifs démonstratifs et point de vue*, Cahiers de praxématique 41 (2003), 33–54 (=2003a).
Kleiber, Georges, *The possessive «via» associative anaphor*, in: Coene, Martine (ed.), *From NP to DP*, vol 2: *The expression of possession in noun phrases*, Amsterdam/Philadelphia, Benjamins, 2003, 43–71 (=2003b).
Kleiber, Georges, *Démonstratifs et pratiques littéraires*, in: Gouvard, Jean-Michel (éd.), *De la langue au style*, Lyon, Presses Universitaires de Lyon, 2005, 279–295.
Kleiber, Georges, *Démonstratifs émergents. Caractérisation des démonstratifs-«titres»*, in: Stark, Elisabeth/Schmidt-Riese, Roland/Stoll, Eva (edd.), *Romanische Syntax im Wandel. Festgabe zum 65. Geburtstag von Wulf Oesterreicher*, Tübingen, Narr, 2008, 225–240.
Kleiber, Georges, *La deixis d'«ici»*, in: Maaß, Christiane (ed.), *Wenn Deiktika nicht zeigen. Zeigende und nichtzeigende Funktionen deiktischer Formen in den romanischen Sprachen*, Münster, LIT, 2010, 33–54.
Kleiber, Georges, *Énonciation et texte. Grammaire des démonstratifs «titres»*, Cahiers de praxématique 56 (2011), 167–214.

Kleiber, Georges/Sock, Rudolph, *«Ces + N + relative». Sémantique et prosodie*, Lingvisticæ Investigationes 29 (2006), 251–273.
Koch, Peter, *Pour une typologie conceptionelle et médiale des plus anciens documents/ monuments des langues romanes*, in: Selig, Maria/Frank, Barbara/Hartmann, Jörg (edd.), *Le passage à l'écrit des langues romanes*, Tübingen, Narr, 1993, 39–81.
Koch, Peter/Oesterreicher, Wulf, *Sprache der Nähe – Sprache der Distanz. Mündlichkeit und Schriftlichkeit im Spannungsfeld von Sprachtheorie und Sprachgeschichte*, Romanistisches Jahrbuch 36 (1985), 15–43.
Koch, Peter/Oesterreicher, Wulf, *Sprachwandel und expressive Mündlichkeit*, Zeitschrift für Literaturwissenschaft und Linguistik 64 (1996), 64–97.
Koch, Peter/Oesterreicher, Wulf, *Gesprochene Sprache in der Romania. Französisch, Italienisch, Spanisch*, Berlin/New York, de Gruyter, ²2011.
Köhler, Erich, *Der mündliche Charakter der Chanson de geste*, in: von See, Klaus (ed.), *Europäische Heldendichtung*, Darmstadt, Wissenschaftliche Buchgesellschaft, 1978, 272–280.
Köhler, Oswin, *Grundzüge der Grammatik der !Xū-Sprache*, Köln, Universität zu Köln, 1973.
Koelle, Sigismund Wilhelm, *Outlines of grammar of the Vei language. Together with a Vei-English vocabulary. And an account of the discovery and nature of the Vei mode of syllabic writing*, London, Church Missionary House, 1854.
König, Ekkehard/Umbach, Carla, *Demonstratives of manner, of quality and of degree*, in: Coniglio, Marco/Murphy, Andrew/Schlachter, Eva/Veenstra, Tonjes (edd.), *Atypical demonstratives. Syntax, semantics and pragmatics*, Berlin/Boston, de Gruyter, 2018, 285–328.
Kövecses, Zoltán, *Metaphor and emotion. Language, culture and body in human feeling*, Cambridge, Cambridge University Press, 2000.
Koolen, Ruud/Gatt, Albert/Goudbeek, Martijn/Krahmer, Emiel, *Factors causing overspecification in definite descriptions*, Journal of Pragmatics 43 (2011), 3231–3250 (=2011a).
Koolen, Ruud/Goudbeek, Martijn/Krahmer, Emiel, *Effects of scene variation on referential overspecification*, in: Carlson, Laura/Hoelscher, Christoph/Shipley, Thomas F. (edd.), *Proceedings of the 33rd Annual Conference of the Cognitive Science Society*, Austin (Texas), Cognitive Science Society, 2011, 1025–1030 (=2011b).
Koolen, Ruud/Krahmer, Emiel/Swerts, Marc, *How distractor objects trigger referential overspecification. Testing the effects of visual clutter and distractor distance*, Cognitive Science 40 (2016), 1617–1647.
Krayer-Schmitt, Susanna, *Die Demonstrativ-Pronomina in den französischen Mundarten*, Dissertation, Basel, Universität Basel, 1953.
Kripke, Saul, *Speaker's reference and semantic reference*, Midwest Studies in Philosophy 2 (1977), 255–276.
Lakoff, Robin, *Remarks on «this» and «that»*, Proceedings of the Chicago Linguistics Society 10 (1974), 345–356.
Lapesa, Rafael, *Del demostrativo al artículo*, Nueva revista de filología hispánica 15 (1961), 23–44.
Langacker, Ronald W., *Nouns and verbs*, Language 63 (1987), 53–94.
Lardon, Sabine/Thomine, Marie-Claire, *Grammaire du français de la Renaissance. Étude morphosyntaxique*, Paris, Classiques Garnier, 2009.
Larson, Richard K., *On shell structure*, New York/London, Routledge, 2014.

Laury, Ritva, *Demonstratives in interaction. The emergence of a definite article in Finnish*, Amsterdam/Philadelphia, Benjamins, 1997.
Ledgeway, Adam, *From Latin to Romance. Morphosyntactic typology and change*, Oxford, Oxford University Press, 2012.
Lee, Kee-dong, *Kusaiean Grammar*, Honolulu, University of Hawaii Press, 1975.
Léonard, Martine, *Démonstratifs balzaciens. Personnage et temporalité*, Langue française 120 (1998), 66–76.
Léonard, Martine/Gary-Prieur, Marie-Noëlle, *Le démonstratif dans les textes et dans la langue*, Langue française 120 (1998), 5–20.
Leu, Thomas, *These HERE demonstratives*, University of Pennsylvania Working Papers in Linguistics 13 (2007), 141–154.
Leu, Thomas, *The architecture of determiners*, Oxford, Oxford University Press, 2015.
Levine, Joseph, *Demonstrative thought*, Mind & Language 25 (2010), 169–195.
Levinson, Stephen C., *Pragmatics*, Cambridge, Cambridge University Press, 1983 (^{20}2009).
Levinson, Stephen C., *Deixis*, in: Horn, Laurence/Ward, Gregory (edd.), *The Handbook of Pragmatics*, Oxford, Blackwell, 2004, 97–121.
Löbner, Sebastian, *Definites*, Journal of Semantics 4 (1985), 279–326.
Löbner, Sebastian, *Concept types and determination*, Journal of Semantics 28 (2011), 279–333.
Löbner, Sebastian, *Understanding semantics*, London/New York, Routledge, ^{2}2013.
Löbner, Sebastian, *Semantik. Eine Einführung*, Berlin/Boston, de Gruyter, ^{2}2015 (=2015a).
Löbner, Sebastian, *Functional concepts and frames*, in: Gamerschlag, Thomas/Gerland, Doris/Osswald, Rainer/Petersen, Wiebke (edd.), *Meaning, frames, and conceptual representation*, Düsseldorf, dup, 2015, 13–42 (=2015b).
Löbner, Sebastian, *The semantics of nominals*, in: Riemer, Nick (ed.), *The Routledge Handbook of Semantics*, London/New York, Routledge, 2016, 293–302.
Lommatzsch, Erhard, *Deiktische Elemente im Altfranzösischen*, in: s. ed., *Festschrift für Philipp August Becker zum 1. Juni 1922*, Heidelberg, Winter, 1922, 101–125.
Longobardi, Giuseppe, *The structure of DPs. Some principles, parameters, and problems*, in: Baltin, Mark/Collins, Chris (edd.), *The Handbook of Contemporary Syntactic Theory*, Oxford/Malden, Blackwell, 2001, 562–603.
Lonsdale, Deryle/Le Bras, Yvon, *A frequency dictionary of French. Core vocabulary for learners*, London/New York, Routledge, 2009.
Lüdtke, Jens, *From Latin and Vulgar Latin to Romance languages*, in: Jungbluth, Konstanze/da Milano, Federica (edd.), *Manual of Deixis in Romance Languages*, Berlin/Boston, de Gruyter, 2015, 537–557.
Lüdtke, Helmut, *Auf dem Weg zu einer Theorie des Sprachwandels*, in: Lüdtke, Helmut (ed.), *Kommunikationstheoretische Grundlagen des Sprachwandels*, Berlin/New York, de Gruyter, 1979, 182–252.
Lüdtke, Helmut, *Der Ursprung der romanischen Sprachen. Eine Geschichte der sprachlichen Kommunikation*, Kiel, Westensee, 2005.
Lugea, Jane, *World building in Spanish and English spoken narratives*, London et al., Bloomsbury, 2016.
Luján, Marta, *Sobre el sintagma determinante definido*, in: Gutiérrez-Rexach, Javier (ed.), *Meaning and the components of grammar*, München, Lincom, 2001, 33–56.
Luján, Marta, *Determiners as modified pronouns*, Círculo de Lingüística Aplicada a la Comunicación 9 (2002), 19–34.

Luraghi, Silvia, *Omissione dell'oggetto diretto in frasi coordinate. Dal latino all'italiano*, in: Ramat, Paolo/Roma, Elisa (edd.), *Sintassi storica. Atti del XXX Congresso Internazionale della Società di Linguistica Italiana (Pavia, 26–28 settembre 1996)*, Rom, Bulzoni, 1998, 182–196.

Lyons, Christopher, *On the origin of the Old French strong-weak possessive distinction*, Transactions of the Philological Society 84 (1986), 1–41.

Lyons, Christopher, *Definiteness*, Cambridge, Cambridge University Press, 1999.

Lyons, John, *Semantics*, vol. 2, Cambridge, Cambridge University Press, 1977.

Maes, Alfons, *Nominal anaphors and the coherence of discourse*, Dissertation, Unveröffentlichtes Manuskript, Katholieke Universiteit Brabant, 1991.

Maes, Alfons A./Noordmann, Leo G., *Demonstrative nominal anaphors. A case of nonidentificational markedness*, Linguistics 33 (1995), 255–282.

Marchello-Nizia, Christiane, *Histoire de la langue française aux XIVe et XVe siècles*, Paris, Bordas, 1979.

Marchello-Nizia, Christiane, *Dire le vrai. L'adverbe «si» en français médiéval. Essai de linguistique historique*, Genève, Droz, 1985.

Marchello-Nizia, Christian, *L'évolution du français. Ordre des mots, démonstratifs, accent tonique*, Paris, Colin, 1995.

Marchello-Nizia, Christiane, *«Se voz de ceste ne vos poéz oster, je voz ferai celle teste coper.» (Ami et Amile 753). La sphère du locuteur*, in: Vanneste, Alex/De Wilde, Peter/ Kindt, Saskia/ Vlemings, Joeri (edd.), *Memoire en temps advenir. Hommage à Theo Venckeleer*, Louvain, Peeters, 2003, 413–427.

Marchello-Nizia, Christiane, *La sémantique des démonstratifs en ancien français. Une neutralisation en progrès?*, Langue Française 141 (2004), 69–84.

Marchello-Nizia, Christiane, *Deixis and subjectivity. The semantics of demonstratives in Old French (9th–12th century)*, Journal of Pragmatics 37 (2005), 43–68.

Marchello-Nizia, Christiane, *Du subjectif au spatial. L'évolution des formes et du sens des démonstratifs en français*, Langue Française 152 (2006), 114–126 (=2006a).

Marchello-Nizia, Christiane, *From personal deixis to spatial deixis. The semantic evolution of demonstratives from Latin to French*, in: Hickmann, Maya/Robert, Stéphane (edd.), *Space in Languages. Linguistic systems and cognitive categories*, Amsterdam/ Philadelphia, Benjamins, 2006, 103–120 (=2006b).

Marchello-Nizia, Christiane, *Grammaticalisation et changement linguistique*, Bruxelles, De Boeck, 2006 (= 2006c).

Marnette, Sophie, *Narrateur et points de vue dans la littérature française médiévale. Une approche linguistique*, Bern et al., Peter Lang, 1998.

Marnette, Sophie, *Speech and thought presentation in French. Concepts and strategies*, Amsterdam/Philadelphia, Benjamins, 2005.

Massé-Arkan, Pascale, *Les démonstratifs «cil» et «cist» en ancien français. Le livre et l'espace du récit*, Romania 129 (2011), 427–460.

Massé-Arkan, Pascale, *Repenser l'opposition proximale-distale dans les démonstratifs, à l'exemple de «cil» et «cist» en ancien français*, Faits de langues 42 (2013), 59–85 (=2013a).

Massé-Arkan, Pascale, *How demonstrative determiners «cil» and «cist» contribute to text grammar and discourse comprehension in Old French narrative*, Zeitschrift für romanische Philologie 129 (2013), 559–588 (=2013b).

Mathews, Charles E., *«Cist» and «cil». A syntactical study*, Baltimore, Furst, 1907.

Mathieu, Eric, *From local blocking to cyclic agree. The role and meaning of determiners in the history of French*, in: Ghomeshi, Jila/Paul, Ileana/Wiltschko, Martina (edd.), *Determiners. Universals and variation*, Amsterdam/Philadelphia, Benjamins, 2009, 123–158.

Mattos e Silva, Rosa Virgínia, *O português arcaíco. Fonologia, morfologia e sintaxe*, São Paulo, Contexto, 2006.

Maurer, Philippe, *L'angolar. Un créole afro-portuguais parlé à São-Tomé. Notes de grammaire, textes, vocabulaires*, Hamburg, Buske, 1995.

McCool, George J., *A semantic analysis of the Old French demonstrative system*, Dissertation, Cornell University, 1981.

Meermann, Anastasia/Sonnenhauser, Barbara, *Distance. Between deixis and perspectivity*, in: Sonnenhauser, Barbara/Meermann, Anastasia (edd.), *Distance in language. Grounding a metaphor*, Cambridge, Cambridge Scholar Publishing, 2015, 37–66.

Ménard, Philippe, *Manuel du français du Moyen Âge*, vol. 1: *Syntaxe de l'ancien français*, Bordeaux, Sobodi, ²1976.

Merlan, Francesca, *A grammar of Wardaman. A language of the northern territory of Australia*, Berlin/New York, Mouton de Gruyter, 1994.

Meyer-Lübke, Wilhelm, *Historische Grammatik der französischen Sprache*, vol. 1: *Laut- und Flexionslehre*, Heidelberg, Winter, 1934.

Mithun, Marianne, *The grammatical nature and discourse power of demonstratives*, Berkeley Linguistics Society 13 (1987), 184–194.

Moignet, Gérard, *Grammaire de l'ancien français. Morphologie, syntaxe*, Paris, Klincksieck, ²1979.

Mortelmans, Jesse, LEDIT vs. *le démonstratif en moyen français. Quels contextes d'emploi?*, Langue française 145 (2006), 70–81.

Mortelmans, Jesse/Guillot, Céline, *Clarté ou vérité, LEDIT dans la prose de la fin du Moyen Âge*, in: Bertrand, Olivier/Prévost, Sophie/Charolles, Michel/François, Jacques/Schnedecker, Catherine (edd.), *Discours, diachronie, stylistique du français. Études en hommage à Bernard Combettes*, Bern et al., Peter Lang, 2008, 307–323.

Mount, Allyson, *Intentions, gestures, and salience in ordinary and deferred demonstrative reference*, Mind & Language 23 (2008), 145–164.

Müller-Lancé, Johannes, *Latein für Romanisten. Ein Lehr- und Arbeitsbuch*, Tübingen, Narr, 2006.

Naruoka, Keiko, *Toward meanings of expressive indexicals. The case of Japanese demonstratives «konna/sonna/anna»*, Journal of Pragmatics 69 (2014), 4–21.

Nogueira de Carvalho, Felipe, *Demonstrative thought. A pragmatic view*, Berlin/Boston, de Gruyter, 2016.

Nunberg, Geoffrey, *Indexicality and deixis*, Linguistics and Philosophy 16 (1993), 1–43.

Nunberg, Geoffrey, *The pragmatics of deferred interpretation*, in: Horn, Laurence/Ward, Gregory (edd.), *The Handbook of Pragmatics*, Oxford, Blackwell, 2004, 344–364.

Nyrop, Kristoffer, *Grammaire historique de la langue française*, vol. 5 [Syntaxe (noms et pronoms)], Copenhague, Gyldendal, 1925.

Pană Dindelegan, Gabriela, *The grammar of Romanian*, Oxford, Oxford University Press, 2013.

Pană Dindelegan, Gabriela, *The syntax of Old Romanian*, Oxford, Oxford University Press, 2016.

Partee, Barbara H., *Formal semantics*, in: Aloni, Maria/Dekker, Paul (edd.), *The Cambridge Handbook of Formal Semantics*, Cambridge, Cambridge University Press, 2016, 3–129.

Peirce, Charles S. [1870], *Description of a notation for the logic of relatives, resulting from an amplification of the conceptions of Boole's calculus of logic*, in: Hartshorne, Charles/ Weiss, Paul (edd.), *Collected papers of Charles Sanders Peirce. Exact logic and the simplest mathematics*, Harvard, Harvard University Press, 1933, 27–98.

Peirce, Charles S., *On the algebra of logic. A contribution to the philosophy of notation*, American Journal of Mathematics 7 (1885), 180–196.

Peirce, Charles S. [1885], *An American Platon. Review of Royce's «Religious aspect of philosophy»*, in: Houser, Nathan/Kloesel, Christian (edd.), *The essential Peirce. Selected philosophical writings*, vol. 1 (1867–1893), Bloomington, Indiana University Press, 1992, 229–241.

Peirce, Charles S. [1894], *What is a sign?*, in: The Peirce Edition Project (ed.), *The essential Peirce. Selected philosophical writings*, vol. 2 (1893–1913), Bloomington: Indiana University Press, 1998, 4–10.

Peirce, Charles S. [1903], *Sundry logical conceptions. Third section of «A syllabus of certain topics of logic»*, in: The Peirce Edition Project (ed.), *The essential Peirce. Selected philosophical writings*, vol. 2 (1893–1913), Bloomington: Indiana University Press, 1998, 267–288.

Peirce, Charles S. [1904], *New elements (kaien stoixeia)*, in: The Peirce Edition Project (ed.), *The essential Peirce. Selected philosophical writings*, vol. 2 (1893–1913), Bloomington, Indiana University Press, 1998, 300–324.

Peirce, Charles S. [1907], *Pragmatism*, in: The Peirce Edition Project (ed.), *The essential Peirce. Selected philosophical writings*, vol. 2 (1893–1913), Bloomington, Indiana University Press, 1998, 398–433.

Peirce, Charles S. [1893–1910], *Logic as semiotic. The theory of signs*, in: Buchler, Justus (ed.), *Philosophical writings of Peirce*, New York, Dover, 1955, 98–119.

Penny, Ralph, *A history of the Spanish language*, Cambridge, Cambridge University Press, ²2002.

Perkins, Revere D., *Deixis, grammar, and culture*, Amsterdam/Philadephia, Benjamins, 1992.

Perry, John, *Reference and reflexivity*, Stanford, CSLI, 2001.

Philippe, Gilles, *Les démonstratifs et le statut énonciatif des textes de fiction. L'exemple des ouvertures de roman*, Langue française 120 (1998), 51–65.

Pieroni, Silvia, *Lat. «iste». Alla ricerca di una pertinenza*, in: Parenti, Alessandro (ed.), *Per Alberto Nocentini. Ricerche linguistiche*, Firenze, Alinea, 2004, 167–188.

Pieroni, Silvia, *Per un ordinamento paradigmatico dei dimostrativi*, in: Oniga, Renato/ Zennaro, Luigi (edd.), *Atti della «Giornata di Linguistica Latina». Venezia, 7 maggio 2004*, Venezia, Libreria Editrice Cafoscarina, 2006, 179–201.

Pieroni, Silvia, *«Ipse». Relationships with grammatical functions and person*, in: Purnelle, Gérald/Denooz, Joseph (edd.), *Ordre et cohérence en latin. Communications présentées au 13ᵉ colloque international de linguistique latine (Bruxelles-Liège, 4–9 avril 2005)*, Liège, Bibliothèque de la Faculté de Philosophie et Lettres de l'Université de Liège, 2007, 153–163.

Pieroni, Silvia, *Deixis and anaphora*, in: Baldi, Philip/Cuzzolin, Pierluigi (edd.), *New perspectives on historical Latin syntax*, vol. 3: *Constituant syntax. Quantification, numerals, possession, anaphora*, Berlin/New York, Mouton de Gruyter, 2010, 389–501.

Pignatelli, Cinzia, *Le traitement des possessifs dans deux psautiers anglo-normands du 12ᵉ siècle. Des indices pour l'émergence d'une syntaxe française*, in: Carlier, Anne/Goyens, Michèle/Lamiroy, Béatrice (edd.), *Le français en diachronie. Nouveaux objets et méthodes*, Bern et al., Peter Lang, 2015, 35–57.

Piwek, Paul/Beun, Robbert-Jan/Cremers, Anita, *«Proximal» and «distal» in language and cognition. Evidence from deictic demonstratives in Dutch*, Journal of Pragmatics 40 (2008), 694–718.
Plank, Frans, *Exklusivierung, Reflexivierung, Identifizierung, relationale Auszeichnung. Variationen zu einem semantisch-pragmatischen Thema*, Semantik und Pragmatik 1 (1979), 330–354.
Plank, Frans/Moravcsik, Edith, *The Maltese article. Language-particulars and universals*, Rivista di Linguistica 8 (1996), 183–212.
Pohoryles, Bernard M., *Demonstrative pronouns and adjectives in «Garin le Loheren» and «Gerbert de Metz»*, New York, Pace College, 1966.
Pope, Mildred K., *From Latin to Modern French with especial consideration of Anglo-Norman. Phonology and morphology*, Manchester, Manchester University Press, 1973.
Posner, Rebecca, *Definiteness and the history of French possessives*, French Studies 42 (1988), 385–397.
Posner, Rebecca, *Linguistic change in French*, Oxford, Clarendon, 1997.
Postal, Paul M., *On so-called «pronouns» in English*, in: Dinneen, Francis P. (ed.), *Report of the 17th Annual Round Table Meeting on Linguistics and Language Studies*, Washington, DC, Georgetown University Press, 1966, 177–206.
Potts, Christopher/Schwarz, Florian, *Affective «this»*, Linguistic Issues in Language Technology 3 (2010), 1–30.
Prévost, Philippe, *The acquisition of French. The development of inflectional morphology and syntax in L1 acquisition, bilingualism, and L2 acquisition*, Amsterdam/Philadelphia, Benjamins, 2009.
Price, Glanville, *Quel est le rôle de l'opposition «cist-cil» en ancien français?*, Romania 89 (1968), 240–253.
Price, Glanville, *La transformation du système français des démonstratifs*, Zeitschrift für romanische Philologie 85 (1969), 490–505.
Prince, Ellen, *On the inferencing of indefinite-«this» NPs*, in: Joshi, Aravind K./Webber, Bonnie L./Sag, Ivan A. (edd.), *Elements of discourse understanding*, Cambridge, Cambridge University Press, 1981, 231–250.
Quasthoff, Uwe/Fiedler, Sabine/Hallsteinsdóttir, Erla (edd.), *Frequency Dictionary French. Dictionnaire de fréquence du français*, Leipzig, Leipziger Universitätsverlag, 2013.
Quine, William V. O., *Ontological relativity*, Journal of Philosophy 65 (1968), 185–212.
Raftopolous, Athanassios/Müller, Vincent C., *Nonceptual demonstrative reference*, Philosophy and Phenomenological Research 72 (2006), 251–285.
Raible, Wolfgang, *Satz und Text. Untersuchungen zu vier romanischen Sprachen*, Tübingen, Niemeyer, 1972.
Ramat, Paolo, *Language change and language contact*, in: Jungbluth, Konstanze/da Milano, Federica (edd.), *Manual of Deixis in Romance Languages*, Berlin/Boston, de Gruyter, 2015, 581–595.
Reblin, Eva, *Die Straße, die Dinge und die Zeichen. Zur Semiotik des materiellen Stadtraums*, Bielefeld, transcript, 2012.
Récanati, François, *Unarticulated constituents*, Linguistics and Philosophy 25 (2002), 299–345.
Récanati, François, *Loana dans le métro. Remarques sur l'indexicalité mentale*, in: Bourgeois-Gironde, Sacha (ed.), *Les formes de l'indexicalité. Langage et pensée en contexte*, Paris, Rue d'Ulm, 2005, 19–55.
Récanati, François, *«De re» and «de se»*, Dialectica 63 (2009), 249–269.

Récanati, François, *Truth-conditional pragmatics*, Oxford, Clarendon, 2010 (=2010a).
Récanati, François, *Singular thought. In defence of acquaintance*, in: Jeshion, Robin (ed.), *New essays on singular thought*, Oxford, Oxford University Press, 2010, 141–189 (=2010b).
Récanati, François, *Pragmatic enrichment*, in: Russell, Gillian (ed.), *The Routledge Companion to Philosophy of Language*, New York/London, Routledge, 2012, 67–78 (=2012a).
Récanati, François, *Mental files*, Oxford, Oxford University Press, 2012 (=2012b).
Rheinfelder, Hans, *Altfranzösische Grammatik*, vol. 1: *Lautlehre*, München, Hueber, ²1953.
Rheinfelder, Hans, *Altfranzösische Grammatik*, vol. 2: *Formenlehre und Syntax*, München, Hueber, ²1976.
Riley, John A., *Mental representations. Reference and definiteness*, Journal of Pragmatics 39 (2007), 831–871.
Roberts, Craige, *Demonstratives as definites*, in: van Deemter, Kees/Kibble, Roger (edd.), *Information sharing. Reference and presupposition in language generation and interpretation*, Stanford, CSLI, 2002, 89–136.
Roberts, Craige, *Uniqueness in definite noun phrases*, Linguistics and Philosophy 26 (2003), 287–350.
Roberts, Craige, *Pronouns as definites*, in: Reimer, Marga/Bezuidenhout, Anne (edd.), *Descriptions and beyond*, Oxford, Oxford University Press, 2004, 503–543.
Roehrs, Dorian, *Pronouns are determiners after all*, in: den Dikken, Marcel/Tortora, Christina M. (edd.), *The function of function words and functional categories*, Amsterdam/Philadelphia, Benjamins, 2005, 251–285.
Roehrs, Dorian, *Demonstratives and definite articles as nominal auxiliaries*, Amsterdam/Philadelphia, Benjamins, 2009.
Roehrs, Dorian, *Demonstrative-reinforcer constructions*, Journal of Comparative Germanic Linguistics 13 (2010), 225–268.
Roehrs, Dorian, *The inner makeup of definite determiners. The case of Germanic*, Journal of Germanic Linguistics 25 (2013), 295–411.
Roodenburg, Jasper, *French bare nouns are not extinct. The case of coordinated bare nouns*, Linguistic Inquiry 35 (2004), 301–313.
Rowlett, Paul, *The syntax of French*, Cambridge, Cambridge University Press, 2007.
Rozendaal, Margot, *The acquisition of reference. A crosslinguistic study*, Utrecht, LOT, 2008.
Rybarczyk, Magdalena, *Demonstratives and possessives with attitude. An intersubjectively-oriented empirical study*, Amsterdam/Philadelphia, Benjamins, 2015.
Rychner, Jean, *La chanson de geste. Essai sur l'art épique des jongleurs*, Genève, Droz, 1999.
Schmid, Hans-Jörg, *English abstract nouns as conceptual shells. From corpus to cognition*, Berlin/New York, Mouton de Gruyter, 2000.
Schnedecker, Catherine, *SN Démonstratifs «prédicatifs». Qu'est-ce qui limite leur apport informatif*, Langue française 152 (2006), 39–55.
Schwarz, Monika, *Indirekte Anaphern in Texten*, Tübingen, Niemeyer, 2000.
Schwarz, Monika/Chur, Jeannette, *Semantik. Ein Arbeitsbuch*, Tübingen, Narr, ⁴2004.
Schwarz-Friesel, Monika, *Indirect anaphora in text. A cognitive account*, in: Schwarz-Friesel, Monika/Consten, Manfred/Knees, Mareile (edd.), *Anaphors in text. Cognitive, formal and applied approaches to anaphoric reference*, Amsterdam/Philadelphia, Benjamins, 2007, 3–20.
Scott, Kate, *«This» and «that». A procedural analysis*, Lingua 131 (2013), 49–65.
Selig, Maria, *Die Entwicklung der Nominaldeterminanten im Spätlatein*, Tübingen, Narr, 1992.

Selig, Maria, *Die Anfänge der Überlieferung der romanischen Sprachen. Quellentypen und Verschriftungsprinzipien*, in: Glessgen, Martin-Dietrich/Schmitt, Christian/Schweickard, Wolfgang/Ernst, Gerhard (edd.), *Romanische Sprachgeschichte. Ein internationales Handbuch zur Geschichte der romanischen Sprachen*, vol. 2, Berlin/New York, de Gruyter, 2006, 1924–1944.

Sidnell, Jack/Enfield, Nicholas J., *Deixis and the interactional foundations of reference*, in: Huang, Yan (ed.), *The Oxford Handbook of Pragmatics*, Oxford/New York, Oxford University Press, 2017, 217–239.

Silverstein, Michael, *Hierarchy of features and ergativity*, in: Dixon, Robert M. W. (ed.), *Grammatical categories in Australian languages*, Canberra, Australian Institute of Aboriginal Studies, 1976, 112–171.

Smith, John C., *The nominative–accusative distinction between Latin and Gallo-Romance*, Oxford University Working Papers in Linguistics, Philology and Phonetics 9 (2004), 117–131.

Smith, John C., *How to do things without junk. The refunctionalization of a pronominal subsystem between Latin and Romance*, in: Montreuil, Jean-Pierre Y. (ed.), *New perspectives on Romance Linguistics*, vol. 2: *Phonetics, phonology and dialectology*, Amsterdam/Philadelphia, Benjamins, 2006, 183–205.

Smith, John C., *Change and continuity in form-function relationships*, in: Maiden, Martin/Smith, John C./Ledgeway, Adam (edd.), *The Cambridge History of the Romance Languages*, vol. 1: *Structures*, Cambridge, Cambridge University Press, 2011, 268–316.

Sohn, Ho-min, *Korean*, London/New York, Routledge, 1994.

Soutet, Olivier, *Études d'ancien et de moyen français*, Paris, PUF, 1992.

Späth, Andreas, *Determinierung unter Defektivität des Determinierersystems. Informationsstrukturelle und aspektuelle Voraussetzungen der Nominalreferenz slawischer Sprachen im Vergleich zum Deutschen*, Berlin/New York, de Gruyter, 2006.

Sperber, Dan/Wilson, Deirdre, *Relevance. Communication and cognition*, Cambridge (MA), Harvard University Press, 1986.

Stavinschi, Alexandra, *On the development of the Romance demonstrative systems*, Diachronica 29 (2012), 72–97.

Strauss, Susan, *«This», «that», and «it» in Spoken American English. A demonstrative system of gradient focus*, Language Sciences 24 (2002), 131–152.

Strawson, Peter, *On referring*, Mind 59 (1950), 320–349.

Taboada, Inma, *Prenominal and postnominal demonstratives in Spanish. A [±deictic] approach*, Anuario del seminario de filología vasca Julio de Urquijo 41 (2007), 323–332.

Tanaka, Shin, *Deixis und Anaphorik. Referenzstrategien in Text, Satz und Wort*, Berlin/Boston, de Gruyter, 2011.

Togeby, Knud, *Précis historique de grammaire française*, Kopenhagen, Akademisk Forlag, 1974.

Tomasello, Michael, *Constructing a language. A usage-based theory of language acquisition*, Cambridge, MA/London, Harvard University Press, 2009.

Touratier, Christian, *Syntaxe latine*, Louvain-La-Neuve, Peeters, 1994.

Väänänen, Veikko, *Introduction au latin vulgaire*, Paris, Klincksieck, ³1981.

Vanderbauwhede, Gudrun/Verleyen, Stijn, *The French and Dutch noun phrase in contrast. The case of the demonstrative determiner*, Lingvisticae Investigationes 33 (2010), 267–284.

Vanderbauwhede, Gudrun/Lauwers, Peter/Desmet, Piet, *Les emplois référentiels du SN démonstratif en français. Essai de systématisation*, Le français moderne 81 (2013), 17–41.

van der Velde, Marlies, *L'acquisition des articles définis en L1. Étude comparative entre le français et le néerlandais*, Acquisition et interaction en langue étrangère [online] 21 (2004), s.p., URL: <http://journals.openedition.org/aile/1723> [letzter Zugriff: 26.9.2019].
van Hoek, Karen, *Pronouns and point of view. Cognitive principles of coreference*, in: Tomasello, Michael (ed.), *The New Psychology of Language. Cognitive and functional approaches*, vol. 2, Mahwah/London, Lawrence Erlbaum Associates, 1998, 169–194.
van Vliet, Sarah, *Overspecified NPs marking conceptual shifts in narrative discourse*, Linguistics in the Netherlands 19 (2002), 187–198.
van Vliet, Sarah, *Reference points and dominions in narratives. A discourse level exploration of the reference point model of anaphora*, in: Evans, Vyvyan/Pourcel, Stephanie (edd.), *New directions in Cognitive Linguistics*, Amsterdam/Philadelphia, Benjamins, 2009, 441–464.
Veldre, Georgia, *Kognitive Präsenz und Topikalität als Beschreibungsparameter demonstrativischer Ausdrücke*, in: Stark, Elisabeth/Wandruzska, Ulrich (edd.), *Syntaxtheorie. Modelle, Methoden, Motive*, Tübingen, Narr, 2003, 123–137.
Veldre-Gerner, Georgia, *Demonstrativa im Text. Eine vergleichende Untersuchung zum Französischen und Italienischen*, Tübingen, Niemeyer, 2007.
Vincent, Nigel, *The emergence of the D-system in Romance*, in: van Kemenade, Ans/Vincent, Nigel (edd.), *Parameters of morphosyntactic change*, Cambridge, Cambridge University Press, 1997, 149–169.
Vindenes, Urd, *Demonstrative reinforcement cycles and grammaticalization*, JournaLIPP 5 (2017), 7–16, URL: <https://lipp.ub.uni-muenchen.de/lipp/article/view/4852/2742> [letzter Zugriff: 26.9.2019].
Vindenes, Urd, *Cyclic renewal of demonstratives*, Amsterdam/Philadelphia, Benjamins, 2018.
Vitz, Evelyn Birge, *Orality and performance in Early French Romance*, Cambridge, Brewer, 1999.
Wackernagel, Jacob, *Vorlesungen über Syntax. Mit besonderer Berücksichtigung von Griechisch, Lateinisch und Deutsch*, Basel, Birkhäuser, 1924.
Wespel, Johannes, *Descriptions and their domains. The patterns of definiteness marking in French-related creoles*, Stuttgart, OPUS, 2008.
Wiebe, Janyce, *References in narrative text*, in: Duchan, Judy/Bruder, Gail/Hewitt, Lynne (edd.), *Deixis in narrative. A cognitive science perspective*, Hillsdale/Hove, Lawrence Erlbaum Associates, 1995, 263–286.
Wierzbicka, Anna, *Semantic primitives across languages. A critical review*, in: Goddard, Cliff/Wierzbicka, Anna (edd.), *Semantic and lexical universals. Theory and empirical findings*, Amsterdam/Philadelphia, Benjamins, 1994, 445–500.
Wilmet, Marc, *Le démonstratif dit «absolu» ou «de notoriété» en ancien français*, Romania 100 (1979), 1–20.
Wolter, Lindsay, *Demonstratives and definiteness*, in: Moulton, Keir/Wolf, Matthew (edd.), *NELS 34. Proceedings of the 34th Annual Meeting of the North East Linguistic Society*, Amherst, GSLA, 2004, 603–617.
Woodworth, Nancy L., *Sound symbolism in proximal and distal forms*, Linguistics 29 (1991), 273–299.
Wunderli, Peter, *Le système des démonstratifs en moyen français*, Romania 101 (1980), 1–34, 145–191.
Wunderli, Peter, *Le rôle des démonstratifs dans la «Vie de Saint Léger». Deixis et anaphore dans les plus anciens textes français*, in: Selig, Maria/Frank, Barbara/Hartmann, Jörg (edd.), *Le passage à l'écrit des langues romanes*, Tübingen, Narr, 1993, 157–179.

Yvon, Henri, *«Cil» est «cist», articles démonstratifs*, Romania 72 (1951), 145–181.
Yvon, Henri, *«Cil» est «cist», pronoms démonstratifs*, Romania 73 (1952), 433–461.
Zeman, Sonja, *The elementary particles of distance in space, time, grammar, and discourse*, in: Sonnenhauser, Barbara/Meermann, Anastasia (edd.), *Distance in language. Grounding a metaphor*, Newcastle upon Tyne, Cambridge Scholars Publishing, 2015, 7–36.
Zribi-Hertz, Anne, *Definite DPs without lexical nouns in French. Clausal modifiers and relativization*, in: Berns, Janine/Jacobs, Haike/Scheer, Tobias (edd.), *Romance languages and linguistic theory 2009. Selected papers from «Going Romance» Nice 2009*, Amsterdam/Philadelphia, Benjamins, 2011, 363–390.
Zribi-Hertz, Anne, *De la notion de «grammaire standard» dans une optique diglossique du français*, Journal of French Language Studies 23 (2013), 59–85.
Zumthor, Paul, *Histoire littéraire de la France médiévale. VIe–XIVe siècles*, Paris, PUF, 1954.
Zumthor, Paul, *Introduction à la poésie orale*, Paris, Seuil, 1983.

9 Appendix

Tab. 9.1: Verteilung von CIST N nach Einzelform und Einzeltext.

CIST N proximal	Einfache Formen						Verstärkte Formen				Σ
	cist	cest, chest, set, cet	cestui, cestuy	ceste, cest', cette, cheste	cesti	cestes	icist	icest	icestui	iceste, yceste, icest'	
ADG	28	50		47		1	1	12		8	147
AIO		43		63						3	109
ANG	5	8	1	23							37
BER	3	3	1	35	1					4	44
BRA	3	12					2	2		2	21
BUE	1	5	1	15	1					1	24
CLI	20	36		34							90
ENE	3	35		17			1	3			59
ERA	1	41		43				1			86
ERE	10	29		46						1	86
GAL	2	12	1	39						1	55
GOL	5	10		30						3	48
GUI	2	27		16				2		3	50
LAN	20	48	3	45						1	117

Tab. 9.1 (fortgesetzt)

CIST N proximal	Einfache Formen				Verstärkte Formen					Σ
	cist	cest, chest, set, cet	cestui, cestuy	ceste, cest', cette, cheste	cesti	cestes	icist	icest	icestui	iceste, yceste, icest'	
MAR	7	20		30				2			59
MIR	7	30	1	37				1		1	77
NIM	1	6		15					1		23
ORA	4	8		20			1	1		1	35
PAL		10		2				1		2	15
PER	10	50		53			1	1			115
ROL	10	24		30			1	13		2	80
THO	6	23		14				3		1	47
VER	1	6		3							10
YVA	10	37		39						1	87
Σ	156 10,3%	573 37,7%	8 0,5%	696 45,8%	2 0,1%	1 0,1%	7 0,5%	42 2,8%	1 0,1%	35 2,3%	1521 100%
				1436 94,4%					85 5,6%		

Tab. 9.2: Verteilung von *CIL N* nach Einzelform und Einzeltext.

CIL N distal	Einfache Formen							Verstärkte Formen					Σ
	cil, cius, cix	*cel, chel*	*celui*	*cels*	*cele, celle, cel', chele*	*celi*	*celes*	*icil*	*icel*	*icelui*	*icels, iceals*	*icele, icelle*	*iceles*
ADG	20	140			56		1	8	33		1	41		300
AIO	31	65	1		49			1	12			8		167
ANG	5	4			9	1								19
BER	3	21	3		28									55
BRA	4	13			5			2			1	2		27
BUE	8	27	5		42				2			1		85
CLI	7	8	2		15				1			2		35
ENE	3	29			35			3	12			1		83
ERA	10	22			39	1			5			1		78
ERE	9	3			28									40
GAL	14	4	1		7									26
GOL	18	13			43		1	2	8			3		88
GUI	2	25		1	19		1		8			3	1	60
LAN	7	10			34									51
MAR	6	34			29		1	1	3			2		76
MIR	30	16	4		43	1		1	4	2		5		106

Tab. 9.2 (fortgesetzt)

CIL N distal	Einfache Formen								Verstärkte Formen					Σ
	cil, cius, cix	cel, chel	celui	cels	cele, celle, cel', chele	celi	celes	icil	icel	icelui	icels, iceals	icele, icelle	iceles	
NIM	5	18			18									41
ORA	16	9	1		19			1				3		49
PAL	2	5			10				2			1		20
PER	14	10			39			2	1			2		68
ROL	24	8			9				6			4		51
THO	15	77			64		1	2	7			1		167
VER	2	2			8							1		11
YVA	5	3	3		27									38
Σ	258 14,8%	566 32,5%	20 1,5%	1 0,1%	675 38,8%	3 0,2%	5 0,3%	23 1,5%	104 6,0%	2 0,1%	2 0,1%	81 4,6%	1 0,1%	1741 100%
	1528 87,8%							213 12,2%						

Tab. 9.3: Verteilung von *CE N* nach Einzelform und Einzeltext.

CE N neutral	Einfache Formen				Verstärkte Formen			Σ
	ce, che	*ces, ches*	*cez*	*cis, ci, chis, chi*	*ice*	*ices*	*icez*	
ADG		7						7
AIO	42	56		38		1		137
ANG	4	12		4				20
BER	36	9		6				51
BRA		1	5				2	8
BUE	33	18		11				62
CLI	6	9				1	1	17
ENE	1	11	1			1		14
ERA	1	15		16				32
ERE	26	12						38
GAL	37	26		1				64
GOL	12	39		6				57
GUI		10				2		12
LAN	13	20						33
MAR			3					3
MIR	37	12						49
NIM		4	6					10
ORA		9	17					26
PAL	1	4		1				6
PER	33	31	1		1			66
ROL			55				2	57
THO		18						18
VER								0
YVA	21	19						40
Σ	303 36,6%	342 41,4%	88 10,6%	83 10,0%	1 0,1%	5 0,6%	5 0,6%	827 100%
			816 98,7%			11 1,3%		

Tab. 9.4: Frequenzindex der Einzelformen von *CIST N*, *CIL N* und *CE N*.

Rang	Form	Frequenz	Anteil
1	ceste, cest', cette, cheste	696	17,02%
2	cele, celle, cel', chele	675	16,5%
3	cest, chest, set	573	14,01%
4	cel, chel	566	13,84%
5	ces, ches, cez	430	10,52%
6	ce, che	303	7,41%
7	cil, cius, cix	258	6,31%
8	cist	156	3,82%
9	icel	104	2,54%
10	cis, ci, chis, chi	83	2,03%
11	icele	81	1,98%
12	icest	42	1,03%
13	iceste, yceste, icest'	35	0,86%
14	icil	23	0,56%
15	celui	20	0,49%
16	ices, icez	10	0,24%
17	cestui, cestuy	8	0,19%
18	icist	7	0,17%
19	celes	5	0,12%
20	celi	3	0,07%
21	icels, iceals	2	0,05%
	cesti	2	0,05%
	icelui	2	0,05%
22	ice	1	0,02%
	cels	1	0,02%
	cestes	1	0,02%
	icestui	1	0,02%
	iceles	1	0,02%
	∑	4089	100%

Tab. 9.5: Verteilung von *CIST N*, *CIL N* und *CE N* nach Einzeltexten.[115]

Sigle	Datie-rung	Skripta	Typ	*CIST N* proximal	*CE N* neutral	*CIL N* distal	Σ
ADG	12²	AngNo	Mir	147 32,38%	7 1,54%	300 66,08%	454 100%
AIO	13¹	Pik	CdG	109 26,39%	137 33,17%	167 40,44%	413 100%
ANG	12¹	Pik	Rom	37 48,68%	20 26,32%	19 25,00%	76 100%
BER	13²	Zfr	CdG	44 29,33%	51 34,00%	55 36,67%	150 100%
BRA	12¹	AngNo	Hagio	21 37,50%	8 14,29%	27 48,21%	56 100%
BUE	13²	Zfr	CdG	24 14,04%	62 36,26%	85 49,71%	171 100%
CLI	12²	Cha	Rom	90 63,38%	17 11,97%	35 24,65%	142 100%
ENE	12²	Nor	Rom	59 37,82%	14 8,97%	83 53,21%	156 100%
ERA	12²	Pik	Rom	86 43,88%	32 16,33%	78 39,80%	196 100%
ERE	12²	Cha	Rom	86 52,44%	38 23,17%	40 24,39%	164 100%
GAL	13¹	Pik	Rom	55 37,93%	64 44,14%	26 17,93%	145 100%
GOL	12²	Pik	Rom	48 24,87%	57 29,53%	88 45,60%	193 100%
GUI	12²	AngNo	CdG	50 40,98%	12 9,84%	60 49,18%	122 100%
LAN	12²	Cha	Rom	117 58,21%	33 16,42%	51 25,37%	201 100%
MAR	12²	AngNo	Lais	59 42,75%	3 2,17%	76 55,07%	138 100%

---

[115] In Tab. 9.5 bis Tab. 9.10 kommen folgende Abkürzungen zum Einsatz: AngNo = Anglo-Normannisch, CdG = Chanson de geste, Cha = Champagnisch, Fab = Fabliau, Hagio = Hagiographie, Mir = Miracles, Nor = Normannisch, Orl = Orléanesisch, Pik = Pikardisch, Rom = Roman, West = Westlich, Zfr = Zentralfranzösisch.

Tab. 9.5 (fortgesetzt)

Sigle	Datierung	Skripta	Typ	CIST N proximal	CE N neutral	CIL N distal	∑
MIR	13[2]	Orl	Mir	77 33,19%	49 21,12%	106 45,69%	232 100%
NIM	12[2]	Zfr	CdG	23 31,08%	10 13,51%	41 55,41%	74 100%
ORA	12[2]	AngNo	CdG	35 31,82%	26 23,64%	49 44,55%	110 100%
PAL	12[1]		Fab	15 36,59%	6 14,63%	20 48,78%	41 100%
PER	12[2]	Cha	Rom	115 46,18%	66 26,51%	68 27,31%	249 100%
ROL	12[1]	Nor	CdG	80 42,55%	57 30,32%	51 27,13%	188 100%
THO	12[2]	West	Hagio	47 20,26%	18 7,76%	167 71,98%	232 100%
VER	13[2]	Nor	Rom	10 47,62%	0 0,00%	11 52,38%	21 100%
YVA	12[2]	Cha	Rom	87 52,73%	40 24,24%	38 23,03%	165 100%
∑				1521 37,20%	827 20,22%	1741 42,58%	4089 100%

Tab. 9.6: Verteilung von *CIST N*, *CIL N* und *CE N* nach Skriptae und Einzeltext (Gruppe 1).[116]

Skriptae	Sigle	Datierung	Skripta	Typ	CIST N proximal	CE N neutral	CIL N distal	∑
Anglo-Normannisch	ADG	12²	AngNo	Mir	147 32,38%	7 1,54%	300 66,08%	454 100%
	BRA	12¹	AngNo	Hagio	21 37,50%	8 14,29%	27 48,21%	56 100%
	GUI	12²	AngNo	CdG	50 40,98%	12 9,84%	60 49,18%	122 100%
	MAR	12²	AngNo	Lais	59 42,75%	3 2,17%	76 55,07%	138 100%
	ORA	12²	AngNo	CdG	35 31,82%	26 23,64%	49 44,55%	110 100%
			∑		312 35,5%	56 6,4%	512 58,2%	880 100%
Normannisch	ENE	12²	Nor	Rom	59 37,82%	14 8,97%	83 53,21%	156 100%
	ROL	12¹	Nor	CdG	80 42,55%	57 30,32%	51 27,13%	188 100%
	VER	13²	Nor	Rom	10 47,62%	0 0,00%	11 52,38%	21 100%
			∑		149 40,8%	71 19,5%	145 39,7%	365 100%
Zentral-Französisch	BER	13²	Zfr	CdG	44 29,33%	51 34,00%	55 36,67%	150 100%
	BUE	13²	Zfr	CdG	24 14,04%	62 36,26%	85 49,71%	171 100%
	NIM	12²	Zfr	CdG	23 31,08%	10 13,51%	41 55,41%	74 100%
			∑		91 23,0%	123 31,1%	181 45,8%	395 100%

---

[116] In Tab. 9.6–9.7 wurden die Texte *MIR*, *PAL* und *THO*, die die einzigen Vertreter eines Skriptaraums darstellen oder keine regionale Zuordnung aufweisen, nicht berücksichtigt. Cf. Tab. 9.5 in Kap. 9 für die Frequenzen von *CIST N*, *CIL N* und *CE N* in *MIR*, *PAL* und *THO*.

Tab. 9.7: Verteilung von *CIST N*, *CIL N* und *CE N* nach Skriptae und Einzeltext (Gruppe 2).

Skriptae	Sigle	Datierung	Skripta	Typ	CIST N proximal	CE N neutral	CIL N distal	Σ
CHAMPAGNISCH	CLI	12²	Cha	Rom	90 63,38%	17 11,97%	35 24,65%	142 100%
	ERE	12²	Cha	Rom	86 52,44%	38 23,17%	40 24,39%	164 100%
	LAN	12²	Cha	Rom	117 58,21%	33 16,42%	51 25,37%	201 100%
	PER	12²	Cha	Rom	115 46,18%	66 26,51%	68 27,31%	249 100%
	YVA	12²	Cha	Rom	87 52,73%	40 24,24%	38 23,03%	165 100%
				Σ	495 53,7%	194 21,1%	232 25,2%	921 100%
PIKARDISCH	AIO	13¹	Pik	CdG	109 26,39%	137 33,17%	167 40,44%	413 100%
	ANG	12¹	Pik	Rom	37 48,68%	20 26,32%	19 25,00%	76 100%
	ERA	12²	Pik	Rom	86 43,88%	32 16,33%	78 39,80%	196 100%
	GAL	13¹	Pik	Rom	55 37,93%	64 44,14%	26 17,93%	145 100%
	GOL	12²	Pik	Rom	48 24,87%	57 29,53%	88 45,60%	193 100%
				Σ	335 32,7%	310 30,3%	378 37,0%	1023 100%

Tab. 9.8: Verteilung von *CIST N*, *CIL N* und *CE N* nach Texttyp und Einzeltext (Gruppe 1).

Texttyp	Sigle	Datierung	Skripta	Typ	CIST N proximal	CE N neutral	CIL N distal	Σ
ROMAN	ANG	12¹	Pik	Rom	37 48,68%	20 26,32%	19 25,00%	76 100%
	CLI	12²	Cha	Rom	90 63,38%	17 11,97%	35 24,65%	142 100%
	ENE	12²	Nor	Rom	59 37,82%	14 8,97%	83 53,21%	156 100%
	ERA	12²	Pik	Rom	86 43,88%	32 16,33%	78 39,80%	196 100%
	ERE	12²	Cha	Rom	86 52,44%	38 23,17%	40 24,39%	164 100%
	GAL	13¹	Pik	Rom	55 37,93%	64 44,14%	26 17,93%	145 100%
	GOL	12²	Pik	Rom	48 24,87%	57 29,53%	88 45,60%	193 100%
	LAN	12²	Cha	Rom	117 58,21%	33 16,42%	51 25,37%	201 100%
	PER	12²	Cha	Rom	115 46,18%	66 26,51%	68 27,31%	249 100%
	VER	13²	Nor	Rom	10 47,62%	0 0,00%	11 52,38%	21 100%
	YVA	12²	Cha	Rom	87 52,73%	40 24,24%	38 23,03%	165 100%
			Σ		790 46,3%	381 22,3%	537 31,4%	1708 100%
KLEINE ERZÄHLFORMEN	MAR	12²	AngNo	Lais	59 42,75%	3 2,17%	76 55,07%	138 100%
	PAL	12¹		Fab	15 36,59%	6 14,63%	20 48,78%	41 100%
			Σ		74 41,3%	9 5,0%	96 53,6%	179 100%

Tab. 9.9: Verteilung von *CIST N*, *CIL N* und *CE N* nach Texttyp und Einzeltext (Gruppe 2).

Texttyp	Sigle	Datierung	Skripta	Typ	CIST N proximal	CE N neutral	CIL N distal	Σ
CHANSON DE GESTE	AIO	13^1	Pik	CdG	109 26,39%	137 33,17%	167 40,44%	413 100%
	BER	13^2	Fra	CdG	44 29,33%	51 34,00%	55 36,67%	150 100%
	BUE	13^2	Fra	CdG	24 14,04%	62 36,26%	85 49,71%	171 100%
	GUI	12^2	AngNo	CdG	50 40,98%	12 9,84%	60 49,18%	122 100%
	NIM	12^2	Fra	CdG	23 31,08%	10 13,51%	41 55,41%	74 100%
	ORA	12^2	AngNo	CdG	35 31,82%	26 23,64%	49 44,55%	110 100%
	ROL	12^1	Nor	CdG	80 42,55%	57 30,32%	51 27,13%	188 100%
			Σ		365 29,7%	355 28,9%	508 41,4%	1228 100%
HAGIOGRAPHIE	BRA	12^1	AngNo	Hagio	21 37,50%	8 14,29%	27 48,21%	56 100%
	THO	12^2	West	Hagio	47 20,26%	18 7,76%	167 71,98%	232 100%
			Σ		68 23,6%	26 9,0%	194 67,4%	288 100%
MIRACLES	ADG	12^2	AngNo	Mir	147 32,38%	7 1,54%	300 66,08%	454 100%
	MIR	13^2	Orl	Mir	77 33,19%	49 21,12%	106 45,69%	232 100%
			Σ		224 32,7%	56 8,2%	406 59,2%	686 100%

Tab. 9.10: Verteilung von *CIST N*, *CIL N* und *CE N* nach Texttyp, Sprechebene und Einzeltext (Gruppe 1).

Texttyp	Sigle	Datierung	Skripta	Sprechebene	CIST N proximal	CE N neutral	CIL N distal	Σ
Roman	ANG	12¹	Pik	Erzähler	7	2	7	16
				Figuren	30	18	12	60
	CLI	12²	Cha	Erzähler	46	13	32	91
				Figuren	44	4	3	51
	ENE	12²	Nor	Erzähler	3	7	52	62
				Figuren	56	7	31	94
	ERA	12²	Pik	Erzähler	21	13	43	77
				Figuren	65	19	35	119
	ERE	12²	Cha	Erzähler	12	13	22	47
				Figuren	74	25	18	117
	GAL	13¹	Pik	Erzähler	18	41	16	75
				Figuren	37	23	10	70
	GOL	12²	Pik	Erzähler	14	40	66	120
				Figuren	34	17	22	73
	LAN	12²	Cha	Erzähler	16	16	33	65
				Figuren	101	17	18	136
	PER	12²	Cha	Erzähler	13	15	22	50
				Figuren	102	51	46	199
	VER	13²	Nor	Erzähler	5		7	12
				Figuren	5		4	9
	YVA	12²	Cha	Erzähler	25	19	25	69
				Figuren	62	21	13	96
		Σ		Erzähler	180	179	325	684
				Figuren	610	202	212	1024
Kleine Erzählformen	MAR	12²	AngNo	Erzähler	4	1	62	67
				Figuren	55	2	14	71
	PAL	12¹		Erzähler	3	4	17	24
				Figuren	12	2	3	17
		Σ		Erzähler	7	5	79	91
				Figuren	67	4	17	88

Tab. 9.11: Verteilung von *CIST N*, *CIL N* und *CE N* nach Texttyp, Sprechebene und Einzeltext (Gruppe 2).

Texttyp	Sigle	Datierung	Skripta	Sprechebene	CIST N proximal	CE N neutral	CIL N distal	Σ
Chanson de geste	AIO	13^1	Pik	Erzähler	5	10	61	76
				Figuren	104	127	106	337
	BER	13^2	Zfr	Erzähler	6	17	43	66
				Figuren	38	34	12	84
	BUE	13^2	Zfr	Erzähler	6	23	53	82
				Figuren	18	39	32	89
	GUI	12^2	AngNo	Erzähler	2	4	19	25
				Figuren	48	8	41	97
	NIM	12^2	Zfr	Erzähler	2	2	6	10
				Figuren	21	8	35	64
	ORA	12^2	AngNo	Erzähler	0	10	19	29
				Figuren	35	16	30	81
	ROL	12^1	Zfr	Erzähler	20	51	39	110
				Figuren	60	6	12	78
		Σ		**Erzähler**	**41**	**117**	**240**	**398**
				Figuren	**324**	**238**	**268**	**830**
Hagiographie	BRA	12^1	AngNo	Erzähler	8	4	20	32
				Figuren	13	4	7	24
	THO	12^2	West	Erzähler	19	15	144	178
				Figuren	28	3	23	54
		Σ		**Erzähler**	**27**	**19**	**164**	**210**
				Figuren	**41**	**7**	**30**	**78**
Miracles	ADG	12^2	AngNo	Erzähler	91	5	269	365
				Figuren	56	2	31	89
	MIR	13^2	Orl	Erzähler	56	45	96	197
				Figuren	21	4	10	35
		Σ		**Erzähler**	**147**	**50**	**365**	**562**
				Figuren	**77**	**6**	**41**	**124**

Tab. 9.12: Verteilung von *CIST N*, *CIL N* und *CE N* nach Zeitraum und Einzeltext.

Zeitraum	Sigle	Datierung	Skripta	Typ	CIST N proximal	CE N neutral	CIL N distal	∑
12¹	ANG	12¹	Pik	Rom	37 48,68%	20 26,32%	19 25,00%	76 100%
	BRA	12¹	AngNo	Hagio	21 37,50%	8 14,29%	27 48,21%	56 100%
	PAL	12¹		Fab	15 36,59%	6 14,63%	20 48,78%	41 100%
	ROL	12¹	Nor	CdG	80 42,55%	57 30,32%	51 27,13%	188 100%
			∑		153 42,4%	91 25,2%	117 32,4%	361 100%
12²	ADG	12²	AngNo	Mir	147 32,38%	7 1,54%	300 66,08%	454 100%
	CLI	12²	Cha	Rom	90 63,38%	17 11,97%	35 24,65%	142 100%
	ENE	12²	Nor	Rom	59 37,82%	14 8,97%	83 53,21%	156 100%
	ERA	12²	Pik	Rom	86 43,88%	32 16,33%	78 39,80%	196 100%
	ERE	12²	Cha	Rom	86 52,44%	38 23,17%	40 24,39%	164 100%
	GOL	12²	Pik	Rom	48 24,87%	57 29,53%	88 45,60%	193 100%
	GUI	12²	AngNo	CdG	50 40,98%	12 9,84%	60 49,18%	122 100%
	LAN	12²	Cha	Rom	117 58,21%	33 16,42%	51 25,37%	201 100%
	MAR	12²	AngNo	Lais	59 42,75%	3 2,17%	76 55,07%	138 100%
	NIM	12²	Zfr	CdG	23 31,08%	10 13,51%	41 55,41%	74 100%
	ORA	12²	AngNo	CdG	35 31,82%	26 23,64%	49 44,55%	110 100%
	PER	12²	Cha	Rom	115 46,18%	66 26,51%	68 27,31%	249 100%

Tab. 9.12 (fortgesetzt)

Zeitraum	Sigle	Datierung	Skripta	Typ	CIST N proximal	CE N neutral	CIL N distal	Σ
	YVA	12²	Cha	Rom	87 52,73%	40 24,24%	38 23,03%	165 100%
	THO	12²	West	Hagio	47 20,26%	18 7,76%	167 71,98%	232 100%
			Σ		1049 40,3%	373 14,3%	1174 45,1%	2601 100%
13¹	AIO	13¹	Pik	CdG	109 26,39%	137 33,17%	167 40,44%	413 100%
	GAL	13¹	Pik	Rom	55 37,93%	64 44,14%	26 17,93%	145 100%
			Σ		164 29,4%	201 36,0%	193 34,6%	558 100%
13²	BER	13²	Zfr	CdG	44 29,33%	51 34,00%	55 36,67%	150 100%
	BUE	13²	Zfr	CdG	24 14,04%	62 36,26%	85 49,71%	171 100%
	MIR	13²	Orl	Mir	77 33,19%	49 21,12%	106 45,69%	232 100%
	VER	13²	Nor	Rom	10 47,62%	0 0,00%	11 52,38%	21 100%
			Σ		155 27,0%	162 28,2%	257 44,8%	574 100%

Tab. 9.13: Verteilung von CIST N, CIL N und CE N nach syntaktischer Funktion und Einzelform.

Form	Konstituenten im Kernsatz						Konstituenten außerhalb des Kernsatzes			
	Subjekt	Prädikativ	Direktes Objekt	Indirektes Objekt	Präpositionalobjekte & Adverbiale		Apposition	Dislokation	Prädikatlos	Vokativ
cist N	150							10		1
cest N	31		162	8	401		2	10	1	
cestui N	1		4		3		2	1		
ceste N	140		218	5	348		1	17	2	
cesti N					2					
cestes N			1							
	322 21,2%		385 25,3%	13 0,9%	754 49,6%		5 0,3%	38 2,5%	3 0,2%	1 0,1%
Σ CIST N			1474 96,9%			1521 100%	47 3,1%			
cil N	256	1						24		
cel N	36		145	8	469		5	7		
celui N	1		3		17			2		
cele N	102		150	7	472		15	10		
celi N					3					

Tab. 9.13 (fortgesetzt)

Form	Konstituenten im Kernsatz						Konstituenten außerhalb des Kernsatzes			
	Subjekt	Prädikativ	Direktes Objekt	Indirektes Objekt	Präpositionalobjekte & Adverbiale		Apposition	Dislokation	Prädikatlos	Vokativ
cels N	1				2					
celes N	2			1	3					
	397 22,8%	1 0,1%	298 17,1%	16 1%	966 55,5%		20 1,1%	43 2,5%	63 3,6%	
Σ CIL N					1678 96,4%	1741 100%				
ce N	14		73	3	205		4	5		
cis N	75	1	3		2			2		
ces N	64		168	1	194		1	12		
	153 18,5%	1 0,1%	244 29,5%	4 0,5%	401 48,5%		5 0,6%	19 2,3%	24 2,9%	
Σ CE N					803 97,1%	827 100%				

Tab. 9.14: Verteilung der Präpositionalobjekte/Adverbiale nach Ontotyp.

Ontotyp			*CIST N* proximal	*CE N* neutral	*CIL N* distal
Objekte	sichtbar	belebt	51 7%	17 4%	107 11%
		nicht belebt	30 4%	11 3%	54 6%
	nicht sichtbar	belebt	2 0,3%		1 0,1%
		nicht belebt	22 3%	1 0,3%	14 1%
Kollektiva	sichtbar	belebt	6 1%	61 15%	37 4%
		nicht belebt	3 0,4%	34 8%	1 0,1%
	nicht sichtbar	belebt		1 0,2%	1 0,1%
		nicht belebt		11 3%	
Stoffe	sichtbar	nicht belebt	2 0,3%		10 1%
	nicht sichtbar	nicht belebt	43 6%	11 3%	35 4%
Räume		sichtbar	290 38%	110 27%	178 18%
		nicht sichtbar	38 5%	44 11%	181 19%
Orte		sichtbar	24 3%	12 3%	122 13%
		nicht sichtbar	44 6%	12 3%	93 10%
Situationen		physisch	136 18%	47 12%	108 11%
		sprachlich	63 8%	29 7%	24 2%
Σ			754 100%	401 100%	966 100%

Tab. 9.15: Verteilung der direkten Objekte nach Ontotyp.

Ontotyp			CIST N proximal	CE N neutral	CIL N distal
Objekte	sichtbar	belebt	34 9%	29 12%	63 21%
		nicht belebt	42 11%	11 5%	46 15%
	nicht sichtbar	belebt	1 0,3%		2 0,7%
		nicht belebt	32 8%	3 1%	13 4%
Kollektiva	sichtbar	belebt	9 2%	60 25%	19 6%
		nicht belebt	7 1,8%	63 25,8%	4 1%
	nicht sichtbar	belebt		2 0,8%	
		nicht belebt	1 0,3%	13 5,3%	
Stoffe	sichtbar	nicht belebt	3 1%	3 1%	4 1%
	nicht sichtbar	nicht belebt	39 10%	4 2%	30 10%
Räume		sichtbar	50 13%	18 7%	27 9%
		nicht sichtbar	4 1%		3 1%
Orte		sichtbar	3 1%	5 2%	9 3%
		nicht sichtbar			2 1%
Situationen		physisch	123 32%	23 9%	58 19%
		sprachlich	37 10%	10 4%	18 6%
	Σ		385 100%	244 100%	298 100%

Tab. 9.16: Verteilung der Subjekte nach Ontotyp.

Ontotyp			*CIST N* proximal	*CE N* neutral	*CIL N* distal
Objekte	sichtbar	belebt	96 30%	43 28%	155 39%
		nicht belebt	16 5%	6 4%	25 6%
	nicht sichtbar	belebt			1 0,3%
		nicht belebt	13 4%	2 1%	2 0,5%
Kollektiva	sichtbar	belebt	37 11%	38 25%	103 26%
		nicht belebt	3 0,9%	22 145	22 6%
	nicht sichtbar	belebt	2 0,7%		2 0,5%
		nicht belebt		1 0,7%	1 0,3%
Stoffe	sichtbar	nicht belebt	1 0,3%	2 1%	2 0,5%
	nicht sichtbar	nicht belebt	31 10%	6 4%	13 3%
Räume		sichtbar	21 7%	3 2%	14 4%
		nicht sichtbar	4 1%	6 4%	7 2%
Orte		sichtbar	3 1%	1 1%	
		nicht sichtbar	2 1%		2 0,5%
Situationen		physisch	78 24%	13 8%	43 11%
		sprachlich	15 5%	10 7%	5 1%
∑			322 100%	153 100%	397 100%

Tab. 9.17: Modifizierer in *CIST N*, *CIL N* und *CE N*.

Form	Anzahl der Modifizierer			Σ
	1	2	3	
cist N	34	2		36
cest N	92	7		99
cestui N				
ceste N	100	9		109
cesti N	2			2
cestes N	1			1
Σ	229	18		247 16,2%
	Σ CIST N			1521 100%
cil N	114	13	1	128
cel N	183	31		214
celui N	7	2		9
cele N	200	19	2	221
celi N	1			1
cels N				
celes N	2			2
Σ	507	65	3	575 33,0%
	Σ CIL N			1741 100%
ce N	68	9	1	78
cis N	16	1	2	19
ces N	137	19	1	157
Σ	221	29	4	254 30,7%
	Σ CE N			827 100%

Tab. 9.18: Verteilung von CIST N, CIL N und CE N nach Modifiziertypen und Einzelformen.

	Interne Modifizierer			Externe Modifizierer							
	adj1	subs	pp1	adj2	dp	pp2	adv	rel	pos	quant	num
cist N	9		2	1				18	4	1	1
cest N	28		4	6		1		38	8	6	
cestui N											
ceste N	35		5	6		2		43	12	5	
cesti N											
cestes N	1						2				
	73		**11**	**13**		**3**	**16**	**99**	**24**	**12**	**1**
	29,0%		**4,4%**	**5,2%**		**1,2%**	**6,3%**	**39,3%**	**9,5%**	**4,8%**	**0,4%**
		84						**165**			
		33,3%						**65,5%**			
Σ						**252**					
						100%					
cil N	25	2	10	9		5	1	75	2	3	10
cel N	91	1	9	17	2	1		110	4	6	
celui N	1			5				5			
cele N	109	1	9	12	3	1	2	98		5	1
celi N								1			
cels N											

Tab. 9.18 (fortgesetzt)

	Interne Modifizierer			Externe Modifizierer							
	adj1	subs	pp1	adj2	dp	pp2	adv	rel	pos	quant	num
celes N	1					1					
	227	4	28	43	5	8	3	289	6	14	11
	35,6%	0,6%	4,4%	6,7%	0,8%	1,3%	0,5%	45,3%	0,9%	2,2%	1,7%
Σ	259						379				
	40,6%						59,4%				
						638					
						100%					
ce N	37		5	5	1		2	28	1	2	
cis N	8		1					10		1	2
ces N	58		9	7		4	4	45	2	12	32
	103	15		12	1	4	6	83	3	15	34
	37,5%	5,5%		4,4%	0,4%	1,5%	2,2%	30,2%	1,1%	5,5%	12,4%
Σ	118						158				
	42,9%						57,5%				
						275					
						100%					

Tab. 9.19: Verteilung von CIST N, CIL N und CE N nach Ontotypen (Objekte, Kollektiva) und Einzelformen.

Ontotyp	Objekte				Kollektiva			
	+ sichtbar		− sichtbar		+ sichtbar		− sichtbar	
	+ belebt	− belebt	+ belebt	− belebt	+ belebt	− belebt	+ belebt	− belebt
cist N	62	5		2	31	3	2	
cest N	68	48		36	4	10		1
cestui N	1	3	1					
ceste N	70	43	2	35	20	1		
cesti N								
cestes N								
	201	**99**	**3**	**73**	**55**	**14**	**2**	**1**
	13,2%	**6,5%**	**0,2%**	**4,8%**	**3,6%**	**0,9%**	**0,1%**	**0,1%**
Σ	**376**				**72**			
	24,7%				**4,7%**			
					1521			
					100%			
cil N	135	12	1		81	19	1	1
cel N	165	59		8	18	5	1	
celui N	1			1				
cele N	61	57	3	20	65	3		
celi N	1							

Tab. 9.19 (fortgesetzt)

Ontotyp	Objekte						Kollektiva					
	+ sichtbar		– sichtbar				+ sichtbar		– sichtbar			
	+ belebt	– belebt	+ belebt	– belebt			+ belebt	– belebt	+ belebt	– belebt		
cels N							2					
celes N							4	1				
	363	128	4	29			170	28	2	1		
	21,9%	7,3%	0,2%	1,7%			9,8%	1,6%	0,1%	0,1%		
Σ			524				1741		201			
			30,1%				100%		11,5%			
ce N	55	23		4			1	1				
cis N	45	4		1			7	1				
ces N		2		1			159	125	2	25		
	100	29		6			167	127	2	25		
	12,1%	3,5%		0,7%			20,2%	15,4%	0,2%	3,0%		
Σ			135				827		321			
			16,3%				100%		38,8%			

Tab. 9.20: Verteilung von CIST N, CIL N und CE N nach Ontotypen (Stoffe, Räume, Orte, Situationen) und Einzelformen.

Ontotyp	Stoffe		Räume		Orte		Situationen	
	+ sichtbar	− sichtbar	+ sichtbar	− sichtbar	+ sichtbar	− sichtbar	physisch	sprachlich
cist N	1	9	8	3	2	2	28	5
cest N	1	32	170	37	17	5	116	70
cestui N			1			1		2
ceste N	3	72	190	12	11	32	201	39
cesti N		1					1	
cestes N	1							
	6	**114**	**369**	**52**	**30**	**40**	**346**	**116**
	0,4%	7,5%	24,3%	3,4%	1,9%	2,6%	22,7%	7,6%
Σ	**120**		**421**		**70**		**462**	
	7,9%		27,7%		4,6%		30,4%	
					1521			
					100%			
cil N		3	3	3			19	3
cel N	13	13	102	100	30	24	101	31
celui N		1	1	11		3	4	
cele N	3	62	130	80	101	67	91	13
celi N					1	1		
cels N		1						

Tab. 9.20 (fortgesetzt)

Ontotyp	Stoffe		Räume		Orte		Situationen	
	+ sichtbar	− sichtbar	+ sichtbar	− sichtbar	+ sichtbar	− sichtbar	physisch	sprachlich
celes N	16 0,9%	80 4,6%	236 13,5%	194 11,1%	132 7,6%	96 5,5%	215 12,3%	47 2,7%
						1		
Σ	96 5,5%		430 24,7%		228 13,1%		262 15,0%	
					1741 100%			
ce N	3	15	58	43	14	7	60	20
cis N		4	2	5			6	8
ces N	3	3	71	6	4	1	17	21
	6 0,7%	22 2,7%	131 15,8%	54 6,5%	18 2,2%	8 1,0%	83 10,4%	49 5,9%
Σ	28 3,4%		187 22,4%		26 3,1%		132 16,0%	
					827 100%			

Tab. 9.21: Verteilung von CIST N, CIL N und CE N nach Referenztypen und Einzelformen.

Verweisdomäne	situativ		sprachlich				epistemisch	
			nominal		propositional			
	direkt	indirekt	direkt	indirekt	direkt	indirekt	histor. & relig.	andere
cist N	84	1	55		14	2	1	6
cest N	390	2	58	4	143	8		10
cestui N	4		3	1	1			
ceste N	411	3	85	1	161	41	4	25
cesti N	1					1		
cestes N	1							
Σ	891	6	201	6	319	52	5	41
	58,6%	0,4%	13,2%	0,4%	21,0%	3,4%	0,3%	2,7%
	897		207		371		46	
	59,0%		13,6%		24,4%		3,0%	
			578					
			38,0%					
			1521					
			100%					
cil N	46		108	31	16	1	44	35
cel N	114		224	23	103	120	51	35

Tab. 9.21 (fortgesetzt)

Verweisdomäne	situativ		sprachlich				epistemisch	
	direkt	indirekt	nominal		propositional		histor. & relig.	andere
			direkt	indirekt	direkt	indirekt		
celui N			6		4	12		
cele N	77	6	295	30	68	224	15	41
celi N				1		2		
cels N	1		1	1				
celes N	1		2	1		1		1
Σ	**239** **13,7%**	**6** **0,3%**	**636** **36,5%**	**87** **5,0%**	**191** **11,0%**	**360** **20,7%**	**110** **6,3%**	**112** **6,4%**
			723 **41,5%**		**551** **31,6%**			
	245 **14,1%**		**1274** **73,2%**				**222** **12,8%**	
	1741 **100%**							
ce N	135		58	3	55	36	2	15
cis N	51	1	9	1	12	3		6
ces N	140	4	119	70	46	5		56

								Σ
326	5	186	74	113	44	2	77	
39,4%	0,6%	22,5%	8,9%	13,7%	5,3%	0,2%	9,3%	
331		260		157		79		
40,0%		31,4%		19,0%		9,6%		
		417						
		50,4%						
								827
								100%

Register

anamnestisch 102, 116–119, 124, 126, 162, 208–210, 232, 292–293, 298, 301–302, 486, 495
Anapher 75, 124, 138, 213, 215
– Anapher, assoziative 111–115, 232, 295
– Anapher, direkte 111, 133, 214
– Anapher, indirekte 110–113, 116, 214, 295, 297
– Anapher, raumzeitliche 268, 406
– Nominalanapher 395–396, 400–401, 446, 456–457, 484, 488
– Nominalanapher, direkte 438, 478, 480–481, 485–487, 496, 511–512
– Nominalanapher, indirekte 445–446, 479, 481, 484, 506
– Propositionalanapher 396, 400, 403–405, 446, 480, 484, 486, 490–491
– Propositionalanapher, direkte 478–479, 480–481, 484–485, 490, 496
– Propositionalanapher, indirekte 446, 478, 480–481, 486, 490, 493
anaphorisch 1, 25, 30–31, 57, 70–75, 83, 85, 88–89, 91, 95–96, 98, 100–104, 107, 109, 111, 115, 120, 131–132, 137, 161, 191, 194, 198, 206–207, 210, 212–213, 215, 231–233, 237–238, 241, 268, 271–273, 280, 282–283, 287–291, 299, 301–302, 400, 404, 484, 495, 502
– anaphorisch, assoziativ 88, 115, 299
– anaphorisch, direkt 87, 268, 298
– anaphorisch, indirekt 110, 295–296
– nominalanaphorisch 272–274, 414, 490, 510
– nominalanaphorisch, direkt 485, 496
– propositionalanaphorisch 82, 101, 201, 272–274, 414, 456, 477, 485–486, 496, 501, 510
– propositionalanaphorisch, direkt 485
– propositionalanaphorisch, indirekt 486

Core-to-core 343–349, 507–509, 511–514

Definit(–), definit 13, 17, 20, 55, 58–60, 61, 71–75, 81, 84, 102, 110–112, 114–115, 126–134, 136–137, 140–141, 178–179, 183, 185, 220–221, 232–235, 337–339, 341, 367, 372, 376
– Definitartikel 14–15, 44, 54, 74–75, 77, 89–91, 108, 127–139, 141–142, 146–147, 153, 173–180, 183, 192, 194, 196, 216, 219–220, 232–235, 242, 337–340, 349, 375, 513
– Definitpronomina 337, 339–340, 513
Definitheit 20, 126–127, 141–142, 233–234
Deiktika 36, 148, 186, 197, 210
deiktisch 1, 25, 36, 44, 45–47, 88–89, 96, 98–99, 101–103, 105–107, 148, 177–178, 182, 190, 193, 231, 305, 450, 455, 458
– deiktisch, diskurs- 96, 98, 101, 102, 105, 107–108, 112, 115–116, 132–133, 400, 495
– deiktisch, lokal- 7, 45, 62, 105–106, 108, 149–150, 154–157, 165–167, 170–171, 178–179, 183, 189, 193–194, 217, 219–220, 223–224, 243–244, 305, 320–324, 326, 328, 347, 350–351, 450, 452–458, 506–507, 509–510, 515–517
– deiktisch, nicht- 36, 98–99, 102, 106–107, 116
– deiktisch, text- 101, 132–133, 212, 231–232, 261, 269–274, 276–281, 283, 289, 291, 301–302, 400, 490
Deixis 25, 36, 96–99, 102, 104–106
DemP 31, 175–177, 179, 186
distal 1–10, 61–63, 67, 77–78, 104–106, 108, 128, 147–150, 156–163, 165–171, 182, 188–189, 193, 195–196, 198–199, 206–209, 211–212, 216, 219–225, 230, 233, 235, 237–238, 245, 247, 249–251, 263–265, 292, 303–304, 308, 320–322, 326–328, 347–348, 365, 376, 415, 417, 419, 421–422, 424, 427, 430, 432, 434, 437, 441, 452, 455, 459, 469, 474, 483, 496, 500–501, 505–509, 511, 513, 515, 518
DP 13, 15–16, 19, 52, 81–82, 111, 172–173, 175–179, 182–185, 298, 372, 374–375, 402, 448–449

endophorisch 25, 103, 112, 116, 198–199, 211–212, 215, 220, 231–232, 261, 266, 269–273, 279–280, 282
epistemisch 23, 31–34, 54, 56–58, 80–85, 87, 91, 125–126, 279, 395–397, 406–411, 413–415, 438, 442–444, 477–480, 482–485, 492, 500, 502, 510–511
exophorisch 25, 36, 95, 98–99, 102, 106–107, 112, 116, 155, 163–164, 198, 212, 231–232, 247, 251

generisch 29, 34, 40, 42–43, 53–54, 57–58, 73, 80, 86–90, 94, 113–114, 117, 119, 126, 133–134, 296–298, 300, 366, 409–414, 492

Indefinit(-), indefinit 33, 53, 57, 58–60, 75–76, 78–82, 87, 91, 119–120, 125–127, 140, 339, 376
– Indefinita 54, 58–59, 137
– Indefinitartikel 42, 44, 54, 59, 90–91, 120, 126–127, 146–147, 153, 173, 338–339, 349, 375
– Indefinitpronomina 34–36, 45, 52, 53, 127
indexikalisch 20–21, 24–27, 30–34, 36–38, 41–50, 52–54, 92, 132, 252, 351, 366, 395, 450, 494–495
Indexikalität 1, 20–21, 24, 30, 53
Indices 21–25, 28, 32, 33, 34, 37–39, 41, 43–49, 83, 85, 140, 398, 494
Italienisch 162, 179–181, 218–219, 221–225, 233, 345

joint-attention 2, 142–144

kataphorisch 100–102, 123–124, 410

medial 1, 78, 93, 156–158, 164–165, 171, 188, 195, 198–199, 208–209, 221–225, 230, 244, 516

Nennwörter 39, 43, 48, 96

Portugiesisch 153, 157, 188–189, 217–224, 230, 233, 344–345, 376, 516
Possessiv(-), possessiv 76, 256–257, 259, 261, 338–340, 367, 372, 374–375, 448, 450–453, 507
– Possessiva 24, 41, 60, 76, 127, 139, 255, 257, 290, 340–341, 372, 374–375, 448, 450, 452, 455, 458

– Possessivartikel 14, 54, 139, 146, 153, 173, 338
– Possessivpronomina 195
proximal 1–10, 61–63, 66, 77–78, 104–106, 108, 128, 147–150, 156–171, 188–189, 192, 195–196, 198–199, 205–208, 210–212, 216–218, 222–225, 230–231, 235, 237–238, 245, 249, 251, 254, 263–265, 277, 303–304, 308, 315, 320–322, 326–328, 347, 365, 376, 415, 417, 420–422, 424, 427, 430, 434, 437, 441, 450, 452–453, 455, 459, 469, 472, 474–475, 483, 496, 500–501, 506–507, 509–513, 515–516

Quantifizierer 30, 34–36, 45, 52–53, 58, 80, 127, 340, 375, 389

Rumänisch 217–221, 223–224, 233, 344

situativ 3, 13, 14, 17, 20, 25–27, 29–31, 34, 36, 38, 50, 52–53, 56, 59, 60, 78–80, 88, 92–98, 102, 107, 112–116, 118–119, 125–126, 131–132, 137, 155, 160, 162, 169–170, 194, 210, 249–250, 252–253, 255–258, 261, 264–268, 281, 289, 292, 299, 301–302, 358, 361, 366, 394–400, 406–410, 413–414, 442–443, 446–448, 456–457, 477–490, 493, 497, 500–503, 505, 510–511
situativ, indirekt 112–116, 210, 247, 398–399, 480–482
Spanisch 1, 78, 102, 147, 150, 153, 156–158, 163, 174–176, 178–181, 183, 190, 192, 206, 218–225, 233, 344, 373
spezifisch 3, 19–20, 28–30, 34–36, 40–42, 44, 52, 54–58, 73, 76–77, 80–86, 88–89, 91, 100, 110, 113, 117, 119, 126, 134, 147, 233, 297–298, 360, 364, 380, 382, 385, 408–414, 461, 492, 513
spezifisch, nicht- 30, 34, 42–44, 52–54, 57–58, 76, 80–83, 85–86, 91, 126, 147, 300, 410–414, 492
Spezifizität 34, 81, 83–85, 147, 412
Spezifizität, Nicht- 81, 84
Symbol 38–44, 47–48, 494
symbolisch 21, 27, 37, 39, 44, 47, 98–99, 102, 268, 398, 494

Zeigwörter 2, 25, 39, 47, 48

www.ingramcontent.com/pod-product-compliance
Lightning Source LLC
Chambersburg PA
CBHW022131300426
44115CB00006B/147